戦国家法の形成と公界

『結城氏新法度』と『相良氏法度』を読む

安野眞幸［著］
Masaki Anno

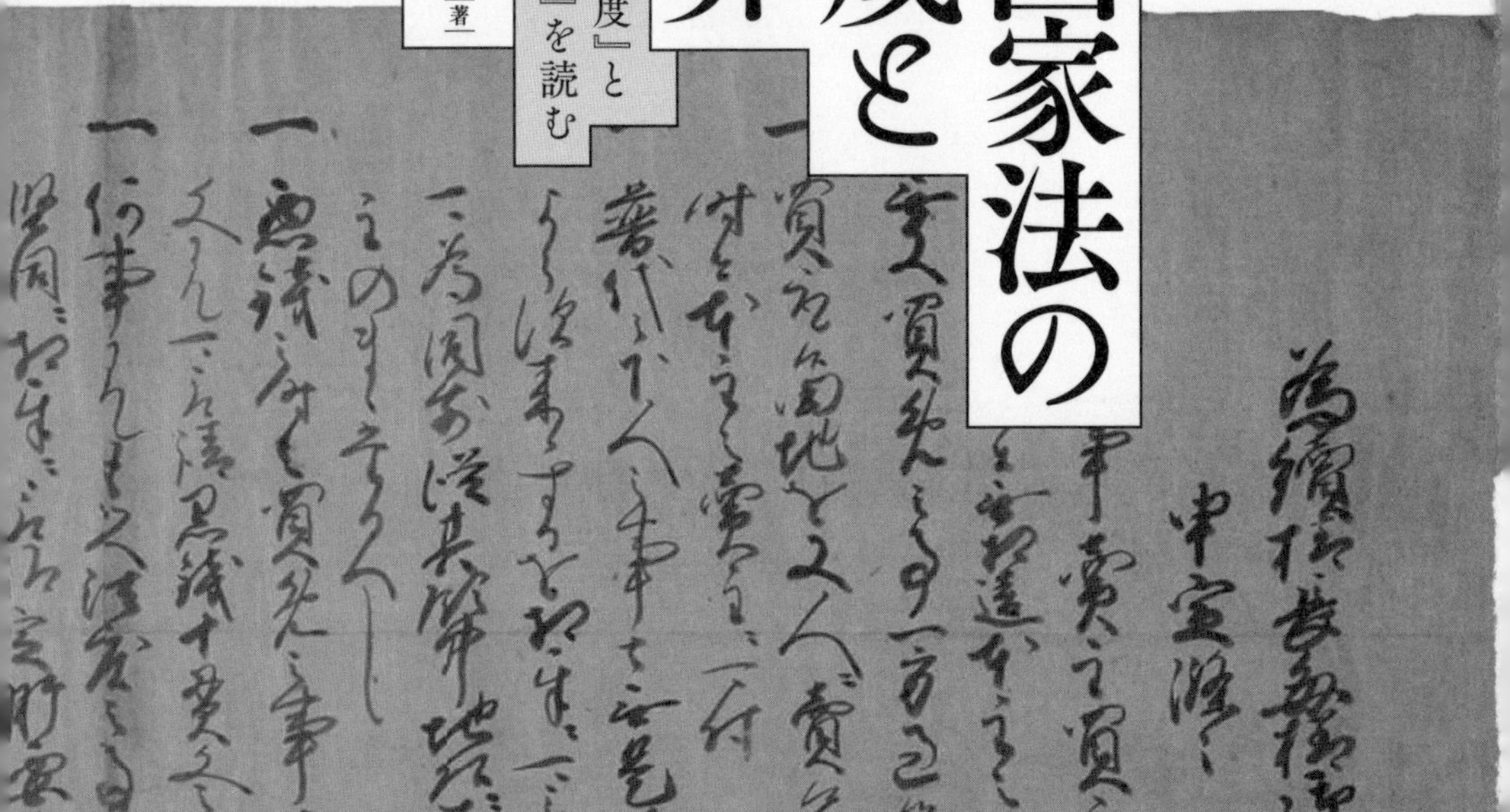

名古屋大学出版会

戦国家法の形成と公界——目　次

終　論……505

凡　例

一、史料の引用に際して、引用者（安野）による補いは〔　〕で、校訂者による補いは［　］で示した。また、文意を明確にするために、「　」を挿入した箇所がある。そのほか、傍線・太字も、特記の無い限り引用者による。

一、史料の現代語訳やその他の文献の引用でも、特記の無い限り、引用者による補いは〔　〕で示したが、引用元で括弧が使用されている場合は、そちらを尊重した。

一、史料の引用や文献の紹介に際して、本字は当用漢字に改めた。

序論

第一節　分国法・戦国家法の研究史

私たちはこれから、戦国大名の結城氏と相良氏の当主、結城政勝と相良為続・長毎《ながつね》・晴広がそれぞれ制定した法度、『結城氏新法度』と『相良氏法度』を取り上げて、考察しようとしている。これらは共に分国法・戦国家法として知られており、いずれも佐藤進一・池内義資・百瀬今朝雄編の『中世法制史料集　第三巻　武家家法Ⅰ』[1]と、石井進・石母田正・笠松宏至・勝俣鎮夫・佐藤進一編の『日本思想大系21　中世政治社会思想　上』[2]に収められている。なお『結城氏新法度』については、歴史学研究会中世史部会による現代語訳が『クロニック戦国全史』[3]に収められている。

ここではまずこれら二法の研究史を述べてゆきたい。最初に分国法・戦国家法の概観から始めよう。

1 中世法と戦国家法

牧健二は『中世法制史料集　第一巻　鎌倉幕府法』の巻頭の「序」で、日本中世法を俯瞰して次のように述べた[4]。

我国でもそれを中世と呼びならわしている鎌倉開府から関ヶ原役までは、諸家のあいだに法権が分散していたことが特色的であった。

その主要なるものをあげると、朝廷の公家法、鎌倉室町両幕府の幕府法、庄園に対する寺社権門諸家の支配機関によって生じた本所法、後期において各地に群起した分国法、庶民の間に成立した座法村法、更に織豊二氏の統制的立法であった。

此等の法はいずれも慣習法を原則とし、成文法があっても、普通には慣習法の露頭であるのを例とした。

この牧の発言を承けて、石母田正は『中世政治社会思想　上』巻末の解説で〈戦国法は公家法・幕府法・本所法などを取り入れたもの[5]〉だとし、法権の分散を戦国大名が統合し、それが分国法・戦国家法になったとした。戦国の騒乱が天下一統をもたらしたので、戦国家法の中に法の一元化の流れを見ることは一つの常識で、実際ここには都市法や流通法が取り込まれていった。

一方、最近の業績である清水克行『戦国大名と分国法[6]』は、戦国大名を、分国法を持つものと持たないものとに二分した。松園潤一郎編『室町・戦国時代の法の世界[7]』も戦国大名の法を同様に二分している。これらは共に佐藤進一・百瀬今朝雄編『中世法制史料集　第四巻　武家家法Ⅱ[8]』、同『第五巻　武家家法Ⅲ[9]』、石井進・石母田正・笠松宏至・勝俣鎮夫・佐藤進一編『日本思想大系22　中世政治社会思想　下[10]』の「公家思想」「庶民思想」を承けたものであろう。

清水は前掲書で、戦国家法を作成した大名は多く短命であったとした。しかし、相良氏の場合は、肥後球磨郡という同じ場所で近世を生き延びたので例外となる。同書では『結城氏新法度』について一つの章を立てているが、『新法度』の表面を軽く撫でたものと言えよう。松園の『法の世界』では「諸権力の法」と「法の諸領域」とに二分し、都合一七人が手分けして様々な角度から当該期の法を取り上げ、法の制定主体を「権力」とし、牧に倣って室町幕府・守護・在地領主・戦国大名・公家・寺社・村・町を扱った。

一般に戦国時代を「天下麻の如く乱れ」などとする表現は、この法制定主体の分立によろう。そこから、私がここで取り上げる二つの「法度」が戦国時代の武家法の中に占める位置の小ささが浮き彫りになる。このほか、戦国家法を取り上げた最近の研究には、清水克行・桜井英治の対談集『戦国法の読み方』[11]がある。最近の研究は、新しい領域の開拓に全力を傾けているからであろうか、研究史の整理にまでは達していないようである。

2　戦国家法についての画期的業績

戦国時代の歴史を理解するためには、『結城氏新法度』や『相良氏法度』を含めて、広く戦国家法・分国法の理解が欠かせないとした石母田の考えを前提としたとき、研究史上画期的な業績は、勝俣鎮夫の『六角氏式目』についての研究であろう。『中世政治社会思想　上』に収められた解題の六「六角氏式目」の中で勝俣は次のように述べている。[12]

この六角氏式目は、三上越後守恒安以下二十人の六角氏重臣（年寄全員と若衆の一部を含む奏者）により起草され、六角氏がこれを承認するという手続きを経て制定され、法の遵守を誓う起請文を主君六角氏と重臣との間に相互にとりかわすという、特異な形式をとっていることが知られる。この主君六角氏と家臣相互の起請文交換行為は、この法が家臣のみならず六角氏をも規制することを意味する……。

勝俣はここで、六角氏の重臣二十人の起草したものを「一揆契状」とし、「一揆契状から家法へ[13]」というシェーマ（図式）を導き出した。実は、これは既に佐藤進一が『中世法制史料集　第三巻』の解題で述べていたことの再論にすぎないのだが、これを「一揆契状から家法へ」として再定義したことが学界に与えた衝撃や、研究史上に持つ画期的な意義を、ここでは強調したい。石母田正もまた『中世政治社会思想　上』所収の解説で、この六角氏式目から導き出された「一揆契状から家法へ」の図式の下で、すべての戦国家法は理解できるとして『六角氏式目』について次のように述べた[14]。

この式目の実質的制定者は重臣団にあった。全六十七条のうち半数以上の条文が六角氏の行為または権限を規定している……、いま六角氏式目から、主君の行為を規定した右の部分をのぞいてみれば、残りの部分が二十名の重臣団＝領主相互間の関係を規制した条文であることが知られよう。……その部分は、領主層の連合体としての一揆集団の法規範と本質的に変わるところがないのである。

こうした「一揆」への注目は、戦後の西洋史学界で「神の平和」「誓約共同体」をめぐり堀米庸三と世良晃志郎の間で闘わされた論争と問題関心の上で共通している。戦後日本の学問的な課題は、いかにして「民主主義」を歴史の中に位置づけるかにあった。「一揆」にしろ「神の平和」にしろ、人々が平等な立場で契約を結び、共同して平和団体を形成することに核心があった。そして、西欧における平和団体が「神の平和」から「ラントの平和」へと拡大したのと同様に、日本の戦国時代に「一揆の平和」から「戦国大名の平和」への発展を辿ることが「一揆契状から家法へ」の図式となり、多くの人々の共感を得たのである。

本書で取り上げる村井章介の「「公界」は一揆か、公権力か[15]」の問いは、この図式のただ中にあり、村井論文の発表当時は、この図式の普遍性は未だ多くの人々に信じられていた。しかし今や時代は急速に変わり、国家と個人の関係を説明する新しいパラダイムが求められている。それは何かをここで明言できないのは遺憾だが、この図式がもはや万能でないことだけは明らかであろう[16]。私は旧著『港市論[17]』で、「世界の隙間」に住まう商業民の世界を

「市民社会」と名づけてみた。この仮説に従うなら、「公界」の民の形成する慣習法としての「市民社会」の法に、国家もまた規定されていたはずだ、となるだろうか。

勝俣は『中世政治社会思想　上』に、戦国家法十二編の中から『相良氏法度』を選定・収録する際に〈比較的契状的性格の濃厚〉だとの理由で最初にこれを選んだ。この『法度』には「公界」という言葉があり、笠松の「公界」＝「一揆」との指摘を基に、勝俣の『相良氏法度』への校注・頭注・補注の作業は進められた。三代の『相良氏法度』の最初の〈為続法〉第六条を、この図式通りに、重臣たちの契状を相良氏が承認するか、逆に相良氏の提案を重臣たちが承認して法令として発布するかの手続きを述べたものとし、補注では相良氏の法度制定の手続きを、「六角氏式目」と同様な起請文の相互交換として図示した。(18)

だがこのことは同時に、戦前の史料編纂所発行の『大日本古文書　家わけ第五　相良家文書之一』にある『相良氏法度』第六条の劈頭の注「裁判の手続き」（〈法度ノ事ノ申出方〉）の無視をもたらした。『相良家文書』では、第一条から第五条までの雑務法と、この手続法とをワンセットと理解していた。一方勝俣は、残された土地売買関係の〈為続法〉全体は、戦国家法の基本から離れたもの、随時の必要に応じて制定された個別法規だとし、〈為続法〉は〈その形式・内容からみて基本法の性格をもつものとして制定されたものでないことは明瞭である〉と断言するまでに至った。つまり勝俣は、自分の先入観に従い〈為続法〉を非難したのである。

しかしこの図式から一旦離れて、素直に法令そのものと向き合い、〈為続法〉が何を意図していたのか、どのような必要性に応じて制定されたのか、その歴史的な背景は何か、等々を実証的な方法で解明することが必要だったと私は思う。勝俣には、村井章介の言う「史料との対話」が欠如していたことになろう。『六角氏式目』分析の成功が『相良氏法度』分析の失敗に転化しているのである。

一方『結城氏新法度』では、その最後に重臣たちの起請文があり、結城政勝が重臣たちを「各」と呼び掛けて諮問して作られた法令が三つも存在していることから、上記図式の有効性が信じられていた。しかし『新法度』では、「公界」の言葉はあるが「公界寺」「公界僧」などもあり、「公界」＝「一揆」と断定するのには躊躇された。そこで校注者・佐藤進一は「公界」＝「世間」とした。この佐藤説を前提にした『戦国全史』では、第三〇条の「公界寺」を〈一般の寺〉、第九四条の「公界寄合」を〈公の宴会〉と現代語訳した。佐藤のように、重臣たちの意見の背後に、家中の一致した意見の存在を仮定すれば、「世間」＝「一揆」という理解への道が開かれ、「公界」＝「一揆」という理解に容易に近づくことができる。しかしこの『結城氏新法度』の中には「一揆」の存在を示す要素は欠如している。

そこで藤木久志[19]は「各々談合」「我々談合」「下々談合」の言葉のある第七二条「私之企事制禁事」「結城氏に内密の私的計画の禁止」を取り上げ、結城領内での一揆結合の広範囲な存在を主張した。しかし、本書第Ⅰ部七章『結城氏新法度』と「公界」で明らかにするように、この法文をよく読むと、これは「私の企て事の禁止令」であり、たとえ結城氏にとってよいことだと思って行う「下々」の企てでも悉く禁止するとあり、「突き破るべく候」の言葉が二度登場し、法令の主旨は結城氏への「内々の披露」の強要、談合の自立性の否定であり、結城領内の「一揆」的存在は厳禁されている。

それでも佐藤の『結城氏新法度』理解の大枠は、上記図式の中に在った。以上から「一揆契状から家法へ」が『結城氏新法度』と『相良氏法度』の二家法を理解するための通説的な了解事項だったことは確かめられよう。

なお、本書で今後各法令を取り上げる際には、全文の引用は長くなるので、その説明に、『結城氏新法度』については『中世法制史料集　第三巻』に佐藤の付けた「事書」と、必要に応じて『戦国全史』の「綱文」を、『相良氏法度』についても同じく『中世法制史料集　第三巻』に百瀬今朝雄が付けた「事書」を掲げることにする（『戦国全史』の「綱文」には「〇〇について」とあるが、この「について」は省略する）。またこれらの事書や綱文に対し異論がある場合には、私の考えを示して「＊」を付ける。

3 「公界」についての研究史

これまで述べてきた「一揆契状から家法へ」の図式と「公界」概念の理解との間には密接な関係があった。「公界」の言葉が日本の歴史学界に初めて登場したのは、今からおよそ五十年以上も前、笠松宏至が論文「中世在地裁判権の一考察」[20]の中で、「公方の沙汰」「地頭の沙汰」「地下の沙汰」に続けて、『相良氏法度』第一八条の「公界の沙汰」を取り上げたことに始まる。そして、この論文への大山喬平の批判に対して、網野善彦が著書『無縁・公界・楽』[21]の中で、大山への反論と共に、「無縁・公界・楽」の言葉が日本語の「平和と自由」を示していると主張して、「公界」を再定義した。

これは日本における社会史の成立として大きな反響を呼び、広く一般の人々に受け入れられた。その後、安良城盛昭が『結城氏新法度』の中に「公界」の言葉のある数カ条を見つけて、分析し[22]、この論争に加わった。笠松の議論は『相良氏法度』第一八条を論じるため、第六・七条の分析を伴っていたが、網野・安良城は、『法度』全体から切り離して、第一八条のみを問題とした。網野は「公界」を相良氏権力と無縁な「一揆」だとし、安良城は「公権力」だとした。こうした研究史・論争史を踏まえて、村井章介の「「公界」は一揆か、公権力か」はあり、村井もまた第一八条のみを分析した。

笠松の場合は在地裁判権を問題として取り上げ、「公方の沙汰」「地頭の沙汰」「地下の沙汰」は幕府裁判権、広域領主の裁判権、郷村制を背景とした惣村の自検断＝局地的裁判権等々だとし、裁判管轄圏の広・狭と、上位権力か下位権力かという問題を論じていたのに対し、村井の問いの立て方は、結城領内の武士が、横に連合して「一揆」形成を志向したか、大名の縦の支配に服したか、という結城家中の個々の武士たちのあり方の問題へと視野を狭小化した上で、大名権力と「一揆」の間に〈中間法団体〉という仮想空間を想定し、これを通じて、これまでの論争を乗り越えようとしたもの[23]だということになろう。

しかし私は、先に上梓した『日本中世市場論』[24]において、「公界」を交易・流通・金融などに関わりを持つ人々の作り出す世界とし、特に中世前期・鎌倉時代の「公界」の中心には神人・山僧がおり、『結城氏新法度』では金融業者の「蔵方」が問題だとした。彼らは国家の制度とは別に、独自に「市場法廷」を開催していた。これは荘園の「政所」において在地の有力者・「沙汰人」たちの開催する「地下の沙汰」とも異なり、在地の農村共同体とも異質な「市場」に関わる人々の組織体だとした。こうして私は、「公界」を〈在地領主たちの「一揆」〉とする通説的な議論に対して異議を申し立てたのである。

私は、『相良氏法度』第一八条を正しく理解し、解釈するためには、『相良氏法度』全体、少なくとも〈為続法〉〈長毎法〉全体の中で第一八条をとらえることが大切だとした。ここから『相良氏法度』についての私の作業は始まり、〈晴広法〉を含む『相良氏法度』全体の解釈へと考察は広がった。また「公界」を、市場を構成する流通業者たちの合議機関としたことから、『結城氏新法度』の見直しの作業が始まり、結果として『新法度』全体の見直しへと広がった。「公界」についての情報量は『相良氏法度』よりも『結城氏新法度』の方が多いので、本書では最初に『結城氏新法度』を、次に『相良氏法度』を取り上げる。

4 「世界の隙間」

私は前述の旧著『港市論』の中で、〈共同体と共同体の隙間において交易は始まる〉として、マルクスが『資本論』の中で述べた〈本来的な商業民族は、エピクロスの神々のように、あるいはポーランド社会の気孔に住むユダヤ民族のように、古代世界の Intermundien（さまざまな世界の隙間〔エピクロスの説によれば、そこには永世不死の神々が住んでいるという〕）にのみ生存する〉を引用した。「エピクロスの神々」とは彼の「原子論」の考えに基づき、「永世不死」、つまり「万物流転」と対極的な存在で、ディアスポラのユダヤ人のように他から影響を受けない独自な存在ということであろう。

「世界の隙間」を葉っぱの裏側の「気孔」細胞[25]に譬えたことからは、商業民族の点在がイメージされるが、「共同体と共同体の隙間」「さまざまな世界の隙間」とは、実は互いに水・陸の交通路によって結ばれ物資の流通する世界でもあった。人々は自分の農業や牧畜などの経済活動のために自分の活動領域を囲い込むが、その外側には海や山や川や道路などがあり、そこはすべての人に開かれていた。ここから「公界」の民の活動する世界は「市場・港・物資の集散地」等々となる。日本の場合、ここには神社・仏寺が建ち、商業民は寺社の保護下にあった。彼らの信じた神々は契約時の起請文から知ることができる。そこには、仏教の守護神「梵天・帝釈・四天王」から始まり、日本の有名な神々が続き、最後に地域の市場に祀られる神の名があり、当時の神仏融合のあり方が見て取れる。

本来「公界」の場は異邦人同士の遭遇の場で、契約が正しく履行されるか否かは当事者の自己責任で、裏切り・騙しの場でもあった。中世前期、鎌倉期の商売の中には、今で言う霊感商売が紛れ込み「騙り」が横行していた。「公界」の民は神・仏の保護下にあり、商業は合理化されていなかった。債権の取立ては神人や山僧が担い、「嗷訴」などの実力行使と共に行われていた。取立ては「寄沙汰」と呼ばれ、「怒る神」の宗教的権威の下に行われた。

しかし鎌倉後期になると、正直を説く大福長者が現れ、「公界」の世界は「心も直ぐにない」「スッパ」と、彼らを「大博奕」として非難する大多数の人に分裂した。

第二節　『結城氏新法度』

『結城氏新法度』の冒頭には法度制定の趣旨を述べた「前文」があり、ついで一〇四カ条に及ぶ「本文」が続き、その後に「弘治二年丙辰十一月廿五日　新法度書之　政勝（花押）」という「制定奥書」があり、その後にさらに二カ条の「追加」、家臣連署の「請文」、最後に政勝の次の代の「晴朝署判の一カ条」がある。『結城氏新法度』の法令の配置状況を見ると、一方では、関連する法令が固まっているようにも見え、また他方では、同じテーマなのに、あちこちに分散しているようにも見える。清水克行が指摘するように、たしかに、後になって一度整理するとか構成を考えて配列し直した形跡はない。

第Ⅰ部第二章で取り上げる第四八条を唯一の例外として、この『新法度』の配列は、政勝が法令として思いつき、書き付けた順序に基づいていると私は思う。清水も、この『新法度』の編纂には中世法に習熟した技術者（法曹官僚）は一人も関与せず、素人の政勝が独力でまとめ上げたもの[26]とした。それゆえ本書では、『新法度』の中では、後の条になるほど遅い時間に制定されたものだという前提で、分析をしてゆくことにする。

1　『結城氏新法度』についての研究史概観

佐藤進一は前掲『中世法制史料集　第三巻』の解題の『結城氏新法度』の説明[27]の中で、〈本法度を主題とした研究は見当たらないが、松本新八郎氏「室町末期の結城領[28]」（同氏著『中世社会の研究』所収）がこの法度の背景を知る上に極めて有益であることを付記しておく〉とした。それから時間が経ち、今では研究史上に、市村高男「東国における戦国期地域権力の成立過程」「戦国期下総結城氏の存在形態」「下総国結城城下町についての考察[29]」、村井章介「「新法度」にみる戦国期結城領の構造[30]」などが挙げられる。また『結城市史　第四巻　古代中世通史編[31]』には、この『新法度』についていろいろと記されている。

市村の研究は、結城氏の家系を中心とした研究と、結城城下町についての歴史地理学上の研究の二つからなるが、ここでの私の議論は、この市村の業績に多くを負っている。一方、村井論文は「一　『新法度』の成立」「二結城領の地域的編成」「三　結城領の人的編成」「むすび」からなり、これは『結城市史　第四巻』や『戦国全史』の現代語訳に結実した歴史学研究会中世史部会が続けてきた勉強会の成果を踏まえたものであろう。第Ⅰ部二章は村井論文の「一　『新法度』の成立」からの示唆によるところが大きいが、本書では視野を『新法度』に限ったため、村井のごとく関東全域の政治史との関連では論じていない。

2　「各」について

「各」とは何か、「公界」とは何かについては、私の以下での議論の中心となる。本論に先立ってあらかじめ述べておきたい。当然本論の第Ⅰ部八章「『結城氏新法度』と「公界」」でも繰り返し述べることになるが、ここでは研究史を軸に整理することにする。

「各」の研究史(1)

『結城氏新法度』には、結城政勝が多数の家臣を相手に丁寧に呼び掛ける言葉、「各」のある法令が数多く存在する。ここから『新法度』は「家中法」が中心だ、「家法」よりむしろ「家訓」に近い、などと言われている。後者の「家訓」については第Ⅰ部一章で取り上げる。一方、佐藤は『新法度』の特徴を〈82・83条等に、家中のおそらくは一部の重臣たちに諮問し、その結論を得てこれを立条した旨が見えていて、部分的ながら制定手続きを知ることができる〉とした。[32] 諮問された〈重臣たち〉とは、史料上の「各」である。しかし市村は、これは重臣ではないとした。そのため現在の通説は「各」＝家臣である。

今引用したように、『新法度』の中で佐藤が取り上げたものは、城下町の警備に関わる第八二条「門番夜番次第事」と、結城領内の流通経済に強い関わりを持つ第八三条「撰銭事」の二法令である。前者は城下町の「普請」にも関係しており、これについては、さらに第三二条「宿々木戸門橋等修理懈怠事」や第九七条「町々要害普請夫役事」がある。第三二条で結城氏は家中の「侍」に対して普請を命じているので、「各」=「侍」という理解でよさそうだが、他方、後者の流通経済に関わるものには、このほか後述する「荷留の沙汰」六カ条、すなわち第七三〜七六条と第八五・八六条がある。佐藤はこの六カ条について、家中の「侍」が関係するとして法文解釈をした。それゆえ佐藤は「侍」=商業従事者と考えていたことになる。

一方、政勝が「各」に諮問した法令には、佐藤は挙げてないが、第四四条「貸金質取地等他人譲与事」がある。これは、死に臨んでの「誰に代を貸し候、これを進む」「屋敷・所帯質に取り候を進む」などの遺言に関したもので、政勝が「各」に諮問し、その答申をもって法令=『新法度』に加えている。すなわち、家族・親類以外の他人の場合は、文字で記された「状・証文」が重要で、「如何にありありと事申し候共」とあるように、口頭だけではダメとの答申に基づいている。この場合、政勝から諮問された相手=「各」は、「譲渡証文」「借状=借金証文」「質取状」「言置き状=遺言状」等々の証文・契約文書を分析する専門家で、彼らは結城家中の「侍」でなく、日ごろは外部道徳に曝されながら、人々の意思を文字に記し、契約を「証文」の形で合理化する仕事に携わっていた理性的な人々で、具体的には金融業者や商人だと私は思う。彼らは「共同体の隙間」の住人で、契約関係の中で生きる「市民社会」のメンバーと言えよう。『結城氏新法度』に即してより具体的に述べると、「荷留」に関わった運送業者や金融業者の「蔵方」などの「公界のメンバー」となろう。[33] ここから「各」=「公界のメンバー」が想定されてくる。

また、結城家中の「侍」は、「前文」にあるように、「縁者・親類の沙汰の時」には「鷺を烏に言たて」、「縁者・親類」などに「たのもしがられる」ことを第一義とする身内贔屓の人たちで、第六一条には、さっきまで刀を突き立てて騒ぎを起こしていたかと思えば、次には御飯茶碗で酒を酌み交わすとある。彼らは「地縁・血縁」の「同胞衆」という「共同体」内部に生活の基盤を置き、理性的というよりはむしろ、非合理的な情念や感情の持ち主であっただろう。彼らが第四四条に関わり、遺言状の有効性を理性的に判断する仕事を得意としていたとは考えられないので、この点でも佐藤説の見直しは必要である。

『結城氏新法度』の中の「公界」

安良城盛昭が掲げた『結城氏新法度』の中の「公界」関連法規は、以下に掲げる五カ条である。佐藤はこの「公界」を〈世間〉だとした。安良城はこの佐藤説を前提とした上で、「公界」=〈結城氏権力〉とした。ともあれ、「公界」とは何かは、法令の中での実際の使用例の分析から考えてゆくべきであろう。次のものがある。

第二九条「間済沙汰事」「解決済みのことを蒸し返すことの禁止」

第三〇条「公界寺事」「*公界寺への不当な干渉」

第四二条「忠信者跡負物沙汰事」「忠信者の子孫の借金の減免」

第八七条「公界寺住持事」「家族の者を公界寺の住持にする心得」

第九四条「孝顕之日公界寄合停止事」「政朝の命日の公の宴会禁止」

清水克行の『戦国大名と分国法』では、なぜか「公界」は視野に入っていない。村井章介の方はこのうち第二九条と第四二条を取り上げている。第二九条「間済沙汰事」には「何たる沙汰にてもすみたる義」とあって、私の解釈では「どんなことでも内済で落着した問題」を他の解決困難な問題に関連させて「市場法廷」[34]へ持ち出してはならないということになる。ここで結城氏は地域の領主として「市場法廷」の権威を保証し、その保護を謳っており、ここから結城領内には結城氏の「大名法廷」のほかに、「公界」と呼ばれる民間の人々による、慣習法に基づく「市場法廷」があったことになる。

ところで『大内氏掟書』第一六七条の撰銭令にも「公界の沙汰」の言葉はあるが、大内氏権力はこれを否定[35]していた。民間の慣習法を否定し、強権をもって売買取引の世界を統制しようとしていたのである。それゆえ、大内氏権力は否定したけれども、実社会には「公界の沙汰」と呼ばれる「市場法廷」は現存していたはずである。一方、村井は「一揆」と大名権力とを対立させるのではなく、両者を取り込んだ〈中間法団体〉というものを想定し、これを「公界」だとした。もとより村井は「市場法廷」を認めていないので、議論がかみ合うはずはないのだが、私は「公界」＝「市場法廷」として議論を進めてゆきたい。

第四二条「忠信者跡負物沙汰事」からは、蔵方たちが寄合の結論を「公界の沙汰」だと主張したことが知られる。ここから「公界」とは金融業者「蔵方」たちの寄合を指し、第二九条の裁判＝「市場法廷」の場は寄合いの場でもあったと言える。そして「公界」とは「蔵方」たちの構成する世界で、「蔵方」は「公界のメンバー」だというこことになろう。この二法から金融業者の蔵方たちは「市場法廷」を開催するなど、会合・寄合の場を持っていたと考えられ、このことから第九四条「孝顕之日公界寄合停止事」の「公界寄合」は説明されよう。「蔵方」たちは結城政勝の父・政朝の命日に宴会を開いていたのである。

「蔵方」たちからなる「公界のメンバー」たちは、当時の社会一般の有徳人としてのあり方から、寺院の建立を中心とした喜捨・社会奉仕を行い、多くの寺を「公界寺」として建立していた。そのことを背景とした法が第三〇条「公界寺事」と第八七条「公界寺住持事」である。この第八七条の中にも「各」の言葉がある。佐藤はこの「各」を家中の侍だとし、自分の身内を寺に送り込もうとしたと解釈したが、むしろこの「各」は公界のメンバーを指し、この法は、彼らが建立した公界寺の住持に、「氏寺」の場合と同様に、自分の身内を送り込もうとすることを問題としたとするのが、素直な解釈であろう。

「各」の研究史(2)

第八二条「門番夜番次第事」は門番・夜番の割りあてに関する法令で、政勝が三案を諮問し、「各」が町の屋敷持ちと所帯持ちが門番・夜番を担当すべきであると答申したことに基づき決定した法令だが、これは同時に町の自治担当者の範囲の決定でもあった。それゆえ「各」は町の自治の中核・「公界のメンバー」となる。これまでは結城氏が城下町の警備や整備の担い手だったが、この法令により、担当が自治体の「公界」に代わり、第八五・九四・九七条から、「公界」が自治体＝「老若」の「老」を担うこととなった。この法令中の「何各同心可相定候」の送り仮名を佐藤は留保したが、私は「何ニテモ各同心ニ相定ベク候」と読み、「何があっても、各は心を一にして決定すべきである」の意味とする。

第八三条「撰銭事」の「各」も「公界」のメンバーで、法令の諮問に「悪銭之侘言被申間敷候」とあり、売買両当事者の争いが「市場法廷」から「大名法廷」へと持ち込まれることが前提だが、この法令の主旨は『大内氏式目』と対立することになる。大内氏の場合は、「撰銭」に対して取引の両当事者の「内々の沙汰」「公界の沙汰」を否定し、大内氏の法を強制したが、結城氏の場合は、「公界」を権力内部に取り込み、「公界のメンバー」「蔵方」たちに諮問してできた法律でもって、撰銭問題に対処しようとしたのである。以上第八二・八三条の検討から、佐藤の議論は成り立たないことは明らかである。

「各」に「公界のメンバー」が含まれていたとすると、次の問題は、「各」の言葉を含む「荷留法」の「各」とは誰か、となる。流通経済に関わる法令「荷留法」六カ条全体にまたがるキーワードは「披露、印判、侘言、荷物、馬、腰刀、老若」で、次のようにある。

第七三条「*他所の者・出家・山伏が輸送ルールに背いた場合の処罰」
第七四条「*此方成敗の者が輸送ルールに背いた場合の処罰」
第七五条「*手許の郷中の者が輸送ルールに背いた場合の処罰」
第七六条「荷留之時侘言事」「*荷留に関する要求の禁止」
第八五条「荷留ニ付侘言事」「*荷留された荷物の質取り要求の禁止」
第八六条「私荷留停止事」「私的な荷留の禁止」

これらの法令の中で、「各」を含むものは第八五条のみである。佐藤は、『中世政治社会思想　上』の頭注と補注で「各」を重臣として、これらの法令を解釈した。細かい法令の分析・解釈は本論に譲るが、ここでは「荷留」に際し「各」が「留める」ことを止めて「通せ」と要求＝「侘言」している。家臣・重臣ではなく、流通経済に大きな発言権を持つ蔵方が荷物の販売・輸送に関わっていたと考えるのが素直な解釈である。それゆえ、ここでも佐藤説の見直しが必要となってくる。次にそのための作業に入ってゆきたい。

3　「各」＝蔵方たち、「公界」のメンバー

以上の分析の結果から、「各」のいくつかは「公界のメンバー」を指しており、「各」は通説通り「家臣」の場合が多いとしても、政勝が「公界のメンバー」に向かって、親しく「各」と呼び掛ける場合もあったことになり、通説には変更が迫られよう。ここから、法文上に「公界」の言葉のない第八五条「荷留ニ付侘言事」と第九七条「町々要害普請夫役事」の「各」は「公界のメンバー」を指すと考えられる。政勝はこの「公界」との関係を軸に、第八二条では城下町の支配を「公界」に委ね、町の普請や夜警を「公界」の自治に任せ、さらにまた、「公界」との関係を基に、領内の道路網を支配下に置いたのである。

以上は第七章「『結城氏新法度』と「公界」」第二節3「結城氏の交通網支配と「荷留」」で取り上げる。交通業者の「座法」を基にした「公界」の慣習法を背景に、結城氏は「荷留の沙汰」を制定し、「公界」を体制内化することに成功した。しかし第八五条「荷留ニ付侘言事」と第九四条「孝顕之日公界寄合停止事」では政勝は「老若」に対し愚痴を述べ、第九七条「町々要害普請夫役事」でも、普請体制への不満を述べている。この三カ条は共に「公界」への不満である。そして第七章の分析を通して、多数の法令（上記「各」の項目）が「家中法」から「領国法」へと移行し、全体的な印象も「領国法」へと傾くことになる。

以上をまとめると、『結城氏新法度』の前半と後半とでは政勝の「公界」に対する態度に変化があり、前半では「公界」を自己の権力の内部に取り込み、城下町の警備や整備、領内の物資の輸送体制の整備を行ったが、後半では結城の城下町の運営を「公界」に委ねると共に、第八五条や第九四条では、公界の老若に対し愚痴を述べたことになる。いつもの「くせ」が出たのであろうか。大名と「公界」との関係を都市の自治を認める方向で制度化した事例は、戦国期の日本では大変珍しいと思う。『新法度』の最後に登場するこの愚痴をどう評価すべきか。私には答えはない。若い読者に委ねたいと思う。

これまでの結論として、「公界」=「世間」とする佐藤の考えは否定され、佐藤説の影響下にあった安良城や、『新法度』の現代語訳を試みた歴史学研究会中世史部会、またこれらに依拠する村井の考えは否定されたことになろう。ともあれ、先学と大きく意見を異にするので、これらの法の解釈は本論で丁寧に行うつもりである。

4 『結城氏新法度』の外面的特徴

第I部一章で述べるように、笠松宏至は論文「『結城氏新法度』の顔[36]」の中で『結城氏新法度』の特徴を論じ、『新法度』は〈制定者政勝個人から家臣個々に充てられた書状〉であって、〈法律というよりはむしろ、多くの恐喝とそれと裏腹の泣きごとを、お説教交じりにめんめんと書きつづった手紙〉だとした。『新法度』が〈政勝が家臣個々に充てられた書状〉である理由は、結城政勝が家臣の一人一人を念頭に置いて「各」と呼び掛けた法令が一七個もあることによって確かめられよう。この議論はそのまま清水克行に引き継がれたが、〈恐喝〉〈泣きごと〉(笠松)、〈恫喝〉〈愚痴〉(清水)といった評価は主に、『結城氏新法度』の最初に置かれた「前文」の分析によっているのだろう。

しかし『新法度』の顔・外面を論じるなら、この『新法度』全体を通じて、法令の最後に、添付語として「可被心得候」とか、「前長に可被心得候」とか、「前長に申置き候」などと、家臣の一人一人に宛てた訓戒の言葉が数多く存在していることにも注目すべきであろう。添付語のある法令は、法令の制定者・政勝が特に重要だとした、『新法度』の中でも「基本法」である可能性がある。三者の中でも「前長に」を含む後の二者が「基本法」、結城氏の「憲法」だと考えてみたい。

ただし、これら三者は、家中全体に対する規範・命令である「家中法」の中に「訓戒」的な言葉が同居する形をとっている。両者の関係をどう理解すべきだろうか。おそらく、これらの言葉は法令自体の持つ価値には関わっていても、個々の法令の中身・内容には関係のない単なる添付語だろう。例えば「可被心得候」について考えると、名詞の「心得」とは本来〈物事の細かい事情などを理解していること〉の意であるが、動詞の「心得る」となると、〈承知する。同意する。了解する〉の意となり、法令の末尾にある「可被心得候」の言葉は、それまで記された命令の「念押し」ということになる。これを村井章介は〈「心得」をさとす〉(37)〈訓戒的部分〉(38)と呼び、ここから「各」は法定立の主体であると同時に法の規制対象でもあるという村井特有の「各」の二重性の議論に進んでゆくのだが、私はその議論は認めない。むしろ、この言葉は法制定者・政勝の気持ちの中に、「大事な法だから」との思いがあったときに、付けたものとしたい。

個々の法令の解釈は後の章で行うとして、ここでは事書と綱文とともに、それぞれの添付語を持つ法令を挙げておく。

「可被心得候」

第三条「徒党之禁」「徒党を組むことの禁止」

第四条「喧嘩口論等加担之禁」「喧嘩に対する処罰」

第七条「頼傍輩縁者討人事」「嘱託殺人に対する処罰」

第二二条「不忠者事」「結城氏に不忠をはたらく者に対する処罰」

第五九条「荒所令満作時本分限事」「荒地開墾後の知行高」
第七二条「私之企事制禁事」「結城氏に内密の私的計画の禁止」
第八八条「堂宮立木伐採之禁」「寺社の立木の許可なき伐採の禁止」
第九九条「外之悪党之宿幷請取不可致事」「悪党をかばう者への処罰」
「前長に」「可被心得候」
第七六条「荷留之時佗言事」「*荷留に関する要求の禁止」
第八九条「制札違背事」「制札違反者に対する処罰」
第九五条「棒打之禁」「棒打ち禁止」
「前長に」「申置」
第四八条「*謀反人・内通者への処罰」
第八一条「販事之禁」「家中の侍が販売をすることの禁止」
第八四条「所帯屋敷充行次第事」「所領や屋敷の給与」
第九三条「下人・下女走入事」「逃げ込んだ下人・下女の返還」

なお、『結城氏新法度』の家訓的・訓戒的特徴については、まず第I部一章で、「前文」「『結城氏新法度』の中の「訓戒」と「家訓」」「結城武士のあるべき姿」「軍律」に分けて論じてゆく。

5 『結城氏新法度』全体の解釈と第I部の構成

本書の全体の目的は、「公界」の言葉を含む戦国家法として『相良氏法度』と『結城氏新法度』を分析することを通じて、大名権力と「公界」との関係を明らかにすることにあり、第I部では第七章において、結城氏と公界の関係を中心的に取り上げる。しかし本書では家法全体の解釈をも目的としており、ここで、両法度全文解読のために私が本書で採った方法についても述べておきたい。

『結城氏新法度』を扱う第I部では、私の関心に合わせ、『新法度』全文をいくつかのグループに分け、それぞれに章を立て、逐条的に読み進んでゆく方法を採った。当然のことながら各法令の細かい解釈は本論に譲るが、グループ分け自体は第I部の構成と密接に関わるので、次に第二章以下の各章のテーマとアウトラインを簡単に紹介しながら述べておくことにする。

戦国大名・政勝の誕生——第二章「『結城氏新法度』の発生」

佐藤の言う「各」=「重臣」説に疑いを持つと、結城氏と重臣との間に親和的な関係を想定する『戦国全史』や村井の考えにも疑いが向かうこととなり、結城氏と家臣との間に敵対的な対立を示す法令を探索するに至った。そこで発見されたのが第四八条である。第二章では第四八条を取り上げる。佐藤の事書や要旨、『戦国全史』の綱文を改め、この法令のテーマは「謀反」「敵への内通」の問題だとし、事書を「*謀反人・内通者への処罰」だとして、その分析から、結城政勝の政治的な登場を論じる。

松本新八郎の議論を辿る——第三章「政勝の所領認識」

松本新八郎「室町末期の結城領」の議論の再検討のためにこの章を立て、第一節「屋敷・所帯・立山・立野」、第二節「所帯と手作」、第三節「足軽」、第四節「百姓」、第五節「境相論」、第六節「所帯・屋敷の給与と占有」を論じる。第三節で行う第五九条「荒所令満作時本分限事」の分析からは、結城氏の家政機関の「政所」は「分限帳」を持ち、家臣一人一人の所領の年貢高を把握していたことになる。これは第五章の家臣の賞罰、特に「改易」に関わってくる。

『結城氏新法度』の罪と罰――第四章「犯罪」・第五章「賞罰」

網野・石井・笠松・勝俣の四人による名著『中世の罪と罰』(39)がある。その影響下に、『新法度』における「罪」と「罰」を取り上げたのが第四・五章である。第四章では「罪」を中心に考える。「罰」に関しては第五章で、前述した「訓戒」をより一層発展させたものが人事の要と言われる「賞罰」だと考え、『新法度』を見直す。その結果、結城の世界では称賛されるべき人は「忠信者」と言われ、その反対者は「不忠者」とされていたことが明らかになる。封建社会の常として、恩賞としての所領の付与は考えやすいが、ここでは「褒賞」として新たに家を立てることを承認しており、それが私には面白い。

政勝の政治主導権の掌握は、守護大権の意識・検断権の主張として表現されたので、『新法度』の最初の数カ条には、検断権に関連する法令が置かれている。

第四章「『結城氏新法度』の中の犯罪」：ここでは第一節「博奕」、第二節「人商い」、第三節「喧嘩」、第四節「盗み」、第五節「証拠」、第六節「火付け」に分けて論じる。博奕と喧嘩に対しては、政勝の家臣団に対する強い発言権が感じられる。第一節では『新法度』の第一条「博奕之禁」を取り上げる。『新法度』を作るという高揚した気持ちが、やや長文の法令となって表れており、博奕は何が何でも禁止するとの強い意志が感じられる。第二節では第二条「人商事」と第四七条「人勾引事」を論じる。第三節では「喧嘩法」を取り上げる。第三条「徒党之禁」、第四条「喧嘩口論等加担之禁」、第五条「*故戦者・防戦者の処罰と一類の連座」、第六条「*自制後申告者と慮外者の扱い」、第七条「頼傍輩縁者討人事」と第八〇条「不可駈向喧嘩之場事」である。第四節では下人関係の盗みを問題とする。第九条「立山立野盗伐盗刈被討者事」と第一〇条「作毛盗刈被討者事」は、主人側の、自分の財産である下人が殺されたことに対する損害賠償の要求・提訴・佗言を問題としたものである。検断沙汰として体系的・網羅的に考えるなら「強盗・夜盗・山賊・追剝・野盗」なども取り上げるべきだが、ここでは実務的に実際に起こる現実的な下人の盗みのみを取り上げる。

第五章「『結城氏新法度』の中の賞罰」：　第一節では家の相続に関わる「名代」を取り上げる。「1　名代＝養子相続の場合」では、第四五条「親負物可懸養子事」と第五七条「養子不可別離事」を、「2　名代＝跡目の場合」では、第二八条「慮外人不嗜不奉公不忠者事」と第五二条「名代譲与事」を、それぞれ検討する。第二節のテーマは「褒賞」としての家の取立てである。「1　家の取立て」では第四六条「以他人令相続罪科人名跡時不可懸先主負物事」と第五三条「*忠信者に家督創設」を取り上げて分析する。「2　忠信者への特別な保護・褒美」では、第三三条「要害普請懈怠事」、第三八条「殺害逃亡者帰参不可叶事」、第四二条「忠信者跡負物沙汰事」、追加第二条「年始之肴以下新儀望申輩事」を分析する。「3　忠信を目指しての規律違反」では、第二七条「近臣等致草夜業科事」、第六九条「自由物見之事」を検討する。

第三節では「刑罰」としての「削る」「改易」をめぐって、佐藤説や『戦国全史』所収の『結城氏新法度』の現代語訳に現れた歴史学研究会の説を再検討する。本書で重点を置いた一つである。結城氏の家政機関には「侍所」があり、家臣の名簿を把握していた。「削る」はその名簿からの名前の削除で、家臣団からの追放を意味した。かかる理解の下、第四六条の「削る」は闕所地処分だから、先主の負物は消滅しているとして、佐藤の読みを再検討する。「改易」はもう一つの家政機関「政所」が持つ「分限帳」に基づく処分で、家臣としての籍は続くが、所領の削減から謹慎処分までの様々な段階の処分があったことになる。

「世界の隙間」——第六章「神社・仏寺・流通」・第七章「公界」

日本の場合「世界の隙間」には神社・仏閣が建ち、市場が立った。このような場に現れる日本中世の「下人」は、異人や異邦人の性格を帯びていたが、他面、高価な動産の側面もあり、債権・債務の決済のためにも登場した。「世界の隙間」は交通の要衝でもあり、物資の集散地で、金融業者などの「公界」の民が住んでいた。これまで取り上げてきた「家中法」とは異なる対極の世界の法である。

第六章「『結城氏新法度』の中の神社・仏寺・流通」：第六章では「世界の隙間」に立つ神社仏閣や市場を取り上げる。この世界には本来異人や異邦人が出現するのだが、出自はどうであれ、『新法度』ではこの世界に定住する「寺門前者」が登場する。彼らの中の成功者が蔵元などの「公界」のメンバーとなったのだろう。「世界の隙間」を活躍の場とする者には、異人・異邦人のほかに、「家世界の異邦人」で、この世とアベコベな世界の住民とされた「下人」もいた。第九三条「下人・下女走入事」は寺院のアジールに関わる法令だが、下人がこの世界と緊密な関係にあったことを知らせてくれる。

第二節では第八条から、神事祭礼の日が下人たちの解放日であったこと、彼らが自己実現を目指して市町に出掛け、「男を売り、顔を売ろう」として喧嘩、「やりこ」「慮外の義」を行ったことを見てゆく。そして、この「やりこ」をペテンとする佐藤説を再検討する。神事祭礼の日には境内に市が立った（第八・一七・三五条）。それを本書では「市町」と表現する。ここでは人の密集から国質・郷質などの「質取」も行われ、「下人」の質取もあった。「やりこ」や喧嘩には、こうした思いがけない災難を原因とするものもあったであろう。人々の雑踏する「市町」は荒ぶる場でもあったので、結城氏はここに「奉行」を派遣し、暴力行為を取り締まり、質取についても結城氏の許可が必要だとして、市町の平和を追求した（第三五条）。神社やその祭礼の日の市町に対しては結城氏の関与が明白である。一方仏寺の祭礼では、第一八・九五条で見るように、参拝者の自治に委ねていた。

第三節では政勝が対峙した民衆文化と下人文化を、第一八条「仏事以下見物之時狼藉者事」と、第九五条「棒打之禁」から分析する。これらの法令の「棒打ち」「大狂」を佐藤は〈未詳〉としたが、下人に関係するものとして私の解釈を対置する。第一八条や第九五条の「棒打ち」「大狂」という下人の風俗の背後には、地獄の窯の開く日は下人の解放日で、神事祭礼の日と同様に、この日だけは何をしても許されるとの社会通念があった。下人を階級として抑圧する社会では、下人は人の所有物にはなるが、彼のモノへの所有権は否定されていた。下人たちは主人たちとはアベコベな世界の中の住人とされ、犯罪予備軍と見なされていた。

第四節では「下人関連法」の第一四・一五・五四条を取り上げる。第五四条「放馬抱惜事」からは放れ馬を見つけた下女・下人が〈返したくない、代物が欲しい〉と言えば「盗人・追懸同然」とされたことが知られる。下人は所有の主体となれず、下人＝犯罪予備軍を説明する法令である。第二条から下人は主人が売買するモノであるのと分かると同時に、第一四条「他人之下女・下人悴者不可召仕事」や、第一五条「＊下人下女等男女子分事」からは下人が家族を持ち、子供を育てていたことが確かめられる。第一〇四条「膝下之下人悴者於他所不可質取事」では、主人を選べる存在でもあった。これは松本新八郎の、完全なる主人の財産としての下人（奴隷）と、既に土地に植えつけられた下人（政治的に奴隷の境涯に落とされている農奴）との二種類が存在したと考えられるとの理解[40]に対応する。

第五節では第三五・三六・一〇四条の三カ条が存在している「質取法」を検討する。下人は高価な動産として質取の対象にもなっていた。第六節では「門前者」の統制に関連する第八九・九一・九二・一〇三条を取り上げる。

第七章「『結城氏新法度』と公界」：　結城氏は第二九条では「間済沙汰」として「公界」が取り仕切っている市場法廷での「内済」を保護した。「公界」を自己の権力の内部に組み込んだことから、公界の慣習法を『新法度』の内部に取り込んだ。それが『新法度』の中の「負物法」第三九〜四六条の八カ条となっている。

第三九条「負物沙汰事」「借金をめぐる争い」
第四〇条「売地請返事」「永代売りした土地の買いもどし」
第四一条「蔵方質入地事」「質物の請出保証」
第四二条「忠信者跡負物沙汰事」「忠信者の子孫の借金の減免」
第四三条「負物沙汰可依証文」「証文のない借金」
第四四条「貸金質取地等他人譲与事」「受取人が他人の場合の遺言状の有効性」
第四五条「親負物可懸養子事」「親の借財に関する養子の返済義務」

第四六条「以他人令相続罪科人名跡時不可懸先主負物事」「絶縁させられた先主の債務返済義務」

第四二条には「公界の沙汰」と「大名法廷」との厳しい対立関係が見られる。「公界」と「忠信者」の子孫とが対立する中で、結城氏は両者の間を取ってそれを『新法度』に採用した。第四四条では、蔵方からなる「公界」の民は売買・貸借関係の中で生きており、契約状の専門家であったため、遺言状の審査の専門家として結城氏に呼ばれ、法案の作成に当たったことが示されている。同様に第八二条では諮問を受けて「撰銭法」の作成に当たっていた。

先に触れた「荷留法」(第七三～七六・八五・八六条)六カ条もまた公界の民に関わるもので、債権取立てのために道路・関所・町などで荷留を行っていたことが分かる。「公界」の民は売買・貸借関係の中で生きているので、当然為替等の送金にも関与したはずだが、この『新法度』からはその痕跡を見出すことはできなかった。

結城氏と人々をつなぐもの――第八章「『結城氏新法度』の中の「披露・陳法・侘言」」

結城氏と結城氏が親しく「各」と呼び掛けている家中の人々や「公界」のメンバーとの関係を律する言葉「披露」「陳法」「侘言」の使い分けを第八章で問題とする。「披露」は「許認可」につながる場合と「訴訟・裁判」に関わる場合に使われた。「侘言」を『戦国全史』では「侘言」=〈訴願〉としているが、もっと多義的で、「提訴」「要求」のほか「弁護」「非難」「抗議」など多くの意味があったと考えて、再検討する。

第三節　『相良氏法度』

1　『相良氏法度』の研究史

第一節で述べたように『相良氏法度』第一八条については多くの研究業績があるが、『法度』そのものを取り上げたものには『中世政治社会思想　上』所収「相良氏法度」への校注者・勝俣鎮夫の頭注や補注以外は、私の研究や村井章介の論文を除くと、取り上げるべきものは見当たらない。私の昔の論文を掲げると次のようになる。

1　「相良氏法度十八条の世界」弘前大学教養部『文化紀要』第三一号、一九九〇年。
2　「相良氏法度の研究　㈠」『文化紀要』第三九号、一九九四年。
3　「相良氏法度の研究　㈡――スッパ・ラッパ考」『文化紀要』第四〇号、一九九四年。
4　「《為続法》の研究　二」『文化紀要』第四二号、一九九五年。
5　「〝買免〟とは何か――売買考」『文化紀要』第四四号、一九九六年。

1で私は、当時多くの人々が問題としていた『相良氏法度』第一八条の分析から入った。2以降では、『法度』全体の概観、〈為続法〉の分析、「買免」とは何か、等々と同じ問題を繰り返し取り上げ、関心は細部へと向かって行った。3のスッパ・ラッパについては、折口信夫の「ごろつきの話」(41)を参考にした。しかし5の「買免」の論文を契機に、この考察を止めてしまった。議論を展開するには準備が必要で、自分の力不足を感じたからである。それから私は方向を変え『楽市論』に集中した。権力と流通経済の関係が大事だと思ったからである。

長い中断・沈黙を破って、再論を決意したのは、ここまで度々取り上げてきた村井章介の二〇一四年の論文「「公界」は一揆か、公権力か」に触れることができたからである。これは拙論1に対する批判・反論である。本書では、細部へと向かう探究をさらに続けて、「無文」とは何か、「買免」とは何か、「買免」の実例、等々と展開しているが、村井論文に対する反駁の気持ちが本書成立のきっかけで、思わず『相良氏法度』『結城氏新法度』の二法度の全文解釈にまで広がってしまったとも言える。

2 『相良氏法度』と第Ⅱ部の構成

為続・長毎・晴広三代の法を一括して『相良氏法度』と呼ぶが、これらは、その時々の政治課題に対して、それぞれが発布した小規模な法令集・壁書で、具体的には七カ条・一三カ条・二一カ条から成る。まず〈為続法〉は当時相良氏の評定の場に掲げられたもので、為続の息子・長毎の時には「両代御方式」として〈長毎法〉と共に二つの壁書が掲げられた。晴広の時に、この「両代御方式」が〈晴広法〉と一緒に掲げられ、その結果この三者が『相良氏法度』となった。ここから、相良氏にとっては〈為続法〉が戦国相良氏の基本法であったことは疑いの余地が無い。

一方、私の初期の関心事は、前述のように〈長毎法〉第一八条にあった。そこでは法文上に相良氏の法廷・公界・役人・老若などが登場し、法廷外での訴人と論人の行動がテーマとなっている。この法の理解には〈為続法〉のテーマや、「買免」「無文」「本主」の登場する法令の解明が絶対に必要であった。しかるに勝俣鎮夫は『中世政治社会思想　上』の解題と補注の第一番目で、〈為続法〉には「戦国家法としての基本法の性格は無い」と二度にわたり断言している。だが、勝俣のこの断言は、「買免」形式の売買に対するこの立法が当該社会において持った画期的な意義を見誤っていると私は思う。

『相良氏法度』を分析する方法としては、ここでも、法令のテーマを考え、グループに分け、分析する方法を用いる。ただし、章立ては〈為続法〉〈長毎法〉〈晴広法〉に対応して、それぞれ一章を当てる。グループ分けは主として章内部の構成の問題となる。

〈為続法〉——第一章

〈為続法〉の第四条では「人返し法」が問題となる。領中の者の走入りの場合でも、本来の主人である領主への返還を謳ったものとして、土地売買法「買免法」での「本主権」との共通性を見出すことができる。ここから、〈為続法〉は雑務法五カ条と裁判手続法二カ条からなっていることになる。

第一条は「買免事」であり、第二条は「無文買免事」であることから、まず「買免」とは何か、「無文」とは何か、が問題となる。「阿蘇文書」からは「買免」文書の実例を発見し、これを分析する。〈為続法〉にある「買免」形式の土地売買とは「本銭返し・本物返し」と近く、「売主の買戻しはいつでも可能」とするもので、「買免」の「免」とは土地の得分権と代金との交換という「契約・約束事から相手を自由にすること」である。一方、戦国期の球磨郡では人吉相良氏と多良木相良氏がそれぞれの支配地・占領地に「買得安堵状」を発給していた。この安堵状により、売券に記された取戻し特約は凍結され、買戻しは禁止され、土地支配は固定化していた。その結果、一つの土地に二系統の文書が並立し、人々は互いに権利を主張して対立していた。両相良氏はシーソーゲームを繰り返していたのである。

これに対して為続は当知行の重視ではなく、慣習法的な「買免」制度を尊重し、本主権の重視を高札に掲げた。敵方の安堵状は「無文」とされた。これが法令の第一〜三・五条である。凍結された土地支配に対しては、「買得安堵状」のない「無文」の場合でも、本主権を復活させることが戦国相良氏の基本方針だった。人々は皆、手許の「売券」を検討し、取戻しを図り、為続の下に殺到した。為続が裁定すれば、土地は本主に戻るはずだった。これまで失効していた契約状は復活した。「古き良き法」の世界となった。人々は皆この新しい秩序に服した。

長続・為続親子は両相良氏が相戦う戦国期の球磨郡を軍事的に統一したが、為続はこの勝利を、立法により恒久的な秩序にまで高めた。球磨川流域世界の土地権利の最終判断者は為続ただ一人となり、為続は唯一の秩序維持者となった。その結果、為続は戦国大名へと上昇した。高札の形で公布された第一〜三条等々は壁書に整理され、長毎時には「両代御方式」に、晴広時には『相良氏法度』となった。なお〈為続法〉の第六・七条は、勝俣の言う一般的な法度制定の手続き法ではなく、買免形式の土地に関わる裁判の手続法で、第一条から第五条までの雑務法とセットとなっていた。

〈長毎法〉——第二章

〈長毎法〉は家臣たちの争いを裁くための裁判基準を記した「公共法」(第八〜一一条)と、領内の平和を命じた「平和令」(第一二〜一五・一七条)、そして売買関係の「雑務法」(第一六・一九・二〇条)の三者に加え、我々が問題とする第一八条の裁判手続法からできている。特に前二者は「一揆法」と共通しており、〈長毎法〉は「一揆法から家法へ」の図式に最も適合的なもので、長期的な見通しの下での重要事項の網羅、恒久的効力の付与の二点からも、基本法規としての家法に最もふさわしいものだということになる。

勝俣鎮夫は次の〈晴広法〉の第三一条を唯一の例外として、『相良氏法度』にあるこのほかの土地売買関係法はすべて「買免」形式の売買だとした。「買免」形式の売買とは、共同体に属する者同士の融通の定めであり、信頼関係の確認がその契約を支えていた。しかし、〈長毎法〉の第一六条は、「文質物」とあるように、「質流れ」を定めた法であって、契約とその約束が守られなかった場合の罰則が中心である。第一九条の「両売り・両質」法では、「重罪」として罰則が示されている。それゆえ〈長毎法〉ではどのような土地売買を前提としているかを検討して、勝俣説を見直したい。

またここでは、件の第一八条に関する村井論文への反論を丁寧に行い、村井に倣って解析図を作り、現代語訳も行う。

〈晴広法〉——第三章

この壁書の第一の特徴は守護大権の継受である。これは第二二条の田銭＝段銭の徴収や、第二四条から第二八条までの「検断之所」「検断之時」の語を含む五カ条の検断関連法によって確かめられる。第二一〜二三条は徴税法であり、また領民に井手溝の奔走を命ずる領主法・公共法でもある。井手溝の古杭や樋の保護を命じた第四〇条や、栗や竹木伐採を禁じた第四一条もこれに含まれる。第二の特徴は検断沙汰を意識して、公界のメンバーが人売りなどの悪事に手を染めている具体的な事例の列挙である。第二九・三〇・三七条の対象は「人宿」、人入れ稼業の「口入屋」だろう。

彼らについては折口信夫の「ごろつき」や「スッパ・ラッパ」についての考察が参考になる。相良氏の世界が為続以来平和になり、戦争の際に必要であった傭兵や人夫の派遣・斡旋を生業としていた「口入屋」が失業に追い込まれ、犯罪に手を染めるに至ったことがこれらの法の背景にあった。第三八条の「仲媒事」も「口入屋」に近い存在のものだろう。第二九・三〇条とこの第三八条を「狭義のスッパ・ラッパ法」と呼びたい。彼らは人を騙して人売りをしていたのである。晴広は彼らを、三郡の秩序維持者として、守護としての自覚からどうしても認めることのできない犯罪者として取り上げているのである。

一方、「広義のスッパ・ラッパ法」の中には第三二〜三四条の「下人法」、第三五〜三七条の「一向宗排除法」がある。後者は南九州の特異な宗教的な風土を示すものである。

第Ⅰ部　結城氏新法度

はじめに

結城領の位置

鈴木哲雄は著書『中世関東の内海世界』[1]で、今の東京湾を〈江戸内海〉と呼び、中世の「利根川」が上野の国から東京湾に注いでいたので、この地域を〈利根川＝江戸内海〉と名づけた。一方、今の霞ケ浦や北浦を〈香取内海〉と名づけ、鬼怒川が下野の国から下総・常陸の国境となり、この内海に流れ込んでいることから、この地域を〈鬼怒川＝香取内海〉と呼んだ。結城はこの〈鬼怒川＝香取内海〉の西北部にある。永原慶二[2]は伊勢大湊の回船が東京湾の六浦・神奈川・品川等々の港にやってきたことから、相馬御厨のある下総の内海の世界には伊勢との交流・交易があったと主張した。

結城は、京都から東に延びる「東山道」とは小山街道でつながり、結城の西の小山は「東山道」と「奥大道」の交点にあった。それゆえ結城領は水陸交通の要衝に当たり、室町期には全国商品「結城紬」[3]の特産地として、全国の流通経済とつながっていた。それを象徴するのが結城家中の者が飲んだ「酒」である。『結城氏新法度』第六二条「朝夕寄合酒肴之制」に「酒は天野・菩提山・江川」とある。佐藤進一は『日本思想体系21　中世政治社会思想　上』[4]の頭注で〈天野は河内国天野山金剛寺、菩提山は大和国菩提山寺、江川は伊豆国の江川でそれぞれ醸造された当代の銘酒〉とした。「天野」や「菩提山」は太平洋を運ばれた「下りもの」である。

この全国の流通経済に関わっていたのは、金融業者の「蔵方」や、第七三〜七六条と第八五・八六条の「荷留」法に関係して遠隔地商業を行っていた大商人たちであろう。「蔵方」とは「蔵」の持ち主で、京都周辺の「土倉」と同様、金融業者であった。本来は交通の要衝に「蔵」を持ち、保存のきく特産物などを保管する倉庫業者だった。それゆえ当地の特産物「結城紬」の保管・流通に関わっていただろう。このほか「蔵」には「米」や「豆」等の貯蔵があり、貯蔵物の販売も行っていただろう。さらに、近世の「札差」と同様、領主の徴収した年貢米の保管や換金業を行っていた可能性もある[5]。

市場近くにこうした「蔵」を建てることで「市場在家」は成立し、市場の常設店舗へと発展し、市場は臨時の定期市から恒常的な市場町へと発展しただろう。『結城氏新法度』に登場する「高橋の祭り」の日などの市町は「歳市」「祭市」で、遠隔地商人の集散する臨時の「大市」が立ったと想定される。全国商品の「結城紬」を全国に向けて一斉に販売していたであろう。また、これとは別に『結城氏新法度』にある「神事・市町」の言葉からは、神社の祭礼の時には臨時の「市町」が立ったことが確かめられる。一方、第九一・九二・一〇三条からは「兵粮・酒」が「町・里」で販売されたこと、日常品を恒常的に売買する市場があったことが想定される。これらの「町」は仏寺の門前町として築かれていただろう。こうした門前町の住民＝「門前者」の中から「蔵方」は成長し、我々の問題とする「公界」も成立した。

結城氏の略歴

結城氏は、下野大掾・小山政光の三男・朝光が、頼朝から下総の結城郡を与えられ、結城氏を名乗ったことに始まり、鎌倉時代には評定衆に列せられた。享徳三年（一四五四）「甲戌歳月日」と奥書のある「殿中以下年中行事」によれば、室町期、鎌倉公方下の鎌倉府には関東管領、奉公衆と守護が置かれ、関東管領の山内上杉氏は上野・武蔵・伊豆三国の守護を兼務していた。相模は三浦氏、常陸は佐竹氏、下総は千葉氏と、鎌倉以来の名族が任命された。結城氏は安房・下野二カ国の守護を兼ねた[6]、という。結城氏は鎌倉府の中では、規模の点では比較にならないが、関東管領山内上杉氏に次ぐ勢力であった。

京都の将軍と鎌倉の公方とが対立すると、その対立は、鎌倉府内部では鎌倉公方・足利持氏と関東管領・上杉憲実の対立へと波及し、永享の乱となった。鎌倉公方の持氏が滅亡すると、結城氏朝はその遺児の安王丸・春王丸を擁して反幕府・反上杉を掲げ、東国の豪族たちを糾合して下総の結城城に立てこもり「結城合戦」となったが、敗れて氏朝は自殺し、家督も中断した。その後結城氏は不振・不遇の時代を過ごすが、政朝・政勝親子の代に至り、結城・下妻・下館・長沼・小山にまたがる勢力圏を挽回した。これが『結城氏新法度』成立に至るまでの結城氏の略歴で、鎌倉以来の名族御家人と言える。

『結城氏新法度』とは何か

清水克行は『戦国大名と分国法[7]』の「はじめに――分国法の世界へ」で、「主な分国法一覧」を掲げ、一一個の分国法を取り上げた。その中の「早雲寺殿二十一箇条」と「朝倉隆景条々」は子孫へ生活規範を書き残した〈家訓〉で、〈厳密な意味での分国法には数えないことが多い〉とした。また同書第五章の「武田晴信と「甲州法度之次第」」では「家中法」と「領国法」を掲げて、〈分国法はその内容から二つに分類することができる〉とした。また同章のサブタイトルを「家中法から領国法へ」としたのに、〈『結城氏新法度』などは、あくまで家臣の統制に主眼が置かれており、領国内の百姓や村についての規定はまったく見えない[8]〉とした。

この清水の見解は先学の市村高男・村井章介なども共通しているが、法令解釈を通じて、この『新法度』には「領国法」の側面もあると証明することがこの第Ⅰ部の目的の一つとなる。

なお清水は先の主張に対応して、第一章「結城政勝と『結城氏新法度』」のサブタイトルを「大名と家臣たち」とし、同章第二項「『新法度』制定の背景」では、弘治二年（一五五六）四月の海老島合戦で政勝は小田原の北条氏康と手を結び、結城の東南の小田城を攻め落とし、小田領を併合して最大版図を実現したが、八月には奪還され、富谷・海老島・大島などを残すのみとなり、その直後の十一月二十五日に『新法度』を制定した、と説明している。

テキスト

『結城氏新法度』の現物は平仮名中心の漢字仮名交じり文で書かれているが、虫食いもあり、あちこちに欠字のある状態で残されている。テキストの完成には、佐藤進一の長年の苦労・努力があった。これから取り上げる『結城氏新法度』の翻刻には、一九六五年出版の『中世法制史料集　第三巻　武家家法Ⅰ』[9]所収の佐藤進一校注「結城氏新法度」がある。これは伝来した古文書テキストの復元を目指したもので、伝来物に即した仮名書きで、今の我々には漢字に直した方が理解しやすい所が多い。その後の一九七二年出版の『中世政治社会思想　上』にも、同じ佐藤進一校注の「結城氏新法度」がある。[10]この二度目の校注は前者と比べると、欠字部分に推定や残画からの文字復元の試みがあるほか、仮名で意味の通りにくい所は、適宜漢字に改めてあり、読みやすくなっている。本書ではこれを底本とした。なお、法令のテキストを引用する際には、漢文調の所は佐藤の注記に従って読み下し文に改め、送り仮名は現在の送り仮名の決まりに従ってカタカナで付け加えた。しかし文中での引用は漢文のままとした。

また『中世法制史料集　第三巻』の上欄に、佐藤は法令の内容を示す「事書」を掲げた。法文中の言葉を基にした漢文体である。さらに『中世政治社会思想　上』のほとんどの条文の頭注に、佐藤は法令の「要旨」を記し、多くの用語・語句の説明を付け、巻末には解説と補注を付けた。これとは別に、歴史学研究会中世史部会は『結城氏新法度』の現代語訳を進め、一九九五年出版の『クロニック戦国全史』[11]の「現代語訳分国法」に収めた。[12]そこには、佐藤の要旨の要約の場合が多いものの各法令の内容を示す「綱文」が平易な現代語で記されており、訳者注も付いている。序論でも述べたように、本書では『結城氏新法度』の各条文を引用する際に、多くの場合、法令の内容を示すものとして、佐藤の事書と『戦国全史』の綱文の二つをそれぞれ掲げた。しかし法令の解釈として、内容が事書や綱文と異なると私が思う場合には、「＊」を付け、私の理解したものを掲げた。

一方、清水克行は『戦国大名と分国法』第一章で『結城氏新法度』を取り上げ、その第四項で『新法度』全一〇四条をいくつかに分類したが、複数の条文にまたがっていない単独のものについては、その法令単独の「テーマ」を抽出した。佐藤の事書や歴史学研究会中世史部会の綱文と異なり、漢字二字や四・五字のものが多い。参考のため次に掲げる。引用・参照した場合もある。

第一条「博奕」　第二条「人身売買」
第一六条「追剝ぎ」　第一九条「不当な訴え」
第二〇条「不法侵入」　第二九条「内済の案件」
第三〇条「寺院」　第三一条「指南との関係」
第四七条「誘拐」　第四八条「共犯」
第五六条「放火」　第五七条「養子縁組」
第七二条「報告」

語彙索引には、栃木史学中世支部会「分国法語彙索引　その2[13]」の「結城氏新法度語彙索引」があり、佐藤進一の作成したノートに基づいている。

第一章　『結城氏新法度』の特徴

『結城氏新法度』は「分国法」「戦国家法」の一つであるが、同時に「訓戒」「家訓」の側面があることは既に先学が指摘しているところである。まず本章では『結城氏新法度』の特徴である「訓戒」的・「家訓」的側面を取り上げる。

序論でも述べたように、笠松宏至は小論「『結城氏新法度』の顔」[1]において、〈戦国家法全般を通じての概括的な性格〉を論じる中で、『結城氏新法度』の顔・外観について述べた。そこで笠松は、この『新法度』を〈制定者政勝個人から家臣個々に充てられた書状〉、〈法律というよりはむしろ、多くの恐喝とそれと裏腹の泣きごとを、お説教まじりにめんめんと書きつづった手紙〉、〈法律専門家たちの筆の入った形跡の全くない、百パーセント政勝個人の作品〉だとした。〈家臣個々に充てられた書状〉とした理由は、結城政勝が家臣一人一人を念頭に置いて、二人称複数形の「各」で呼び掛けた法令が一七個もあることによっていよう。

しかし『新法度』の〈顔〉〈外見〉を論じるなら、この『新法度』全体を通じて、法令の最後に家臣一人一人に宛てて「可被心得候」「申置候」「前長に申置候」などとある添付語にも注目すべきで、これらの添付語の持つ機能を検討すべきであろう。「可被心得候」は法令の対象である家臣たちへの注意喚起であろう。同時に「前長に可被心得候」は〈前もって長い時間をかけて注意するように〉との意味で、「可被心得候」よりも政勝が重視していたことを示していよう。

笠松の指摘を承けた清水克行も『戦国大名と分国法』[2]の第一章三項の「奇妙な法律」の中で、『新法度』は〈法律というよりは〉むしろ、〈政勝個人の愚痴や恫喝を感情のままに書き綴った手紙〉だとした。清水の言う〈愚痴〉や〈恫喝〉を「訓戒」と言い換えることが許されるなら、『新法度』の法令は多くの「訓戒」を含んでいることになろう。

これも序論で説明した通り、この『新法度』の冒頭には、法度制定の趣旨を述べた「前文」があり、次に一〇四カ条の「本文」、その後に年月日と署名・花押からなる「制定奥書」、二カ条の「追加」、家臣連署の「請文」と続き、最後に政勝の次の代の「晴朝署判の一カ条」で結ばれている。前文では、法度制定の理由を自分の健康状態から説き起こしている点からも、先学が指摘するように、家臣に宛てた手紙の性格が認められる。その前文の文章中に、先学は「泣きごと」「恐喝」、「愚痴」「恫喝」などを見出してきたのである。

前文の後、本文では「博奕」「人買い」「喧嘩」など「検断沙汰」に関係する法が続いているが、計画性が感じられるのはここまでである。「負物沙汰」[3]「荷留沙汰」[4]など「〇〇沙汰」の言葉を先頭に置く法令群もあるが、多くの法令はランダムに並んでいる。その中で清水[5]は第六一～六五条のテーマを〈人間関係・マナー〉、第六六～七一条を〈戦争〉とした。本章では前者を「結城武士のあるべき姿」という表題とし、後者を「軍律」と表題を改めて、「訓戒」の一つとして取り上げたい。

また、後述するように、結城氏と家臣の「各」は、「披露」「侘言」という言葉の申上げを通じて結ばれていたが、「各」には家臣のほかに「蔵方」などの「公界のメンバー」も含まれており、彼らとの関係は主従制ではないだけに微妙で、彼らに対しては「家法」的ではなく「家訓」的な言葉が使われていた。

以上から『結城氏新法度』の中の「家訓」的側面を示すものとして、第一節では「前文」を、第二節では「『結城氏新法度』の「訓戒」と「家訓」」と題して、「不可披露」「不可侘言」を含む法令や「公界」関連法を、第三節では「結城武士のあるべき姿」を、第四節では『家康軍法』との比較の上で「軍律」を、それぞれ検討する。なお、添付語については、取り上げたそのつど分析・説明をしたい。

第一節　前　文

佐藤進一は『日本思想大系21　中世政治社会思想　上』の解題[6]で、『結城氏新法度』の前文を〈法度制定の趣旨を述べたもの〉とした。政勝自身もこの法度を「新法度」「私法度」と呼んだが、法令集にふさわしい理性的な言葉ではなく、むしろ先学が指摘するように、感情的・非理性的な言葉が多用されている。本節ではこの前文の解釈を試みたい。そのために、「候」で文が切れることに注目して全体をAからIまでの九文節に区分し、それぞれの文節を内容の関連性から甲・乙・丙・丁の四段落に統合した。

甲は序文だが、「自分の健康状態」を述べている。乙では自分の「統治に対する家臣団の反応」を記している。丙では、だから私は新法度を作ったと「新法度作成宣言」をし、丁では、法度に背く人に対しては「おしよせ」て罰を与えるので、家臣の各々は心得るようにとあり、後段でもこの条目を守るようにと「家臣団への遵守命令」をしている。

この前文は欠字部分が多く、全体を読み通すことは私には困難である。そのため、前文全体の解釈・現代語訳に関しては『クロニック戦国全史』[7]と清水克行の『戦国大名と分国法』の助けを受けた。以下に示す、欠字部分を復元した引用では、私が選んだ言葉は〔　〕で、『戦国全史』によったものは［　］で示した。振り仮名を付け、読み下し文に直した。補った言葉は（　）で示した。

甲　自分の健康状態

A各々存ゼラルル如ク、年之上に大〔改革〕五年ニ及ビ、一日モ心易《こころやすき》躰之ナク候。

B人気候［物見］遊山活計さへすかぬ身上、殊ニ六ケ敷御沙汰以下、更ニ以テ〔身にこた〕へ候。我等不養生、命之つまる義にて候。

Aの「大「改革」五年ニ及ビ」を清水は〈「この五年間、一日も心休まるときが無かった」と愚痴っている〉としたが、これは本書第二章『結城氏新法度』の発生」で述べることと関わり、政勝の政治的な誕生以後五年の月日が経ったとの意味であろう。佐藤は『中世政治社会思想　上』の頭注で、Bの「活計」を〈クワッケイ。饗宴の意。饗応・享楽の意にも用いる〉とした。『戦国全史』では次のように現代語訳している。従いたい。

Aそなたたちも御存じのように、（わが身は）老年であるうえに［当家にとっての重大事が］五年にも及び、一日として心の休まることがない。B人並みの遊山や宴会といった気晴らしさえ好まない性格なので、ましてめんどうな訴訟の裁決などは、［もっと身にこたえる］。（こうしたことで）不養生をしていては、命が縮んでしまうものである。

乙　統治に対する家臣団の反応

C其ノ上、当方［の］老［臣、御沙汰の］時は、道理ヤ非ヤをさゝやき候。

D［ところが、一方では］、あるいはわが身上之義歟。縁者・親類の沙汰の時、鷺を烏に言い立て、縁者・親類又指南其ノ外にたのもしがられべき覚悟にて候哉。

Eとても死得間敷《しにえまじき》に、目つくり、刀つきたて、無理を言イたて、多からぬ傍輩間にて、似合わぬさんとうの刷《あつかひ》、わけ候もなつきお〔ぼえ〕候。

佐藤は頭注で、Cの「当方」を〈この法度を制定した結城家・結城方の意に用いている〉とした。Dの「縁者・

親類」について言えば、結城家家中の侍の世界は地縁・血縁でつながった「親類縁者」の世界で、朝夕の寄合で酒を酌み交わし、喧嘩となれば互いに駆けつける共同体であった。侍たちは結城の当主・政勝に認められようと励んでいたが、身内に頼もしがられることを第一に大切にしていた。佐藤は頭注でEの「目つくり」を〈わざと怒った目付きをする、の意か〉、「さんとう」を〈「さっとう（察当）」の音通であろう。「察当」は「撮当」とも書き、咎め・非難の意〉としている。

さらに「刷」を〈結城氏新法度では、この字を「アッカヒ」「アッカウ」と訓んでいるようである〉とした。ここでは「刷」が合計三回登場するが、いずれも「扱う」「扱い」の意味である。しかし結城氏が「所帯・屋敷を扱う」となれば、当然「宛行う（＝知行させる）」の意味となることから、『新法度』の中の個々の法令では、この言葉は「所帯・屋敷を宛行う（知行させる）」の意味で使用されていることになる。以上から「刷」には二通りの用法があったと言える。

「わけ候も」を佐藤は〈理由はあるにしても、の意か〉としている。「なつきお」については〈この下に欠字があって文意明らかでないが、「なつき」は、古く脳を意味し、頭・頭痛の意にも用いられた「ナヅキ」ではあるまいか。欠字部分、或いは「ほえ」ではあるまいか（「なづきおぼえ候」となる）〉とした。この部分の解釈は佐藤の推定に従った。『戦国全史』の現代語訳は次の通りである。

Cそのうえ、当家の［重臣は、私の裁決について不満な］ときは、道理にあうのあわないのと陰でささやいている。D［ところが、一方では］あるいは自分の身にかかわること（であるため）か、親類縁者の訴訟となると、白を黒といいくるめる。親類縁者または指南そのほかに頼もしく思われようとするのか、E実際には死ぬ気もないのに目をむいて、刀をぬくようすをみせて、無理を通そうとする。同僚もそれほど多くないなかで、（このようなそれに）似つかわしくないさしでがましい行為は、理由があるにしても頭の痛くなることである。

清水はDの途中から次のFまでを次のように現代語訳している。

D縁者親類の訴訟が起きると、まるでサギをカラスと言いくるめるような横車を押して、縁者親類や配下の者たちなどから頼もしがられようとしているのではないか。Eとても死ぬ気などないくせに、目を怒らせ、刀を突きたて、無理な言い分を押し通し、多くもない同僚のあいだで、不似合いなけしからんことが行われるのは、理由があることにしても頭の痛いことである。Fだからこそ、個人的にこの法度を定めるのである。おのおのよく心得ておくように。

なお、清水はこのD・Eの部分から、〈結城家中では縁者親類の結束力が強く、同族の利害のためならば白を黒とも言いくるめ、多少道理を曲げてでも自分たちの主張を押し通そうとする傾向があり、政勝はこれにほとほと頭を痛めていた。この悪しき風潮を矯正することこそが「新法度」制定の狙いであると、政勝自身が明言している〉[8]とする。一方、結城家中でこのように団結力の強い縁者・親類の集団を、松本新八郎は〈同胞衆〉と名づけた（第三章参照）。彼らの態度を非難するこの乙の部分が、「訓戒」の中身を述べたところとなろう。

丙　新法度作成宣言

F然ル間、私ニ法度をあげ候。各心得エラルベク候。

G此ノ新法度［は、代々の当主］をしおかれ候沙汰、又身が前々仕来候刷、［悉く集め候ものにて候。此れ］以後此ノ法度に用イズ、随意に物申すべき人［あるべからず］さらふ歟。当名字に不忠をかまへ［成し遂げし］事取り崩し、ゐしょを取るべき刷歟、

佐藤は頭注で「身」を〈この法度制定者である結城政勝の第一人称。72・85・94条等参照。また「愚」という語も用いている。62条参照〉とし、「当名字」を〈結城の名字すなわち結城の家の意〉、「ゐしょを取」を〈文意未詳〉としたが、『戦国全史』では後述のように〈重要拠点を奪う〉としている。

Fではこれから展開するものを「私の法度」とし、Gでは「新法度」と呼んでいる。ここに、この法度に対する

政勝の立場が感じられる。笠松宏至が指摘するように[9]、この法度には〈諸大名の間を流れ歩いた法律専門家たち〉の影響はなく、法度の作成は当主政勝の個人プレーであったと思われる。初めの数カ条を除くと、裁判の折に公布した判決をそのつど書き加え、次々に収録して作成されたものであろう。ここのF・Gを『戦国全史』では次のように現代語訳している。

　Fこのような状態なので、私個人として、法律を決めた。そなたたちもそのように心得られよ。Gこの新法は、［代々の当主が］行ってきた政治、また私が前々より行ってきた裁定を［まとめたものである］。今後この法律にしたがわず、勝手にものをいうような者［があってはならぬ］。（そのようなことは）当家に不忠をはたらき、［全体の秩序を］破壊し、（結城氏支配の）重要拠点を奪おうとする行動であろうか。

ここにある〈重要拠点を奪おうとする〉は「えしょを取る」→「えいしょを取る」→「「衛所」（＝番兵を置いて警備する所）を奪う」という解釈によるのであろう。

丁　家臣団への遵守命令

H法度ニ背かれ候御人躰、誰人は入ルベカラズ候。をしよせ、こすき申スベク候。

I何事モナキ時、各心得のため、条目にあらはし候。後代ニ於イテも此ノ法度タルベク候。

佐藤は「誰人は不可入」を〈誰々の詮索不要、何人にかかわらず、の意〉とし、「こすき」を〈「坎、コスク」（天正十八年本節用集）の連用形か。「坎」は、撃つ、たたく〉とした。『国語大辞典』は「こずく」を〈怒って打つ。たたく〉としている。「をしよせ」は第一条にも登場し、『戦国全史』では〈軍勢の派遣〉としているが、結城氏配下の「捕吏の派遣」であろう。『戦国全史』では次のように現代語訳をしている。

　Hこの法令にそむかれた方には、だれであろうともかまわず、軍勢を派遣し、誅罰を加えることにする。I（今は）平穏を保っているとき（なので）、そなたたちの心得のために条目として明文化したのである。後世にいたるまで、この法律にしたがうべきである。

ここでは政勝が法度への服従を強く主張していると見ることができる。ここから佐藤の解題の言葉〈家中の統制を目的としてこの法度が制定されたことは明らか〉が導き出されよう。

まとめ

甲・乙では「命之つまる義」(＝命が縮んでしまう)、「なつきおぼえ候」(＝頭が痛くなる)と愚痴を言い、弱音を吐いていたのに、丙・丁では逆転して「をしよせ、こすき可申候」と強気な命令者に変身している。笠松の言う〈泣きごと〉〈恐喝〉や清水の言う〈愚痴〉〈恫喝〉はこの反転部分に基づいていよう。

第二節 『結城氏新法度』の「訓戒」と「家訓」

近代人である我々は、法というものに体系性や普遍性・網羅性を想定してしまうが、政勝は主人として家臣団の統制にのみ関心があり、『新法度』は家中を超えた世界にほとんど関心を払ってはいない。そのことは『新法度』の最初の検断沙汰関連の法令(第一〜一〇条)からも明らかである。そこで取り上げられたものは検断の沙汰一般ではなく、家中の侍に関係するもののみである。一方、例えば『大内氏掟書』第一一〜一三条の法令は全国を股にかけて荒らしまわる盗賊、雑賀飛驒入道妙金に関わる法律となっている。『新法度』の場合、こうした盗賊に対しては第九九条の「外の悪党」や第一六条の「追懸」が対応したのだろうか。

「不可披露」「不可侘言」を含む法令

第九・一〇条は「盗み」に関する法だが、そこで問題としていることは、盗みの現行犯として殺された「下人」の主人が、殺した相手に損害賠償を訴えることの禁止令であり、「不可披露」「不可侘言」とある。このように「不可披露」「不可侘言」を含む法令は、結城氏に申し出ても取り上げないとしたもので、法の外に放置するとの宣言でもある。これらの事柄に対して「各」と呼び掛けられた家臣は、逆に自己責任によって事柄に対処しなければならなかった。それゆえ、これらの法令の本質は「家法」ではなく「家訓」「訓戒」となろう。ここでは、「不可披露」「不可侘言」を含む法令の事書と綱文のみを次に掲げ、詳しい分析は第八章で行う。

「不可披露」

第一九条「依他人頼猥不可披露事」「道理や証拠のない訴えの上申禁止」

第三〇条「公界寺事」「*公界寺への不当な干渉」

第七七条「神事祭礼之場喧嘩事」「神事祭礼の場における喧嘩」

第七八条「酒酔者披露事」「酒気をおびての申し立ての禁止」

「不可侘言」

第八条「於神事市町やりこ押買以下科事」「*市町や祭礼での不当行為で殺された者に関する訴願の禁止」

第九条「立山立野盗伐盗刈被討者事」「*他人の山野での盗伐・盗採で殺された者に関する訴願の禁止」

第二〇条「夜中於他人屋敷被討者事」「夜中の不法侵入で討たれた者に関する訴願禁止」

第八三条「撰銭事」「悪銭の使用禁止」

「公界」関係法

結城政勝は家臣一人一人に「各」と呼び掛ける法令を作ったが、「公界」のメンバーにも同様に「各」と呼びかけた場合がある。彼らは正式な家臣団のメンバーではないので、法律上の取り扱いは「家法」ではなく「家訓」となろう。ここでは、「公界」関係法の事書と綱文のみを次に掲げ、詳しい説明は第七章で行う。

第三〇条「公界寺事」「*公界寺への不当な干渉」
第八七条「公界寺住持事」「家族の者を公界寺の住持にする心得」
第九四条「孝顕之日公界寄合停止事」「政朝の命日の公界の宴会禁止」

第三節　結城武士のあるべき姿

清水克行は第六一～六五条のテーマを〈人間関係・マナー〉とし、第六六～七〇条のテーマを〈戦争〉とした。これらの法令はたしかに「家訓」として取り上げるべきではあるが、「家法」か「訓戒」かに二分するよりも、これらの項目を江戸幕府では「目付」が監督していたことに注目したい。政勝は平時・戦時にわたり家中を監督・取り締まるために「目付」に当たる職を「侍所」の内部に作り、家中を取り締まっていたと考えたい。そうすると、第二五・二六条の時に「目付」職設置の必要を思い立ち、第六一～七一条を制定した段階で、新しい「目付」の役職を家中に作ったことになろう。

第六六条以降はいずれも、平時と戦時における家中の侍たちが身に付けるべきマナーの定めで、「目付」の権限・行動規範でもある。ここでは、〈人間関係・マナー〉とされたものを「結城武士のあるべき姿」と言い換えて、「訓戒」として取り上げたい。

また、第二一条「致不弁侘言輩事」「*自然災害を口実とした年貢の滞納」は、勤勉の心を失った下士に対して結城氏が生活指導を行ったものなので、ここに加えた。第二六条は『戦国全史』の綱文に「命令なき単騎での行動の禁止と処分」とあり、一見すると「戦争」に加えるべきものに思われるが、規則の遵守・綱紀粛正の命令で、〈人間関係・マナー〉ではないものの、「結城武士のあるべき姿」を述べた「訓戒」の一つとした。むしろ事書を「*出張命令には二騎同道が原則」に改めるべきだと考えた。以上を加えて、それぞれの事書と綱文を掲げると次のようになる。

第二一条「致不弁侘言輩事」「*自然災害を口実とした年貢の滞納」
第二六条「*出張命令には二騎同道が原則」
第六一条「傍輩間雑言可慎事」「同僚間での言い争い」
第六二条「朝夕寄合酒肴之制」「親類縁者や同僚どうしでの饗応の限度」
第六三条「服装之制」「出仕時の身支度」
第六四条「戯真似戯衣装之禁」「召使いや足軽の立居・ふるまい」
第六五条「他人悪名批判傍輩蔭言制禁事」「城内での他人への悪評などの禁止」

以下では第二六・六一・六二・六三・六五条を取り上げて説明を加える（第二一条は第三章二節で、第六四条は同三節で詳論する）。

第二六条「*出張命令には二騎同道が原則」

一　何方へも、誰々と言付候外に、一騎まかるべからず。又言付候もの懈怠すべからず。無拠隙《よりどころなきひま》又煩《わずらい》候はゞ、代官出スベク候也。

佐藤進一の事書「一騎駈之禁」や『戦国全史』の綱文「命令なき単騎での行動の禁止と処分」からは、先学がこれを第二五条「軍陣奉公欽怠事」「軍役をおこたった者への処分」と同様の、「軍律」関係のものと理解していたことが想像される。特に佐藤の「一騎駈け」のとらえ方は、第六八条「素肌一騎駈之禁」との関連を強く思わせる。

佐藤は頭注でこの第二六条の要旨を〈指名されない者が、ただ一騎で出掛けて行くような差し出た行動をしてはならぬ〉とし、「懈怠」を〈怠ける。サボタージュをする〉、「無拠隙又煩」を〈やむをえない所用、または病気〉としている。

この条に出てくる「言付」は第一七条（言付られぬもの）、第二七条（事言付候処）、第八二条（可言付候歟）、第八六条（悉く言付可返候）、第八九条（此方より言付候により）、第九七条（人数と以言付候に）などにもあり、いずれも政勝の「命令」である。佐藤は「一騎まかるべからず」を〈一騎駈けの禁止〉としたが、これは、家中の者が政勝から「何方へ」「誰々」と特別に指名された場合を除き、「一般の出張命令には、二騎同道が基本で、単騎で出掛けてはならない」ということであろう。以上から佐藤の事書や『戦国全史』の綱文を否定し、事書を「出張命令には二騎同道が原則」へと改めた。所用や病気を口実にした命令無視が横行する綱紀の乱れを糺すことが目的なのだろう。

一方、佐藤は『日本の中世国家』の中で、[10] 鎌倉幕府の採用した二人制・両使制を説明している。それによれば、幕府は承久の乱後の六波羅探題には南方・北方の「両探題」を置き、鎌倉の執権には連署を置いて「両執権」とした。訴訟の審議には両奉行制を、諸領の沙汰付＝遵行その他の実力行使には「両使の制」を用いていた。そして佐藤は、二名の協議は合議制の最小単位であり、判断の公正・穏健や独走の制御、さらには相互監視・責任の明確化をもたらしたとした。また、西田友広は『悪党召し捕りの中世』の中で、[11] 悪党召し捕りの命令は「両使・両御使」と呼ばれた使節二人に命じられたとした。この第二六条も、こうした鎌倉幕府の原則を踏襲したものであろう。

なお、佐藤の〈差し出た行動〉という言葉が、『戦国全史』の〈命令もしていないのに、（勝手に）〉という解釈を導き出したと思われるが、これは「結城氏が「何処へ、誰々」と指定した場合を除き、使者は二人を原則とする」が法令の主旨であろう。『戦国全史』では次のように現代語訳をしている。

どこへでも、「だれそれ（いってまいれ）」と（結城氏が）命令もしていないのに、（勝手に）一騎ででかけてはならない。また、（結城氏が）命令した者は、怠けてはならない。（もし）どうしようもない所用や病気があるのなら、代理人をだすようにせよ。

この訳では、結城領内では家臣の行動の自由が全面的に禁止されていたことになるが、「何方」「言付」の言葉を共有する第二七条からは、逆に家臣たちの行動の自由が窺えるので、この解釈は成立しない。それゆえこの法令は綱紀粛正を命じたもので、事書は「出張命令には二騎同道が原則」となり、現代語訳は次のようになろう。

「何方へ」「誰々」と結城氏より特別に命令された場合を除き、使者としての出張命令には二騎同道が原則で、一騎で出掛けてはならない。命令を受けた者は怠ってはならない。やむを得ない所用や病気の場合は「代官」を出して任務は遂行すべきである。

ところで、第六六条には「一疋一領」とあり、佐藤の頭注では〈馬一疋、具足一領、自身（従者なし）乗馬、具足の装備で出陣〉としている。第六七条では出陣の合図の貝が鳴ったとき「駈け出す」とあるが、これも乗馬でのことだろう。政勝がイメージする家中の武士の姿は、馬を持ち、戦いの際には馬を引いて参陣するものであった。第六三条に「皮袴」が登場するが、これは乗馬の際の袴であろう。第六八条の緊急事態の際も、鎧・兜で乗馬して本城に馳せ参じたのであろう。

第六一条「傍輩間雑言可慎事」「同僚間での言い争い」

一　多からぬ傍輩ノ間ことに見候へば、何も縁者・親類之中にて、道理候とて、互に雑言交り沙汰、さらに〳〵見にくき仕業にて候。唯今迄刀つきと思ひ候へば、又寄合飯椀に酒ひかへつれ候事、さらに〳〵無躰千万に候。ただ何たる細事をも腹たたず、親類ノ間成共、慇懃に其ノ理述べられべく候。さらに〳〵雑言交り、見たふもなき所業にて候。

佐藤は頭注でこの法令の要旨を〈傍輩間の雑言を慎むべきこと〉とし、「道理候とて……」を〈自分の方に正当な理があると言いつのり、つまらぬことに腹を立てて雑言を投げ交わす、という意か〉とした。また、「唯今迄刀つきと思ひ候へば……」を〈つい今まで刀を突き立て喧嘩腰で言い合いをしていたかと思うと、直ぐにまた寄合を催し、飯椀で酒を飲みあう、という意か。「ひかへつれ」の語意不明〉とした。ここを清水は〈「さっきまで刀を突きたてていがみ合っていたかと思えば、今度は寄り添って飯椀に酒を差し合う」といった描写は、戦国武士の気質を物語っていて面白い〉とし、〈当時、結城家の家中では、親類同士の親しさが嵩じて、よくつまらないことで諍い事が起きていたらしい。ところが、もともとが親しい者同士なのだから、仲直りも早いもので、さっきまで刀を突きたてる騒ぎを起こしていたかと思えば、その同じ二人が次には仲良くご飯茶椀で酒を酌み交わしているという光景もしばしば見られた〉、だが〈政勝にはどうにもそれが我慢ならなかったようだ。このレベルの些細な事柄を採り上げて、いちいち法律で規制しようとしたのである〉とした[12]。

これは訓戒の一つで「家訓」であろう。この『新法度』の中に置かれている理由は「目付」の行動指針だったからであろう。「ひかへつれ」は「控え連れ」で、「控え」は〈万一の場合のためにあらかじめ準備すること〉であり、「連れ」は〈いっしょに伴い行くこと〉であろう。それゆえ、「寄合飯椀に酒ひかへつれ候」とは、万一の場合には寄合いをと準備し、飯椀・酒を伴っているということであろう。「親しき中にも礼儀あり」との諺があるが、結城の家中では逆に〈親しいから何を言っても許される〉として、すぐにも無礼講に発展する雰囲気が強かったのであろう。これが第六五条の「雑談の制」につながってゆく。

第六二条「朝夕寄合酒肴之制」「親類縁者や同僚どうしでの饗応の限度」

第六二条では朝夕の親類縁者や同僚同士での饗応を問題としている。この法令は『新法度』の中では一番の長文なので、理解を進めるために法令を以下のようにA・B・Cに三分解して、それぞれの部分に分けて考察したい。Aはこの法令の前置きaと、この法令を制定した理由bからなり、Bはこの法令の中心で、提案・訓戒からなっている。Cはその例外規定である。佐藤はこの法令の要旨を〈家中武士の朝夕の寄合における酒肴の制限規定〉としたが、松本新八郎は、結城の城下町の中で〈ある程度意識的に集められつつあった同胞衆および侍の屋敷地としてこれらの聚落群が選ばれてゐた〉と解した。そしてその理由を〈平時よりの武技訓練の目的のために、また軍事的兵団の組織の必要から〉意識的に集められていたものだ[13]、とした。この「酒肴」はそのためにルーティーン化した酒宴だということになる。法令中に政勝が登場するのは、宴会前の武技訓練が結城氏にとって公的な性格のものだったからである。

まずAを取り上げる。

A「前置きと制定理由」:

一　a余り細かなる事を書き載せ候と、諸人存ゼラルベク候。乍去《さりながら》、きさたてにて、下々にては定めかねべく候間、申出候。b朝夕の縁者・親類其外傍輩間にて、ことごとしく酒を支度、肴を支度し奔走、更に勿体なき義にて候。殊に飲み余し、表の垣などにふき候ほど酒飲み候ては、何の奇特たるべく候哉。亭の哀《あわれ》とて勿体《もったい》なきと思ひながら浴びせ候はんほども飲ませたがる物にて候。朝夕の寄合の法度をき候。後々各分限上げられ候共、此度に於いて背かれ間敷候。

この法令の書き出しaは、「余り細かなる事を書き載せ候と、諸人可被存候。乍去……申出候」と逡巡を示しながら言い出す形をとっている。このスタイルは「公界の宴会」についての第九四条の最初にも、「これは申出候事思慮に候へども申出候」の形で繰り返されている。法制定者の政勝という人は、細かいことが気になって、ついおせっかいを焼いてしまうタイプの人間であったのだろう。「書き載せる」とはこの『新法度』を指しているが、政勝にとってこの『新法度』は、この場合は特に、「家法」の一つというよりむしろ「家訓」であったろう。

文中の「きさたて」を佐藤は頭注で〈必要以上に、大げさに、わざとらしく、の意。日常のつき合いでの酒肴の制限を武士たちが自分で決めることは、わざとらしくてなかなか出来ないことだ。そこでここに法度の一条として載せるのだ〉とした。しかし、「きさたて」の「きざ」は「きざわり」【気障】の略で、〈①気になること、②不快に感すること、いやみのあること〉の意味であるので、「気障立て」とは「わざと不快な感じを起こさせることをする」の意であろう。内部規制を気障・気づまりとする雰囲気があるので、当主である政勝が率先して規則を作るのだとの決意表明であり、ここで当主・政勝は家臣団の総意の代弁者となっている。こうした心性のあり方は一揆結合とは程遠く、一揆のない結城領に適合的な言葉であろう。

一方、「武技訓練」が終わった時に「ちょっと一杯」というのは人情としてよく分かる。メンバーの持ち回りで始まったものが、次第に豪華なものに発展し、「勿体ない」とは思いながらも止まらなくなってしまったのであろう。佐藤はbの語句の説明では、「奔走」を〈ご馳走する〉、「飲み余し……」を〈酒を飲みすぎて表の垣などに吐くほどに飲んで、いったいどんな御利益があるというのか〉とし、「亭の哀とて……」を〈亭主の立場として、心の中では勿体ないと思いながらも、浴びせるほどに飲め飲めと客にすすめるものだ〉、「分限上げられ候共……」を〈今後たとえ財産が豊かになってもこの法度に背いてはならぬ〉としている。

B 「提案・訓戒からなる法令の中心」:

食いよきようにこしらへ、菜三、汁一、酒は上戸には飯椀に十分に一杯、此分より外然ルベカラズ候。もし夏中に鳥獣ゝ精進あるべく候間、ひき汁一は自然之有ルベク候。明日にも愚を何方へも呼び、奔走候共、此分之外に菜一も過候者、神も御照覧候へ、座を罷り立つべく候。これは、傍輩・親類、当洞《（とううつろ）》之一家らう人へは、此分たるべく候。

佐藤は、「夏中に鳥獣ゝ精進」を〈87条に見える夏精進《げしょうじん》と同じであろう。夏中とは、陰暦四月十五日から七月十五日まで仏僧が籠って修行する夏安居《げあんご》の期間をいい、この期間、夏精進と称して肉食を断つのである〉、「ひき汁」は〈不明〉、「明日にも愚を……」を〈何人たりとも、たとえ明日にでも私（法度制定者である結城政勝）を招待して、御馳走してくれたとして、この法度より菜一つ多くても、きっと座を立ち退席するであろう[14]〉とした。この法令がどういう場面を前提しているかというその場面設定の仕方で、法令の解釈は変わってしまう。

佐藤は、「これは……」を〈この法度は、家中の者の傍輩・親類間の寄合い、結城家の一門や老人（老臣）に対するもてなしの場合であって、他家他所の客人に対しては、まったく亭主の心任せ〉とした。「これは」以下の結城領内の「傍輩・親類、当洞之一家らう人」を、次に述べるCの「さて又」以下の「他家他所之客人」との対比としてとらえていて、この宴会を、「寄合い」と「もてなし」の二つの場合としたのである。しかし、松本説に従うと、本条の「傍輩・親類、当洞之一家らう人」は全体として、酒宴の主体となった「同胞衆」を指すことになる。つまり、佐藤は松本説に逆らい、葬儀や法事に関係した酒宴などをも含む一般的な宴会も、この法令の対象であるとしていた。

一方、佐藤が作成した「語彙索引」[15]には、第六二条の「らう人」＝第一条「博奕之禁」の「ろう人」とあり、当の第一条では「ろう人・親類・宿老」として出てくる。結城政勝から見て、家中でどんなに権威がある人であっても、例外なく取り締まるという文脈の中で使われているので、これは「浪人」ではなく「老人（老臣）」の方がふさわしい。ただし、佐藤説の「老人（老臣）」では、第一条の「老人」と「宿老」が重複してしまう（ここでの「親類」は政勝の親類であろう）。それゆえ、「老人」はかつての「惣領・本家」の名残りで「指南親方」（後述）などになった老人で、[16]「宿老」とは結城家中で重要な職にある者としたい。結城領内には「敬老精神」があったことになる。

「傍輩・親類」が酒宴の主体であることに異論はないが、「当洞之一家らう人」とは、「同胞衆」を統率する老人の「指南親方」か、家臣居住地を巡回していた結城氏の家政機関の「侍所」に属する老人の「目付」となり、当法令で問題としている酒宴とは、佐藤の言うような一般的宴会ではありえない。これに対して『戦国全史』では、「これは」以降を〈この規定は、同僚・親類・当家中の者や（当家召抱えの）浪人に対しては、右の限度を守れ（ということである）〉としている。大枠の理解には従いたいが、Bの「当洞之一家らう人」を訳した〈当家中の者や（当家召抱えの）浪人〉の「（当家召抱えの）浪人」は、言葉として自己撞着しているので、従えない。

結城氏の家臣団の編成原理は、結城の軍団組織の編成原理と関係しており、「惣領・本家」を中心とした「一族・家門」中心のあり方から、「指南親方―指南」という制度に再編されていたと思われる。その際に「惣領・本家」が「指南親方」に横すべりした場合が多かっただろう。「指南親方」の下には一族の「縁者・親類」のほかに「其外傍輩」と言われる非血縁者を抱えることになっていた。ここから、前文の「縁者・親類又指南其外にたのもしがられべき覚悟」や第三二条の「これは親類・縁者、これは指南に候」との「侘言」が出てくるのであろう。前文や第三二条の対象は「指南親方」である。

C「例外規定」:

さて又他家他所之客人ならば、それは如何様に取り成し候はんも、亭の随意たるべく候。金銀を以飾り、百番目迄なされ候共、又一汁三菜にても、酒は天野・菩提山・江川を奔走も、又濁酒も、亭の心任たるべく候。飲みやうは、客人上戸ならば、其相手相伴衆我々□さを飲み、客人飲み余しほど強い候はん事、尤然るべき義也。それは法度の外の義たるべく候。

これはBの例外規定で、「他家他所之客人」の場合は「法度の外の事」なので亭主の自由だとしている。詳細な説明は不要であろう。「□さを飲み」の所を『戦国全史』では〈飲み放題に飲み〉としているが、「思さま飲み」ならそれでよいのだけれど、ほんとうにそうだろうか。「を」を「ま」の違いとする取り扱いが今の私にはどうにも腑に落ちない。欠字部分にはどんな言葉が入るのだろうか。今後の研究に俟ちたい。

まとめ: 以上から、この第六一条の表には登場しないが、「同胞衆」という地縁的・血縁的な集団があり、それは「指南親方」に率いられた「指南」の集団であった。彼らは毎日「武技訓練」を行い、「侍所」に属する「老人」の「目付」が時たま巡回し、ごくまれには当主の結城政勝も巡回していた。この訓練後には酒宴が行われた。そしてその酒宴が豪華・奢侈に走りそうなので、酒宴の制限令を出したのがこの法令であろう。

第六三条「衣服之制」「出仕時の身支度」

欠字部分は『戦国全史』の考察に従い、〈行いたるべし〉だとして「可為行」を補った。

一 よろづ存旨共候、第一緩怠之〔可為行〕、誰成共朝夕皮袴にて出仕すべからず。何時も布袴、然ラザレバ木綿袴然ルベク候。又見候へば、木綿肩衣召され候。なかなか見悪く候。やめられべく候。

佐藤はこの法令の要旨を〈衣服の制。朝夕の出仕に皮袴は禁止。木綿肩衣も禁止〉とした。「よろづ存旨共候」を『戦国全史』では〈いろいろと考えていることがある〉とし、その後の欠字部分を〈第一の不作法の〔行いであるので〕〉としている。前述したように「皮袴」は乗馬のための袴であろう。城への出仕は、城下の町々からの出仕の場合は徒歩での登城だとしても、城から遠く離れたところに屋敷がある場合には、馬での登城になっただろう。そうした場合でも「皮袴」での出仕は禁止なのだろう。「皮袴」がダメだから、丈夫な「木綿袴」にとなったのだろう。そして「木綿袴」を問題としたついでに「木綿肩衣も禁止」となっている。しかしハレの出陣の際には「皮袴」での乗馬は許されたであろう。

第六五条「他人悪名批判傍輩陰言制禁事」「城内での他人への悪評などの禁止」

一 雑談は沢山にあるも物に候処、これの縁にて、洞中又は他所ノ悪名・批判必々無用に候。殊に傍輩ノ間之後言《うしろこと》、是又更々叶ウベカラズ候。又贔屓に候とて、つきなく褒め候はんも、ことごとしき事に候。唯世上之弓馬・鷹・連歌、其ノホカあるべき物語然ルベク候。

佐藤の要旨はない。頭注で「これのゑんにて」について、〈「これ」は此方、すなわち結城家の意。結城の城内の縁側で（出仕の侍の溜り場として）、の意か〉とし、「悪名・批判」を〈悪しき噂や評判、の意か〉、「後言」を〈かげ口〉とした。他人に対する毀誉褒貶を「無用」「ことごとしき事」として禁じている。城内の縁側は公的な場所なので、何を言っても許されるという内々の世界とは違っていた。「悪名・批判」、「後言」は噂の段階であるが、讒言につながる可能性もあった。第一三条について見るように、正式に結城氏への披露に至ると「讒訴」となる。なお「讒訴」については、第八章二節を参照されたい。

なお、政勝としては、ここでは家臣の雑談の話題を「弓馬・鷹・連歌」や「あるべき物語」に限っているが、政勝が僧侶と同じ袈裟を着た像の絵があることからも、追加法の第二条のように、家臣たちは法話を好み入道して出家することが盛んであったと思われる。

第四節　軍　律

第七一条と第九六条には共に、法に背いた者に対する罰則＝「面目を失わせる」があり、そのためにこれらは「マナー」ではなく「軍律」ということになる。また第二五条は、軍役の観点から見ると、〈御恩〉として「所帯・手作」を与えられたのに〈奉公〉としての「［　　］馬の務め」を怠る者への罰則規定であり、ここに加えた。それゆえ、清水克行が「戦争」とした第六六～七一条に第二五条と第九六条を加えて、テーマを「軍律」と改め、「訓戒」として取り上げたい。それぞれの事書と綱文を掲げると次のようになる。

第二五条「軍陣奉公欲怠事」「軍役をおこたった者への処分」
第六六条「武具之制」「参陣のときの武具・従者」
第六七条「実城貝立之制」「出陣のほら貝への対応」
第六八条「素肌一騎駆之禁」「緊急事態の場合の出陣」
第六九条「自由物見之禁」「勝手な物見の禁止」
第七〇条「軍陣進退事」「戦場における前進と退却」

第七一条「不可入交於他所他衆事」「馬廻衆が他の軍勢とまじわることの禁止」
第九六条「自陣中無断帰宅停止事」「許可なき退陣への処罰」

ここでは、第六七・六八・七〇条の三カ条のみを取り上げて説明を加えたい。比較のために、その前に徳川家康の『軍法』について述べておく。

徳川家康の『軍法』との比較

則竹雄一は論文「軍事と法――軍隊の編成と規則[17]」において、〈軍隊を組織的に働かせるために、構成員の行動を統制すべき軍律としての「軍法」が必要となった〉として、徳川家康が慶長五年（一六〇〇）の関ヶ原合戦に際して発令した一五カ条の『軍法』を取り上げた。この第一条には喧嘩口論の禁止があり、喧嘩両成敗も規定されている。第二条は、味方の地における放火・乱暴狼藉の禁止令であり、第三条では、味方の地では田畑の中に陣地を取ることを禁じている。第一三条では、陣地の内部に市が立ったらしく、市場の平和が命ぜられている。

上に掲げた『結城氏新法度』の八カ条のうち、四カ条は『家康軍法』とテーマが一致している。順に掲げると次のようになる。

第六九条と『家康軍法』第四・五条（「先手へことわらずして、ものみを出す儀、堅く停止せしむるの事」「先手を指し越し、縦え功名せしむといえども、軍法に背くの上は、成敗すべき事」）

第七〇条と『家康軍法』第七条（「人数押の時、脇道すべからざる由堅く申し付くべし。若みだりに通るについては、成敗を加えるべき事」）

第七一条と『家康軍法』第六条（「子細なくして、他の備へ相交わるともがらあらば、武具・馬ともにこれを執るべし」）

第九六条と『家康軍法』第一四条（「下知なくして陣払仕るは、曲事たるべき事」）

以上から則竹に倣い、清水が「戦争」としたものを「軍法」と言えそうだが、第六七条では、結城の本城で出陣の合図の貝が鳴ったら、是非の判断もなく、ただやたらと駆け出し、第六八条では、緊急事態になると武装もせずに素肌で一騎駆けをし、第六九条では、命令を受けたわけでもないのに、他人事のようにして見物に抜け駆けをし、第七〇条では、退却時に一人で止まり、攻撃時には一騎で飛び出し、第七一条では、主君の身辺警護が任務の馬廻りの一員なのに、他の衆に交わるなど、結城家中が、蒙古合戦の折の鎌倉武士と同様に個人戦を好み、集団戦・組織戦を軽視していることが知られる。時代は戦国期に入っているのに、結城家中は鎌倉時代のままだと言えよう。

こうした家中のマナーの背後には、第五章で取り上げる結城氏による賞罰、中でも忠信者への褒賞としての家の取立てがあっただろう。『家康軍法』では、「成敗すべき事」「成敗を加えるべき事」「成敗せしむべき事」などのほかに「曲事たるべき事」などと表現して罰則を明記・強調しているのに、『新法度』では、罰則がないものが多く、例外は第七一・九六条の「面目を失わせる」のみである。ここから、これら八カ条を「軍法」と呼ぶことはできず、「訓戒」の側面が強い「軍律」と名づけることとする。

第六七条「実城貝立之制」「出陣のほら貝への対応」

一　実城に貝立ち候へば、是非無しにめつたと駈出候事。更ニすまぬ事に候。貝立ち候はゞ、町〳〵へ打チ出シ、一人悴者にても下人にても、実城に走らせ、何方へ駈け申すべきと様躰尋ね候て、駈けべく候。実城に大きなる貝立ち候はゞ、外之事と思ひ候べく候。小さき貝立候はゞ、手許に事あると心得、其ノ用意いたすべく候。後々ニ於テも此ノ分。

佐藤は頭注でこの法令の要旨を〈結城の実城（本城）で、出陣の合図の貝が鳴ったら使を出して、いずこへ駈けつくべきかなどを確かめた上で、駈け出せ〉とした。また、「是非無しにめつたと駈出候事」を〈是非の判断なしに、ただやたらと駈け出すこと〉、「大きなる貝……」を〈大きな貝の音は外の事件、小さな音は結城の膝下での事件と承知し〉とした。出陣の際には自身は乗馬で、「悴者」「下人」を複数伴っていたことが知られる。彼らに槍などを持たせていたのだろう。「其の用意」とは事件に応じての用意であろう。

第六八条「素肌一騎駈之禁」「緊急事態の場合の出陣」

一　何たる急之事成共、素肌にて駈けべからず。すゝどきふりたてゝ、一騎駈にまかるべからず。待ちそろへ〳〵駈けべく候。

佐藤は頭注でこの条の要旨を〈如何なる緊急の事態であっても、素肌で（武装しないで）一騎で駈け出してはならぬ〉とした。「待ちそろへ〳〵駈けべく候」とは、「町々」で「指南親方―指南」という軍団組織のメンバーの結集を待ち、軍団としてまとまって本城に向かって駈け出せ、ということであろう。家中の侍たちは、松本新八郎が言うように、城下町に「同胞衆」としてまとまって住んでいた。

第三一条「指南事」に見るように、家臣と結城氏とを結ぶものは「指南親方」と「指南」という、軍律に基づく制度であった。それによる「指南親方―指南」という軍団組織は「寄親―寄子」制と比較されるもので、「指南」はあくまでも結城氏の家臣であり、「指南親方」の保護下に入って指揮・命令に従う者であった。第六七条から、彼らの出陣には「悴者」「下人」が複数付き従っていたと考えられる。

第七〇条「軍陣進退事」「戦場における前進と退却」

一　のけ場にきさたてし、後に残リ、寄場に抜きんで候はゞ、誰成共捨て候べく候。左様のものを留め押へ候とて、惣《そうじて》凶事《きょうじ》出来する物にて候。又其ノ躰のものは、こはみの時はまはり候。去夏之一戦にも覚えたる事ニ候。

佐藤はこの法令の要旨を〈軍陣においては、退却（のけ場）の際に独り踏み止まったり、進撃（寄場）の際に一騎飛び出すような単独行為をしてはならぬ〉とした。「きさたて」を、第六二条の頭注では〈必要以上に、大げさに、わざとらしく、の意〉としていたが、先に論じた通り、「わざと不快な感じを起こさせることをする」の意であろう。また、「こはみの時は……」を〈「こわみ」は強味で、敵勢強剛の意か。このような人間は、いざ強敵に遇うと、回避するものだ、の意か〉とした。「去夏之一戦」については補注で〈結城氏新法度制定の半歳前、弘治二年四月五日、結城政勝が北条氏康の援をかりて、小田氏治の属城常陸の海老島を攻略した際の戦いを指すと思われる〉としている。[18]

上に見た『家康軍法』第七条には「人数押の時、脇道すべからざる由堅く申し付くべし。若みだりに通るについては、成敗を加えるべき事」とあったが、ここにはそのような文言はない。関ケ原合戦と政勝の合戦とでは、規模の点で比較にならないのだが、『新法度』では『家康軍法』のような刑罰を伴わないことが特徴となっている（それゆえ「軍律」としたわけだが）。「目付」の裁量に任されていたのだろうか。

第二章　『結城氏新法度』の発生

第一節　結城政勝の政治的誕生

1　二つの誕生

「誕生」を英語では be born というように、人にとっての誕生とは、本人の意志と関わりのない外在的・外発的な事柄である。そして、一般には、その時から家族の中で、家族の一員として育てられる。結城氏の場合は、市村高男(1)が述べているように、嫡男として育てられた人物の幼名は皆「七郎」だという。氏朝から政勝までの正式な系譜は次頁の家系図のようになる。人名の右肩の番号は氏朝以後の結城氏の当主を示している。「七郎」を名乗った人物を太字とした。

結城氏は近隣の小山氏とも山川氏とも養子縁組を互いに繰り返していた。結城氏朝と山川基義は共に小山泰朝の息子で、それぞれの家に養子に入った。前述の「結城合戦」で氏朝と共に嫡子・持朝と次男・朝兼は自殺し、結城氏は断絶した。その結果、「結城一跡」は山川基義が拝領した。しかし幕府が鎌倉公方・足利成氏の復帰を承認し

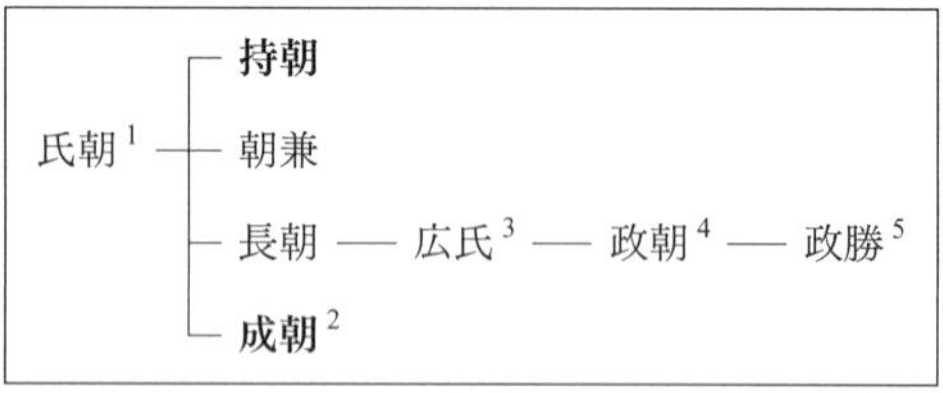

たことから、文安五年（一四四八）成朝が結城家を再興した。もう一人の跡目継承資格者の長朝も多賀谷氏らの支持を背景に「氏朝遺跡」を望んだが、「結城系図」は「宿老等不従之、故不能立結城家督」と伝えている。市村はもう一人の資格者に山川氏の従兄弟・景貞の存在を想像した。

成朝は寛正三年（一四六二）に多賀谷祥英により暗殺され、その後、長朝の息子・広氏が家督を継承した。市村は、系図には載っていないものの山川景貞の子・基景が広氏の対立候補として結城氏の下に送り込まれていたと想像した。その基景が一九歳で死去したので、山川氏による結城氏の乗っ取り計画は挫折したが、広氏を戴く結城氏は多賀谷氏の牛耳るところとなった。以上から市村は〈この時期の結城氏は、系図や家譜の記載のように、スムースに家督の交替が行われたのではなく、成朝による結城氏の再興も、また、広氏の嗣立においても、内部の激しい派閥抗争と山川氏の関与があった〉とした。

その広氏も三一歳の時に亡くなった。この時、広氏の嫡子・政朝は三歳の幼年で、結城氏は大きな危機を迎えた。結城家中で権勢を振るったのは多賀谷祥英の嫡孫・和泉守であった。市村は〈一五世紀末、結城氏は広氏の死去を機に、その実権を多賀谷和泉守に奪取されていたが、政朝が和泉守打倒に成功し、「家中」の統制強化を推進しつつ、急速に勢力を回復していった[2]〉とした。その政朝の次の当主が政勝である。市村の「戦国時代の結城領[3]」によれば、大永七年（一五二七）に政朝は四九歳で隠居し、二四歳の政勝に跡を譲ったが、政朝はその後十年余り政勝の補佐をしており、六九歳で死亡したという。

市村は、政勝が補佐から独り立ちした時点で心機一転を図って、旧名の正直から改名したとした。それは政勝の活動が天文八年（一五三九）頃からしか確認できないからである。天文十七年には一人息子の昭朝を疱瘡で失い、小山高朝の子・晴朝を養子に迎えた。以上から明らかなように、政勝の家督相続は、本人にとっては他律的で、父親とその取巻きの御出頭人たちの勢力の干渉下にあった。それゆえ「家中」に対する当主の主導権掌握が真の意味での戦国大名としての政治的な誕生となり、そこには個人の実存が賭けられていた。対処すべきは「宿老」「親戚」などの勢力であり、失敗は死を意味していた。

政勝は強いられて政敵を葬り、当主になるとの宣言が必要となった。この時の政勝の自覚としては、むき出しの裸のまま当主の座に就いた、だろう。そして政勝には、客観的な規範が特別な意義と役割を持つものとして見えていただろう。そこで『新法度』制定に邁進することになったと思われる。『新法度』最初の第一条「博奕之禁」には博奕に対して「浪人・親戚・宿老たれも不可入」とあるが、これは政勝の法の絶対性の宣言である。後で取り上げる第四八条には「日本大小神祇」とか「物のためしには、七尺と申候、九尺・一丈」と、法令としては場違いの大げさな決意の表出がある。これは、危機に直面し、それを突破しようとした時に、政勝の口から出た決意の言葉をそのまま記したものだろう。

村井章介は論文「「新法度」にみる戦国期結城領の構造」[4]の第二章「「新法度」の成立」で、〈政勝をとりまく政治情勢の微妙さ、複雑さが、「新法度」成立の重要な契機になっている〉とした。政勝が家督を継いだころ、結城氏は西の「小山氏」とは同盟関係に、東南の小田氏や北の宇都宮氏とは敵対関係にあった。その中で、『新法度』成立の前年（一五五五）に、結城政勝は北条氏と結び、海老島合戦で東南の敵・小田氏と戦い、これに勝利した。村井は、結城氏が〈敵対者に対して有利に立つためには、北条氏の強大な軍事力をあてにしなければならないが、より高次の戦略的利害に従って行動する北条氏に全幅の信頼をおくこともまた不可能〉であったとし、ここから論文の注20で、〈「洞」の内紛がただちに外敵の侵入を呼び起こす状況〉が結城氏を取り巻く政治状況の中には存在したと指摘した。実際、政勝は外敵から「調略」を仕掛けられ、領内には内通者が現れ、謀反・反逆の危機に直面していた。本節3で取り上げる『新法度』第四八条には「内通」の言葉があり、そうした状況の存在を示しており、この条の分析から政勝の危機意識が窺われる。一方『新法度』前文の最初には「各如被存、年之上に大［改革］及五年、一日も心易躰無之候」とあり、清水克行はこれを〈この五年間、一日も心休まるときが無かった〉との愚痴を述べたものと説明した。[5] 欠字部分があり、想像は難しいが、法度の制定を弘治二年（一五五六）とすると、その直前に海老島合戦があり、政勝の苦悩が始まったのはさらにその五年前の天文二十年（一五五一）のこととなる。年表には何も記されていないが、そのとき政勝の身の上に何か大事件が起こったのだろう。[6] 結城政勝は、海老島合戦で東南の敵・小田氏に勝利をしたことと、この『結城氏新法度』を制定したことによって、「結城合戦」の際の旗頭だった結城氏朝と並んで、歴史に名を残す人物となったのだが、おそらく、それに先行するこの事件が、結城氏の当主としての自覚的な誕生を促す決定的な出来事となったのだろう。

2 大法を破る国家法

清水は『戦国大名と分国法』の第四章「今川氏親・義元と「今川かな目録」」の中で、今川氏の「訴訟条目」第一三条を取り上げ、義元には、中世社会の絶対的な道徳律＝大法よりももっと大切なものとして「国家」の安全を守ることがあったとした。

今川の「訴訟条目」第一三条と非理法権天

問題の法令は『日本思想大系21　中世政治社会思想　上』所収の『今川仮名目録』の「定」第一三条で、[7] 次のようなものである。これに対する清水の現代語訳も続けて示したい。

一　恩顧の主人・師長・父母の是非、披露ニ及ブベカラズ。但シ、敵地の内通か、謀叛をくはだて、弁《ママ》窃盗・強盗・博奕《ばくえき》等の人数の返忠者、但シ《注》、主人たりといふとも、国を守護する法度たるの間、披露セシムベキ事也。（注　校訂注　但恐誤字）

（一　恩顧の主人や師匠、父母に対する訴訟は、受け付けない。ただし、敵地に内通するか、謀反を企てた場合や、窃盗・強盗・博奕などの共犯者による密告は、主人であろうと、国を守護する法度である以上、すべて訴え出るようにせよ。(8)）

鎌倉幕府追加法第一四三条の「祖父母ならびに父母に敵対して相論を致す輩の事」には「自今以後、停止せしむべし。もしなほ敵対に及ばば……重科に処せらるべし」とある。また、「主従対論の事」を定めた追加法第二六五条には「自今已後に於いては、是非を論ぜず御沙汰あるべからず」とある。鎌倉幕府下では「主人・師長・父母」などを訴えることは禁止されていた。これを清水は〈中世社会の絶対的な道徳律〉＝大法とした。この大法を破る例外規定を、清水は、今川氏の言う「国を守護する法度」から〈国家法〉と名づけた。今川氏が挙げたものは「敵地之内通」「謀叛」「窃盗・強盗・博奕」である。

ここで言う「大法」とは、「世間一般の法」「慣習法」とも言い換えが可能である。鎌倉幕府で評定衆たちが大事にした「道理」もこれと同じものだろう。道理に基づく「判決」が出ると、それが「制定法」となった。狂言の『自然居士』では、人買い商人の大法と、禅宗の喝食の自然居士の大法が舞台の上で対立するが、この二つの大法の対立に決着をつけたのは、両者の対立を見ている観客・見物人たちの賛同である。一方、王朝国家の側には『律令格式』という制定法があり、個別事例に対しては、明法道の博士たちが「判決」案を考案していた。以上から、鎌倉時代の法を「慣習法」＝「理」と「制定法」＝「法」に整理することが許されよう。これに対しては、今川氏の掲げる「大法を破る国家法」が対立する。「理」や「法」に対して「権力を優先させる」立場である。権力を優先させないと「理」を強調する「寄沙汰」や「請取沙汰」を否定できないからである。

戦国時代の言葉として有名なものに「非理法権天」がある。「非」は「理」に勝たず、「理」は「法」に勝たず、「法」は「権」に勝たず、「権」は「天」に勝たず、を圧縮したものという。第三句目が清水の言う今川の国家法に相当する。ちなみに「天」が「権」に勝つというのは儒教道徳によっている。

結城氏にも今川氏と同様、「国家」の安全を守る意識があり、国家に敵対する犯罪として取り上げたものがある。次に掲げる『新法度』第五一条「親子相論事」は「不忠」についての法令で、「父母を訴える」ことを禁じた中世の大法の例外規定である。結城氏への絶対的忠誠が親の権利よりも上位に位置づけられた法で、イエ内部の跡目争いに関した法令でもある。なお『結城氏新法度』の中で「大犯三カ条」の第一条に相当する「内通」「謀叛」を取り上げたものは、次の本節3で取り上げる。また「強盗」については本章第二節で、「博奕・窃盗」については第四章で取り上げる。

第五一条「親子相論事」「親子間の相論」

一　親子いさかい、たゞ子の無理たるべく候。何者《もの》成とも、子悪《あ》しかれと思ふものあるまじく候。乍去《さりながら》、親子二つのあやまりあるべく候。頭《かしら》ふむ子をそばめ、脇の子を引立てべき覚悟と、其ノ身不忠しながら、子をも並べて其ノ主《しう》に不忠をし候へと諫《いさ》むる義、親の非分たるべし。後々ニ於テも子の道理に付クベシ。

佐藤進一は『中世政治社会思想　上』において、この法の要旨を〈親子の争訟は、古来の大法通り、子の敗訴とする〉(追143条参照)。ただし次の二つは例外として、子の勝ちとする〉とした。また頭注で、「頭ふむ子を……」を〈長男をうとんじて、弟の方を引き立て〉(家の後継ぎにし)ようと心がける〉とし、その次の「其身不忠しながら……」を〈自身が結城家に不忠を働くばかりでなく、子に対しても不忠をそそのかす〉とした。政勝は家秩序の維持よりも結城氏への「忠信」を重視しており、各家の内部での「家秩序か、忠信か」をめぐる親子間での対立がこの法令の前提となっている。

清水も、この第五一条の最初にある「親子いさかい、たゞ子の無理たるべく候」(＝親子の訴訟は子の側の敗訴)を〈古法〉と名づけ、これを〈中世法の絶対原則〉と位置づけた上で、ここでは二つの例外が取り上げられているとした[9]。そして、この法令では〈兄弟間の長幼の序列〉〈大名家への絶対的な忠節〉を〈親の権利よりも上位に位置づけようとした〉とする。先に引用した『今川仮名目録』の場合は、大法を破るべき国家に対する犯罪とは「内通・謀叛」「窃盗・強盗・博奕」であったが、この場合の「不忠」も今川の場合と同様の、「国家法」への敵対となるだろう。

3　第四八条「*謀反人・内通者への処罰」

『中世法制史料集　第三巻　武家家法Ⅰ』[10]で佐藤が第四八条に付けた事書には「悪党殺害人等内通隠匿咎事」とあり、『クロニック戦国全史[11]』の綱文には〈悪党・殺人者に内通する者への処罰〉とある。一方『中世政治社会思想　上』で佐藤の付けた要旨には〈当結城家中において、悪党・殺人犯人などを隠匿する者は、一家断絶にする〉とある（以上、傍線は引用者）。清水もまたこの法のテーマを〈共犯[12]〉とした。しかし私には、この事書にも綱文にもテーマにも異論があり、結論を先に述べれば、事書は「謀反人・内通者への処罰」と改めるべきだと思う。

この法令ではかなりの文字が欠字で、『戦国全史』では〈欠字部分の意味不明〉とした上で、最初の欠字部分「［　　］に違ひたるもの」を〈［　　］に違反した者〉と現代語訳している。ここには「悪党」「殺害人」と同様の、結城氏から死刑とされた者が入るはずであり、それは第二二条の「不忠者」の同類なので、〈忠信に違いたる者〉となるだろう。それゆえ、欠字［　　］には「ちゅうしん」が入り、漢字を多用する佐藤の翻刻に倣い、漢字の「忠信」で示す。佐藤は「ちかひ」を「違ひ」とした。また「人をあやまる」を、第三七条「*飛入殺害人の処置は主人に任せ、保護する」の頭注では〈「あやまり」は「あやめる」に同じく、人を殺す意〉としている。それゆえ法令の最初の部分は「結城家中の悪党・殺害者・不忠者」を取り上げたことになり、第四八条は次のようになろう。佐藤の送り仮名に従い、読み下し文に直した。傍線は引用者による。

一　此方《こなた》ニ於テ、悪党又人あやまりたるもの、〔忠信〕に違ひたるもの、此方へ隠し内通、結句此方の目を忍び、各心得ヲ以テ立ち廻らさせ、又里其ノホカに心得ヲ以テ隠し置き候。聞キ付ケ候ハバ、日本大小神祇、御指南の方誰人なり共、物のためしには、七尺と申候、九尺・一丈削り申スベク候。其ノ時又誰なりとも、傍より侘言めされ候はゞ、並べ削り仕ルベク候。此ノ義前長に申シ置き候。

全体についての解釈

上述した『中世法制史料集　第三巻』の事書にある「内通隠匿」を、『中世政治社会思想　上』の要旨と『戦国全史』の綱文は、それぞれ「隠匿」・「内通」と半分ずつ分け合う関係にあるが、「内通」「隠匿」の対象を「悪党・殺人犯」とすることでは両者は共通している。しかし、次に取り上げる第三二条「宿々木戸門橋等修理懈怠事」では「敵地へ内通之者」との言葉がある。いま我々が問題としているのは戦国時代で、外からの外征に対応する内応、そのための敵との内通の恐れがあったと考えるべきであり、狭く国内犯に対する治安維持にのみ問題を限定することはできないだろう。

しかも、国内犯に限定するのでは、「内通」と、続く「結句」とのつながりが明らかにならないと私は思う。『国語大辞典』によれば「結句」には次の二通りの意味がある。

①事物が最後にゆきついた状態を示す語。とどのつまり。あげくのはて。結局。

②物事の状態が、予想していたのとは反対に、あるいは予想以上に発展する様を表わす語。かえって。むしろ。その上。

この場合は①の意味であり、「悪党・殺人者・不忠者を結城氏に隠して、敵と内通していると、結城氏の目を盗んで、各々の計画通り立ち回らせ、里やそのほかの所に計画通り隠し置くことになる」ということであろう。つまり、行為の主体はこの法令上には明示的に示されていないが「謀反人」であり、彼が悪党・殺人者・不忠者を使って、敵との内通を図りつつ、謀反を計画しているのである。

細部の検討

次に法令の細部を検討する。法令の最初には「悪党・殺害人・不忠者」が登場する。「悪党」については、第九九条「外之悪党之宿幷請取不可致事」などが参考になる。

第九九条「外之悪党之宿幷請取不可致事」「悪党をかばう者への処罰」：

一　外の悪党の宿請取致すもの、洞之悪逆人にて候間、調べ候て打ち殺すべく候。可被心得候。

佐藤はこの条の要旨を頭注で〈他領・他国から入ってくる悪党を宿泊させ、また請取をなす者は死罪〉とし、「請取」を〈身分保障の請人の意ではあるまいか〉とした。「宿・請取」は第四八条の「隠匿・内通」に対応していよう。政勝はこれらを行う者を「洞之悪逆人」と断定し、「打ち殺せ」と命令した。問題の中心の「悪党」も当然死罪であろう[13]。

「殺害人」については、第三八条「殺害逃亡者帰参不可叶事[14]」がある。この法令の要旨を、佐藤は頭注で〈人を殺して逃亡した者は帰参を許さず〉としている。この法令の分析・解釈は後に行うが、とりあえず佐藤の注釈に従うなら、「帰参を許さない」とは犯罪者個人に対する刑罰としての〈結城氏家中からの追放〉で、結果的に「一家断絶」となろう。

さらに、これも後で検討する第二二条「不忠者事[15]」では、結城氏に不忠を働く者に対しては「其一類悉く絶やす」とあり、『戦国全史』では〈その家族を全員死刑に処し〉としている。犯人の罪が家族全員に及ぶ、極刑の〈族滅〉である。つまり不忠者に対しても、本人の死刑は当然となる。そしてこの第二二条の「一類悉く絶やし」の次の「名字を削り」を、佐藤は頭注で〈家名を断絶させる〉とし、その後に欠字があるが、その部分を〈その所領を全部没収して、他の者に宛行う〉とした。

ここから第四八条の「削り申すべく候」の内容は、第二二条の不忠者への刑罰の「家名断絶」「所領没収」と同じものだと推測される。しかし第四八条の法令上に示された刑罰にはただ「削り」とのみあり、ほかの言葉はない。しかも、この法令にだけ大げさな決意表明と思われる「日本大小神祇」「物のためし……」との文言があり、「御指南の方」とか「傍より侘言めされ候はば」という敬語もある。

「日本大小神祇」を、佐藤は頭注で〈日本国中の神々に誓って〉、『戦国全史』は〈日本国中のすべての神々も御照覧ください〉としている。また「物のためしには、七尺と申候、九尺・一丈」を、佐藤は〈七尺の物を、九尺・一丈までという諺のごとく、絶対に許し、見のがしはしない、という意〉とし、『戦国全史』は〈譬え話にもあるように、七尺のものを九尺・一丈にするほど、徹底的に家名断絶・所領没収の処分をやりとげる〉としている。私には譬え話の意味は不明だが(16)、佐藤も『戦国全史』も共に、政勝の強い決意の表明としている点で共通しており、従うべきであろう。

以上から第四八条は「悪党・殺害者・不忠者」への内通を厳しく処罰する法令となり、この法のテーマは、清水の言う通り「共犯」となる。しかし、主犯の犯罪者本人よりも犯人隠避者や犯罪幇助者の方をより厳しく罰するのはバランスを欠いており、こうした理解では、政勝の大げさな物言いや並々ならぬ決意はうまく説明されず、宙に浮いてしまう。それゆえ、結論として、先学全体の解釈は根本的に誤っているとすべきであろう。

ここからこの法令はむしろ、「敵に内通する者への処罰」がテーマだ、となろう。それゆえこの法令の事書は本項の冒頭で述べたように改めた。またここから、最後の言葉「可被心得候」は家臣団に対する注意喚起であり、この法令が大事な法であったことが知られる。なお「削る」については第五章で再度取り上げる。

新解釈——調略

この法令の読みとしては、句読点を変えて「於此方、悪党又人あやまりたるもの、〔忠信〕に違いたるもの、此方へ隠し内通。」と、ここで切るべきであろう。名詞切れで、この「内通者」が次の文では「各」として再度登場する。「結句」以下は、この「内通」が結果としてもたらすものの列挙で、「心得を以て」が二度登場する。「心得」

とは「計画」、特に「敵と内通して取り決めた謀反計画」であろう。「結城氏の目を忍び、計画通りに彼らに情報収集や諜報活動や破壊活動のために「立ち回り」をやらせ、また「里」や「その他のところ」に「隠し置き」、待機させる結果になっている」がその意味内容である。

犯罪者たちを「結城氏から隠し」＝結城の目を忍び「敵に内通している謀反人の処罰」がこの法令のテーマとなる。敵側の調略計画に結城の家臣が参加し、その者がさらに、政勝から誅殺を宣告された「悪党・殺害人・不忠者」などを使い、隠密裏に結城家転覆を謀り、時局の煮詰まりを待っている。第一三条「無証拠不可披露事」[17]には「どんなにありそうなことでも、結城氏に申し上げてはならない」とあるが、但し書には特例事項として「洞を破るべき造意」の取り扱いを制定していた。これを佐藤は〈結城氏を滅ぼす叛逆の企て〉とした。ここから、政勝は謀反・反逆の調略に関する情報を収集していたということになる。

第五〇条「里在郷宿人等申分披露事」[18]の「但し書」には「里其外之者共、隠密の世上之義を聞付、可申上筋目は、其身ひとり呼び寄せ、目の前にて子細を申し上べく候」とある。「隠密の世上之義」とは、敵側の「草・夜盗」が「里其ほかに隠れ置かれている」などの謀反・反逆の企てであろう。さらに、本節の4で取り上げる第三二条「宿々木戸門橋等修理懈怠事」では、修理に「難渋之者」を「敵地へ内通之者」かと疑っている。第四八条の文脈の中にこの第三二条を置くと、結城氏の緊張が伝わってこよう。

内通者の背後には「御指南の者」がおり、不首尾の時には「侘言を召され候」「並べ削り可仕候」との敬語表現があり、これに対応するものには、同盟関係の水谷・多賀谷・山川氏等とか小山氏、または結城家内部の有力者の「宿老」などが想定される。これに対して政勝は、内通を聞きつけたなら、必ず「削る」（＝「家名断絶」「所領没収」か）処分にすると宣言している。逆に言えば、結城家の転覆を謀る謀反に対し、この時点では、政勝の刑罰権は未確立で、結城家内部には政勝の方針を妨害する勢力があり、事件は曖昧に処理される可能性があったことになる。

むしろこれまでの政勝は、こうした勢力の傀儡であったが、この法令の発布を契機として、初めて政権の主導権を握り、抵抗勢力を粉砕し、自己の統治権を確立したのであろう。それゆえ、この法令の持つ政治的な意味は大きいが、しかしこの法令を、形式面でとらえると、大罪に対する罰には、「削る」の一語が対応しているにすぎず、犯罪を構成していた人々の罪の大小などの細則は未定で、逆に「日本大小神祇」とか「物のためしには、七尺と申候、九尺・一丈」と、法令上必ずしも必要ではない、政勝の決意を示す言葉が繰り返し登場しており、法令としては未熟なものとなっている。

第二七条「近臣等致草夜業科事」には「草・夜業」と、また第九八条「侍下人以下無披露不可出向事」には「ねらい夜盗・朝がけ・草・荷留・人の迎い」とあり、許可なく結城領から他領に夜盗・群盗に出掛ける者の存在が確かめられる。第四八条の主題は、これとは逆の場合だが、軍律違反・命令違反として共通している。「敵との内通」は以前からも問題になっており、「内通」の言葉は次の第三二条にも存在している。実際の事件を特定できないのは残念だが、ともかく、この法令は現実の事件を踏まえたもので、実際の事件対処時の判決をそのままの形で『新法度』に収録したのであろう。

政勝はこの事件で結城氏内部における主導権を確立し、当主として自立し、一つの危機を脱したはずである。その結果の一つがこの『結城氏新法度』の成立であろう。市村高男は『新法度』の有効範囲を結城の膝下と狭く解釈したが、事柄によってはもっと広い範囲に及んでいると見るべきであろう。

これまでの考察の結論として、この法令の要旨は「謀反人・内通者への処罰」となる。このほか、敵地や他家との緊張関係を示す法令には第二三条「自由縁組事」、第二四条「敵地敵鏡之下人悴者不可召仕事」、第三二条「宿々木戸門橋等修理懈怠事」、第七九条「敵地音信之事」がある。第二四条は「下人」について触れる所でまとめて取り上げる。第四八条と同様、「内通」の言葉を持つものに第三二条があり、次に取り上げたい。ただしその前に、これまで佐藤の解釈にも『戦国全史』の現代語訳にも異を唱えたので、これまでの分析の締めくくりとして私の現代語訳を掲げておく(19)。

私の現代語訳

結城家中において、悪党・殺害人・不忠者を使って、結城氏に内緒で敵に内通している謀反人がいる。彼ら内通者は、とどのつまり結城氏の目を盗み、各々の計画に基づき、それらの者を情報収集や諜報活動や破壊活動のために立ち回らせ、里やその他に隠し置いているので、聞きつけたならば、日本の神々に誓って、内通者の頭目が誰であっても、不問に付すことはせず、必ず家名断絶・所領没収の処分とする。その時に当たり、誰であれ、脇から「見逃してほしい」などと申し出ようとも、申し出た人も並んで処罰し、同罪にする。以上を前もって言っておく。

4 第三二条「宿々木戸門橋等修理懈怠事」「町の木戸や門などの修復に関する義務」

この条は意味が取りにくく、佐藤は要旨を記していない。分析のため、この法令を前置きA、本論B、訓戒Cの三つに分解したい。引用に際しては、それぞれの文頭にA・B・Cを加える。Aは「木戸・門・橋」の破損と修復困難な「状態の説明」である。Bは修復の「具体的方策」の説明で、作業に対して賞罰が記されている。ここに今問題としている「内通」の言葉が見える（左の引用では傍線を付けた）。Cは「訓戒」である。Aの「候」に注目してAをさらに㋑・㋺・㋩に再分解した。㋑にある「橋破れ候を」と「こしらへず候者」とが後ろにつながっているか否かが問題である。Bの文も「候」で文が切れるので、これもa～eに五分割した。eの「うばいとり」の部分は五字分の欠損だが、佐藤の推定により、記載のように補った。Cの「皆々〔かこ〕つけ」の部分を、佐藤は〈この部分は、初め「引」と書いて抹消してある。訂正文字は不明〉としたが、私は「いろいろな理由をつけて」の意味だとして「かこつけ」とした。

一　A㋑宿、西の宮・三橋・大谷瀬・玉岡・人手、何方之町木戸・門・橋破れ候を、あいめつかいこしらへず候者、侍・下人・寺門前はいるまじく候。㋺役銭を懸け、其ノ義にて門・橋再興スベク候。㋩それも六ヶ敷候。Ｂａ其ノ町に居たる侍ども引たち悉く触れ、油断無ク、門・橋再興然ルベク候。ｂ西館・中城同前たるべく候。ｃ其ノ中に難渋之者共かざらず申シ上グベク候。ｄこれは城内を狙い候か、敵地へ内通之者たるべく候間、ｅ屋敷・所帯〔うばいとり〕、走廻ものに刷ウベク候。Ｃ其ノ時これは親類・縁者、これは指南に候とて、例の横道理御好にて、皆々〔かこ〕つけ、これへ侘言スベカラズ。侘言之者、本人よりも一咎申スベク候。心得ラルベク候。

A「前置き」——語句・用語

「あいめつかい」：Aの「前置き」の部分の意味を考えたい。城下町六町の具体的な説明に続いて、「木戸・門・橋破れ候を」として以下に続いてゆく。それゆえ、ここの意味は〈破損しているので〉〈破損しているのを見て〉であろう。次に「あいめつかい」が登場する。これを佐藤は頭注で〈お互いに目くばせして、進んで修理しようとしない〉とした。「めつかい」とは「めくばせ」で、目で合図することであり、「あいめつかい」は〈互いにめくばせする〉でよいだろう。しかしなぜ「あいめつかいこしらへず候」となるのだろうか。ここには町の「木戸・門・橋」建設の歴史が関係していると思う。

「木戸・門・橋」：「木戸・門・橋」を誰がどのようにして建設したのか、そのことを記した記録はないが、この『新法度』の「木戸・門・橋」を取り上げた第二〇条「夜中入於他人屋敷被討者事」からは、人の屋敷の景観は「木戸・垣」で囲まれ、この屋敷を含む町々もまた「木戸・門」で区切られていたことが知られる。また第三四条「盗犯時番衆咎事」には、「町の門・木戸を開け、橋をかけ、人馬を引き出す」などの大規模な盗みの場合は、夜番の責任を追及するとある。この夜番は町の有徳人たちから金で雇われた者たちであろう。だが、こうした体制の下では門番・夜番の質が保たれず、盗人の仲間が門番・夜番に紛れ込む隙があった。そこで、この雇用体制を打破するために採られたのが第八二条の「門番夜番次第事」である。門番・夜番の相互監視で夜盗の入り込む隙を無くすため、門番・夜番を町の住民の義務とした。この体制の変化から、逆に我々が問題とする第三二条の「木戸・門・橋」の管理体制が想定され、「木戸・門・橋」の建設者も有徳人・蔵方ということになろう。

ではなぜ〈お互いに目くばせして、進んで修理しようとしない〉のか。「侍・下人」の立場からは「木戸・門・橋」の修繕は製作者・蔵方の問題で、自分たちの問題ではないとしていたからだろう。一方政勝にすれば、蔵方への再度の有徳銭・喜捨の要求は、蔵方側のさらなる特権要求につながると考えて避けたかったのだろう。そこで城下町の人々は全員、「木戸・門・橋」の破損を見て相目使いとなった。〈困ったことが起きた、として互いに顔を見合わせてはいるが、積極的に動き出していない〉のが結城城下町住民の有様だった。

「こしらえず候者」——戦国城下町論：　㋑には「侍・下人・寺門前はいるまじく候」とある。「入るまじく候」とは〈考慮に入れるべきでない〉の意である。佐藤はこの部分を〈侍・下人、寺の境内地もしくは門前など、不課税の理由や特権を主張しても、一切認めず、全体に修理費を課し、それによって門・橋を修理する〉とした。この解釈の背後には二つ問題がある。第一は、第九七条の「下人、門前之者」についての佐藤なりの解釈で、佐藤は「寺門前」を〈寺の境内と門前〉＝特権的な場所とし、こしらえない理由をこれらの特権にあるとしたこと。第二は、「こしらへず候者、侍・下人、寺門前はいるまじく候」の「……候者」を「候ハバ」と読み、条件としたことである。つまり「侍・下人、寺門前」の言葉の背後に「不課税の理由や特権」を読み込み、〈それを考慮に入れるべきでない〉としたのである。しかし、ここは「候もの」と読み、この三者は城下町の住民の例示で、三者は等置され「侍・下人・寺門前」が正しいだろう。第九七条については第七章三節で取り上げるが、彼らは「寺」の「境内」や「門前」に住む商工業者たちで、江戸時代の「町人」に当たる人々である。この当時彼らは寺院の保護下にあり、こう呼ばれていた。

㋑の中ごろに「こしらえず候者」がある。前述のように、これは「……候ハバ」か「……候もの」かが問題となる。次に「侍・下人・寺門前入るまじく候」が登場する。佐藤は「条件」の意だとして、前後の文章とのつながり具合を問題とし、この部分を、上記のように〈不課税の理由や特権を主張しても、一切認めず、全体に修理費を課し、それによって門・橋を修理する〉とした。つまり、第九七条の「下人、門前之者」の解釈をここに当てはめ、「特権の主張」が隠されているとし、「候者」を条件としたのである。城下町の住民が普請をしないなら「侍・下人、寺門前の者の特権の主張は」考慮に入れる必要はないとなり、㋺につながってゆく。

しかしそれでは、「公界」のメンバーの蔵方を取り立てて進めてきた第三二条から第九七条に至る城下町の自治の歴史を無視していたこととなる。それゆえこの場合は「候もの」がよいだろう。「こしらえず候」という消極的・否定的な振舞いは、城下町の住民全体に関わり、「侍・下人・寺門前」は城下町の住民の例示で、身分の差は関係がない、の意であろう。

ちなみに、近世の城下町が武家地・町人地・(寺町を含む)寺社地などに区画割りされ、統一した都市計画の下で作られたのに対して、戦国期の城下町は自然発生的な街村を大名が統制してできたもので、その基本を市村高男は〈一本街村状の町[20]〉と名づけた。この一本の道に沿って伸びる街村を他から区別するために「木戸・門・橋」などが作られ、街村には宿・町場・寺社群・家臣居住地区等が含まれていた。六町の城下町はこの「一本街村状の町」がいくつも重なり合ってできたものである。それゆえ城下町は全体として、田畑・山林・荒野などの非都市構成要素を内包[21]していた。

政勝の言外の主張:　さて「こしらえず候もの」と読み、「もの」を〈者〉とすれば、こしらえていない者は「侍・下人・寺門前之者」で、政勝の言外の主張は、城下町住民は身分の差を問わず〈公共物の修復・普請には責任がある〉となり、自発的な労働奉仕を要求したことになる。例えば、年貢滞納の訴えを禁止した第二一条からは、農地の「堰堀」の風水害の場合には、耕作者側による手入れが当然視されていたが、これと比較すると、城下町の住民の無責任さは明らかである。政勝は何とかしようとしているのに、城下町の住民側は互いに顔を見合わせて目配せするだけで、何もしていない。政勝の言葉は城下町の住人を責める方向に向かっていた。

以上から、公共施設破損への政勝の受け止め方と、住民側の理解の間には大きな溝があったことになる。ここから政勝には、修理のために住民税として「役銭」を課すアイディアが生まれた。そこで㋺で「役銭を懸け、其義にて門・橋可再興候」としたが、㋩では「それも六ヶ敷候」と逡巡している。第五章三節で述べるように、結城氏の刑罰体系では、庶民への刑罰として、住民全体に過料を課していた。これに準じて、地震や風水害などによる「木戸・門・橋」の破損は住民の責任とされ、修繕費が「役銭」として課税されようとしたことになる。しかしこの考えには住民からの反発が大きく、「難しい」となったのであろう。

また当時一般に、人々には貨幣の備蓄が乏しく、人頭税としての夫役の方が望ましかったのだろう。その場合、下人を抱えている侍などであれば、夫役には下人が提供されただろう。「役銭」の場合は通行税か、住民への直接課税となろう。通行税では臨時の修繕費をすぐには賄えないので、おそらく住民税だったであろう。その場合、夫役ではないので税収で人夫を雇っての修復となる。もちろん、こうした方法でも「門・橋の再興」は可能だが、㋩「それもむつかしいので」として本論のBに続いてゆく。そこでは「其町に居たる侍ども引たち悉く触れ、油断なく、門・橋再興可然候」とあり、〈町に居住する侍たちに総動員をかけて、再興するのがよい〉となっている。

以上をまとめるためにAの部分の『戦国全史』における現代語訳を次に掲げたい。『戦国全史』は佐藤説に従い、「侍・下人、寺門前入るまじく候」を後ろの文につながると理解している。

『戦国全史』の現代語訳：

㋑宿・西の宮・三橋・大谷瀬・玉岡・人手のどの町でも、木戸や門や橋が破損しているのに、おたがいが目くばせをして進んで修理しようとしない場合、(その町の)侍・下人、寺の境内・門前にかかわりなく、(いっさいの不課税の特権を認めずに、全体に)㋺修理費を課し、それによって(こわれた)橋や門を再興せよ。㋩(そうはいっても)それは困難なことである。

B「本　論」——指令と賞罰

結城政勝の指令：　Aを前置きとして、次の本論Bでは具体的な政策の提案がある。aの「其町に居たる侍ども引たち悉く触れ……」を、佐藤は〈その町に居住する侍が主唱して、町中の者全体に指令して、の意か〉としたが、むしろこれは、結城氏が「侍たちに」対して「引き立ち、悉く触れる」主体となったのだろう。第一段階で町人の自発性に期待をかけ、第二段階で通行人や住民への課税を考えた結城氏は、第三段階で家中の侍に総動員をかけて「木戸・門・橋」の修復を試みたのだろう。政勝は「結城氏—侍—町の住民全体」という系統で指令を城下町の住民全員に降ろし、普請事業を完成させようとした。

ここからも、六町の町は近世城下町のように武士と町人が棲み分けをしていない雑居状態にあったことが分かる。城下町には蔵方がおり、「公界」や「老若」の活躍する世界であることは、「神社・仏寺・流通」を取り上げる第六章や、「公界」を取り上げる第七章でも再論する。ちなみにbの「西館・中城同前」は〈西館・中城も同然〉の意であろう。

次のcの「難渋之者共かざらず可申上候」を佐藤は〈修理の指令に応じない者がいたら、隠さずに報告せよ〉とした。ここでは「結城氏—侍—町の住民全体」という命令系統に基づいて、結城氏への報告が義務づけられている。

賞　罰：　ここで注目すべき点は、dの「難渋之者」への評価と刑罰・褒賞の明記である。修理への「難渋之者」を「城内を狙い候か」「敵地へ内通之者」と見なしている。臨戦体制下では敵・味方が峻別され、難渋者へは「屋敷・所帯の奪取」が、他方「走廻るもの」＝熱心に仕事に励む者へは所領宛行・恩賞給与が約束されている。なお賞罰は第五章で、刑罰はその第三節で取り上げる。

C「訓　戒」――侘言と同胞衆

Cでは、「屋敷・所領の没収」や「給付」となったとき、「これは親類・縁者、これは指南に候とて、例の横道理好」が始まるとして、「これへ」＝結城氏へ「侘言すべからず」「本人よりも一咎め申すべく候」と、家臣団を牽制している。「横道理」を佐藤は〈無理押し、横紙破り〉とした。

注目すべきは、各城下町には侍のほかに下人や「寺門前之者」などもいたはずなのに、Cで問題となったのは侍のみということである。これは、この『新法度』の施行当初、町に住む侍が政勝の命を受け、町中の者全員に指令をしたとしても、まだ過渡期のことで、刑罰の対象となるのは侍に限られていたからだろうか。

ここで、「親類・縁者」「指南の者」を率いる「指南親方」が出てくるのは、政勝が「木戸・門・橋」の修繕を軍事動員の一つと理解し、結城の軍団組織・「同胞衆」を動員したことを示している。これは「難渋の者」を「敵地へ内通の者」と軍事用語で表現していることとも関係する。ともかく、結城氏はこの場合の賞罰に関して「同胞衆」の介入を禁じた。法令の最後に「可被心得候」とあり、これが重要な法令であったことが分かる。

同胞衆：「親類・縁者」「指南の者」からなる「同胞衆」について、ここでまとめておきたい。彼らは「指南親方」という共通する主人を持っていた。第六二条の「宴会の禁止」令からは「親類・縁者」が朝夕寄合をして酒を酌み交わしていたので、「親類・縁者」「指南の者」は、同じ町の住民である可能性が大きい。無主となった屋敷・所領の取り扱いを定めた第九〇条には、「我が親類・縁者其外指南之者など絶候其屋敷に、何ともなしに人を置き」とか、「何と合壁の所帯・屋敷成共」とあり、血縁の強い者たちが地縁的にも隣接して居住していたことが分かる。このことは、次章で取り上げるこの地域の開発に関わる人と土地との結びつき、「洞《うつろ》」に基づいていよう。

要するに血縁関係と地縁関係が重なった上に、社会的な主従関係も重なっており、その結果、強固なコネ社会が形成されていた。それゆえ、彼らを率いる「指南親方」は、身内を庇うためにサギをカラスと言いくるめるなどの、強引な主張を繰り返してもいた。

他の普請命令：　なお、第三二条と同じ「普請」を取り上げたものに、第三三条の「要害普請」や第九七条の「町々の普請・要害の堀・築地・壁普請」がある。第三二条の城下町の「木戸・門・橋」の普請の場合は、「難渋之者共」は先述の第四八条の「敵に内通する者への処分」ともつながり、結城氏に対する内通・謀反、意図的・積極的な敵対行為とされ、集団的な反乱計画の一環とされていた。刑罰の「屋敷・所帯奪い取り」も恒久的な処分である。これに対して、続く第三三条では、普請役に「懈怠のもの」が「難儀の時駆落ち」と消極的であり、処罰も「所帯・屋敷かり可申」と一時的没収である。

一方、後に取り上げる第九七条「町々要害普請夫役事」では、「町々の普請・要害の堀・築地・壁普請」について、結城氏は「人数」を指定し、下人・門前之者に普請の動員をしたにもかかわらず、彼らが動員に応じないことを法令上では問題としている。後述するように、第三二・三三条の時から時間が経過したこともあり、侍のほかに「下人・門前の者」が動員の対象になっている。これらの刑罰については、第五章二節で再度取り上げる。また城下町の補修・修復については第七章二節でも取り上げる。

私の現代語訳

以上、佐藤の解釈や『戦国全史』の現代語訳とは異なる解釈を進めてきたので、次に私の解釈を示す現代語訳を掲げておきたい。

A　㋑宿・西の宮・三橋・大谷瀬・玉岡・人手のどこの町でも、風水害や地震などで、木戸や門や橋が破損することがある。城下町の住民は進んで修理に駆けつけるべきなのに、人々はこれを見て互いに顔を見合わせるばかりである。このことに、侍・下人、寺門前之者などの身分の違いは関係ない。㋺修理のために役銭を課し、橋や門を再興させたい。㋩しかしそれも困難なことだ。

B　aその町に居住する侍たち全員に通知して、引率して、油断なく、門・橋を再興するのがよいだろう。b西館・中城も同様に進めるべきである。cその中で難渋する者があれば、飾らずありのままを申し上げるべきである。dこのような者は城内を狙っているか、敵地への内通者だろう。e難渋者の屋敷・所帯を奪い取り、熱心に仕事をしている者に給付しよう。

C　その時に当たり、これは親類・縁者だ、これは指南の者だと言って、例のように無理押しすることが皆々大好きだが、私に要求すべきではない。庇い立てる者は本人よりも一段と咎にするべきである。心得えておくように。

この解釈は、第七章三節で行う結城氏の城下町警備に関わる第八二・九七条の解釈とも密接に関わってくる。結論を先に述べれば、この段階での普請は城下町に居住する侍たちの責任として、結城氏の指導下に行われたが、後者二カ条の段階では、町の自治として、住民の義務として行われるように変化した。つまり、第三二条と第八二・九七条との間には時間的な隔たりがあり、城下町の修理体制に変化が生まれていた。

5　内通関連三法

内通に関連する情報を取り上げた法令には、第一三条に「洞を破るべき造意」、第五〇条に「隠密の世上之義」という言葉を含む法令もあるが、「敵地」に関係する法として、第二三条「自由縁組事」や第七九条「敵地音信之事」がある。また、第二四条「敵地敵境之下人倅者不可召仕事」「敵地などから下人を召仕うことの禁止」は内通を意識した法令で、本章に関係しよう。まず第二三条を取り上げる。

第二三条「自由縁組事」「結城氏の承認なき縁組みの禁止」

一　他家之事は是非ニ及バズ、洞なりとも此方うけがはぬ所へ、此レ以後縁組むべからず。自然之時各々劬労スベキ事、然ルベカラズ候。

佐藤はこの法令の要旨を〈他家の者はもちろん、結城家中の者とも、自分の承認なしに結婚してはならぬ〉とし、「自然之……」を〈もしもの時（相手側と敵対関係になった際）、お前たちが苦労するのだから、それを慮って、この規定を作るのだ〉とした。結城氏にとって、同盟関係にある小山氏・古河公方や、結城氏の軍事指揮下にある水谷氏・山川氏・多賀谷氏、また第四章三節で取り上げる第五四条の放馬返し体制下にある「味方中」以外は、基本的に敵であった。この場合の「此以後」はこの『新法度』発布以後は、の意味であろう。

第二四条「敵地敵境之下人悴者不可召仕事」「敵地などから下人を召仕うことの禁止」

一　敵地・敵境より来候下人・悴者、仕ふべからず。

これも内通を意識した法令であろう。この法令についての佐藤の注は「敵境」を〈敵地に近接した地域〉とするのみである。「下人・悴者」を「犯罪予備軍」とする認識の下で、敵地・敵境より来た下人・悴者は敵のスパイ・忍者・夜盗の引き込みの可能性が高いという疑いの目でこの法律は作られている。後述するように第二条で「人商い」が認められたので、下人は売物・買物であり、商品としての下人が国境を越えて流通するのは自然であった。それに対して、身元の安全性確保の観点から、「敵地・敵境」からの下人は買うべきでないとして、国境での入国制限、出入国の管理・制限を謳い、自国民と外国人との区別を始めているのである。なお、池上裕子はこの法令の下人を敵地・敵境からの「逃亡下人」[22]とした。

「悴者」について、佐藤は第二条の補注で詳細な研究を披露している。この『結城氏新法度』では「下人・悴者」と並んで登場する場合が多いが、「かせもの」は「かせぎもの」とも表現され、「稼ぐ」者で、主人と下人との関係が売物・買物関係にあったのに対して、主人とは契約関係にあり、近世の「武家奉公人」に近かったと想像される。佐藤は〈悴者は大体苗字プラス通称で表記され、その下の中間は苗字なしで表記されている。これをもって見れば、悴者は若党とか殿原に相応する身分であって、「侍」身分の最下位、中間の上位に位置づけられた身分と解してよいであろう〉とした。一方、市村高男は〈結城氏から見れば、悴者は家臣の家臣であり、直臣でないことになる。それ故、結城氏の一般の家臣より一ランク低い身分と見なされたのであり……「指南」とも区別され、その下に位置づけられている〉[23]とした。ともあれ「悴者」は地侍で、名字も持っているため、何処の村の出身かは明らかで、このような法令の対象としてふさわしいものであった。おそらくこの政策の延長線上に、追加法第一条の「公方領の者を召仕うべからず」が出てくるのだろう。ともあれ、結城領では「悴者」と「下人」とが併存している。

なお、日本の中世社会が奴隷身分の「下人」を含んでいたとしても、近世では「下人」は解放されて、武家奉公人・農村奉公人の世界へと変わったとされている。永禄十年（一五六七）の岐阜楽市場宛て信長制札[24]の第一条に「譜代相伝のものたりと雖も」とあるのは「譜代下人」を指し、彼らが楽市場に入り込めば身分は解放された、とされている。

第七九条「敵地音信之事」「敵地への音信の禁止」

一　かりそめにも敵地へ音信すべからず。万一、拠《よんどころ》ナキ子細候ハバ、披露ヲ致シ申シ届クベク候。脇より聞ゑ候はば、御□□□ふなく存候。

佐藤はこの法令について頭注で次のように述べた。〈かりそめにも敵地の者と音信してはならぬ。万一よんどころなく音信しなければならぬ時は、結城家に申し出た上でやれ。敵地音信の事実が他の方から知れたら……〉。当時江戸時代のような飛脚制度があったか否か、私には分からないが、第九一条には「行脚・往来・鉢開」とあって、国境を越えて旅をする宗教者の「鉢開」や「六十六部」などがいたことは確実で、彼らに手紙を託すことはできたと思う。街道が国境をまたぐところには関所があり、通行人や上下する隊商などには通行許可証の提示が求められていただろう。

なお、「子細」と「披露」については第八章一節で取り上げる。

第二節　国人領主・国内有力者との対決

前節で行った第四八条などの分析から、結城政勝が戦国大名として登場するに当たり、最初に対決した相手には次のものが考えられる。①結城氏と同盟関係にある国人領主の水谷・多賀谷・山川氏等や小山氏で、江戸時代の用語で言えば「外様」に当たる者たち。また直属家臣団内部では、②家中の有力者の「宿老」、③父・政朝の代に功績のあった「御出頭人」、④「指南親方」など、である。

前二者については言うまでもないとして、後二者については少し補足しておこう。

「御出頭人」：　この言葉は、「荷留法」の第七六条では「御出頭ぶり」、兵糧米の売買を定めた第九一条では、「行脚・往来・鉢開」との対比の中で「御出頭之人」として登場する。また結城氏への「申上げ」は指南親方を通じて行えと定めた第三一条には「当時これへ身近く走廻候」者が登場するが、これも「御出頭人」を指していよう。第三一・七六条の「御出頭人」に対しては、政勝の評価は否定的である。第三一条については第八章四節で、第七六条については第五章一節でそれぞれ取り上げる。

「指南親方」：　『新法度』制定の趣旨・目的を記した前文には、「縁者・親類、又指南其他」に「頼もしがられようとするもの」を抑えるために作るとあった。第三二条では、「普請の懈怠者」を内通者だとして、懈怠者の「屋敷・所帯」を没収するとき、「これは親類・縁者、これは指南に候」と言って、庇い立てする人物が登場した。第九〇条は、結城の判がないのに「屋敷所帯以下」を抱え置く人がテーマだが、それは「我が親類・縁者、其ほか指南之者」が「絶えた場合」とある。ここから、これらの法の対象は「縁者・親類、指南の者」を傘下に置いた「指南親方」となる。[25] 第九〇条は次章第六節で取り上げる。

このように政勝は、結城氏と同盟関係にある国人領主や結城氏の「宿老」「御出頭人」「指南親方」などとの対決を意識してこの『新法度』を作った。結城氏がまず対決した相手は国人領主や国内有力者であった。次章で述べるように、政勝は所領争いに「指南親方」やその前身の惣領や本家などが介入することを禁止し、結城氏の印判をもって裁許するとの原則を示して、家臣たちの持つ慣習法的な秩序に厳しく対決したが、このことも結城氏の採った専制的な支配の表れとなろう。政勝は結城氏と同盟関係にある国人領主や、家中の有力者との対決のため、結城氏が鎌倉以来の名家で、一度は守護であった歴史を強く意識してもいた。

政勝は『結城氏新法度』の第一条で〈博奕〉、第二条で〈人商い〉、第三条から第七条までの五カ条では〈喧嘩〉を取り上げ、守護大権である「検断の沙汰」を中心にした家中取締法を制定した。特に第一条の「博奕法」と第三条以来の「喧嘩法」には政勝の家中取締りに対する強い意志が感じられる。個人間の喧嘩が集団間の喧嘩にまで発展する結城家臣団の習俗に対して、政勝は強く異議を申し立てて取り締まり、「一類」を束ねる有力者の発言権を強く制限した。

ここでは次に、結城領内の有力者に対する強い発言権の行使を、第一六条「追懸殺害人糺弾事」と第八八条「堂宮立木伐採之禁」から見てゆきたい。後者には「成敗之内」の言葉があり、この「成敗」は結城領内の有力領主を指すだろう。第一〜三条については第四章で取り上げる。

1　第一六条「追懸殺害人糺弾事」「追剥に対する追求とその責任」

この条は追懸＝山賊・追剥ぎについての「定め」・法令である。清水克行もこの法のテーマを〈追剥ぎ〉としている。この犯罪は「山賊」や「殺害」に当たり、重罪である。政勝は領内の検断権を結城氏の下で一元的に掌握することを目指して、第八一条に登場する「下人」(後述)[26]、つまり結城氏の検断権の担い手の「捕吏」を犯罪の現場に派遣した。結城氏の検断権確立のためには見逃せない項目である。

一　追懸、いづくの所いづくの里にて、洞のものは是非ニ及バズ、行脚・往来何にても、はりとり殺し候はゞ、其所へ五日は待ち候て、調べさせべく候。[　　]ひ候はゞ、郷中へ過怠を思ふほど懸けべく候。両郷の境にて討ち候はゞ、両郷へ過料を懸けべく候。訴訟の奏者いたし候もの候はゞ、其身郷中より礼義を取歟、又追懸知りたる歟、奏者し候ものゝ方へ、一たゝりなすべく候。

佐藤は頭注で、この法令の要旨を〈誰かが追剥に殺された場合は、その郷に犯人を糺明させる。五日過ぎたら郷に過料を懸ける〉とした。「追懸」は「山賊・山立」と似て、人目のない「野」や「山」で行う強盗・殺人で、山賊・海賊と並ぶ重罪であり、鎌倉時代には守護検断権の対象だった。したがって、検断権者の結城氏には無視できないものだった。結城氏の立脚している認識では、人目のない山中なので殺しをしても分らないはずとの「ヤリ得」感から、郷民が「洞の人」や「行脚・往来」を殺したはずだ、との性悪説の立場が採られている。結城氏は追剥ぎを、現地の領主や当地域を「成敗之内」とする有力者には任せず、自らの検断権の担い手・第八一条の「下人」＝捕吏を派遣して捜索しようとした。しかし中央の派遣官だけでは犯人捜査はできず、犯罪発生を郷民の連帯責任として「郷」に調査を命じた。山賊の出た現場の郷と結城氏の捕吏との間で、山賊取締りの実績を上げようとしたのである。

佐藤は、「追懸」を〈追剝〉、「洞のものは不及是非」を〈家中の者はもちろん〉、「はりとり」を〈財物を剝ぎとり〉とした。『戦国全史』では「行脚・往来」を〈行脚の僧・ゆきずりの人〉とし、欠字部分の「　　」ひ候はゞ」を〈そのうえで犯人を差しだせない場合は〉とした。「過怠」は『国語大辞典』によれば〈①あやまちや怠慢。過失。科怠。②中世以後、あやまちや過失の行為があったとして罰すること。武家法では、銭貨、財物や労務で償わせた。科怠。科怠。過代。③（②から転じて）あやまちや手ぬかりがあった時に与える軽い懲らしめの罰〉の意味があり、この②から佐藤は「過怠」=〈過料〉とし、「過怠を思ふほど懸け」を〈過料を思う存分に懸ける〉とした。殺しの現場となった郷で、五日経っても犯人が捕まらない場合は、郷に過料を課すとしたのである。この場合の「過料」とは郷村に対する行政罰だろう。『塵芥集』の第三三条と第六四条[27]にもこれと似た法令がある。伊達氏も結城氏も、住民の相互監視により犯人は特定できるとの前提に立っている。

しかし、過料を懸けるというが、郷からすれば、突然降って湧いた難題なので、過料免除の願い出は当然であり、ここで郷からの訴えを取り次ぐ「訴訟の奏者」が登場する。この「訴訟」を佐藤は〈過料をかけられることの不当や、過料の額についての訴えであろう〉とし、「奏者」を〈過料をかけられる郷の訴訟の取次ぎ〉とした。この場合「奏者」=〈訴訟の取次ぎ〉となったのは、臨時的・非制度的なもので、郷中に「所領」を持つ「領主」とか、郷に裁判権や年貢徴収権を持つ有力領主の「成敗」であろう。

この法令は郷の不服申立てへの禁止令だが、法令の表層には「訴訟の奏者いたし候もの候はゞ……、奏者し候ものゝ方へ、一たゝりなすべく候」とある。猜疑心から「郷中から礼銭を取った」「追懸を知っている」としている。佐藤は「其身……」を〈奏者自身が郷中から礼銭・賄いを取ったか、または犯人を知って、かばいだてをするかの何れかであろう〉とした。現地住民は当然犯人を知っているはずだとしているのである。郷中への過料に不服な郷の意見を集約して、結城氏に訴訟を企てる「奏者」=〈取次ぎ〉へは「一たゝりなすべく候」とある。『戦国全史』ではこれを〈厳罰を加える〉と現代語訳した。

「たゝり」とは何か

『新法度』では、「たゝり」の言葉はこの第一六条のほか、第五・二〇条に計三回登場する。第五条では「たゝりなすことあるべからず」、第一六条では「一たゝりなす」、第二〇条では「一たゝり事」とあり、「祟りなす」は第五・一六条に、「一祟り」[28]は第一六・二〇条に共通している。この「たゝり」について『国語大辞典』には〈①神仏や怨霊によってこうむるわざわい。②行為のむくいとして受ける災難〉とあり、②の用例に「あとのたたりが怖い」が挙げられている。佐藤は「たゝり」については、残画からの文字の復元に精力を使い果たしてしまったからか、言葉の意味について何も述べていない。

『国語大辞典』の①の意味を、なるべく漢字を多く用いて表せば「神仏や怨霊によって被る＝蒙る災い＝禍」となる。②の意味は「行為の報い＝酬いとして受ける災難」となる。この二つの説明を理解するために、三角形を考えたい。頂点には「神仏・怨霊」がいる。底辺は行為者の人間だが、左手に何らかの「行為」があり、それが右上の「神仏・怨霊」を刺激して、それが右下の人間（行為者やその関係者）に作用を及ぼして「禍・災い」となって表れる。これが①である。②の場合は、「神仏・怨霊」を経由することなく、直接人間の行為の影響が、底辺を移動して「禍・災い」となる場合で、①を非宗教化・世俗化したものである。それゆえ、②の「祟り」とは「禍や刑罰が及ぶこと」となる。

一方、白川静『字訓』[29]の「たたり」［祟］には、〈神仏や邪霊などによってもたらされる災忌をいう。〈たたる〉（四段）の名詞形。眼に見えない世界からもたらされるものであるから、柳田国男・折口信夫説のように「顕つ」の系統の語と考えられる。「顕つ」とは、幽なるものが、現実にその姿をあらわすこと、概ね禍害をなすときにその姿をあらわすので「顕たるもの」をいう〉とある。この白川説は『国語大辞典』①の意味と同じで、特にここでは、眼に見えない「神仏・怨霊」の力が目に見える形で現れることに注目している[30]。

第一六条の場合は「奏者をした者の方」に「禍・刑罰が及ぶ」の意味で、「追剝犯と同罪にする」となろう。第五条では、血縁に連なる者として罪へ連座するか否かの説明に「其外に祟りなすことあるべからず」とあり、「禍は及ばない」の意味である。第二〇条では、夜中に屋敷内に木戸・垣を乗り越え切り開けた不法侵入者が討たれても、文句を言うなとの文脈で登場している。被害者の主人の損害賠償の訴えに対して、「盗か又何たる不振舞歟、如何様一たゝり事にて候間、死損たるべし」とある。この「如何様」には形容動詞・副詞・感動詞の用法があるが、この場合は副詞で「きっと、たしかに、どう見ても」等の意味である。この「一たゝり事」は「死損」の説明で、「どう見ても懲罰が及ぶことになっているので、死に損なのだ」となる。『戦国全史』の「懲罰」説を承けて「懲罰を受けること」の意味だとすると、ここの現代語訳は〈どう見ても、懲罰を受けるのだから、死に損なのだ〉〈だから訴訟を取り上げない〉とつながり、「祟り」＝「禍・刑罰」で十分に説明できる。

自検断の村の成立：第一六条に戻ると、結城氏は追剝ぎに対し現場の郷に調査を命じ、その報告を待って検断に当たる計画で、郷が非協力の場合には行政罰の過料を懸けるとした。連座制に基づく犯罪防止策である。郷の不服申立てを行う取次ぎは、懲罰の対象となり、しないようにと戒められた。こうして、結果的には、特定困難な追剝犯と結城氏の間に郷が立ち、「郷村」が検断権を持つ自治組織、自検断の村・郷村制に向かって発展してゆくことになった。このように犯人を特定できない場合に、現場の郷に過料をかけることは、第六章四節で見る第九五条の「大狂」の末の「棒打ち」の場合の「町々」と似ている。

現代語訳：次に『戦国全史』の現代語訳を参考にした私の訳を掲げたい。大きな変更部分は傍線で示した。（ ）・〔 〕はいずれも『戦国全史』による。

追剝ぎが、どこの場所・どこの村里であれ、家中の者はもちろん、行脚の僧・ゆきずりの人・その他いかなる人でも、持ち物を奪い殺害したら、犯罪現場のある郷中に命じて、五日間の期限を切って調査させる。〔そのうえで犯人を差し出せない場合は〕その郷中に罰金を思う存分に課すことにする。また、犯行が二つの郷の境で行われた場合には、両方の郷に罰金を課すことにする。（この処置を不服とする郷中の）訴訟の取次ぎを行う者がいたら、その者は郷中から賄賂をとったか、または、追剝ぎがだれかを知り（ながら、かばいだてをしている）かの（いずれかであるから）、取次ぎを行った者は懲罰し、追剝犯と同罪とする。

2　第八八条「堂宮立木伐採之禁」「寺社の立木の許可なき伐採の禁止」

結城領内の有力者に対する強い発言権の行使を示すもう一つの法令は第八八条である。

一　宿町々之義ハ是非ニ及バズ、里〲如何に成敗之内成共、我々自分之用に、堂宮之大木めつたと切ルベカラズ。第一其身共之神慮違、又、洞《うつろ》之不繁昌之基ニ候。明日にも堂宮之有用切り候はゞ、如此之子細と披露ヲ為シ、切られべく候。各心得ラルベク候。

佐藤は頭注でこの法令の要旨を〈自領内たりとも堂宮の大木を私用のために伐採してはならぬ〉とし、「めったと」を〈めったやたらに、理由もなく〉、「其身共之神慮違」を〈切った本人が神意に逆らって神罰を蒙るばかりでなく〉とした。『戦国全史』では次のように現代語訳している。

宿や町についてはいうまでもなく、村々においても、いかに（自分の）支配下の領内だからといって、めいめい私用として寺社の大木を理由もなく伐ってはならない。まず第一に、伐った本人が神慮にさからって神罰をこうむるばかりではなく、家中がさびれ衰える原因ともなる。明日にでも寺社のために有用な木を伐る場合は、こうした理由（で伐るのだ）と申し立てをしたうえで伐られよ。そなたたち、心得られよ。

この法令は「宿町々」「村々」の「堂宮之大木」を家中の有力者が「めったと切る」ことをテーマとしたものである。この「堂宮」は藤木久志が言う〈村の惣堂〉で、第一六条の「行脚・往来」や第九一条の「行脚・往来・鉢開」などの臨時の宿泊施設でもあっただろう。法令上には民衆側の反撃を示す文言はないが、政勝は「神慮違い」とか「洞之不繁昌之基」を理由にして、こうした行為を禁止し、結城氏の許可が必要だとした。寺社の竹木伐採禁止令は戦国時代の禁制にはよく見られるが、戦国の世の、特に軍事上の必要から、御神木でも伐り出すという事態に対応したものである。

この法令の冒頭近くの「如何に成敗之内成共」を『戦国全史』では、佐藤の〈自領内たりとも〉をさらに説明する形で〈いかに（自分の）支配下の領内だからといって〉としている。他方、最後に「各心得ラルベク候」とあるので、「堂宮の大木」を切る「各」は家中の侍である。「堂宮」は公共のもので、網野善彦の用語で言えば「無縁」のものとなり、領主が私して「自分之用」にしてはいけないものだった。民間法・慣習法を踏まえて、結城氏は堂宮の大木伐採禁止令を出しているが、後半部では結城氏への「披露」と、その許可があれば、切ってもよいとある。

成敗とは何か　『戦国全史』では「成敗」＝〈支配〉としているが、ここではこの言葉に拘泥したい。「成敗」の言葉はこの『結城氏新法度』では第三七条「＊飛入殺害人の処置は主人に任せ、保護する」と第七四条「＊此方成敗の者が輸送ルールに背いた場合の罰則」に「此方成敗」として登場する。前者は追われて屋敷内に飛び込んだ殺人者を、主人が「成敗」して「頸」を取る場合である。中世の武士の家の内部では、主人が刑罰権を持っていた。これを〈イエ刑罰権〉と言った。第一条の博奕の禁止でも「人の下人・悴者、又宿人・里の者」が博奕を打っているとの風聞があったら、「其主の方に届けず」即刻「うたせべき也」とある。主人が「請取り、頸をはね、可渡ならば、尤に候」とあり、主人権としての成敗が行われていた。第二〇条「夜中入於他人屋敷被討者事」[31]も、この排他的〈イエ刑罰権〉が前提である。

一方、第七四条には結城領の地域的編成に関して「惣別此方成敗中郡・小栗其ほか之ものならば」とある。村井章介[32]が明らかにしたように、「此方」とは結城氏を指し、「此方成敗」とは有力国人領主の山川氏・多賀谷氏・水野氏を指している。彼らはそれぞれ「所領」と「家中」を持ち、『結城氏新法度』の法外の存在であるが、結城氏の軍事指揮下にあった。村井良介の『戦国大名論』[33]に従えば、彼らは武田氏領内の宍戸氏や小山田氏と同様の「戦国領主」ということになろう。以上から「此方成敗」の「成敗」は〈イエ刑罰権〉より広い領域に対する支配権で、軍事指揮権である可能性がある。

ところで伊達氏『塵芥集』の第七八条には、「惣成敗」という言葉が登場する。これを『中世政治社会思想　上』の校注者・勝俣鎮夫は頭注で〈伊達領国下の郷・庄・郡単位に置かれ、検断・段銭徴収などを掌る職。九州の肥後地方にもみられる〉[34]とした。これに従うなら、伊達領内で各行政区域の支配を司った有力者ということになろう。一方『結城家系図』には「結城百八郷」[35]とある。この「百八郷」が伊達領国内の「郷・庄・郡単位」に対応するとすれば、これらの「郷」の検断・段銭徴収などを司っていたのが「(惣)成敗」となるだろう。

結城領内の所領の最小単位は家中の侍の「手作」「所領」で、彼らが「領主」として裁判権を持っていた。結城領内の場合、これらをいくつも併せてより大きな支配権を持つ者として、第三一条「指南事」にあるように、「家中」の多くの侍を指揮・統率下に置いた「指南親方」があった。戦時にはその指揮・命令に従って戦った。この「指南親方―指南」関係は、第六二条からは「同胞衆」からなる地縁・血縁集団が単位であったと言える。しかし「指南―被指南」関係は軍事上の関係なので、行政区画を支配する「(惣)成敗」とは異なり、地域的にはその支配はモザイク状態であったということになろう。

つまり、軍事指揮権ではなく、広域の裁判権などを行使した有力領主が「(惣)成敗」なのであろう。次章四節で取り上げる第一〇一・一〇二条では、彼らは年貢を郷単位で徴収していた。彼らは「政所」の配下に属し、個々の領主たちの「分限帳」を郷単位で集約していた。それゆえ彼ら「成敗」の支配領域は「宿・町々・里々」にまで及んでいた。「堂宮之大木」を切る「各」は、「堂宮」を所領内に持つこの「成敗」であろう。結城氏はたとえ彼ら「成敗」の支配下でも、「堂宮之大木」を切ることは「洞之不繁昌之基」になるとして禁じ、公共の利益を理由に、有力領主の権限に制限を加えたのである。

ちなみに、結城家の権力構造や結城氏が作り上げた「官職」には、訴訟を取り次ぐ「奏者」(第一六条)、「寺くの奏者」（第九三条）、「市町・神事祭礼の場」に派遣された「奉行」（第一七条）や「寺奉行」（第三〇条）、兵糧米や酒の販売、撰銭などの流通世界には町々に派遣された「役人」（第八三・九一・九二・一〇三条）がいた。第一六条の追剝ぎの検断や第八一条の商売の禁止に関しては、結城氏直轄の検断権の担い手「下人」を派遣した。

次の第三章「政勝の所領認識」・第五章「『結城氏新法度』の中の賞罰」では、政勝が家臣団に対して厳しい統制を試み、専制的な支配を目指したことを見てゆきたい。第四章「『結城氏新法度』の中の犯罪」では第一条「博奕之禁」以下の検断の沙汰を取り上げたい。

第三章　政勝の所領認識

前章では、結城政勝の政治的誕生が、対外的には言うに及ばず、「親戚・縁者・宿老」等々の領内の有力者との対決の中でなされたことを論じてきた。本章では、結城領に関する古典的な研究である松本新八郎の「室町末期の結城領」[1]を取り上げて、政勝の所領認識について論じたい。結城領のほとんどは結城氏配下の領主＝「侍」たちに配分され、彼らが分有していた。その最小単位は「手作」で、「屋敷・田畑・立野・立山」などで構成されていた。「手作」の外に展開する「郷」や「里」の百姓たちの耕地を領主＝「侍」は「所帯」として所有していた。ここでは下士の侍＝「足軽」を取り上げるが、領主＝「侍」の下で実際に耕作を行っていたのは「下人」であった。

以下では、『結城氏新法度』に基づき、まず第一節では「屋敷・所帯・立野・立山」を、第二節では「所帯と手作」を、第三節では「足軽」を、第四節では「百姓」を、第五節では領主たちの「境相論」を、第六節では「所帯・屋敷の給与と占有」を、それぞれ扱う。特に最後の二つの節では、境界争いに際して政勝が、コネ社会の頂点に立つ「御出頭人」や「指南親方」などの有力者の力を削ぐことを目的に、藤木久志が明らかにした、慣習法としての「近所の儀」[2]、すなわち近隣領主たちの談合による解決法を否定して、土地支配に際しては結城の「判」が必要だとしたことを述べて、彼が「法による支配」、すなわち専制的な統治を貫こうとしていたことを論じる。

第一節　屋敷・所帯・立山・立野

第六節の最後で取り上げる第九〇条は、不動産の給与に際しては結城氏の「判」をもらうことが必要だとの定めだが、その第九〇条は「屋敷・所帯・立山・立野何成共」という言葉から始まっている。ここで私が注目したいのは、結城氏の「判物」で知行が認められたものの中心は「屋敷」と「所帯」だが、それには「立山」や「立野」が付属していたという事実と、それをめぐる政勝の認識である。これらについて順に考察してゆきたい。

屋敷・田畑

関東平野の中心部に当たる鬼怒川流域の結城領は、鬼怒川・思川の氾濫地帯にある。洪水がもたらした丘陵は自然堤防となり、その前後には後背湿地が広がっていた。人々がこの地で農耕を始めたのは、あるいは結城氏の祖先が開発領主としてこの地に定着した時からかもしれない。自然堤防の高台の上に「屋敷」を作り、畑を切り開いたのだろう。ここは結城紬[3]の特産地であることから、養蚕のための桑畑もあっただろう。また、この地域が「桐たんす・桐下駄」の特産地であることから、「桐木」の栽培も行われていただろう。後背湿地は用水路・排水路が掘られ、水田化した。

結城氏の家臣である「侍」の「屋敷」を中心に、その周りを「下人の小屋」が取り巻く所が開発の根拠地で、「侍」は近傍の「田畑」を切り開いて「手作」地とし、その周りには「原・野・山」の景観が広がっていた。松本新八郎の理解では「手作」は奴隷労働によって経営されていたことになる。屋敷内部では紬生産のための養蚕や機織りも行われていただろう。結城紬の生産過程を考えると、桑の栽培と、養蚕業・紡糸業・紡績業・染糸業・機織り業などの広がりが想定される。夜なべ仕事で可能な面もあるが、分業と協業に基づく大規模な家内工場が早くからあっただろう。

立山・立野

屋敷周辺の「原・野・山」は、もともとは自然の原野で、松本はここに潤葉樹が生い茂っていたとした。現在の言い方ではブナ帯となろう。木の下枝を薪として刈り取り、秋の落葉は下肥用に掃き集め、潤葉樹林・ブナ林は人の手が入った明るい人工林になった。松本がイメージする結城の世界は、潤葉樹・ブナの生い茂る「樹海」に人家や田畑が「島」となって点在する姿で、そうした、周りから遮蔽され孤立した島々を人々は「洞《うつろ》」と呼んでいた。落ち葉が農業にとって必要なことから、「原・野・山」は「田畑」と同様に人々の占有地となり、各自はこれを「立山・立野」として囲い込んだ。

第九条「立山立野盗伐盗刈被討者事」「*他人の山野での盗伐・盗採で殺された者に関する訴願の禁止」

一　人の立て候立山・立野、盗み伐り刈り候て、うたれ候て、打たれ候下人・悴者ノ侘言すべからず。

『クロニック戦国全史』(4)の綱文は第八条から第一〇条で一括して付けられているので、内容に即して分割・整理した。

佐藤進一は『日本思想大系21　中世政治社会思想　上』(5)の頭注で、この「立山・立野」を〈農民らの入会利用(草木の採取等)を禁じた山や野〉とした。人の立山・立野への立ち入りは、縄張を荒らす犯罪だった。一方、池上裕子は下人の自立した農業経営を想定して、そのための野山の下草刈りだとしつつ、下人だけが入会権を持っていなかったとした。(6)

第一〇〇条「立山立野不可綺事」「山廻・野廻以外の者の野山への立入り禁止」

一　人の立山・立野、其ノ山廻・野廻、其ノ所走廻候一類のほか、野山にて人をあやしめ候はん事叶ウベカラズ。慥ニ山見候などとかづけ、野山にひき籠、ばくちか追懸いたすべく候間、別人の山に綺ふべからず。

佐藤は頭注で、この法令の要旨を〈他人の立山・立野に立ち入ることの禁止〉とし、「其所走廻候一類」を〈その所（立山・立野）を経廻する〔こと〕を勤めとする者たち〉とした（〔　〕は引用者）。ここから、「山廻・野廻」と呼ばれる立山・立野の管理人の存在が明らかとなる。人里内の水田や畑の近くの原野や山は、一般には「里山」と呼ばれ、人々の共同利用の「入会地」となる場合が多かったが、松本によれば、結城領の場合には、結城氏を中心とした有力領主がこれを囲い込み、領主の支配する「所帯」の一部としていた。

ここには、人が占有する「立山・立野」で、領主から指定された「山廻・野廻」でもないのに、「山見」をしているとの口実で人を咎め立てする者は、実は本人が「博奕」か「追剥」をしようとしているのだとある。「あやしめ」は「怪しいと思って咎め立てをする」の意であろう。これは第一条の「博奕の禁」の原則が野山まで押し広げられ、人の目の届きにくいところにまで博奕の禁が及んだ結果を示している。

第二節　所帯と手作

松本新八郎は「室町末期の結城領」の研究を突破口として（この論文は研究の出発点として『中世社会の研究』にそのまま収められた）、戦後歴史学の中心となる社会構成史・土地制度史上の基本的枠組みとなった奴隷制による「名田経営」と、農奴制による「郷村制度」を次々と明らかにし、日本中世における奴隷制から農奴制への転換期を南北朝期だとした。この南北朝転換期説に立てば、室町末期の結城領は郷村制や農奴制の時代となるはずだが、いま仮にこれに従うと、結城領内で納税の義務を負ったのは「侍」であり、「侍」の下で耕作に従事したのは「下人」で、「百姓」は未成立となる。しかし、開発が世代を超えて進んだ後はどうだったのか。

開発の単位が家族で、「下人」を中心とした奴隷労働による領主手作が基本だとしても、本家・分家の形で「洞」は拡大しただろう。「下人」を労働力として抱えていても、その「下人」もやがては家族を持ち、身分的に上昇しただろう。逆に、大きな土地を分け与えられなかった親類たちは「百姓」となり、身分的に上昇した「下人」たちと共に「里」や「郷」を形成しただろう。『結城氏新法度』には百姓を対象とした法令は存在していないが、その代わりに「里の者」「郷中」という言葉が登場している。この「里」「郷中」の言葉の背後には「百姓」の存在を想定することができよう。

「郷」や「里」では「百姓」が「田畑」を耕作しており、これを『結城氏新法度』では「侍」たちの「所帯」と呼んでいた。軍役を定めた第二五・六六条に「所帯」と「手作」の二つの言葉が登場していることからも、このことは明らかである。この二カ条は「軍律」に加えるべきものだが、「所帯」と「手作」に注目して、ここで取り上げる。

第二五条「軍陣奉公欲怠事」「軍役をおこたった者への処分」

この法令には欠字が二カ所ある。前者は「軍馬の務め」か「兵馬の務め」で、後者は「「軍役」に従わぬ者」であろう。欠字を私の考えで補った。

一　かたの如くも所帯・手作持ちながら、〔軍〕馬之勤にも一度欠け候はゞ、速《すみやかに》所帯かり申スベク候。此〔軍役に従わ〕ぬ者共数多《あまた》見及候へ共、法度をあげて申シ付クベシト存ジ、堪へ候。

この法は結城武士のあるべき姿を論じた「家訓」の一つだが、上記のように、ここでは「所帯」「手作」に注目する。佐藤は頭注で「手作」を〈家内労働によって耕作・経営する直営農地〉、「所帯」を〈所領・知行地〉とした。後者の耕作者は「郷中」の百姓や「里の者」であろう。これは松本の奴隷制説に変更を迫るものであり、佐藤の大きな功績である。続いて佐藤は「所帯かり可申候」を、「かり」は〈刈り〉であって、〈所領を没収する、の意〉としたが、この「かり」は「借り」、つまり一時的な没収で、後日の返却を含んだ罰であろう。これについては「賞罰」を取り上げる第五章の第三節4「所帯・屋敷かり」で再度述べる。

この法令に二度登場する「候」に注目すると、この法令は二つに分けることができるが、佐藤は後半の「此［　］ぬ者共……」を〈軍役を欠怠する者を多数見知っているけれども、……今まで処罰をこらえてきたのだ〉とした。つまり、政勝は「法による支配」の実現を夢見ながら、長年耐えてきたが、『新法度』を作成したのでこれからは処罰するというのである。前章で述べたように、政勝は父・政朝の体制を覆し、自分の専制支配を強めようとしてきたが、政朝の代に功績のあった「御出頭人」や、「同胞衆」を率いる「指南親方」を押さえるためにも、「人の支配」の代わりに「法の支配」を前面に立てる必要があった。ここにある「法度をあげて可申付」とは、まず「法度」を制定し、次にその「法度」に基づいて命令を下す、という手続きを踏むことを指しており、政勝の命令は法に基づいているのだとの主張となる。当時このような「法による支配」「法の支配」を主張した大名は珍しいのではあるまいか。

なお、御恩と奉公の双務性が封建制の基本秩序だとすると、奉公を怠った者に対し、主君側が御恩の削減を図るのは当然である。ただしこの場合、「所帯」は没収となったが、生活の最後の基盤である「手作」は残されていただろう。これに関連しては「喧嘩法」の第五・六条でも「所帯・屋敷奪い取り、別人に刷う」とある。罰を受けた人たちは「所帯・屋敷」は取り上げられたが、「手作」の保持は認められ、結城家臣団の一員として存続できた。「手作・所帯」の実例には、次に取り上げる第六六条「武具之制」のほか、第八二条「門番夜番次第事」がある。後者は第七章三節で詳細に論じる。

第六六条「武具之制」「参陣の時の武具・従者」

一　五貫の手作持ちならば、具足・被物持ち、具足馬をはかすべく候。十貫の所帯ならば、一疋一領にて出サルべく候。十五貫より上は参陣いたすべく候。各申し付ラルベク候。後々ニ於テも此ノ分。

この法もまた、結城武士のあるべき姿を論じた「家訓」の一つである。佐藤は頭注で法令の要旨を〈知行高に応じた武具・装備の規定〉とした。そして「五貫の手作」を〈五貫文の手作地（直営地）〉、「具足」を〈当時、具足とは腹巻のことを指したようである（伊勢貞助雑記）〉とした。これは「足軽」に対応した服装であろう。「具足馬をはかすべく候」は〈鞍などを付けた馬は結城家の方で用意して貸す、の意か〉としている。ここから、これは「足軽大将」の出で立ちということになろう。また「一疋一領」を〈馬一疋、具足一領。自身（従者なしで）乗馬、具足の装備で出陣〉とした。「参陣」を村井章介は〈旗持・槍持などの従者をひきつれて軍役を勤めること〉としている。[7]

この法には「五貫の手作」に加えて「十貫の所帯」「十五貫より上（の所帯）」とある。「手作」の周辺に「所帯」が広がる同心円的な構造を前提とし、「五貫」の直営農地が中心で、「十貫」「十五貫より上」の知行はその「手作」の外側における「里」や「郷」の農民支配を含んでいると想定してよいだろう。そしてこの場合、「五貫の手作」とは「足軽」や「軽輩」と呼ばれる下士の侍たちを指していよう。戦国時代になり、戦争が集団戦になったことに対応して、こうした小規模所帯の下士が大量に必要とされたのであろう。

このように結城の家臣たちは「手作」「所帯」という二種類の所領を持っており、これが家臣たちの家庭経済・家計の源泉だと考えられる。

第三節　足　軽

次に、結城の世界で「侍」身分の末端にあり「軽輩」とか「足軽」と呼ばれた人たちについて考えたい。上で第六六条に関して述べたように、「五貫の手作持ち」とある彼らこそが直営地＝「手作」のみを経営した侍だろう。そうした下侍でも納税の義務を負っていたことは次の第二一条から明らかである。

第二一条「致不弁侘言輩事」「*自然災害を口実とした年貢の滞納」

この法もまた、結城武士のあるべき姿を論じた「家訓」である。この法令を分析するため、法文をどこで区切るかが問題となる。「候」で文が切れるところが三つ、「すべからず」の命令で文が切れるところが一つある。これらに注目して、ここでは全体をA・B・C・Dに四分割したい。佐藤や『戦国全史』は、Cの前の所に読点「、」を打ち、全体を三分割しているが、私はそこには句点「。」を打ち、四分割とした。それぞれの文章の初めにA〜Dを付けた。Aは「前置き」で「B」以下は「本文」となる。Bは「問題点の提示」、Cは「結城氏の命令」、Dは「結城氏に「侘」＝要求を突きつけた人物への評価」となろう。Bの最初に「各」があり、法令は結城氏家中の者を対象とする「家中法」となる。

一　A水損・風損・日旱は、人間の業になき物にて候間、不如意・不辨も余儀なく候。B各無沙汰いたし、堰堀油断いたし、持ちたる所荒れ候。C不作などゝ、不辨の侘なすべからず。Dこれは不辨を面白思ふものか、当地に退屈のものかたるべく候。

全体の構造と事書・綱文：　佐藤は事書を「致不弁侘言輩事」としたが、『戦国全史』は綱文を「自然災害による年貢の滞納」とした。両者を比較すると、佐藤はB・Cを中心に置いているのに、『戦国全史』はAを中心に置き、Bを飛ばして直接Cにつなげている。私はAを「前置き」と考えるので、佐藤説を採って、綱文を改めた。この場合の「前置き」については後述する。

結城領内は当然ながら兵農未分離で、侍は農業にいそしみ、日常的に農業用水に関わる「堰・堀」の管理をも行っていた。ここでの問題は、Cで「侍」が、不作だからとして年貢滞納の侘言をすることである。その前提には、「各」が土地への愛着を欠き、農業に対して意欲を失っていたことが考えられる。さらにその前提には、「侍」の経営規模が小さいこともあっただろう。この法令の対象は、「家中」の「侍」とは言っても下士の「足軽」などであろう。これがここでこの法を取り上げた理由である。

前置きとは：私は法令解釈の際、「前置き」という言葉で法文を理解すべき場合があると提案してきた。ここではそのことを取り上げたい。「前置き」とは「本題に入る前に述べること」で、一般にはそこに入る前の自問自答とか、呼び水となる文言である。落語の場合は「まくら」と呼ばれ、和歌には「枕詞」があった。『結城氏新法度』の場合、「前提条件を示す」ものがこの第三二条のほか、第三七・五三・七六・八七条と圧倒的に多い。また、「逡巡・自問自答」が置かれているのが第六二・九四条の場合である。この二例は共に「宴会」に対する制限令で、本題を突然言い出すと家臣団からの反発が予想されるので、本題の衝撃を和らげるために付けられたものと思われる。

『新法度』が政勝一人の作品だとすると、この法令の場合、B・Cが本題だとして、「各」が「不辨の侘言」をすることを予想して、Bの「各」の所から本題をいきなり言い始めるのを避け、「不如意・不辨」が「余儀ない」場合を諄々と述べて、本題の衝撃を和らげているのであろう。

語句の説明と全体の構造：Cの「不辨」とは「能力や財力などがなくて物事が思うようにいかないこと」の意味だから、佐藤は頭注でAの「不如意・不辨」を〈どちらも生計の窮迫・貧窮〉の意とした。『戦国全史』はA全体を〈水害・大風・干ばつなどは、人智のおよぶところではないから、窮迫して年貢を滞納するのもやむをえない〉とし、「不辨」を「年貢滞納」としている。ここまでは一般論であり、両者の訳に問題はない。

問題はAとB以下との関係である。Aは天災・自然災害が問題なのに、Bでは人災に関わり、「堰・堀の管理」という耕作者側の日常的な水遣りの努力放棄を問題としている。B・Cの主体は家臣の「各」である。Bの「無沙汰いたし」は、日常的な〈農地の手入れ、業務の遂行を怠って〉の意味で、ここでは「堰・堀の管理がずさんで」の意となる。その結果、耕作地が荒れてしまったことが問題であり、人知の及ばないところを法令で定めても意味がないので、政勝は人の努力の及ぶ範囲内の事柄であるB・Cを法令の中心としたのである。

『戦国全史』はAとBの間に逆説的な「しかしながら」の言葉を挟んで理解し、Bを〈(しかしながら)各人がなんらの処置もせず、灌漑の管理をおこたって（おきながら）〉とし、Cを〈所持している耕地が被害をこうむったとか、不作だとかいって年貢滞納の言い訳をしてはならない〉としている。『戦国全史』のここまでの解釈は素直に理解できるが、これと綱文との間には整合性がない。綱文はBを抜かして、AとCとからできている。Aは「前置き」で、法令はBから始まるので、綱文を生かそうとするならば、「自然災害を口実とした年貢の滞納」と直すべきであろう。

全体の構成の理解としては、前述のように佐藤説を採りたい。Cの「不作などと不辨の侘びをしてはならない」は結城氏の命令である。Cの「侘ぶ」とは、年貢は完済すべきだが、それができないので「困り抜いて頼み込む」とか「年貢滞納の許しを求める」の意であろう。「不辨の侘」を佐藤は〈貧窮につき年貢を減免してほしいという訴願の理由づけ〉とした。以上、Bは問題点の提示、Cはこれに対する結城氏の命令で、次のDは「不辨の侘」を主張する人への評価である。

Dの全体の訳を、佐藤は〈これは自ら求めて貧窮の状態に陥るものか、でなければ、結城領に対して故意にサボタージュをするものか、どちらかにちがいない〉としたが、『戦国全史』は〈面白がって年貢を納めないか、結城領に対して怠け心があるかの、どちらかに違いない〉としている。関連する語句を検討しておこう。「面白く思う」に関して、『国語大辞典』は「おもしろい」を〈①見て楽しい。②興味がある。③趣がある。④望ましい状態にある。思いどおりである。⑤こっけいである。おかしい〉としており、佐藤訳は、④の「思いどおりである」の意味からの発展であろうか。また『戦国全史』の訳は②「興味がある」の意味から発展させたものだろうか。どちらも大幅な意訳である。私の印象を言えば、「おもしろい」は対象との間に多少の隙間・遊びがあり、直接的な影響を受けていないことだと思う。つまり「年貢を納められないことで打ちのめされ、打撃を受けた」状態からはやや遠くにあるのだろう。それゆえ「年貢を納められないことを、ゆとりをもって他人事として見ている」と考えた。

また、「退屈」について『国語大辞典』には〈①くたびれて気力がおとろえること。いやになること。②何もする事がなくて、暇をもてあますこと。つれづれ。③年貢納入、契約履行などの義務を怠ること。緩怠。④畏縮すること。おそれしりぞくこと。⑤困りはてること。閉口すること。⑥仏語。修行の苦しさ、むずかしさにさとりをもとめる本志をおろそかにして、精進努力の心を失うこと〉とある。その「退屈」を佐藤は〈故意にサボタージュをする〉とし、『戦国全史』は〈怠け心がある〉とした。これらは③の意の「年貢納入の義務を怠る」からの発展だと思うが、⑤の「困りはてる」や⑥の「精進努力の心を失う」をも考慮に入れるべきであろう。私はとりあえず、「精進努力の心を失い、年貢納入の義務を怠っている」と考えた。

以上を踏まえて、私の現代語訳を示したい。

A風水害や旱は、人間の業ではどうすることもできないので、生活の困窮や年貢の滞納はどうすることもできないことである。Bしかし、各が本来行うべきことを怠り、堰・堀の管理がいい加減で、持っている農地が荒廃してしまっている。C不作だなどと言って、年貢を完済できないと訴え出てはいけない。Dこれは、年貢を納めないことを他人事として見ているか、当地に対して精進努力の心を失い、年貢納入の義務を果たしていないか、のいずれかであろう。

政勝が問題としているのは、この法令に登場する「侍」、おそらく下士の「足軽」などが、土地への愛着、勤勉の道徳心・向上心を持たず、義務履行に無関心なその日暮らしをしていることである。こうした、将来に希望を持たず、刹那的に日々を送る生活が、後で取り上げる第六四条の「歌舞伎者」のあり方を生んだのだろう。

第五九条「荒所令満作時本分限事」「荒地開墾後の知行高」

一　境目荒れたる所請ケ取リ、後ニ満作成リ候ても、前の荒れたる時を本分限ひき候はん事、更々曲事之至ニ候。満作の時を本分限になすべし。心得ラルベク候。

これもまた、結城氏家中の下士についての法令と見なせるものである。この法令の最初に「境目荒れたる所」とあるのは、洪水の結果、一旦耕作を放棄した土地であろう。耕作を放棄すれば土地は元の原野に戻るが、一度手が加えられていたので、畦跡や水路の跡もあり、水田に戻すことは早かっただろう。この当時も新たに荒地の開発が行われていた。その場合、明治の北海道における屯田兵制に近いあり方で、「足軽」などを取り立てて、荒地を開拓させたのである。

この法令の要旨を佐藤は頭注で〈はじめ宛行われたとき荒地であった所を後日豊作地にした場合、荒地当時の農収を本知行高として申し立ててはならぬ〉とした。『戦国全史』も「本分限」を〈正式の知行高〉としている。本章第六節で扱う第九〇条「屋敷所帯以下無判不可拘置事」から明らかなように、土地の給与には結城氏の「判」が必要で、耕作を止めると土地の権利は結城氏に返された。ここから松本新八郎は結城氏を〈地主〉、侍を〈作人〉とした。おそらくこれは結城領内の足軽などの下士の場合だろう。土地の給与の際、結城氏より判物の下賜があり、それに応えて「本分限」の申告をするのが正式な手続きだった。その知行高に応じて年貢が課せられたのである。この場合の「本分限」とは、下士などの規模の小さな「手作」の場合であろう。土地と軍役との対応関係は、先に取り上げた第六六条の「武具之制」から分かる。

前節で見たように、佐藤は「手作」を、家族のほか、下人・倅者からなる〈家内労働によって耕作・経営する直営農地〉とし、「所帯」を「郷中」や「里の者」が耕作する〈所領・知行地〉とした。水田を中心に置くと、知行高に一定の比率を懸けたものが年貢としての領主・結城氏の取り分で、残りが作人・侍たちの生活費となっただろう。領主の下に集められた「米」の一部は「兵糧米」として軍事的な目的のために備蓄されただろうが、大部分は結城家の賄分として換金され「銭」として貯蔵されただろう。

では、第六六条にあった「手作〇〇貫」「所帯〇〇貫」と、この第五九条の「本分限」「年貢」との関係はどうなっているのか。結城家の家政機関に、鎌倉幕府の「政所」に当たるものがあったと仮定すると、各地の侍から申告させた「本分限」を結城氏の下で一冊にまとめた「分限帳」があり（あるいは、次節で述べるように、郷ごとに「成敗」の下にまとめた「分限帳」があり）、本人の姓名と共に「屋敷〇〇貫、手作〇〇貫、所帯〇〇貫」などと記載されていたのだろう。「手作」にせよ「所帯」にせよ収穫物の形は「米」だが、結城氏はもちろん当時の侍は貨幣としての「銭」をある程度必要としていた。そのため、「米」を「銭」に変える仕組みが存在し、集められた年貢米は、大きな倉庫を持つ「蔵方」たちの入札により換金されたのだろう。個々の侍の手元に残った「米」もまた同様であっただろう。

「蔵方」が大きな倉庫を持っていたとすると、侍たちの「手作」であれ、「所帯」であれ、収穫物はすべて「蔵方」の倉庫に収められ、そこから必要量が年に何回か分けて「分米」として支給される方式もあっただろうし、また換金されて「銭」の形で配分されただろう。年貢納入をめぐる個々の家臣たちと「蔵方」との間の貸借関係は、第七章三節2の特に第三〇条で取り上げて考察する。

最後に、法令の末尾には「可被心得候」とあり、「本分限」に関するこの法は、結城氏にとって大事な法であった。

第六四条「戯真似戯衣装之禁」「召使いや足軽の立居・ふるまい」

一　朝夕召使はるゝもの共、或は他所の足軽其ノホカ、をどけたる真似、をどけたる衣装、更々勿体なく候。
　皆々若きもの共に申シ付ケラルベク候。

『結城氏新法度』の中では、この第六四条が、「足軽」が登場する唯一の法令である。佐藤は頭注でこの法令の要旨を〈結城家において朝夕召仕う下級の者（恐らく中間以下）および他所の足軽以下の者の異様な風体・衣裳の禁止〉とし、「おどけ」を〈滑稽な、の意のほか、馬鹿げた、無鉄砲な、の意に用いる（運歩色葉集・日ポ）〉とした。村井が言うように「他所」とは小山氏など軍事的同盟関係にあるものを指している。「洞」や「此方成敗」のように結城氏の直接的指揮下にあるわけではないが、同盟関係にある「他所」の衆の風俗・風紀に対しても、軍律が及ぶとして統制を加えているのである。『戦国全史』では「他所の足軽」を〈他所から抱えた足軽〉としているが、この考えを私は採らない。

「他所の足軽」とあることから、結城氏には「足軽」と似た存在はあったが、「足軽」とは呼ばれていなかったとしたい。また「朝夕召使はるゝもの共」の中には、家中の武士の販売行為を禁止した第八一条「販売之禁」に登場する、結城家の検断権の担い手の「下人」を数えることもできよう。この法令の最後の「皆々若きもの共に可被申付候」を『戦国全史』では〈そなたたち、配下の者どもに（このむねを）申しつけられよ〉とし、「皆々」＝「各」としている。従いたい。佐藤は「朝夕召使はるゝもの共」を〈中間以下〉としたが、「他所の足軽」や家中の侍の配下の「若きもの共」は、共通する社会層に属していた。

第六章で「棒打ち」を問題とする際に、「下人」の文化を取り上げるが、「足軽」の文化が主人や民衆の文化と対抗的であることが、この場合の「をどけたる真似、をどけたる衣装」に表れており、近世の「歌舞伎者」と近いあり方になっているのであろう。以上から政勝は下士に対しては細かな生活指導を行っていたことになる。

第四節　百　姓

村井章介は論文「「新法度」にみる戦国期結城領の構造」[8]のむすびで〈「郷中」や「里の者」には百姓がふくまれる〉、〈しかし下人がその身分に即してきわめて詳細な規定を与えられているのにくらべて、百姓を身分として法のなかに位置づけようとする指向は皆無であり、「百姓」という言葉すらひとつも見えない〉、〈百姓は、他の諸身分とともに、「郷」「里」という集団に埋没し……家中の者とのかかわりにおいて、「新法度」に登場するにすぎない〉とした。これは前述の清水克行の言葉〈『結城氏新法度』は、家臣の統制に主眼が置かれ、領国内の百姓や村についての規定は全く見えない〉とも共通している。

村井の主張は、「屋敷」と「手作」が開発の原型で、その傍らに農民たちの集落「里」「郷」や田畠が展開しているということになろう。村井論文では、中略した部分に、既に取り上げた第八八条の「宿町々」「里々」の事例を引用している。つまり、家中の「侍」は領主で、「里」や「郷中」の構成員である「百姓」を支配していたことになる。それを示すのが次の法令である。

第五〇条「里在郷宿人等申分披露事」「村や町の者の訴えを取り次ぐ手続き」

一　里・在郷・宿人之小人ども、目の前ゝ引キ連れ、此ノ身此ノゴトシと申と披露、誠ニ分外なる事にて候。其ノ身の宿に置き、一人罷リ出デ、披露致スベク候。但シ、里其ノ外之者共、隠密の世上之義を聞キ付ケ、申シ上グベキ筋目は、其ノ身ひとり呼び寄せ、目の前にて子細を申シ上グべく候。

佐藤は頭注で法令の要旨を〈結城家中の武士が、里の者・宿の者などを、自分（結城の殿）の目の前へ連れてきて、「この者がかくかくに申します」と披露してはならぬ。その者を武士の宿に置いて、武士だけが出仕して披露せよ〉とした。ここでは結城家配下の領民を「里・在郷・宿人之小人」と呼び、「但」以下では「里其外之者共」と言い換えている。この「小人」を『戦国全史』は注で〈侍身分以外の、身分の低い者を意味していると思われる〉とした。法の主旨は政勝と百姓との面談の忌避であり、百姓を「人」と見なしていない差別意識がある。それが〈身分秩序〉なのであろうか。

佐藤は語句の説明に、「分外」を〈分（身分秩序）をはずれた非常識なこと、の意であろう〉、また「隠密の世上之義」を〈密々の世上の噂。家中の謀叛の動き、隣国・敵国の動静、領中農民の不穏な動静などを想定しているのであろうか〉とした。清水もこの法令の説明として〈家臣が身分の低い者を政勝の前に引き出して、いろいろと報告させるのは僭越な行為なので禁じる〉とした上で、〈家中での謀反の兆候や、敵国の不穏な動静については、超法規的措置として百姓身分の者でも報告を許した〉としている。これまで私が注目していたものは、法の例外規定としての超法規的措置だったことになる。

市村高男や村井、そして清水が言うように、百姓はこの『新法度』の視野の中には入っていない。現代の研究者が「町々」「里々」に百姓の存在を想定するのは当然だが、政勝にとっては「町々」「里々」は風景の一つであり、風俗としての年中行事は考慮に入っても、そこでの生産活動や人々の経営・信仰等々は視野には入っていない。地域の住民を「民草」として、風になびく草に喩え、馬や牛が草を食むのと同様に、領主が年貢を徴収するのは当然だと見ていたのだろう。

松本新八郎の「室町末期の結城領」は、『結城氏新法度』についての実証的な研究からスタートしたので、かえって『新法度』のこの欠陥に足元をすくわれ、結城の世界を百姓ではなく下人＝奴隷の世界として描くことになったのだろう。

だが、次に取り上げる第五五条では「作人」という言葉で百姓が登場している。

第五五条「放馬喰荒作毛事」

一　人の作を、乗馬にても、雑馬にても、放れ候て喰ふ事有リ。それを作人馬の尾を切り、叩き、殺すなどする事、第一の咎にて候。其ノ咎なすべく候。さて又此ノ如ク計リ言たて候はば、念の悪きもの、知らぬふりにて馬・牛ヲ放し、人の作損さすものあるべく候。馬主の不請《ふしやう》たるべく候。其ノ馬の損さし候ほど、作人の方へ〔償わせ〕候べく候。

欠字部分は佐藤の注より考え、私の考えで補い〔　〕で示した。

この法令で取り上げている問題は、松岡潤一郎が「慣習と法」[9]で取り扱った「加害家畜法」である。放牧牛馬が田畠の作物に損害を与えたとするものに『相良氏法度』の第一〇条もあるが、そこでは「過分」の損害を与えた場合の差押えが認められている[10]。

『戦国全史』に綱文はない。佐藤は頭注でこの法令の要旨を〈他人の放れ馬が稲作を喰い荒らしたからといって、馬の尾を切ったり、叩いたり、殺したりしてはならぬ。さればとて、故意に馬・牛を他人の田に放ち入れ、稲作に損害を与えてはならぬ〉とした。「放れ馬が人の作を食らうこと」が事件の発端で、「其馬の損さし候ほど、作人の方へ〔償わせ〕候べく候」がこの法令の中心である。「乗馬」の馬主は武士で、「雑馬」は農耕馬であり、馬主は「百姓」であろう。作人側が「馬の尾を切り、叩き、殺すなど」をしたことに対し、馬主側は「第一の咎にて候。其咎なすべく候」と言い立てた。この法令の前提には、いかにも戦国期らしく、「兵」と「農」の生活圏が互いに隣接し、共に農業に従事していたことがある。

語句に関しては、「作人」を『戦国全史』では「百姓」の意味で〈耕作者〉としている。「不請」を佐藤は〈辛抱する、いやいやながら承知する、相手に迷惑をかける、などの意〉とし、「馬主の不請」を〈馬の持主として相手に迷惑をかけたことになるのだから、馬が損害を与えた分だけ、作人に弁償せよ、という意であろう〉とした。そこで作人側は対抗措置として「知らぬふりにて馬・牛放し」、馬主側の「作」に損をさせようとした。「目には目を、歯には歯を」なのである。

この法令と、第八章で扱う第九・一〇条とを比較すると、「人の作」を刈り取った下人の場合には打擲されて殺されるのだから、「馬の尾を切り、叩き、殺すなどする事」は当然の報復行為となる。「馬の尾を切る事」は異形にする刑罰だろう。(11) しかしながら、ここでは馬の方が下人よりも優遇されている。「第一の咎にて候。其咎なすべく候」とは武士の体面を汚したことへの対応であろう。「さて又如此計言たて候はば」とは、馬主側が「百姓」である場合も含めて、作人側の損害をさて置き、馬のことばかりを言い立てているので、となるだろう。そこで「馬・牛を放し」て、馬主側に損をさせようとなった。

「第一の咎にて候。其咎なすべく候」を『戦国全史』では馬主側に立って〈たいへんいけないことである。それに応じた罰を加えるべきである〉としている。しかしこれは、損害賠償の形で馬主側と作人側が冷静に話し合うべきだ、馬の損害にも賠償をすべきだ、の意であろう。「念の悪きもの」を佐藤は〈心掛けの悪い者。不心得者〉としたが、「作人」と「武士」の身分の差により、抗議の道は塞がれていたので、これは弱者側の精一杯の正義の主張であろう。これに対し、馬主側がまず辛抱せよ、が結城氏の結論である。百姓が領主の支配下にあったことは、年貢の徴収を定めた第一〇一・一〇二条からも明らかである。次にこれらの分析をしたい。

第一〇一条「夏年貢取様事」「*夏年貢の納期」

一　郷中より年貢の取リ様、夏年貢は五月端午の日より、六月晦日に立て切るべし。中の年貢六月の一日立てべし。各申シ付ケラルベク候。

第一〇二条「秋年貢取様事」「*秋年貢の納期」

一　秋の年貢は、七月十五日立て始め、中年貢八月十五日、九月一日、その末十月十五日、霜月晦日に立て納むべし。郷中へ申シ付ケラルベク候。

清水はこの二カ条のテーマを「年貢徴収法」とした。二つの法令は共に、納期を「各」＝家中の侍から「郷中」へ申しつけるよう命じている。『戦国全史』では第一〇一条の「立て切るべし」を〈納めきれ〉とし、「各申シ付ケラルベク候」を〈そなたたちから（郷中へ）申しつけられよ〉とした。また綱文は二カ条まとめて「年貢の納期」としている。

夏年貢は二期に分け、初めの年貢は五月五日から六月末日まで、中の年貢は六月一日から、とあり、秋年貢は三期に分け、初めの年貢を七月十五日から、中年貢を八月十五日から九月一日まで、末の年貢を十月十五日から霜月末日まで、と納期を定めている。納期を何回にも分けたのは、刈り入れた収穫物を、乾燥させ、脱穀し、籾を外した後で、玄米の形にして納めるので、その間に手間が必要であったことが理由であろう。米の生産者側には米がいつも残っているので、そこから自家用の米櫃に移せばよく、江戸時代のような「切米」は必要なかっただろう。

「郷」が単位となっているので、年貢納入の責任者は郷内の個々の領主・侍ではなく、複数の領主たちの上に立つ代表者が郷単位で徴収したということになる。その代表者は、第八八条に登場する「成敗」で、第五九条で問題とした「分限帳」は郷ごとに集計され、「成敗」の下でまとめられていた。彼が郷の人々に対し、この二カ条にある日程で、年貢収納を命じた。

前述のように、「手作」でも「所帯」でも収穫物の形は「米」だが、当時の侍が必要としていたものは貨幣としての「銭」だった。それゆえ、米を銭に変える仕組みが必要だった。第九一・一〇〇条では米が「兵糧」という名前で登場している。結城氏が徴収した年貢米を、換金のため一般に売り出したのが「兵糧米」だろう。同様に年貢以外に、個々の侍の下に残された米があっても、これを換金する必要があった。

ここに、大きな倉庫を持つ「蔵方」が登場する根拠がある。郷ごとに「成敗」の下に集められた年貢米は、蔵方たちの入札により換金されたのだろう。蔵方はこれを一般に販売したと考えられる。個々の侍の手元に残った米もまた、年貢米と同様に「成敗」の下に集められ、蔵方の入札に任されたであろう。「成敗」や蔵方は個々の侍に米の受取りを示す「手形」を発行したであろう。こうして蔵方と結城の家臣との間には「債権・債務」関係が生まれた。それに関わる一連の法令が、第七章一節で取り上げる「負物の沙汰」である。

追加第三条「作毛刈捨事」「作稲の刈りすて禁止」

なお、追加第三条にも触れておこう。

作刈リ取リ捨て候事、御耳へ入候はゞ、その郷之事は申スニ及バズ、近所の二三ヶ所の郷へ、過料を懸けさせられべく候。

作った稲を刈り捨てにするとは、農民側の領主に対する抵抗・サボタージュだろうか。『戦国全史』では次のように現代語訳している。

作稲を刈りとってすてた場合、（そのことが結城氏の）耳に入ったならば、その郷はいうまでもなく、近くの二、三ヵ所の郷にまで、罰金を課さなければならない。

連帯責任としての「過料」賦課の点では、第六章で扱う第一〇三条と共通している。

第五節　境相論——所務沙汰

『新法度』の第五八・八四・九〇条などは、不動産である土地や屋敷の所有をめぐる争いや、それらの給与に関わる法令で、「所務沙汰」関連法である。このうち第八四・九〇条などは次節で取り上げて分析したい。

土地支配について政勝は〈結城氏の判物による秩序〉を目指していた。清水克行は第五八条から第六〇条までの三カ条のテーマを「所領関係」と一括したが[12]、第五八条は「開墾地の境界争い」についての定めで、前述の第五九条は開発地の「本分限」を扱ったもの、第六〇条は川の境界を問題としたものである。ここでは第五八・六〇条を取り上げたい。

第五八条「境相論事」「開墾地の境界争い」

一　境論之沙汰、推量ノ如クバ、前々より持来候所、田畑何段と云ウ所に、論者あるまじく候。其ノ所帯の側に候はん原か野か山か、何にても候を、両方ヨリ開き詰メ、これは此方の内と論ずべきと見及ビ候。それは証拠も榜爾もなき事にて候間、調べたて候て、十段のところならば、五段づゝ付け候歟。それをも兎角ならば、手許にさし置き、別人に刷ウベク候。此ノ両条たるべく候。

佐藤は頭注でこの法令全体の要旨を〈境界争いの裁決法として二ヵ条を規定したもの〉とした。また「如推量者……」を〈境界争いは、一般的に見て、前々から田畠何段と持っている所で境界争いが起こることはなく、もともと所有権の明らかでない山林原野などを両側から開墾していって、境界が接した時に境界争いが起こるものだと思う〉とした。「如推量者」とは〈私が思うに〉の意であろう。つまり開発後、世代が交代し「田畑何段」という形で土地の計測が明確に可能になった所では、境界争いは起こりえないとしたのである。それゆえ『戦国全史』の綱文の通り、〈現在開墾中の所領の周辺地帯においてこそ境界争いは起こる〉ということになる。

佐藤はまた、「証拠も榜爾もなき事」を〈文書などの証拠も、境界の標式（杙・札・石柱など）もないことであるから〉とした。そして「それをも兎角ならば……」を〈そういう切半の方法も如何（適当でない）という場合には、結城家が没収して、別人に宛行う（給付する）〉とした。争いに対して政勝は紛争地の「折半方式」と、それがダメなら、結城氏による「没収と第三者への給付」という二段階による解決策を示したというのである。この「折半方式」には、以下に述べるような鎌倉時代以来の歴史があった。

「折中」「中分」方式：　「折中」「中分」方式は鎌倉幕府所務法の原則であった。承久の乱後の承応二年（一二二三）七月六日の『鎌倉幕府追加法』第一三条「諸国庄園郷保に補せらるる所の地頭沙汰条々」の「山野河海事」には「領家国司之方、地頭分、折中を以て各半分の沙汰を致すべし」とある。また寛喜三年（一二三一）四月二十一日の追加法第二三条の「諸国新補地頭得分条々」には「本年貢のほか半分の事」とある。さらに鎌倉時代後期の永仁元年（一二九三）五月二十五日の「下地中分」を定めた追加法第六三七条には「領家地頭中分事」として「新補地頭に於いては折中せらるる処、本補に限って許容せざるの条……」とある。

室町幕府の追加法第五六条[13]や第九六条[14]の「半税法」もまた「折中」「中分」方式に基づくものである。擾乱末期の観応三年（一三五二）の追加法第五六条「寺社本所領事」には「近江・美濃・尾張三カ国の本所領半分の事、兵粮料所として、当年一作軍勢に預置くべし」とあり、応安元年（一三六八）の第九六条の「寺社本所領事」には「禁裏仙洞の御料所・寺社の仏神領・殿下渡領等、他に異なるの間、かつて半済の儀あるべからず。固く武士の妨げを停止すべし。そのほか諸国の本所領は、しばらく半分を相分かち、下地を雑掌に沙汰し付け、向後の知行を全うせしむべし」とある[15]。

この「折中」「中分」方式[16]は、後で見る『結城氏新法度』の第六〇条「川瀬相論事」にも出てくる。

惣領・本家ないし「指南親方」の裁定か、結城氏の裁定か：　結城の世界は「洞《うつろ》」によって構成されていた。『中世法制史料集　第三巻　武家家法Ⅰ』の補注[17]に〈一家一門ノコトヲ云リ、洞ノ字ヲ用フ、……タトヘバ嫡家ヨリ支流ノ輩ヲサシテ洞中ト云フ〉とあるように、もともとは惣領・本家に率いられた血縁集団からできていたと考えられる。境界争いが同じ洞内部の問題ならば、洞内部で解決が図られ、彼らの裁定でことは収まったはずである。境を接する両家が洞を異にする場合には、双方の有力者の談合となっただろう。もちろん、争いが収まらず喧嘩にまで発展する危険もあっただろう。前述のように、結城家家臣は、こうした惣領・本家を中心とした一族・家門中心のあり方から、「指南親方─指南」という制度に再編された。ただしその際、惣領・本家が「指南親方」に横すべりした場合が多かったと思われる。当時の結城家の人々の心性について『新法度』の前文には次のようにある。

縁者・親類の沙汰の時、鷺を烏に言い立て、縁者・親類又指南其ノ外にたのもしがられべき覚悟にて候哉。

ここの部分を清水は〈親類・縁者の訴訟が起きると、まるでサギをカラスと言いくるめるような横車を押して、親類・縁者や配下の者たちなどから頼もしがられようとしているのではないか〉[18]と現代語訳し、こうしたあり方を〈ゴリ押しする家臣たち〉と表現した。ここから、争いの平和的な解決のためには、結城氏の裁定を仰ぐのがよい、となったのであろう。それに応えて結城政勝は第五八条の境争論について、この地の開発領主であった古い先祖からの伝承を手繰り寄せるようにして、「境論之沙汰、如推量者」と語り出す形をとり、鎌倉時代以来の「折中」「中分」方式に従って立法をした。

それゆえ、結城氏は多くの鎌倉武士と同様、開発領主であった先祖からの言い伝えに基づく開発を心に描きながら、この法令を作成したのであろう。昔からの言い伝えに従い、血縁集団の有力者の発言を抑え、問題解決者は政勝ただ一人だと宣言することがこの法令の眼目である。第七二条「私之企事制禁事」から、藤木久志は〈談合方式による問題解決の広範囲な存在が認められる〉と主張したが、しかしそれは成り立たないだろう。この法に基づけば、政勝は在地の慣習法を否定したことになる。これについては第七章で「公界」を取り上げる際に再度問題としたい。

第六〇条「川瀬相論事」「川の瀬の境界争い」

一　川之瀬之論、我が所帯と人の所帯並びたる所あるべく候。前ニ我が所帯の内にある瀬変り、人の所帯との間にあるべく候。もと我が内にて候とて、此ノ瀬に綺ふべく候。又人は我が内と申スベク候。両方之境ならば、上十五日ハ川上、下十五日ハ川下と分け、魚を取るべき歟。又両方より出合イ、二十とれ候はゞ、十づゝ分べく候歟。いくつとれ候共、此ノ勘《かんがえ》にて取べく候。此ノ両条之ホカあるまじく候。六ヶ敷申理《もうしことわる》べからず。

佐藤は頭注でこの法令の要旨を〈洪水などによって川瀬に変動を生じた場合に、隣接する川瀬知行人相互の間に起こる漁業権の争いの裁決法である〉とした。また「上十五日川上……」を〈月の前半十五日は川上知行の者、後半十五日は川下知行の者というふうに、魚を採取する期間を折半するか、二十尾とれたら十尾ずつというふうに、漁獲量を折半するかの二案。それ以外の難しい理屈を申し立ててはならぬ〉としている。「折半」による解決の点では、第五八条の場合と共通している。

以上二カ条の分析から、所領問題の争いに際して政勝が自らを唯一の裁定者であるとして、専制を貫く姿勢を確認できる。

第六節　所帯・屋敷の給与と占有

「所務沙汰」関連法のうち、第八四条は所領宛行の原則を述べたもので、第九〇条は〈知行は結城氏の判物によるべし〉との定めである。いずれも政勝の統治方針を述べたものと考えられる。

第八四条「所帯屋敷充行次第事」「所領や屋敷の給与」

第五章で取り上げるように、武士に対する刑罰の中心は所領の没収であり、第一条の「博奕」の場合、第五・六条の「喧嘩・慮外」の場合、第二二条の「不忠者」の場合など、犯罪を起こすと所領没収となった。また前章で見た第三二条では、要害や町々の修理・普請に際して「難渋する者」からは「屋敷・所帯」が剝ぎ取られた。それらの場合は、結城氏が闕所地の「所帯・屋敷」を管理したので、その後の「所帯・屋敷」の処置は結城氏の管理下にあった。没収した所領は別人に「刷う」＝アッカウことになっていた。

しかしこれとは別に、住民が死に絶えて自ずと所帯・屋敷が無主になることもあった。その際には、無主・無人となった所帯・屋敷を、各人が勝手に我が物として知行することが起こった。この問題を調整できる者は領主の結城氏のみである。それらの場合の所領宛行の原則を示したものがこの第八四条である。

一　所帯にても屋敷にても、別々の奏者を取リ、五六人も又如何ほども、此ノ所を御恩に給ハルベキ由申ス者多ク候。これに刷《あつか》ウベキ様両条候。所望之者誰にても候へ、又奏者も誰にても候へ、先々《せんざき》次第に刷ウベク候。又一カ条は、五人も六人も一様に申ス中に、奉公之様躰皆々にさしのびて走リ廻ルベキ由申ス者候はゞ、又遅く申シ出デ候共刷ウベシ。此ノ両条之ホカ之レ有ルベカラズ候。誰に刷イ候共、我々も申シ候へ共納得無シなどゝ、すまぬ述懐なされまじく候。後々ニ於テも此分。前長ニ申シ置キ候也。

佐藤は頭注で、この法令の要旨を〈所帯・屋敷の恩給希望者が複数の場合、どのようにして給恩者を決定するかの規定〉とした。ここでは、「所帯」や「屋敷」を新たに「御恩」として給わりたいと希望する人たちの動きが取り上げられている。佐藤は「刷」を〈宛行う。給与する〉とし、「無納得などと……」を〈結城の殿様に認めてもらえなかったなどと、筋ちがいな不平不満を言ってはならぬ〉とした。また補注[19]でこの法令を再度取り上げて、次のように説明した。

この条文は、誰かの家が断えたり、或いは罪を得て所帯・屋敷を結城家に没収された（闕所になった）場合、もしくは、没収が予定される場合、他の家臣がその所帯・屋敷を賜わりたいと願い出る、そういうケースを想定した規定であって、その際の闕所給与の方法として二つの案を示す。第一は、早いもの勝ち・先着順、すなわち、希望者の誰彼、奏者（取次人）の誰彼を論ぜず、出願先着順という方法である。第二は、結城家への奉公が、他の者に抜きん出て忠勤を励むという者ならば、出願順序が遅くとも、この者に決定するという方法である。

家が絶え、所帯・屋敷が無主になったとき、給与を願い出る人としては、断絶の事実を知った親類・縁者や、近所の人々が思い浮かぶ。歴史を考えれば、元の所有者の近親者による相続権の主張は当然ありうる。奏者を通じての主張には、こうした相続法に基づく主張もあっただろう。だが、一族内部の再配分となれば、惣領・本家の発言権が出てこよう。闕所地給与の場合には事件関係者も考えられる。コネ社会を改めようとする政勝は、当事者たちのこうした主張を認めず、機械的に早い者勝ちか、奉公の様態で決めるとし、現地の慣習法・一族の伝統等々を否定して、自らの専決事項だと主張している。伝統的な慣習法否定の点では、第五八条で見た「境相論」の際の裁定方針と共通している。

こうした政勝の法令の背後には、一門・一族という武士団の解体、各家々の独立、それぞれの家が個別に結城家と結びつき結城家より所帯を保証される体制への変化があろう。近世に至れば、家禄は代替わりごとに藩主から再交付され、土地に根差した在地領主の側面は消滅するが、結城領の場合、その一歩手前まで来ているのである。

なお、法令の最後には「前長申置候也」とあるので、この法は『新法度』とは別に、その以前に「壁書」などの形で公示されたのであろう。

第九〇条「屋敷所帯以下無判不可拘置事」「屋敷や土地などを私物化することの禁止」

この第九〇条は、第五八条や第八四条で示した方針をさらに明確化して、〈不動産の支配には結城家の判物が必要だ〉との原則を明示したもので、〈不動産の給与に際しては必ず結城の「判」を貰わなければならない〉との定めである。

一　屋敷・所帯・山・立野何成共、判取リ候はで、賜リ置キ候と申ス者、非分之至ニ候。此ノ間静に物をため候。我が親類・縁者其ノホカ指南之者など絶候其ノ屋敷に、何ともなしに人を置キ候に、此方よりさぐり候はで、はる〳〵知らぬ顔にて拘へ候而、これは私の屋敷などゝ言イ立テ候。何と合壁の所帯・屋敷成共、此方より刷ハヌ屋敷・所帯、我が所と思ふべからず。判を取リ、其ノ刷に及ブベク候。判無シ之義申シ出デズ候。殊に館・中城・西館、宿其ノホカ之屋敷、広くも狭くも前ニ別人拘へたる所をば、それほど分クベク候。判形ヲ以テ理すまし候べく候。

法令の最初にある「屋敷・所帯・山・立野何成共、判取候はで、給置候と申者、非分之至候」がこの法の中心である。これを『戦国全史』では〈屋敷・所領・山・占有している野など、なんであろうとも、（安堵・宛行の）判を得ずに、（ここは）給与されたのだなどという者は、不当千万な者である〉としている。次に「此間静に物をため候」とあって、佐藤は頭注でこれを、第八七条と同じ形で〈この間、じっと家中の様子をうかがい見てきたところでは〉として、判の無い、結城家に断りなしの土地占有の実例を挙げている。

「判」について、佐藤は〈ここでは特に結城の当主が花押を居《す》えた文書、いわゆる判物をいうのであろう。当時、知行を家臣に給与するには、多く判物を用いた〉とし、『戦国全史』では〈安堵・宛行の判〉としている。また、「はるはる」の本来の意味は〈遥かに〉だが、ここでは〈さっぱり〉の意で、佐藤は〈結城家の方でよく調べないのをよいことにして、さっぱり知らぬ顔して知行する、の意か〉とした。この法令の要旨を、佐藤は〈無主の屋敷・所帯以下を、勝手に結城家から給与されたと称して、わがものとして知行してはならぬ。知行するには必ず結城家の判を申し受けねばならぬ〉とした。

既に第五九条について見たように、結城家の「政所」か「成敗」の下にある「分限帳」によって、政勝は家臣たちの所領を把握していたと考えられるが、現実には結城氏の目の届かないところで「親類・縁者其外指南之者など絶候」という事態は起こり、「其の屋敷に」「何ともなしに人を置き」とか、結城家の方でよく調べないのをよいことに〈さっぱり知らぬ顔をして知行して〉「これは私の屋敷などと言い立て」ることもあった。佐藤の頭注により現代語訳を続けると、〈如何に地続きの所帯（領地）・屋敷であっても、結城家より宛行い（給与）しない屋敷・所帯を我が所と思ってはいけない〉、「判行をもらった上で知行せよ」となる。

佐藤の頭注はここで終わっているので『戦国全史』の現代語訳によって続けると、〈(申請して)判をもらい、その給与にしたがって所持せよ。判がないのは、申請しなかったということである。とくに、館・中城・西館・宿などの屋敷は、広くても狭くても、以前別人が所持していた分は、それと同程度に分け与えるであろう。(その分については)判形を得て筋を通すべきである〉となる。「それほど分くべく候」を〈それと同程度に分け与えるであろう〉としているが、意味不明で、むしろ、第五八・六〇条に倣い〈両隣の主人が折半すべきだ〉の意味であろう。その際にも、結城氏の判形で知行せよ、とある。

この法令には土地占有の実例として、(1)「親類・縁者」「指南之者」など、血縁関係者や指南親方―指南関係にある者の家が絶えた場合、(2)「合壁の所帯・屋敷」の場合、(3)判がない場合、が挙げられている。(1)は血縁や指南の縁を頼って、その屋敷を管理・知行するのが慣習法であったが、ここではこれを否定して、その不当性を強調している。

(2)については、第六二条から明らかなように、家中の「親類・縁者」たちは朝夕集まり、酒を酌み交わしていた。このように、親しい血縁集団は、住まいの点でも壁を接して隣り合い、地縁集団を形成しており、同族集落とでも言えるであろうか[20]。前述のように松本新八郎はこれを「同胞衆」と名づけた。法令の前半には「我が親類・縁者其外指南之者など絶候其屋敷」とあるが、この「我が」は「一門」ないしは「同胞衆」を中心に置いた言葉で、〈「一門」・「同胞衆」の屋敷が絶えた場合には、メンバーの中で補充する〉という意味である。政勝はこうした「一門」「同胞衆」の自治・自立を否定した。結城の世界は地縁・血縁関係が強固であったので、結城氏による家臣団の統制・把握は不断の努力が必要であった。ここで政勝は「惣領・本家」という伝統的な人間関係を否定し、政勝との主従関係のみを主張し、家臣団秩序の再編成を志向している。一般に「屋敷・所帯」についての争いは喧嘩にまで発展し、第三条の「縁者・親類を語らい、一所候て徒党だて」になる可能性があったはずだが、ここではそうした芽を摘んでいるのである。これは前章で述べた、「親類・縁者」に対する専制的支配への指向が政勝の方針であったことの表れでもある。

最後の(3)については「殊に館・中城・西館、宿其外之屋敷」とあって、城中・城下・「宿」などの「屋敷」の処分方法が記されている。

なお、結城領内の物資の輸送についても判が必要であったことは、第七章二節3の「荷留」で取り上げる。

第四章　『結城氏新法度』の中の「犯罪」

次に、網野善彦・石井進他編の『中世の罪と罰』[1]に倣い、『結城氏新法度』の中の「罪」と「罰」を考察したい。まず「犯罪」を本章で取り上げ、「刑罰」の方は「褒賞」と併せて次章で取り上げることにする。

第二章で明らかにしたように、結城政勝は自らの主導権の確立を目指し、結城氏と同盟関係にある水谷・多賀谷・山川氏等や小山氏、あるいは家中の有力者の「宿老」などとの対決を意識して、彼らの力を抑えるべく、この『新法度』を作ったと思われる。そのため、『新法度』は禁止すべき犯罪とそれへの処罰の列挙から始まっている。これらはすべて検断権に基づくもので、守護大権を意識して作られたのだろう。結城氏は鎌倉以来の名家として、一度は守護であった自己の歴史を強く意識していた。

第一条は「博奕法」である。網野善彦が〈博奕は諸悪の根源だ〉[2]としたように、「喧嘩」や「盗み」の原因になった。第二条は「人商い」関係のものである。第三～七条の五カ条では、家中の者たちの「喧嘩」を扱っている。侍の場合の「喧嘩」は刃傷沙汰にまで発展し、その結果、傷害罪や殺人罪に問われた。「喧嘩」に関しては第八〇条もある。次の第八～一〇条は「盗み」関連法である。盗みは当時の日本人が強く忌避していたもので、刑罰には斬罪が対応していた。

先に我々は第二章で、中世社会を成り立たせている原則・大法を曲げてでも取り締まらなければならない〈国家に敵対する犯罪〉があるとし、それについて今川氏は「謀反・内通」のほかに「窃盗」「強盗」「博奕」を挙げていたとした。これは鎌倉時代の「大犯三カ条」とも連続していた。『結城氏新法度』の「博奕」「人商い」「喧嘩」「盗み」は、数え方に違いはあるが、〈国家的な犯罪〉〈社会の平和を乱す犯罪〉として共通していよう。このほか、「大犯三カ条」に倣うと、重大な犯罪には第五六条の「火付け」がある。

清水克行の言う〈意味のある関連〉

清水克行は『戦国大名と分国法』の第一章四項「羅列された条文」で、『新法度』全一〇四条と追加二条は〈きわめて雑多な内容が未整理のまま放り込まれている〉としながらも、〈冒頭の喧嘩（3～7条）→盗み（8～10条）→証拠（11～13条）や、都市政策（32～34条）→質取（35・36条）のあたりは、どうにか意味のある連関を示している〉[3]とした。清水の言う〈意味のある連関〉の最初の方をここで取り上げたい。なお、第一条と第二条では「博奕」「人商い」を取り上げているが、『中世法制史料集　第三巻　武家家法Ⅰ』[4]「結城氏新法度」の事書と『クロニック戦国全史』[5]の綱文では次のようになる。

第一条「博奕之禁」「博奕・双六の禁止」
第二条「人商事」「人身売買に対する処罰」

次に清水に倣い、「喧嘩」以下の各条を紹介したい。それぞれの事書と綱文を示すと次のようになる。

喧　嘩

第三条「徒党之禁」「徒党を組むことの禁止」
第四条「喧嘩口論等加担之禁」「喧嘩に対する処罰など」
第五条「*故戦者・防戦者への処罰と一類の連座」
第六条「*自制後申告者と慮外者の扱い」

第七条「頼傍輩縁者討人科事」「嘱託殺人に対する処罰」
第八条「於神事市町やりこ押買以下科事」「*市町や祭礼での不当行為で殺された者に関する訴願の禁止」
第九条「立山立野盗伐盗刈被討者事」「*他人の山野での盗伐・盗採で殺された者に関する訴願の禁止」
第一〇条「作毛盗刈被討者事」「*他人の農地での盗採で殺された者に関する訴願の禁止」

盗　み

証　拠

第一一条「盗沙汰陳法事」「証拠が明白な窃盗犯の弁護」
第一二条「無証拠事任神慮事」「証拠のない事件の処置」
第一三条「無証拠不可披露事」「*結城家を滅ぼす反逆の企ては例外とする」

「喧嘩」の主体は武士で、一般に人の「主人」になっている者である。喧嘩に対する罰は〈家名断絶・全所領没収〉と、[6]一族の存続を願う武士にとっては重いものである。一方「盗み」の主体は「下人・悴者・指南の者」で、主人の支配下にある者たちである。[7]第一〇条の犯人を人の「下人」とは断言できないが、おそらく第九条と同様であろう。下人たちが討たれると、主人にとっては自己の財産の棄損となるので、主人間で喧嘩となる可能性があった。直接相手と喧嘩をしないなら、争いは結城氏の法廷に持ち込まれた。そこで、訴願＝「侘言」の主体は主人で、「証拠」が問題となった。

ここから、清水の言うように「喧嘩」「盗み」「証拠」の間には相互に関連があったことになる。それゆえ次に、「博奕」「人商い」「喧嘩」「盗み」「証拠」「火付け」の順に分析をしてゆきたい。

第一節　博　奕

第一条「博奕之禁」「博奕・双六の禁止」

この法令を佐藤進一は『日本思想大系21　中世政治社会思想　上』[8]の要旨で〈博奕の禁〉とした。清水克行もこの法令のテーマを〈博奕〉としている。「博奕」は人間の本性に基づくもので、「博奕の禁」は人の本性に敵対する法令や戒律となろう。ここで取り上げているのは「博奕宿」での「博奕」だが、第一〇〇条では野山での博奕を問題としている。これは既に前章第一節の「立山・立野」で取り上げた。第一条の「博奕の禁」の原則が野山まで押し広げられ、人の目の届きにくいところにまで及んでいるのである。

今後の議論の手助けのため、引用に際しては「候」で文が途切れる所で、全体をAからFまでに六分した。Cの最初の「ことも」のところを佐藤は、「ことも」ならば〈子供〉で〈子供博奕双六の規定〉となるが、「ことに」とも読めるとして、「殊に」の可能性を挙げている。『戦国全史』は「ことに」と読んでいる。私もこれに従った。なお、欠字で〔　〕となっている所には、Fを除いて適当な文字を補い〔　〕で示した。

一　Aばくちやり候へば、喧嘩・盗、結句つまり候へば、はからぬたくみなし候間、第一かなうふべからず、ばくち双六堅く禁制申べく候。

Bはつていたされべきにて候はゞ、聞ゝ付け候はゞ、ろう人・親類・宿老たれも不可入、をしよせ、〔い〕ん〔が〕をかけ申べく候。

Cことにばくち双六の宿、其ノ身は是非ニ及バズ、咎無き隣〔人〕間をしたて、別人に所帯・屋敷ともに刷ウベク候。ばくちの宿、行末の名字迄絶やすべく候。

Dことに人の下人・悴者、又宿人・里の者、ばくちうち候と聞キ候はゞ、其ノ主の方へも届ケズ、うたせべき也。其ノ主侘言にいたつては、主心得エ候て、なさせ候義たるべく候間、主に面目失はせべく候。

E但シ、請取り、頚をはね、渡スベキならば、尤に候。それをもさたせ候以前に、はづれ候などゝて、そら寺入いたすべきに候はゞ、叶ウベカラズ候。

Fそうしつ［　］ともに［　］

Aは「総論」、Bは結城氏の博奕への「基本方針」、Cは「博奕宿の主人への罰則」、Dは博奕宿で「博奕をした者への処罰」とその「付則」で、殺された下人・悴者などの「主人が訴え出た場合の処置」である。Eはさらにまたその付則で「主人の下に博奕犯がいる場合」である。Fの部分は欠字が多く意味不明なので、ここでは考察の対象から除いた。次にAからEまで順に考察したい。

A「総　論」：

ばくちやり候へば、喧嘩・盗、結句つまり候へば、はからぬたくみなし候間、第一かなうふべからず、ばくち双六堅く禁制申べく候。

博奕は喧嘩や盗みその他の悪事に発展するとして、「堅く禁制」とある。平安時代の辞書『伊呂波字類抄』では「博奕」を「一心、二物、三手、四勢、五力、六論、七盗、八害」とあった。「論」は口で相手を言い負かすこと、「盗」は相手の目をくらませること、「害」は相手を殺害することを言い、博奕が喧嘩に発展するケースが多かったことが知られる。嘉暦元年（一二二五）の公家新制第一三四号[9]には「近年遊蕩之輩、博戯之処、度数ニ限ラズ、賭ハ宅財ヲ以ス、勝負之間、喧嘩殊ニ甚シ、饗宴之思、変ジテ闘殺ニ及ブ」とあり、博戯が喧嘩や闘殺に変ずることを理由に禁止されている。また延応元年（一二三九）の『鎌倉幕府追加法』第一〇〇条[10]には「近年四一半之徒党興隆」「偏ニ是レ盗犯之基也」とあるが、「然ル如キ之輩、左右無ク召捕エント擬セバ、狼藉之訴訟出来歟」ともあって、取締りに手を焼いていたようである。京中にあっては、別当・保官人を通じて「其家ヲ破却セラルベシ」とある。弘長三年（一二六三）の公家新制第二七〇号[11]は、博奕禁止令としては一番整備されたものと思われる。鎌倉時代には、公武両政権がこれを禁止していた。今後の議論に関連が大きいので、引用して、読み下し文も掲げたい。

一　可停止博奕事

仰、諸悪之源、起自博奕、使庁・武家加禁遏者、蓋遵行乎、成犯輩、任法召取其身、破却其宅、不限所犯居所、可懸両方之隣家、縦不下手、若令阿容者、処同罪、

（一　博奕を停止すべき事

仰ス、諸悪ノ源、博奕ヨリ起コル、使庁・武家禁遏ヲ加エバ、蓋シ遵行スベキカ、犯ヲ成ス輩、法ニ任セテ其ノ身ヲ召取リ、其ノ宅ヲ破却シ、所犯ノ居所ニ限ラズ、両方ノ隣家ニ懸ケベシ、タトエ下手ナラズトモ、モシ阿容セシメバ、同罪ニ処ス、）

「喧嘩・盗」の犯罪に対しては「死罪」が対応したが、「博奕」に対する罰は「住宅の破却」で、公家法では「両方の隣家」にも「破却」が及んでいた。「縦不下手」以下は「隣家」のことで、博奕宿の主人は博奕の上手だが、隣家が、たとえ下手でないとしても、宿主におもねっている場合は同罪とあり、この場合の「阿容」とは博奕に参加していることだろう。

B　「基本方針」：

はつていたされべきにて候はゞ、聞ゝ付け候はゞ、ろう人・親類・宿老たれも不可入、をしよせ、〔い〕ん〔が〕をかけ申べく候。

Bの最後には「□ん□をかけ申すべく候」とあるが、私は「〔い〕ん〔が〕をかけ」と復元してみた。「はつて」を佐藤は頭注で〈語義未考〉としながらも、続いて〈「張って」で、押しての意か〉とした。『戦国全史』の現代語訳も〈(禁制を)おして〉と補っている。しかし私は、「どうしても博奕をしたい」を「這ってでも致されべきにて候」と言ったと解釈してみたい。「不可入」は「考慮に入れる必要がない[12]」で、ここでは「誰でも構わず」の意と

なろう。「ろう人・親類・宿老」が誰を示しているかが問題である。

「親類」はこの場合は結城氏の親類で、小山氏や山川氏などの同盟関係者も含まれよう。この解釈が可能だとすれば、この法令の適用範囲は『新法度』が想定する適用範囲を超えていたとなる。[13] つまり、結城氏の支配下の場所で博奕をしたら、結城の家中の者はもちろん、独立性の強い親類・宿老や戦国領主も含めてすべてが処罰の対象になるとして、政勝の博奕禁止にかける強い決意を示したことになる。政勝は親類・宿老に対し自分の制定した「法」による支配を試みており、検断権の強調のために第一番目に博奕を取り上げたのだろう。

『戦国全史』では「宿老」を〈重臣〉とし、「ろう人」を〈浪人〉としており、これに従えば、「どんな人でも制定した『新法度』には従うべし」との主張のための例示が「浪人・親類・宿老」となろう。しかしこの「ろう人」を、佐藤の作った「語彙索引」[14]では、第六二条「朝夕寄合酒肴之制」の「らう人」と同じもので、〈老人(老臣)〉とした。第一章で考えたように「らう人」は一般的な年寄りではなく、「宿老」と同様に結城家中で重要な職にある「目付」だろう。また『戦国全史』では「をしよせ」を〈軍勢を派遣し〉としているが、これは、武士の屋敷内部での販売行為を禁止した第八一条の、「結城氏の検断権の担い手である配下の下人を差し向ける」と同じ意味であろう。

第八一条の最後は「明日にも、何にてもいたし候はん事無用と、中付候に、いたし候はゞ、下人共放したて、たが屋敷へも押し込み、きつくをし可散候」であり、佐藤は補注で〈一切の商い無用と命じて、なおかつやる者があったら、早速下人どもを屋敷内に乱入させて、厳しく解散させるであろう〉とした(対応部分に傍線を引いた)。『戦国全史』はこの「下人共」を、法令初めの「或は指南之者、又は悴者・下人等」を指すとし、〈明日にでも、下人どもを追放して、だれの家であろうとも押し入り、厳しく解散させるであろう〉としたが、この「下人」は佐藤説の「結城氏の検断権の担い手=「捕吏」」がよいだろう。

結城氏の下には検断権を担う「配下の下人」[15]が存在していたのである。それゆえBの「押し寄せる」主体もまた結城氏の「下人」で、罪人を召捕る役人＝「捕手」「捕吏」となる。したがってBの「をしよせ」は第八一条の「下人共放したて」「押し込み」に対応することになる。ちなみに第九八条は、結城領の者が主君に無断で他領に「狙い・夜盗」などを目的に出向することを禁じた法令だが、そこにある「当方の下人・侍・里の者」の「当方の下人」もまた、これと同じ「捕吏」であろう。

次の「〔い〕ん〔が〕をかけ申べく候」は、当然の報いを受けさせる因果応報の意味だと私は解釈した。

情報提供者について：　ここには「聞ゝ付け候はゞ」とあり、結城氏の下に情報を寄せるものの存在が知られる。第四八条には「聞付候者」があった。これは第五〇条の「里其外之者共、隠密の世上之義を聞付、可申上筋目は……」と関わり、家中の謀反の動きに関する情報であろう。この法令では家中の侍が「里・在郷・宿人之小人」を伴い、結城氏に申し出ているが、「里其外之者」は「聞きつけた」にすぎず、情報の出所はさらに外側にあっただろう。噂を取り上げたものに第一三条の「洞を破るべき造意などのやうなる事をば、証拠は候はね共、如此申廻候、心得候へ」がある。噂話が回っているのである。

武士の販売行為を禁じた第八一条にも「慥及聞候」とあり、通報者・情報提供者の存在は確かである。この場合は、商売仇の出現で直接損害を受けた振売り商人が、おそらく町の「役人」に届け出て、結城の検断権の担い手である「侍所」配下の「下人」の出動となったのだろう。米の売買についての第九一条には「聞及候」とあり、不利な取り扱いを受けた被害者の「行脚・往来・鉢開」などが役人に届け出たと思われる。酒の販売についての第九二条には「役人聞糺し過料を懸けべく候」ともある。これも不利な扱いを受けた被害者側からの通報によっていたであろう。

以上から博奕宿の情報は「振売り商人」や「行脚・往来・鉢開」などから役人へというルートも考えられるが、第一条の場合には、結城氏は博奕宿の隣人からの情報を求めており、そのためCにあるように隣人を重く罰するとしたのであろう。

C「博奕宿の主人に対する罰則」：

ことにばくち双六の宿、其ノ身は是非ニ及バズ、咎無き隣〔人〕間をしたて、別人に所帯・屋敷ともに刷ウベク候。ばくちの宿、行末の名字迄絶やすべく候。

「其身は不及是非」の「不及是非」を佐藤は頭注で〈是非の議論不用、本人は勿論〉とした。この場合は、第九九条「外之悪党之宿幷請取不可致事」にある「打ち殺すべく候」と同様、現行犯として「その場で躊躇せずに打ち殺せ」の意味だろう。次が原文では「咎無き隣［ ］間をしたて」だが、欠字［ ］には「人」が入り、また次の「間をしたて」の「間」とは「人と人との関係」を言い、この場合は「無理にも関係を付けて」の意味となり、結城氏は「隣に住んでいるだけの理由で罪に問う」としていることになる。

つまり政勝は、第一六条の追剝ぎが出た「郷」や、第九五条の大狂が起こった「町」と同様に、住民側に連帯責任を負わせているのである。前述した弘長三年（一二六三）の公家新制第二七〇号[16]の「可懸両方之隣家」の法理がここでも登場している。この法が出された後は、隣人が博奕宿を行っている、ただそれだけの理由で「所帯・屋敷」を取り上げられて、別人に宛行われたので、住民相互間の監視が必要となっていた。「刷」を佐藤は頭注で「アッカフ」と読み、〈所帯・屋敷を宛行う（知行させる）〉の意とした。

「ばくちの宿、行末の名字迄絶やすべく候」は公家新制の「破却其宅」に対応している。鎌倉前期ではまだ「家名」の観念がなかったので、家屋の破却なのであろう。この家屋破却に直接連続するものに、勝俣鎮夫の言う「家を焼く」[17]刑罰がある。「名字」の言葉は、前文と第一・二二・五七条、追加第二条にある。前文には「当名字に不忠をかまへ」とある。この「当名字」を佐藤は頭注で「結城の名字すなわち結城家の意」とした。第一条には「行末の名字迄絶やすべく候」つまり「名字までを絶やす」とあるが、第二二条には「名字を削る」「名字迄絶やす」とあり、これらの場合は「家名断絶」の意味である。これについては第五章三節2で取り上げる。第五章二節1で取り上げる第五七条は「養父之名字」を継いだ場合である。以上から「名字」＝「家名」となろう。

D「博奕をしていた者への処罰」と「主人が訴え出た場合の処置」：

ことに人の下人・悴者、又宿人・里の者、ばくちうち候と聞候はゞ、其ノ主の方へも届ケズ、うたせべき也。其ノ主侘言にいたつては、主心得候て、なさせ候義たるべく候間、主に面目失はせべく候。

Dは博奕宿で「博奕をしていた者への処罰」と、その付則で、殺された下人・悴者などの「主人が訴え出た場合の処置」である。Aの原則から、博奕をしていた者は即刻死罪だったが、「人の下人」以下の者が博奕を行っていたと後になって聞いて殺された場合、主人に届けず「うたせべきなり」とあるので、「人の下人」以下の者は〈博奕を行った者として死罪になった〉のだろう。彼らを失ったことで損害を受けた主人側が不満を述べることは充分にありえたが、これに対する結城氏の対応は、「主人は知っていて博奕をさせた」として、主人の面目を失わせるというものであった。

『戦国全史』では「面目を失わせる」を一般的な意味での〈罰を加える〉としているが、「面目を失う」には「名誉を傷つけられる。体面をそこなう」のほかに、「処罰する。罷免する」の意味もある。ここでは、鎌倉時代の刑罰に片鬢剃りがあったように、一種の肉刑として外見上「異形」とすることで、この場合は武士への刑罰なので、「髻《もとどり》を切る」ことだろう。不名誉のため、自発的に自宅での謹慎となった。それゆえこの罰は江戸時代の「遠慮・逼塞・閉門・蟄居」などに当たっていよう。後述するように「改易」が「蟄居」に当たっているので、これは「遠慮・逼塞・閉門」などに相当し、いずれにせよ公務からは退く刑罰であろう。

なお、主人がもともと博奕を禁止していることを知りながら、その主人の下にいる人々が、主人の目を盗んで博奕をした場合には、現行犯として結城氏の方で処罰しようと、主人が処罰しようと、博奕犯の死罪は免れなかった。

E「主人の下に博奕犯がいる場合」：

請取り、頸をはね、渡スベキならば、尤に候。それをもさたせ候以前に、はづれ候などゝて、そら寺入いたすべきに候はゞ、叶ウベカラズ候。

「人の下人」以下の者が博奕を行って主人の下に帰ってきている場合の処置の定めである。『戦国全史』は〈(主人が、その者の身柄を)受けとり、首をはねて(結城氏に)わたそうというのであれば、道理にかなっている〉とした。主人がイエ刑罰権の発露として賭博犯の「頸をはね」るなら、主人には咎はかからないとしている。

Dには、下人・悴者が無断で殺されたことに対する主人からの抗議への対応の定めが付属していた。抗議をしない場合もあったのだろうが、その場合の主人の監督責任については記されていなかった。しかしその場合にも、同じく「面目を失わせる」罰が課せられたのであろう。その罪を免れるためには、犯人を自分で処罰しなければならなかったであろう。次の「はづれ」を、佐藤は頭注で〈迦る。逃走する意〉とし、「そら寺入」を〈「そら」は虚。偽りの出家寺入り〉とした。

私の現代語訳：

以上の考察の締めくくりとして、第一条全体についての私の現代語訳を次に掲げたい。

A　博奕をやっていると喧嘩・盗みとなり、結局最後には思いもよらぬ企みをしてしまうので、第一に許可すべきではない。博奕・双六は堅く禁制すべきである。

B　どうしても博奕をしたいと言っていることを聞きつけたならば、その人が本家・惣領などの老人であれ、結城氏の親戚・宿老などであれ、誰も考慮なしで結城氏の捕吏を派遣して、当然の報いを受けさせるべきである。

C　特に博奕・双六の宿については、その主人は勿論のこと、咎のない隣人に対しても無理にも関連づけて、別人に所帯・屋敷を知行させるべきである。博奕の宿については、末代まで家名を断絶すべきである。

D　殊に人の下人・悴者、また宿人・里の者が博奕を打っていると聞いたならば、その主人の方には届けず、打ち殺すべきである。もしその主人が訴え出た場合には、主人は知っていて博奕をやらせたとして、主人の髻を切り、面目を失わせるべきである。

E　そうならないために、博奕をした者の身柄を受け取り、首をはね、結城氏に渡すのなら、御咎めなしである。その沙汰をする以前に逃走して、偽りの出家・寺入りをしても、認めるべきではない。

以上から第一条「博奕之禁」は「検断沙汰」となる。第三条以下の喧嘩法も「検断沙汰」であることから、次の第二条も「検断沙汰」であろうとの推定の下で分析する。

第二節　人商い

ここでは人商いをテーマとした第二条を中心に、関連する第四七条も取り上げたい。この両者には「他所より頼まれ候」「人に頼まれ候」と、よく似た言葉が存在している。人は牛や馬よりは有能で、その分商品として高額の動産であり、結城領内では不動産の「所帯」「屋敷」などに次ぐ高額商品であった。第三四条では屋敷内を強盗が襲い「人馬を引出」とあり、下人・下女が馬と共に略奪の対象であった(18)ことが知られる。

まず第二条から見てゆきたい。

第二条「人商事」「人身売買に対する処罰」

一　当方ニ於テ、人商候悴者〔　　　〕此ノ法度あげ候以後、人売の沙汰と〔　　　〕面目失はせべく候。自然其ノ身の召仕ひ候下女・下人、放すべきに候はゞ、能々子細を披露候て、印判を取、売り放すべし。他所より頼まれ候とても、人商いたすもの候はゞ、聞きたゞし、うちひしぐべし。心得エラルベク候。

この法令の半ばにある「自然其身……」の所を中心にして、それ以前とそれ以後とに二分すると、前半には長文の欠字部分が二カ所あり、文意不鮮明であるのに対して、後半は明快である。後半は〈万一、今召し使っている下人・下女を売り放す場合には、結城氏にその子細を申告し、結城氏の印判があれば、売ってもよい〉となり、人売りは結城氏領内では公認され、合法化していたことになる。池上裕子はこの法令を〈下人売買の禁[19]〉とした。一方、佐藤進一は法令の要旨を〈人商いの事〉とし、清水克行もテーマを〈人身売買〉としている。

語句の説明として、「放す」を佐藤は頭注で、他人に売って、〈下女・下人に対する身分支配権を放棄する〉とした。「印判」については〈結城家に申し出て、結城家の印章を捺した許可証を貰った上で……〉とあり、売買許可証と解している。

次の「他所より頼まれ候」は、別人から頼まれた債権取立てのために、下女・下人を捕まえて人商いする場合であり、質取りと人売りがセットとなった「寄沙汰[20]」であろう。こう考えると、「他所より頼まれ候」は当然結城氏に断らない非合法の質取り・人商いで、第三六条の「無披露不可質取事」では禁止されていたが、第一〇四条は下人・悴者の質取り法なので、その段階では合法化していたことになる。しかしこの第二条では、結城氏は法令違反の事実を「聞きたゞし、うちひしぐべし」とある。この「打ちひしぐ」を『国語大辞典』は〈武器で打ちかかってたたきつぶす〉としている。第一八条「棒打ち」の「打ち殺すべし」と同じであろう。法令前半の「人商い」への刑罰は「面目を失わせる」であるのに、後半の「うちひしぐ」を撲殺刑とすれば、後者の罪は検断沙汰に似つかわしいものとなる。

ここで法令前半について考えてみたい。佐藤や清水の考察があるが、まず『戦国全史』を取り上げよう。最初の「於当方、人商候悴者「　　　」」は、佐藤が推定した「悴者」を含めて「かせ□□「　　　」」を〈意味が取れないため、省略した〉としている。次の「此法度あげ候以後、人売の沙汰と「　　　」面目失はせべく候」は、〈この法律を定めた以後において、人を売ったこと「が露顕したならば、その売った者には」、罰を加えることにする〉とした。

「悴者……」について佐藤は、その下の〈空白は九ないし十字分あるが、他の条の用例によれば、「悴者」の下には「下人」云々とあるようであり、……この空白部分は、人商い行為の主体ではなく対象としての（すなわち他に売られた）悴者・下人等について、想定していると推測される（たとえば、本主に返させるというような）〉としている。村井章介も佐藤と同じく「悴者」の次の欠字には「下人」が入り、〈悴者・下人ともに売られる対象〉だとする[21]。

前半の欠字部分に悴者・下人の帰還や解放を意味する言葉があったとする佐藤説にあえて異を唱えるなら、第八一条「販事之禁」では「指南之者・悴者・下人」が「販売」の主体だったことから、主人の意向を受けた「悴者や下人」が人商いをしていた可能性が出てくる。後述したように『新法度』では「下人」を「犯罪予備軍」とする見方があり、犯罪者の主人の下で「下人」が人商いをする可能性は否定できないだろう。ともあれ、前半部分に対しては「面目を失わせる」処罰が何かを含め、今後の研究に俟ちたい。

後半の「自然」以下を現代語訳しておく。

万一今召し使っている下人・下女を売り放す場合には、結城氏によくよく子細を披露して、売却許可の印判を受け取ってから、売却すべきである。ほかの所にいる債権者から頼まれたとして債務者の下人を捕まえ、人身売買をする者がいたら、結城氏の方で聞き糺し、棒叩きの刑に処すべきである。心得られよ。

結城氏はここで合法化された「人商い」を自分の統制下に置くことを目指していたことになる。しかし一般に下人が高額の商品であったからこそ、奴隷制の社会では、子供や下人をたぶらかして他人に売る「人勾引」という犯罪が生まれていた。結城氏の許可の下での人身売買は合法でも、人の子供や下人を騙して盗み、盗品売買として売り払うことは犯罪であった。治承二年（一一七八）の公家新制第三一号「可搦禁奴婢売買事」[22]には次のようにある。読み下し文も続ける。

公家新制第三一号「可搦禁奴婢売買事」：

一　応搦禁勾引諸人奴婢売買要人事

右、同宣、奉 勅、如聞、勾引諸人奴婢、売買要人之輩、充満京畿云々、結構之旨、罪科不軽、宜令諸国搦禁件輩者、

（一 応ニ諸人ノ奴婢ヲ勾引シ、要人ニ売買スル事ヲ搦禁《とらへきん》ズベシ。

右、同宣ス、勅ヲ奉ルニ、聞ク如クバ、諸人ノ奴婢ヲ勾引シ、要人ニ売買スル之輩、京畿ニ充満スト云々、結構之旨、罪科軽カラズ、宜ク諸国ヲシテ件ノ輩ヲ搦禁ゼシメヨテヘリ、）

また、『鎌倉幕府追加法』第三九三条は弘長元年（一二六一）の関東新制の第五七条「可令禁断人勾引幷人買事」[23]であるが、ここでも「人勾引」と「人売」とは同列に置かれ、共に禁止されている。両者を同類とし、犯罪者は「注申」された「交名」に従って「追放」刑とされた。下重清[24]によれば、この場合の人売りとは、人の下人や子供を騙して他人に売る「人さらい」を言い、合法的な主人による下人の売買は含まれていないという。この法令の源となったものは建長年中（一二四九～一二五五）に出された追加法第三〇九条[25]である。法文がほぼ同じなのでこちらを引用し、読み下し文も続ける。

『鎌倉幕府追加法』第三〇九条：

一 可禁断勾引幷人売事

件輩任本条可被断罪、且人商人、鎌倉中幷諸国市間、多以在之云々、自今以後、鎌倉者仰保奉行人、隋注申交名、可被追放、至諸国者、仰守護人可令科断、

（一 勾引幷人売ヲ禁断スベキ事

件ノ輩本条ニ任セテ断罪セラルベシ、且人商人、鎌倉中幷諸国ノ市ノ間、多ク以テ之レ在リト云々、自今以後、鎌倉ハ保奉行人ニ仰セテ、交名ノ注申ニ隋イ、追放セラルベシ、諸国ニ至ラバ、守護人ニ仰セテ科断セシムベシ、）

「且」は「かつがつ」と読み、「ある行為が本格的でない形で、短期的に、またかりそめに成立していることを示

す」語で、「とりあえず」を意味する。「断罪」を「斬首の罪」の意とすれば、「且」以後では追放刑となっており、厳しい法の原則と現実の刑罰との間に乖離があったことになる。その理由は「鎌倉中ならびに諸国の市の間で、多くこれが在るから」で、債務の支払等に関わり、下人をめぐる質取りや販売が多発していたのであろう。しかし「断罪」を「罪を処断すること」の意味とすれば、鎌倉でも何らかの処罰があり、守護人の行う「科断」も「あやまちを裁くこと」で、前後に矛盾はなくなる。

だが、乾元元年（一三〇二）の追加法第七〇九条[26]には「勾引人事」「売買ノ為ニ、其ノ業ヲ専ラニスルの輩、盗賊ニ準ジ其ノ沙汰有ルベシ」とあって、斬罪に処せられている。こうした刑罰の転換は同年の追加法第七〇五条の「夜討強盗山賊海賊等事[27]」からも確かめられる。「彼の輩は断罪されるべきの旨、定め置かるか。しかれども大略流刑に処せられるのあいだ、或は配所において悪行をいたし、或は本国に帰り重科を犯す。……遁れる所なき輩に至っては、斬罪に処せられるべき旨、仰せ下さるべきか……」とあり、「断罪」を「斬罪」に置き換えている。

こうした鎌倉末期の武断主義強化の影響下に、石井進の言う「身曳き状[28]」の世界が展開したのだろう。人をかどわかして売った者は死罪で、死罪を免れるために検断権者に「身曳状」を提出し、人の「下人」になった[29]。人勾引が増えたことで、人売買に関わる争いは「雑務沙汰」から、「検断沙汰」に移行したのだろう。次に検討する『結城氏新法度』の第四七条は、むしろ右に見た『鎌倉幕府追加法』第三〇九条に近い。

第四七条「人勾引事」「誘拐事件の実行犯と協力者に対する処罰」

一　人勾引の沙汰、証拠候はば、とかく陳法すべからず。又人に頼まれ候とて、人勾引相手になり、失せ物送り候事は、本人よりもきつきあやまりにて候。頼まれ候と申すとて、許すべからず。其ノ沙汰破るべく候。

佐藤は頭注で、この法令の「人勾引の沙汰」を、〈人を誘拐して自分で使役したり、第三者に売ったりすることが罪になるのを自明の前提として、誘拐された人間の親とか主人とかが、捜し出して取り戻そうとすると、現在使役している側が、この者は誘拐したのではなく、適法に手に入れた（たとえば第三者から買った）のだと抗弁して、争いになり裁判になる〉とした。この場合の「証拠」は、『塵芥集』第五六条[30]の「人勾引の事、請返し候ものの口に任せ、その沙汰有るべし」の頭注〈取り戻した者（誘拐された本人）の証言のみで犯人を決定する〉から「誘拐された本人の証言」となろう。こうした証言重視は伊達氏『塵芥集』の場合は「生口[31]」という形をとった。

ここまでの所の現代語訳は次のようになる。

人勾引の裁判において、誘拐された下人・子供の証言があれば、今の主人は抗弁すべきではない。誘拐された者は元の主人の下に返すべきだ。

第二条から、人商いは結城氏の印判があれば合法化されていた。しかし「人勾引」は非合法の人商いで、犯罪である。犯人は当然罰せられるから逃亡していて、見つかっていない。そこで、現在使役している現主人と本来の主人とが裁判の場で対決することになった。現主人が証拠となる手続き文書を示し真犯人が見つかれば、それで「一件落着」となるが、見つからない場合が多く、「陳法すべからず」なのだろう。

「人に頼まれ……」を、佐藤は補注で〈主人の許から逃げ出した下人をかどわかしたいわゆる人勾引に頼まれたと称して、人勾引の協力者となって、その下人を受け取り、新しい主人（すなわち買主）の許へ送り届けるという意味。おそらく、自分は逃亡下人を……新主（買主）に送り届けたにすぎないと弁疏し、しかもその依頼人の名を明かさないというケースを想定しての規定であろう〉とした。しかし「人に頼まれ候とて、人勾引相手になり」の「人」とは、「人をかどわかした者」であろう。佐藤は「失せ候もの」から「逃亡下人」を考えたのだろうが、そうではなく、「失せ物」＝「勾引された人」であろう。

「又」以下を現代語訳すれば、次のようになる。

債権者から頼まれたとして、債務者の下人や子供を勾引する寄沙汰者の協力者となり、「失せ物」＝「勾引された人」を換金のため第三者の下に輸送した者は、寄沙汰の実行者＝人さらいの実行者よりもきつい誤りであり、頼まれただけだ、無罪だと主張しても、許すべきではなく、敗訴とし、有罪とする。

この法令は、下人や子供が「かどわかされた」と言って輸送中に訴えに出ることを前提としている。下人が債権者の下で使役され、それが発見された場合であれば、人勾引の沙汰は負物沙汰になっていた。

第三節 喧嘩

『結城氏新法度』で問題とする喧嘩は家中の者が行うもので、武士以外の者が「市町」などで行う喧嘩は喧嘩と言わず第八条のように「慮外」と表現されていた。この『新法度』には、戦国法の原則とされた「喧嘩両成敗」は登場していないが、喧嘩を売られても我慢する〈自制〉が求められ、個人間の喧嘩が集団間の争いに発展することが抑制されていた。こうした「喧嘩」関連法のあり方から、『結城氏新法度』は「家中法」だとの清水克行の命題が承認されよう。結城政勝は家中の喧嘩に頭を悩ませていた。

第三条では喧嘩防止のため、喧嘩の前の決起集会を禁じている。第四条では喧嘩への加担防止のため、連座制を謳っている。第五条では、やむなく喧嘩の相手をした者を「其身一人改易」とし、そのほかには累が及ばないとしている。これに対して、止めるのを振り切って狼藉を働いた者には「一類改易」「所領没収」と、親類・縁者の者が今後「侍」として立ち行かないほどの処分をすると威嚇した。個人間の「喧嘩・口論」が集団間の喧嘩に発展することの抑圧を結城氏は考えていた。第六条では、我慢して相手をしなかった者に褒美を与えるとした。他方、喧嘩を売った者への処罰は『御成敗式目』の「悪口の咎」「殴人の咎」に対応するものとした。第七条には、仲間内の喧嘩が昂じて、友・傍輩を討つように頼む場合には、下手人となった者の「一類」を「削る」とある。喧嘩の「助っ人」になることは重罪だとして重い罰を与えている。この法令では予防主義の立場から、親類・縁者を連座させるとして、一族間での監視による防止効果に期待をしていたのであろう。一方、第八条は「神事・市町」の場での下人たちの「喧嘩」を扱っており、後で取り上げる。第八〇条もまた喧嘩に関する法令である。ともあれ、第三条から第七条までは侍を相手とした家中法であり、以下で順に取り上げたい。

第三条「徒党之禁」「徒党を組むことの禁止」

一　かりそめの喧嘩口論、何事成共、縁者・親類を語らひ、一所候て徒党だての輩。理非をさしおき、先ズ徒党だての方へ、咎をなすべく候。心得らるべし。

佐藤進一の読みと異なり、「輩」の所で句点を付けた。「徒党だての輩」が「主語」「主題」で、それ以下が「述部」だと思うからである。佐藤は頭注でこの法の要旨を〈徒党を禁ずる事〉とし、「徒党だて」を〈好んで徒党をくむこと。「だて」は強い顕示傾向を意味する〉とした。この佐藤説に従うなら、これは喧嘩に際して、駆けつけようとして縁者・親類が「一所」に集まり、「決起集会」をしたことを言うのであろう。ここでは喧嘩口論をした当人への処罰が述べられていないことに注目したい。

「かりそめの喧嘩口論」とあるが、これは「前文」にある「多からぬ傍輩間に」「目つくり、刀つきたて、無理を言イたて」る中から発展したものや、第六一条の「多からぬ傍輩ノ間……縁者・親類之中にて、道理候とて、互に雑言交り沙汰……唯今迄刀つきと思ひ候へば、又寄合飯椀に酒ひかへつれ候事」の中から発展したものである可能性が大きい。

『戦国全史』の現代語訳を参考にした私の解釈を掲げると、次のようになる。

ちょっとした喧嘩・口論など、どんなことでも、親類・縁者を仲間に引き入れて、一カ所に集まり徒党を組む者どものこと。喧嘩のどちらに理があるかはさておき、まず徒党を組んだ方を罰することとする。心得られよ。

喧嘩の場合、先に手を出した方を罰するのが「故戦・防戦のルール」であった。この場合は、決起集会それ自身を、先に手を出したことに当てている。ここでは喧嘩の当人の最初の味方は「縁者・親類」であった。第六二条の「朝夕寄合酒肴之制」では、「親類・縁者・傍輩」が朝夕に寄合をなし、常に酒を酌み交わしていた。第二章一節の第三二条「宿々木戸門橋等修理懈怠事」の分析では、血縁集団の「親類・縁者」が、多くの場合、地縁集団でもあったとした。また、第七七条の高橋の祭りなどの祭礼の場での喧嘩の場合に、人々が所属意識を持つ集団の範囲は「指南之者、縁者・親類、又悴者・下人」だった。

前述のように松本新八郎は、こうした集団を「同胞衆」と名づけた。彼らは共同で毎日、一族の「指南親方」の指揮下で軍事訓練をし、朝夕には酒を酌み交わす地縁・血縁集団で、彼ら「同胞衆」と「同胞衆」の間の喧嘩となれば、結城家中は分裂してしまう。政勝としては、これをどうしても避けたかったであろう。

なお冒頭の「かりそめの喧嘩口論」の言葉は、『御成敗式目』第一〇条「殺害・刃傷罪科の事[32]」の最初にある「或いは当座の諍論により、或は遊宴の酔狂によって、不慮のほか、もし殺害を犯さば」を彷彿とさせる。この鎌倉時代の喧嘩・殺害・刃傷との比較で、『結城氏新法度』の「喧嘩法」を考えてゆきたい。

第四条「喧嘩口論等加担之禁」「喧嘩に対する処罰など」

一　喧嘩口論其ノホカの沙汰にいんぎう《引汲》かたん《加担》のもの、本人よりも一類削り候べく候。心得ラルベク候。

佐藤はこの法の要旨を〈喧嘩口論等の沙汰に加担を禁ずる〉とし、「いんぎうかたん」を〈引級（引汲）加担。ひいき・加担の意〉とした。また「削り」を佐藤は『中世政治社会思想　上』の補注で、この『新法度』に登場する九つの用例をすべて挙げて、〈家名断絶・全所領没収を意味するものと解される〉とし、これが通説となって『戦国全史』でも採用された。本書では第五章二節であらためて個別事例に当たりこの通説を再検討するが、結論を先に述べれば、「削り」は結城政勝との主従の縁を切り結城家家臣団から「追放」することが本来の意味で、そこから「家名断絶」「全所領没収」が派生したということになる。

しかしこの法令の「一類」について、『戦国全史』の訳者注は〈家族のこと。一般には、一族・一門をさす場合もあるが、ここでは、「親類縁者」を含まぬ所帯構成員の意として用いられているとした〉という。〈「親類縁者」を含まぬ所帯構成員〉とは現在の単婚小家族を指すのだろうか。だが『国語大辞典』は「一類」を〈①同一の種類。②同一の種族。また親族。一門・一統。③同じ仲間。一味〉とする。『戦国全史』はこの辞書の意味よりも狭く解釈している。むしろこの「一類」とは、喧嘩に加担して当人に連座する者であろう。「喧嘩口論」の当人が若者なら、その「父親」「本家」「伯父」などの親類もまた連座しただろう。

喧嘩法四カ条の中で「一類」以外の喧嘩関係者を挙げると「縁者・親類」「傍輩」「傍輩の下人・悴者」「遠国・他国の者」がある。連座・連帯責任には「法」的な意味があるので「遠国・他国の者」は除かれよう。責任能力の点から「傍輩の下人・悴者」も除かれよう。こうした消去法から「一類」=「縁者・親類」となる。先に我々は第一条「博奕之禁」の「ろう人」の所で、一門を率いる「惣領」「本家」を取り上げた。この喧嘩法の「一類」は、「惣領」「本家」が関わる範囲よりはかなり狭く小さくなっているが、『戦国全史』の考えた単婚小家族よりは大きな血縁集団である。遠い親戚の「本家」「惣領」は、当時は、昔のように「一門」の揉事を調停する現実的な力は無くなっていたが、一門間での「氏寺・菩提寺」は共有していたのだろう。「本家」「惣領」が「一家・一類」を率いる代わりに、「指南親方」が「同胞衆」を率いる体制に替わっていただろう。『戦国全史』では「本人よりも一類」の「よりも」を「もとより」と解釈して、〈その本人はもとより、家族の者まで〉とし、本人は当然罰せられるとしている。しかしそれは当たらないだろう。これは「本人は罰しない」が、「一類」=「縁者・親類」を罰する、の意である。

ではなぜ本人への処罰が問題にならないのか。それは死罪が予想されているので逃亡して、現地にいないからである。人を殺して逃亡した者の帰参を問題とした第三八条では「人をあやまり、迦れ候もの、二度と返すべからず」とあり、「人を殺して、迦れ候者」とあることから、人を殺したら、被害者側からの報復を避けるためも逃げる必要があった。本人への処罰をイエ刑罰権（これについては後述する）に委ね、一時の感情に任せた喧嘩・口論への加担は、累が「一類」に及ぶとして、一類の連座を進めることで喧嘩への加担を防止するのが法令の目的なのである。そこで「削る」という重い刑が科せられた。法令最後の「可被心得候」の訓戒が光っている。

『御成敗式目』第一〇条では、殺害に対する罪科は「死罪」「流刑」「所領没収」であった。「死罪」「流刑」は犯人個人に宛てたもので、犯人が死刑を予想していれば、当然現場から逃亡しただろう。ほとぼりが冷めたころに現場に立ち戻れば、捕まえて「流刑」となったのだろう。「所領没収」は家族の生活を奪う点で、家族の連座であり、「削る」に対応する刑である。なお『御成敗式目』ではここに「親子の咎相互に懸けらるるや否やの事」が付いていた。『御成敗式目』第一〇条との比較を言えば、連座制が強まっているとなろう。

『戦国全史』の現代語訳を参照して現代語訳を試みると次のようになる。

　喧嘩口論その他の争いに荷担した親類・縁者は、本人を差し置いて、結城家家臣団から追放して「削る」処分とする。心得られよ。

第五条「*故戦者・防戦者の処罰と一類の連座」

一　喧嘩くわしかけられ候て、よりどころなくいたしたるものをば、其身一人改易、其ホカにたゝりなす事あるべからず。傍輩其ホカ手をよる歟、まはす歟、をとりかけ狼藉ノ者、其ノ身のことは是非ニ及バズ、一類改易、所帯・屋敷たちまち剝ぎ取リ、別人にあつかふべく候。

佐藤はこの法令の事書を〈喧嘩事〉とした。たしかにこの法令中の言葉から採られてはいるが、この法令の特徴をとらえたものとは言い難い。他方、要旨には〈喧嘩を仕かけられ、やむなく相手になった者、傍輩その他喧嘩の一方に加担した者の処罰〉とある。この「一方に加担した者」の言葉は佐藤が前条の「引汲荷担」の強い影響下にあったことを示していよう。この法令は防戦者に関わる前半と故戦者に関わる後半からできている。喧嘩の全体像は、喧嘩を仕掛けた「狼藉者」に対し、取りなして回避を試みる「傍輩其外」がいる中で、故戦者＝「狼藉者」が躍り掛かって切りつけた。そこで防戦者はやむなく相手になり、防戦をした＝正当防衛だ、となる。

一方『戦国全史』では、第四条から第六条までの綱文を一括して「喧嘩に対する処罰」としたが、これまた法令の個別の特徴をとらえたものとは言い難い。そこで私は、佐藤の要旨を踏まえて、新たにこの法令の事書を「故戦者・防戦者の処罰と一類の連座」とし、佐藤の事書と『戦国全史』の綱文を共に廃止することにした。

語句の説明として、文頭の「くわしかけ」を佐藤は頭注では〈語意未詳〉としたが、要旨では〈仕かけられ〉とした。一方『戦国全史』では〈けしかけられ〉としている。従いたい。佐藤は「手をよる歟」を頭注で〈「手を縒る」か。手をもんで相手の意を迎える意ではあるまいか〉とした。「まはす歟」については、第七〇条の「こはみの時はまはり候」の頭注で〈強敵に遭うと、回避するものだ〉とあり、この場合は「回避させようとする」の意味だろうとした。ここから『戦国全史』では、ここを〈同僚などが取りなしているのに〉としている。喧嘩を仕掛ける者に対して、取りなして回避を試みる「傍輩其外」がいたことになる。

また『戦国全史』は後半の「傍輩……歟……歟、をとりかけ狼藉者」を逆説的に読み、〈傍輩が……や……をしているのに、躍りかかって狼藉を行う者〉と解釈した。これまた従いたい。ここから佐藤の要旨に見られる「一方に加担した者」との理解は成立しないことになろう。「をとりかけ」を〈躍りかかって〉とする解釈は優れている。この『戦国全史』の解釈に従うと、切りつけられやむなく喧嘩相手をした防戦者は[33]、殺人罪・傷害罪等の罪で「其身一人改易」との処分を受けたことになる。

注目すべきは、この法令では前半の「其身一人改易」と後半の「一類改易」とが対比されていることである。『戦国全史』では「一類改易」の「改易」を〈所領没収〉としたが、それでは「改易」の後に再び「所帯・屋敷剝ぎ取り」となるので、この考えは採らない。「改易」は次章であらためて取り上げるが、結論を先に言えば、数カ月間の「職務停止処分」・「謹慎処分」などであろう。

以上から、この法令の要旨は「故戦者・防戦者の処罰と一類の連座」となる。前半の防戦者個人に対しては「其身一人改易」であったが、他方後半の「をとりかけ狼藉者」を、おそらく佐藤は第四条の「引汲荷担」からの類推であろうか、「一方に加担したもの」としたが、「傍輩其外」の一員ではなく、喧嘩の原因となった故戦者自身を指していよう。

防戦者の縁者に対しては「其外にたゝりなす事あるべからず」とある。この「たゝり」は第二章二節で考察したように、血縁に連なるものとしての「禍」への「連座」を言い、この場合は「連座しない」となる。ここから、やむを得ず喧嘩相手をした場合の罰は本人に限られ、その禍は「一類」＝「親類・縁者」には及ばなかったことになる。他方、この「狼藉者」＝故戦者本人に対しては「其身のことは不及是非」とある。これを佐藤は第一条の頭注で〈是非の議論は不用、本人は勿論〉とした。『戦国全史』では〈その本人は言うに及ばず〉としたが、この場合は「躊躇せずに現場で打ち殺せ」の意味だろう[34]。

故戦者の縁者に対しては「一類改易、所帯・屋敷たちまち剝ぎ取、別人にあつかふべく候」とある。「所帯・屋敷たちまち剝ぎ取」られた故戦者の「一類」の人たちには、結城氏の家臣としての「主従の縁」や、その物質的な根拠＝「手作」は残されたが、突然生活の根拠を失い、耐え難い処罰が襲い掛かり、喧嘩を仕掛けた者の関係者にすぎないのに、厳しい刑罰に連座することになった。これは「所領没収」刑で、実質上は第四条の「削る」に近い刑罰である。「あつかう」＝「刷う」を、前文と第一条の頭注では〈所帯・屋敷を知行させる意に用いている〉とある。それゆえ「所帯・屋敷剝ぎ取り」を「闕所」処分とすれば、笠松宏至の言う「闕所地給与の原則[35]」から、一族への給与となるが、ここではそれを意識して、あえて「別人」への給与としたのだろう。

それゆえこの法に基づくいくつかの事例が家臣団に知れ渡れば、家臣たちは血縁者に対する相互監視を怠らず、喧嘩相手にならないよう心掛けたと想像される。結城氏は予防主義の立場から血縁者を重く罰したのである。後半部中心の現代語訳は次のようになる。

同僚と共にいる中で、同僚の止めるのも聞かず、躍り掛かって切りつけた場合、やむを得ず喧嘩の相手となった人は、その身一人は改易処分で、そのほかの者には連座させない。他方、狼藉者＝故戦者本人の死刑は当然で、一類は改易処分とし、その所帯・屋敷を剝ぎ取って、他人に知行させる。

第六条「*自制後申告者と慮外者の扱い」

一　何と人取懸け、慮外なし候共、制し候て、奏者を取、此ノ如クくわしかけられ候へ共、法度〔と〕て取リ合はず候よし、申シ上ゲ候もの候はゞ、其ノ身には懇を加へ。慮外〔人、一〕人改易、所帯・屋敷奪い取り、別人に刷フベク候。

欠字については佐藤の校注と第五条との比較から考えて〔　〕のように補った。佐藤はこの法令の事書を「取懸慮外沙汰事」とした。「取懸慮外」はたしかに法令中の言葉から採られてはいるが、「沙汰」をどう理解すべきか。また全体としてこの法令の特徴をとらえたものとは言い難いと思う。他方佐藤は、この法の要旨を〈慮外を仕掛けられても、自制して取り合わず、結城氏に申し出た者、慮外をした者の扱い〉とした。要旨の方が全体の理解としては優れている。これを更に簡潔にして、事書を右のように改めた。

佐藤はこの法令のテーマを申告者と慮外者の二つとした。それゆえ句読点からは多少の無理はあるが、「其身には懇を加へ。」として、前半はここで終わり、それ以下を後半とした。罵詈雑言を浴びせられ、名誉を守るため、やむを得ず相手をしたのが第五条だとすれば、ここではそれでもじっと我慢して取り合わず、結城家に奏者を通じて申告した場合となる。「慮外」を仕掛けられても自制した人には褒美としての「懇」が加えられ[36]、慮外者には「改易、所帯・屋敷奪い取り」の刑が科せられたのである。

法令の最初に「何と人取懸け、慮外なし候共」とある。この「取り懸ける」を『国語大辞典』は〈①取って体に懸ける、着用する。②攻め寄せる。攻め懸ける。③その事に手を付け始める〉などとしており、この場合は②の「攻め懸ける」の意で、喧嘩の原因となる「悪口」「殴人」などで攻撃することを指していよう。ここから佐藤は最初の「何と……、……候共」を第五条の「喧嘩くわしかけられ候て」と近い意味で、〈慮外を仕掛けられても〉とした。また佐藤は「慮外」を〈非常識または不当な言動をいい、身分制や社会秩序にかかわるものが多い〉とし、「懇を加へ」を〈褒賞をあたえる意であろう〉とした。

後半の慮外をした人に対する処置には、第五条の狼藉者の一類の場合とほぼ同じ「改易、所帯・屋敷奪い取り、別人に可刷候」とあり、この場合「別人」は前半の我慢した人である可能性もある。この「慮外」人への罪は『御成敗式目』第一二条の「悪口咎」や第一三条の「殴人の咎」に当たっていよう。「悪口咎」では「重きは流罪、軽きは召籠められるべき也」とあり、「殴人の咎」では、侍においては「所領没収」、「所領」がないなら「流罪」とあった。鎌倉時代の「流罪」に対応するものが「改易」=「職務停止処分」「謹慎処分」で、「所帯・屋敷奪い取り、別人に可刷」は鎌倉時代の「所帯没収」に対応している。

『戦国全史』の現代語訳を参照した現代語訳を次に掲げる。

人がどのように攻め掛かり、不当なことを行っても、自制して、奏者に頼んで「このようにけしかけられたけれども、法度で禁止されているので取り合わなかった」と結城氏に申し上げる者がいたら、その者には褒美を与え、狼藉者は「改易」=「職務停止処分」とし、所帯・屋敷は没収して他人に宛行うことにする。

第七条「頼傍輩縁者討人科事」「嘱託殺人に対する処罰」

一 傍輩・縁者頼み候とて、友傍輩を討ち候歟、又傍輩の下人・悴者、又遠国・他国のものを討殺す事、本人よりも、頼まれ候もの共、曲事たるべく候。聞たゞし、一類削り候べく候。心得ラルベク候。

この法令は「頼み候」「討ち候」「打ち殺す」「頼まれ候もの」などの言葉から「嘱託殺人」に関する法令となる。

甲が乙に丙の殺害を依頼する形をとっている。「友傍輩を討ち候歟、又傍輩の下人・悴者、又遠国・他国のものを討殺す事」から、打殺された被害者の丙は「友傍輩」や「傍輩の下人・悴者」や「遠国・他国のもの」である。直接手を下した下手人＝乙と、事の起こりとなった嘱託者＝甲が誰かが問題である。鍵となるのは法令の初めにある「傍輩・縁者頼み候とて」である。「傍輩・縁者」に頼んだとすれば、「傍輩・縁者」は乙となる。「傍輩・縁者」が頼んだとすれば彼は甲となる。

日本語の常として主語が省略されているとすれば、「傍輩・縁者を頼み」となり、言外の主語である甲が傍輩・縁者の乙に殺人を依頼したとなる。しかし佐藤はこの法令の要旨を〈傍輩・縁者に頼まれて、人を殺した場合、手を下した本人よりも依頼人を重罪とする〉として、嘱託者と下手人とを入れ替えて理解している。殺意を持つ者を罰すると解釈するのは、佐藤が事件の起こり＝動機を重視する近代法的な立場に立っているからである。『戦国全史』もまた、この立場から現代語訳を行っている。だがこの佐藤の解釈では、「本人」と「頼まれ候者共」との関係が混乱[37]していると私は思う。

「本人」とはそもそもの事件の原因となった嘱託した者・依頼した者＝甲を指すとするのが素直な理解であろう。最初に登場する「傍輩・縁者」乙に頼んで「友傍輩」や「傍輩の下人・悴者、又遠国・他国のもの」丙を打殺させることが、結城氏にとっての事件なのである。被害者となった「友傍輩」や「傍輩の下人」以下の人たちは、事件に先立って行われた仲間同士での喧嘩の相手となった人たちで、その時に傷害・重傷を負った者が仕返しを傍輩・縁者に頼んだことが、この法令の前提にあるのだろう。それゆえ佐藤の解釈とは逆に「傍輩・縁者」は〈下手人〉〈仕事人〉乙となる。

これは、親しい仲間同士の、おそらくは酒の席での、ちょっとした意見の食い違いから喧嘩になり、刃傷事件に発展して、その敵を討とうとしての嘱託殺人にまで拡大した場合で、こうした当時の家中の雰囲気を伝える法令には、第一章で取り上げた第六一条「傍輩間雑言可慎事」「同僚間での言い争い」がある。そこでは「道理候とて、互に雑言交じり沙汰」とあり、政勝の訓戒は「親類間成共、慇懃に其理述べらるべく候」で、「さらに〳〵雑言交り、見たふもなき所行にて候」とあって、家中の気質が、自制心に欠け、激昂しやすいものであったことが知られる。

この第七条の主旨は「傍輩・縁者の乙に頼んで人を殺した場合、頼んだ本人の甲よりも実際に手を下した〈仕事人〉乙を重罪とする」であろう。この場合の「頼まれ候者共」は直接手を下した殺害者＝下手人たる乙で、予防主義の立場から重い罪にしている。「一類削り候べく候」の言葉は、第四条と共通しており、「本人よりも」も共通している。第四条の処罰の原因は「引汲・加担」であり、第七条の方は「頼まれ候」で、自分自身の問題を自己責任で解決するのではなく、他人が介入している点が同じである。喧嘩が拡大する原因はこのような〈助っ人〉〈仕事人〉の存在なのである。

政勝は喧嘩の拡大を防ぐために「助っ人」に重罰を与えようとして、「一類」を「削る」としており、親類・縁者は結城氏家臣団から追放され、彼らの全所領も没収された。家臣としては一番重い罰である。「一類削り候べく候」とは既定方針を適用したものだとの言葉である。ここからは、「所帯・屋敷」を失うことになった「一類」の者たち、本家・親類・縁者などが集まって、所領没収の実施を避けるために、第一条の「但し書き」の原則「頸をはね、可渡ならば、尤に候」に従って、イエ刑罰権の発露として本人の首を切り、その首を結城氏に渡すことで罪を逃れようとしたことが想像される。法令の最後には「可被心得候」の添付語がある。

第五条にも「其身のことは不及是非、一類改易、所帯・屋敷たちまち剝ぎ取、別人にあつかふべく候」とあった。「本人」の処断については、結城氏は関わらない＝「是非ニ及バズ」が結城氏の対処の原則だった。「一類」の監視の目が喧嘩の予防になることが政策目標にあったのだろう。

『戦国全史』の現代語訳を参照した私の訳は次のようになる。

同僚や縁者に頼んで、友や同僚を殺害するとか、同僚の下人・悴者、また遠国・他国の者を殺害することは、依頼した本人よりも、頼まれた同僚や縁者たちを、道理に背いている者として処罰する。事情を聞き糺し、親類・縁者まで「削る」処分に処すことになっている。心得られよ。

喧嘩に関連する者が、第三条の「縁者・親類」よりも、この第七条では「傍輩・縁者」「友傍輩」「傍輩の下人・悴者」「遠国・他国のもの」へと広がっており、当人との関係は「頼む」という個人的な結びつきに依っている。喧嘩においてコネが重視され、個人間の喧嘩が直ちに集団間の喧嘩にまで発展することを避けようとして、政勝は
これらの喧嘩法四カ条を制定したと考えられる。政勝は家臣団がコネ社会になっていることに心を悩ませていた。その成果が次の第八〇条に現れている。

第八〇条「不可駈向喧嘩之場事」「喧嘩への加勢禁止」

一　何方に喧嘩候て、ことごとしく言来リ候とも、誰も駈けべからず。此クノ如ク法度置き候処へ、駈け来り荷担をすべく候哉。又脇より人をあやまるべく候哉。相手くみに定リ候間、親子・親類・縁者成共、其ノ場へ罷るべからず。

佐藤は頭注でこの法令の要旨を〈喧嘩は相手くみ（相対づく）と定める故、たとえ親子・親類・縁者であっても、喧嘩の場へ駈けつけてはならぬ〉とし、「脇より人を……」を〈第三者が脇から手出しをして、人を殺してはならぬ〉とした。徒党の禁が徹底し、喧嘩法四カ条の効果が出てきているのである。〈相手くみ〉つまり「一対一で」としたところが優れている。第二条が前提とした事態は「徒党だて」で、喧嘩の場に駆けつけることであったが、ここでは加勢禁止を当然のこととして前提とし、当人同士の相対づくとされており、第三条と第八〇条との間には時間の経過が感じられる。

ここで初めて「親子」が法令に登場している。子供の喧嘩に親が介入すべきでないとのルールは存在しても、親が喧嘩をすれば、子供は当然加勢することになっていたのであろう。勝俣鎮夫は『今川仮名目録』への補注[38]で、戦

国時代の喧嘩処理法を二系統に大別できるとして「決闘型処理法」と「両成敗型処理法」を挙げているが、結城領内での喧嘩は「決闘型」に収斂したとまとめることができよう。

第四節　盗　み

「盗み」の言葉を持つ法令は、第一・八・九・一一・二〇・三四・三九条である（このうち第八条は第六章二節で取り上げる）。一方、第一〇条「作毛盗刈被討者事」は第九条「立山立野盗伐盗刈被討者事」と対をなし、「盗み刈り」や「下人・悴者」の言葉を含んではいないが、夜間における盗み刈りを問題とし、犯罪の主体は第九条と同じ「下人・悴者」であろう。第一・八・九条にはいずれも「うたれ候」とあり、盗人は現行犯として斬殺された。第一二条では神判により放免か斬刑とある。第一一条には「盗み沙汰」の言葉があり、盗みが裁判にかけられたことが知られる。

「盗人」の言葉は、第一一・三四・四三・五四・五六・九二・九八条にある。第四三条「負物沙汰可依証拠事」には「言語道断之盗人にて候」とあり、第五四条「放馬抱惜事」には「盗人・追懸可為同前」とある。どちらも民事上・経済上の問題だが、重罪＝死刑となっている。第三九・四三条は第七章三節の「負物法」で取り上げる。

盗み一般を考えれば「強盗・窃盗・山賊・海賊・追剝ぎ・火付け」などが考えられる。これらの犯罪は鎌倉幕府の成立に関わり、武士が担った検断権の対象だった。鎌倉以来の御家人結城氏には、武士として当然検断権の担い手であるとの自覚があった。この『結城氏新法度』では第一六条で「追剝ぎ」を取り上げているが、問題としているのは犯人の捜査方法である。また第五六条には「火付け」がある。『結城氏新法度』は「家中法」と言われ、武士は名誉を重んじる存在であり盗みとは無縁だとされたので、彼らの行う盗みの諸類型はこの法令には収録されていない。

盗みを働く者としての被疑者は、人に使われる「下人・悴者」である。第六章で取り上げるように「下人」は「犯罪」と近しい関係にあった。「主人」と「下人」との間の身分制秩序を前提とし、「下人」は、所有権を認め合う「主人間の秩序」の反対側にある「冥府の住人」であった。「冥府はアベコベの世界なので、そこでは盗犯は無罪で、下人は解放される」との考え方があり、主人の考えとは宇宙論的に対立していただろう[39]。

ここではとりあえず、第九・一〇条を取り上げたい。前述の通り、『戦国全史』の綱文は二カ条に一括して付されているので、内容に即して法令ごとに分割した。

第九条「立山立野盗伐盗刈被討者事」「*他人の山野での盗伐・盗採で殺された者に関する訴願の禁止」：

一　人の立て候立山・立野、盗み伐り刈り候て、うたれ候下人・悴者ゝ侘言すべからず。

第一〇条「作毛盗刈被討者事」「*他人の農地での盗採で殺された者に関する訴願の禁止」：

一　人の作刈り、又夜人の作場にてうたれ候事、咎なきと申べからず候。何たる用たるべく候哉。

佐藤進一は頭注で、第九条の「立山・立野」を、石井良助の研究を引いて〈農民らの入会利用（草木の採取等）を禁じた山や野〉とした。また、第一〇条の要旨を〈他人の作物を刈り、また夜間他人の農地に入りこんで殺されても死に損。殺した相手は罪に問われない〉とした。

第九条と第一〇条の二法は、結城氏による盗みへの処罰ではなく、むしろ、民間のルールに従い、民衆の反撃として殺された犯人＝下人に対して、主人が損害賠償を訴え出ることをテーマとした法令である。この法令で明らかなことは、民間の慣習法として、「盗みを働いた者は死罪[40]」という原則が存在したことである。そして、殺された下人について主人が訴えを起こすことがあっても、結城氏は民間法・慣習法に配慮して、その訴えを取り上げないとしていた。

第五節　証　拠

『結城氏新法度』の第一一条から第一三条までは証拠についての法令だが、第一一条と第一二条は「盗み」に関連した証拠を問題としている。これに対して、第一三条は謀反に関連した証拠を扱っている。なお、民法上の売買・貸借などの「雑務沙汰」については第六章五節の「質取り」と第七章一節の「負物法」で取り上げるが、これらの場合には、口約束はダメで、契約は文書に依るべしとなっていた。

第一一条「盗沙汰陳法事」「証拠が明白な窃盗犯の弁護」

一　盗沙汰、もつちり証拠紛れなく候を陳法し候はんは、盗人よりも申シ出ルもの大盗人たるべく候。それは何に誰人頼み候とも、これ［へ侘言すへからす］。

条文の最後の欠字は佐藤進一の推定に従った。佐藤はこの条文の要旨を〈証拠歴然の盗人をかばい、弁明・救済しようとするのは、本人以上の大盗人である〉とした。語句の説明では、「もつちり」〈未詳〉、「陳法」〈弁明・弁解〉、「何に誰人頼み候とも……」〈誰が何と頼もうとも、自分（この法度の制定者である結城政勝）に盗人の弁解をし、罪のゆるしを乞うてはならぬ〉とする。「陳法」や佐藤が推定して補った「侘言」を、佐藤は犯罪者本人の〈弁解〉としたが、『戦国全史』では第三者の〈弁護〉としている。この場合は後者がよいだろう。「もっちり」については、これと同じマ行の「みっちり」「むっちり」が類語だと思われる。『国語大辞典』には、「みっちり」＝〈みっしり。①一つのことを十分に行うさまを表す語。②隙間なく十分に詰まったり、肉付きがよくなる様を表す語〉、「むっちり」＝〈肌に張りがあって肉付きのよいさまを表す語〉とある。ここから、証拠が十分でどこにも隙間がないさまを「もっちり」と表現したと思われる。

第一二条「無証拠事任神慮事」「証拠のない事件の処置」

一　証拠のなき事は、神慮に［任せ、て］んくわの沙汰をなし、放すか切るかたるべく候。

欠字部分は佐藤の推定に従った。佐藤は〈この条全体の趣意は〉として、次のような要旨を述べている。〈証拠のないことは神意任せ、すなわち神判で無罪（放免）、有罪（斬刑）を決定するという意ではあるまいか〉と。「［ ］んくわ」の沙汰とは「てっか」の沙汰で、「鉄火起請」であろうか。[41] 鉄火起請に賭けて白黒を争うとは、一方は証拠を隠し、他方は証拠を見つけられないが盗んだに違いないと言い争うことで、訴人もまた大きなリスクを負っていただろう。

第一三条「無証拠不可披露事」「*結城家を滅ぼす反逆の企ては例外とする」

一　証拠なき事、如何にありさうなること成共、申シ上グべからず。但シ、洞を破るべき造意などのやうなる事をば、証拠は候はね共、此ノ如シト申シ廻リ候、心得候へと、密々に披露ヲなすべし。其ノホカ之儀は、証拠を以テ申シ上グべく候。

この法令についての佐藤の要旨はない。「洞を破るべき造意」を〈結城家を滅ぼす叛逆の企て〉としている。この法も、「証拠」を問題としているので「しりとり」風にここに載せたのであろう。検断権・検断の沙汰の中に、以上の三カ条は入ろう。なお『戦国全史』の綱文は第一二条と一括されているので、「但」以下に注目して新たに綱文を付した。

第六節　火付け

第五六条「火付罪科事」「放火犯に対する処罰」

一　同じ盗人の中に、火付は一段悪〔逆人にて〕候。幾度も磔《はつつけ》たるべし。火付捕へ候て、聊爾《りうぢ》に切る事あるべからず。

佐藤は頭注でこの条の要旨を〈放火犯は格別の重罪として磔刑に処する〉とした。語の説明として「聊爾」を〈無思慮に。軽はずみに。放火犯は見せしめとして磔刑にするのだから、軽率に斬り殺してはならぬ〉としている。また校注では、約四字分の欠字部分を〈おそらく「逆人にて」もしくは「盗にて」であろう〉とした。『戦国全史』では欠字部分の現代語訳を〈悪〔質な犯罪者である〕〉としている。ここでは「悪逆人」の例に数えたい。放火犯には磔刑という極刑が対応していた。江戸時代の法では放火犯は火炙りとなっていたのも、見せしめの極刑として共通していよう。

第五章　『結城氏新法度』の中の「賞罰」

結城氏において、家臣を褒めて高く評価する際の言葉は「忠信」で、これの反対語は「不忠」だった。「信賞必罰」で、賞罰は常に人事の要である。結城氏の場合、忠信者への褒賞の第一は、新しい「家」の取立てであり、「家」には「家名」や「家産」が付いていた。「家名」を「名字」と言い、「家産」は「屋敷」と「所帯」からなり「名跡」「跡」とも言った。主君の承認の下に新しい「家」は立てられ、「名字・名跡」は親から子へと継承された。逆に、罪を犯した者への刑罰は「名字・名跡」の没収だった。

身分や社会的地位を含めて、こうした継承される「名字・名跡」を「名代」とも「家督」とも言った。『結城氏新法度』にはこの「名代」の言葉が登場する。「名代」の意味を、『国語大辞典』では、①「身代わり、代人」、②「名代家督」、③「後見人、うしろみ」としており、さらに②の「名代家督」について〈家督相続のための養子縁組〉とある。一方、辻本弘明は「名代」の意味[1]として、次の三つを挙げている。(1)代人・代理人。(2)（中世では）「家督」。(3)幼少な当主の後見人。この『新法度』では「名代」の言葉が登場するものに次の四例があり、いずれの「名代」も、(2)からは「家督」の意味となるが、(1)の「代人」から「養子」の意味を含むこともある。

第四五条「親負物可懸養子事」「親の借財に関する養子の返済義務」

第五二条「名代譲与事」「放埒な長子の家督相続」

第五三条「*忠信者に家督創設」
第五七条「養子不可離別妻事」「養子になった者の離縁」

本章では『新法度』における「褒賞」と、その反対語である「刑罰」としての「削り」「改易」「かり」などを取り上げて検討する。まず第一節では「名代」を（『新法度』には、「名代」の言葉を含まないものの同じ意味の法令があり、それもここで取り上げる）、第二節では第五三条から「褒賞」としての家の取立てを検討する。一方、「刑罰」は、家中の武士に対するものと、一般領民に対するものに分けて考えるべきであろう。そこで第三節では、武士に対する刑罰として、「名代」に対する「削り」「改易」「かり」等々を取り上げ、第四節では、庶民に対する刑罰を見てゆく。

第一節　名　代

まず、「名代」の登場する四カ条を取り上げて検討したい。1では養子相続の場合の第四五条と第五七条を、2では跡目廃嫡の場合の第五二条を取り上げる。引用文中の「名代」に関連する語は傍線を付した。

1　名代＝養子相続の場合

第四五条「親負物可懸養子事」「親の借財に関する養子の返済義務」

一　親の負物。其ノ父子を持たず、他人を子に乞い候うて、名代になし候はゞ、其ノ父之負物懸るべく候。養子すますべく候。

最初にある「親の負物」とは、この法令のテーマを記したものであろう。直後の読点「、」を句点「。」に改めた。佐藤進一は『日本思想大系21　中世政治社会思想　上』[2]の頭注で、この法令の要旨を〈親の借金は子にかかるというのが古来の原則である〉が、〈他家から入って家の跡つぎになった養子の場合は、やはり親の借金を引き受けなければならない〉とした。語句の説明では「他人を子に乞い候うて……」を〈他人を子に乞いうけて、家の相続人としたならば〉とした。『クロニック戦国全史』[3]も〈他人の子を養子にもらって、後継者にしたならば〉としている。ここから、「名代になし候」は〈養子を家の相続人にする〉や〈後継者にする〉の意となる。

この場合の「名代」は、②の「名代家督」の〈家督相続のための養子縁組〉を指していよう。次節1で取り上げる第四六条のように、結城氏の命令によって「家名」を継いだ場合と、この第四五条のように、双方合意の上での養子縁組で家を継いだ場合とでは、負債に対する責任の取り方に違いがあった。〈債権者が養子に借金の支払いを迫った場所〉は市場で、ここで結城氏は〈民間の法に依るべし〉と命じたことになる。

第五七条「養子不可離別妻事」「養子になった者の離縁」

一　誰人成共、男子を持たず、女子計《ばかり》持ち候て、人の子を所望、又我が親類成共、取立て養子になし、名代を継がするに、其ノ女気に入らず候とて除き去り、別の女を置き、其ノ名字名乗り候はん事、一向〔に〕非分之義たるべく候。女気に入らず候はゞ、養父之名字其ノ跡を滑《すめ》り候て、女を除き去り、別の女を迎へ候はん義は、一理すみたる義にて候。心得ラルベク候。

一字分の欠字は私の考えで補い、「に」とした。佐藤は頭注でこの法令の要旨を〈親類もしくは他家から養子に迎えて、家つきの娘と妻合わせた場合、その養子が妻を離別して別の女をめとり、依然として養家の家名を名のることは不当である〉とした。『戦国全史』では「取立て養子になし、名代を継がするに」を〈迎えて養子とし、（その娘とめあわせ）後継ぎにしたとき〉とする。この場合の「名代」は明らかに②の〈家督相続のための養子縁組〉を指している。佐藤は「養父之名字其跡を滑り……」を〈養家の家名と財産を辞退（放棄）した上で、妻を離別し、別の女をめとることは、道理に合うこととして認めてよい〉とした。

「名代」の継承には結城氏の承認が必要であったことから、養家の名字を辞退することは家臣からの離脱・追放を意味しただろうか。元の名字に戻り、家臣の一員に留まることもできたのだろうか。

2　名代＝跡目の場合

大藤修の「近世の家督」の説明[4]には、〈武士の家の基礎は主君より下された俸禄であり、これが家督と称せられた。幕藩法では、嫡出の長男を家督の法定相続人としているが、病身、不行跡の場合は廃嫡することが認められていた〉とある。不行跡者の廃嫡を問題としている『結城氏新法度』第五二条は戦国期の法律だが、家督の法定相続人が長男である点や、不行跡の場合の廃嫡の点では、近世の幕藩法とかなり近づいている。しかし、家の経済的基礎は「俸禄」ではなく「所領」で、農業経営と切り離されていなかった点で近世とは異なっていた。ここでの「名代」は「家督[5]」の位置に近いものである。

このような名代の場合としては、第五二条「名代譲与事」「放埒な長子の家督相続」と、「慮外人・不嗜・不奉公」と具体化される第二八条を取り上げる。後者には「忠信の跡」「忠信之筋目」「忠信之筋」とあり、跡目＝名代を示している。

第五二条「名代譲与事」「放埒な長子の家督相続」

一　如何に頭をふまゆる子成共、無道沙汰の限り、名代破るべきと見及ビ候者、かねて其ノ成をありのまま披露ヲ致シ、何の子成共、名代持チ通すべきに譲るべし。

この法令では不行跡者の廃嫡が問題である。「家・名代は代々長く相続されるべきものだ」との観念が前提となっており、ここでは「名代破る」と「名代持通す」とが対になっている。佐藤はこれを〈将来家を滅ぼすべき者〉と〈家を維持しうる能力ある子〉とした。結城氏への「披露」が必要であるとは、結城氏との主従関係が代々継承されることが前提となっているからである。「何の子成共、名代持通すべきに譲るべし」には、養子でもよいとの考えが含まれている。後者の場合の「名代」は、『国語大辞典』の言う②の〈家督相続のための養子縁組〉となろう。一方、同辞典は「跡目」を、〈中・近世、当主の死亡または隠居により、相続されるべき家の地位・身分・家名・家産〉とする。そしてこの場合の「名代」は、むしろこの「跡目」の意であろう。

第二八条「虚外人不嗜不奉公不忠者事」「不忠・不心得者に対する処罰」

この法文では「候」が四回登場する。ここで文が切れているので、A～Dに四分割し、それぞれの初めにA・B・C・Dを振った。

一　A如何に忠信の跡なりとも、其ノ身虚外人、又不嗜・不奉公にて候はゞ、削るべく候。B仮令《ケリヤウ》他人ヲ以テ其ノ前之忠信之筋目立てべき迄に候、C殊ニ如何《イカ》に忠信之筋成とも、不忠之人衆にて候者、何《いずれ》ケモ入ルべカラズ候。D是又心得ラルベク候。

この法令についての佐藤の要旨はない。この法令ではA「如何に忠信の跡なりとも」、C「如何に忠信之筋成とも」と、似た言葉が二度登場し、続いて「其身虚外人、又不嗜・不奉公にて候はゞ」「不忠之人衆にて候者」と似た言葉が繰り返され、第五二条に見られた「不行跡者の廃嫡」の原則が「忠信の跡」にも適用されている。「忠信の跡」を佐藤は〈忠義の者の子孫〉とし、『戦国全史』では「忠信者の子孫」としている。法令の背景には「忠信の跡は優遇すべきだ」との社会通念があり、それでも許せない「不忠者」を廃嫡とした。「忠信の跡」の人物は怖いもの知らずで、好き勝手をしていたのだろう。

その他の語句の説明として佐藤は、Aの「不嗜」を〈武士としての嗜みに欠けること。恐らく武技の鍛錬、武器・兵具・馬などの用意を欠くことを指していると考えられる〉とした。またBの「仮令以他人……」を〈この部分は、上文の忠義者の子孫なりとも容赦せずに断絶させるという規定に対して、忠義者の家を取りつぶすのは不可とする否定的意見が出ることを予想して、仮りに他人を取り立てて、忠義者の家名を名乗らせるまでのこと、それですむことだとするのである〉とした。さらに「仮令（ケリョウ）」を補注で〈「たとえば」の意に用いることが多いが、……「かりそめに」の意にも用いる。ここでは後者の意味であろう[6]〉としてその用例を挙げている。

〈忠信者の家を取り潰してはならない〉が結城社会の不文律であった。それにもかかわらず政勝は、この条では「慮外・不嗜・不奉公」者を「不忠」者と断じて、家臣団からの追放を命じた。Aの「削る」の後にBで「他人をもってその前の忠信の筋目を立てればよい」としている。Cでは忠信だからとの甘えは利かないとし、同じことを繰り返し述べて、Dで「可被心得」と注意喚起をしている。後半Cの「不可何ケモ入候」を、佐藤は〈何の遠慮・容赦もいらぬ、断固として処罰する〉とした。しかし「不可入」は「考慮に入れる必要がない」の「考慮」の省略形で、「不可何ケモ入候」は「何れかも入るべからず候」と読み、「どんなことでも考慮に入れる必要はない」の意であろう。

それゆえ第二八条は「忠信者の血筋だとしても、不忠の人であれば考慮に入れる必要はない」となり、「不行跡者は廃嫡」となる。[7] この法令の最後Dには「可被心得候」とあり、これは基本法の一つであった。『戦国全史』の現代語訳を参照した現代語訳は次のようになる。

いかに忠信の者の子孫であろうとも、その人物が慮外の人であったり、武士としての嗜みに欠けていたり、不奉公者であれば、「廃嫡」すべきである。仮に他人を取り立てて忠信の筋目を立てれば、それですむことである。いかに忠信者の血筋だとしても、不忠の人の仲間になっているなら、なにも考慮に入れる必要はない。これまた心得られよ。

第二節　『結城氏新法度』の中の「褒賞」

1　家の取立て

柳田国男は『先祖の話』の中で、家を立てる・「御先祖になる」ことは多くの明治の若者の心を摑んだ憧れだったとした。また中田薫は『徳川時代の文学に見えたる私法』[8]の「相続」で、江戸時代の人々の夢は家名の存続であったとしたが、その基礎には家を興すことがあっただろう。今で言う起業に近く、家業を起こし、子孫に家名を相続させることであった。これは明治になって国民の間に一般化する「家制度」の出発点をなし、寺による先祖の過去帳の管理や檀家制度などをも伴っていただろう。『結城氏新法度』が制定された時代は、こうした家制度の成立期で、菩提寺では「先祖代々の墓」が作り始められていた。

次に取り上げる第四六条は、結城氏が罪科人の名跡を「闕所」として没収して、別人に給付した場合である。給付された側から見れば、新しく家を取り立ててもらったことになる。また第五三条は、結城氏が「忠信者」に「恩賞」として家・名代を給付し、新しく家を取り立てた場合である。順に検討したい。

第四六条「以他人令相続罪科人名跡不可懸先主負物事」「断絶させられた先主の債務返済義務」

一　誰人の跡、其ノ身あやまりを〔も〕つて削り、此方より他人ヲ以テ其ノ名跡立て候はゞ、前の負物入ルベカラズ、悉ク取リ返シ、其ノ跡拘へべく候。これは前の筋目よしみなき義にて候。

原文には「あやまりをよつて」とあるが、佐藤進一の推定に従い「あやまりをもつて」に直し、直したところを

〔　〕で示した。佐藤は頭注でこの法令の要旨を〈その身の罪科によって一家断絶となり、結城家の計らいとして、赤の他人を指名して家名を再興させた場合、処刑された先主の借財は、この相続人にかからない〉とした。

この第四六条は、前節で見た第四五条と同様に「親の負物を子は受け継ぐべきだ」との考えを前提とし、極端な事例として「人を殺した」ことで闕所処分となり所領・屋敷を没収された者の家名を結城氏が再興し、「以他人其名跡立て候」場合である。この場合の「名跡」とは〈「名字」の「跡目」〉を意味し、「名代」と同義であろう。そして「家名」継承は養子縁組によらず、結城氏の方針としての犯罪者の家の継承となった。その際、「家」の財産つまり「屋敷・所帯」だけでなく、「名字」をも継いだのだが、しかし養子として家を継いだのではないから、債務は引き継がないとしている。

この法令上には「忠信」の言葉は登場しないが、「此方より以他人其名跡立て候」とは、多くの場合、結城氏が忠信者に闕所地を宛行い、新しく家を取り立てた場合だろう。「家」単位の軍事組織を維持するためには、「家」の存続が必要で、軍隊組織の一員としての社会的な責任は引き継がれたのだろう。その次の「其ノ跡」は旧主の財産＝「所帯」である。そこで、断絶した先主の債務を新主が負うか否かが問題となった。人を殺して闕所処分を受けた旧主は家臣団から追放となり、妻子・位牌・菩提寺などは引き継がれず、妻子は処分の前に離縁され、実家に帰っただろう。佐藤は補注で「前の負物……」を〈先主の借財は相続人にかからない。相続人は先主が借金のかたに貸手に渡しておいた質物（土地その他）を無償で取り返して、自分の財産として支配することができる〉[9]とし、続いて〈「不可入」は不用・無用の意。すなわち、名跡を継いだ者にとって、債務は消滅して無用に帰した、の意〉とした。しかしこの「不可入」は、前述したように、〈考慮に入れる必要はない〉の「考慮」の省略形である。佐藤は「削り」を〈一家断絶〉としたが、この場合は「闕所処分」としての「全所領没収」であろう。「闕所」の場合は、後述するようにその所領に債権・債務などがあってもそれは無視されたので、この法令は「闕所」で理解できる。

佐藤は頭注で「前の筋目……」を〈処刑された先主の家系との間に血縁関係がまったくないからである。「よしみ」は単なる友好ではなく、血縁・親族の関係をいう〉とした。この場合の「筋目」は〈血筋〉、「よしみ」は〈人と人、事柄と事柄とのつながり〉で、ここでは〈結城家によって取り立てられた「名跡の継承者」と「先主」との間のつながり〉を意味する。それゆえ「前の筋目よしみなき義」とは〈「血筋」においても、人と人とのつながりにおいても関係がない〉となる。ここから「悉取返、其跡拘へべく候」は〈先主の債務として取り上げられたものもすべて取り返し、その遺領を保持せよ〉の意味となる。

「闕所」の際は、負物の事実そのものが否定されていた。これは闕所地の取り扱いから来ている。「人を殺した」ことで「削られた」者の「家名」は「以他人其名跡立て候」で、存続しており、結城氏によって再興させられたが、養子として「家」を継いだのではないから、債務は引き継がれなかった。闕所の場合、その所領に債権・債務などがあっても、それは無視されたのである。[10]

以上の考察に基づき『戦国全史』の現代語訳を参照して、現代語訳を試みると次のようになる。

誰の遺領であれ、その人が殺人罪で「削り」の処分となり、結城氏により他人に名跡が継承された場合、先主の借財は消滅したので、すべて取り返して遺領を保持せよ。「先主」と結城家が取り立てた「名跡の継承者」との間には、「血筋」とかつながりがないからである。

第五三条「*忠信者に家督創設」

第五三条には、「候」で切れる個所が三カ所と、「其跡継がせべし」「曲事たるべし」と政勝が強く意思表明をしている所が二カ所ある。ここで文が切れるとすると、全体は六個の文節からなることになる。それを順にA～Fとした。切れ目となる個所は太字で示した。

一 A二親在世之内、幾度も其ノ子共用に立ち、討死するのみにて**候**。Bそれは親の綺あるべからず。此方より名代計らい候べく候。C其ノ死候もの男子を持ならば是非ニ及バズ、女子にて候共、其ノ死候ものゝ子を本躰として、□□いづれの子成共申シ合セ候而、其ノ跡継がせべし。D子共多ク持ち候とて、其ノ跡を削り、残之兄弟共立て候はん義、以ノホカ之曲事たるべし。E又其ノ死候もの、男子・女子にてもなくば力ニ及バズ。親の見計らいに相任スベク候。F此ノ義誰も誤られべからず。

この法令は、「名代」が主君からの「承認」と、親から子への「継承」との間で、対立する場合を取り上げたものである。

Aには〈二親は生きているのに、息子の方は幾度も結城家に忠を尽くし、ついには討死してしまった〉とあり、これは前提条件、「前置き」だろう。Bの初めに「それは」とあるが、これは〈そうした場合には〉の意味で、「忠信者」の「名代」は結城家の計らいとする、と続く。ここがこの法令の中心である。親の干渉を排除して結城氏が決定権を持てたのは、その「名代」が結城氏のモノであったからである。法文上には明記されていないが、このように「用に立った」場合には、結城氏の側が「褒賞」として新しい家を取り立てることになっていたのである。

事書も綱文も「忠信者名代相続」「忠節を励み討死した子の家督相続」としているが、この法令の中心は「忠信者に対し結城氏が「褒賞」として新しい家を取り立てる」なので、事書を「忠信者に家督創設」に改めた。佐藤は頭注の最初で、この法令の要旨を〈家の後継者に予定された者が両親存命中に死亡した場合、跡つぎを変更して、死亡者の兄弟の中から新たに選定するのは、一般論としては親の自由であるが、この条はその例外規定〉とした。しかし「忠信者」が「家の後継者」だとしたのは、おそらくは佐藤の勘違いである。「用に立った者」は子供なら誰でもよく、「跡継ぎ」の必要はない。彼は親と同じ「名字」だが、新たに親からは独立した「家名」「名跡」を持ち、結城氏から承認を受けていた。しかし親の方は、これを自分が処分できる「家産」の一部だと見なして、二親の計らいで兄弟たちへの配分を考えたのだが、結城氏はその者の「名代」「家督」は結城氏の計らいとする、と命じたのである。

佐藤は補注でC「其死候もの男子を……」を〈戦死者に男子があれば、もちろんその子を跡つぎにする。もし女子だけならば、他家から男子を迎えて、その女子に妻合わせて、跡をつがせよ。「本躰として」は、戦死者の子を主体として考えるべきだから、の意か〉とした。さらに「□□いづれの子成共申シ合セ候而」の欠字二字分を「一族・親類」か「家中」か、それとも別の語かで、推定困難とした。娘の婿を誰にするかについては「申シ合セ候而」とあり、二親と当事者の娘を含む家族・親戚などの会議の中で「申し合わせる」ことが必要だとしている。ここで結城氏は「用に立ち」「討死」した者の直系の子孫の「血筋」「血統」を重視し、その者を「本躰」として「新しい家」を興すようにと命じたことになる。名誉の戦死者は、親・兄弟の家とは別に、忠信者として「新しい家」を興すことになった。名誉の戦死者は新しい家の「御先祖様」になったのである。これはEで、直系子孫がいない場合は「力に及ばず」とあることに対応している。

結城氏の「忠信者」への考え方には「血統」主義があった。佐藤は頭注でDを〈戦死者の親が、子を多く持っているからとて、戦死者の跡を絶ち、他の男子（戦死者の兄弟）を跡つぎに立てることは誤り〉とし、ここでは「跡を削り」を〈戦死者の後を絶ち〉としている。法文上では「其跡」がCの最後とDに二度登場し、それぞれに「継ぐ」「削り」が続く。「跡継ぎ」が問題なので「其跡」は「家督」の意味だろう。〈親が「削る」ことができた〉とあるが、その前提には、「削る」には、「闕所」「廃嫡」のほかに、親の「悔い返し」があったことがある（本章第三節2参照）。

Eでは名誉の戦死者に、男であれ女であれ子供がいない場合は「不及力」とあり、結城氏の力が及ばないので、親の見計らいに任すとして、親権に譲歩している。Cに対応する処置と言えよう。最後のFは「訓戒」の言葉である。

以上から、この法では「血統」主義の立場から「忠信者」の「血統」が重視されていた、となる。この『結城氏新法度』に「忠信の跡」（第二八・四二条）とか「忠信の筋」（第二八条）などの言葉が出てくるのはそのためである。

第二八条は既に前節で取り上げたが、次に第四二条を含むいくつかの法令を取り上げたい。

2　忠信者への特別な保護・褒美

第三三条「要害普請懈怠事」「城砦の普請に関する義務と処罰」

一　要害普請、堀・壁、何事にても懈怠《けたい》のものは、当地難儀の時駆落ちべき構へたるべく候か。此ノ如ク之躰之者、所帯・屋敷かり申スベク候。人にすぐれて普請以下いたし候ものは、深く忠信を心懸けたるものに候間、一入懇ヲ加ウベク候。心得ラルベク候。

この法令では「人にすぐれて普請以下いたし候」者を「深く忠信を心に懸けた」者とし、「一入可加懇候」としている。修繕に取り組む侍を「忠信者」と「懈怠のもの」に二分したことになる。ここではこれを忠信者への特別な保護の例と考えたい。

この法令は町の「木戸・門・橋」の修繕を命じた第三二条と共通した法令である。しかし第三二条は、街村がいくつも発達してできた城下町の「木戸・門・橋」を問題とした法令で、これに関わりのある者が城下町の住民の「侍・下人・寺門前之者」であったのに対して、この第三三条では、普請の対象は軍事に特化した「要害・堀・壁」で、城下町の外側にある防御施設となり、関係者は「侍」である。つまり侍の職務・本務として普請に当たったのである。町に住む一般住民と侍とでは、責任に違いがあり、そのため政勝は二つの法を準備したのであろう。しかしこの区別は第九七条では無くなっている。

「懈怠」を佐藤は第二六条の頭注で、〈怠ける。サボタージュをする〉とした。「一入可加懇候」とあることから、「所帯・屋敷かり」とあった没収物は「懈怠の者」から忠信者に引き渡されたであろう。第三二条と同じく「可被心得候」とあり、この二法は結城氏の基本法である。「所帯・屋敷かり」の刑罰については後述する。

第三八条「殺害逃亡者帰参不可叶事」「殺人をおかして逃亡した者の処置」

一　人をあやまり、迦れ候もの、二度と返すべからず。誰も侘言叶ウベカラズ。死したる者再び生きず候間、せめて相手永く改易なさせべく候。去リ乍ラ、人の批判もなきほどの忠信ヲいたし、其ノ殺されたる一類も、げにも此ノ忠信にては、返りたるも余義ナク思イ、閉口するほどの義ならば、自然二度と召シ返ス理も之レ有ルべく候歟。

佐藤はこの法令の要約を〈人を殺して逃亡した者は帰参を許さず〉とした。法令の初めに「人をあやまり、迦れ候もの」とある。人を殺した者は、被害者側からの報復を避けるために、とりあえず逃げなければならなかった。ここでは「改易」という処罰が出ている。これについては後にまとめて取り上げる。この法令では、忠信者の中でも「人の批判もなきほどの忠信」をし、「其殺されたる一類も、げにも……返りたるも無余義思、閉口するほど」の場合は、人を殺しても帰参を許すとの特例を記している。

第四二条「忠信者跡負物沙汰事」「忠信者の子孫の借金の減免」

一　忠信の跡不如意に候はゞ、「我人ともに」が公界之義にて候。蔵方より三ヶ一本も子分をも許すべし。忠信之間、一向なすまじきと申ス事は、あまり無理に候。よくよく両方此ノ分別入ルベキ義にて候。

「　」を文意の明確化のために挿入した。

この法令の細かい解釈は、第七章で再度取り上げる。この法令もまた「親の負債の継承」がテーマである。親が「忠信者」であったことを理由に、負債の全面免除・不払いを主張する子供と、債権者の「蔵方」とのトラブルがテーマである。この場合は「蔵方」は質屋なのに、担保なしの信用貸しをしており、結城氏は両者の主張の中間を採り、三分の一の支払いを命じたことになる。この法令の背景には、忠信者の子孫が経済的に困窮しており、子孫の側から結城氏に対して「「不如意」なので助けてほしい」旨の嘆願があり、それを受けて結城氏より「蔵方」に対して発言があったのだろう。そこで蔵方より「我人ともにが公界之義にて候」との返答となった。その際、子孫の側は「忠信之間、一向なすまじき」と言ったのだろう。結城氏は「蔵方」と子孫との間に立って調停を行った。一方忠信者の子孫には、結城氏に対しても「蔵方」に対しても甘えがあり、それが許されるとするのが当時の結城家の家風だった。総じて「貸借法」「負物法」では、結城氏は民間の法・慣習法を保護する立場に立っており、家中の家臣団に対する厳しい対決姿勢とは明白なコントラストをなしている。

追加第二条「年始之肴以下新儀望申輩事」「出家した者以外、年始の肴を無心することの禁止」

一　此方家風元来なき事を、或は年入と云い立て、又忠信を言立て、年始の肴に預ルベキ由申者候べく候。入道ヲ致シ衣躰ヲ以テ侘言セシメ候者、家之義に之レナキ之間、忠信又代々の奉公をかんじて、尤モ許すべし。其ノ子共、親此ノ如クニ候とて、肴其ほか之義申シ出タスベカラズ、但シ、其ノ子共も親ノ如ク子に名字を譲り、衣躰ヲ以テ申シ立テ候者、尤モ其ノ義ニ任スベク候。各々ノ心得尤モニ候。是ハ衣躰を執する故に候。

佐藤は頭注でこの法令の要旨を〈年始の肴以下、新儀破格の待遇を望む輩のこと〉とした。語句の説明として、「家風」を〈家中と同義に用いることが多いが、ここでは文字通り家の習慣・先例の意か〉とし、「年入」を〈年寄り。老齢だからと、破格の扱いを望む〉とした。また「家之義に無之之間」を〈入道して出家姿で、破格の扱いを願う場合は、世俗を離れ家を離れた人間だから、家格に基づく扱いからはずれるから、の意〉とし、「衣躰を執する」を〈出家の体を重視する、出家すれば、もとの家を離れた人間として考える、の意であろう〉とした。

この法令では、「年入り」とか「忠信」とかを口実として、結城家の年頭の行事である年始の儀式で、「年始の肴に預かるべきだ」と要求する者に対して、結城氏は「忠信又代々の奉公をかんじて」それを許可している。ここで破格の待遇を望んでいるのは、隠居して家督を子に譲った者である。「其子共、親如此に候とて」とあり、子供が親と同じ待遇を求めても認めないことを原則としているが、例外として、その子もまた隠居して、さらに入道しているなら、出家の体を重視するので、要求を認めるとしている。忠信者とその子孫を特別に優遇することを記した法令である。

3　忠信を目指しての規律違反

鎌倉武士が、家族・親族一体となって戦っていたとすれば、結城氏の家臣の場合、褒賞制度の下で名誉の戦死を遂げれば「新しい家」を興し「御先祖様」になれるなど、戦いは個人戦に偏りすぎていた。これが結城家中の家臣たちの戦いのスタイルに影響を及ぼし、個人的な名誉を追求するあまり、集団的な規律から逸脱することにつながったのだろう。戦いでの規律違反の場面をいくつか挙げたい。

第二七条「近臣等致草夜業科事」

この法には「候」で文が切れるところが三つある。その文の初めにA・B・Cを置き、法文を三分割したい。Aは「前置き」、Bは「本文」、Cは「訓戒」となる。

一　A草・夜業、斯様之義は、悪党其ノホカ走立つもの一筋ある物にて候。Bそれに事言付ケ候処、若き近臣之者共、表向きはすゝどきふりを立て、内々は敵「　　」上も女一人も取ルベク候はん方《ほう》心がけて、言イ付ケられぬに何方へもまかり、なにゝなり候ても、其ノ跡を削り候べく候。C其ノ時言候へば、我々贔屓々々に、これを忠信などと唱へ立てべく候間、兼ねて知らせ候。

佐藤は「草」を〈忍びの兵〉、「夜業」を〈夜の行動を専らとする忍びの者か〉、「一筋ある物」を〈一つの専門をもつ者。それを専業とする者〉とした。これの説明として「斯様之義は、悪党其外走立つもの一筋ある物にて候」

とある。次の第三節1で見るように、「悪党」とは「結城の家臣の中で追放刑になった者」である。ここから「草・夜業」などを専業にする者が、結城の家臣団の外に存在していたことが知られる。Bの初めに「それに事言付ケ候処」とある。これを『戦国全史』では〈そうした者に用事を言いつけたところ〉としている。それゆえ政勝は彼らに必要な仕事を外注していたのである。

Bでは、素人なのに「若き近臣之者共」が忍びの専門家に代わり、敵情視察に出掛けたとある。佐藤は「すゝどきふりを立て」を〈敏捷ぶり・機敏さをひけらかして〉とし、「言付られぬに何方へもまかり」その結果「なにゝなり候ても」とあるのを〈その結果どういうことになっても（敵方に殺されても）〉とした。敵方は、政治宣伝も兼ね、見せしめに磔にしたのだろう。「女一人も取ルベク候はん方心がけて」とあるのは、藤木久志が明らかにしたように[11]、戦場は稼ぎ場で「女」の略奪は当然視されていたのである。

これに対して結城側では「忠信などと唱へ立てる」動きが出た。しかし政勝の方針は一貫していて、「草・夜業」などの命令違反者はその跡を削る、すなわちその者の家産・所領は没収の定めで、取り合わないとした。Cの「其時言候へば……」を佐藤は〈当該者が出た時に、右のように処分すると言ったら、各人の縁者などが、贔屓々々に、これは忠義の行為だから容赦してほしいなどと言いたてるであろうから〉としている。「かねて知らせ候」とあるから、注意喚起のために高札に張り出したのであろう。

第六九条「自由物見之事」「勝手な物見の禁止」

一　言ゝ付け候はぬに物見とは、人のやうにて候。見物に手を抜《ぬき》んで、何に成共、忠信にあるまじく候。

この法は「軍律」の一つに数えるべきものだが、「忠信」に注目した。佐藤はこの法令の要旨を〈命令を受けたわけでもないのに、自ら偵察と称して抜け懸けをして、その結果如何なる事態（敵に殺されるなど）になっても、忠義の行為とは見なさない〉とした。ここの「何に成共」は第二七条の「なにゝなり候ても」と似ていて、戦いの場で見つかり、「血祭り」にあげられ、戦いの前線に見せしめとして磔にされることなどが含まれていたであろう。戦場の駆け引き、政治宣伝を考えれば、「忠信」とする選択肢もあったが、政勝はここでも命令重視を強調したのである。

「人のやうにて候」を佐藤は〈言ってみれば、自分に直接関係ない他人事の見物に、抜け懸けするようなもの、の意か〉とした。『戦国全史』では〈(戦闘に関係のない)第三者として行動するようなものだ〉とし、「手を抜んで」を〈手勢からぬけだして行って〉と解釈している。このような行為について、『家康軍法』の第四・五条には次のようにある。

一 先手へことわらずして、ものみを出す儀、堅く停止せしむるの事、

一 先手を指し越し、縦え功名せしむといえども、軍法に背くの上は、成敗すべき事。

『家康軍法』からは軍律の厳しさがうかがわれるのに、『結城氏新法度』は戒律・道徳律にとどまる。結城氏が『家康軍法』のレベルに達するには長い時間が必要であったのだろう。

第三節 『結城氏新法度』の中の「刑罰」

『結城氏新法度』は「家中法」だと言われ、武士に対する刑罰が多い。

1 死 罪

「博奕」を定めた第一条と「夜中他人の屋敷内で討たれた者への法」第二〇条、「殺人者が自宅に逃げ込んだ場合

の法」第三七条の三カ条は共に〈イエ刑罰権〉に基づき、主人が家の中にいる犯人の首を斬り、打ち殺すもので、結城氏による刑罰ではない。しかし「棒打ち」を命じた第一八条（第六章三節で取り上げる）と、次に取り上げる第九九条の二カ条では、共に「打ち殺すべく候」とあり、結城氏が処罰を命じている。なお、第四章で喧嘩を取り上げた際に、法文上には表れていないが〈人を殺せば死罪〉という法理が前提になっているとした。

第九九条「外之悪党之宿并請取不可致事」「悪党をかばう者への処罰」

一　外の悪党の宿請取りいたすもの、洞之悪逆人にて候間、調べ候て打ち殺すべく候。心得ラルベク候。

この法令は第二章一節3で既に取り上げた。「外の悪党」と「洞之悪逆人」が対比されている。結城の家臣の中で、罪を犯して追放刑になった者が「外の悪党」であろう。

このほか「悪党」が出てくる法令には、第二〇条に「悪盗・悪逆人」がある。このほか第二七・三七・四八条を挙げることができる。前節で見た第二七条では「悪党」の例に「草・夜業」が挙げられ、結城の家臣たちが命令も無いのに「草・夜業」を行うことが禁じられていた。ここから「悪党」とは「結城の家臣の中で罪を犯し追放刑になった者」で、結城家臣団の外縁部を構成しており、「草・夜業」などの危険の伴う仕事を政勝から外注される存在であったことになる。第三七条は、人を殺した者が屋敷内に飛び込んできたことがテーマで、ここでは闖入者が「悪党を切り果たした」と言っている。第四八条では、敵に内通し結城氏に謀反を試みる者の筆頭に「悪党」が挙がっている。

佐藤は頭注で、この第九九条の要旨を〈他領・他国から入ってくる悪党を宿泊させ、また請取をなす者は死罪〉とし、また「請取」を〈身許保証の請人の意ではあるまいか〉とした。「悪党」とは言っても、かつては同僚でもあり、顔見知りでもあったのだろう。しかし政勝は「悪党は打ち殺せ」を大前提とし、〈悪党の「宿」「請取」をした者＝悪逆人も打ち殺せ〉としている。

政勝は「悪党」の「宿・請取」が分かった時点で、家臣団全員に対して「悪逆人」を「打ち殺せ」と命じ、悪党の幇助者を〈社会の敵〉としているのである。法令の最後で「可被心得候」とあり、この法は「家中法」として結城氏にとって重要な法であったことが分かる。『戦国全史』では「洞之悪逆人」を〈当家にとって悪逆人〉としたが、「悪逆人」とは「結城家中の悪党予備軍」となろう。

ちなみに第五六条には、「火付け」＝「一段悪逆人」とあり、「火付け」は盗みの中では罪が重く、見せしめとしての公開処刑・磔にするとあった。「悪逆人」の例には、このほか第三九・九五条などがある。債権債務法・負物法の第三九条は、債務不履行の場合・高利の場合に対する判決の言葉で、「以外之悪逆人」の言葉が二度使われている。この判決を受けて、市場では見懲らしとして公開処刑に処したのだろうか。第九五条では政勝の自問自答の言葉の中に、「末世之故に候歟」「悪逆人等下々迄そろい候哉」が出てくる。この場合は家臣の侍ではなく「下々」を指しており、「大狂の末の棒打ち」を行った者を「重罪者」としているが、この場合の刑罰は町への「過料」で、町の住民全体への連帯責任としての行政罰で、その銭は「堂宮の建立」に当てるとある。

なお、第一八条「仏事以下見物之時狼藉者事」「見物の場での狼藉に対する罰」の場合にも、「取り包み棒打ちになすべし。とかく言候はゞ、打ち殺すべく候」とある。この言葉で処罰の執行を命じられたのは参詣者一般だが、この場合も〈社会の敵〉として〈全人民的な反撃〉の対象だとしているのである。

2 「削る」

忠信者には「新しい家」の創設や褒美があり、不忠者には家名断絶・所領没収等があった。第二七条「近臣等致草夜業科事」や、断絶させられた先主の債務返済義務を定めた第四六条の場合の「削り」は、「闕所」処分と関わりを持ち、第二八条「慮外人不嗜不奉公不忠者事」の場合の「削り」は「廃嫡」の意味であった。しかし、家督創設をめぐる第五三条では、「忠信者」であった息子が戦死したので、親が「其跡削り、残之兄弟共立て候はん義」とあり、結城氏の行う刑事罰としての「削り」以外に、家内部の相続の際にも、親が子に対して行う親権としての「悔い返し」に「削り」が用いられていた。

それゆえ「削る」には親の所領再配分の際の没収の意味もあったことになる。しかし親権に基づく所領再配分の場合も、結城氏の行う刑事罰としての「削り」の場合も、所領の再配分としては共通している。「削る」については佐藤の議論がある。ここではそれを批判して、新しい考えを示したい。

「削る」の研究史と佐藤批判

「削る」の用例を「分国法語彙索引」[12]から調べると、喧嘩法の第四・七条には「一類削り」とあり、第二二条には「不忠者」の「名字を削り」とある。「草・夜業」の第二七条や「慮外人不嗜不奉公不忠者」の第二八条、「他人に相続させた際の負物」を定めた第四六条や「名誉の戦死で家を取り立てられた」第五三条の場合には「跡を削る」とあり、これはいずれも「所領」の没収であろう。第四八・九八条ではただ「削る」とのみある。処罰の意味であることは間違いない。ここから「一類」「名字」「跡」を「削る」場合も処罰に関わっていよう。特に「跡を削る」「名字を削る」は闕所処分と関わっていよう。

佐藤は第四条の補注で[13]「削る」を〈家名断絶・全所領没収を意味するものと解される〉とした。前節で行った第二七条や第四六条の分析から、私は「削る」には「闕所」の意味があるとしたが、佐藤はこれには触れていない。第一条には「削る」の言葉はないが「博奕の宿、行末の名字迄絶やすべく候」とあり、博奕宿の主人は「家名断絶」に処せられていた。第二二条の不忠者の場合も「名字を削り」とあり、法文上では「其名字を名乗らせ候へば、続くようにて候間、名字迄絶やすべく候」と説明され、「家名断絶」は明らかである。

しかし「忠信者の跡でも、不行跡者は削る」とした第二八条では「其前之忠信の筋目立てべき迄」とあり、「闕所地の跡に立てられた家の負債は支払わなくてよい」と定めた第四六条でも「名跡」を立てるとあり、当人は追放になっても、家名は断絶していないのである。それゆえ結城氏が行う「闕所処分」としての「削る」には、「家名断絶」を伴わない場合もあったことになる。なお、「削る」処分を受けた者は結果的には「全所領没収」に至った可能性が高いが、佐藤が挙げている法令の法文中の「所領没収」には、「改易」にのみ関わり「削る」には関係していない場合があった。

なお、細かいことだが、第三二条「宿々木戸門橋等修理懈怠事」の欠字部分を「削り」とする選択肢もありそうだが、「屋敷・所帯削り」という用例はほかでは見当たらないので、ここは佐藤の考えた「奪い取り・剝ぎ取り」に従っておく。しかし意味するところは同じであろう。

「削る」本来の意味

人が人の従者となる場合、「名簿奉呈」といって、自分の名前などを木札に記し、それを主人に差し出す儀式があった。結城氏の場合、新たに奉公する場合や、親に代わって子があらためて奉公する場合などには、木札に名前を書いた名簿を差し出しただろう。それゆえ「削り」本来の意味は、この木札からの名前の削除で、主従関係を断つこと、結城家家臣団からの追放を意味しただろう。その意味でこの言葉は『今川仮名目録』「かな目録追加」第四条の「被官人を放す[14]」に近い意味があり、その具体的内容は佐藤の言う〈家名断絶〉〈全所領没収〉となる場合が多かったとなる。

「削る」は主従関係の根幹に関わる刑罰で、不忠者に対して課せられた。結城家にも鎌倉幕府と同様な家政機関の「侍所」があったとすれば、「削る」は「侍所」の所管となる。ここから逆に、第二八・四六条のように、軍事組織の編成・陣立てを考えて、削った後に人の配置も行われただろう。第二二条の「一類悉く絶やし」に対応する用例は、前章でも取り上げた喧嘩法の第四・七条の「一類削り」である。両条では「本人よりも」と「一類削り」

の言葉が共有されている。「本人」と「一類」との関係をこの二カ条の分析を通じて以下で明らかにしたい。

また、「謀反・内通」を問題とした第四八条には「削り申すべく候」「削り仕るべく候」とあった。第四八条は第二章で述べたように敵への内通者を問題としたもので、「謀反」という結城氏にとって最も重い罪を犯した者への処罰である。しかしこの場合には、その犯罪者に対して「削る」とのみあって、刑罰の具体的内容は示されていない。「命令もないのに敵地に略奪に出掛けた者」への罰を定めた第二七条、「忠信者の子孫でも不行跡があれば削る」と定めた第二八条、第二七条とほぼ同内容の第九八条と、この第四八条とを比較すると、法令の主体である政勝と、法令の対象の犯人との関係には違いがあった。第二七条「近臣等致草夜業科事」については既に第二節3で、第二八条「慮外人不嗜不奉公不忠者事」は第一節2でも取り上げた。第二八条の場合は、贔屓する人々が政勝の「闕所」方針に対して、忠信者なのだとして擁護をしている。第二七条の「削り候べく候」は既定方針を述べたものだろうが、その再令が第九八条である。以下、順に取り上げたい。

まずは不忠者への処罰を定めた第二二条から論じてゆく。

第二二条「不忠者事」「結城氏に不忠をはたらく者に対する処罰」

一　此以後不忠し候はんものをば、其ノ一類悉く絶やし、名字を削り、其ノ一跡他人〔に刷ウベク候〕。其ノ名字を名乗らせ候へば、続くようにて候間、名字迄絶やすべく候。心得ラルベク候。

四字分の欠損部分は佐藤の推定に従って補い、〔　〕で示した。法令の最初に「此以後」とある。これは第一四・二三・九六条にもあり、「この法令発布以後」の意味だろう。これは不忠者一般の罪の定めだが、具体的な事例は不明である。政勝は具体的な事件を念頭に置き、それを踏まえて立法したが、これは第四八条の内通者・反逆者への処分の一般化となる。(15)『戦国全史』では「一類」を〈家族全員〈死刑〉としているが、私は「親類・縁者」を指し、累が広範囲に及ぶ「族滅」と考えた。どちらにしろ、本人は当然死刑である。「名字を削り」の私の理解は「家臣団からの追放」だが、次に「名字迄絶やすべく候」とあり、ここでは佐藤の注の通り〈家名の断絶〉だろう。「其一跡……」を佐藤は〈その所領を全部没収して、他の者に宛行う〉とした。この場合の刑罰は「本人死刑」「親類・縁者全員死刑」「家名断絶」「全所領没収」で、「所領は他人に給与」であろう。「其名字を名乗らせ候へば……」を『戦国全史』では〈不忠者の家名を名のらせると、その家が続くようにみえるので、家名まで断絶させなければならない〉としている。この法令では「不忠者」に対し「一類を絶やし」「名字を削り」「名字迄絶やす」とある。ここから第四八条の謀反人・内通者への刑罰である「削り申すべく候」の中身は「本人・親類・縁者全員死刑」「家名断絶」「全所領没収」の可能性が出てくる。

法令の最後には「可被心得候」とあり、大切な法であった。法令上に明記していないのに「本人は当然死刑」としたことについては、次の「喧嘩法」第四条に即して取り上げる。

第四条「喧嘩口論等加担之禁」「喧嘩に対する処罰など」（前掲一四二頁）

「削り候べく候」とは〈「削る」ことになっている〉との既定方針を述べたもので、「本人よりも」は、本人について結城氏は関与できないが、「一類」は罰するということである。前述した通り、「引汲加担の者」は既に逃亡しているので、結城氏として捕まえることはできなかった。その代わりに「一類」を罰するとして、「可被心得候」としたのである。第一条の博奕の咎についての定めでは、主人の支配下にいる「下人・悴者」「宿人・里の者」などが博奕をした場合、主人は監督責任を追及された。第一条の付則Eでは博奕の犯人の首を切り結城氏に差し出せば、御咎めなしとあった。この原則に従い、「一類」の側は、「削られる」よりも前に「本人」を捕らえ、その首を結城氏に差し出すことで、罪を免れようとしたのであろう。結果的に結城氏は、逃亡した犯人の逮捕や検挙の手続きを一類に任せたことになろう。

第七条「頼傍輩縁者討人科事」「嘱託殺人に対する処罰」（前掲一四八頁）

この法令でも「本人よりも」「一類削り候べく候」とある。鈴木国弘の「中世の家督」[16]によれば、〈鎌倉期の家督とは武士団の統率者を指し、一門一族の利益代表、利害関係の調停者の役割を持っていたが、室町時代以降になると個々の家父長的家族の統率者を指すものに変わった〉という。喧嘩法では親類・縁者・一類が連座の対象になっていたが、これは古い鎌倉的な秩序に擬えてのことで、個々の武士の生活の場は既に家に移っていた。しかし喧嘩法の第四・七条での刑罰は「一類削り」で、予防主義の立場から「一類」の「連座」を謳い、重い罪を課すことで「一罰百戒」「見懲らし」を目的としていた。

すなわち、本人の処罰を一類に委ねることが結城氏の方針であった。喧嘩法においては、第三条の「咎めをなすべし」を除くと、第四・七条が「一類削り候べく候」、第五・六条が「改易」プラス「所帯・屋敷を奪い取り、別人に可刷候」とあり、「所領没収」が共通している。「所帯・屋敷奪い取り、別人に可刷候」は、今検討した「削り」の「全所領没収」と同様、家中の侍としての生活の根拠を奪うことである。

なお、第四条と第七条には共に「可被心得候」の言葉があり、重要な法であることが分かる。

第二八条「慮外人不嗜不奉公不忠者事」「不忠・不心得者に対する処罰」（前掲一六一頁）

政勝の行う「闕所」処分に対して、「忠信之筋」（忠信者の血筋だから）と主張する声があり、政勝は他人に家を継がせて「家名は断絶させない」として、反論を抑えている。「不可何ケモ入候」を佐藤は頭注で〈何の遠慮・容赦もいらぬ、断固として処罰する〉とした。「先祖の忠信が何であれ、考慮に入れる必要はない」の意であろう。ここには「是又可被心得候」とあるが、この条と同じく「不忠者」を論じた第二二条の「可被心得候」を承けての言葉であろう。

第四八条「*謀反人・内通者への処罰」（前掲六七～六八頁）

この法令は既に第二章で取り上げた。法令の最初に出てくる「悪党」、「人をあやまりたる者」＝「殺人者」、「忠信に違った者」＝「不忠者」はいずれも死刑確定者である。謀反人の側も必死だが、政勝は「傍より侘言」する者を「並び削り」と決めており、政勝と謀反人との間では、食うか・食われるか、殺すか・殺されるかと非和解的に対立し、妥協の余地はなかった。

第二八・九八条の「削るべく候」「速やかに削るべく候」よりも、この第四八条の「削り申すべく候」「削り仕るべく候」の方が丁寧な表現となっており、最も重い罪に対しては法令上で最も丁寧な言い方になっているが、その中身は明快でない。その不足を補うものが「この法令、つまり『新法度』を発布して以後」を意味する「此以後」の言葉から始まる第二二条だろう。法令の番号からすれば、第二二条は第四八条に先立っているが、「謀反人の罪科」を定めた第四八条の決定をする段階では、ただ「削る」とのみ表現したものを、多少の時間をおいて「謀反人」等への法令を整理したものが第二二条で、第四八条の問題を一般化して言語化し、法令として整備し緻密化したものだろう。第四八条は、以前出された裁許状を後になってこの『新法度』に再録したものだろう。

以上から「削り」にはいろいろな段階があったことが分かる。「本人・親類・縁者全員死刑」「家名断絶」「全所領没収」が一番重いケースで、「所領没収」も「一類」全体に及ぶ場合から「本人」のみの場合まであり、他人が家を継ぐ形で家名が存続する場合もあったということになろう。

第九八条「侍下人以下無披露不可出向事」「許可なく領外へでた者に対する処罰」

一　当方の下人・侍・里の者迄、外よりひき候とて、ねらい夜盗・朝がけ・草・荷留・人の迎い、何にても披露ナシに出候もの候はゞ、速かに削るべく候。よく〳〵申付ラルベク候。

この法令でも、結城氏に断りなく他国へ侵略行為を行う者を「闕所」処分にしている（この法令については第七章三節2で詳しく検討する)。

以上取り上げてきた法令は「削る」という刑罰に関わり、第四八条には「前長に申置き候」とあり、第二七条には「兼ねて知らせ候」、第四・七・二二・九九条には「可被心得候」、第二八条には「是又可被心得候」、第九八条には「よくよく可被申付候」との添付語があった。いずれも政勝が重視していたことが分かる。ここから「削る」という刑罰は重罪に対応していたことが確認されよう。

3 「改易」

次に「改易」を取り上げる。喧嘩法の第五条「*故戦者・防戦者の処罰と一類の連座」には「其の身一人改易」「一類改易」、第六条「*自制後申告者と慮外者の扱い」には「慮外〔人、二〕人改易」とあった。また「人を殺して逃亡した者は帰参を許さず」とした第三八条には「せめて相手永く改易なさせべく候」とあった。この条の事書の「帰参」は「召し返す」の現代語訳だが、この場合は「迦れ候」とあり、自ら自発的に家臣団から抜け出しており、事実上の「追放処分」となっていた。

「改易」について佐藤は頭注も補注も施していない。「改易」の語の本来の意味は「改めかえること」で、古代の律令官制の際に用いられた言葉である。ある職の現任者を変更して、新任者を補任する際に用いられた。鎌倉・室町時代にも、守護・地頭の変更を改易といった。しかし御家人としての地位に変化はなかった。江戸時代には大名の改易が有名だが、近世になると懲罰的な意味が強くなり、「族籍を改めかえる意」に用い、『国語大辞典』には〈士人に対する刑の一つ。士人の称を除き、領地・家禄・屋敷などを没収して平民とすること。蟄居より重く、切腹より軽い〉とある。身分を「平民に落とす」ので、侍にとっては重い罪となる。

『結城氏新法度』の「改易」とは、前述した「分限帳」を基にしたもので、分限〇〇貫を改めることであり、罰が大きくなれば「所帯・屋敷」「剝ぎ取り」「奪い取り」にもなったが、役儀召放ち、減封処分・転封処分、所帯は没収するが手作は残す、などもありえただろう。「役務召放」「職務停止」で、務めに就くことが禁止され、家の内部での「謹慎」を命じられたこともあっただろう。「侍所」の関わる「削る」の場合と異なり、「政所」の所管の「改易」の場合は主従の縁はつながっており、家名断絶には至らなかった。それゆえ「蟄居」「謹慎」に近い場合もあった。第三七・三八条はこうした場合であろう。

この「改易」の言葉は、喧嘩法の第五・六条のほかに、共に人殺しに関わる第三七・三八条にある。順に分析したい。

第五条「*故戦者・防戦者の処罰と一類の連座」（前掲一四四頁）

この法令の場合、喧嘩の両当事者は刀を抜いており、刃傷・傷害の罪に問われていた。前半の「やむを得ず喧嘩の相手をした者」＝防戦者に対しては「其身一人改易」で、防戦者への連座者はなかったが、後半の「同僚の取りなしがあるのに積極的に喧嘩をした者」＝故戦者の処分では、「其身のことは不及是非」とあり、本人は当然死罪で、罪は「一類」の連座にまで広がり、「一類改易」「所帯・屋敷剝ぎ取り」「別人に宛行」とある。「一類」への「改易」が「所帯・屋敷剝ぎ取り」「別人に宛行」とあっても、結城の家中としては、籍は残っていた。それゆえ「手作」は没収されなかったであろう。

「改易」が一般に「職務の停止」「謹慎」だとすれば、「所帯・屋敷剝ぎ取り」「別人に宛行」は、「所帯・屋敷」の一部「剝ぎ取り」で、減封や転宅に当たるのであろう。池上裕子はこの第五条について〈所帯・屋敷のみが没収の対象となっており〉〈手作地には結城氏の処分権・処罰権は及ばなかったようである[17]〉と述べている。

第六条「*自制後申告者と慮外者の扱い」（前掲一四七頁）

「改易」は『戦国全史』のように〈所領没収処分〉でよいのだろうか。佐藤は頭注でこの法の要旨を〈慮外を仕かけられても、自制して取り合わず、結城氏に申し出た者、慮外をした者の扱い〉とした。そして「慮外」を〈身分制や社会秩序にかかわる場合が多い〉、「懇を加へ」を〈褒賞をあたえる意であろう〉としている。この場合の「慮外」とは「刃傷・生害」にまでは至らないが、喧嘩の原因となる「悪口」「殴人」を指すのだろう。「取り合はず」とあるから、喧嘩を仕掛ける故戦者がいても、防戦者側は刀に手をかけることもなく、相手にならず、その場を逃げたのであろう。後半の「言い掛かりをつけて、慮外をした者」＝故戦者への処分では、「慮外〔人、一人〕改易、所帯・屋敷奪い取り、別人に可刷候」との処分が記されている。ちなみに「木戸・門・橋」の修理を定めた第三二条には、「難渋之者」に対して「屋敷・所帯〔奪い取り〕、走廻ものに可刷候」とあり、法文の表面上には「改易」の言葉は無いが、この場合の刑罰も「改易」となろう。

なお、第五条の後半の「一類」や第六条の後半の「慮外の人」は、前述のように「改易」にプラスして「所帯・屋敷」が奪い取られていた。「改易」＝「役務召放」「職務停止」だけの場合と、「改易」プラス「所帯・屋敷没収」では罪の重さが違い、後者は江戸時代の「士分剥奪」に近づいている。

第三七条「*飛入殺害人の処置は主人に任せ、保護する」

この法令は次のようにA・B・Cと三分解できる。Aは「前置き」で、Bの場合はこうせよ、Cの場合はこうせよ、と二つの場合に分けて命令をしている。欠字部分には私が仮に補ってみた。事書については後述する。

一　A人をあやまり候歟、又悪党など切り果され候うて、各之所に飛ビ入ル子細あるべく候。B押シ入リうち〔殺すべし〕と思イ候者、速かに内より成敗ヲ致シ、其ノ頸渡すべく候。C飛ビ入リ候とて引汲のもの、誰成共並べて改易たるべく候。

佐藤は頭注でAの「人をあやまり……」を〈「あやまり」は〈「あやめる」に同じく、人を殺す意〉とし、Aの部分を〈一般に人を殺し、或は相手を悪党と称して切り殺してのち、結城家中の武士の所へ飛び込んできた場合〉とした。Bの「其頸渡すべく候」を〈欠字部分は意味不明〉と断った上で、〈飛び込まれた側で犯人を殺して、頸を被害者側に渡せ、という意〉とした。Cの「引汲」を〈引級。ひいき、弁護する〉とした。佐藤の注にあるように、人を殺した場合、被害者側が犯人を追及するのが常で、逃げ場を失った犯人が他人の屋敷に飛び込むことはよくあった。

こうした突発事件に対して、第二〇条からは、家の主人には〈イエ刑罰権〉の行使として、侵入者を打ち殺す権利があった。この場合、主人が成敗して、殺害者の首を被害者側に渡せば一件落着（B）となる。ところがCには「飛ビ入リ候とて引汲のもの、誰成共」とあり、飛入者の弁護者が続いて登場する。これに対して政勝の判断は「並べて改易たるべし」で、侵入者・弁護人と家の主人の三人を並べて「改易」処分にするとある。主人側は逃げ込んだ人の言い分＝「悪党を切り果たした」を了承して、追及者側に抵抗したことになる。

「並べて改易」が何を意味するかが問題である。『戦国全史』は〈おしなべて所領没収〉としたが、私はその考えを採らない。次の第三八条にあるように、人を殺した者への刑罰は「改易」なので、結城氏の判断として「飛入者・弁護人と家の主人は三人共に改易処分とする」で、この場合は「謹慎処分」だろう。その心は「自宅謹慎」としての「改易」処分によって被害者側から犯人や主人たちを一時的に庇うことにあり、三者を結城の家政機関の「政所」の保護下に置くことにあった。つまりBでは〈イエ刑罰権〉を認め、Cでは独立国家の主権者として、主権を主張して飛入者を庇っても、主人の自由だと政勝は命じたことになるのである。

一方、佐藤はこの法令の事書を「殺害人飛入時不可引汲事」とし、『戦国全史』では綱文を「殺人犯が逃げ込んだ家の主人の責任」とした。Cではたしかに家の主人は「引汲」しているけれども、法令の中心は「改易」にあり、これは「所領没収」ではなく、追及人をなだめるための措置だと私は思う。つまり佐藤は、悪党を「切り果たした」場合でも、弁護人まで登場しているのに、弁護する主人を侵入者・弁護人と並べて「三人並べて」「改易」処分、だから「不可引汲」としたが、それは成り立たないであろう。それゆえこの法令の事書は「飛入殺害人の処置は主人に任せ、保護する」となろう。

第三八条「殺害逃亡者帰参不可叶事」「殺人をおかして逃亡した者の処置」（前掲一六九頁）

この法令は第二節で「忠信」の褒賞を論じる際に既に取り上げた。佐藤はこの法令の要約を〈人を殺して逃亡した者は帰参を許さず〉とした。「返す」「召返す」を「帰参」としたのである。つまり結城家家臣団からの追放が前提とされている。最初に「人をあやまり、迦れ候もの」とあり、人を殺せば、被害者側からの追及を避けるために逃亡することが通例であった。「改易」は主従関係の断絶ではないので、「屋敷・所帯」は没収されておらず、事件当時は「逃亡」していたが、ほとぼりが冷めたとして「屋敷」に帰り「蟄居」していることが前提となっている。「せめて相手永く改易」とは「相手が長いなと思うまで謹慎処分とする」であろう。それゆえこの場合の「改易」は「蟄居」「謹慎」の意となろう。後半の「去りながら」以降は殺害者を赦免する条件を記したものである。『戦国全史』では「永く改易」を〈永く所領没収〉としたが、所領没収刑には期限があったか疑問がある。この法令は第三七条と共に『戦国全史』の議論が当てはまらない例であろう。

4 所帯・屋敷没収、所帯・屋敷かり

第五条前半の「其身一人改易」に対して、後半の「同僚の取りなしがあるのに積極的に喧嘩をした者の処分」では、「一類改易」「所帯・屋敷剝ぎ取り」とある。第六条後半の「言い掛かりをつけて、慮外をした者の処分」でも、「慮外〔人、一人〕改易、所帯・屋敷奪い取り、別人に可刷候」とある。一方、第一条「博奕之禁」での博奕

宿の隣の住人に対しては「別人に所帯・屋敷あつかうべく候」とある。また第三二条「宿々木戸門橋等修理懈怠事」では「難渋者」の「所帯・屋敷を走廻る者に可刷候」とある。これらは共に「奪い取り」の省略形で、これらはすべて「削り」と同様「所領没収」の意味だろう。

「削り」には「結城氏の家中からの追放」「家名断絶」などから様々な段階があったが、以上の例は「家名断絶」を伴わない「闕所処分」となろう。喧嘩に加担した者の罪を定めた第四条では「一類」「削り」とあり、やむを得ず喧嘩相手をした場合と、同僚の取りなしがあるのに積極的に喧嘩をした者の処分を定めた第五条では「一類」「改易」「所帯・屋敷剝ぎ取り」とある。これらもまた「削り」と同様の「闕所処分」を意味しただろう。喧嘩法の第四・五条では「一類」が処分の対象だが、第一・三二条では当人だけだった。

累が及ぶ範囲が「一類」と広いのは、ここでも大勢に連座させることで、「一族・親類」の監視の目をもって喧嘩を抑止しようとする結城氏の政策的な意図があったのだろう。この所帯・屋敷没収とよく似たものに、第二五条「軍陣奉公欽怠事」の「所帯かり」、第三三条「要害普請懈怠事」の「所帯・屋敷かり」がある。佐藤は「かり」を「削り」と近い「刈り」として、〈没収する意であろう〉としたが、この「かり」は「借り」で一時的な没収であろう。次に「借り」の登場する第二五・三三条の二法令を取り上げたい。

第二五条「軍陣奉公欽怠事」「軍役をおこたった者への処分」（前掲九八頁）

この法令については、既に第三章二節「所帯と手作」の所で取り上げた。『戦国全史』の綱文にあるように、この法令は軍役関連法令であろう。佐藤は頭注で〈「かり」は「刈り」であって、所領を没収する、の意であろう〉とした。しかし軍役を怠ったからといって家臣団からの追放までには至らなかったので、「所帯」は没収でも「手作」は保持しただろう。(18) 結城氏側で「削り」と「かり」という二つの言葉を用意していた以上、所領の取り扱いには違いがあり、「かり」は最大でも一代限りで、代が替わった時には返されるのが建前だっただろう。

第二五条の場合も、軍役を一度怠ったことへの処罰としては「削る」＝「所領没収」では重すぎると思う。この解釈が許されるとすると、「削り」は「侍所」の所管する刑罰だが、「かり」は「政所」の所管する刑罰の「改易」の中の一つとなろう。

第三三条「要害普請懈怠事」「城砦の普請に関する義務と処罰」（前掲一六八頁）

この法令については前節の2「忠信者への特別な保護・褒美」の所で既に取り上げた。佐藤は頭注で「要害」を〈城郭、塞〉とし、「かり」は「刈り」で「削る」と同じ〈没収する意〉とした。たしかに第三二条の場合、普請を渋る者は「敵地へ内通の者」で、重罪人であって、これには、永続的な所領没収の「削り」が（また熱心な者には所領給与の「刷う」が）対応する。これに対してこの第三三条では、普請を懈怠する者は「当地が難儀になったら駆落ちをしようとしている」として「所帯・屋敷」を没収し、逆に普請に熱心な者には「懇を加える」＝一時的な褒賞を与えるとある。「懈怠」は自然の人情で、「駆落ち」も愚痴話の類であろう。それゆえ「かり」は「一時的な褒賞」に対応しており、「かり」＝「借り」で、一時的な借り上げ＝一時的な没収だろう。「懇」を加えるという「褒賞」は一代限りなど、期限付きのものだろう。

ここでの注目点は、第三二条の城下町への修繕と第三三条の「要害」の普請との間に、普請事業としては、あまり大きな違いはないと思われるのに、賞罰の度合いが明白に異なっていることである。結城氏の城下町重視は明白である。

5 面目を失わせる

「面目を失わせる」は第一・二・七一・九六条に登場し、異形な容貌にする肉刑の一つで、第一・二条からは名誉を失わせるために「髻を切ること」だと前章において考えた。名誉を重んずる武士にとっては耐え難いことだっただろう。結果としてしばらくの間は自宅に謹慎して、公務からは退くことになっただろう。効果の点では江戸時代の「遠慮・逼塞・閉門」などに相当しよう。ここでは残りの二カ条を検討したい。

第七一条「不可入交於他所他衆事」「馬廻衆が他の軍勢とまじわることの禁止」

一　他所の衆は是非ニ及バズ、洞之衆《うつろ》に加《くわ》ゝり候ても、何たる事したり共、取上げべからず、面目ヲ失ウべク候。馬廻は十騎二十騎にても一所に申シ合セ、他之衆へ交るべからず。

これは「軍律」の一つであるが、「面目を失う」に注目して、ここで取り上げることとした。「馬廻」の組織原則で、一つ前の第七〇条の最後に「去夏之一戦にも覚えたる事候」とあるので、この法令もまた弘治二年（一五五六）四月五日に常陸海老島城の小田氏治を攻撃した際の反省から作られた軍律の一つであろう。佐藤は頭注で「馬廻」を〈主君の身辺警護を任務とする親衛隊〉とし、この法令の要旨を〈馬廻の武士は他家の軍には勿論のこと、結城家中の武士の部隊に加わってはならぬ。馬廻はそれ自体独立の部隊として十騎・二十騎一体となって行動せよ〉とした。

先に結城氏の家臣は戦いの際、個人プレーが多かったとしたが、組織の規律を守ることは絶対に必要なことで、髻を切るダメージが対応しただろう。集団戦・組織戦が基本であるときに、他の部隊・備（隊列）に混じることは禁止されていた。先に述べた関ケ原の合戦に向けての『家康軍法』の第六条[19]や『今川仮名目録』の「かな目録追加」の第四条[20]にはこれと対応する法令がある。『結城氏新法度』の刑罰が「面目を失わせる」で、私の解釈が正しいとすれば、今川氏の場合より、格段に軽かったとなるが、結城の家中が集団戦に不慣れ・不向きであったことが影響しているのだろうか。

第九六条「自陣中無断帰宅停止事」「許可なき退陣への処罰」

一　何方へ之陣に暇乞はずに帰リ候もの、此レ以後聞キ糺し、面目ヲ失ウベク候。

佐藤はこの法令の要旨を頭注で〈出陣の最中、無断で帰ることの禁止〉とした。これもまた、出陣の途中に無断で帰ることを禁じた軍律の一つである。軍律違反者には名誉を奪うための髻を切る刑が対応したのであろう(21)。

ここには「此以後」の言葉がある。この『新法度』発布以後を指すのか、「陣」を指すのか。前者なら、これまで不問に付していたが、今後は調査して処罰する、となる。後者なら、戦争が終われば毎回調査・処罰を行う、となろう。「陣の後に聞き糺して」名誉刑にするということだろう。「何方へ之陣」とあるのは、複数の戦陣が念頭にあるのか、戦争そのものを一般的に示したのか、判断できない。

第六章 『結城氏新法度』の中の神社・仏寺・流通

『結城氏新法度』の中にある、神社・仏寺に関係する法を掲げると次のようになる。

神　社

第八条「於神事市町やりこ押買以下科事」「*市町や祭礼での不当行為で殺された者に関する訴願の禁止」

第一七条「市町祭礼奉行事」「市町・祭礼への奉行の派遣」

第三五条「神事祭礼市町日不可質取事」「神事や祭礼の日の質取禁止」

第七七条「神事祭礼之場喧嘩事」「神事祭礼の場における喧嘩」

仏　寺

第一八条「仏事以下見物之時狼藉者事」「見物の場での狼藉に対する罰」

第三〇条「公界寺事」「*公界寺への不当な干渉」

第八七条「公界寺住持事」「家族の者を公界寺の住持にする心得」

第九三条「下人下女走入事」「寺に逃げこんだ下人・下女の返還」

第九五条「棒打之禁」「棒打ち禁止」

本章ではこれらを中心に論じてゆきたい。

第一節　神社・仏寺と流通

「寺院」や「神社」の建つ場所はもともと「神聖な場所」で、すべての人々に「開かれた場所」、すべての人々の「社交の場」でもあった。一般に、人々が土地を占拠して自分の生活の場を築くと、そこは「閉ざされた場所」となるが、こうした世界と対比すると、「寺院」や「神社」の建つ場所は「開かれた場所」となる。ここには異邦人・異人がやってくると同時に、神様や仏様が勧請され、「市場」が立った。そこは「アジール」の地として、下人や犯罪人の逃亡先でもあった。この場所を網野善彦は「無縁の場」「境界領域」とした。私はこれを「世界の隙間」と名づけたい。

神社と市町

『新法度』に登場する神社では、祭礼の時に「市」が立ち、臨時の「市町」が成立していた。第八条に「此方神事また市町にて、やりこ・押買、其ほか慮外之義に」、第一七条に「市町又神事祭礼の場」、第三五条に「神事祭礼・市町之日」とある。第七七条の「高橋の祭り其ほか神事祭礼之場之喧嘩」には「市町」の言葉は登場しないが、神社の祭礼と「市町」とは密接な関係にあり、ここでも「市町」は立っていただろう。これらの「市町」は神社の祭礼の時に立つ「歳市」「大市」で、第八条に「小山近辺の諸士」とあるように、結城領を超えた広範囲の人々が参集し、特産物や遠隔地商品が取引されていた。この「市町」を構成する者たちは行商人や露天商で、境内や鳥居の前の参道に並んで小屋掛けの見世棚を出した。そしてこの臨時の露店街のさらに外側に、茶屋や酒屋などの常設の店が並んでいたと想像され、特産物や遠隔地商品の取引はこちらでなされただろう。

当然神社には「高札場」があり「制札」が公示されていた。第八・一七・七七条は神事祭礼の場に立つ「市町」での暴力行為がテーマで、この暴力行為は「下人」の「社交」の現れであった(次節でこの三カ条を取り上げる)。また「下人」は高価な動産でもあったことから、第三五条の「質取」の場合、「市町」で「下人」は質取りに遭った(第三五条は第五節で取り上げる)。ここから「神事祭礼の場」での出来事は、「市町」での「やりこ・押買・盗み・慮外之儀」「質取」「喧嘩」となり、いずれも「下人」が関わっていたことになる。臨時に出現する「市町」は、結城氏の臨時収入の源なので、結城氏は「市場の平和」を守るために、「奉行」を派遣して「市町」を保護・管理していた。

仏寺と寺門前之者

神社と流通の関係が鮮やかであるのに対して、仏寺と流通の関係には華やかさが欠けている。仏寺と流通との関係を示すものには、「町」(第一〇三条)・「町々」(第八二・八八・九五・九七条)の「寺門前之者」(第三二・九七条)、「米屋」(第九四条)、「酒屋」(第九五条)などがある。城下町の木戸・門・橋の補修を命じた第三二条には、城下町の住民代表として「侍・下人、門前者」が、町々や要害の普請を定めた第九七条には、この「寺門前之者」が登場する。『新法度』では「寺門前」と呼んでいるが、この中には僧侶以外に神官や神人、参詣者のための宿泊施設「御師」の宿坊も含まれていた。これら社寺の門前には、日常品が取引される常設店舗が並び、商人や職人が定住し、街道上に一本街村状の町として城下町が形成されていた。結城領内の経済界の有力者は「蔵方」からなる「公界」だが、後述するように、彼らはこの「寺門前之者」の出身だろう。これについては次章でも取り上げる。この「町」には結城氏の「役人」がおり、制札(撰銭関連:第八三・八九条)の管理、米売買の際の枡(第九一条)、米の値段(第一〇三条)、酒の瓶子・樽の大きさ(第九二条)などを監督していて、結城氏の民衆支配の中心であった。ただし、治安維持の責任は「奉行」ではなく、住民の側・町の自治組織の側にあった。

一方、仏寺と下人の関係を示すものには、第九三条の下人の仏寺への走入りと、第一八・九五条の「棒打ち」がある。これは、仏寺の立つ場所が「聖なる場所」「開かれた場所」であることと関係していよう。本章冒頭で仏寺に関係しているとして取り上げた五カ条のうち、第三〇条と第八七条の「公界寺」「公界僧」は第一章で既に簡単に触れたが、次章第一節7で再度取り上げる。残りの三カ条のうち第一八条と第九五条に共通する言葉が「棒打ち」で、これについては本章第三節で取り上げる。第九三条は本章第四節の「下人関連法」の中で取り上げる。

神社・仏寺が流通に関わっていたとすれば、そこでの経済活動上のトラブルは「負物」「質物」などをめぐる「雑務沙汰」となる。これについては本章第五節の「質取り」と次章第一節の「負物法」で述べる。

神社と仏寺と蔵方

これまでの簡単な考察からも、神社と仏寺は、重なりつつも、社会的な関係において互いに違いがあることが見えてきた。このことを、先行研究を繙きながら、「蔵方」との関係で考えてゆきたい。

市村高男の研究から： 市村高男は論文「戦国期城下町の形成と民衆」[1]で、応永年間の結城西宮に麹屋があったとして、次の史料を紹介している。なお、引用に際しては、原文の平仮名の意味を示す漢字をルビの形で書き加えた。

かうし《麹》屋の間の事、いせん《以前》の御せいはい《成敗》のことく、ゆうきうち《結城内》の分、とりさた《取沙汰》あるへき状如件、

応永七年九月二日　　重阿（花押）

珠阿（花押）

かうち屋十人中

「神事・祭礼」には「お神酒」＝お酒は欠かせず、その原料にはお米・麹があり、お酒を造る施設には米蔵・麹蔵・酒蔵などの一連の蔵が必要であった。また麹は日本人の食生活には欠かせない味噌・醤油の原料でもあった。

ここにも「蔵」の存在が考えられる。我々がこれから問題とする公界のメンバーの「蔵方」とは、日本人の基本的な飲食に関わるこれらの「蔵」の所有者であった。

麹屋があったと市村が言う「西ノ宮」の呼称は、結城の城を起点とすると「牛頭天王社」が西方に当たることから来ていよう。ここは、小山街道と宇都宮大道との交差する所に当たり、交通の要衝であった。

市村は別の論文「下総国結城城下町についての考察」[2]で、この史料を〈一四世紀末以来の段階で、麹屋一〇人の座が結成され、「ゆうきうち」における座外者からの営業税の「とりさた」を結城氏によって保障されていた〉と解釈した。麹屋座の特権の保障が座の本所、牛頭天王社（須賀神社）ではなく結城氏によってなされたことは、結城氏と「蔵方」との関係が応永年間（一三九五〜一四二八）にまで遡る可能性を示している。ここには「以前の御成敗の如く」とあり、結城氏が以前出した法令に従い、「結城内の分」についても「麹屋十人中」の「取沙汰」を命じており、文書作成者「重阿」「珠阿」が共に阿弥号であることから、彼らは浄土系の僧侶で、結城氏の大名法廷の関係者であるよりはむしろ市場法廷の関係者であろう。それゆえこの文書は、結城氏の大名法廷の裁定を承け、それより下の市場法廷がその決定に従うようにと命じたものとなる。健田須賀神社文書として伝来したのは、座の利害に関わる文書だから本所の神社に納め保管したからであろう。

この麹屋座は牛頭天王社すなわち須賀神社を本所とし、その保護下にあった。それゆえ一〇軒の麹屋たちは「小山街道」添いの一本街村状の町に蔵を持っていただろう。当時の城下町は近世の城下町のごとく身分による棲み分けを伴っていなかったので、「侍・下人」の住む武家屋敷と「寺門前之者」の住居は混在形態にあった。後者には麹座などのほか、門前町の核となる商工業者の集落も含まれていただろう。上述のようにそこには「僧侶」や「神官」のほかに、「神人」に当たる人々や、宿泊業を営む「御師」もいただろう。「蔵方」として蔵を持つ大規模経営者たちは、本業のほかに金融業にも乗り出していただろう。「結城内」の座外者からの営業税徴収＝「取沙汰」が戦国期においても行われていたなら、城下町の経済的な実力は結城領内で優位に立っていたことになるだろう。『新法度』が城下町の住人を「宮門前の者」ではなく「寺門前の者」としたのは、おそらく神社の数より寺院の数が多く、彼らの活躍の方が神社関係者の活躍よりも優っていたからであろう。

寺門前之者と蔵方：　小森正明は論文「結城氏領と蔵本と僧侶」[3]で、「健田須賀神社文書」には須賀神社その他の結城領内の神社を統括する女性神官の「一命婦」が、応永年間に円蔵坊なる「蔵本」から借銭をしたが、その負物について円蔵坊が使いを遣わして狼藉をはたらいたとあることを紹介している。小森は、円蔵坊は僧侶で、修験僧の可能性もあり、寺院が祠堂銭などを基に金融活動をしていたとし、常陸の国の鹿島社の富有人注文[4]の考証から〈房号や寺院、聖道とよばれた宗教者（施設）が富有人として掌握されている〉として、真壁郡内の本山派系の修験僧の度城坊・慶城坊などを挙げた。室町期の京都で、山門の門徒が土倉を営んでいたことは有名[5]である。

仏寺に対して、神社の方は結城氏の領内支配と深く関わりを持ちながらも、経済的には逼迫・困窮しており、結城氏は神社保護の目的から、蔵方に対し借金の返済を待つように要請し、彼らを常に支援し続けていた[6]。寺院の仕事の基本は死者の魂の成仏・西方浄土への廻向にあり、死人が出れば仏寺は祠堂銭を得るチャンスに恵まれ、「坊主丸儲け」であったが、神社の方は参詣者から祈禱やお祓いを頼まれても、必ず「お神酒」などの返礼をすることになっており、互酬関係が基本であった。それゆえ、神社が経済的には困窮していたのに対して、仏寺は祠堂銭を基に金融業に手を伸ばすことが可能で、経済的な好循環を繰り返す立場に立っていた。こうした背景の下、結城領内でも、結城氏は神社のみを保護し、寺院の方は保護の対象から外していた。

僧侶は多く祠堂銭を元手に貸付けを行い、「蔵方」も彼らから資金の融通を受けていただろうが、後者も歴史を辿れば「門前者」の一員であった。結城の城下町の「寺門前之者」とは、「公界」のメンバーやその親戚たちを含んでおり、「公界」メンバーは寺の門前に居住していた。ここから「公界」メンバーと公界寺・公界僧との関係の深さが知られる。

なお、桜井英治は論文「職人・商人の組織」[7]の「土倉・酒屋の存在形態」で、土倉・酒屋は「座」や「商人司」

という同業者組織の結成を志向しなかったとし、鎌倉末期の「土倉寄合衆」は、出資システムの「合銭の輩」と同じ意味だとした[8]。また、室町期の納銭方一衆は酒屋役・土倉役徴収のための組織＝徴収請負団体で、経営の相互保障のための組織ではないとした。彼らは一族経営から血縁関係の「一類」「一類中」としてまとまりがあった。そして金融業を通じて土地集積を進め、十六・七世紀には町共同体の中に根を下ろして、指導的な位置を築いたとする[9]。

本来、金融業の世界は激しい生存競争の世界で、優勝劣敗・新陳代謝が繰り返されていた。それゆえ、「座」のように、他の競争相手に対して、内々のメンバー全員の保護を求めて本所の支配に服するというあり方とは無縁であった。結城領内でも「蔵方」が町共同体の中核を担ったと想像されるが、中でも結城氏から資格が与えられ「各」と呼ばれた者のみが「公界」のメンバーとなっていた。それゆえ、六町の自治とは寡頭制の世界であった。

第二節　下人の自己実現と市町での暴力行為

先に掲げた神社関係法の中で、第八・一七・七七条は結城氏の検断沙汰に関わっている。一方、第三五条は「質取り」についての法で、第三六・一〇四条と共に第六節で取り上げたい。それゆえここでは、第八条以下の検断の沙汰に関連する法を順に取り上げる。

第八条「於神事市町やりこ押買以下科事」「*市町や祭礼での不当行為で殺された者に関する訴願の禁止」

一　此方神事又市町にて、やりこ・押買、其ノホカ慮外之義に、下人・悴者・指南の者討たれ候はんものは是非ニ及バズ、当洞中、其ノホカ小山近辺の諸士、此ノ方〔神事市町にて又他所〕祭礼市町に、此方之者やりこ其ノホカ盗、又慮外之義なし候て、討たれ候共、誰にても侘言スベカラズ。

この法令の後半部にある十文字前後の欠字部分を、佐藤進一の推定により補い〔 〕で示した。また『クロニック戦国全史』[10]は綱文を第九・一〇条と一括して付けているので、内容に即して整理した。

結城領内の各地の神社では、年に一・二回の神事祭礼が催された。その時、境内・門前には市町が立ち、特産物の結城紬などの大きな商取引が行われた。佐藤進一は『日本思想大系21　中世政治社会思想　上』[11]の頭注で、この法令の要旨を〈神事祭礼の場もしくは市町において、市場犯罪などで討たれた場合、その者の主人・縁者などの訴えは取り上げない〉とし、さらに〈神事祭礼・市町における商取引の安全と円滑を期する規定と思われる〉とした。ところで、『武家名目抄』には代表的な市町の掟として、「喧嘩・口論」「押買・狼藉」「国質・所質」の三項目の禁令がある。ここにある「押買」「盗」は「押買・狼藉」に、「やりこ」は「喧嘩・口論」にそれぞれ対応しよう。しかし『武家名目抄』では項目だけなのに、この『新法度』では犯罪が具体的に生々しく記されている点が特徴である。

語句の説明として佐藤は「此方」を〈結城領内の意〉、「やりこ」を〈商取引でのペテンの類か〉、「押買」を〈売買の合意が成り立たないのに、買手の側で無理に買い取る行為。多くは不当な安値で買い取る行為であろう〉、「不及是非」を〈もちろん〉、「当洞中」を〈洞は「家中」の意。当結城家中〉とし、「不可侘言」を〈侘言は陳謝・弁明・抗弁などの意。ここでは下人・悴者・指南の者がかくかくの場合に討たれたとして、その者の主人が相手（殺した者）方を非難し、抗議し、救済措置を要求するなどの権利を認めないという意味〉とした。しかし「やりこ」について私には異論がある。

「やりこ」とは何か：　第八条の置かれた位置から、「やりこ」の意味の大枠が摑めると思う。第三条から第七条までは「喧嘩」関連法で、第九条から第一一条はすべて「盗み」が問題である。ここから、第八条の「やりこ」は喧嘩の可能性が高いということになる。第三条から第七条までは、家中の侍の喧嘩の場合だが、第八条には「やりこ・押買・慮外之義」とあり、行為の主体は「下人・悴者・指南の者」で、身分に違いがある。政勝側には、侍の喧嘩と下人の喧嘩を同列に表現できないとの判断があったのだろう。「慮外」は第六条の頭注に〈慮外とは、非常識または不当な言動をいい、身分制や社会秩序にかかわるものが多い〉とある。

この場合の「慮外の義」とは「やりこ」「押買」「盗」を含む「不法行為」の総称だろう。「やる」は〈やられた。まんまとペテンに懸った〉から「だます」となり、佐藤説はこれによっている。[12]しかし〈娘をやる〉から「嫁に行かせる」、〈一杯やる〉から「食う。飲む」、〈どうにかやっている〉から「生活する」となる。男女間での〈やる〉は「性交」を、男同士での〈やるか〉は「喧嘩をする」、〈やってやる〉となれば「懲罰する」を意味しよう。『塵芥集』第一七一条「逃入門内盗賊人事」の用例からも「やりこ」は「懲らしめる。なぐったり殺したりする」の意で、〈懲罰・喧嘩〉の意であろう。[13]

本題に戻り、網野善彦の「無縁論」や勝俣鎮夫の「縁切り論」を基に考えれば、[14]普段は主人の支配下にある「下人・悴者・指南の者」たちが、ハレの日の祭礼の場で、主従の縁が切れ、小銭を持ち、晴れ晴れとした気持ちで自由を謳歌し、自己実現のため、市町で商品ではなく、〈男を売る〉〈名を売る〉ことを試みたのだろう。一年に一度のガス抜きの日なのである。つまり、市町での「やりこそのほか慮外の義」とは下人制度の持つリスクであり、下人制度維持のための必要悪であった。しかし結城氏はその時の行動を「やりこ・押買、其ほか慮外之義」「やりこ其ほか盗、又慮外之義」と否定的に評価している。

この第八条のテーマは「神事・市町」での「下人・悴者・指南の者」の「喧嘩」である。また下人・悴者が盗みに関わる点で、この条は、続く第九・一〇条とも共通している。盗みその他の慮外の義をした下人・悴者を殺害するのは民間のルール・慣習法であった。このように考えれば、これは、次に述べる第一八条の「棒打ち」とも共通している。以上から、市町・祭礼の場や市町は、暴力や犯罪行為に満たされた「死ねば死に損」「斬られれば斬られ損」の殺伐とした〈荒ぶる場〉だったことになる。[15]『武家名目抄』の市町に〈荒ぶる場〉の雰囲気がないのは、畿内・近国には下人がいなかったことが関係していよう。

ではそれを取り締まる検断権者は誰かという疑問が残るが、これに対する法令が次の第一七条である。

第一七条「市町祭礼奉行事」「市町・祭礼への奉行の派遣」

一　市町又神事祭礼の場、これより奉行を置くべく候。何たる慮外もの成共、奉行のもの其ノ沙汰いたし候べく候。言いつけられぬもの脇より切り剝ぎ候はゞ、咎に落とすべく候。心得ラルベク候。

この法令について佐藤の要旨はない。頭注では「これより」を〈「これ」は第一人称。自分の方から。結城家から〉とする。この法令では結城氏から「奉行」に任命されていない者が、犯人に対して「切り剝ぎ」を行うことをテーマとしている。ここから逆に、慮外者＝犯罪者が人を斬り、人の所持品を奪っていたので、被害者側も反撃して、犯人を殺害し、所持品を奪い返すなどの報復・自力救済を行ったと想像される。しかしこれは奉行の行う「検断の沙汰」に敵対する犯罪とされた。最後の「可被心得候」がこの『新法度』を読む家臣団に対して発せられたものであることはこれまでと同様であり、この言葉からもこの法が結城氏にとって大事な法であったことが分かる。

神社の神事祭礼の際に開かれる「市町」に結城氏は「奉行」を派遣した。神社本来の在り方からすれば、神聖な場所として「守護不入」を主張した可能性もあるが、結城氏の場合、領国支配に欠かせないものとして神社を保護したのだろう。この延長線上に神社への奉行派遣がある。他方、職務権限のない家臣が自力救済として犯人を「切り剝ぎ」することを禁じている。市町において殺人や強盗が起きたとき、被害者側の反撃は禁じられ、神事祭礼の場の平和・市町の平和を維持するための権限は「奉行」に集中されていた。

本章第六節で検討する第九一・九二条では、米や酒の売買など「町」の商業活動を取り締まる「役人」が登場する。この寺の門前町の「役人」が神社の「奉行」に対応しているのだろう。清水は第一七条と第一八条を「慮外」という言葉の共有に注目し、神社と仏寺を比較して取り上げたからであろう、この二カ条のテーマを一括して「市町仏神事」とした。『戦国全史』の現代語訳は次のようにある。

　市町や神事祭礼の場に、結城氏より奉行をおくことにする。（したがって）どのような不当なことをする人がいたとしても、（それについては）奉行が取り締まりをすることにする。（奉行に）任命されてもいない者が、脇から（その無法者を）斬ったり、所持品を剝ぎとったりしたら、その者に罰を与えることにする。心得られよ。

第一七条は市町・祭礼への奉行派遣の定めだが、次の第七七条の段階では、奉行の手に負えない事態になっていたと思われる。なお、第一八条については後述する。

第七七条「神事祭礼之場喧嘩事」「神事祭礼の場における喧嘩」

一　高橋の祭其ノホカ神事祭礼之場喧嘩、何と聞候も理非なしの酒狂也。然者無躰無性之義、何と侘言スベク候哉。死候はゞ死損、斬られ候はゞ、斬られ損。誰も道理申シ立ツベカラズ。指南之者、縁者・親類、又悴者・下人にて候とて、荷担し、引汲し、理をとり付、披露スベカラズ。いきほして御入然ルベク候。
佐藤は頭注でこの法の要旨を〈高橋の祭そのほか神事祭礼の場で喧嘩して殺されても死に損、斬られても斬られ損。被害者の理非の弁疏は認めない〉とした。語句の説明としては「何と聞候も……」を〈如何に弁疏するのを聞いても、すべてこれ酒狂の結末であって、一々理非を論ずる必要のないことだ〉とし、「いきほして」を〈未考〉としている。私が考えるに、「息ほして[16]」の「ほす」は「干す」で「潮が引く」の意味であり、「上がっている息を抑えること」で、「御入り」は「怒りを鎮める」の意であろう。それゆえここでは〈上がっている息を抑え、怒りを鎮めるのがよい〉との訓戒を述べたとなる。

結城氏は「神事祭礼之場喧嘩」を「理非なしの酒狂也」と断定し、どんな抗議も取り上げないとして、「死候はゞ死損、斬られ候はゞ、斬られ損」と自己責任論をいっそう強化している。その前提として、第八条では問題を引き起こす人物は「下人・悴者・指南の者」であったのに、ここでは「指南之者、縁者・親類、又悴者・下人」と拡大している。つまり、市場での自己実現の主体が拡大し、「神事祭礼の場での喧嘩」について結城氏はもう手に負えないとして取り扱いを拒否しているのである。法の外に置いたという意味で、これは家法ではなく、訓戒に分類すべきであろうか。私の考えた現代語訳は次の通り。

高橋の祭りそのほか神事祭礼の場での喧嘩について、どのように聞いても、どちらが正しくどちらが間違っているとは言えない酒狂いである。このような正体のないことを、どう弁護しようというのか。死ねば死に損、斬られれば斬られ損。誰も屁理屈を申立ててはならない。被害に遭った者が指南の者、縁者・親類、また悴者・下人だと言って、その者に荷担し、引汲し、理屈を無理にとり付けて、私の所に披露してはいけない。上がっている息を抑え、怒りを鎮めるのがよい。

第三節　民衆文化と下人文化——『結城氏新法度』の中の「領国法」

第二章で述べたように、政勝が対決したものに、結城領内の有力者「親戚・縁者・宿老・指南之者」があった。しかしそれとは別の、自立した民衆文化とも対峙していた。清水克行は『戦国大名と分国法[17]』の第五章で、分国法は「家中法」と「領国法」に分類できるとし、〈現実には、この二つは渾然一体となっており、明確に区分することはできない〉としながらも、『結城氏新法度』は〈領国法的な性格は希薄で、もっぱら家中法的な性格をもっている〉とし、その上で〈領国内の百姓や村についての規定はまったく見えない〉と断言している。百姓についての規定が見られないとは先学の等しく認めるところである。しかし、戦後史学の花形であった社会構成史、領主・農民関係史に関わるものだけが領国法ではなく、売買・取引・流通など商品流通に関わる分野もまた領国法だろう。

こうした観点から、ここでは清水の見解への根本的な批判を行いたい。ここには自立した民衆法・慣習法が存在しており、それとの関連で門前町や「蔵方」・「公界」に関係する領国法もまた存在していた。次章で問題とする「公界」は、こうした民衆文化を背景にして結城氏と対峙していた。その民衆法・民衆文化を明らかにする手始めとして、次に『結城氏新法度』の第一八条と第九五条の「仏寺での棒打ち」を取り上げる。

これらの二法は共に仏寺における「棒打ち」がテーマである。「棒打ち」とは何だろうか。まずこの二法令を取り上げて、分析したい。この二法令に対する解釈は私の独自なもので、佐藤進一の注以外に対照すべき見解は、管見による限り存在していない。

第一八条「仏事以下見物之時狼藉者事」「見物の場での狼藉に対する罰」

一 仏事・法事何たる見物事の場にて、慮外狼藉の輩、侍・下人を嫌はず、取り包み棒打になすべし。とかく言候はゞ、打ち殺すべく候。

この法令について佐藤の要旨はなく、頭注で「侍・下人を嫌はず」を〈侍・下人の区別なく、何人たりとも〉とした。これにあわせて『戦国全史』も次のように現代語訳している。

仏事であれ法事であれ、またそのほかどのような見物事の場においても、不当な狼藉をはたらく者どもは、（それが）侍であろうと下人であろうと、取りかこんで棒で打て。（それに対し）あれこれ文句をいうようならば、打ち殺してよい。

「神社」と「仏寺」：「慮外」の言葉は、第八・一七条にも登場しており、この二カ条は「神事・祭礼の場」「市町」での犯罪がテーマであった。ここから第一八条の仏事・法事の際にも、寺院の門前町には神社の「神事祭礼の場」と同様に市町が立ち、「慮外」には酒を飲んでの「喧嘩」なども含まれ、「押買・盗み」などもあったことになろう。第一七条では結城氏が派遣した「奉行」が検断権を行使していたのに対して、この第一八条の寺院では、「慮外・狼藉」の取締りは広く一般民衆の社会的な義務で、公権力の結城氏は門前町の保護をしていない。神社と仏寺の間には、ハレの日の犯罪に関して大きな対比があった。

第一七条では「市町・神事祭礼の場」に結城氏は「奉行」を置いていた。一方、第三〇条の「公界寺事」には「寺奉行」の言葉はあるが、この両奉行の仕事・権限には違いがある。「市町・神事祭礼の場」の「奉行」は「市場の平和」を守ることが任務だったが、「寺奉行」は寺院の人事管理が目的である。また第九三条の「寺々の奏者」は寺と結城氏との間に立ち、結城氏の意志を寺々に伝える立場にあるもので、これは第三〇条の「寺奉行」と似た位置にある。このほか「寺」に関しては、次章第一節の4で「公界寺・公界僧」について述べる際に取り上げる。

多くの場合「仏寺」と「神社」とは「寺・社」と並び称され、両者は祝祭の場として共通しているのに、どうして『結城氏新法度』では「慮外」に対する取り扱いが異なっているのだろうか。例えば『相良氏法度』の第四・一四条では、アジールの場は「寺家・社家」とあるのに、『結城氏新法度』でアジールの対象になるのは「寺」のみで、神社は含まれていない。分国法上のこの対比は何が原因なのだろうか。多少なりとも、結城氏の領国内部にその答えを求めなければならない。しかし今の私には答えは見つからない。今後の課題としたい。

民衆文化の自立性：　この第一八条で制定者・結城政勝は、「見物事の場」において「慮外・狼藉」を働く者が出た場合、人々は犯人を取り囲み「棒打ち」にせよと命じている。犯人の例示には「侍」と「下人」が挙げられている。続いて、「棒打ち」への反対者・抗議者が「とかく言う」場合には、それが犯人であれ第三者であれ、「棒打ち」よりさらに厳しい「撲殺」を命じている。

「見物事」のあった「仏事・法事」の場とは仏寺の境内であろう。境内での「慮外・狼藉」とは何だろうか。第八・一七・七七条の「神事祭礼の場」や「市町」での「慮外・狼藉」とは、酒を飲んでの「喧嘩」や「やりこ・押買い」「盗み」であった。ここでは御開帳の「仏事」の際の、秘蔵の仏像等への冒瀆行為だろうか。仏寺の神聖性や宗教的タブーを根拠に、「慮外・狼藉」を目撃した信者等はいつでも、彼らの道徳観・正義感に基づき、犯人を「棒打ち」にせよとある。第一八条は、こうした民衆の自発的な懲罰行為、民間の習俗・風習を前提として、これを公認し、場合によっては犯人をその場で撲殺しても構わないと法制化し、一般に公布したものである。ここから、仏罰に対応する懲戒行為は現場のすべての人々の義務となった。仏寺の仏事・法事の場合、神社とは異なり、仏寺に対する公権力の「不入」原則は貫徹しており、一般の見物人たちや近隣住民には、宗教的な義務として、民衆裁判による「棒打ち」や「打ち殺し」が命じられていたのである。民衆側の「棒打ち」の源泉には、仏寺の権威があり、人々はこれに帰依していた。

こうした民衆の懲罰行為を民衆文化と呼ぶことが許されよう。次節で取り上げる下人の寺院への走入りの背後には、この条とも関係して、仏寺の神聖性の表れとしてのアジール権の保証という、民衆文化の存在が考えられる。

下人文化の対抗性：仏寺は本来は平和な場であるべきなのに、なぜ「見物事の場」では、懲罰とはいえ「棒打ち」のような暴力が推奨されたのだろうか。仏事・法事の場とは「祝祭の場」である。一般に「裸祭り」等の祝祭の場では集団的な乱闘により、人々のエネルギーが放出されたが、ここでは下人に注目してもう少し深掘りしてみよう。

私がかつて発表した『下人論』[18]では、「下人」たちは「主人」たちと文化的にアベコベの関係にあり、「神事祭礼の場」や「仏事・法事の見物事の場」は特別なハレの空間で、ここでは普段主人の支配下に置かれていた「下人」たちは解放され、この日だけは「下人」たちは何をやっても許された、とした。

石井進は「身曳きと〝いましめ〟[19]」で、中世では罪を犯した者が「身曳き状」を提出し、殺されるところを助けられて、人の下人になったとした。下人と犯罪者との間には見えないつながりがあり、こうした犯罪奴隷制を前提として『結城氏新法度』では「下人」を〈「犯罪」を犯しやすい者〉と認識している。第八条では「下人・悴者」が「神事・市町」で「やりこ・押買、其ほか慮外之儀」に及び、第九条では人の立てた「立山・立野」で「盗み伐り刈り」を行い、第五四条では「放馬」を見つけた「下女・下人」が「返すまじ」と主張したら、それは「盗人・追懸」と同じだとされていた。

「下人」の本性が「犯罪者」[20]だとすれば、自由の許されたハレの日・ハレの場所では「下人」たちは本来の自分に戻り、自由の享受だとして「喧嘩」「やりこ・押買い」「盗み」などを行ったことになる。一方民衆の側は、こうした下人の「慮外・狼藉」を許容できず、「棒打ち」で対抗した。「下人」たちの行動と民衆の判断の間には宇宙観的・世界観的な対立があった。それぞれがアベコベであった。二つの勢力はそれぞれの文化に従い、それぞれの理屈に従って行動をした。「下人」たちが「慮外・狼藉」を行えば、それに対して民衆の側は「棒打ち」で対抗し、全体的に暴力の応酬となった。

ここから、第一八条の「侍下人を嫌わず」を〈何人たりとも〉とした佐藤の頭注を吟味したい。『戦国全史』も佐藤の考えに従い〈侍であろうと下人であろうと〉としている。しかし、佐藤の解釈とは異なり、この場合の「下人」は侍の配下の「下人・悴者・指南の者」(第八一条)など〈主人の支配下にある人々の総称〉だろう。「侍」は当然結城家の「家中の者」であるから、「慮外・狼藉」の主体は家中の関係者となる。「下人」が打擲《ちょうちゃく》・撲殺されれば、主人である「侍」にとっては、自己の財産の毀損・損害となるので、第八・一七・七七条と同様に、当然主人はこの制裁を止めようとした。

これに対して、ハレの日は特別なのだからと言って「下人」たちを庇い立てる主人もまた、犯人の「下人」と〈同罪だ〉とするのがこの法の主旨となる。〈抗議する者がたとえ「侍」でも打ち殺せ〉である。これが、この場合の「侍下人を嫌わず」であろう。民衆文化の背後に、これと対抗する下人文化が存在し、民衆側は身分の違いを超えて「侍」たちをも制裁した。ここから、「棒打ち」は身分制を超えた民衆の〈聖なる暴力〉と理解される。以上をまとめると、この法令は全体として「家中の者」の狼藉に対し、民衆の反撃を命じ、自立した民衆の「慣習法」を認めたもの、民衆文化の独立性の追認となる。

こうした民衆の世界と下人たちの世界との対抗性は、「死」をめぐって露わになる。民衆の側は死ねば仏教により葬儀を行い、位牌や菩提寺の世界に迎えられるが、下人の側は死ねば本来の世界に戻ると理解されていたからであろうか、鎌倉時代であれば、歳を取り病にかかると山に捨てられた。石井進は「都市鎌倉における「地獄」の風景」[21]において、捨てられたが死にきれない者たちは、墓地の屍を喰らい、餓鬼となっていたとして、『餓鬼草子』の絵を紹介している。こうした死後の世界についての認識の対立は、下人を潜在的な犯罪者と見る見方ともまたつながっていたであろう。

こうしたことを前提にして、冥府魔道に惑う人々の中から「慮外の狼藉」が起きただろう。もちろんこの世の正道に踏み止まる人も多かったはずである。「慮外の狼藉」の具体的なあり方は分からないが、宗教的な熱狂の中でそれは行われた。オルギアという忘我的な熱狂の世界となっただろう。「宗教はアヘンである」との名言がある。この世で自分の居場所を見つけられない下人たちは、あの世に居場所を求めた。このことが下人たちとあの世を管理する仏寺との親密さをもたらした。そこから、第九三条にあるように、主人たちの折檻から下人・下女たちが仏寺へ一時的に避難する「走入り」も起きたのであろう。しかしこのことは、来世の救いではなく、この世の憂さを忘れるための忘我的なアヘンそのものを求める行動＝オルギアをも生み出したと思うのである。支配者の結城氏はこの世の秩序を破壊するものとして、このカオスの横溢する世界を嫌悪していた。

第九五条「棒打之禁」「棒打ち禁止」

一　町々其ノホカ村里まで、末世之故に候歟、又当方悪逆人等下々迄そろい候哉、七月の大狂之末、其ノホカ端午之日、棒打近年起り候。誠ニ大方ナラズ候。よく〳〵申シ付ケラルベク候。それを用イズ、大狂之末棒打し候はゞ、死たるは死損、其ノ上侍も下人も入ラズ、其ノ町へ過料を懸け、きつく取リ、其ノ義にて堂宮の建立なさせべく候。前長に心得ラルベク候。同ジクバ何事モナキ義然ルベク候。

佐藤は頭注で、この法令の要旨を〈棒打の禁止〉とし、用語・語句については、「大狂」を〈未詳〉、「不大方」を〈不大形とも書き、一方ならず、中々のこと、軽視しがたいこと〉、「侍も下人も入らず」を〈侍・下人の区別なしに〉とした。「侍・下人」の解釈は第一八条とも共通しているので、先に示した私の異論が成り立つならば、ここでも別の解釈への道が開かれよう。佐藤はまた「其義にて……」を〈徴収した過料で堂宮の建立をさせよ〉とした。法令の最後近くで「前長に可被心得候」とあるところからは、「棒打」「大狂」が季節性のものなので、前もって公示をしていたことが知られる。

『戦国全史』には次のような現代語訳がある。最後の微妙な部分の訳は優れている。

町々その他村里においても、これは末世のためなのであろうか、または、結城領には下々まで悪逆人がそろっているということなのであろうか。七月には大騒ぎのあげく、その他端午の節句の日にも、棒打ちが近年起こっている。(これは)誠に重大なことである。(棒打ちをしないよう)よくよく(下々の者に)申しつけられよ。それを聞かずに、大騒ぎのすえ棒打ちをしたならば、死んだら死に損、そのうえ、侍であろうと下人であろうとかかわりなく、(騒ぎの現場になった)町全体に罰金を課して厳しく取りたて、その金で寺社を建立させることにする。(そのむね)あらかじめ心得られよ。なるべくならば、なにごとも起こらないことがよいことである。

「棒打ち」を行う人々の例示に「下々」「悪逆人」を挙げており、第一八条と対比すると、こちらの「棒打ち」の主体はむしろ「下人」たちで、「棒打ち」に対する政勝の態度は、第一八条では肯定的であったのに、第九五条では否定的なものに変わっている。この法令は「大狂」の末の「棒打ち」がテーマだが、政勝は「末世之故に候歟、又当方悪逆人等下々迄そろい候哉」として、「大狂」や「棒打ち」を、自分の合理的な理解を超えた、非合理的な怪異現象だと見ている。

「大狂」とは何か。古典ギリシャの世界のディオニュソス・バッカスの祭りやカーニバルとの類似性が考えられ、忘我的なオルギアが想定される。精神的には何かに取り付かれ、熱狂状態にあるのだが、身体的には盆踊りとか、鎌倉期の踊念仏、幕末の「エエジャナイカ」などのように、手足や体を振るっての「踊り」を伴っていたと思う。「七月の大狂之末……棒打近年起り候」とあり、政勝は「棒打ち」を「近年起こった」新しい風習としている。「七月」がお盆と関係するとすれば、ヨーロッパのハロウィンやカーニバルと似て、死者たちが蘇りこの世にやってくる、地獄の釜の開く時の出来事となる。現在のお盆の行事には、お墓参りに加えて「迎え火」「送り火」や「灯篭流し」「施餓鬼」などがある。祖父母の家に子供を連れて帰る民族大移動も思い浮かぶ。「灯篭流し」の灯篭を巨大化して、人々が行列を作って流すべき川にまで行進すると、北東北の青森などの「ネプタ」になる。また集団的な行動には「盆踊り」がある。明治時代では、嫁の「里帰り」や、奉公人の「藪入り」もあり、浅草の観音様へのお参り、その中でも閻魔参りが盛んだった。『新法度』制定当時の結城領内のお盆行事の再現は難しいが、「大狂」はこのお盆の時に起こったのだろう。地獄の釜の開く時、結城領内の寺々では一斉に「地獄・極楽」の出し物をして人々を参詣に誘い、人々は巡礼姿の白装束で杖を持ち、寺から寺へと巡ったのだろう。「棒打ち」の「棒」とは、参加者全員が持っているお遍路・巡礼の「杖」で、これで人を打ったのだろう。寺々では「地獄絵」などの絵解きをしており、人々は寺から寺へと巡礼をする風習が当時の結城領内にはあったのだろう。寺の中は〈死の世界〉で、人々は仮に死んだことになっており、そこからの再生を願って、お参り・巡礼に出掛けたのだが、巡礼の世界＝死後の世界はこの世の秩序とはアベコベの世界だと考えられていたので、「慮外の事」でも許されるとの考えに容易に誘われただろう。このアベコベの世界では、後の者が先になり、先の者が後になった。

下人たちにとっては、地獄の釜の蓋が開く日だけは、普段の主人からの拘束は無くなり、自由となり、命の洗濯をすることができた。下人たちが犯しやすい盗みなどは、この日だけは無罪だった。その日に限って主人たちは彼らの行動を大目に見ていた。ここから第一八条の「慮外狼藉」は起こったのだが、政勝はこれに対して「棒打ち」を命じた。しかしこのことが逆に暴力解放への引き金となった。下人たちは互いに棒打ちを繰り返す集団暴力の中に、世の秩序の崩壊、カオスの出現、新しい蘇生・誕生を体験しただろう。集団的・暴力的な熱狂が人々の心を深くとらえた。こうして結城領には突然、熱狂が襲った。それが第九五条の「大狂」となったのだろう。

新しい風習としての「大狂」： 法令の番号が法の成立の順序を示していると仮定すると、第一八条が原因で、

第九五条はその結果となる。つまり「大狂」とは、民衆が下人たちに対して行った「棒打ち」を、下人たち自身が自分のモノとして取り入れて、彼ら相互間で行った結果生まれた新風習となるだろう。それは「端午の節句」の日にまで拡大していった。「端午の節句」は子供のハレの日・祭日であるが、主人権の下にある者として「下人」と子供が近い存在だとの観念から、「端午の節句」にも「棒打ち」が行われるようになった。「端午の節句」の本来の風習に「印子打ち」「石打」があり、「印子打ち」の代わりに「棒打ち」が「町々その他村里において」村ごとに対抗して行われたのだろう。

政勝はここでは「大狂」の末の「棒打ち」を「大形ならず」と判断し、禁止を命じた。「近年起こった」この新しい風習を抑制するために二つの方法を示した。一つ目は主従制による鎮圧である。「よくよく可被申付候」とあり、家中の「侍」全員が関係者に対して強く「申しつける」よう命じており、家中への命令を通じて「下人」層全体に対する禁止の徹底を図っている。ここで「下人」とその「主人」である「侍」との特別な関係が問題となる。政勝はそれぞれの「主人」である「侍」が支配下の「下人」を厳しく取り締まることを通じて、「大狂」の「棒打ち」を無くそうと考えた。しかし主人が「申しつけ」たにもかかわらず、それを無視して「大狂の末」の「棒打ち」となった場合には、「死たるは死損」とした。政勝は主人たちの利害意識に訴えて、ハレの日の出来事には「縁切りの原理」が当たるとしたのである。これは第八条の「討たれ候はんものは不及是非」「討たれ候共不可侘言」や、第七七条にある神事・祭礼の場、市町での喧嘩などでの死者に対し、「死候はゞ死損、斬られ候はゞ斬られ損」としたのと同様、「棒打ち」や「大狂」での被害者「下人」に対し、ハレの日の「大狂」の場での出来事は〈その場限り〉で、主人側の抗議・損害請求などを結城氏は一切取り上げないとしたのである。

「大狂」抑制の第二番目の方法は、「其上侍も下人も不入、其町へ過料を懸け、きつく取、其義にて堂宮の建立なさせべく候」である。この「侍も下人も入らず」は第一八条の「侍・下人を嫌わず」とよく似た表現で、佐藤は〈侍・下人の区別なしに〉とし、『戦国全史』も〈侍であろうと下人であろうとかかわりなく〉として、「どんな人でも」の方に重心を置いて解釈している。しかし前述したように、もともと社会の下層に属する「下人」は犯罪に関係しやすく、その「下人」を「主人」が庇おうとするところから、ここでは「侍も下人も考慮に入れず」となり、「侍」も「下人」も同罪となったのである。「下人」の肉体的傷害の程度や「侍」側の経済的損害がどのようなものであっても、それらを無視して〈住んでいる町の連座にする〉との意であろう。「侍も下人も考慮に入れず」とは、町の住民として「町」の「連座制」により鎮圧する試みである。第九五条の法令の最初には「町々其ほか村里まで」とあり、「大狂」の起こったのは寺院のある「町」や「村里」なので、門前町が主要な舞台だったとなる。たとえ主人の「侍」が抗議をしても、彼のいる「町」に「過料」を懸け「堂宮の建立」[22]をさせるとして、最終的に連座制による住民の相互監視を強め、「町」の自治機能・「町」の検断権による予防に期待しているのである。

以上要するに、この時期には、第一八条の「見物事」の際の「慮外・狼藉」が「大狂」「棒打ち」に発展し、誰彼となく互いに棒打ちをするようになったのだろう。「大狂」の末に死者が出ても、犯人の特定が困難だからとして、刑事罰の対象にはせず、その代わりに行政罰として町に過料を懸けた。町の流通世界の取締りに当たっていた「役人」が町と対決したのだろう。

第九五条への私の解釈： 一つの風俗、一つの流行として「棒打ち」が行われるようになると、それは端午の節句の日にまで拡大していった。秩序の破壊・エネルギーの放出が人々の心をとらえ、特に下人たちはカオスに身を委ねることの快感に浸った。突然流行しだしたので、政勝は「末世之故に候歟」「悪逆人等下々迄そろい候哉」として、その原因不明さを嘆いている。

冥府とのつながりを持つ集団的な熱狂に対し、結城氏は家中の者によくよく申しつけて、彼らの説得で広く領民に言い聞かせていたのにもかかわらず、棒打ちが始まってしまったとある。この場合の家中の者とは結城氏と「村里」「町々」とを媒介する当地の領主たちのことであろう。「死に損」とあり、棒打ちのさなかに死亡者も出た。取締りの方策として、棒打ちの起こった町の連帯責任として「過料を懸け」た。危険な風俗と断定しても、殺人事件との断定は難しかったからだろう。群衆の集団的な行為なので首謀者の特定は難しく、町の主だった人々は町の参加者には止めるように説得して、よそ者には帰宅を促しただろう。

この法令の最初には「町々其ほか村里まで」とあり、「大狂」の起こった寺のある「町」や「村」を示しているが、領主を飛び越えて、村里に直接「過料」が課せられたことから、「町」や「村」の自治体が、結城氏と熱狂的な集団との間に立つことになった。このことを通じて、「町」や「村」の自治組織の基礎は固められ、近世社会につながる郷村制的な秩序が形作られたであろう。

こうして下人文化の否定によって町の自治権力は成立し、結城氏権力と対峙する近世的な構造が始まったのである。この関係は第一六条の「追剝ぎ」に際して、事件の起きた郷村に責任を追及する仕組みにおいても確認できよう。第九五条は家中文化における「下人の文化」と「領民の民衆文化」との対立・隔絶を前提として、その対立の中で、下人文化を取り締まろうとしたものである。民衆による「下人」の逸脱行為の取締りが法令の主旨となっている。

第四節　下人関連法

この『新法度』には「下人」についての法令がいくつもある。そのうち下人が主人の借金のカタに質取りに遭うことを問題とした第一〇四条（次の第五節で取り上げる）を除いて、下人関連法である第一四・一五・五四・九五条の四つを次に取り上げたい。

第一四条「他人之下女下人悴者不可召仕事」「同僚などの下人を召仕うこと」

一　此以後傍輩其ノホカの下女・下人・悴者仕ふべからず。たとへその親多くを持ち候子をくれ候共、その下人の主の方にへ、此ノ如ク彼者くれ候間、召仕ふべく候と届け候て、仕ふべし。

この法令は「たとへ」の所で二つに分けられる。前文は「仕ふべからず」で終わるのに対して、後文は「召仕ふべく候と届け候て、仕ふべし」で終わっている。それゆえ前文はこの法令の「主文」で、後文はその「説明文」となる。ここから佐藤は頭注で、この法令の要旨を〈他人の下女・下人・悴者を、その主人に断りなしに召仕ってはならぬ〉とした。今現に使っている主人と本来の主人との間の論争が前提に存在している。「その親」は文意より「下人」で、「多く子を持っている」下人が、親の処分権として「子をくれた」のである。今の主人の言い分は「「下人」の親がくれた」である。その前提には、「下人」が家族を持ち、大勢の子供を養っているという事実がある。これは次の第一五条にある、主人を異にする下人と下女が夫婦になり、一方の主人の家に他方が通うことで家庭を持ち、子供を育てた場合とも関わっている。

この法令の最初には「此以後」とある。結城氏の「大名法廷」では、下人の親の処分権と主人の処分権をめぐり争いがあり、「此以後」が〈その判決以後は〉の意味だとすると、結城氏の「大名法廷」の判決の記録を基にして、この『新法度』は作られたことになる。とすると、この法令をもって、一般に、下人の親の処分権は主人の処分権により規制されるに至ったことになろう。一方「此以後……」が、結城氏の裁許が『新法度』に転記された結果を示しているとすると、「役人」を通じて「制札」として一般に公示され、さらに『新法度』に書き付けられた、となろう。こうして、この場合の「此以後」が、〈この『新法度』の発布以降は〉の意味なのか、「制札」段階を指すのか、大名裁判での裁許の段階なのかが問題となってくる。不忠人への処罰を定めた第二二条、自由縁組を禁止した第二三条、無断帰陣を禁じた第九六条の場合は、〈この『新法度』の発布以降〉の意味であろう。無断の企て事を禁じた第七二条の場合は、文脈に即した用法で、法令中のある時点を指している。

ともあれ、この場合は裁判を契機に、下人の親の処分権は主人の処分権に規制されるに至った。奴隷の農奴化が時間と共に展開するという発展史観を前提とすると、これは時代を逆転させたものとなる。政勝は下人を取り巻く世界の変化を認めず、旧来の秩序観を基に法を制定したと言える。

第一五条「*下人下女等男女子分事」「下人の子どもの帰属」

一　他人と他人の女の男の出会い、子を持ツべク候。昔より聞き伝へ候。女子は女につき、男子は男につき候とは候へども、女の主の屋敷にても、又男の主の屋敷にても、一方へ女にても男にても通ひ候て、持ちたる子供、一方之主はぐゝみ、十・十五に育て上げ候に、扶持も恩もせずして、それは我が仕ふべき申シ出デ候事は、深く無理の申シ分にて候。女子は女につき、男子は男につく義ならば、子を持ちたる時分より、其ノ届をなし、御扶持紛れなくば仕ふべし。それなくばすまぬ義たるべく候。さて又、女も男も其ノ主の屋敷にてなく、他人の屋敷を借り候て、持ちたる事は、古法の如く、幾人にても男女のわけを以、其ノ沙汰なすべき事也。

佐藤は頭注でこの法令の要旨を〈主人を異にする下人と下女の間に生まれた子は、その子を養育した主人の側に帰属させる〉とした。『戦国全史』の綱文も「下人の子どもの帰属」としている。ここから法令の事書は「男女子息事」ではなく、「男女子分事」であろう。語句の説明として佐藤は「他人と他人の……子を可持候」を〈別々の主人の下女と下人が夫婦になって、子をもった場合〉、「女子は女につき……」を〈式目41条を指す〉、「扶持も恩もせず」を〈食事その他の養育の資も与えず、また土地の給付もせず〉とした。『戦国全史』は「御扶持紛れなくば」を〈養育費や土地の給与がはっきりしているならば〉としている。

「さて又」以降は、下女・下人が「他人の屋敷を借り」て、独立した家庭を持ち、子供を育てている場合である。こうした家族を持ち、土地をも持ったあり方は、近世の武家奉公人のそれに近づいている。ヨーロッパ史における古代ローマの「奴隷」が古代末期から中世に向かう過程で身分が上昇して「農奴」化したとされていることに相当していよう。このようになると、彼らも墓を持ち、供養を問題とするようになったのだろうか。主人の所有物として売買・質入れされる「下人」というあり方よりは「人格」が認められた段階に達していると思われ、何かホッとして救われた気持ちになる。

それでも、第一〇四条で述べるように、彼らは債権のカタに人質として質取りの対象となることもあった。この事実は「質取り」を主題とする次節で取り上げる。ただし第一〇四条が、下人が人質となることを禁じている点は、右の理解を支持しているだろう。

第五四条「放馬抱惜事」「放れ馬の返却義務など」

一　味方中の放レ馬、又洞之放レ馬失せ候。下女・下人見付け、返すまじきと申シ、代を取リ候はんと言ウ事、盗人・追懸同前為ルベシ。所望の方候はば、〔直ぐに〕かえすべく候。

欠字部分は私の考えで補った。佐藤はこの法令の要旨を〈結城氏に従属する諸家や結城家中の武士の放れ馬を結城領中の者が捕えて、所有者がかけ合っても、金を払わなければ返さないというのは、盗人・追剥同様の所業である〉とした。佐藤は、馬を見つけた「下女・下人」を〈結城領中の者〉としたが、むしろ発見者が「下人・下女」の順ではないことにこだわるべきだろう。「下女・下人」となぜ「下女」が法令中で先行しているのか。それは、放れ馬を見つける可能性の高かったのが、洗濯のために川に行く下女で、川のほとりで放れ馬を見つけ、手懐けて連れ帰ったからだろう。この法令にも下人文化が埋め込まれていると私は思う。

これまで、下人の文化と主人の文化はアベコベの関係にあり、主人たちがこの世の住人であるのに対して、下人たちは死後の世界・あの世の住人だとしてきた。主人は自由人で、下人・奴隷は自由を失った不自由人となる。債務奴隷にしろ、犯罪奴隷にしろ、負い目を贖うため自由を差し出す人為的な約束事で身を縛っている存在であった。主人たちが所有・契約の自由を持っていたのに対し、下人たちには契約・所有の自由はなかった。下人たちは所有や契約の世界から排除されていた。その人たちが、偶々馬を見つけたからといって所有権を主張することは秩序の破壊となり、認められなかった。

下人がまだ下人になる前の自然人の段階であれば、自然物を見つけた場合、そのモノの所有権は当然自然人である発見者に帰属したはずである。しかし下人制度という人為的な秩序によって縛られて以後は、下人は所有や契約の世界からは排除された。だから、下人・下女の側が、自分が発見したのだから、所有権は自分にあると主張することは、下人制度の根幹に抵触するものとなった。下人たちが自由人として振舞ったことになるからである。それゆえ所有権を主張した瞬間に「盗人・追懸」同然として死刑の対象になったのである。この法令は下人の過酷なあり方を伝えるものである。

第九三条「下人下女走入事」「寺に逃げこんだ下人・下女の返還」

一　当方下々にて召し仕い候下人・下女、其ノ主少の折檻にも、寺多候へば、寺房・道場・比丘尼所へ走リ入ル事、際限なく候。然に其ノ主所望申シ候処、返すまじきと寺々より言ハレ候。誠ニ沙門のあやまり、無道沙汰《さた》の限《かぎ》之事に候。所望申シ候はゞ、是非ヲ抛タレ急度《きっと》返エサレ然ルベキ由、寺〱の奏者かねて寺家中へ申シ置クベク候。

「寺院」や「神社」の建つ場所を網野善彦は「無縁の場」「境界領域」とした。そこは風光明媚な聖地であり、聖なるものの降臨する特別な場所で、「アジール」の地として、下人・奴隷・犯罪者などの逃亡先でもあった。

佐藤はこの法令の要旨を〈下人・下女が主人の許から逃亡して、寺・尼寺等に走り入る時、寺側の保護特権を認めてはならぬ〉とした。「下人・下女」が「寺多候へば、寺房・道場・比丘尼所へ走入事、際限なく候」とある。そして「主人」の「所望」に対して寺側が「返すまじき」と主張した場合、これを「沙門のあやまり」で、「沙汰の限之事」だとしている。ここには「寺〲の奏者」が登場し、主人側が所望したなら、是非を投げ打ってでも必ず返すように、あらかじめ寺々の奏者の方から寺家中に申し置くべきだとある。前提となっているのは、寺への「下人下女」の「走入り」が社会的な承認の下に行われた慣行であったことである。これまでの我々の議論に従うなら、下人が死後の世界・地獄の世界の住人だとの観念が、下人が寺院に走り入る原点であった、となる。

第五節　『結城氏新法度』の中の「質取り」

個人間の貸借問題、債権・債務問題を個別に処理するために「質取り」が行われていた。質取りについては、第三五条「神事祭礼市町日不可質取」のほかに、第三六条「無披露不可質取事」と第一〇四条「膝下之下人悴者於他所不可質取事」「膝下で使われている下人・悴者を人質にすることの禁止」がある。特に第一〇四条からは「債権・債務」問題の解決のため、主人の高価な財産である「下人・悴者」に対する質取りが一般的に行われていたことが知られる。

このことは、質の現金化のため質取りと人売りが密接に連続するとした第二条「人商事」と重なってくる。結城氏は人売りを犯罪として取り締まる方向にあった。そこで、「下人・悴者」に対する質取りの次に、「市場の平和」や質取りのルール化が問題となってこよう。ここでは「質取り」をテーマとした第三五・三六・一〇四条を取り上げる。また次章第三節2では一般法としての「負物法」を取り上げる。

第三五条「神事祭礼市町日不可質取」「神事や祭礼の日の質取禁止」

一　其ノ所之盛り何方も願う義にて候。当地之神事祭礼・市町之日、たとへ如何様之義成共、何方も質取リ然ルベカラズ候。取リ候はゞ、理非なしに其ノ沙汰破るべく候。

佐藤は頭注で〈神事祭礼の場または市町において、債権者が債務者に対して債務の支払いを迫る。当座に債務者が持っている交易物資を暴力的に取り上げることが往々にしてあったのであろう〉とした。このように理解すれば、この条は質取り禁止令となる。これと第八・三五条からは、結城領内の神社の祭礼の日の市町で、「市の平和」として「喧嘩・口論」「押買・狼藉」「国質・所質」の三項目が禁止されていたとなる。これは『武家名目抄』の「喧嘩・口論」「押買・狼藉」「国質・所質」の禁止という市町の掟に対応し、結城氏は奉行を派遣して「市町」の平和と繁栄を守ろうとしていたことになる。

「取候はゞ、理非なしに其沙汰破るべく候」とあり、「奉行」に質取りがあったと訴えれば、「神事祭礼・市町」を取り締まる奉行の権限として強権的に質取りの破棄が命ぜられていたことが分かる。後で取り上げる第一〇四条「膝下之下人悴者於他所不可質取事」からは、下人は動産としてかなり高価だったので、質取りの対象になりやすく、それゆえ市町での郷質などの「質取り」の対象には、交易物以外に「下人・悴者・指南の者」があったことになる。ここから、この第三五条の場合も、法文上には登場していないが、「神事祭礼・市町の日」の「質取り」には「下人」の拘束もあったと考えてよいだろう。なお第三五条と第八条とを関連づけるなら、「下人・悴者・指南の者」たちの「やりこ」「慮外」の原因は、予期せずに質取りに遭い、自由を奪われたことにあったのだろう。

以上から、結城氏が「市の平和」を守ろうとしていたことは動かし難く、質取りという慣習法の存在から、結城氏は下人への質取りをも考慮に入れていただろう。質取りを行う債権者には金融業者の蔵方が含まれており、彼らは仏寺の門前町の住民だった。先に取り上げた神社と仏寺との対比がこの質取りでも成り立つと仮定すると、結城氏が質取りを禁じたのは「神事祭礼・市町之日」となるだろう。他方、仏寺の門前の「町」では、これとは異なり、質取りは公然と行われていた。何よりも仏寺の門前は蔵方たちの住処のある場所で、質取りは当然視されていただろう。これに対応する法令が次の第三六条「無披露不可質取事」である。次のようにある。

第三六条「無披露不可質取事」「申請のない質取」

一　洞中又何方へも披露ヲ致サズして、質取リ然ルベカラズ候。此ノ上披露ナシに取リ候ハバ、其ノ沙汰破るべく候。

この法令は明快だからだろうか、佐藤は要旨も頭注も付けていない。この法令からは、郷質等の債権の取立てには、①「借状」の結城氏への披露と、結城氏からの質取り許可を示すための②「許可証」の発給か、または結城氏が「町」の経済活動監督のために派遣した③「役人」の（債権者との）同道が考えられる。こうして、結城氏の承認の下での質取りが行われた。上述のように、神社の祭礼の日に立つ臨時の市町では質取りは禁止されていたが、寺院の門前町は、常設店舗が軒を連ね、日常品の取引がなされ、住民の自治が行き届き、結城氏が「役人」を置く世界であり、質取りは日常茶飯事であっただろう。

第一〇四条「膝下之下人悴者於他所不可質取事」「膝下で使われている下人・悴者を人質にすることの禁止」

この法令には「但」が二回登場する。このことに注目して、全体をA・B・Cに三分解した。Aはこの法令の中心となる「本則」で、B・Cは「付則」である。

一　A此ノ方膝の下の者共、下人・悴者、或ハ洞中又者近所の他所にあつて、手許の主に使はるゝものあるべし。自然其ノ所之沙汰にて候とて、膝の下に使ふものゝ質取ルべからず。B但シ、膝の下の主の方への質ならば、他所に候共、其ノ者ノ質取ル事すむ理たるべし。C但シ、其ノ下人にて悴者にて、又他所にて主を取リ、両方跨ぎ候て居たる者をば、其ノ所の質にて候とて取リ候義、膝の下の主侘言すべからず。一遍に膝の下の主を守ル義ならば、其ノ所の質に取ル事非分タルベシ。心得ラルベク候。

この法令のテーマは「膝の下の者共」の支配下にある「下人・悴者」を「手許の主に使はるゝもの」として第三者が質取りの対象とすることである。上述のように、下人は高価な商品でもあったので、質取りの対象になった。

「膝の下の者共」「手許の主」と質取主の三者が行動の主体で、「下人・悴者」はその客体である。
佐藤はこの法令の要旨を〈結城家膝下の者の召仕う下人・悴者が一時的に結城家中の武士または近辺の他所の者に仕えた場合、その一時の主人が下人・悴者を人質（たとえば借金のかたに出す人質）に使ってはならぬ〉とした。佐藤の理解の特徴は「手許の主」を「一時の主人」としたことにある。このアイディアに従いたい。注目すべきは結城領内で「質」になるべき価値ある動産が財貨ではなく「下人・悴者」であることである。第八条や第九条では「下人・悴者」の殺害に主人が「侘言」を言い損害賠償を要求したし、第三四条では「人馬引出」とあり馬や下人・下女が盗みの対象だった。

Aの最初に登場する「膝の下の者共」を甲とすると、「膝の下の者共、下人・悴者」は〈甲の下人・悴者〉となる。次の「手許の衆」を乙とする。例えば、公共事業のため「膝の下の者共」＝甲の下から、結城氏から命令された工事の監督者である「手許の主」＝乙の下に「下人・悴者」が人夫として提供・派遣され、乙に「使われている」場合となる。具体的には、第二一条の「堰・堀」の補修は個人的なものだが、台風などで被害が大規模化すれば『相良氏法度』と同様「井手溝奔走」となる（第Ⅱ部三章一節参照）。このほか、第三二条の「木戸・門・橋」の補修や、第三三条の「要害・堀・壁」の普請などがある。第三二・三三条の城下町の条文からは、武士が率先して公共事業に専念している姿が想像されるが、実際は人夫何人という負担の場合が多かっただろう。

一方「其所之沙汰」とは〈郷質〉を指し、第三六条にある「洞中」などに「披露」を行った上での債権回収のための措置となる。質取りの行われた場所は「市町」や「町」の中や「町」の市場などの公共の場所であろう。「本則」のAは、甲の「下人・悴者」が一時的に乙の下にいるからとして、債権者が乙の負債を理由に、甲の「下人・悴者」を市・町などで質取りすることの禁止令である。本主である甲はその不当性を結城氏の「役人」に提訴しただろう。

これは甲の財産保全としては当然のことである。「付則」のBは、債権者側が債務者たる甲の財産をよく調べた上で、一時的に乙の下にいる「下人・悴者」を、甲の負債を理由に質に取った場合となる。「下人・悴者」が乙の下に一時的に居住していても、「すむ理たるべし」で、問題無しとしている。

次の「付則」Cは、甲の「下人・悴者」がほかにも主人の丙を持つ「両方跨ぎ」の場合である。例えば第一六条「下人下女等男女子息事」「下人の子供の帰属について」は、別々の主人の下女と下人が夫婦になり、子供を儲けた場合の子分けの定めで、子供を養育した側の主人に帰属させるとあった。ここからは、「両方ながら他人の屋敷を借り候」場合もあったことになる。つまり下人の場合、下女の主人＝乙の屋敷に通う場合もあれば、第三者＝丙の屋敷を借りて住む場合もあったのである。ここから「他所」に住んでいても、「膝下の主」＝甲に仕えているCの場合が導かれてくる。こうした場合、甲・丙二人の主人に仕える「両方跨ぎ」も起こりえた。丙の負債を理由とした質取りならば、甲はこれを不当だとして提訴してはならないとある。しかし、下人が「一遍に膝の下の主＝甲を守る」と主張した場合は、居住地側の丙の質にはならないとしている。

ここには、下人の主人＝甲に対する〈献身の道徳〉を尊重すべきだとの考えが存在している[23]。下人を〈主人に「負い目」を持つ者〉と定義してよいなら、甲・丙二人の主人のうち、どちらの方の「負い目」を取るかという選択となる。下人の意志が認められ、下人が自立性・独立性を強めているように思われる。

むすび

これまで第八条と第一〇四条から下人について考察してきた。大きく見れば、結城氏の世界は下人を含む中世社会から、下人のいない近世社会への過渡期にあり、下人の解放を目指す信長の領国[24]などと比較すれば遅れた社会と言えよう。下人は人の所有物で、売買・質入れの対象であったが、逆に物の所有者にはなれず、放れ馬を見つけても、金を支払わなければ返さないと言うと「盗人・追懸」同然と犯罪者扱いされ、常に主人から折檻される対象であった。寺への走入りのほかは、地獄の釜の蓋の開く日だけが解放の日であり、自由の謳歌は「慮外」として取り締まりの対象であった。

古来、下人はアベコベの世界の住人と見なされており、地獄の住人とされていた。これが寺院への走入りを認める背景にもなっていた。第八条の「やりこ」は下人の自己実現として「男を売る」「名を売る」行為であったが、結城氏からは「喧嘩・盗み・慮外」などの犯罪と見なされ、「死ねば死に損」「斬られれば斬られ損」とされていた。また、主人の債権・債務関係の清算のための貨幣とは別の高価な商品として、質取りの対象となっていた。一方、第一四・一五・一〇四条からは、下人たちが家族を持ち、自分の考えを述べることが多少認められていたことも確かめられる。

第六節　「門前者」統制策

上述のように、各地で開かれる「神事祭礼の場」には「歳市」「大市」が開かれ、「市町」が立っていた。結城氏はここに「奉行」を派遣した。ここには「制札」も立っていただろう。一方、「寺門前」には日常的に市が立ち、日常品の取引がなされる「町」があった。第八九条に見るように、ここにも「制札」が立てられ、結城氏は「役人」を派遣していた。結城氏は「奉行」「役人」を通じて領内の流通を管理・支配していた。先学は『結城氏新法度』は家中法だと主張しているが、この場合「制札」「役人」が対応したのは一般の領民で、「領国法的な性格は希薄である」との先学の説には再考が必要であろう。具体的には、第九一・一〇三条は兵糧米の、第九二条は酒の売買の定めだが、売買の主体は、町に店舗を持つ商人や行商人で、どちらも「寺門前之者」であり、彼らを「役人」が取り締まるとある。

第八九条「制札違背事」「制札違反者に対する処罰」

一　何事成共、此ノ方より申シ付ケ候によつて、役人制札候べく候。其ノ義をして随意なる者をば、きつく行ふべく候。其ノ時誰成共侘すべからず。役人に言イ付ケ、きつくあつかはせべく候。前長に心得ラルベク候。

佐藤は頭注でこの法の要旨を〈制札に違背する者は厳しく処罰する。何人の弁護も許さぬ〉とした。ここにも「前長に可被心得候」とあり、結城氏の基本法として、この『新法度』とは別に、周知徹底のために制札の形で領民一般に公示されたのであろう。政勝は「法」を制定して、それを「制札」の形で一般に公示していた。そして、法による支配、法治主義を徹底するために「制札」のみならず「役人」を置いた。第八九条はそのための法となる。

第九一条「兵粮売買時枡目事」「兵糧米の売買における枡の大きさ」

一　兵粮売り買ふ様躰聞キ候に、計り候者共随意に枡目なし候と聞キ及ビ候。言語道断ノ曲事に候。御出頭之人召シ候共、行脚・往来・鉢開買イ候共、立テ候枡目少モ違ザルように、役人申シ付クベク候。それを用イザル方へ過料を懸けべく候。たがものなり共、脇より侘言すべからず。

佐藤は頭注で、この法令の要旨を〈兵粮（米）の売買には法定の枡を使用すべし。もし違犯すれば過料を懸けよ〉とした。法令の最初に「兵粮売り買ふ様躰聞候」とあるが、米の売買の「様躰」を聞いたのは政勝である。実際に情報網があったとすれば、江戸時代の「岡っ引」のような犯罪者上がりの密偵を各「役人」が抱えていたのだろうか。その網に懸かった情報が「聞き及び候」である。また、「随意に枡目なし候」を佐藤は〈法定以外の勝手な枡を使用する〉とし、宝月圭吾の『中世量制史の研究』を挙げて、〈中世〉では〈多種多様な枡が使用された〉としている。

この法令では「御出頭之人」と、余所者・旅行者の「行脚・往来・鉢開」とが対比されている。「鉢開」を佐藤は〈托鉢して歩く坊主〉とし、「御出頭之人」を『戦国全史』は〈権勢のある人物〉としているが、政勝の父・政朝の代に戦功のあった者で、政朝と親しく側用人のように重視された人であろう。この法令全体は、人の足元を見て、相手に応じて枡を使い分けることを問題としており、「余所者」への「外部道徳」の禁止令である。

ここには「立候枡目少不違様に、役人可申付候」とある。政勝は法定枡を決め、役人を通じ法定枡の使用を、さらに法による支配を進めようとしたが、「脇より侘言すべからず」とあり、これを佐藤は〈一旦摘発された場合、第三者が弁護してはならぬ〉とした。慣習法を盾に取り、抵抗する者が出てきているのである。政勝はここで、抗議をはね退けて「過料」を懸けるとした。すなわち、法定枡を強制し、それ以外の枡を使用する小売商に対しては、罰金を懸けた。その背景には、法定枡の使用強制の上に、計量に当たる者には現在の消費税のごとき定率の筵付米という手数料の得分があったのだろう。ちなみに『三河物語』では、大久保忠茂が大永四年額田郡の山中城を奪い取った褒美に「御分国ノ地の市之枡[25]」を望んだとある。

ここで米の買手として登場しているのは「御出頭人」と「行脚・往来・鉢開」なので、売手は町の米の小売業者の米屋で、大きな蔵を持ち米を大量に抱えていた「蔵方」は入らないであろう。米の生産者である百姓側の小売販売も考えられるが、これについては第一〇三条が対応している。

第九二条「酒売人枡目非法事」「酒などの販売における非法行為に対する罰則」

一 瓶子・樽は、昔よりぶんき定たる物にて候処、酒売共少くつぎ候。誠ニ余りの盗人にて候。役人調べたて、左様の者再び酒作らせべからず。造り候はゞ、其ノ咎なすべく候。一切の販《ひさい》随意にいたすもの、役人聞キ紕し、過料を懸けべく候。脇より侘言すべからず。

佐藤は頭注で、この法令の要旨を〈酒売人が量目をごまかし、減量して売ったら、酒造を禁止させる〉とし、

「ぶんき」を〈㈠分儀、㈡文切りの略、㈢分器、以上三案のいずれかであろう。瓶子・樽（酒樽）は昔から容量がきまったものだ、の意であろう〉とした。「瓶子」は徳利のことで、容量の単位は「合」であろう。「樽」は一「斗」樽だとして、中身は十升＝百合となるので、樽で持ち込んだものを瓶子の単位で小売りしたということになる。第九一条と第九二条から、「役人」は法定枡の使用を強制し、法定価格を守らせるように売買の現場で取締りに当たっていたことになる。

「法定升」を用いず、少なく注ぐことを「誠にあまりの盗人にて候」と断定して、酒造りを禁止している。ここまでを主文とすると「一切の販随意にいたすもの、役人聞紏し、過料を懸けべく候」のところは、その付属文となり、主文が造り酒屋宛のものとすると、付属文はその造り酒屋から酒を買う小売りの酒屋宛となろう。佐藤は〈この条の主文である酒売りの容量不正の禁止の付則として、その他一切の商品販売における不正行為の禁止をうたったものであろう〉とした。佐藤の考えでは、米と酒は販売する商品の例示で、結城氏はすべての商品に対しても同様としたのである。

かつて松本新八郎がこの「一切の販」を取り出して、〈閉鎖的な封建制度を維持するためには、商業の禁止が必要だ〉と主張したが[26]、それは成り立たないであろう。この法令もまた「門前者」統制を目的としたものであろう。

第一〇三条「兵粮価直幷枡目私立置里々事」「公定価格以外での兵糧米の売買禁止」

一　町の兵粮の値又枡目、役人立て候に、里々ニ於テ我々計らいに値をも枡目をも立て候、曲事に候。かやうの里聞キ紏し、役人役銭を懸けべく候。

ここでは「町」と「里々」が対比されている。佐藤は頭注でこの法令の趣旨を〈町にて売買の米の値段および枡目を法定したにもかかわらず、里々において各自勝手に米価や枡目をきめることは非法〉だとした。この法令から米には法定価格があったことが知られる。第九一・九二条で法定枡の使用強制と使用の度毎の役人による手数料徴収をしていたのに、「里々」では「我々計らいに値をも枡目をも立て候」とあり、後日その事実を知った時には、「里」全体に「役銭」を懸けるとしている。

この場合の米の販売者は、「町」の住民である「門前者」ではなく「百姓」であろう。つまり、「役人」による流通支配が問題で、商人以外が商売をやっていても、同様に取り締まるとのことであろう。「町」のルールを「里々」が守っていないのは、「里々」には「役人」がおらず「制札」もないからだろうが、法による支配を目指す政勝としては、「里々」に「役銭」を懸けるとして支配の貫徹を図っている。連帯責任とするやり方は、第九五条の大狂の末の棒打ちに対する町への「過料」とか、第一六条の「追懸」による殺人に対して、事件の起こった「郷中」に「過料」を懸けるやり方と共通している。

むすび

第九一・一〇三条は兵糧米の売買について、また第九二条は酒の売買についての定めだったが、米の売買に際しては、商人の側が「御出頭人」であれ、「行脚・往来・鉢開」であれ、人を見て値段を変えて売ることや、枡の大きさを変えることを禁じ、酒の場合も、枡の統一を強く命じている。これらに対しては「役人」が取り締まるとある。『結城氏新法度』を家中法とする主張があるが、これらの法で「制札」「役人」が対応しているのは「家中」の侍のみならず、一般の領民であり、ここから『新法度』には「領民法」が存在し、「法による支配」が目指されていたことが明らかとなろう。

第七章　『結城氏新法度』と「公界」

本章では、『結城氏新法度』に登場する「公界」関連法令を取り上げ、結城領内における「公界」の活動の広がりを考察する。

第一節　『結城氏新法度』の中の「公界」

清水克行批判と本節の目的

清水克行は『戦国大名と分国法』第一章で『結城氏新法度』を取り上げた。そこでは「乱世の子」「『新法度』発布の背影」「奇妙な法律」「羅列された条文」と『新法度』を冷ややかに眺めた後に、第五項では「法の未熟さ」を、第六項では「ゴリ押しする家臣たち」を取り上げ、『新法度』制定の狙いを〈家臣たちの無軌道な言動の統制〉だとした(1)。また第七項「炎上する喧嘩」では〈犯罪が起きれば身内を庇いだてし、訴訟が起きればコネを使って贔屓を画策し、喧嘩が起きれば一方の側に肩入れし、紛争を激化させてしまう(2)〉とした。第八項は「戦場のカオス」である。ここまでは『新法度』の特徴をよくとらえていると思う。しかし次の第九項では「家臣への諮問」を、第十項では「家臣と大名の合意」を取り上げているが、この議論の展開に対して、私には異論がある。

これから縷々説明するように、第九項の「諮問」の相手は「家臣」ではなく「公界」のメンバーで、〈合意〉した相手も「公界」のメンバーだと私は思うからである。清水の議論の視界には、私がここで問題にしようとする「公界」は入っていない。清水は第四項では『新法度』全一〇四条の「内容構成」をいくつかに分類したが、複数の条文にまたがっていないものには、「はじめに」の最後で述べたように、その法令単独のテーマを抽出した。しかし第七七条以降については〈目的別のまとまりを読み取ること〉は〈難しく〉、〈分類不可能〉〈ほとんど思いつきで些末な事柄が書き上げられているという印象しかない〉[3]とした。

その結果、第七七条以降では「領内物資輸送」「度量衡」「年貢収納法」をそれぞれ一項ずつ取り上げたほかは、すべて〈分類不可能〉とした。第七七条で条文解読の情熱は消滅した、力尽きた、というのが正直なところなのだろう。だからと言って〈些末な事柄〉だとの断言は言いすぎだろう。他方「公界」が登場する第二九・三〇条を、それぞれ〈内済の案件〉〈寺院〉とし、「公界」の言葉の存在を無視している。清水はここでも「公界」を視野に入れていないのである。以上から逆に、『結城氏新法度』に登場する「公界」関係法を取り上げて、結城領内における「公界」の広がりを考察することで清水への批判としたい。

結果として、『城氏新法度』は「家中法」に限らず「領国法」の側面もあったことを、ここでも論ずることになるだろう。

「公界」は「一揆」か「世間」か

「公界」については、現在様々な理解が対立している。序論で触れたように、『相良氏法度』第一八条には「公界の論定」「公界の批判」の言葉が登場する。一方『結城氏新法度』には、安良城盛昭が指摘したように「公界」の言葉が五つ登場する。『相良氏法度』の「公界」を「一揆」とした笠松宏至・勝俣鎮夫・網野善彦に対して、安良城はこの『結城氏新法度』を基に反論を展開し、「公界」を〈世間〉[4]だとした。これについて笠松・勝俣・網野からの積極的な反論はない。『クロニック戦国全史』[5]の『結城氏新法度』では、安良城に倣い、この法令に登場する「公界」を〈世間〉とした上で、現代語訳を展開している。

しかし私には「公界」を〈世間〉とする、この安良城学説に異論がある。詳しくは個々の場合に即して述べるが、第二九条に登場する「公界」は「市場法廷」[6]を指し、第四二条の「公界之義」は「蔵方たちの統一した意見」を示していると思うからである。『相良氏法度』第一八条の場合は、相良氏の「大名法廷」に先立って開かれる「市場法廷」である。この「市場法廷」という考えに、安良城との根本的な対立がある。

1 「公界」の登場

「公界」の言葉を含む法令

安良城に従い『結城氏新法度』の中にある「公界」の言葉を含む法令を列挙すると、次のようになる。佐藤進一の『中世法制史料集　第三巻　武家法Ｉ』[7]における事書と『戦国全史』の綱文を順に示す。『相良氏法度』が提供する「公界」の情報は少ないが、『結城氏新法度』には多くの情報がある。

第二九条「間済沙汰事」「解決ずみのことを蒸しかえすことの禁止」

第三〇条「公界寺事」「*公界寺への不当な干渉」

第四二条「忠信者跡負物沙汰事」「忠信者の子孫の借金の減免」

第八七条「公界寺住持事」「家族の者を公界寺の住持にする心得」

第九四条「孝顕之日公界寄合停止事」「政朝の命日の公の宴会禁止」

第二九条の内容を清水は〈内済の案件〉とした[8]。「大名法廷」に対して「内々」の決済としたのだが、これは

「市場法廷」を指していよう。それゆえ市場の裁判所＝「市場法廷」の点で『相良氏法度』と『結城氏新法度』は一致している。第三〇条には「公界寺」が、第八七条には「公界寺」「公界僧」が登場する。『戦国全史』では「公界」を〈世間〉としたことから、「公界寺」を〈一般の寺〉としたが、裕福な「有徳人」である「公界」のメンバー・蔵方たちが、社会貢献として建立して寄進した寺院を指していよう。この二カ条で政勝は、「公界」メンバーの「公界寺」への対応に対して不満や不快を表明している。第四二条の法令は「公界之義」という言葉があるので有名である。第九四条には「公界の活計」「公界寄合」がある。『戦国全史』ではこれを〈世間むきの宴会〉〈公の宴会〉としているが、「公界」のメンバーによる宴会のことで、彼らは流通経済の担い手であり、固定メンバーで構成され、ある時は「市場法廷」を開催し、ある時は定期的に「寄合」を催して、互いの意見交換を行い、その後宴会を開いていたと想像される。ここでは、彼らの行う寄合や宴会を禁止しており、親しい者に対する愚痴・不満を述べるという『結城氏新法度』を貫く政勝のいつもの癖がここでも表れていて、両者の関係は必ずしも良好でなかったことが分かる。

法令の順序が法制定の時間的な順序を反映しているとすると、次に示す第二九条でこの法令集に初めて「公界」が登場したことになる。この時から政勝は「公界」を自分の統治の対象としたのだろう。続く第三〇条に「公界僧」があることはその証拠である。

第二九条「間済沙汰事」「解決ずみのことを蒸しかえすことの禁止」

この法令を、二つの「候」と禁止の言葉「べからず」に注目して、A・B・Cの三つの文に分割する。

一　A間《あいだ》ヲ以テ、何たる沙汰にてもすみたる義、又別之六ヶ敷事に間すみの義、引懸に公界へ申シ出スべからず。B此レ以後前の事迄引かせ間敷と書キ付ケ候。C況んや間之義ゆめ〱叶ウべカラズ候。

この法令の前提となっている出来事とは、市場法廷内部で論争があったために結城氏の下で大名法廷が開かれ、そこで判決が出されたことである。Aは裁判の際の判決の「主文」で、口頭で述べたものの引用であろう。Bの「此以後……間敷」までは、その主文を文字で「書付」けて、法令としたものの中身である。Cは「況や」と「ゆめゆめ」という強調の副詞を除くと「間之義不可叶」となり、A・Bと同じ趣旨を述べたものとなる。

この法令の要旨を佐藤は『日本思想大系21　中世政治社会思想　上』[9]の頭注で〈どんな争いごとでも、仲裁によって決着のついたことを、世間に公表してはならぬ〉とし、清水は前述のように〈内済の案件〉とした。また『戦国全史』の綱文では「解決ずみのことを蒸しかえすことの禁止」としている。〈解決ずみのこと〉を「内済」に当て、〈蒸しかえすこと〉を「「案件」とすること」とするなら、清水説はテーマの要約として優れている。「又別之六ヶ敷事に……」を佐藤は〈すでに仲裁によって解決済みの事柄を、他の解決困難な事件と関連させて、世間に持ち出す〉とした。「間」＝〈仲裁〉説には従いたいが、「公界」＝〈世間〉説には当然異論がある。

〈世間に持ち出す〉とは「世間に公表する」ことだろうか。「世間の口に戸は立てられない」との諺があり、「世間に公表する」とは「積極的に噂をばらまく」の意となるが、それでよいのだろうか。「人の噂も七十五日」で、たいした威力はないと思う。むしろ、「公界への申出」とあることから、一旦内々で解決した問題を、何かの問題にかこつけて、今で言えば「警察」や「裁判所」などに当たる「公の機関」を念頭に置いて、「出るところに出よう」とすること、「公の機関」への出訴であろう。ここで思い出されるのが堺や大湊の「公界」についての小西瑞恵の研究[10]である。

〈寄合の場〉〈会所の建物〉：　小西は、この「公界」は〈あることを処理するために催される大勢の人々の集会〉を意味する「会合」と近く、〈寄合を開く場所としての会所〉を意味するとして、「地下之公界会所」を今の〈堺の市議会場〉に当たるとした。ここからこの場合の「公界」も江戸時代の町年寄の屋敷のような「町の寄合の建物」と考えてよいだろう（これには、後で述べる百年前の神奈川湊の自治を担った「蔵衆」の「談合」も参考になる）。それゆえ、この第二九条に登場する「公界」とは、固定した蔵方メンバーによる寄合の場、あるいはその際の会所の建物を指していることになろう。
鎌倉時代の「雑務沙汰」は、幕府の政所や六波羅探題・検非違使庁などで裁許され、裁許状が交付されたが、他方「売券」の最後に記された「後日の沙汰のため」という文言から、契約を取り交わした多くの市場には「雑務沙汰」のための裁判所が存在し、それが多くの場合「内々の沙汰」とされていたと想定される。それゆえ、「間を以て済みたる沙汰」とは清水の言う「内済」に当たろう。佐藤は頭注でBの「此以後……」を〈この法度制定以後においては、以前の事を例に持ち出すことを禁ずると、ここに書きつける（ここに規定する）〉とした。〈書付ける〉〈ここ〉とはこの『結城氏新法度』を指していよう。「書付け」の言葉は動詞の形で第八二条と第八三条にも登場するが、共にこの『結城氏新法度』を指し、『新法度』が「公界」の内済の重視を決定し、これを取り入れたことを示している。

市場法廷と大名法廷：　以上から結城氏領内には、一方では結城氏とは無縁な「公界」の「内済」＝「市場法廷」があり、他方、その上に立つ上級審として、結城氏の「大名法廷」があったと言えよう。それゆえ結城領内の「雑務沙汰」には二つの方法があり、軽少案件には「市場法廷」が、重大案件には結城氏の「大名法廷」が対応しただろう。この場合の「此以後」は、「市場法廷」からの訴えにより「大名法廷」の下した裁定〈以降は〉の意味があり、「公界」の「内済」を重視した再審請求の禁止となる。「書付け」は「制札」の形で、一般法の一つとして公示されていた可能性もあるが、「裁定」→「制札」での公示→『新法度』への載録という、結城領における制定法の形成過程が考えられよう。

神奈川湊の「蔵衆談合」：　井原今朝男は論文「幕府・鎌倉府の流通経済対策と年貢輸送」[11]において、神奈川湊についての文明年間（十五世紀後半）の長尾忠景書状[12]に「喧嘩闘争以下事者、蔵衆可談合」とあることを紹介した。鎌倉府の管轄下にあった神奈川湊では、それまで「代官」を設置せず「蔵衆」の「談合」＝自治に任せていたが、関銭・浦方にはその「分目」を立てていたのに、地子等の催促に及んでいないので、これからは「代官」を置くとある。この「蔵衆」は品河湊の鈴木道胤と同じ社会層に属す神奈川湊の富有人たちで、井原はこの書状から、神奈川湊は「蔵衆談合」の自治体制から、代官設置へと変化したことが読み取れるとした。「代官」が置かれたことで「蔵衆」の自治が否定されたのではなく、「代官」と「蔵衆」は共存し、棲み分けをしており、「地子」が新たに「代官」の徴収になっても、「関銭」はこれまで通り「蔵衆」の管理下にあったのだろう。一方、長尾忠景書状よりおよそ百年後の『結城氏新法度』の世界は、「公界」の自治がより発展した姿を示している。「談合」の場は定期的な「宴会」にまで発展しており、自治の対象は城下町の「門番・夜警」に具体化したと見るべきであろう。「蔵衆談合」から「公界」の自治がさらにいっそう発展した世界に、前述の小西瑞枝の言う伊勢・志摩や堺の都市の世界[13]があるだろう。

この部の「はじめに」で触れたように、永原慶二は、伊勢の大湊の回船が東京湾の六浦・神奈川・品川等々の港にまでやってきていたとし、そこから相馬の御厨などの下総の内海の世界との交流・交易の存在を主張しているが、『結城氏新法度』のこの「公界」の言葉はそうした太平洋航路との関わりの中にあるのだろう。

2　殿様の財布

第三〇条は本節8「公界寺・公界僧」のところで取り上げるとして、次に第四二条を検討しよう。[14] この法令はこれまで何度も取り上げてきたが、本書での議論の中心に当たるので、再度取り上げる。

第四二条「忠信者跡負物沙汰事」「忠信者の子孫の借金の減免」

一　忠信の跡不如意に候はゞ、「我人ともに」が公界之義にて候。蔵方より三ヶ一本も子分をも許すべし。忠信之間、一向なすまじきと申ス事は、あまり無理に候。よく〳〵両方此分別入ルベク義にて候。

私の考えで変更したところには傍線を施し、また意味を明らかにするために「　」を付けた。この法令は「公界之義」という言葉があるため有名で、佐藤進一[15]・網野善彦[16]・安良城盛昭[17]・峰岸純夫[18]・村井章介[19]らの研究があるが、紙幅の関係もあり、すべての紹介や批評は止めておきたい（村井の研究については本節3で述べる）。この法令の要旨を佐藤は頭注で〈忠義者の子孫だからとて、貧乏を理由に蔵方からの借金を返済しないことは認められない。元利ともに三分の一程度の宥免にとどむべきである〉としている。

「我人ともに」：「我人ともに」のところは、一九六五年の『中世法制史料集　第三巻』では「われ人「　　」」とあって右傍に「ともに？」とあり、三文字分の欠損文字があり、残画によって判読したが疑わしいとして「?」がついている。また一九七二年の『中世政治社会思想　上』の校注には〈「ともに」は推定〉とある。佐藤はその補注で「我人ともに」を〈借手・貸手ともに、つまり金の貸借は公界（世間）的な行為であるから、全額不払いは許されない〉とした。先学は多く佐藤の考えに従い〈「我」と「人」との「両方」の関係が「公界之義」だ〉と解釈している。

一方『戦国全史』は、〈忠信の（者の）子孫が窮乏しているならば、（それをほうっておいては）我々にとって公〈公界〉の問題（として由々しいこと）である〉として、「我人ともに公界之義」を「我々にとっては公・公界の問題」だと理解し、「公界」を村井章介と共に〈紛争解決の場としての「公」の意味[20]〉だとした。「公界」と「蔵方」との関係を見ない考え方である。〈中間法団体〉説に立つ村井は、この考えをさらに拡大して〈「われ人」を〈大名と重臣たちと〉に解析し、そのうえで「公界」を、われ・人の双方が参加して正義を実現すべき仮想空間として位置づけることもできよう〉とした。

しかし私は〈「我人ともに」が「公界之義」〉である、つまり〈「我人ともに同等にせよ」が蔵方たちの主張としての「公界之義」である〉と読んでみたい。それゆえ「我人ともに」は「公界」の言葉として括弧に入り、ここでは意味を鮮明にするために「が」を補った。この法令が前提としているのは、債権の取立ての権利を持つ債権者＝

「蔵方」（＝甲）と、債権者に負い目を持ち、債務支払いの義務を負う債務者＝「忠信の者の子孫」（＝乙）が互いに対立して主張しあう場面である。この「忠信」を佐藤は頭注の要旨で〈忠義者〉[21]と訳した。第二八条では、その子孫であれば何をしても許されるはずだとの勝手な振舞いを問題にしていたが、この第四二条の後半にある「忠信之間、一向なすまじきと申」すこととは、そうした先祖の功績を誇り、何を主張しても許されるはずとする社会的通念を背景として主張されている側面もあろう。事実「不如意」なので払いたくても払えなかったのかもしれないが。

「我人ともに」＝引き分け：法令の最後に「よくよく両方此分別可入義にて候」とある「両方」とは、前半の「我人」を指し、甲と乙である。結城氏が出した「分別」＝結論を納得して〈受け入れるべきだ〉との意味で、「蔵方より三ヶ一本も子分をも許すべし」は結城氏の裁定である。この「本も子分をも」は、諺に言う「元も子もない」と原義を同じくし、〈元金も利子も〉の意味である。後半で「忠信之間、一向なすまじき」と主張したのは、「忠信の者の子孫」＝債務者乙である。乙が「不如意だから〈一向なすまじき＝全額不払い〉」と主張したのに対して、債権者甲は「我人ともに」＝「甲・乙ともに同等に」＝双方痛み分け＝「引き分け」を主張した。

その上で、甲はこれが「公界之義」＝〈蔵方の寄合・合議の結果〉だと主張した。この「公界」を佐藤や安良城は広く「世間」の意としたが、もっと狭く金融業者の「蔵方」の人々が構成する同業者の「寄合」であろう。彼らの寄合での結論が第四二条の「公界之義」で、これは牧健二の言う〈蔵方の内々の法〉＝「座法」の露頭と考えられる。債務支払いに関する争いでは〈元金は支払うが利子は免除〉などの方式もあっただろうが、結城氏は一方では蔵方の寄合の意見を「公界之義」として尊重しつつ、他方では乙の主張をも考慮に入れて「蔵方より三ヶ一本も子分をも許すべし」との判決を出した。

「許すべし」とは「負い目を許すべきである」「債権の支払いは三ヶ一で負けてやれ」の意味で、結城氏は両者の主張の中間を採り「蔵方よりは元・利ともに三分の一だけの要求を許可する」とした。それゆえ、「忠信の者の子孫が困窮しているなら、元金も利子も三分一に免ずるべきである」がこの法令の趣旨となる。[22] 一つの紛争事案の仲裁案を法令に載せたものだが、これが先例・法規範となった。

先に第二九条を分析した際、結城氏の領内の「雑務沙汰」においては「公界」による「市場の裁判」と「大名裁判」の二つがあるとした。大内氏・浅井氏・細川氏の場合、[23]「公界」に対して大名権力は〈共存・交争関係〉にあり、必要悪として存在を認めながら、弾圧を加え、彼らに犠牲を強いていた。これに対して結城氏においては両者の関係は友好的である。室町幕府における政所と納銭方一衆の関係のように、大名権力と蔵方の同業者組合＝「公界」とが特別な関係にあったことを前提として、結城氏として見過ごせない忠信者の子孫の取り扱いに配慮した結果である。それゆえこの法令では、「公界」と大名権力とは信頼関係で結ばれた〈共存関係〉にあり、忠信者の子孫と「公界」との政治折衝により落着点を模索し、政勝は決着をつけた。この第四二条は「公界」の助けを得て、大名法廷の立場から在地慣習法を文書化したものと考えられよう。だからこそ「公界の沙汰」との文言が登場したのである。

政勝と蔵方と忠信者の子孫の三者が顔を合わせたのは、「評定の場」のような公式の裁判の場ではなく、御伽衆との私的な会合の場などであろう。これ以後政勝と「公界」のメンバーとの会合は緊密化し、第八二条「門番夜番次第事」や第八三条「撰銭事」などのように、諮問と答申という形で「公界」の意見聴取が求められてゆくが、その際の会合の場も、メンバーが政勝から「お伽」と呼ばれるような非公式な場が選ばれただろう。ただし、相良氏や結城氏の領内における二つの雑務沙汰の併存状況は平和的ではあったが、この第四二条が示すごとく結城氏は必ずしも「公界」の意見に全面的に従ったわけではなかった。

蔵　方：「蔵方」の言葉は第四一条と第四二条に登場する。法文からこれが質屋・金融業者を指すことは明らかである。狂言の「三人片輪」は、〈有徳人が障碍者を雇うとの高札を立てると、スッパたちが障碍者を装って雇用される。主人が出掛ける際に、それぞれに「銭蔵」「軽物蔵」「酒蔵」を預ける。スッパたちが酒盛りをしている最中に主人が帰ってきて、スッパたちが仮装を取り違える〉というドタバタ劇だが、金融業を営む有徳人が着物を「質物」として預かったのが「軽物蔵」、「銭」を蓄えていたのが「銭蔵」、土倉と同様に酒屋で金融業を営んでいたのが「酒蔵」となろう。

この『結城氏新法度』に登場する金融業者の「蔵方」とは、こうした「軽物蔵」「銭蔵」「酒蔵」などを持つ有力商人であろう。豊田武はこれに対応する「倉預・倉本」を〈荘園制下荘園の農産物を本所や領家に送るために、荘内の荘園庁や津頭に倉庫が設置され、倉預や倉本がその管理を任されていたが、彼らは同時に交易を行い、金融業者にもなり「問」「問丸」へと発展した〉[24]とした。室町幕府は「政所」の内部に土倉を「納銭方一衆」として組織し、取り込んでいた。同様に各大名は金融業者たちを自己の手元に置いていた。室町時代以降、こうした「倉本」は大名権力と親密な関係を築き、御用商人となった。

伊達氏の場合、『塵芥集』第一一〇条の「質屋にて失物の事、蔵方の掟の如くたるべきなり」に対応する法令に「蔵方之掟」が存在する。『塵芥集』は「前書き・本文」「稙宗の署名・花押」「評定衆十二人の起請文」の体裁をとるが、前書き・起請文は『御成敗式目』と一致し、起請文は稙宗の定めた法典を、家臣を代表して評定衆が守ると誓ったものである。これに対して「蔵方之掟」では伊達氏の定めた法典一三カ条を掲げた後に、評定衆六人が処罰文言を記している。宛所は坂内八郎右衛門尉とある。伊達氏の家政機関「政所」の長官だろうか。蔵方の名前は登場していない。

官職名を名乗る商人‥　奥野高広[25]によれば、織田信秀は今川の人質だった徳川家康を奪い、熱田の豪商で羽城の殿様と言われた賀藤図書助に預けたという。御用商人が官職を持っていた例である。今川氏の下には御用商人で、商人頭を務め友野座を率いた友野次郎兵衛尉がいたことが有名である。彼は武士と同様の官職名を名乗っていた。朝廷に献金して、官職を買ったのであろう。天文二十二年（一五五三）に今川義元は「友野座之事」と題した五カ条の定書[26]を出した。第一条は「商人頭」、第二条は「諸役免許」、第三条は「伝馬の事」、第四条は「木綿役」をそれぞれ定めたもので、第五条は「新儀申し懸けの禁止」の定めである。

この「友野座之事」を収める友野興左衛門蔵文書の中に、永禄六年(一五六三)に今川氏真が「肥後守」に宛てた五カ条の定書がある。文書の編者はこれに「諸商売定書」[27]との題を付けた。それは第二条の「諸商売」「新役制止」から来ていよう。第四条には「月迫非分之押買の禁」とあって、意味はよく分からないが売買に関する規定である。第五条のテーマは「代物取引」で「撰」を問題としていることから、両替商のような貨幣の取引や「撰銭」を扱っており、友野座に関わったものということになろう。文書の所蔵者や伝来からも、「肥後守」は友野次郎兵衛尉の縁者であると考えて間違いあるまい。

しかし、「肥後守」宛て定書の第一条が扱っているのは「両国の料所・私領増分」の「停止」で、第三条では「訴人」「糺明」「中付」の言葉があり、どちらも土地の知行に関係していよう。それゆえ、天文二十二年(一五五三)から永禄六年(一五六三)までの一〇年間に、義元没後の今川氏の凋落に伴い、友野氏は商業活動から農業活動に軸足を移したのだろう。

以上の推定から、友野氏は、御用商人でもあった豪商が武士と同様の官職「肥後守」を名乗った事例となろう。ここから、結城領でも金融業者は武士と同様の官職名を名乗り、政勝からは家臣と同様に「各」と呼ばれていた可能性が高い。残念ながら、その具体的な固有名詞や官職名は分からないが。

金融界・流通界に関わりを持つ人が、官職ではなく官位を持っていたケースには、少し古くなるが、次の二例を挙げることができる。保延二年(一一三六)の明法博士勘文[28]は、日吉社の大津神人が上下の諸人に上分米を貸し付けたのに返済されていないとの訴えを天皇に出したことに対して、法家の考えを述べたものである。ここには左方神人六人、右方神人四人、またこれとは別に文書の最後に神人一五人の名簿がある。左方神人のうちの五人、右方神人のうち一人、最後の神人のうち五人が「参位」の有位者であった。彼らも官位を買ったのであろう。この官位も官職と同じく実態を伴わない名誉的なものであった。

笠松宏至が「中世在地裁判権の一考察」[29]で取り上げた応永四年（一三九七）の大徳寺文書の中には、「快潤私領永代売券」という一売券が成立するまでの経緯を示す関連文書が、売券とは別に三通残されており、契約に際し、売手・買手・請人相互間で様々な交渉が存在していたことが分かる。争点は契約不履行の場合の弁償を「本銭」とするか「本銭一倍」とするか、その有効期間を「一期の間」とするか「拾カ年」とするかであり、そのやり取りの過程で市場の慣習法を示す人として「三位上座」が登場[30]する。三位の上座とは、当時の地域社会では著名な人であっただろうが、通称のみで固有名詞は残っていない。

しかし「三位」は事実で、実際に朝廷に献金して入手したものであろう。彼は市場の慣習法を人格的に体現していた。このような人々は、ヨーロッパ中世において金貸し・金融業がキリスト教によって禁止される中で、金融業者・ユダヤ人が「王様の財布」として保護されていたのとよく似た地位にあった。ユダヤ人が一般民衆からポグロムの対象として攻撃されたことと、日本中世社会の金融業者である土倉・蔵方たちが「徳政一揆」「土一揆」の対象となったこととの間には多少の共通性があろう。

3　「各」と「公界」

「公界」メンバーを〈各〉と呼び掛ける法令

『結城氏新法度』には、結城政勝が「各」という言葉で「家臣」たちに呼び掛ける法令が前文のほかに一六例ある。

この「各」に関して佐藤進一は、一九六五年に『中世法制史料集　第三巻』の「解題　八　結城氏新法度」で、前文と一六例の法令を結城氏が〈家中（恐らくは全般ではなく、小範囲の老臣であろう）に諮問の上で[31]〉規定したものとした。その後、一九七二年の『中世政治社会思想　上』の「解題　五　結城氏新法度」でも、佐藤は〈一部の重臣たちに諮問して〉[32]とした。同書の補注[33]44でも、第四四条の「同心に……」を〈結城家の重臣（おそらくこの法度の末尾に連署している人々）へのよびかけである。……その経緯を条文に記述する例は、この条例のほかに82・83条があって、結城氏新法度の特徴をなす〉とし、補注74でも、下妻の説明として、〈下妻は結城の南東に位置し、この法度の末尾の家臣連署にも見える多賀谷氏の拠地で〉としており、多賀谷氏は前文の最初に登場する「各」の一員であると同時に、起請文の連署者の一員でもあるとしている。つまり佐藤は第四四・八二・八三条を重臣に諮問して制定した法令としたのである。

しかし法文上から、㈠明らかに「公界」のメンバーを示しているものが三例ある。それゆえ、㈡「各」に諮問した上で制定された法令の「各」は重臣でなく、「公界」のメンバーを指している可能性がある（詳細は第三節参照）。このほかに、㈢通説の通り家臣・重臣を指すものが「前文」のほか一〇例ある。それゆえ法文上の「各」の言葉を含む法令は、次の三つに分類できる。

㈠「各」が明らかに「公界のメンバー」を指す場合＝三例。第八五条の「各」は、他郷・他国間への大量の物資移送を前提とした上で、荷留をするかしないか、がテーマとなっており、この法令の対象は大商人である蔵方・有徳人だろう。

㈡結城政勝が「各」に諮問し、彼らの答申を待って『新法度』を制定した場合＝三例。㈠のように自明ではなく証明は後に行うが、「公界のメンバー」を指す。

㈢「家臣」を指す場合＝「前文」のほか一〇例。

「各」の文言のある法令㈠～㈢を順に示すと次のようになる。

㈠「公界のメンバー」を指す場合

第八五条「荷留ニ付侘言事」「＊荷留に関する要求の禁止」

第八七条「公界寺住持事」「家族の者を公界寺の住持にする心得」

第九七条「町々要害普請夫役事」「町や城砦などの普請における夫役の怠り」

(二) 結城政勝が「各」に諮問し、彼らの答申を待って『新法度』を制定した場合

第四四条「貸金質取地等他人譲与事」「受取人が他人の場合の遺言状の有効性」

第八二条「門番夜番次第事」「門番・夜番の割りあて」

第八三条「撰銭事」「悪銭の使用禁止」

(三) 「家臣」を指す場合

前文

第二一条「致不弁侘言輩事」「*自然災害を口実とした年貢の滞納」

第二三条「自由縁組事」「結城氏の承諾なき縁組みの禁止」

第三七条「*飛入殺害人の処置は主人に任せ、保護する」

第四八条「*謀反人・内通者への処罰」

第六二条「朝夕寄合酒肴之制」「親類縁者や同僚どうしでの饗応の限度」

第六六条「武具之制」「参陣のときの武具・従者」

第七二条「私之企事制禁事」「結城氏に内密の私的計画の禁止」

第八八条「堂宮立木伐採事」「寺社の立木の許可なき伐採の禁止」

第一〇一条「夏年貢取様事」「*夏年貢の納期」

追加第二条「年始之肴以下新儀望申輩事」「出家した者以外、年始の肴を無心することの禁止」

なお、村井章介はこの(三)の「各」と同じ「家臣」を指すものとして、第六二条の「諸人」と、第六四条（「戯真似戯衣装之禁」「召仕いや足軽の立居・ふるまい」）の「みなみな」を挙げている。

このほか、(二)の「公界のメンバー」を指すものに第九四条（「孝顕之日公界寄合停止事」「政朝の命日の公の宴会禁止」）

の「方々」があろう。

このうち、最初の㈠は第二節2と第四節1で、㈡は第三節でそれぞれ取り上げる。㈢の第七二条は本節で後に取り上げる。㈠のみならず㈡がすべて「公界メンバー」に関わるとなると、「公界」関係法は、本節1に掲げた「公界」文言を含む五カ条よりもさらに多くなり、『結城氏新法度』の中でかなりの数となって、「蔵方」「公界人」「有徳人」たちの社会的な活動の広がりがうかがえる。これらの法令では、「各」に対し政勝は敬語を用いており、結城領内における「公界メンバー」の社会的地位の高さが分かる。

「各」＝「重臣」説批判

「各」には三つの場合があることを上で述べたが、佐藤は「各」を「重臣」とした。これが通説の根拠となっている。佐藤の考えの基本には、第八二・八三条の「各々」への諮問の問題があり、その前提には、『新法度』の起請文に名を連ねた「多賀谷氏」を重臣の一人だとする想定がある。

しかし市村高男は、この起請文の分析を通じて『結城氏新法度』の適用範囲についての新しい考え方を示した。市村によれば、[34] ①『新法度』末尾に連署した多賀谷氏は下妻城主の多賀谷氏の嫡流ではなく、早い時期に嫡流から分かれ、結城氏の家臣団に編成されたもので、②「多賀谷氏」が下妻城主で重臣の一人だとすると、下館城の「水谷氏」、山川城の「山川氏」も入るべきだが、起請文の連署には彼らの名がなく、③起請文の署名者は結城領もしくはその隣接地域の郷・村を名字とする結城氏庶流や譜代の小規模在地領主である、という。そして、多賀谷氏・水谷氏・山川氏は結城氏とは軍事的な同盟関係にあるが、『新法度』は彼らの支配領域には及ばず、緩い連合体を築いていたにすぎず、結城氏の力の及ぶ範囲は「上結城郡」だけだとした。

こうして、「各」＝「重臣」説は覆ったが、それでも「各」は「家臣団」を指すという佐藤説の影響は残っている。これに対する私の考えは既に述べたが、個々の場合については今後、個別の事例ごとに論じてゆきたい。

たしかに「各」には『新法度』の前文や第七二条「私之企事制禁事」のように「家臣」一般を示す用例がある。『戦国全史』ではこれらすべてを、敬意を込めて「そなたたち」との二人称複数形で訳した。しかしこれは、政勝が『新法度』の対象として想定している不特定多数の家臣を、二人称で呼び掛けた際の言葉で、特定の重臣を想定してはいないと思う。それゆえここでは、時代劇風に「各々方」と訳したい。

現在の通説の根拠には、第八一条の武士の商行為・販売行為禁止令がある。この法令について、佐藤は事書で「販事之禁」とし、『戦国全史』は綱文を「家中の侍が販売をすることの禁止」とした。ここから多くの研究者は兵商未分離を導き出し、そこから逆に荷留など商業への武士の関与を主張した。例えば清水は〈結城家の家臣たちは政勝への奉公のかたわらで商業活動にも手を出していた[35]〉としている。しかし第八一条が禁止しているのは小売業であり、荷留は物資の大量運搬に関わる遠隔地間商業であった。商業活動の面では共通していても、資金の規模の面では大きな違いがあり、同一視はできないだろう。

公界と結城氏との接点

結城氏が家臣団のほかに「公界」をも権力の支柱にしていたとすると、「公界」がどのような形で結城氏と結びついていたかが問題となる。第八三条は「撰銭」法であり、「蔵方」をメンバーとする「公界」は室町幕府における「納銭方一衆」のような形で、結城氏の「政所」の下に組織されていた可能性がある。「公界」が結城氏の家政機関の中に制度として組み込まれていた場合である。

このほかに考えられるものは「茶の湯」のような社交の場での面会である。第六三条には、結城氏城内の、出仕した侍の溜まり場である縁側で、他人の悪評や陰口を言ってはいけないとの戒めの後で、「世上の弓馬・鷹・連歌、そのほかあるべき物語」などをせよとあり、「連歌」が当時の侍の嗜みであったことが知られる。ここから、政勝自身が「連歌」を嗜み、社交のツールとして、身分を超えた「連歌」の会を開いていたとも考えられる。よく知られているように、信長・秀吉と堺の町衆とを結ぶものに千利休の「茶の湯」があった。このような社交の場では、身分の隔たりを超えることが約束事であり、心にあることを自由に吐露することが許されていた。ただし、第三〇条や第八七条からは、政勝が上から目線で「公界寺」「公界僧」に対していたことが分かる。これは政勝自身が仏教にかなり深い造詣を持っていたことが背景にあったからだろう。それゆえ、政勝のサロンのテーマには、仏教哲学に関わる「法語」「法談」などがふさわしかったと考えられる。こうした「連歌」や「法語」をテーマとした城内のサロンの場に政勝は「公界」の人々をいざない、打ち解けた話の一方で、領内の様々な問題も語っただろう。

ちなみに、岐阜時代の信長と「連歌」については私の研究[36]がある。駿河・駿東郡の領主賀嶋帯刀は今川義元と対立して国を追われ、尾張の清州にやって来て信長に属した。彼には二人の子供がおり、兄の弥右衛門は武人として成功し、蜂須賀家の家老となり、近世を生き延びたが、弟の勘右衛門は商人として世を過ごした。永禄年間の信長領国は兵商未分離で、一方では信長の幕下に属し、交通・輸送業に携わりつつ、他方では敵地において夜盗・山賊行為をする者たちが多くおり、賀嶋勘右衛門はこうした夜盗的な商人であった。彼は永禄八年には信長から、「町次諸役」や「俵物」「馬荷物」の「商売」を「免許」された判物を戴いており、私はこれを岐阜攻略に関わった政商としての活躍を信長が認めたものとした。その後、岐阜の町年寄となり、酒屋を許可され、御伽衆の一員として連歌の時は必ず岐阜城に呼ばれたとある。

「各」の両義的存在説

村井章介は「「新法度」にみる戦国期結城領の構造[37]」の「三　結城領の人的構成」で「各」を取り上げた。私のように「各」を「家中」「重臣」やそれ以外の「公界」のメンバーと考えないことから、「各」は法の定立主体の一翼を担い、同時に家中一般として法の規制対象にもなる両義的存在で、二重性があるとしている。村井は「各」についての考察を次のようにまとめている。〈要するに「新法度」は、「各」に対し「心得」をさとすという形式をとりつつ、「各」も参画して定立された規範が、「各」の二重性を媒介に、家中全体の規範に拡張されてゆく、そうした意味で「家中法」なのであった〉と。しかし、法の定立主体はあくまでも結城氏であり、『新法度』は、結城氏が「公界」の合議の助けを借りつつ上級審の立場から在地の慣習法との間で調整を行った「領国法」としての側面を持つとする私の立場からは、この二重性の主張には従えないことになる。

なお、村井は「八槻文書」にある「親類中・年寄之面々・家風之者共」から、「家風之者共」と区別された「親類中・年寄之面々」を『新法度』の「各」に対応させたが、むしろ『新法度』第二条の「親類・宿老」に対応しよう。

村井章介の「中間法団体説」批判

村井はこの論文の成果を踏まえて、三五年後の論文「「公界」は一揆か、公権力か」において、法定立の一翼を担う「親類・宿老」からなる「公界」を、新たに〈中間法団体〉[38]と定義し直し、さらに『結城氏新法度』第四二条の分析から、「公界」を〈大名と重臣たちの双方がそれぞれのポジションから意見を言いあう場、正義を実現すべき仮想空間〉とした。この主張の前提には「公界」を、結城家家中の重臣たちの組織で、侍層全体の利害の代表者と見なすということがあった。その上で、村井の主張では、大名と「公界」の間には共同体的な親しい関係があり、彼らは忠信者の子孫の経済的困窮には援助の進言をするなど、思いやりに溢れていたことになる。

村井は結城氏が家臣団に対し専制的な支配を試みていたとは見ていない。当然のことながら、政勝理解も、「公界」理解も、私とは異なっている。「公界」とは何かを考えるには、第二九条「間済沙汰事」や第四二条「忠信者跡負物沙汰事」がよい事例だが、この二つの法令については既に論じた。第四二条に関して村井は「公界」と権力との間の〈区別と一体性〉を強調するが、そこでは、「親類・宿老」からなる「公界」と「公権力としての公界」の二重性の主張となっている。しかしこれは、「各談合」「我々談合」「下々談合」の言葉を持つ『結城氏新法度』

第七二条の法の主旨と相容れないと思う。それゆえ次にこの法令を取り上げて分析したい。

第七二条「私之企事制禁事」「結城氏に内密の私的計画の禁止」

この法令は「候」で文が終わるところが四つと、「すべからず」の強い命令で終わるところ一つからなっているので、法令を五つに分け、それぞれの始まりにAからEを振った。

一　A身が為に善き事にても、身に知らせず、我々間にて企ち事すべからず。B何と心には善き事と各談合とは思ふべく候共、突き破るべく候。C其ノ故者、一度下々にて我々談合を納得し候はゞ、此レ以後は、若き者共主もなき所にて事たくみ候如く、善き事をも悪しき事をも、披露なしに談合ヲ致シ、我儘に事をなすべく候間、何ヶ度も下々談合之事をば、吉事をも突き破るべく候。D後々ニ於モ此ノ分、心得ラルベク候。E何ヶ度も内々ニ披露ヲ致シ、其ノ上ニ於テ其ノ調尤モニ候。

佐藤はこの法令の要旨を〈私の相談事は一切厳禁する。すべての企ては結城家へ内々披露した上で進めよ〉とした。この法令で注目すべきことは、Aに登場する「我々間」での「企ち事」をBでは「各談合」、Cでは「我々談合」「下々談合」と三度にわたり言い直していることである。これを〈相談事〉とした佐藤の解釈に注目したい。またBの「各」を佐藤は頭注で〈家中の者たち〉とした。この理解にも従いたい。そして佐藤は「身が為に……」を〈たとえ私(法度制定者結城政勝)のためによいことであっても、私に知らせず、家中の者たちが内密に企て事をしてはならぬ〉としている。

相談事とは問題解決を課題として、あるテーマを持って関係者が顔を合わせて話し合うことである。一方、第六二条「朝夕寄合酒肴之制」の「寄合・酒盛り」の場合は、複数の人が集まっている点では共通するが、親しい者たちが顔を合わせることそれ自体が目的で、課題解決を目的としたものと懇親目的のものとでは、会合の性格が異なっている。こうした寄合を前提として、喧嘩の際の合力などは行われたのであろう。ここでは「談合」「企て事」

の中身が問題である。第五八条の土地の境界争いの場合は、近隣の領主たちが集まり、そこでの談合＝「近所の儀」で問題を解決することが、この時代の慣習法的な問題解決法であった。

しかし政勝はこれを否定して、〈折半〉か、結城氏による〈没収と別人への給付〉かの二者択一を人々に迫っており、結城氏の専制的な姿勢が露わである。この法は領主たちの慣習法的な談合＝「企ち事」を否定し、その原則の一般化を図ったもので、法令の中心は「私の談合の禁止」にある。ヒントとなるのはこの法令の置かれていた位置である。清水は第六六条から第七一条までを「戦争」とした。それゆえこの「談合」＝「企て事」の中身は「戦争」に連続し、結城家によいことだとして勝手に敵地に赴くことである可能性がある。とすると、これは本章第二節1で取り上げる第二七条やその再令の第九八条と重なってくる（これは第五章三節2・3でも取り上げた）。第二七条は、命じられてないのに敵地に出掛け「女の一人も取るべし」と思い「草・夜業」などをすることで、第九八条は、結城氏に断りもなく領外に出掛け「夜盗・朝駆け・荷留」等の略奪を企てることである。本条では「心には善き事」と思って、つまり政勝を忖度した「談合」を行っても、一度下々が談合を行うと、「よいことでも悪いことでも」一般に「下々の談合」を誘発し、それが「若き者共」の「我儘」にまで発展するとして、Eで結城氏は自己への「内々」の「披露」を命じている。つまり、「我儘」なやりたい放題の私戦を禁止し、「外征には結城の許可が絶対に必要だ」としたのである。

Cの「一度下々にて……」を佐藤は〈一度下々の者同士の相談を容認してしまったら〉とし、その次の「何ヶ度も……」も〈下々の相談事は、たとえよいことであっても、何度でもその計画を破壊するであろう〉としている。「下々の談合」は「我儘」に帰結するとして結城氏は否定的に評価し、「結城氏に何度も内々に報告し、調整せよ」としたのである。『戦国全史』は「我々間にて企ち事」を〈（家臣が）自分たちの間（だけ）で計画をたて〉る事としている。ここに「突き破るべく候」が二度登場するが、『戦国全史』は〈つぶしてしまうことにする〉〈何回でもつぶす考えである〉と訳している。

なお、Cの「此以後は」が「この法令発布以後」の意味であり、第四二条よりも時間的に後に定められたと考えられる第七二条の時点を、仮に指すとしても、既に第四二条の時点で法の裁定者として現れていた結城氏の権力を、さらに推し進めたことになっただろう。第四二条から明らかなように、「公界」のメンバーは「蔵方」と呼ばれる金融業者が中心で、彼らは定期的に「寄合」を開き「公界の沙汰」を行うこともあった。この第四二条において、結城氏と「公界」とは信頼関係で結ばれた〈共存関係〉にあったが、この法令自体、結城氏が忠信者の子孫の取り扱いに配慮しつつ、「公界」との交渉を踏まえて、あくまで上級審の立場から定立したものであった。

一方、清水克行は、この法令のテーマを「報告」[39]とし、法令の中心は結城氏への「報告」にあるとした。また、藤木久志[40]は、ここで結城氏は「下々談合」「我々談合」「各談合」を禁じ「身に知らせず、我々間にて企ち事すべからず」と定めたとした。しかしその上で、この法令からは〈「公界の沙汰」「公界の批判」に類似の在地的な自裁慣行の濃厚な存在と、それにたいする法的規制の傾向をうかがうことができる〉ともした。この場合の「公界の沙汰」とは村井の用語と同様、大名権力と区別された在地領主たちの連合体による一揆談合となる。問題は「下々談合」に自治・自立・自裁の性格があったか否かである。

ここではどんなことでも「報告・連絡・相談」せよとあるが、実際には言葉とは逆の「自裁慣行」が存在していたのだろうか。私が想定したように、問題となっているものが外征・略奪などの戦争行為だとすれば、自治・自立・自裁の性格はあっただろう。結果についてはリスクを伴うが自己責任となっただろう。しかしこうした動きが野放図に拡大すれば、結城家としてのまとまりは失われ、戦国大名としての結城氏は解体する。だから禁止をして、報告を強制したのである。たとえ藤木の解釈に従っても、この条文は「私の談合」の規制令で、結城領内では村井の言う〈中間法団体〉の慣行は承認されていないことになろう。

第三章六節で第八四条を分析した際に述べたように、政勝の統治方針は専制支配の貫徹にあり、闕所地給与の場合、結城氏は本家・分家関係や「近所の義」という現地の慣行を否定し、結城氏への忠信を軸に給与を宛行い、

〈中間法団体〉の存在を認めなかった。松本新八郎説に従うなら、結城氏と家臣の侍との関係は「地主」「作人」関係であり、政勝は侍の土地所有権を取り上げ、地代の納入を強制し、侍層全体と厳しく対立したはずである。それゆえ、たとえ「公界」と「権力との一体性」があっても、それは「報告・連絡・相談」の中でのことで、村井の〈中間法団体〉説は成立しない。

次に、『結城氏新法度』の「負物法」について検討したい。

4 負物法の概観

清水克行は、第三九条から第四六条までの八カ条のテーマを、一括して「貸借・売買」[41]とした。これらは「負物の沙汰」に関係したもので、金の貸借・売買・質入れ等に関わる法令＝「貸借法」としてまとまっている。ちなみに伊達氏の場合には、この『結城氏新法度』の「貸借法」に対応するものに、『塵芥集』の第一〇六条から第一二〇条までの〈貸借関係法のまとまり〉と「蔵方の掟」一三カ条がある。

この「負物法」「貸借法」を次に掲げる。

第三九条「負物沙汰事」「借金をめぐる争い」
第四〇条「売地請返事」「永代売りした土地の買いもどし」
第四一条「蔵方質入地事」「質物の請出保証」
第四二条「忠信者跡負物沙汰事」「忠信者の子孫の借金の減免」
第四三条「負物沙汰可依證文之事」「証文のない借金」
第四四条「貸金質地等他人譲与事」「受取人が他人の場合の遺言状の有効性」
第四五条「親負物可懸養子事」「親の借財に関する養子の返済義務」

第四六条「以他人令相続罪科人名跡時不可懸先主負物事」「断絶させられた先主の債務返済義務」

前章第六節で取り上げた「質取法」は契約の事実を前提として認めた上で、その支払いに関わる債権・債務の紛争に関する法だったが、第三九条は貸借契約の不履行と契約状の無視に関わるもので、前半では債務者からの契約の無効が主張されている。この「貸借法」には、根本の契約自体の有無に関わる争いに関係するものが多い。第四〇・四一条の初めには、共に「持たる所」の言葉があり、土地の売買や質入れを問題としている。第四〇条では永代売買と本銭返しの分離を謳い、第四一条では質入れの原則を「無年期請戻特約付本銭返」とし、質流れを禁じている。第四一・四二条には金融業者の「蔵方」が登場する。第四二条では貸借契約に対し忠信者への超法規的措置を要求している。第四三条は証拠も無いのに言い掛かりをつけることを問題としている。

第四四〜四六条の三カ条は〈負債・借金の相続〉がテーマである。第四四条「貸金質地等他人譲与事」は「諮問」「答申」「各」の三点セットがあり、本章第三節で第八二・八三条と共に取り上げる。第四五条「親負物可懸養子事」は既に第五章一節1「名代＝養子相続の場合」で、第四六条「以他人令相続罪科人名跡時不可懸先主負物事」は同章第二節1「家の取立て」で取り上げた。これらは結城氏と「公界」のメンバー・「蔵方」とが近しい関係にあったことを前提とし、結城氏と「公界」との協議を経て法制化されたもので、「公界」の「慣習法の露頭」と位置づけられる。

以上から、ここでの我々の課題は第三九〜四一・四三条となる。なお、第四五条も第四二条と第四六条との比較のためにあらためて取り上げることとする。

穏当な法と不穏当な法

相続に関係する第四四条から第四六条を穏当なものとすると、第三九条の「負物沙汰事」には「以外之悪逆人」との不穏当な言葉が二度登場し、また「盗みたる同然」の言葉も登場する。第四三条の「負物沙汰可依證文事」にも「言語道断の盗人」とあり、判決を申し渡す際の結城政勝の激しい感情表現が残っている。だが、そもそもテーマ自体が常識外だったのである。蔵方たちの形成している流通・金融の世界に新たに家臣団が参入してきており、この「負物の沙汰」とは、そうした新参者が金融・売買関係へ参入して、不穏当な所業に及んでいることに対する法なのだろう。「公界」と家臣団との接触・影響が問題となっている。

第三九条には「ありありと書き渡し」、第四〇条には「其状之文言に」、第四三条には「証拠状」、第四四条には「書立をなし」「言置き状書き渡し」「書き渡し」「可加書候」「状」「証文」などとある。『結城氏新法度』では、金の貸し借りには証拠となる「文書」を伴うことが前提となっており、金銭貸借に関係する契約は文書によってなされていたのである。文書を前提とする限り、契約文書に関わる訴訟は起こるはずはなかった。起こったとしても、契約文書を作成した市場で問題の解決が図られたはずである。それゆえ、ここで取り上げているのは、市場法廷では解決困難な問題が大名法廷に持ち込まれた場合となる。

第三九・四一・四三・四四条の四カ条には共に「代貸し候」の言葉があり、第三九条にはこれとは逆の「人の代借り」がある。『国語大辞典』には「代」の意味は〈①かわりとなるもの。代用。②あるものの代わりとして支払う、または、受け取る金銭や物品。代金。代価（だいもつ）また、抵当。かた〉とある。また質流れをテーマとした第四一条の後半には「代貸し（候ヵ）」が登場しており、「代貸し」「代借り」には抵当を伴っていたのか、との疑問が生まれる。第四四条「貸金質地等他人譲与事」では、遺言の二つのケースとして「誰に代を進む」と「屋敷・所帯質に取り候を進む」とが明白に区別されている。ここから、金の貸借と質入れとは明白に概念を異にし、「代貸し」は担保なしの信用に基づく金の貸借だったと言える。それゆえ、『結城氏新法度』における「代」とは、先学が明らかにしたごとく「金銭」そのものを指し、「代貸し」とは「担保物件なしの信用に基づく金銭の貸借」となる（ただし、『結城氏新法度』の第四一条後半には欠字があり文意不明なので、この部分の解釈は保留し、今後の研究に俟つよりほかない）。ここから、「人の代借り候」人は「債務者」を意味し、「代貸し候」と主張する人は「債権者」となる。

5　家臣団との接触・浸透

本節1で、第二九条は「市場法廷」を政勝が自己の保護下に置いたことに基づいているとした。ここでは、第三九条以下で、結城の家臣たちが蔵方の習俗の影響を受けて、貸借・売買の世界に乗り出していた様子を考察したい。なぜ影響を受けたのか、この『新法度』からは、その理由を窺うことはできないが、一つの仮説を立ててみたい。その根拠になるのが第三九条である。

第三九条「負物沙汰事」「借金をめぐる争い」

一　負物の沙汰、人の代を借り、なすまじきと申は、以外《もつてのほか》ノ悪逆人たるべく候。殊に代借り〔候て、借状を作成し、借状に〕あり〳〵と書キ渡し、けまぎれ候儀者、盗みたる同前《同然》に候。さて又人に代貸し候とて、慮外ノ非分の勘定、利勘をかんがへ、狼藉に事なし候儀者、是又以外之悪逆人にて候。たゞ貸手の損なくばすむ義にて候。

欠字部分には佐藤の頭注や『戦国全史』から私が考えたものを〔　〕で示した。この法令の最初には「負物の沙汰」とある。佐藤はこれを頭注で〈貸借の争い〉とした。しかしこれは、以下七カ条の「見出し」であり、「負物法の通知」である。第一一条の初めにも「盗み沙汰」、第七三条には「荷留の沙汰」とあるが、これらは「盗み」や「荷留」に関連する法の通知を意味している。これらと同様、この法令より後ろの七カ条、第四〇〜四六条の「負物沙汰」が借金に関わる債権・債務関係として、市場法廷で争われ、そこでは手に負えないとして、結城氏が民事裁判＝雑務沙汰の大名法廷を開き、そこでの裁定を経て、七カ条を一緒にしてこの『法度』に再録したことを示しているのである。

七カ条の個々の分析は後で行うとして、ここでは第三九条を取り上げたい。第三九条は大きく見れば前半A・Bと後半Cに分けられ、前半は初めの部分「人の代を借り……以外之悪逆人たるべく候」Aと、次の「殊に……盗たる同前に候」Bとに二分すべきである。AとCには「以外之悪逆人」との罵倒の言葉・罰が、Bには「盗みたる同然」との刑罰がそれぞれ登場している。どちらも極刑の「死刑」を意味した。

市場法廷で持て余したのは、Aの場合の債務者側の「なすまじき」=〈返さない〉との主張である。借りたものは返すのが常識だと思われるのに、Aではなぜ「なすまじき」と主張できたのだろうか。負債人の家臣はなぜ強気にも〈返さない〉と主張したのか。その前提には、年貢米の貨幣化に関する家臣団と蔵方との契約があっただろう。江戸時代の「札差」のように、蔵方が年貢米を預かりそれを貨幣の形で家臣に配分する仕組み[42]が成立し、個々の家臣と蔵方との間に、手形の取り交しという制度が介在していたからだろう。年貢米は夏と秋とに何度にもわたり「郷」毎に徴収され、米の金銭化は「郷」の代表者「成敗」と契約を結んだ蔵方に依っていた。これは家臣と蔵方との契約とはいえ、私的な貸借関係とは次元を異にし、結城氏の主従制の根幹に関わり、個々の家臣が介入できない「聖域」であった。だから結城氏は違犯者を「以外之悪逆人」として、死刑を宣告したのである。問題の貸借は信用に基づき、抵当物件の移動を伴わないが、それは債務者が毎年の年貢収入を保証された武士で、債権者が年貢収入に関係する蔵方だったからだろう。

Bの「殊に」直後の「ありありと書渡し」を、佐藤は〈明白に借書（借金証文）を作成して貸方に渡しながら〉とし、「けまぎれ」を〈紛らかす・ごまかす、の意か〉とした。〈借金をした場所〉、〈借書作成の場所〉、〈借書取交しの場所〉、〈返済要求の場所〉、〈トラブル発生の場所〉はすべて市場だが、市場法廷で手に負えないとして大名法廷に持ち込まれた。この場合も市場法廷で持て余したのは、Bの債務者が「けまぎれ候」だからである。借金証書を作成しながら、なぜごまかせるとしたのか。新しい制度の下で、個々の家臣たちには毎年蔵方との契約を結び、「手形」の発行がなされた。米相場によって支給される金銭の額は変動したが、「手形」の基本は個々の家臣の「本分限」に関わり、結城氏の政所が管理していた。家臣たちのうちにはこの「手形」を根拠に、借金返済をごまかせると理解した者があったのだろう。これも結城氏との主従制に関わり、家臣にとって「聖域」であった。だから、結城氏は「盗人同然」と、死刑を宣告した。

「さて又」以降が後半部である。Cの「慮外非分の……」を佐藤は〈非常識・不当な計算をなし、利息勘定を専らにして、暴力をもって取立てをする、の意か〉とした。ここに登場する暴力をもって暴利を追求する暴力沙汰の金貸は、社会的には歴史を超えた普遍的な存在であろうが、結城領内では例外的な存在で、蔵方をまねた家臣の行う「素人の金貸」の場合だろう。家臣の一人一人が蔵方と接触し、その影響を受けて、模倣したことがこの法令の根拠にあろう。最後の部分を『戦国全史』は〈ただ、貸し手が損にならなければ、それでよい〉としたが、これは暴利の禁止である。

全体として、蔵方たちの活動に直に触れ、それを模倣しようとする家臣たちまで現れてきて、それが不穏当なものになってゆくので、政勝は「以外之悪逆人」や「盗みたる同然に候」という激しい言葉でこれを禁止したのである。

6　負物法の分析

本節2で検討した第四二条を除いて、ここでは次に第四〇・四一・四三・四五条を順に分析して行こう。

第四〇条「売地請返事」「永代売りした土地の買いもどし」

一　持たる所、人の方へ売リ切リの状渡し、其ノ身ニ分限出デ来リ候て、請ケ返スべきと申シ〔候は曲事の〕義にて候。但シ、其ノ状之文言に、何時にても又請ケ返スべきと、手堅く定メ候ては、返間敷《かえすまじき》と申もの、曲事たるべく候。

欠字部分は佐藤の推測を基に、私が考えて〔　〕で示した。佐藤は頭注で「売切の状」を〈土地永代売の売券（売渡状）。これに対して、買戻しの特約付きのを本銭返（本物返）売券という。以下の文に「何時にても又請返べきと手堅く定候」というのが、それである〉とし、「其身分限出来候て……」を〈後日財産ができてから、買い戻したいと言うのは〉として、〈その下の欠字（七字分くらい）部分は、前後の文意より、認められない、不当である、などの否定表現と推測される〉とした。土地の売買に〈永代売買〉と〈本銭返し〉という二つの形式があり、その区別を明確にせよとの穏当な命令となる。『戦国全史』では次のように現代語訳している。

自分のもっている土地を他人へ永代売りするという売券を（買い手に）わたし、後日財産ができて、買いもどしたいと申しでるのは［　］（認められない）。ただし、その売券の文言に、「いつでも買いもどせる」ときちんと決めておいたならば、（買いもどしの要求に対し）「返さない」などという者が（いたら）、それは不法である。

〈土地の売買契約をした場所〉や〈売券の作成の場所〉、〈本銭返しだからとして返還を要求した場所〉は共に市場であり、永代売買か本銭返しかの判断を市場法廷ができず、トラブルになった場合に、大名法廷に提訴された。結城氏は契約状を守れという、民間の法＝「公界の沙汰」を守るように法を制定している。

第四一条「蔵方質入地事」「質地の請出保証」

一　持たる所不辨のまゝ蔵方に質にをき候。有時《ある》分ニ請ケ返スに、蔵方より、久ク置き候、流れ候などゝて、請けさせぬ、蔵方のあやまりにて候。何年過候とも、質ならば、請けずして叶はぬものにて候。とかく申べからず。同人女男代貸し〔　　〕同前たるべく候。

佐藤はこの法の要旨を〈窮乏のゆえに、自分の土地を蔵方に質に入れ、後日金ができたので請け返そうという段になって、蔵方が質流れと称して請けさせないのは、蔵方の非である〉とした。法令の前半部分の解釈としては問題あるまい。しかし問題は欠字部分を含む後半である。佐藤は、「同人女男代貸し……」を〈五字分くらいの欠字があって、文意明瞭でないが、「誰か男が妻を質に入れて借金した場合も、以上の規定と同様である」という趣旨かと推量される〉とした。一方『戦国全史』は〈女や男を借金のカタに質取した場合も同じことである〉と断定している。だが、欠字部分を「代貸し〔候〕……」とすれば、「人・女・男」の一般人が債権者で、〈どんな人が債権者になっても同然〉となる可能性が出てくる。難解であり、今後の研究に俟ちたい。

この場合の質入れは「本銭返し」で、『相良氏法度』〈為続法〉の「買免」の場合と同様の「無年期請戻特約付」であったとなる。しかし相良氏の場合は次の〈長毎法〉で質入れに年期の記入が制定された。『結城氏新法度』の成立が弘治二年（一五五六）で、『相良氏法度』〈長毎法〉の成立を仮に永正九年（一五一二）としても、関東平野の中心で水陸交通の要衝に立地する結城の方が肥後の球磨盆地よりも経済制度的に遅れていた、となるのだろうか。

第四三条「負物沙汰可依証文事」「証文のない借金」

一　証拠状などもなく、無手に人に代貸し候など言懸り候はんは、際限なき事にて候。又、状いれて〔知ら〕ぬと申も、言語道断の盗人にて候。よく〳〵心得ラルベク候。

二字の欠字は佐藤の考察に基づき、私が補い〔　〕で示した。佐藤はこの法で「負物についての裁判」が問題になっているとして、事書に法文上にない「負物沙汰」の語を加え、要旨を〈借書（借金証書）その他証拠文書もなしに、むやみと誰々に金を貸した、それを返せなどと請求し、裁判沙汰になるのは、認められない〉とした。語句としては「無手に」を〈思慮なしに、むやみ、やたらに〉としている。法の主旨は、証拠となる「状」が大切で、証拠がないのに「貸した」と言い掛かりをつけることも、証拠があるのに知らないとして文書を否定することも盗人同然だとし、契約は文書＝「状」に依ること、契約を守るべきことを命じている。言い掛かりをつけている場所は市場で、「代貸し候」と主張している者はもともと市場法廷に提訴していたのである。

そもそも契約とは信用を前提としているが、契約を取り結ぶまでにはいろいろな手続き・約束事が付随していた。本契約を取り結ぶ前に、仮契約があり、「手付を打つ」こともあった。そこに至るまでに仲介者や保証人の登場もあった。契約状の相互確認は大切なプロセスである。本契約を取り交わすことを「手打ち」と言い、契約状の取り交わしの後に「手打ち酒」の飲み交わしという儀式を伴うこともあった。「ホオズキ市」「羽子板市」「熊手市」などでは三本締めの拍手があった。酒にしろ、拍手にしろ、神の来臨を意識したもので、信用を補強する仕掛けである。

佐藤は「状いれて……」を〈欠字があって、確実に意味をとらえがたいが、借書を貸手に渡して、金を借りながら、借金した覚えはないと主張する者のことではあるまいか〉とした。この考えに従うなら、欠字の「状いれて□□ぬと申も」は「状いれて（知らぬ・覚えぬ）と申も」となるだろう。『戦国全史』はここのところを〈「返済しない」と言いはるのも〉としている。私は佐藤の考えを容れて、この二字の欠字を「（知ら）ぬ」と補った。

〈証拠もないのに債権者だと名乗り「言い掛かり」をつけてくる場所〉も、〈証拠状があるのに返済しないと言い張る場所〉も、要するに〈貸借に関わるトラブルの場所〉であり、多くの人の集まる市場であろう。その市場法廷では手に負えない問題について、政勝は大名法廷において原則を定めたのである。「言語道断の盗人」とあるので「盗人の罪科」＝「死刑」だろう。「よく〳〵可被心得候」との添付語は、政勝がこの法を重視していたことを示している。契約状を無視している点では第三九条に準じている。

第四五条「親負物可懸養子事」「親の借財に関する養子の返済義務」（前掲一五八頁）

第五章一節1で見たように、佐藤はこの法の要旨を〈親の借金は子にかかるというのが古来の原則である〉とした上で、〈他家から入って家の跡つぎになった養子の場合は、やはり親の借金を引き受けねばならない〉とした。

〈債権者が養子に借金の支払いを迫った場所〉は市場で、ここで結城氏は〈民間法に依るべし〉と命じていた。

第五章三節2「「削る」」で取り上げた第四六条もまた「親の負物を子は受け継ぐべきだ」との考えが前提となっており、極端な例として「人を殺した」ことで「削られた」者の家名を結城氏が再興させ、「以他人其名跡立て候」ケースがある。この場合は、養子として家を継いだのではないから、債務は引き継がないとあった。

本節2で見た第四二条も「親の負債の継承」がテーマであった。親が「忠信者」であったことを理由に、負債の全面免除・不払いを主張する子供と、債権者「蔵方」とのトラブルが問題となっていた。この場合は「蔵方」は質屋で、担保なしの信用貸しをし、結城氏は両者の主張の中間を採り、三分の一の支払いを命じた。

総じて「相続法」においては、結城氏は民間の法・慣習法を保護する立場に立ち、家中の家臣団の行う債務関係事案に対する厳しい対決姿勢とは明白な対照をなしている。

7 公界と家臣団との峻別

負物法が出てからどれだけの時間が経ったのであろうか。第八一条では、家臣が流通・金融活動に手を伸ばすことが禁じられたように思われる。

第八一条「販事之禁」「家中の侍が販売をすることの禁止」

一 何にても、販いたし候はん事、無用と触れさせ候処、或は指南之者、又は悴者・下人等、又我々屋敷に置き、殿を建てられ、我々屋敷にて何事いたし候共、たが狼藉すべく哉、唯内々いたし候へなどゝて、法度をおすよし堅ク聞キ及ビ候。是者然ルべカラズ候。明日にも、何ゝてもいたし候はん事無用と言イ付ケ候に、いたし候はゞ、下人共放してたて、たが屋敷へも押し込み、きつくをし散ラスベク候。心得の為に、前長に申シ置キ候。

佐藤は補注で「或は指南之者……」を〈自分自身は商売をしなくとも、自分の配下の指南の者や悴者・下人等を各自の屋敷内に置き、屋敷内に殿（商売上の建物？）を建てて、「自分の屋敷内で何をしようと、誰が暴力で止めだてできるものか。ただ内々に商いをせよ」などと言って、法度を押す（まげる、背く）との聞えがある。甚だ怪しからぬことである。一切の商い無用と命じて、なおかつやる者があったら、早速下人どもを屋敷内に乱入させて、厳しく解散させるであろう[43]〉とした[44]。

後述する第九八条からは、「当方の下人・侍・里の者」が他領で「ねらい夜盗・あさがけ・草・荷留・人の迎い」などの多様な略奪を行ったことが知られ、略奪後はおそらく領内で分捕り品を販売しただろう。武士の周辺に属す「指南之者、悴者・下人等」が商いをするあり方は『相良氏法度』第三九条[45]にも確認できる。そこでは、行商人に対し〈営業税「なしか」を納めよ〉とある一方、商人側は「何がしの被官」だとして納入逃れを主張していた。この場合の「何がし」とは「スッパ・ラッパ」の親分だろうが、戦国の世を考えれば、大名の影響下の家臣＝「武士」となろう。武士とその周辺の人たちの多様な活動の可能性は高く、兵商未分離は不思議でない。『三河物語　上』の「初代親氏」には「夜ハカセギカマリ[46]、昼は此方彼方のはたらき[47]」とあり、『下』「忠教の述懐と子孫に対する教訓[48]」では「譜代衆の境遇」を次のように述べている。

さて又、我子共、物を聞け。親氏之御代に、三河国松平郷へ御座被成てより此方……野に臥し山を家として、かせぎ・かまりをして、度々の合戦に親を打死させ、子を打せ、伯父・甥・従兄弟・再従兄弟を打死させて、御奉公を申上、それのみならず、女子眷属共に、麦の粥、粟稗の粥を食せ、其身もそれを食いて……只今は御前へ可罷出力もなければ、行方もなき人之譜代と成、一季奉公をして世をめぐるも有り、御走奉公するも有、担商をして、鰯・田作を売て世を送るも有。

ここには、譜代衆が「人の譜代」「一季奉公」「御走奉公」のほかに、「鰯・田作」の振売りをして世を送ったとある。

しかし『結城氏新法度』で政勝が強調しているのは、兵商未分離の実態ではなく、政勝の意志としての、武士による一切の商業の禁止、兵商分離の強制である。これは「はじめに」で述べた『結城氏新法度』の家訓的性格とも関連して、家中の侍に対する規範・マナーの設定とも共通していよう。また第三章一節で述べた「草」・夜盗・群盗と結城の家臣団や領民との分離令とも共通して、結城政勝が志向していた〈身分制的な秩序〉制定政策の一環だと考えるべきだろう。

それゆえ前述のように、兵商未分離を前提として、「各」を商業活動にも参加している「家臣」だとする通説には従うことはできず、「各」は「家臣」を指す場合の㈢と、「公界のメンバー」を指す場合の㈠㈡とを区別すべきであろう。本条が問題としたのは小売業なのに対して、第七六条等が問題とする荷留は大量の物資の流通に関わる遠隔地商業であり、同じ商業と言っても資金の規模の点で大きく異なっているから、同一視することはできない。

8 公界寺・公界僧

本節1で触れた小西瑞枝の研究を踏まえて「公界」を〈蔵方の寄合〉〈会所の建物〉とすると、『結城氏新法度』の「公界」が統一的に理解でき、「公界」と公権力との関係という多くの研究者を悩ましてきた難問も解決できよう。

「公界」の言葉は、第三〇条「公界寺事」・第八七条「公界寺住持事」では「公界寺」「公界僧」として登場する。佐藤は頭注で「公界寺」を〈個人の私的支配下にある氏寺以外の、パブリックな存在としての寺院〉としたが、これは、蔵方・金融業者が「有徳人」＝名望家としての社会的な承認を求めて「諸寺・諸庵・諸房」などの寺院を建立したものだと考えられる。その寺が「公界寺」で、そこの住持が「公界僧」である。

これらの法はこの蔵方の振舞いに関わっている。寺の建立は公共物としての喜捨のはずなのに、蔵方の側には私有の論理が働き、そこに自分の子や兄弟を送り込もうとしており、結城氏は寺の退廃を問題とした。有徳人である彼らが、一方では名望家になるために寺院を建立して社会的な名声を確保しながら、他方、人の子として家族の愛情に引かれており、結城氏はこれを苦々しく見ていた。両条には「腹筋痛き」の言葉が登場している。

第三〇条「公界寺事」「*公界寺への不当な干渉」

一　諸寺・諸庵・諸房共に公界寺、我々建て候氏寺のごとく、或は子を置キ、兄弟を置キ〔　　　〕綺ち候はん義、誠ニ腹筋痛き事に候。寺〳〵之義〔　　　〕寺奉行之ほか、是へ何事も披露スベカラズ。但シ、寺奉行慮外なし候はん義は、別人ヲ以テも披露スベク候。

佐藤は頭注で、この法令の要約を〈氏寺以外の寺庵に、子や兄弟を入れて、干渉がましいことをしてはならぬ。また、寺のことについては、寺奉行のほか、結城家に取り次いではならぬ〉とした。『戦国全史』では、「公界」を安良城説に倣って「世間一般」としたからであろう、綱文を「一般の寺に対する不当干渉」としたが、これは公界のメンバーが社会貢献として建立した「公界寺」であり、「公界寺への不当な干渉」に改めるべきだろう。最後の欠字部分は「住持の後任について」などが入るのだろうか。条文の解釈は難しいが、「寺奉行」の言葉に注目すべきであろう。

ここでは「公界寺」と「氏寺」とが対比されている。特定の「氏」が建立し・維持管理を行う「氏寺」では「子」「兄弟」を住持にすることができるが、公界のメンバーたちが建立した「公界寺」は「公共の寺」なので、結城氏の許可が必要なことがこの法の前提になっている。『戦国全史』の現代語訳では次のようにある。

寺々や寺庵・住房であっても、公界寺であるものに、自分たちが建てた氏寺のように、あるいは子をおいたり、兄弟をおいたりして、（公界寺に）干渉するようなことは、まったく我慢のならないことである。寺々のことについては、［　　］寺奉行（を通じる）ほかは、結城氏へどんなことでも上申してはならない。ただし、寺奉行が不当なことをしたような場合は、別人を通じてでも上申するべきである。

第八七条「公界寺住持事」「家族の者を公界寺の住持にする心得」

この法令はA「前置き」、B「本論」、C「訓戒」に三分解できる。「前置き」のAは多くの文からなるが、「……候。誠ニ……候。」という文型が三度繰り返されており（第三番目は「……候。まことも……候」となっている）、それぞれをa・b・cとした。

一　Aa久洞中ためまわし見候処、公界寺に子供・兄弟を置き候ては、無能沙汰の限にても、其ノ寺持たせ度躰と深く見及ビ候。誠ニ各誤られたる義にて候。b出家の妻持たず魚食はず候て、心経の一巻もかなぐりはなしに覚え候へば、嗜者奇特尊きなどゝ、めんぴにて唱へたて候。誠ニ腹筋痛く浅間敷次第に候。c我々のやうなる大俗も、二親の日、卯未又夏精進などとて仕候。まことも後生も知らず、五言の句をも分別ニ及バズ躰之者、結句檀那にかたうちなる出家、更ニ何之用たるべく候。B一類を以テ公界寺住寺望に候ハバ、専に能を付ケラレ、公界僧之成に可被取リ成サレベク候第一ニ候。C人の信仰なき間、寺〱の廃れるやう積られべく候。

佐藤は頭注で、この法令の要旨を〈家中の武士が、子息・兄弟らを公界寺に入れて、将来その寺の住持にしようと思うならば、それにふさわしい力（学識・能力）をつけさせなければならぬ〉とした。しかしここでも「各」と二人称複数形で呼び掛けられているのは「家中の武士」ではなく、寺を建立した「公界」のメンバーであろう。「ためまわし見」について、頭注には〈「たむる」は、うかがい見る・ねらいをつける、の意であるから、念入りに見廻すの意〉とある。「前置き」のAは政勝の愚痴の形になっている。

ここには「般若心経」が出ており、「公界寺」は禅宗の寺かもしれない。結城家中の氏寺が旧仏教であるのに対して、家制度成立期の問題として、例えば「侍」身分の最下位に位置づけられる「悴者」などが菩提寺を求めており、その必要に応えたものが「公界寺」なのかもしれない。佐藤の頭注を基にして、現代語訳を試みると次のようになろう。

Ａａ久しく結城家中を念入りに見廻していると、公界寺に子供・兄弟を置くことについては、無能・沙汰の限りの者であっても、その寺を持たせたいのだなと深く見及ぶことがある。誠に各々方は誤りを犯している。ｂ出家が妻帯せず、魚も食わずにいて、禅宗の僧として般若心経一巻ぐらいを終始手にして、諳んずるようになると、学識ある僧よ、奇特な尊い僧などと、偏頗・贔屓をして褒めたてている。誠に片腹痛く、浅ましいことである。ｃ我々のような全くの俗人でも、父母の命日や卯未、夏の精進などをしている。誠に仏教の真理も後生も知らず、禅僧としての素養である五言の句にも分別が及ばない者である。結局檀那に媚を売るだけの出家は、何の役に立つのだろうか。Ｂ親族の一類から公界寺の住持を望むのであれば、専ら学問にはげみ・能を付け、公界僧らしくなる努力が肝要である。Ｃ世間一般に信仰が廃れているので、寺院の衰退が続くように思われる。

第二節　結城氏の城下町・交通網支配

『結城氏新法度』の中で「公界」の言葉を含む法令については、以上でおおよそ検討を加えてきた。我々の次の課題は、法令上には「公界」の言葉は登場しないが、「各々」が公界を指すと思われる第四四条「貸金質取地等他人譲与事」、第八二条「夜番次第事」、第八三条「撰銭事」、第八五条「荷留ニ付佗言事」、第九七条「町々要害普請夫役事」の分析となる。しかしそこに入る前に、〈「公界」＝金融業者・蔵方たち〉とするからには、彼らの生活の場である城下町のあり方の解明が必要である。結城の城下町については、市村高男の研究「戦国城下町の形成と民衆」「下総結城城下町についての考察」[49]等がある。

城下町関連法規

『結城氏新法度』の中には結城氏の城下町関係法令が六つある。一括して掲げておく。

第二〇条「夜中入於他人屋敷被討者事」「夜中の不法侵入で討たれた者に関する訴願停止」

第三二条「宿々木戸門橋等修理懈怠事」「町の木戸や門などの修復に関する義務」

第三三条「要害普請懈怠事」「城岦の普請に関する義務と処罰」

第三四条「盗犯時番衆咎事」「町の木戸をあけての窃盗事件に対する責任」

第八二条「門番夜番次第事」「門番・夜番の割りあて」

第九七条「町々要害普請夫役事」「町や城岦などの普請における夫役の怠り」

事書や綱文から明らかなように、第三二・三三・九七条は城下町の「修理・普請」に関係し、第三四・八二条は城下町の「警備」を行う「番衆」の関係法令である。このうち第三四条は城下町における軍事・犯罪の日常化と町の武装化・建築に関わり、第八二条はその武装を日常的に維持する仕組み・住民の動員組織に関わっている。前者は本節で、後者は次節2「城下町の日常的警備」で取り上げたい。その前に、第二〇条で言及される武家の屋敷の持つ〈イエ刑罰権〉について触れておこう。

第二〇条「夜中入於他人屋敷被討者事」「夜中の不法侵入で討たれた者に関する訴願禁止」

一　夜中に人の屋敷へ木戸・垣立ち候所を乗り越え、切り開け候て入り、討たれ候もの、侘言すべからず。盗か又何たる不振舞歟、如何様一たゝり事にて候間、死損たるべし。殊に町々の木戸・門の〔中にて〕討たれ候もの、善悪入ルベカラズ、悪盗・悪逆人たるべし。是非之義言ウベカラズ候。

三字程度の欠損部分を、佐藤の推定に従い「中にて」と補った。前にも述べたように、この第二〇条は、中世における慣習法の一つである〈イエ刑罰権〉に関するものである。佐藤は頭注の要旨で〈夜中、他人の屋敷内に入って討たれた者は、理由の如何を問わず、討たれ損〉とした。語句の説明としては、「善悪不可入」を〈善悪を論ぜず。理由の如何を問わず〉、「是非之義不可言」を〈是非の弁明をしてはならぬ〉とする。清水はこの法令のテーマを「不法侵入」としている。佐藤は〈今川七条・同補注参照〉とし、そこには〈中世において、武家の家の敷地内においては、不法侵入者に対する主人の成敗権が認められていた〉とある。先に見た第三七条「殺害人飛入時不可引汲事」も、人殺しが屋敷に「飛入」した場合の法令だったが、その主人が「成敗をいたし」「其頭」を渡せとあり、〈イエ刑罰権〉が前提とされていた。

第二〇条についての『戦国全史』の現代語訳は次のようである。

夜中に他人の屋敷の木戸や垣根の立っている所を乗りこえ、あるいは切りあけて侵入し、(屋敷の者に)討たれた者について、訴願をしてはならない。盗みか、またはなにかのふらちな行為か(をしようとしたのだから)、どちらにせよ懲罰をうけるべきことであるので、(討たれた者の)死に損なのである。ことに、町々の(入り口にある)木戸や門を乗りこえて討ち取られた者は、善悪を論ずるまでもなく、悪盗・悪逆人である。(その者が討たれたことについて)その是非を論じてはならない。

第二章二節で述べたように、「如何様一たゝり事にて候間、死損たるべし」は〈どう見ても懲罰を受けることになっているのだから死に損なのだ〉となる。〈イエ刑罰権〉の考えからすれば、武士の屋敷内では主人は何をやっても自由であり、前節7で取り上げた「武士の販売禁止令」である第八一条「販事之禁」にあった「我々屋敷にて何事いたし候共、たが狼藉すべく哉、唯内々いたし候へ」の言葉もここから出てくる。

なお、清水の言う「不法侵入」に関連して、下人が下女の下に夜這いをする場合、夜盗と間違われる可能性があった。その場合は「木戸・垣立ち候所を乗り越え、切り開け候て入り」とはならず、下女が手引きをしたのであろうか。

1　軍事・犯罪行為の日常化

戦国時代なので、大名間の戦闘は日常的にあっただろうが、大名が指揮する大規模な戦闘ではなく近隣の敵との小競り合い、物資の略奪・人々の拉致という、軍事行動と区別のつきにくい〈野武士・夜盗・群盗〉の活躍も日常化していた。次に見る第三四条の「盗犯時番衆咎事」は結城氏側が被害者のケースだが、結城氏側の人たちが他領に出掛けて行くケースとして、第二七条「近臣等致草夜業科事」と第九八条「侍下人以下無披露不可出向事」がある。第二七条は「若い近臣」が「言いつけられてもいない」のに出掛けたとあり、第九八条は「侍・下人以下の者たち」の行為とある。以下、第三四条から順に取り上げたい。

第三四条「盗犯時番衆咎事」「町の木戸をあけての窃盗事件に対する責任」

一　屋敷の内の盗以下は、番衆知らざるのみにて候。さて町門・木戸開け、橋かけ、人馬引キ出シ、何にても取リ候はゞ、其ノ夜ノ番衆盗人に組み候か、無沙汰か、其ノ夜の番衆へ此ノ咎なすべく候。中城・西館同前。

この法令の要旨として佐藤は頭注で〈個人個人の屋敷内での盗犯については、夜番は知らなかったというだけで済まされようが、夜間、町の門・木戸を開け、橋をかけ、人馬を引き出して、盗みを働くような場合は、夜番の責任を追及する〉とした。この法令で驚くべきことは、問題とする〈夜盗・群盗〉の行動が大規模なことである。彼らは大集団をなし、組織的に盗みを働いていた。「町門・木戸開け」は既存の障害物を乗り越えることで、ある意味で当然だが、次に「橋かけ」とあり、橋のないところに橋をかけ、新しい通路を作っているのである。その準備の大規模さが想像される。

「人馬引出」からは、屋敷の中の「馬」を連れ出すほか、屋敷内の「下人・下女」の略奪をも行っていたことが分かる。「中城・西館同前」とあるので、結城氏の城の内部にもこうした略奪・拉致は及んでおり、この法令の趣旨は、その責任をその夜の番衆に及ぼすことである。盗み・略奪といっても、コソ泥のような小規模のものとは違い、敵対する勢力が仕掛ける「夜討ち・朝駆け」等々の戦闘行為の一つであろう。大規模な略奪が可能なのは、その夜の番衆が盗人と内通していたか、知っていたのに連絡をしなかったからだとして、番衆の責任を追及するのである。

藤木久志[50]が明らかにしたように、戦場とは物資の略奪・人身の拉致が公然と認められる場であった。ここでは城下町が戦場と同一視されている。〈夜盗・群盗〉の規模に対応して番衆の規模も同程度のものとなり、六町の町の夜番は互いに連絡を取り合っていただろう。「木戸」や「門」の近くに番小屋を設け、篝火を焚き、夜中警固をしていたであろう。『戦国全史』の現代語訳には次のようにある。

(個人の)屋敷内での窃盗事件などについて、番衆が知らなくても、それは致し方ない。しかし、(盗人が)町の門や木戸をあけたり、橋を架け、また人馬を引きだしたりして盗んだ場合は、その夜の番衆は、盗人に内通したか、任務を果たしていなかったか(のいずれかであるから)、その夜の番衆の責任を追及しなければならない。中城・西館においても、同様(に処置せよ)。

清水克行は第三二条から第三四条までを「都市政策」と名づけて、一つのまとまりとしている。第三三条は「忠信を心懸けたる者」を対象としているので、明らかに結城氏の「家中の侍」である。ここから第三四条の番衆もまた「家中の侍」と考えられよう。結城氏は「夜警国家」として城下町の住民に対して夜警のサービスを提供していたことになる。ここで思い出すべきは第二七条「近臣等致草夜業科事」である。

第二七条「近臣等致草夜業科事」（前掲一七一頁）

この法令は第五章二節3でも取り上げたので、ここでは清水の試みた〈平易な現代語〉訳を次に引用しておく。[51]なお、「其跡を削り候べく候」の「削り」を清水は〈改易処分〉としているが、前述の考察から「追放処分」に直した。

A偵察や夜襲などの行為は、悪党や機敏な者など、それを専業とする者の仕事のはずである。そうした行為はそうした者たちに申し付けているはずなのに、B若い近臣たちが表面上は敏捷なふりをしながらも、内心は敵地の女の一人でもさらってやろうという気持ちで、命じられていないにもかかわらず、どこかへ出掛けて行ってしまい、その結果、もし敵に殺されることになったとしても、その者の家は結城家からの追放処分とする。Cそのときになって、みなが肩をもって、「これも忠誠心からの行為です」などと言い出しかねないので、このことはあらかじめ通告しておく。

ここにある〈偵察や夜襲の専業者〉は、史料では「草・夜業」とあり、佐藤は頭注で「草」を〈忍びの兵〉、「夜業」を〈夜の行動を専らとする忍びの者か〉とする。『相良氏法度』〈晴広法〉で問題となる「スッパ・ラッパ」[52]と同類の者であろう。結城氏家中の家臣団が構成する〈正規軍〉に対して、外注する〈傭兵・夜盗〉であり、『太閤記』などの物語で、秀吉が墨俣城を築城する際に協力を仰いだ蜂須賀小六などの「川波衆」・夜盗集団の同類となろう。こうした行為を政勝が部下に命じることもあったとあるので、草・忍者・夜盗などと〈正規軍〉との区別が難しかったことが知られる。

この法令が問題としているのは、「家中の侍」が〈夜盗・群盗〉を行った場合である。法令の最後にある追放処分に対して、皆が庇い立てすることは、前述のように結城の社会が「コネ」社会であったからで、こうした動きに対して政勝は繰り返し牽制の言葉を発している。一方、このような〈夜盗・群盗〉が互いに相手領を襲撃することは、戦国時代の常であっただろう。それに関わる法令に、次の第九八条がある。

なお、こうした他領からの〈夜盗・群盗〉に対して、結城領もまた自己防衛をしなければならなかった。ここに、次項で見る「町」や「要害」の修理・建設に対する〈普請〉の問題（第三二・三三条）が発生するのである。

第九八条「侍下人以下無披露不可出向事」「許可なく領外へでた者に対する処罰」

一　当方の下人・侍・里の者迄、外よりひき候とて、ねらい夜盗・朝がけ・草・荷留・人の迎い、何にても披露無シに出候もの候はゞ、速かに削るべく候。よく〳〵申シ付ケラルベク候。

「外よりひき候とて、ねらい夜盗・朝がけ・草・荷留・人の迎い」とあり、『戦国全史』では〈領外から誘われたといって、ねらい・夜盗・朝がけ・偵察・荷留・人の出迎え〉と現代語訳しているが、言い換えたのは「草」→「偵察」のみである。佐藤はこの法令の主旨を〈当結城領の者が、主君に無断で、他領からの誘引に応じて、狙い・夜盗などに出向いた場合は処罰する〉とした。また語句の説明について、頭注で「ねらい」を〈人をつけ廻す意か、物を狙い盗む意か不明〉とし、「夜盗・朝がけ」を〈軍事行動の形態表現と見るよりは、犯罪形態の一種ではないかと思われる〉とする。他領に出向いて略奪・拉致などを行ったのであろう。また「人の迎い」を佐藤の頭注では〈他領・他国から入ってくる者を迎えて案内する意か〉としており、盗賊団の手引きをしていると考えてよいのだろう。つまり全体として、結城領の者が外からの手引きに応じて、他領に出掛け、窃盗・夜盗を働くことであろう。第二七条との比較をすれば、第二七条で〈夜盗・群盗〉の行為者は〈結城氏の家中の侍〉であったのに対して、この第九八条では広く「当方の下人・侍・里の者」と、参加者の範囲が広がっている。これに対して政勝は「速やかに削るべし」と結城家からの追放を命じて、威嚇している。

ここでは「当方の下人」が最初に挙げられているが、これを「販を禁じた」第八一条に登場した結城氏の検断権の担い手の「下人」とすると、結城の社会秩序は崩壊するので、むしろ「下人」一般だろう。「下人」を「犯罪予備軍」と見る世間の眼差しに基づいていいよう。彼らは日常的にこうした犯罪の被害者でもあったので、対抗措置として敵国に対して略奪行為に出たのだろう。そこで政勝は、自分に断りなく他領へ略奪に出ることを「削るべし」と強く禁止している。〈夜盗・群盗〉による略奪が日常化する中で、正規の領民と「外注」する・法の外の〈夜盗・群盗〉とを法的に区別しようとしているのである。

正規の民とされた人々の義務は〈自分たちの身を守ること〉であり、具体的には〈城下町の武装化〉や、〈要害の建設〉への参加となった。多少想像をたくましくして述べることが許されるなら、この法令が出た当時は、六町の城下町は自治体として若衆の武力を持っていたので、自治体の判断として敵地に繰り出すことがあり、それをここで政勝は止めているのではあるまいか。第二七条の段階と、第九八条の段階とでは、結城氏の体制に変化が生まれ、正規の民という姿が明確になってきていると思われる。

2　城下町の武装化

他領からの武力攻撃のみならず、略奪・拉致など、日常生活への破壊活動が常態化する中では、結城氏の築いた城塞はもとより、城下町もまた武装化を進めることが緊急の課題であった。これに対応する法令が第三二条「宿々木戸門橋等修理懈怠事」や第三三条「要害普請懈怠事」である。第三二条については、第二章一節「結城政勝の政治的登場」の所で取り上げた。また、第三三条もこれまで何度か取り上げてきた。ここでは城下町の武装化の観点から論じたい。順に取り上げて分析をしてゆこう。

第三二条「宿々木戸門橋等修理懈怠事」「町の木戸や門などの修復に関する義務」（前掲七三〜七四頁）

この法は市村高男が「戦国城下町」として「下総国結城城下」を復元する際に取り上げている。[53] 佐藤が「宿、西の宮・三橋・大谷瀬・玉岡・人手」と、「宿」プラス「五ヵ町」と数えたのに対して、市村は六ヵ町だとして復元図[54]を示したが、「宿」の復元地を二案とした。市村によれば、結城市の近くを流れる田川は北から南に流れて、東に大きく向きを変え、大きく蛇行しながらまた南に向かい、窪田のところで鬼怒川に合流する。田川が西から東に向きを変える所の南側に、結城氏の城と城下町「宿・西の宮・三橋・大谷瀬・玉岡・人手」が展開し、城の廓は北から順に「根小屋・西館・館・中城・東館」となる。六町の町は城郭の西から南に展開し、西宮と玉岡は台地の町だが、ほかは低地の町である。城下町の東は三橋で、田川に接している。ここは船着き場で、そこには京都から勧進された貴船神社があった。城下町の西は、南北に走る宇都宮大道と東西を結ぶ小山街道の交差点で、交通の要衝の「西の宮」である。ここには結城郡屈指の大社である牛頭天王を祀る須賀神社があった。市村によれば、小山街道上の「西の宮」には、ここが城下町になる以前の一四世紀末に牛頭天王社を媒介とした麹屋十人の座的な営業組織が存在[55]し、金融業者の蔵方の活動が見られ、後にはここに宿場町や門前町が展開したという。

鎌倉期の結城氏はさらに南方「城の内」に根拠を置いたが、十五世紀に至り「城の内」から「西の宮」の東側、思川の側の今の結城の地に城を移した。この拠点の移動により蔵方との間に密接な関係が生まれた。これまで述べてきたように、政勝は彼ら金融業者を親しく「各」と呼び、『新法度』第八二条などは彼ら「公界」の意見を聴取して作成された。この解釈は、次節2で行う城下町警備についての第八二・九七条の解釈とも密接に関わってくる。結論を先に述べれば、第三二条の段階では、町の防衛は城下町居住の侍たちの責任で、普請は結城氏指導下に行われたが、第八二・九七条の段階に至ると、町の自治として住民の義務として行われるように変化した。

六町の町はそれぞれ「木戸」や「門」で区切られ、傍には番衆のための「番小屋」があり、夜には篝火が焚かれていた。門・木戸を超えると川や堀があり、「橋」が架かっていた。統一した都市計画によって建設された近世の城下町と比べると、城の「西館・中城」に家臣を住まわせるプランはあったが、各町は小山街道・下妻街道・宇都宮大道・多功街道などの交通路に沿って分散しており、市村はこれを「一本街村状の町[56]」と名づけた。六町の町には都市と農村の分離はなく、屋敷と所帯からなる「洞」がいくつも隣り合って町が形成された場合もあった。

第三三条「要害普請懈怠事」「城砦の普請に関する義務と処罰」（前掲一六八頁）

佐藤は頭注で「要害」を〈城郭、塞〉とした。小山街道や奥の大道などには町はずれに「桝形」が築かれ、ここが「堀」や「壁」で作られた軍事施設の「要害」になっていただろう。佐藤は「かり」を「刈り」とし、「削る」と同じ〈没収する意であろう〉としたが、これへの批判は既に行った。この法令でも、前条と同様、普請を懈怠する者は「当地が難儀になったら駆落ちをしようとしている」として「所帯・屋敷」を没収し、普請に精を出す者には褒賞を与えるとある。普請の主体は家臣団で、その意味で第三二条と連続している。つまり、第三二条や第三三条の段階では、城下町や要害の普請の担い手は結城氏の「家中の者」＝侍であった。この担い手が転換することは次節で論じる。

3　結城氏の交通網支配と「荷留」

ここでは「荷留」を取り扱った第七三〜七六条と第八五・八六条との六カ条を取り上げる。佐藤は最初の三カ条の事書を「荷留事(一)」「荷留事(二)」「荷留事(三)」と、一連のものとした。それには第七三条の最初にある「荷留の沙汰」文言が関わっていよう。それぞれの法令の最後の言葉を挙げると、「荷物計押へべく候」「荷物・馬計押へべし」「荷物・馬・腰刀悉く取るべく候」となり、「押える」と「取る」は共に「押収」を意味しているであろう。つまり、(一)、(二)、(三)と進むにつれて押収物が「荷物」「荷物・馬」「荷物・馬・腰刀」へと拡大しているのである。

豊田武は「荷留」「津留」を、〈他国との間に経済的な障壁を設けて、他国への物資の輸出を統制しようとしたもの〉[57]とし、『結城氏新法度』の荷留法全六カ条を掲げた上で、特に第八五条から〈荷留が領内の富強をはかる手段であったことが察せられる〉とした。[58]豊田説の分析は後に行うが、第七三条の「たとへ此方にてもとめ、判なしに通り候共」や第七五条の「法度を背き通るもの」の文言から、結城氏には通交許可証の発給権と、それに関わる通行税の徴収権が制度として存在しており、この『新法度』の「荷留」は、豊田説とは異なり、他国への輸出統制ではなく、むしろ領内の輸送体制に関わるものということになる。

一方『戦国全史』の綱文では、第七三～七六条の四カ条すべてを一緒に「荷留のやり方や嘆願など」としているが、第七三～七五条には「嘆願」の要素はない。これに対して、第七六条には「侘言」の言葉が三度も登場しており、「侘言」を「嘆願」と訳してよければ、本条は「荷留についての嘆願」となる。それゆえ『戦国全史』は、前三カ条を「荷留のやり方」としたことになる。ちなみに清水克行は、これらの法のテーマを「領内物資輸送」[59]と名づけ、一定の見識を示したが、個々の法令について解釈は行っていない。

ここではまず始めに、第七三条の最初の「荷留の沙汰」とは何かを考えたい。

荷留の沙汰

「沙汰」には『戦国全史』の述べる「やり方」という意味があったのだろうか。

「沙汰」とは何か　『国語大辞典』の「沙汰」には〈「沙」はすな（＝「砂」）、「汰」はえらび分ける、の意〉との前書きがあって、次の四つを挙げている。

①水ですすいで砂の中から砂金をえりわけたり、米から砂をえり分けたりすること。転じて、物、人物の精粗をえりわけること。淘汰。

②物事をしかるべく処理すること。政務の取りさばき、年貢の取り立て、債務の弁済など、さまざまな場合にいう。

③物事の是非や善悪などをとりさばくこと。

㋑裁判、訴訟、公事。

㋺問題として議論すること。検討。評議。

㈧議論される点。教理。

④情報を与えること。

㈠決済されたことについての指令。指図。命令。下知。

㈫報知。報告。通知。消息。

㈧話題にすること。評判。うわさ。

㈡(他の語に付けて接尾語のように使われることがある)話題になるような事件。また、事がら・行為。

『戦国全史』の「沙汰」理解は②に基づいているのだろうか。この『新法度』の中には「沙汰」の言葉が二〇回弱登場する。その中で「〇〇の沙汰」となるものに、「人売りの沙汰」(第二条)、「盗沙汰」(第一一条)、「負物の沙汰」(第三九条)、「人勾引の沙汰」(第四七条)、「境論の沙汰」(第五八条)と並んで、この「荷留の沙汰」(第七三条)があり、このほか〈子わけの沙汰〉を示す「其沙汰」(第一五条)、〈質取の沙汰〉を意味する「其沙汰」(第三五・三六・一〇四条)、〈相続の沙汰〉を意味する「此沙汰」(第四四条)がある。これをA検断沙汰とB雑務沙汰、C所務沙汰その他に整理し直すと次のようになる。

A　検断沙汰に対応するもの

第一条の「それをも沙汰せ候以前」では、〈博奕の沙汰〉は重罪なので「死刑に処す」の意であろう。第一一条「盗沙汰」の場合も、死刑は当然だとして、法文上にはこれへの刑罰の記載はなく、庇い立てする者への処罰だけが記されている。第四七条「人勾引の沙汰」の場合も、死刑は当然だとして、法文上では犯人の処罰に触れていない。第一七条は「市町・神事祭礼の場」で「慮外」「切り剝ぎ」を行う犯罪がテーマだが、「奉行のもの其沙汰いたし候べく候」とあり、奉行に現場での処罰＝打ち殺せ、が命じられている。これらはすべて②の「しかるべく処理すること」＝刑罰執行の意味であろう。

B　雑務沙汰に対応するもの

売買関係には「人売りの沙汰」（第二条）、「負物の沙汰」（第三九条）、「荷留の沙汰」（第七三条）があり、このほか〈子わけの沙汰〉を示す「其沙汰」（第一五条）、〈質取りの沙汰〉を意味する「其沙汰」（第三五・三六・一〇四条）、〈相続の沙汰〉を意味する「此沙汰」（第四四条）がある。こちらの場合は刑罰よりも、争いを裁く判断基準の提示となっている。これの意味は③「とりさばくこと」の㋑「裁判、訴訟、公事」となるだろうか。

C　所務沙汰その他に対応するもの

第五八条は「境論の沙汰」を取り扱っているので「所務沙汰」となろう。一般的な争いで裁判になる場合を示すものには、「前文」にある「殊六ヵ敷御沙汰」「縁者・親類の沙汰」や第二九条の「何たる沙汰」がある。このほか第三一条の「沙汰以下、自訴以下」があり、これを佐藤は〈他人の相論、自分の訴訟〉とした。第三五条や第四七条には「其沙汰破るべく候」とあり、〈敗訴とする〉の意であろう。これらはすべて③の㋑「裁判、訴訟、公事」の意味となろう。このほか、裁判にはならないが、言い争いが口喧嘩にまで発展するものに第六一条の「道理候とて、互に雑言交じりの沙汰」がある。

以上から『新法度』での「沙汰」の使用方法は②および③の㋑の場合となるが、第七三条の「荷留の沙汰」を『戦後全史』のように「荷留のやり方」とするのは、②の場合とすることになり、無理だろう。荷留には質取りの意味が含まれているとして、質取りが起これば、質取りされた荷主側はその不当性を主張したはずである。質取り側と被害者側との論争（③の㋺）は訴訟（③の㋑）の形に発展した。だから問題の本質は③となる。それを②の「荷留のやり方」とするのは、やはり無理があろう。ここから第七三条の法令の最初の「荷留の沙汰」は、③の㋑〈裁判・訴訟・公事〉の意味で、特に複数の法令の最初に置かれた場合には、④の〈情報を与えること、㋑決済されたことについての指令。指図、命令下知〉となろう。この場合は「結城氏が定めた荷留法の通知」で、以下に複数の法令が続くことを意味している。それゆえ次の第七四・七五条に対しても「情報の下知」の面で共通していることになろう。

第七三〜七五条の分析：　結城氏は通行許可証の発行と交通税の徴収を軸とした新制度を制定し、それを履行するため、これら六カ条に及ぶ「荷留法」を出した。ここには質取りの場合の「荷留」も含まれていた。一方、第二章で「内通」をテーマとした際には第七九条「敵地への音信」を取り上げたが、ここからは、国境には関所が存在していたことが分かる。また城下や領内の町々には「木戸・門」があり、「番屋」には「番人」が詰めており、夜には篝火が焚かれていた。こうした街道に並ぶ国境の関所や町々の番屋が、通行する荷物への検閲や「荷留」の舞台であった。

大名が仏寺を保護した文書の中には「陣僧・飛脚」[60]の文言のあるものがあり、僧侶が大名のために「陣僧」や「飛脚」として活躍していたことが知られる。『新法度』第一六条の「行脚・往来」や第九一条の「行脚・往来・鉢開」は、他国の者ではあるが、書簡を頼まれて相手に届ける飛脚の仕事も行っていた可能性がある。だからこそ「行脚・往来」は、第一六条にあるように人里離れた山間僻地にまで入り込んでいたのだろう。永禄五年（一五六二）三月の熱田座主坊宛て信長判物[61]には「六十六部之経聖当国往反事、如前々、不可有相違者也。仍状如件」とあり、信長は「六十六部之経聖」に諸国往反の自由を認めていた。ただし、「行脚・往来」「鉢開」や「六十六部之経聖」は、札箱などを背負ってはいたが、手荷物はほとんど持っていなかった。

一方、永禄五年二月に信長は「上野鋳物師」水野太郎左衛門宛てに判物[62]を発給した。そこには「……自他国鍋釜入事、可申付之、諸役・門次・所質等、令免許之無相違者也。仍状如件」とあり、他国の鋳物師に対し信長や水野氏は往来の自由を保障していたことになる。鋳物師は多くの牛馬を率いて大量の物資を運んでいたので、隊商の形をとっていただろう。この事例はここで問題とする「荷留」の対象とも重なってくる。大規模交易の主体は大商人で、「荷主」は倉庫業者・「蔵方」の可能性が大きい。このほか、多くの馬を飼育し、隊商の護衛＝兵士を大量に雇っていた運送業者もあっただろう。これらの人々は公界のメンバーで、本章で取り上げるのにふさわしい。

しかし、第七四条で問題としているのは、「他国者」「出家・山伏」が手荷物だけではなく、馬に「荷物」を付けて通行する場合である。これは充分に通行料支払いの対象となる。ここの「荷留法」三カ条は、領内の輸送体制確立のため、「法度を背き」「判なしに通る」者を三つの場合に分けて、その罰則を定めている。それゆえ第七三・七四・七五条の内容は次のようになる。佐藤に倣いそれぞれ㈠・㈡・㈢とした。

㈠「他所の者と出家・山伏」の場合は「荷物」のみを留める。

㈡「山川・下館・下妻、惣別此方成敗中郡・小栗其ほか之者」の場合は「荷物・馬」を押さえる。

㈢「手許の郷中」の場合は「荷物・馬・腰刀」を取る。

以上を表にすると左のようになる。ここから、後掲する各条の事書・綱文も直した。

通行者	押収物
㈠ 他所の者	荷物
㈡ 此方成敗之者	荷物・馬
㈢ 手許の郷之者	荷物・馬・刀

第二章で「内通」を取り上げた際は、外国との関係を軍事的な緊張の観点から問題としてきたが、この「荷留の沙汰」はむしろ逆で、交通規制についての違反者からの押収物は「手許の郷」の者が一番厳しく、その次が結城氏の支配の及ぶ「此方成敗之者」で、他所の者・外国人に対しては一番緩くなっている。彼らについては結城領内の同業者が保護しており、結城領内の交通網は公界の者たちのネットワークによって全国的な交通網と関係を持っていたのであろう。第七三〜七五条の三カ条の個別の分析に入る前に、交通網支配の歴史について考えておきたい。

「座」による交通路支配：　既に我々は「荷留」の舞台として、国境には関所が存在し、城下・領内の町々には「木戸・門」や「番屋」があり、「番屋」には「番人」が詰めており、夜には篝火が焚かれていたとした。こうした街道に並ぶ国境の関所や町々の番屋で、荷物への検閲や「荷留」が行われていた。関所は結城氏の監理下にあったとしても、各の「番屋」は町の有力者＝「公界」のメンバーの監理・支援の下にあっただろう。また結城領内の交通路網は「蔵方」や、隊商の馬や護衛の兵士たちを抱え「座」を形成した交通業者が、実質的に支配していた。交通業者たちの「座」による道路支配は「津」・「宿」・「町」に及んでいたであろう。そして、結城氏による通行許可証の発行と交通税の徴収という新制度が生まれる以前は、交通業者たちの「座」による交通路支配と、それを無視する者への「座」による質取りが行われていた。

そこで、結城氏による新制度の施行後も、交通業者たちの「座」に発言権が残っていたのではあるまいか。結城氏が「荷留」の法度を置き、輸送体制や荷留の制度の整備を進めようとすれば、結城氏は、これらの場所にいた「座」のメンバーを、道路支配のために体制内部に取り込むことが必要であった。かつての、結城領内の流通業を束ねていた蔵方たちの形作る「座」の世界では、「座」のメンバーには例外を求める特権があり、それが第七六条の「これは無拠候、通されべき」との例外要求の「侘言」となった。これに対して政勝は、「それほど侘言すべきならば、兼而印判を所望し候て、心易く通し候べく候」と、新制度による正規の手続きの履行を強く主張して対抗した。『戦国全史』では、この法令にある「心より」を〈結城氏の意向によって〉とし、政勝はここで〈結城氏の意向によって返却命令をだすこともあるが、嘆願する者がいる場合は、返すことはしない〉として、新制度への切り替えを進めると宣言している、と解釈する。

第七三条「*他所の者・出家・山伏が輸送ルールに背いた場合の罰則」

一　荷留の沙汰、他所之もの、又他所より披露なしに通る荷物、たとへ此方にてもとめ、判なしに通り候共、他所のものと出家・山伏ならば、荷物計留め、付主又馬に手さすべからず。荷物計押へべく候。

法文の中央にある「判」を佐藤は頭注で〈判はもと花押の意で、担当者の花押を居《す》えた通過許可証を指すと思われる。或いは76条の印判と同じか〉とした。また、「たとへ此方にて……」を〈たとえ結城家側で通交許可証の提示を求めて、その許可証なしに通ろうとしても、の意か〉としている。佐藤の考えでは、「此方にて求める」内容は、「通交許可証の提示」となる。しかしそのためには、「判」の手前に読点を打って「たとへ此方にて求め、判なしに通り候共」とすべきで、佐藤の翻刻に若干の変更を加えた。結城氏の「求める」内容は「判なしに通ること」

それ自体であろう。「付主又馬に……」を佐藤は〈荷物を積んだ馬に付いている人間及び馬には手をつけてはならぬ。荷物だけを押収せよ〉としている。結城氏は「鉢開・往来」の与えられていた自由交通権を前提に「他所者・出家・山伏」に対しては荷物だけを没収するとしたのである。

第一六条や第九一条には「行脚・往来・鉢開」が登場している。彼らに対しては通行許可証の提示要求はもともとなかっただろう。前述の永禄五年三月の信長判物にも見られたように、「六十六部」「鉢開」などの宗教者には往来の自由を許可するのがこの時代の慣習だった。それゆえここは〈たとえ結城氏の要請を受けて、交通許可証なしで通る場合でも〉となり、結城氏の側が自国・他国の宗教者に対して「披露なしに通る」ようにと要請していたのである。しかし、そのような場合でも〈他所のものと出家・山伏〉が馬の背に荷物を載せて通る場合には、法令通り質取りとして「荷留」を行え〉が、この第七三条の趣旨となる。

信長の場合はさらに、永禄五年月判物に見られたように他国の鋳物師にも往来の自由を保障しており、また天文二十三年（一五五四）の祖父江五郎右衛門宛判物にも「俵子船一艘之事、諸役等令免許上者、無異議可往反者也」とあって、家臣の祖父江氏に対し船一艘分の津料・関税の免除を保障していた。結城氏は、こうした信長のような通行の自由・関所の廃止ではなく、通行税徴収を領国政策の中心としていたのである。

この第七三条における問題は、「他国者」「出家・山伏」が手荷物ではなく、馬に「荷物」を付けて通行する場合である。法令が真に対応すべきは、荷主や運送業者となる。彼らは必ずしも荷物と共に移動していなかった。結城氏側は荷主や運送業者側に通行税の支払いを求め、荷物その他を押収した。荷主側に交通許可証の入手を迫り、交通税徴収を計ったのである。こう考えると結城氏における荷留は、豊田の言う他国への〈輸出統制〉ではなく、むしろ違反者に対する〈質取り〉となる。

第七四条「*此方成敗の者が輸送ルールに背いた場合の罰則」

一　山川・下館・下妻、惣別此方成敗中郡・小栗其ノホカ之ものならば、荷物に馬を並べて押え、付け候ものの腰刀其ノホカに手さすべからず。荷物・馬計押へべし。

佐藤は頭注でこの法令の要旨を〈山川・下館・下妻以下、結城家氏配下の中郡・小栗等々の者の荷物が許可証なしに通ろうとする場合は、荷物と馬だけを押収せよ〉とした。「山川・下館・下妻、惣別此方成敗中郡・小栗其外之者」の説明には、村井章介の言う〈山川・下館・下妻（をはじめ）、およそ当家の支配下の中郡・小栗その他〉が的確で、山川・下館・下妻は「此方成敗」に含まれているとすべきであろう。「此方成敗」とは結城氏の軍事指揮権が及んでいる地方を指している。質取りとしての荷留をする場所は、街道筋に設けられた関所や鬼怒川・思川沿いの津・港などであろう。

物資の流通を考えた場合に、領国内の流通と国境を越えての流通の二つが考えられるが、結城氏の場合、本国は次の法令に出てくる「手許の郷中」であるが、自国と他国との間には、結城氏と同盟関係にあった地域や、結城氏の占領地域もあった。山川荘城を中心とした山川氏、下館城を中心とした水谷氏、下妻城を中心とした多賀谷氏の三氏に対しては、「此方成敗」として結城氏の軍事指揮権が及んでいた。こうした地域の人が通行証を持たずに通交している場合には荷物と馬を押収せよと命じ、一人前の男としての象徴である「腰刀」には手をつけてはいけないとしたのである。

第七五条「*手許の郷中の者が輸送ルールに背いた場合の罰則」

一　手許の郷中より、法度を背き通るもの、荷物・馬・腰刀、悉く取るべく候。

佐藤は頭注で「手許の郷中」を〈結城家膝下の地域〉とした。結城氏の支配が最も強く及んでいるところでは、物資の移動に際して、通行手数料の徴取、通行許可証取得の厳命がなされていた。質取りとして押収される荷留の範囲も広く、荷物・馬に限らず腰刀も徴収された。前述のように、軍事的な緊張の点では他国に対する対応が一番きつく、味方の領内・領国となるに従い緊張は低減するのに、ここではむしろ逆転している。この「荷留」の原則は、他国からの物資の流入を必要としていることから生じたのであろうか。経済的には結城の領国が他国に対して開かれていたことになる。おそらく結城領内の交通網は「公界」の者たちのネットワークによって全国的な交通網と関係を持っていたのであろう。

次に取り上げる第七六条と第八五・八六条は、「荷留」をめぐる結城氏とその「公界」との葛藤を示している。以下、順に分析してゆきたい。

第七六条「荷留之時侘言事」「*荷留に関する要求の禁止」

この法文には「すべからず」で終わる文が二つ、「不可返」で終わる文が一つ、「候」で終わる文が一つある。それぞれの文頭にA・B・C・Dを置くと、Aは前置きの禁令、Bは本文、CはAの「誰も侘言すべからず」の極端な事例の禁令、Dは例外規定の禁令、となる。

一　A法度を置き、荷留め候時、これは拠無ク候、通されべきと、誰も侘言すべからず。Bそれほど侘言すべきならば、兼而印判を所望し候て、心易く通し候べく候。C御出頭ぶりにて法度押すべからず。D心より言イ付ケて返す共、侘言之者候はゞ返スベカラズ。前長に心得ラルベシ。

佐藤は頭注で法令の要旨を〈以上に定めた三ヵ条〔第七三〜七五条〕の荷留の法度に抵触した場合、これは特別だから通してほしいと弁疏してはならぬ〉とした（〔　〕は引用者）。「弁疏」とは見かけぬ言葉だが、『国語大辞典』には「弁疏」＝「弁解」とある。「拠所なき」とは、佐藤の理解では、特別な事情を縷々弁解し、法律の適用除外を願ったことになる。一方『戦国全史』ではこの最初に登場する「侘言」を〈嘆願〉とし、綱文を「荷留のやり方や嘆願など」とした。「荷留のやり方」については既に述べた。「荷留の嘆願」だとすれば、誰が「侘言」をしたのであろうか。

Aの「これは無拠候、通されべき」を佐藤は頭注で〈これは特別だから通してほしい〉とした。『戦国全史』ではこの解釈をさらに膨らませて〈これは特別な事情のある荷物である（ので）、通過させてほしい〉としている。どちらにも異論はない。Bの「心易く」を『戦国全史』では〈安心して〉とするが、むしろ「心配せずに」であろう。所定の手続きを踏んでいれば何の問題も起こらないはずだとの考えを、この法令は前提にしているからである。

Cの「御出頭ぶり」が問題である。佐藤は補注(63)で「出頭人」＝〈抜擢登用された権勢者〉とした上で、ここでの使用例を〈特別の権勢を笠にきて〉とした。これを承けて『戦国全史』は〈（結城氏の）権勢を笠にきて〉としている。この場合の「御出頭人」とは、政勝から見れば自分の敵対者であり、政策の妨害者である。第二章で政勝の政治的な誕生を述べたが、それは父・政朝時代の勢力との対立・緊張関係の中での出来事であった。いま政治の主導権を握ったとはいえ、旧勢力は依然として存在していたのである。ただし、この法文上の位置から考えると、Aで「誰も侘言すべからず」とあったことの説明として、ここで「御出頭人」が例示されているのは、一つの極端な場合となる。「たとえ御出頭人でも法度を抑えるようなことはしてはいけない」の意味である。

Dの「心より」を『戦国全史』は〈結城氏の意向に依って〉とした。従いたい。次に「返す」がある。これは第八五条にも、第八六条にも出てくるもので、「荷留」として「荷物」を「留めて」いることに対して、「留める」ことを「止める」ことであり、結果として流通の場に「戻す」ことを意味していた。上の「「座」による交通路支配」でも述べたように、政勝が進めようとしている領内の輸送体制の整備・確立に対して、発言権を持っていた「蔵方」・運送業者らが横槍を入れて例外を要求しているのである。よって本条での「侘言」は「嘆願」ではなく「要求」と訳すべきであり、ここから綱文を改めた（次章第四節2参照）。政勝はこれらに対して「侘言」を絶対に認めないとの決意を強い口調で述べている。この時、政勝には制度設計の見直しという選択肢もあったはずだが、新制度の強行を選択している。

次に取り上げる第八五条は、この第七六条とほぼ同趣旨の法令である。しかし、第八五条には「これをば返し、此荷物通すべきと、又各被申候」とあり、新しく「各」が登場する。我々はここでも「各」＝「重臣」説の再検討をしなければならないが、私の主張では「各」＝「公界」のメンバーで、具体的には「蔵方」となる。

第八五条「荷留ニ付侘言事」「＊荷留された荷物の質取り要求の禁止」

一　荷留の義も、各留メ候て然ルベキよし申サレ候間、洞之為を思ひ、留めさせ候処、印判取らず通し候荷物、人の取候を、又人に頼まれては、これをば返し、此ノ荷物通すべきと、又各申サレ候事、誠ニ老若これほど随意に無躰なる御人躰たちにて候。留メ候とて身が寛ぎもならず、通し候とて身が詰りにもならず候。これへ各侘言申サレ候へば、其ノ分になし候。明日にも印判なしに通り候荷物取リ候に、誰も侘言いたされべからず。

佐藤は「各」＝「重臣」とした上で、この第八五条全体の要旨を〈荷留の規定によって押収された荷物を、重臣たちが返してやったり、また特に許可して通してやってほしいと、結城家に願い出ることを禁ずる〉とした。第七六条の場合の「侘言」の主体は「蔵方」・運送業者らであったが、ここの主体は「各」である。「各」＝「家臣」の可能性は否定できないが、この場合もまた「各」＝「公界」のメンバーであろう。この法令と「公界の宴会」を定めた第九四条には共に「老若」「これほど随意」の言葉がある。『戦国全史』は「老若」を〈上下ともに〉としているが、これは「荷主」を中心とした「公界」のメンバーを指していよう。

第七三条以下で定めた「荷留の沙汰」が、ここでは「公界」のメンバーによって骨抜きにされようとしている。第七六条を制定した時と、第八五条との間には時間の経過があり、法令全体を取り巻く諸関係も変わっていた。『戦国全史』の現代語訳は、「各」を「そなたたち」と訳す決まりに従い、法令の最初の部分を〈荷留のことも、そなたちが荷留をしたほうがよいといわれるので、家中のためを思って荷留をさせたのに〉としている。この場合は「各」＝公界の了承の下に、通行証のない荷物は荷留にしてよいと言われたので「洞之為を思ひ、留めさせ」たということであろう。この解釈が可能だとすると、第七三条から第七六条までの「荷留の沙汰」は「公界」の要望を汲んで結城氏が一括して公布したもので、「荷留法」の制度設計の背後には「公界」の意向が存在していたことになる。それゆえ「公界」のメンバーは「これをば返し、此荷物通すべき」と個別に主張しているのであろう。

これに対する政勝の感想が「これへ各侘言被申候へば、其分になし候」で、公界のメンバーの要求を汲んで行ったことなのに……として、結城氏は蔵方たち相互間の思惑の違い・意見の乱れを、超然とした「上から目線」で眺め、「これほど随意に無躰なる御人躰たちにて候」と、困ったことだとの態度で臨んでいる。『戦国全史』では、これを〈これほど勝手で無理無体な方たち〉と訳した。関所等を設けるなどで荷物を留めたことが荷主の個別利害の対立を招き、混乱している様子が示されている。

最後に政勝は結論として、一度決めたことは必ず実行するとして「明日にも印判なしに通り候荷物取候に、誰も侘言いたされべからず」と結んでいる。これと第七六条の「通されべきと……侘言すべきならば……印判を所望し候て、心易通し候べく候」と、第七三条の「他所より披露なしに通る荷物……判なしに通り候共……荷物計押へべく候」とは、「通す」と「押える」とで言葉の方向性は正反対だが、「判」を重視するとの法の主旨は一貫している。ここから第七三条の「判」と第七六条の「印判」とは同じものということになろう。これが第七三条から第七六条までの「荷留の沙汰」を貫く法の精神である。第八五条に戻ると、「其分になし候」の後には「だからこれからは各々の要求は聞かないことにする」が省略されているとなろう。

この最後の部分を、佐藤は補注(64)で「印判」を〈通過許可証〉とした上で、〈全体の文意は難解〉としながらも、次の仮説を示した。〈通過許可証をもたない荷物を、Aなる重臣が荷留の法度を無視して通してしまったところ、（おそらく他の地で）Bが荷留の法度を盾に押収した。これを、さきのAが荷主もしくはその関係者に頼まれて、みずから押収荷物を取り返してやるか、または特に許可してやってほしいと結城家に願い出る〉と。ここで佐藤は自分の仮説に「重臣」のほかに新たに「荷主」を登場させている。むしろ「各」＝重臣説を改め、荷主中心に法令を再検討すべきだろう。[65]「印判」が、先に取り上げた信長判物のような〈通過許可証〉なら、舞台には「関所」の責任者も登場し、A・Bは「関所」の主である可能性が出てくる。しかし、結城氏の荷留命令が「関所」に届いているのに、どうして「印判取らず通し候荷物」が登場するのだろうか。その理由は、荷留の主体が「関所」の役人ではなく、「荷主」から委託された「運送業者」たちで、旧制度下での特権・「印判」なしの通行許可権が残っていたからだろう。

結城氏にとっての荷留は「関所」の責任者・役人の問題で、「印判」の有無が問題だった。にもかかわらず「荷主」「運送業者」の側は「これをば返し、此荷物通すべき」と結城氏へ要求していた。政勝は「留めても通しても結城氏には寛ぎにも詰りにもならず、関係がない」としており、荷主たちが、洞の利益、国家の利益を優先させる方策を持たずに、侍たちと同様にコネ社会の中での個別利害の追及にのみ関心があったことが分かる。豊田武はこの第八五条から〈荷留が領内の富強をはかる手段であったことが察せられる〉としたが、[66]この主張には何の根拠もない。

以上を踏まえて私の考えたこの法令の現代語訳は次のようになる。

荷留のことについて、各々方が通行許可証のないものは留めた方がよいと言われたので、洞のためになるかと思って留めさせたのに、役人が取り押さえたものを蔵方たちは戻せと言い、この荷物は通せという。誠に勝手気ままな人たちである。留めても通しても自分には何の損にも得にもならないのだから、私のところに要求があったら、これまではその通りにしようとしてきただけである。これからは各々方の要求は聞かない。明日にも許可証なしに通る荷物を取ったとしても、誰も不満を述べてはならない。

政勝のやや投げやりな口調が気になる。制度の完成に情熱を失ってしまっているのかもしれない。

第八六条「私荷留停止事」「私的な荷留の禁止」

一　荷留内々ニ披露いたし留めるべく候。披露ナク我々計らいに罷リ出デ、留メ候ハバ、悉く言イ付ケ返スベク候。此ノよし申シ付ケラルベク候。

第八五条で「通行許可証のない荷物は止める」との原則を再確認した。この第八六条はその例外規定で、通行許可証があるのに荷留をする場合である。佐藤は頭注でこの法令の要旨を〈荷留は内々結城家に披露した上で行え。家中の武士が披露なしに勝手に荷物を押収してはならぬ〉とした。佐藤はここでも法令の対象を「家中の武士」とし、「我々計らい」の「我々」を「重臣」としているが、私はそうではないと思う。第八五条で、「荷留」をした個々の荷物について「これこれは通すべきだ」と主張したのは「公界」のメンバーだった。ここの「荷留」はそれに連続し、「公界」メンバーの行う荷留に関する法である。

ここには、「公界」メンバーが質取りを行うのは、結城氏へ「内々披露して」からにすべきだとある。これは質取法第三六条の「洞中又何方へも不致披露して、質取不可然候」と対応し、通行許可証があるのに「内々の披露」があれば荷留をしてよい、ということである。第三六条後半の「無披露に取候者、其沙汰破るべく候」が、この第八六条の「無披露我々計らいに罷出、留候者、悉く言付可返候。此よし可被申付候」に対応しており、自分勝手な判断で出向いて留めた場合は、すべてを返させるとある。前章第六節で述べたように、質取り＝荷留には結城氏の質取許可証か役人の同道が必要なのである。ではなぜ「内々」なのか。通行許可証があるのに、特例として荷留をするからである。

『戦国全史』は第八六条のこの「披露」を〈報告〉とし、ほぼ同じ意味の第三六条の「披露」を〈申請〉とした。しかし第八六条の場合の「披露」は、次章で述べるように「許可を求めての〈披露〉」で、「申し出」だろう。だから「披露なしに」は「断りなしに」「無許可で」「勝手に」となる。第三六条の場合は市場の平和を維持するための「質取り禁止」という大きな流れを意識していたが、この法令の背後には、彼ら公界メンバーの取引関係が広く他領にまで広がっていたことがあり、同業者相互間の債権・債務関係の広がりが質取りを促し、荷留法にこのような条文を登場させることになったのであろう。

荷主・運送業者による勝手な荷物の押収に対しては、政勝は関所の責任者を通じて、質取りとしての荷留の禁止を命じている。個別の商人たちの債権・債務関係の解消としての質取りよりも、流通経済の統制、関所による関税の徴収、共通の富を共有する国家としてのコモンウェルスを目指していたのであろう。私の考えた現代語訳を次に述べたい。

債権・債務関係の解決のため、荷留を行う場合には、結城氏に内々に申し出てから、荷を留めるべきである。相談もなく、自分勝手な判断で出掛けていって荷留を行った場合には、悉く返させることにする。この旨関係者に申しつけておくように。

第三節　公界の体制内化

清水克行は『結城氏新法度』の内容が不統一なのは、推敲がなされていなかったからだとした[67]。しかし、『新法度』の中で内容が不統一なのは、それ以上に、時間の経過の中で法令が次々と作られ、政勝の統治方針に変化があったためだろう。内容の変化は体制の変化、統治方針の変化を反映していよう。清水が〈分類不可能〉としたところを、私が主な分析対象としたので、見解に相違が出て来たのであろう。本章第一節では「公界」の存在を挙げたが、①「公界」が『新法度』の制定に関わるに至ったこと、②「公界」が六町の城下町の警備を担うに至ったこと、などにより、結城氏との関係に変化が生まれた。

1　結城氏は「公界」を権力内部に取り込む

「内済」の重視を謳った第二九条における「公界」と結城氏との関係は、両者の平和共存で、相互不介入・相互不干渉であった。例えば荷留の場合、第八五条では、「公界」のメンバーは「座」の特権を持ち出し、「これをば通し」「此荷物通すべき」とまちまちな要求をし、結城氏はこれを統制することはできず、お手上げ状態であった。しかし、第四二条は結城氏と「公界」が協議を重ねて決定したものの法制化で、結城氏・「公界」間の協力関係が確認される。それが次の第四四条「貸金質取地等他人譲与事」・第八二条「門番夜番次第事」・第八三条「撰銭事」になると、両者の関係は変化し、諮問と答申という形で「公界」の意見聴取が求められた。政勝は「公界」のメンバーを「各々」と呼び掛け、個々の場合に諮問し、彼らの統一した意見を自分の法として採用したのである。「公界」の意見採用は、逆に言えば、結城氏の支配が「公界」に及んだことを意味していた。

しかし佐藤進一はこの「各」を〈重臣〉とした。清水克行も『戦国大名と分国法』で佐藤説を継承して〈家臣への諮問〉[68]とした。たしかに第二章で取り上げた第七二条「私之企事制禁事」の「各」は重臣たちで、通説が当てはまる例であるが、しかし次に取り上げる三つの場合の諮問の相手は「重臣」ではなく、蔵方などの「公界」のメンバーだと私は思う。結城氏は彼ら「公界」のメンバーに、①〈債権の取り扱い〉、門番・夜番という②〈町の治安維持〉、流通経済の中心的なテーマである③〈撰銭〉の三つを〈諮問〉し、彼らが寄合で協議をして、合意した結果を〈答申〉した。それが『結城氏新法度』の第四四・八二・八三条になったのである。

①・③のテーマから考えて、武家としての「重臣」よりは、流通経済に強い関わりを持つ「公界」のメンバーの方が諮問するにふさわしかっただろう。個々のテーマについてはこれから個別に考察を進めるとして、この三カ条の分析から、結城氏の支配体制が〈蔵方の合議〉を組み込んで形成されていったことがわかるだろう（ただし第八二

条については次項で取り上げる)。

第四四条「貸金質取地等他人譲与事」「受取人が他人の場合の遺言状の有効性」

一　銭持チ死候はん時、子共・兄弟・親類の方へ、誰々に代貸し候、これを分々て渡すと書キ立テをなし、渡し候事は世の習にて候。是非ニ及バズ候。自然人々他人に「誰に代を貸し候、これを進」とも、屋敷・所帯質に取り候を進など言イ置き状書キ渡し、これを渡すべく候。他人ならば其ノ首尾たつ間敷候歟、又立つべく候哉。同心に此ノ沙汰一方へ落居アリ、申サルベク候。加書スベク候。各へ尋ネ候へば、他人たりとも、状を請ケ取ルならば、其ノ状さきとして請ケ取ルべき也。状証文なくば、如何にありくと事申シ候共、すむまじきよし、同心に申サレ候。げにも余義ナク候。後々ニ於テも此分。

文意を明確にするために人の発言部分には「　」を挿入した。

この法の要旨を佐藤は頭注で〈死に臨んで、他人への貸金を子息・兄弟・親類等に分譲する(譲渡証文を作成交付する)のは世間一般の習いで、とやかく言うべきことではないが、もし家族親類以外の他人に譲渡する場合は、これを認めるべきかどうか〉とした。この法令のテーマは遺産相続や債権譲渡の遺言状の可否である。

条文の語句について、佐藤は頭注で「自然……渡すべく候」を〈もしも……渡した場合〉〈「……すべく候」は仮定を示す〉とし、「言置き状」を〈遺言状〉、「其首尾……」を〈道理として認められないか、それともまた認められるか〉としている。また、遺産相続を協議・決定する相続の場には、当然遺族である「子共・兄弟・親類」が参集した。譲与の対象となった「他人」も同席していたはずである。遺言状の真偽を判定する第三者の出席も考えられる。遺言状を預かっていた金融業者などをも想定してよいだろう。なお、「書き加うべく候」は、第八二条の「これへ書き可付候」、第八三条の「書き付けべく候」と同じ意味で、〈この『新法度』に書き加える〉ことを意味し、当時この『新法度』が作成の途中であったことが知られる。

この法令は、結城氏より「各」への「諮問事項」、「各」からの「答申」、結城氏の「結論」の三部構成で、最初の諮問事項は一般論と特殊なケースの中での諮問である。諮問に基づき、複数の選択肢の中から「各」が答申し、それに基づき結城氏が法を制定するという、法令の成立過程が記されている。法の制定者・政勝は今後起こりうべき裁判に備えての法整備の観点から、諮問を行ったのである。

ここで「特殊なケース」として取り上げられているのは、「自然人々他人に誰に代を貸し候、これを進とも、屋敷・所帯質に取り候を進など言置き状書渡し、これを渡すべく候」ということである。一般の遺言状であれば、今住んでいる屋敷や所帯の配分が問題となり、高額なものとして下人・下女の配分も問題となったはずだが、ここでは問題となっていない。問題となっているのは、銭を貸したことを記した「借状」や「屋敷・所帯」の「質券」であり、〈債権そのものの譲与〉や、〈質流れとなった屋敷・所帯の贈与〉である。金の貸し借りは一般の人々の間でも広く行われていたが、専門の業者となれば「蔵方」となる。それゆえ、この遺言状の主体は、高利貸を営んでいた金融業者や大商人だろう。

「各」とは誰か　ここでの問題は「各」を通説のように家臣・重臣と読むべきか否かである。答申の最初には「如何にありありと申し」ても、証拠とはならず、「遺言状」「証文」が決定的だとある。これは第四三条「負物沙汰可依証文事」と共通する「文書主義」の主張で、取引世界の慣習法・世間の法である。その担い手は、文書鑑定の第一人者・金融業者となる。財産の移動は、金融業者＝蔵方が客観的な判断ができるとして、政勝は彼らに「諮問」したのだろう。ここには「よく協議して」「合意して」の意味で(69)「同心」の言葉が「同心に」と副詞的に使われており、蔵方＝「公界」の閉ざされた寄合の場が前提となっている。つまり、遺産相続会議への蔵方の同席という当時の慣例を踏まえた、「公界」メンバーへの諮問であろう。

一方清水は、「結城政勝と『結城氏新法度』(70)」で〈政勝が最も頭を痛めたのが、結城家の家臣たちの無軌道な言動だった。口角沫を飛ばす猛烈な罵り合いを演じたかと思えば、すぐに肩寄せ合い仲良く酒を酌み交わす彼らの生態[71]〉だったとし、〈犯罪が起きれば身内を庇いだてし、訴訟が起きればコネを頼って贔屓を画策し、喧嘩が起きれば一方の側に肩入れし、紛争を激化させてしまう。後の時代の「武士」とは異なり、当時の武士たちにはまだまだ支配階層としての倫理、公平性や自制心といったものを望むことはできなかった〉[72]としている。このようなコネ社会に生きる人たちへの諮問とは考えにくい。また清水は、第一九条を現代語訳[73]して〈他人から頼まれたからといって、無理を承知で聞き入れることや、証文や証拠がないことを（私に）上申してはならない〉とした。このように「文書主義」を理解せず、遵法精神に欠けている人たちへの「諮問」は無駄であり、やはり考えにくいことである。それゆえ政勝の諮問の相手は「家臣」「重臣」ではないだろう。

解析図：　安良城盛昭のやり方に倣ってこの法令の解析図を示すと次のようになる。ここでも文意を明らかにするために、人の発言には「　」を加えた。前半は「銭持ち」の発言で、後半は「公界」の発言である。

［結城氏より公界への諮問］

（一般論）銭持死候はん時、子共・兄弟・親類の方へ、「誰々に代貸し候、これを分々て渡す」と書立をなし、渡し候事は世の習にて候。不及是非候。

（特殊なケース）自然人々他人に「誰に代を貸し候、これを進」とも、「屋敷・所帯質に取り候を進」など言置き状書渡し、これを渡すべく候。

（具体的な諮問）他人ならば其首尾たつ間敷候歟、又立つべく候哉。同心に此沙汰一方へ有落居、可被申候。可加書候。

［公界から結城氏への答申］

各へ尋候へば、「他人たりとも、状を請取ならば、其状さきとして請取べき也。」「状証文なくば、如何にありありと事申候共、すむまじき」よし、同心に被申候。

［結城氏の結論］

げにも無余義候。於後々も此分。

清水の現代語訳：（具体的な諮問）以下の部分の現代語訳を清水の『戦国時代と分国法』より引用[74]する。適宜改行した。

他人だったらその譲渡は無効か、あるいは有効か、一同で協議して、この対処法をどちらか一方に決定して（私のところへ）言上しなさい。（その結論を）新法度に書き加えようではないか。

すると、みなへ尋ねたところ「他人であっても、遺言状を受け取ったならば、その文書を重視して債権や質の譲渡を認めるべきである。しかし、もし遺言状や証文がないのならば、いかにありありと状況を申し述べたとしても、認められるものではない」と一同で言上がなされた。

まったくもっともなことである。今後もこのとおりにせよ。

第八三条「撰銭事」「悪銭の使用禁止」

一　銭撰り候てよく存候哉。万事是者不自由にて候。永楽かた一銭を使ふべきよし触を廻スベク候。又、撰りたち之事然ルベカラザル由、各思サレ候ハバ、悪銭之侘言申サレ間敷候。此ノ義同心ニ申シ上ゲラレベク候。書き付けべく候。各に尋候へば、永楽一かたはなるまじく候。悪銭のかたを選りて使ふへからず候よし申サレ候。役人悪銭撰り候て、制札判に打ち付けべし。

結城の社会は所領などを銭で評価する貫高制の社会で、銭が社会に根づいていた。それゆえ良銭と悪銭の選別が導入されると、流通界には混乱がもたらされた。この法令を、佐藤は頭注で〈撰銭の規定〉としている。「撰銭事」を定めたこの第八三条には「公界」の言葉は登場していないが、この法令は法度制定者＝結城政勝から「各」に対する「錢撰りてよく存候哉」との諮問から始まっている。

「各」とは誰か：　条文上の「各」を、佐藤は補注[75]で〈重臣〉とした。つまり「侍」＝土地経営者としたことになるが、むしろ室町幕府の「政所」の「納銭方一衆」のような、結城氏と懇意な金融業者・蔵方であろう。『徒然草』[76]には「大福長者」が、常に「銭」を「君のごとく、神のごとく、恐れ尊む」とあったが、「撰銭」の問題は、「銭」との関わりの最も深く、また一番利害に関わりを持つ「大福長者」の金融業者に諮問したとするのが一番自然であろう。前述のように、市村高男によれば[77]、宇都宮大道と小山街道の交差する「西の宮」は交通の要衝で、そこには牛頭天王を祀る須賀神社があり、小山街道上の宿場町や門前町が展開し、金融業者の蔵方の活動が見られたという。ここに政勝から親しく「各」と呼ばれる金融業者がいて、この条文は彼ら「公界」の意見を聴取して作成されたことになる。市場在家が支払いの場所であった[78]ことから、支払い手段としての貨幣に対する「撰銭」の行われた舞台もまた市場や市場在家の可能性が高い。

解析図：結城氏は、「公界」から結城氏への〈具申案〉とそれに対する結城氏の〈対策〉をそれぞれ二つずつ用意して公界に［諮問］した。これに対し「各に尋候へば……よし被申候」と、公界から結城氏へ［回答］があり、それを承けて［結論］が述べられ、この法令は出来た。次にこの法令の解析図を掲げたい。

［結城氏より公界への諮問］　銭撰り候てよく存候哉。
　（具申案一）　万事是者不自由にて候。
　（対策一）　永楽かた一銭を使ふべきよし触を可廻候。
　（具申案二）　又、撰りたち之事不可然由、各被思候者、
　（対策二）　悪銭之侘言被申間敷候。此義同心可被申上候。書き付けべく候。
［公界より結城氏への回答］　各に尋候へば……よし被申候。
　（第一案に対して）　永楽一かたはなるまじく候。
　（第二案に対して）　悪銭のかたを選りて使ふへからず候。
［結論］　役人悪銭撰り候て、制札判に打ち付けべし。

［結城氏より公界への諮問］について、佐藤は補注(79)で「銭選りてよく存じ候哉」を〈良銭・悪銭の評価を交易当事者間の交渉に任せてよいであろうか、と諮問し〉たとした。（具申案一）の最後には（具申案二）の場合と同様の「各被思候者」があるべきだが、省略されている。〈永楽銭のみとすべし〉なら、市場などに「触」を廻し周知を図るとある。（具申案二）の「撰りたち」は佐藤の考察のごとく〈しきりに撰る〉〈徹底して撰る〉の意(80)だろう。「悪銭之侘言……」につき、佐藤は〈もし各が、良銭・悪銭の区別なく使用すべしという案を採るならば、各自が銭貨を受け取る際に、悪銭を嫌って種々言い立てるようなことがあってはならぬ〉とした。つまり、〈撰銭はよくない〉とするなら、「悪銭だ」として「各」が結城氏の下に訴えても、取り上げないとしたのである。

解析図の［公界より結城氏への回答］の「……」には、これに対する回答の「永楽一かたはなるまじく候」と、「悪銭のかたを選りて使ふへからず候」が入り、「公界」の回答は、第一案の永楽銭のみを通貨とするのはダメで、第二案の場合は、悪銭ばかりを選んで使うことになるので、これもダメだとしたのである。結論として結城氏は〈悪銭をいくつか選んで制札に打ち付ける〉とした。現実主義的な対応である。

私の現代語訳：『戦国全史』の現代語訳を参考にした私の現代語訳を次に掲げる。解析図に従い行替えをした。

銭を選んでも（良銭と悪銭の区別をつけ、良銭のみを受け取っても）よいと思うか。

それでは万事不自由である。

ならば、永楽銭だけを使うように、触れをまわすことにする。

あるいは、銭を選別することはよくないと、各々方が考えるならば、

悪銭について陳情してはならない。このことについて、皆で心を一つにして言上せよ。（それをこの法律に書き載せよう。

各々方に尋ねたところ、「永楽銭だけを使うことはできない。悪銭を撰別して、使用禁止（としてほしい）」とのことである。

（それゆえ）役人は、悪銭を撰別して、制札に（見本を）打ちつけるように。

この条文では、結論に至るまでの法制定の過程が具体的に記されている。ここからは「蔵方」が「寄合」を行い、「同心」する場が「公界」だったと確認できよう。

以上から我々は戦国期東国の社会に、西欧の絶対主義時代の「等族会議」ほどではないが、大名権力に対して一定の発言権を持った金融業者たちの合議組織＝「寄合」が存在したことを確認できた。「法度」の最後の連署者名の中に『塵芥集』の「万年斎　沙弥長悦」のような名前があれば、「公界」のメンバーとすることができそうだが、残念ながら発見できなかった。

2　城下町の日常的警備

ここまでで我々は結城政勝が「公界」の意見を取り入れて『新法度』を制定したことを見てきた。これは、結城氏の支配が「公界」に及んだことを意味しており、その結果、結城氏は「公界」を通じて町々に命令を下すことが可能となった。そのことを示すのが、次に取り上げる第八二条「夜番次第事」（ここにも諮問と答申が書き込まれている）と第九七条「町々要害普請夫役事」である。番衆の対象が侍＝「家中の者」から「町の住人」に広がり、結城氏が「其の町に居たる侍ども」に対して「ひきたち、悉く触れ」る形で直接命令を下すのではなく、町の自治の一環として住民が門番・夜番や普請を行う体制に変化したのである。

第八二条「夜番次第事」「門番・夜番の割りあて」

全体の理解のために文頭にA・B・Cとa・bを振った。この法令は結城氏より「各」に対する諮問がAで、その中にはaの三案の提示とbの理由の説明があり、次に「各」からの答申B（「　」で示した）があって、最後に結城氏の結論Cがある形になっている。

一　A町々、中城・西城共に、門番・夜番之次第三ヶ条、何よく存候哉。各同心に申シ上ゲラルベク候。其ノ分に永代落着スベシ。a一　其ノ町之人数を書キ立テ、言イ付ケルベク候歟。一　狭くも広くも、もとより屋敷一間づゝ之所へ、一間に一番づゝ言イ付ケルベク候歟。一　屋敷持たず候共、手作持ものには、屋敷持ちに一番づゝ言イ付ケルベク候歟。又屋敷一間成共、二構に住い、口二あらば、二番と言イ付ケベク候歟。b大切之番を辛労いたみ、彼方此方とねり廻リ候。何各同心相定ムベク候、これへ書き付ケベク候。各へ尋候へば、B「其町の屋敷一間、又屋敷持たず共、所帯持はいたすべき」よし、各申サレ候。C余儀ナク候。後々ニ於テも此分。

この法令の要旨を佐藤は頭注で〈結城の町々および中城・西城の門番・夜番の割宛て法三ヵ条を挙げて、重臣評議の上、その中の一つに定める〉とした。佐藤が〈重臣評議〉としたのは「各」を「重臣」と考えたからである。しかしこの「各」は「重臣」ではなく「公界」のメンバーであろう。

Aの書き出しに「町々、中城・西城共に」とあり、佐藤はこの「中城」を第三四条の「中館」と同じとした。「門番・夜番之次第」つまり「門番・夜番」の動員体制が城下町＝「町々」とお城の「中城・西城」に関係するとなると、「門番・夜番」の担い手は「侍」で、この法は政勝と「重臣」たちの相談に基づいているということにもなりそうである。しかしこの場合の「中城・西城共に」とは、「町々」の「門番・夜番」の割りあてに〈「中城・西城」も含まれる〉であろう。ここでの問題は、町々の「門番・夜番」の割りあてで、「町々」にそれぞれ自治組織が存在していたことが前提である。

結城氏は、住民へのサービスとして「門番・夜番」を行う「夜警国家」ではなく、自分の身や財産は自分で守るべきだとして、「門番・夜番」の問題を住民の自己責任、受益者負担、住民自治の問題としたのだろう。六町の町の自治体自身が自警団を組織し、第二〇条の〈イエ刑罰権〉を町全体からさらに城下町にまで広げ、六町の町がめいめい担うことになった。

こうして「公界」は六町の町全体に責任を負う立場になった。結城政勝→「各」→「町々」の命令系統で、城下町の日常的警備が行われる体制へと変化した。

「門番・夜番」の問題は、軍事の面では結城氏の問題であったが、同時に第三四条からも明らかなように、町の住人の問題でもあった。町に住む「侍」たちは「寺門前」の者たちと共に、「結城氏の家中」という結城政勝を頂点とする組織のメンバーとしてではなく、「各」→「町々」という自治系統下の町の住民＝地域共同体のメンバーとして動員された。六町の町がそれぞれ共同体をなし、共同体メンバーの義務として「門番・夜番」が運営されたのである。

「門番・夜番」は町の治安維持を目的としたもので、自治体としての町の武装の問題であった。それゆえ「門番・夜番」は共同体の「若衆」の自治として執り行われることになった。ここでは「各々」への諮問という形をとってはいるが、城下町の治安維持や普請を、六町の町の自治の問題として「公界」が執り行う体制を「公界」メンバーに迫り、その承認を得ることが目指されていた。そのために、町の自治を担うメンバーの基準を定める法令がここで諮問され、制定されることになったのである。

ここで政勝は「手作」を問題としていたのに、「各」の答申は「所帯」となっている。「所帯」を持たず「手作」のみの者は「足軽」のような「下士」であっただろう。「屋敷持たずとも、所帯持ちはいたすべく候」とは城下の六町内には屋敷を持たないが所領を持っている者となろう。下士の足軽などの場合、「中域・西館」には長屋があり、一方で手作は六町の城下町にあっただろう。

中世の城下町は兵農未分離の社会を前提としており、結城の六町の城下町では、「手作」の場合、直営農地の主人は「町」の中に農業経営の中心となる作業小屋などを持っていたので、その主人が門番・夜番の担い手になることは、財産管理上も当然であった。また「所領」の場合は、町場と農村は未分離で、両者は混在しており、城下町内部には農民の集落もあったはずである。

後で取り上げる第九七条「町々要害普請夫役事」にも「各々」が登場するが、これもこの第八二条と同様「公界」のメンバーである。そこでも町共同体の「若衆」が「普請」を執り行った。「門番・夜番」も町々の「普請」も共に、結城氏による住民へのサービスから町の住人の自治の問題へと変化した。

法令の構成とこれまでの注釈の問題点：　上述のようにこの法令は、A結城氏より公界への［諮問事項］と、B「各」からの［答申］、そしてC結城氏の［結論］の三つから構成されている。最初の諮問事項に三カ条の案が提示された後で、その説明があり、そこには「何各同心可相定候」という句がある。この「何各同心」について、校注者の佐藤は送り仮名を付けていないばかりか、この句を含む「大切之番を……」の頭注で、次のように現代語訳している。

大切な門番・夜番をとかく辛労大儀がって、あれこれと回避しようとする（或いは、あちらこちらと他人に押しつけようとする、の意か）のは甚だ怪しからぬこと。各（重臣たち）評議して、以上三ヵ条のどれがよいか決定せよ。その結果をここへ書き載せよう。

つまり佐藤は「大切之番を辛労いたみ、彼方此方とねり廻候」を「門番・夜番」に対する町人のあり方を示すものだとして、「何各同心」の「何」の解釈を保留し、結果として無視した上で、「何各同心可相定候」との間に「甚だ怪しからぬこと」という原文にない文章を挿入しているのである。『戦国全史』もまた佐藤と同様に「何」の存在を無視している。その上で、解釈は佐藤説をよりスリム化する形で、結城氏が門番・夜番の割りあて問題にどう対応したかとして次のように現代語訳している。

大事な門番・夜番（のこと）なので、いろいろと心を痛めて、あれこれと考えを練りめぐらせた。（三ヵ条のうち）どれがよいか、そなたたちが意見をまとめて決定せよ。（その結果を）この法律に書き載せよう。

「何各同心可相定候」をどう読むべきか：　「何各同心可相定候」という句の「何」をどう読むべきか。「何」には「疑問」と「反語」と「詠嘆」の三つ意味があるが、この場合に「詠嘆」は似つかわしくない。それでは、「何ゾ」と「疑問」として読むべきか、「何ニテモ」と「反語」として読むべきかが問題となる。「何ぞ各々同心に相定むべく候や」と読めば、否定を意味する疑問文となり、全体として「各々は定めることができない（定めるべきではない）」との否定の意味になるが、これでは次の「これへ書き可付候」とうまくつながらない。しかし「何ニテモ」＝「何でも」と読み、「何でも各々同心に相定べく候」とすればどうなるだろうか。この点を追求したい。

「何でも」の意味としては、『国語大辞典』に〈事態の如何にかかわらず、自分の意志・希望を通そうとするさま。どんなことがあっても。是非とも。何とかして〉とある。これに従えば、「何があっても、各々同心に相定むべきである」との政勝の強い意志の表明となり、「これへ書き可付候」とつながってゆく。それゆえ結論として、こう読むのがよいだろう。しかし「何でも」はあまりに現代風で、口語調なので、中世風の表現に改めると「何ニテモ」となろう。やはり佐藤は校注者として送り仮名を付けるべきだっただろう。ここからbの理由の説明を現代語訳の形で示すと次のようになる。

門番・夜番は住民の義務なのに、いやがって回避しようとしているが、何があっても公界の責任として、各々が相談し、合意して決定せよ。その決定を法度に載せる。

城下町を自治都市として建設しようとする政勝の強い意志が感じられる。法令の解析図を示すと次のようになる。

解析図：「公界」からの答申は「　」で示した。

A 〔結城氏より公界への諮問事項〕

町々、中城・西城共に、門番・夜番之次第三ヶ条、何よく存候哉。各同心に可被申上候。其分に永代可落着。

a （三案の提示）

一 其町之人数を書立、可言付候歟。

一　狭くも広くも、もとより屋敷一間づゝ之所へ、一間に一番づゝ可言付候歟。

一　甲屋敷持たず候共、手作持ものには、屋敷持ちに一番づゝ可言付候歟。乙又屋敷一間成共、二構に住い、口二つあらば、二番と可言付候歟。

b　（理由説明）

大切之番を辛労いたみ、彼方此方とねり廻候。何ニテモ各同心可相定候、これへ書き可付候。

B　［公界から結城氏への答申］

各へ尋候へば、「其町の屋敷一間、又屋敷持たず共、所帯持はいたすべき」よし、各被申候。

C　［結城氏の結論］

無余義候。於後々も此分。

町の住民：　三カ条の案について佐藤は頭注で、第一案の「其町之人数……」を〈各町内の人数を書き上げて、その人数に応じて割り宛てるべきか〉とした。町の住民帳を作る仕事は、町年寄の仕事を任された「各々」＝「公界」のものであり、彼らがそれに基づいて住民に「門番・夜番」を要請したと見るべきであろう。それゆえ、これは諮問の一案という形をとってはいるが、その内実は「番役・夜番」を「各々」の責任とすることへの見返りに、結城氏が「各々」へ〈町の住民を掌握する権限を付与した〉というのが、事柄の本質であろう。

第二案の「狭くも広くも……」を佐藤は〈広狭を論ぜず、屋敷を基準として一軒に一番と割り宛てるべきか〉とし、第三案の「屋敷持たず候共……」を〈屋敷を持たなくとも、手作（直営農地）を持つ者は、屋敷持に準じて、一番と割り宛てるべきか。また一軒の屋敷に二構えの家族が住んでいて、入り口が二つあれば、二番と割り宛てるべきか〉とした。ここには様々な居住形態が窺える。結城の世界は、樹海に浮かぶ島のように、屋敷と所領とからなる人々の生活する世界「洞」が点在する形をとっていたことは前述した。城下の六町の町はこうした「洞」が数個集まっては形成されていたが、『結城氏新法度』には「里の者」「郷中」の言葉があるので、「屋敷」と「手作」

（直営農地）からなる「洞」が開発の原型だとしても、その傍に「里」や「郷」の形で農民たちの集落と彼らの耕作する田畠の展開もあったと考えられる。第三案の「屋敷持たず候共、手作持者」とは、屋敷は「町」の外にあるけれどもこの直営農地は「町」中にある場合である。

先に見た第三二条では、町屋・要害の普請のための夫役の対象に「侍・下人・門前者」が数えられていた。「侍」については、江戸時代の城下町ほどには家臣団の城下集住は行われていなかっただろうが、城下町への侍の居住は確実である。彼らは結城氏との主従関係を持ちながら、地域住民として町の番役にも徴発されていた。「門前者」とは寺社の門前に住む人たちで、「僧侶」や「神官」のほか「神人」に当たる人や、宿泊業を営む「御師」もいただろう。彼らは神社に奉仕をする傍らで、商業や金融業、手工業にも携わっていた。「蔵方」も歴史を辿れば「門前者」の一員であっただろう。「下人」とは「侍」と「門前者」に使役されている人である。彼らが「屋敷」内に住んでいることは当然だが、家族持ちの下人が別棟に住んでいることもあっただろう。このような場合を「二構えに住まう」とか「口二つ」と言ったのだろう。第八一条の「販事の禁」では「屋敷」の中に「殿」を立て、「販い」業を営む者を「或は指南之者、又は悴者・下人等」としており、主人の支配下にあり、同じ屋敷内に生活していた人は「下人」に限らなかったであろう。三案に対する答申は「屋敷持たずとも、所帯持ちはいたすべく候」である。

諮問と答申：　法令中のB・Cは結城氏からの諮問とそれへの回答となっているが、結城氏は「公界」→「六町の町」という命令系統に基づき、六町の町に自警団としての門番・夜番の組織を形成するよう「各」に要請した。そこで問われていたのは、自治組織としての「町」の構成メンバーの資格をどうするかであった。

政勝の諮問は、形の上では三案の提示となっているが、第三案は実質的には二つの案からなるので、実際には四案の提示である。第三案を甲・乙に分けると次のようになる。

第一案　：町の住民の人数を書き立てて、それに応じて徴発する。

第二案　：町中に持っている屋敷を基準にして、一軒に一番ずつ割りあてる。
第三案甲：町の中の「手作」を持っている者も屋敷持ちに準じて割りあてる。
第三案乙：屋敷に二所帯が住んでいる場合は、二つに割りあてる。

そして答申は、第二案と第三案甲に近い「町の中の「所帯」を持っている者も屋敷持ちに準じて割りあてる」であった。

結城氏の諮問について考えたい。第一案は町の人口に応じてとなるが、人口から番役にはつながりにくい。第二案は屋敷数に応じてだが、人々の生活の単位が屋敷であったとすれば、かなり合理的な方法である。第三案甲では、町中に農地が混在しているので地域住民には屋敷持ち以外に土地持ちをも数えるべきだとの主張がうかがえる。地縁共同体を強調する見方である。第三案乙は、同じ屋敷内に二世帯以上が生活していることを踏まえて、世帯を番役の単位とすべきだとの考えである。下人の場合も、同じ屋敷内に入り口を別にして居住していたと考えられるので、乙案には、下人をも町の構成員に加えよとの主張が含まれている。

結論としてこの法令では、乙案の下人は排除して、「屋敷」と「所領」の所有者を自治組織の構成員とする」との地縁共同体的な原則が定められたことになる。「門番・夜番」とは自治組織の日常的な武力の担い手である。それゆえ、彼らを「若衆」と名づけるとすれば、「老若」という共同体原理に基づく城下町の治安維持組織が成立したことになる。第八五条や第九四条には「老若」「結城膝の下の老若」という言葉が登場するが、これは結城の城下町の自治を形成する「公界」のメンバーと、日常的な武力の担い手の「若衆」とを中心とする「老若」という自治組織を指しているだろう。

ともあれ、第三二条にあったように「門番・夜番」が結城氏からの「夫役」の一つとして課せられていたならば、住民は相互に「あいめつかい」負担回避に走ったであろう。それが自治の問題に変わると、住民の義務・権利として率先して参加するモノになった。政勝が『新法度』を作成する過程で、城下町の体制は大きく変貌を遂げたのである。

私の現代語訳：　以上を踏まえての私の現代語訳は次のようになる。『戦国全史』に倣って適宜改行した。

一　中城・西城を含む町々の門番・夜番の次第三カ条について、何がよいと思うか。各よく協議して、合意の上で答申するように。その通りに長く決定しよう。

一　其の町の人数＝人口を書き立てて、割りあてるべきか。

一　狭くても広くても、もともとから屋敷が一間ずつあれば、一間に一番ずつ割りあてるべきか。

一　屋敷を持たなくとも、手作を持つ者には、屋敷持ちに準じて、一番と割りあてるべきか。また、屋敷は一間だけれど、二構に住んでいる場合は、口二つあれば、二番と割りあてるべきか。

大切な門番・夜番をとかく辛労大儀がって、あれこれと回避し、あちらこちらと他人に押しつけようとするが、何があっても、各々よく協議して合意の上で決定すべきである。それをこの「新法度」に書き加えることにする。

各へ尋ねたところ「其町の屋敷を基準にして、一軒に一番ずつ、町の中の「所帯」を持っている者も屋敷持ちに準じて割りあてる」と言われた。

異議の余地はない。今後もこの通りとする。

第九七条「町々要害普請夫役事」「町や城砦などの普請における夫役の怠り」

一　町々の普請、要害の堀・築地・壁普請に、人数を以て言イ付ケ候に、各々の下人、寺門前之者なりとも出サズ候ハバ、きつく言ゝ付けさせべく候。其ノ町侘言すべからず。前長に下々へ申シ付ケラルベク候。

佐藤は頭注で要旨を〈町々の普請、とりでの普請のため、町々に夫役の人数を割り宛てた時、特権を主張して夫役をのがれてはならぬ〉とした。ここでも「各」が登場している。個々の用語については、佐藤の頭注には従えない。「各々の下人」を〈重臣の下人〉とするのは「各々」についての佐藤の考えがあるからだが、私には異論があり、「「公界」のメンバーの下人」としたい。第三二条では城下町の木戸・門・橋の普請に関与すべき者として住民の中から例示されたのは「侍・下人・寺門前之者」であったが、この第九七条で夫役免除の特権の主張者として例示されたのは「各々の下人・寺門前之者」とあることから、公界のメンバーである「各々」と個人的なつながりがあることが特権の理由となっている。

結城政勝はここで「町々の普請」や「要害の堀・築地・壁」の普請について、町々に人数を割りあてて動員を要請した。第八二条の第一案の「町の住民帳」がここで登場する。住民帳の簡単な写しを結城氏は持っていただろう。直接結城氏より要請を受けたのは「各々」で、彼らは「町々」を支配していた。結城氏は彼らに、夫役に出ない者に対しては例外を認めず、「きつく言いつけて」仕事を「させるべきである」とした。前述のように、結城政勝→「各々」→「町々」という命令系統で普請は進むことになった。

公界のメンバー＝「老衆」だとすれば、第三二条で普請の中心であった「侍」たちは「若衆」として動員されており、そこはうまくいっているが、公界のメンバー＝蔵方に関わりを持つ「各々の下人」や「寺門前之者」が動員に不参加だとしてここでは問題となっており、最後に登場する「下々」はこの両者を指していよう。次に「其町侘言すべからず」つまり「町は夫役免除の請願・要求をすべきではない」とある。「公界」のメンバーやその親戚たちは仏寺の門前に居住していた。市村高男は〈「町」という単位が「侘言」の主体となっている(81)〉としており、「各々」は役得として自分の「下人」や親類・縁者である「寺門前之者」を「出さない」と町に要求したことになる。

最後に〈あらかじめ下々に対して「各々」から伝達して置くべきである〉とある。そして、先に見たように第九八条では、〈夜盗・群盗〉による略奪が日常化する中で、結城氏は正規の領民と、「外注」する、あるいは法外の〈夜盗・群盗〉とを法的に区別し、正規の民とされた人々の義務は城下町の防衛の強化・要害の建設であると明確化した。一方、第三二条には「侍・下人・寺門前はいるまじく候」（「侍・下人・寺門前の人は夫役には出ないだろう」）とあったが、この法令では「各々の下人、寺門前之者なりとも不出候者、きつく言ゝ付けさせべく候」とあり、「各々の下人、寺門前之者」への夫役が強制されていた。つまり、第三二条では普請の軸足は「家中」にあったが、この第九七条では「町々」に移っているのである。結城氏の体制に変化が生まれ、第三二条の普請を家中に頼るあり方から、町が請け負う体制に変化させ、「各々の下人」や「寺門前之者」がコネによる特権を主張しても、「各々」が町の住人だからとの理由で夫役を課す、という体制に変わったのである。「きつく言ゝ付けさせべく候」とか「下々へ可被申付候」と使役や敬語を使っているのは、「公界」のメンバーを通じて「町々」の人々つまり「下々」などへの伝達を命じているからである。

3 公界への不満

「荷留」に関連した第八五条に登場する「各」と、「町の普請」に関連した第九七条に登場する「各々」は共に「公界」のメンバーを指していた。「公界寄合」「公界の活計（宴会）」の禁止を述べた第九四条の「方々」もまた、「公界」のメンバーを指していよう。このうち第八五条と第九四条は「老若（は）これほど随意に」と「老若」の言葉を共有している。これは自治都市の自治の担い手を指していよう。しかもこの二法では、結城政勝は冷めた「上から目線」で彼らのあり方に対して不満を述べ、今後の禁止を伝えている。ここでは、この章の最後に、第九四条を取り上げたい。

第九四条「孝顕之日公界寄合停止事」「政朝の命日の公界の宴会禁止」

一　これは申シ出デ候事思慮に候へども、申シ出デ候。一月は三十日あるべく候に、見候へば、孝顕の日十三日に寄合、魚鳥の活計返々然ルベカラズ候。方々公界の活計候とて、其ノ故孝顕地獄へ堕ちられべき事にてもなく候。又精進候とて、成仏あるべきにてもあらず候。他所ニ於テ、結城膝の下の老若は是ほど随意に候と量られべき事、何かにつけて然ルベカラズ候。十三日は公界寄合然ルベカラズ候。さて又他所之客人客来は、身を初めて何かも入ラザル義に候。朝夕平成之心持たるべく候。内々にては、夜のべ遊山も魚鳥も御隋意たるべく候。それ迄は綺たち申ス間敷候。

佐藤はこの法令の主旨を〈結城氏の先代の命日（毎月十三日）に、家中の武士の公界の寄合禁止〉としたが、法令の対象は「家中の武士」でなく「公界」のメンバーであろう。この法令の書き出しの部分には、この法度の制定者＝結城政勝が「こんなことを法度に規定することはどうかと思うけれども、あえてここに載せる」と「逡巡」ないし「自問自答」を記している。ここでは「公界寄合」「公界活計」として、蔵方たちが結城政勝の父・政朝の命日である十三日に公界の会所に集まり「活計」＝宴会することを問題とし、二度にわたり「十三日の公界寄合」を「然るべからず」と禁止している。

蔵方たちは結城氏との結びつきを誇示し、「家中」の一員であると認めてもらうために、政朝の命日にかこつけて定期の寄合を開催し、その後に宴会をしていたのであろう。しかし結城氏は「公界」のメンバーと武士との身分の差を理由にして、またそれを明確にするために、これを禁じ、「家中」の一員とも認めないとしたが、その他の宴会はお構いなしとしている。商売のために「他所之客人」が来れば、臨時の宴会が開かれたであろう。

老　若：　注目すべきは「公界寄合」が外からは「老若」と見られていたことである。「於他所、結城膝の下の老若は是ほど随意に候と量られべき事、何かにつけて不可然候。十三日は公界寄合不可然候」のところを佐藤は頭注で〈結城家膝下の家来老若はこれほどまでに勝手気ままで、主君の統制に服さないのかと、他所において推量されることを恐れるのである〉とした。『戦国全史』では〈他所においては、結城氏の膝下の家臣が、上から下までこれほど勝手なことを行っていると、きっと思われるであろう（から）、さまざまな意味でよいことではない〉とした。しかしこの「老若」の「老」は「公界」メンバーの言い替えである。

藤木久志は『戦国の作法』で「村の若衆と老若」を論じている。[82] そこでの議論を結城氏の城下町の若衆と老若に敷延することができないか考えてみたい。我々は、城下町の普請に関する第三二条から、門番・夜番に関する第八二条にかけて、結城の城下町が検断権を持ち、武装してきたことを論じた。一方、町の自治のための費用を蔵方が多く負担したことから、蔵方が老衆の担い手となることが多かった。第八二条では自治都市のメンバーの範囲が、公界と結城氏との間で取り決められ、その基準に基づき町の武力の担い手である若衆が組織された。町の自力を象徴する武力は、主として武士たちが担った。彼らは結城氏の家臣として主従制の原理に縛られながら、またそれとは別の地縁団体に組織されていたのである。町が夜盗に襲われた場合には、これに反撃した。しかし近隣の敵から攻撃を受け、略奪・放火などの被害を受けた場合、自力で反撃したとすれば、どうなっただろうか。第九八条などにある「夜盗・朝駆け・荷留」などと同じ行動となったであろう。結城氏は「削るべく候」と厳禁しているけれども、町々の自検断を考えるなら、反撃は至極当然のことだったと思われる。

兵農未分離・兵商未分離の社会の中に自治都市制度を導入したことが、こうした事態をもたらしたのである。結城氏の側は、老衆が若衆の暴走を抑えることを願っていただろうし、こうした結城氏家臣団内部にいるとの地位の自覚が第九四条の「孝顕の日」の宴会にもなっただろう。いずれにせよ結城氏は、宴会をやったからとて、親が地獄に落ちることも成仏することもないと、冷めた「上から目線」で「公界」の宴会における蕩尽を見ている。「老若」の言葉は第八五条でもここでも、他所からの批判との関係で出ているが、第八二条で認められた自治組織がここでは政勝からの批判の対象になっているのである。

郷村制など農村部の自治制度を伴わずに、城下町に対してのみ自治都市制度を導入する試みは、同時期の日本の中では特異なものであったのではあるまいか。

様々な権限の許認可を申請する場合、許認可権を持つ権力側に対して、申請者の側には事情の陳述・子細の披露が必要であった。『結城氏新法度』の場合、家臣の側が結城氏に「申し上げる」ことを「披露」と言った。『国語大辞典』によれば「披露」本来の語義は〈文書などを披（ひら）き露（あらわ）す意〉とある。ここから『結城氏新法度』における「披露」とは、結城氏に対して自己の考えを文書の形で「申し上げる」ことだと思われる。しかし口頭で「申し上げる」場合もあっただろう。結城領内では、人身売買の場合、他国との音信の場合、御堂の大木を伐る場合、質取りや荷留の場合、名代・名跡を継ぐ場合等に際して、人々は結城氏への披露を行った。

許認可権を持つ結城氏に対峙したのは、家臣たちや一般領民のはずだが、『結城氏新法度』の中からは、百姓が結城氏に対して披露を行った事例を見出すことはできない。『新法度』において「披露」を行っているのは、「蔵方」などの有力商人たちである。またこれとは別に、対立する相手との争い事を結城氏に裁いてもらうために、結城の法廷へ提訴する場合にも「披露」は行われた。それゆえ「披露」には、①「許認可」につながる「披露」と、②「訴訟・裁判」に関わる「披露」の二つの場合があった。また「訴訟の披露」に対して、訴えられた本人が抗弁することや、当人に代わって第三者がする弁護を「陳法」と言った。一方、結城氏から家臣・領民への働き掛けに対し、被治者側が対抗的に述べる言葉に「侘言」がある。

ここでは『新法度』の中の「披露」「陳法」「侘言」の言葉を取り上げて、それらの言葉の世界の広がりを検討する。最初に「披露」を取り上げ、第一節では「許認可につながる披露」を、第二節では「「訴訟」に関わる披露」を論じる。次に第三節では「陳法」を、第四節では「侘言」を取り上げ、その1では「侘言＝提訴」の意味で「不可侘言」と「否定形で登場する場合」を、2では「侘言＝要求の場合」を、3では「侘言＝弁護・非難・抗議の場合」を、4では「侘言＝お詫びの場合」を論じて、その意味を考える。さらに第五節では、結城氏と申し上げる人との間をつなぐために結城氏側が用意した制度、「取次と奏者」を取り上げる。

第一節　披露（一）――許認可につながる披露

この節では「許認可につながる披露」を論じる。1では、「披露」の言葉が「子細」の言葉と共に登場する場合、2では、やり取りの過程で結城氏より「印判状」を発給してもらう場合、3では、結城氏への許可を求めて行う申し出を「披露」とする場合を取り上げる。

1　子細を披露

第二条「人商事」「人身売買に対する処罰」（前掲一三四頁）

この法令は既に第四章二節で取り上げた。問題の部分だけを次に引用する。

自然其身の召仕ひ候下女・下人、放すべきに候はゞ、能々子細を披露候て、印判を取、売り放すべし。

「子細を披露」とあるが、この場合の披露とは、下人の「売券」を結城氏に披露することだろう。それに対して結城氏は売買を許可する旨の「印判状」を下賜するか、売券に「印判」を裏書して、それを基にして下女・下人は売却されたであろう。「売買許可証」発行の場合は「売券」に「売買許可証」が添えられて、相手に渡されたであろう。譜代下人に対する主人の支配権は強く、下人が逃亡した場合、人返し法に基づき、旧主人は取戻しを請求できた。それゆえ、逃亡下人を発見した時、「売券」の正当性が問われ、現在の主人はその下人を入手した際の手継証文の提出が義務づけられていた。

〈印判状を伴う披露〉については次の2でも取り上げる。

第七九条「敵地音信之事」「敵地への音信の禁止」（前掲八三頁）

この法令は既に第二章二節で既に取り上げた。問題の部分だけ引用する。

かりそめにも敵地へ音信すべからず。万一、拠ナキ子細候ハバ、披露ヲ致シ申シ届クベク候。

結城氏にとって、同盟関係にある小山氏・古河公方や、結城氏の軍事指揮下にある水谷氏・山川氏・多賀谷氏以外は、基本的に敵であった。この場合の「披露」とは「届」のことで、〈許可を求めての申請〉と言い換えることができる。敵地への音信には「無拠子細」の届け出が必要であった。これに対して結城氏は、事柄を吟味した上で許可しただろう。この場合は、やり取りされる文書そのものが「披露」されただろう。国境に関所があったとすれば、関所の過書として、許可証の発行もあっただろう。

以上の第二・七九条の場合、披露の主体には当然家臣が考えられるが、それに限らなかったであろう。

第八八条「堂宮立木伐採之禁」「寺社の立木の許可なき伐採の禁止」（前掲九〇頁）

この法令も既に第二章二節で取り上げた。問題となる部分だけを引用すれば、次のようになる。一部、佐藤進一の読みに従い、読み下し文に改めた。

明日にも堂宮之有用切り候はゞ、如此之子細と披露ヲ為シ、切られべく候。各心得ラルベク候。

この条で問題となっている「堂宮之大木」とは、寺門前の者が居住する「宿・町々」にある住職の住む大寺院等ではなく、「里々」にある無人の「お堂」の大木で、その地域の領主が「成敗之内」だとしてその大木の伐採に乗り出したのであろう。結城氏は「洞之繁昌」を守る公共の立場から、「子細と披露」することを要求した。もちろん文書による申請も考えられるが、この場合の「披露」は口頭で報告し、許可を得ることであろう。結城氏は「子細」を吟味した上で、場合によっては許可したであろう。

以上三例の「披露」はいずれも〈許可を求めての披露〉となろう。

2 印判発給を伴う披露

1で取り上げたものとは反対に、披露をした者に対して、結城氏の側から許可証などの文書を発給する場合がある。上述した第二条もこれに当てはまる。

第五二条「名代譲与事」「放埒な長子の家督相続」（前掲一六〇頁）

佐藤はこの法令の要旨を〈たとえ長男であっても、無道の者で、家の後継ぎとして、将来家を亡ぼすべき者と判断したならば、あらかじめ結城家に披露した上で、家を維持しうる能力のある子を後継ぎとせよ〉とした。佐藤が『日本思想大系21　中世政治社会思想　上』[1]で「披露」をそのまま〈披露〉としたのに対して、『クロニック戦国全史』[2]では「披露」を〈報告〉とした。跡継ぎの決定には結城の承認が必要で、承認をした場合には、当然文書の発給となった。それゆえこれは、〈許可につながる披露〉、〈印判の発給を伴う披露〉となる。この「ありのまま披露」は「子細を披露」とよく似ている。この法は「家中法」で、〈披露〉の主体は家臣である。

第七三条「*他所の者・出家・山伏が輸送ルールに背いた場合の罰則」（前掲二七八頁）

佐藤はこの法令の「披露なしに通る荷物」を〈連絡なしに通る荷物〉としたが、『戦国全史』では〈（通行許可の）申請をすることもなく通る荷物〉とした。この法令の前提として、結城領内で物資通過の際には、通行・運搬の許可の申請が必要だったことになる。結城氏に提出した申請書には、「何時、どんな商品を、どれほどの量で、また馬何頭で、付き人何人で通る。荷主は誰で、運送業者は誰か」等々が記されていたはずである。申請書を披露した者に対して通行許可証が交付された。だからこの場合、「披露」は〈文書を伴った申請〉と〈許可証の発給を伴う披露〉の二つだったことになり、前の1に入れることもできる。

しかしこの法令の主旨は、そのような手続きを踏まない者への命令で、「荷留」を命令している。「披露」の主体には家臣も含まれるが、むしろ広く流通業に携わる荷主・運送業者等の人々であろう。

第八六条「私荷留停止事」「私的な荷留の禁止」（前掲二八六頁）

この法令も前章第二節3で既に取り上げた。先の荷留法から時間をおいて発令されたものの中にある法令である。問題の部分だけ引用する。

荷留内々ニ披露いたし留めるべく候。披露ナク我々計らいに罷リ出デ、留メ候ハバ、悉く言イ付ケ返スベク候。

佐藤はこの第八六条の要旨を〈荷留は内々結城家に披露した上で行え。家中の武士が披露なしに勝手に荷物を押収してはならぬ〉とした。しかしこの場合の荷留は、債権・債務関係を解消するために行われた質取りで、「内々披露」とは、荷留の根拠となる「借状」の披露であり、荷主や運送業者たちが内々に荷留を要求していたことが原因である。通行許可証を持っているにもかかわらず、荷主側は思いもかけずに荷留に遭ったのだから、秘密の特別な沙汰として「内々」なのだろう。だから、結城氏の質取許可証の持参がなく「我々計らいで」行った荷留の場合は無効だとしたのである。

一方、『戦国全史』では「披露」を〈報告〉として、全体を〈荷留は内々(結城氏に)報告したうえで行うべきである。(結城氏に)報告もせずに、自分勝手な判断ででかけていって荷留を行った場合は、ことごとく命令して(荷を)返却させることとする。このむねを(配下の者に)申しつけられよ〉とした。私の解釈と異なり、荷留を質取りとしていないが、仮にそうだとしても、「文書を伴った披露」があったことは間違いないだろう。

この場合の「披露」の主体は、結城領の内外に広く債権・債務関係を取り結んでいた有力商人たち、「公界」のメンバーだと考えられる。

以上三例中の後の二例は、家臣ではない一般民衆が「披露」の主体であった場合となる。

3 許可を求めて申し出る場合

次に取り上げるのは、佐藤進一が「披露」をそのまま〈披露〉としたのに対して、『戦国全史』で「披露」=〈報告〉としたケースのうち、人々が許可を求めて申し出る場合である。三つの場合は共に披露なしに行われたとして、禁止の場合となっている。

第三六条「無披露不可質取事」「申請のない質取」(前掲二一九頁)

この法令の前の第三五条「神事祭礼市町日不可質取事」には「当地之神事祭礼・市町之日、たとへ如何様之義成共、何方も質取不可然候」とあって、「取候はゞ、理非なしに其沙汰破るべく候」とある。この第三六条の法令が明快だからか、佐藤は要旨も頭注も何も付けていない。しかしこの法令からは、国質・郷質等の債権の取立て=質取りには結城氏側への披露と、結城氏側からの質取許可証の公布が必要であったことが知られる。当然のことながら、債権の証拠となる「借状」を結城氏に披露し、結城氏の許可を得て、その許可証を持参するか「役人」を同道するかして債務者の所に赴き、質取りとなったはずである。「役人」の同道は文書への裏書や、質取許可証の代わりをなしただろう。

それゆえ、この場合の最初の「披露」は〈許可を求めての申し出〉となる。しかし詳細に眺めると「洞中又何方へも不致披露して」とあり、質取りの許可権は結城氏の下に一元化してはおらず、複数の権力が許可を出していた。許可した側は「役人」を同道させ、債務者の下に赴かせただろう。米の値段や枡目を定めた第一〇三条では、「役人」のいる「町」と、法定価格を守らない「里々」とが対比されていたが、この「町」の「役人」がこの質取りを許可したのだろう。また、第八三条では撰銭のトラブルを彼ら「役人」が所管していた。

それゆえ、結城氏の承認の下で、「町」の「役人」の協力によって質取りの仕組みは運営されていたことになろう。後の方の「披露なし」の場合は、『戦国全史』が現代語訳した〈申請なしに〉よりは「許可なしに」の方がよいであろう。

第七二条「私之企事制禁事」「結城氏に内密の私的計画の禁止」（前掲二四六頁）

この法令には「披露」が二度登場する。佐藤は「披露」をそのまま〈披露〉としたが、『戦国全史』はここでもこの「披露」を〈報告〉とした。「披露」が最初に登場する「披露なし」の「談合」とは〈断りなしの、相談なしの、勝手な談合〉だろう。その点でこれは結城氏の〈許可を求めての披露〉となる。この法令の解釈上の難点は、「談合」の中身が不明ということであるが、しかし先に分析したように、この法令の置かれた位置からこの「談合」の中身は「戦争」に関わるものとなり、「各々談合」「我々談合」「下々談合」として結城家家中の若者が相談していたことは〈敵地への侵略・略奪〉であろう。「下々談合」が我儘に帰結するとあるのは、第二七条の「女之一人も可取候はん」がこれに対応しよう。我々が注目するのは、二番目に「披露」が登場する「何ヶ度も内々致披露、其上ニ於テ其ノ調尤モニ候」である。結城氏は血気にはやる若い家臣たちを統制下に置き、保護と監視の下で敵地への侵略・略奪を進めようとしていたのである。

第九八条「侍下人以下無披露不可出向事」「許可なく領外へでた者に対する処罰」（前掲二六九頁）

この法令の内容は、無断で敵地に赴き「草・夜業」などを行う第二七条や、前述した「各々談合」「我々談合」「下々談合」のある第七二条に近い。佐藤はこの法令の「主旨」を〈当結城領の者が、主君に無断で、他領からの誘引に応じて、狙い・夜盗などに出向いた場合は処罰する〉とした。つまり「無披露に出候もの」を〈無断で、出向いた場合〉としたのである。一方、『戦国全史』では「無披露」を〈ことわり〈披露〉なく〉と現代語訳したが、言葉にこだわるなら、この「披露」は第七二条と近い用法で〈許可を求めての申し出〉であろう。これに対しては「削る」すなわち結城家臣団からの追放という重い刑が対応していた。

第二節　披露（二）——「訴訟」に関わる披露

様々な権限の許可を求める場合に、許認可権を持つ結城氏に対して、子細を披露することが必要であった。これまで取り上げてきた例を挙げると、人身売買の場合、他国との音信の場合、御堂の大木を伐る場合、名代・名跡を継ぐ場合、質取りの場合、荷留の場合などとなる。しかしこれとは別に、対立する相手との争いを結城氏に裁いて貰う場合にも「披露」は行われた。

1 人を讒言する「讒訴」の場合

「讒訴」の禁止とその例外規定には第一三条と第五〇条がある。この両条は「申上」の言葉を共有している。

第一三条「無証拠不可披露事」「*結城家を滅ぼす反逆の企ては例外とする」（前掲一五五頁）

第一一条から第一三条までは「証拠法」で、第一一条「盗沙汰陳法事」「証拠が明白な窃盗犯の弁護」と第一二条「無証拠事任神慮事」「証拠のない処置」は共に「盗み」に関連した証拠がテーマだが、この第一三条は謀反に関連した証拠法である。

この法令には「証拠」が三回、「申上」が二回、「披露」が一回登場する。佐藤の要旨はない。『戦国全史』は最初の部分を〈証拠のないことは、どんなにありそうなことでも、（結城氏に）申しあげてはならない〉とした。「証拠」もないのに人を犯罪者だと訴えるのは〈讒訴〉であり、この法令は〈讒訴禁止令〉でもある。但し書きには「洞を破るべき造意」とあり、佐藤はこれを〈結城家を滅ぼす叛逆の企て〉とした。『戦国全史』は「如此申廻候、心得候へ」を報告者からの口頭か文章の言葉だとし、〈「このような企てがめぐらされています。御注意ください」〉としている。

「讒訴」は大名による裁定が前提で、この場合の「披露」は結城氏への提訴となる。口頭による披露ではなく、「証拠」は無くても「ありそうなこと」を文書に記して「申上」したのだろう。「密々に披露」とは、人払いを行った上での披露だろうか。

第五〇条「里在郷宿人等申分披露事」「村や町の者の訴えを取り次ぐ手続き」（前掲一〇八頁）

この法令は「但し」の所で二分でき、前者は主文で後者は例外規定となる。主文では「披露」が二回、例外規定では「申上」が二回登場する。佐藤の要旨は主文の現代語訳で、〈結城家中の武士が、里の者・宿の者などを、自分（結城の殿）の目の前へ連れてきて、「この者がかくかく申します」と披露してはならぬ。その者を武士の宿に置いて、武士だけが出仕して披露せよ〉とある。初めの披露は口頭でのものであり、後の「可致披露候」の披露は里・在郷の者の言ったことを「文書にして披露せよ」となる。佐藤は「分外」を、〈分（身分秩序）をはずれた非常識なこと、の意であろう〉とした。ここからこの法の主旨は、政勝側の百姓との面談の忌避であり、百姓を「人」と見なしていない差別意識が表れている。

しかし特例として例外を挙げている。佐藤はその「隠密の世上之義」を〈密々の世上の噂。家中の謀叛の動き、隣国・敵国の動静、領中農民の不穏な動静などを想定しているのであろうか〉とした。謀反その他に際しては殿様の「目の前で」一対一で説明せよとしたのである。この箇所の初めの「可申上筋目」とは、申し出を要約した文書を指し、後の「申上べく候」は、対面した上で、口頭での申し出となる。

2　「不可披露」が提訴禁止となる場合

第一九条「依他人頼猥不可披露事」「道理や証拠のない訴えの上申禁止」

一　人の頼み候とて、無理と聞きなし候事、又証拠・証文のなき事、披露すべからず。

この法令は、人から頼まれて結城氏に取り次ぐ役目の「奏者」に関わるものである。佐藤は「無理と聞きなし候事」を〈無理を承知で聞き入れること〉とした。このことの背景には酒席での「清濁併せ呑む」というルールがあり、その点では第七八条と直結していよう。酒の席で人から頼まれ、「分かった、分かった」とした上でそのまま結城氏に申し上げたのであろう。またその前提には、人にものを頼む際には、まず「一献」というルールがあったのだろう。披露の主は奏者などの上級武士である。この法令の意味は事書・綱文に尽くされていよう。『戦国全史』では「披露」を〈取り次いで上申〉とした。

第三〇条「公界寺事」「*公界寺への不当な干渉」（前掲二六一頁）

我々が注目するのは、この法令の「寺奉行之ほか、是へ何事も不可披露」である。「是」は結城氏である。結城氏と「諸寺・諸庵・諸房」との間に立って取次ぎができるのは「寺奉行」のみだとすることにより、「諸寺・諸庵・諸房」の建立に大きな力を振るった有徳人たちがそこに彼らの「子」「兄弟」を置こうとする、有徳人による寺への人事干渉を禁止した法令となる。結城氏と個々の寺との間に立って取次ぎをしている点で、この「寺奉行」は、寺へ走り入った下人・下女の取り扱いを定めた第九三条で〈主人の所望に対しては必ず返せ〉と「寺家中」に命じた「寺々の奏者」と似た立場にある。

「寺奉行之外、是へ何事も不可披露」を『戦国全史』は〈寺奉行（を通じる）ほかは結城氏へどんなことでも上申してはならない〉とした。つまり寺に関する上申手続きの確立であり、私的な要求の禁止である。ここでは「寺奉行」の権限を規定した上で、法の例外規定としてさらに「寺奉行慮外なし候はん義は、以別人も可披露」と定めている。この「披露」も広い意味では「提訴」の意味となろう。この「披露」は人事についての申し出だから、文書を通じてなされただろう。「寺家中」の言葉から、この『新法度』の整備と共に、結城領内のすべての寺院が「寺奉公」「寺々の奏者」の下にまとめられ、統制下に置かれていたことが知られる。

第七七条「神事祭礼之場喧嘩事」「神事祭礼の場における喧嘩」（前掲二〇一頁）

この法令の前半部にある「何と可侘言候哉」を、さらに噛み砕いて述べたものが、続く「死候はゞ死損、斬られ候はゞ、斬られ損。誰も道理不可申立」と、「指南之、縁者・親類、又悴者・下人にて候とて、荷担し、引汲し、理をとり付、不可披露」とである。これについて佐藤は頭注で〈如何に弁疏するのを聞いても、すべてこれ酒狂いの結末であって、一々理非を論ずる必要のないことだ〉とし、「侘言」を〈弁疏〉とした。

最後の「不可披露」を『戦国全史』は〈(結城氏に)申しでてはならない〉としたが、この場合の「不可披露」とは「提訴禁止」で、「死に損」「斬られ損」がその禁止の理由である。それゆえ、この場合の「不可披露」は、後に取り上げる「不可侘言」と等置されることになる。なお、「神事祭礼之場」は結城氏―奉行という系列で管理されていた。それゆえ、喧嘩の加害者か、またはこの系列の管理者たちを訴えることを、ここでは「披露」としたのだろう。

「不可披露」の言葉のある法令は以上の三つであるが、次の第七八条もほぼ同様の内容である。

第七八条「酒酔者披露之禁」「酒気をおびての申し立ての禁止」

一　酒に酔い候て、人もの頼み候とて、目の前に罷リ出デ、かりそめ之義をも申スベカラズ。よく酒さまし、本心の時罷リ出デラレ、何事をも披露スベシ。心得ラルベク候。

この法令も第一九条と同様、人からものを頼まれる立場にある「指南親方」とか「奏者」に対する心得である。佐藤はこの法の要旨を〈人に頼まれたからとて、酒に酔ったままで我が(結城の当主の)前に出て申し立てをしてはならぬ。どんな些細な事でも素面《しらふ》で出仕して申し立てよ〉とした。前述のように、人にものを頼む際に酒が入るのが当時も慣習だったのだろう。ここでは酒の席から結城氏の当主へ直接赴いての訴えを禁止している。

以上この第二節で取り上げた六カ条はすべて、披露・提訴の手続き・ルールを定めたものである。提訴禁止を言う場合に「不可披露」より一般的な「不可侘言」については、第五節「取次と奏者」の所で取り上げる。

第三節　陳　法

前述のように、訴えられた本人が抗弁することや、当人に代わって第三者がする弁護を「陳法」と言った。「陳法」の言葉は第一一条と第四七条に登場する。

第一一条「盗沙汰陳法事」「証拠が明白な窃盗犯の弁護」（前掲一五四頁）

この法令にある「陳法」は、中世の裁判用語である「訴陳」に基づくもので、被告＝論人側の「弁明・弁解」を言うが、この場合は第三者による弁護であろう。〈十分な証拠のある盗人を弁護しようとするのは、弁護する者が本人以上の大盗人である〉ということになる。ここで、弁護する人を盗人本人よりも「大盗人」だとして重く罰する点は、第三二・四八条と共通する。

第四七条「人勾引事」「誘拐事件の実行犯と協力者に対する処罰」（前掲一三八頁）

人勾引をして「失せ物」となった被害者を送った「人勾引相手」の者は、人勾引した「本人」よりもきつい誤りを犯したとして、「頼まれただけだ」との本人の申し出を許さず、その申し出を破棄する、とある。〈人勾引の裁判において、誘拐された下人・子供の証言があれば、今の主人は抗弁すべきではない〉という「証拠」と「陳法」との結びつきは第一一条と共通している。

第四節　侘　言

結城氏からの働き掛けに対して、被治者の側が対抗して述べる言葉に「侘言」があった。『国語大辞典』は「侘言」の意味として次の四つを挙げている。

①つらがって嘆く事柄、また、その言葉。思い悩む事柄。気落ちしていう恨みがましい言葉。

②ことわりをすること。辞退すること。弁明または抗議すること、また、その言葉。

③窮状を訴えること、嘆願すること。請願。

④詫びること、また、その言葉。詫び。

今の我々の感覚からすれば「侘言」は④の「お詫びの言葉」だと思われるが、中世では異なっていた。『結城氏新法度』で最初に「侘言」が登場する第一条のそれを『戦国全史』は〈嘆願〉とし、〈その者をかばったりする〉と補って、さらに補注で〈訴願・嘆願のこと。その内容により、要求・弁護・弁明などの意ともなる〉としている。佐藤は第八条の頭注で「侘言」を〈陳謝・弁明・抗弁などの意〉とし、〈ここでは、下人・悴者・指南の者がかくかくの場合に討たれたとして、その者の主人が相手（殺した者）方を非難し、抗議し、救済措置を要求するなどの権利を認めないという意味〉とした。つまり「侘言」は本来「陳謝・弁明・抗弁」の意だが、「抗弁」はさらに「非難」「抗議」「救済措置の要求」の意味に発展したとした。後にあらためて考察するが、第八条の「不可侘言」は「非難・抗議をするな」であろう。『戦国全史』はこれを〈文句をいってはならない〉と現代語訳している。その『戦国全史』が「侘言」をどう現代語訳したかを調べてみると、おおよそ「嘆願・弁護・訴願」の三つに分類できる。「嘆願」は佐藤の言う第三の「救済措置の要求」や、辞書の③に対応し、「弁護」は②で、「訴願」もまた③からの派生だろうか。犯罪者・容疑者を公の場で弁護することは、刑が重すぎるなどとの提訴につながっただろう。それゆえ「弁護」と「提訴」とは連続する場合が多かった。

ともかく『結城氏新法度』の中の「侘言」の意味は多義的で、それが何を表しているかを一義的に確定することは困難である。[3] これらについては以下で具体的な例に当たりながらさらに考えてゆきたい。なお、「侘言」の場合は「披露」と異なり「子細」の言葉を伴うことはなかった。

1　「不可侘言」が提訴禁止となる場合

前節で「不可披露」について検討したが、提訴禁止を言う場合、一般的な用例としては「不可侘言」のほうが多かったように思われる。「陳法」の所で取り上げた第一一条の「不可侘言」も提訴禁止であった。それ以外の用例を次に挙げる。

第八条「於神事市町やりこ押買以下科事」「*市町や祭礼での不当行為で殺された者に関する訴願の禁止」（前掲一九七～一九八頁）

理由の如何を問わず「下人・悴者・指南の者」が殺されたなら、主人の武士にとって損害なので、窮乏を嘆くのは当然で、ここから④の意味での「侘言」が出てくる。ここには「誰にても不可侘言」とある。〈誰に対しても、損害賠償を要求してはならない〉の意であろう。この「不可侘言」について、前述したように佐藤は〈相手（殺した者）方を非難し、抗議し、救済措置を要求するなどの権利を認めない〉とした。『戦国全史』では〈文句をいってはならない〉とする。「侘言」の主体は「武士の主人」で、武士の下人以外にも下人はいたと思われるが、この『新法度』では問題にしていない。

「神事・市町」で下人を殺した奉行その他と、殺された下人の主人との対立を前提として、主人たちが奉行たちを訴えてはならないとしたものである。

第九条「立山立野盗伐盗刈被討者事」「*他人の山野での盗伐・盗採で殺された者に関する訴願の禁止」（前掲九六頁）

この法令の「下人・悴者〻侘言」は〈下人・悴者の侘言〉と読むのであろう。第八・九条は共に、下人が現行犯としてその場で打ち殺された場合で、「下人」の主人にとっては損害となる。そこでここでは、「主人」の側が行う、下人を殺した立山・立野の主に対する救済措置・損害賠償の訴えを「侘言」としている。「侘言すべからず」とは「救済措置の要求を認めない」「提訴を認めない」の意であろう。『戦国全史』ではここでも〈文句をいってはならない〉とする。ここでも下人の主人は武士となる。

第二〇条「夜中入於他人屋敷被討者事」「夜中の不法侵入で討たれた者に関する訴願禁止」（前掲二六四〜二六五頁）

この法令は、夜中に他人の屋敷に入り込み討たれた者に対して、殺された者の関係者が殺害者を提訴することを「侘言」＝損害賠償の提訴とし、それを禁止している。「死に損」とあることに注目すべきで、訴えを取り上げないとしている。この点で、第七七条の「不可披露」と似ている。この法令でも、討たれた者は武士の下人である。

第八三条「撰銭事」「悪銭の使用禁止」（前掲二九二頁）

この法令については既に前章第三節1で取り上げた。ここでは問題となる箇所のみを引用する。

撰りたちノ事然ルベカラズノ由、各思ハレ候ハバ、悪銭ノ侘言申サレマジク候。

最後の部分は、「悪銭についての訴えを行ってはならない」である。「被思候者」「被申間敷候」は「各」に対して丁寧な言い方ではあるが、法令の中身は「不可侘言」と同じで、提訴の禁止である。ここでは、悪銭で大口の支払いをした者に対する提訴が対象となっていたのだろう。

まとめ

以上四例はいずれも、利害が相反する両者間の対立を前提として、結城氏の下での大名法廷に訴え出ることの禁止令となる。これらの法令は、銭を利用する一般人を対象としたものである。

第八条は「下人・倅者・指南の者」が「討たれた」場合であり、第九条も「下人・倅者」が「討たれた」場合である[4]。第二〇条は「不法侵入者」が「討たれた」場合だが、『今川仮名目録』第七条からは「下人」の場合もあったとなるので、この第二〇条の半分は「下人」に関係する法令で、主人側が損害賠償を求めて行う提訴の禁止令となる。以上から第八・九・二〇条は「主人」側の提訴禁止令である。結城氏は大名法廷では取り上げないとして、各自の判断を要請しているのである。また第八三条は「撰銭」に関する市場での争いに対し、大名法廷への提訴を禁じている。

2　侘言＝要求の場合

次に、「侘言」が「要求」を意味する場合について見てゆきたい。三つの法令が挙げられる。

第七六条「荷留之時侘言事」「*荷留に関する要求の禁止」（前掲二八一頁）

この法令には「侘言」が三回登場する。『戦国全史』ではそれを〈嘆願〉としたが、むしろ「要求」だろう。最初の「侘言」は「不可侘言」で、これは政勝の言葉で「要求するな」であろう。

先に見たように佐藤は頭注でこの法令の要旨を〈以上に定めた三ヵ条〔第七三〜七五条〕の荷留の法度に抵触した場合、これは特別だから通してほしいと弁疏してはならぬ〉とした。つまりこの法令の趣旨を「ここで制定した〈荷留法度〉三カ条を守り、例外は認めない」としたのである。前章では「座」による交通路支配から結城氏による通行許可制への変化を想定したが、ここで「これは無拠候、通されべき」と発言した「侘言」の主は結城領内の荷主や運送業者で、荷留にあった荷物はあるいは彼らに宛てられたもので、届かないので困惑して要求＝「侘言」をしたのであろう。これに対して政勝は、「誰も私に要求するな。それほど荷留で困るのなら、あらかじめ印判を要求して、正規の手続きを踏むべきだ」とした。この法令が問題としているのが、こうした状況下での事件だとするなら、「侘言」は「弁護」「請願・嘆願」よりも「要求」がよいだろう。

第八五条「荷留ニ付侘言事」「*荷留された荷物の質取り要求の禁止」（前掲二八三頁）

この法令は前章第二節3で既に取り上げた。荷留になっている運送中の商品に対して結城領内の有力商人たちが質取りを要求したことがこの法令の背景にある。それゆえこの「侘言」は「質取りの要求」である。ここで政勝は、商人たちの要求を身勝手なこととして、突き放して取り上げないとした。ここでの問題は最後の部分である。次のようにある。

これへ、各侘言被申候へば、其分になし候。明日にも印判なしに通り候荷物取候に、誰も侘言いたされべからず。

この場合の「侘言」を『戦国全史』は〈嘆願〉としたが、むしろ「要求」であろう。ここでは『戦国全史』が「侘言」を〈嘆願〉としたことの背景を考察したい。『戦国全史』では、荷留には家中の人々が関与しているとした。そして家中の人々と結城氏との間には情緒的な一体感があると考えた。村井の主張する、結城氏と家臣団との関係を〈一揆＝家臣団による結城権力の包摂〉とするとらえ方がそうさせていると思う。そこから、結城氏と家中の人々を結ぶ言葉「侘言」は、情緒的なつながりを示す「嘆願」がよいとしたのであろう。私は、政勝は専制支配を目指していたので、結城氏と家中の関係はむしろ対立的であったと考える。

追加第二条「年始之肴以下新儀望申輩事」「出家した者以外、年始の肴を無心することの禁止」（前掲一七〇頁）

佐藤の頭注では最初に〈年始の肴以下、新儀破格の待遇を望む輩のこと〉とあり、これがこの法令の要旨に当たっていよう。『戦国全史』では、「侘言」を〈嘆願・懇願〉とする例に倣って、ここでも「致入道以衣躰令侘言候者」を〈入道して出家姿で懇願するならば〉としている。しかし私には異論がある。この「侘言」はこの法令の最初にある〈結城氏の家風にないことなのに、或は年寄りだからとか、あるいは忠義者だからと云い立てて、（家格を無視して）年始の魚（のふるまい）に与りたいといってくる者がいる〉を受けた言葉で、「振舞いに与りたい」とは下からの懇願のように見えるが、「年」とか「忠信」とかを言い立てて魚を強要しているのであり、これは「懇願」ではなく、むしろ「要求」である。この法令の背後にはお城での年始の振舞いという恒例の行事があり、「令侘言候者」とは、自身はお役を退いて隠居している者が、家臣として勤めている息子に「侘言」を言わせているのである。「令」は使役であり、当然の「要求」だとしているのである。

3　侘言＝弁護・非難・抗議の場合

今度は、「侘言」が「弁護・非難・抗議」を意味する場合を見てゆこう。五つの法令が該当する。

第三二条「宿々木戸門橋修理懈怠事」「町の木戸や門などの修復に関する義務」（前掲七三〜七四頁）

この法令については既に第二章一節4でも前章第二節2でも取り上げた。ここで問題となるのは、法令の最後の部分B・Cである。

B其ノ町に居たる侍ども引たち悉く触れ、油断無ク、門・橋再興然ルベク候。西館・中城同前たるべく候。其ノ中に難渋之者共かざらず申シ上グベク候。これは城内を狙い候か、敵地へ内通之者たるべく候。屋敷・所帯〔うばいとり〕走リ廻ものに刷ウベク候。C其ノ時これは親類・縁者、これは指南に候とて、例の横道理御好にて、皆々〔かこ〕つけ、これへ侘言スベカラズ。侘言ノ者、本人よりも一咎申スベク候。心得ラルベク候。

この場合の「侘言」も『戦国全史』では〈嘆願〉としている。しかし、修理を懈怠する者から「屋敷・所帯〔うばいとり〕走リ廻ル者に刷ウベク候」としたことに対する、「これ」（＝政勝）への「侘言」なのだから、この「侘言」はむしろ、犯罪者とされた被害者への「弁護」であり、②の意味で「非難」「抗議」の意味もあるだろう。処罰に対して「これは親類・縁者、これは指南に候」と言って、「其時」「例の横道理御好」が現れるとある。家中のあり方は、法律を守るよりも身内贔屓の方が強いのである。これに対して政勝は「本人よりも一咎可申候」として弁護者の方を重い刑に処すとした。ここで思い起こすのは『結城氏新法度』の前文である。「縁者・親類の沙汰の時、鷺を烏に言い立て、縁者・親類又指南其外に頼もしがられべき覚悟にて候哉」とあった。

これに類似して「侘言」をする方をいっそう強く罰するとしたものには、既に見た第一一条や、次に述べる「内通」がテーマの第四八条がある。そこでの政勝の了解では、侘言をする人と結城氏との間には敵対的な関係があった。それゆえ、第三二条の「侘言」について『戦国全史』の「嘆願」説は成り立たないと私は思う。

第四八条「*謀反人・内通者への処罰」（前掲六七〜六八頁）

これについては既に第二章一節3で取り上げた。問題の部分をのみ引用する。

御指南の方誰人なり共、……削り申スベク候。其ノ時又誰なりとも、傍より侘言めされ候はゞ、並び削り仕ルベク候。

この「侘言」も「削る」という処罰に対してなされたもので、『戦国全史』では「侘言」を〈弁護〉としているが、第三者が②の意味の「弁明」「抗議」をしたのであろう。第四八条と第三二条が「内通」ばかりか、同じ意味の「侘言」も共有していることは興味深い。

重要なのは法令の最後である。「侘言」を言う人に対して「並び削り」の刑罰を下すと宣言し、本人と並んで処罰するとしている。証拠法の第一一条の場合もこれに関連していた。また傍線部に見られるように、結城氏が丁寧な物言いをしていることも注目に値する。

第九一条「兵粮売買時枡目事」「兵糧米の売買における枡の大きさ」（前掲二二三頁）

この法令では、米の販売に不正があった場合に「立て候枡」を「用いなかった」者に対して「役人」が「過料」を懸けるとある。「過料」の対象は不正を行った商人である。法令の最後に「脇より侘言すべからず」とある。佐藤は頭注でこれを〈一旦摘発された場合、第三者が弁護してはならぬ〉とした。「侘言」の主体は「たがものなり共」とあり、〈どんな人でも〉の意であろう。結城氏は公共の利益・公共善追求の立場に立ち、社会正義の実現を高く掲げ、これへの異論を封じている。『戦国全史』では「侘言」を〈弁護〉としたが、この場合犯人を擁護しての弁護は、結城氏から見て不当な「非難」「抗議」であろう。

第九二条「酒売人枡目非法事」「酒などの販売における非法行為に対する罰則」（前掲二二四頁）

結城領内の流通の連絡網に当たる町々に、結城氏は「役人」を置いて流通を統制していた。「役人」が違法行為に対して「過料」を課す仕組みについて、前条と同様に、異論を取り上げないとしている。『戦国全史』では「侘言」を〈弁護〉としているが、②の意味の「非難」「抗議」でもよいであろう。

第九七条「町々要害普請夫役事」「町や城砦などの普請における夫役の怠り」（前掲三〇三頁）

「町々」は結城の城下町の一部を構成していたであろう。城下町全体の自治には「公界」のメンバーが当たり、「町々」には彼らの「下人」や彼らと関係の深い「寺門前之者」が居住していた。この法令は「下人」や「寺門前之者」が「普請」に出なかったので、結城氏から「きつく言いつけさせるべきだ」としたことに対して、「其町」が「侘言」をしてはならない、の意である。『戦国全史』では、〈（割りあてを減らしてくれと）請願〉するとしているが、この場合の「侘言」とは、「きつく言いつけさせ」たことへの「抗議」であり、また「弁護」であろう。町が「侘言」の主体となっている点で注目すべき法である。

4 侘言＝お詫びの場合

藤木久志は『戦国の作法』の第二章「身代わりの作法・わびごとの作法」で、自力の村が暴力の反復を避け、紛争を回避する作法を論じている[5]。ここでの「わびごと」とは「謝罪・降伏の許しを請うこと」であった。『結城氏新法度』では二つの法令での「侘言」が「お詫び」に該当する。

第一一条「盗沙汰陳法事」「証拠が明白な窃盗犯の弁護」（前掲一五四頁）

この法令の「これへ侘言」は結城氏に向かっての発言である。佐藤は「何に誰人頼み候とも……」を頭注で〈誰が何と頼もうとも、自分（この法度の制定者である結城政勝）に盗人の弁護をし、罪のゆるしを乞うてはならぬ〉とした。「侘言」が「罪のゆるしを乞う」の意だとすれば、これは④の意味となる。

第三八条「殺害逃亡者帰参不可叶事」「殺人をおかして逃亡した者の処置」（前掲一六九頁）

佐藤はこの法令の「要約」を〈人を殺して逃亡した者は帰参を許さず〉とした。「誰も侘言不可叶」とは〈誰が謝っても、許さない〉の意だろうか。これだと「侘言」の④の意味となる。『戦国全史』では〈誰が懇願してきても取りあげない〉としており、これだと③の意味となろう。「不可侘言」と「侘言不可叶」との違いに注目すれば、「懇願」ではなくて「謝罪」の方がよいだろう。

第五節　取次と奏者

本章の最後にこの節では、訴訟の手続きや方法、そのための取次制度を取り上げたい。ここでも相手が家中の武士であるか、庶民であるかをめぐり、「家中法」と「領民法」に分けて考えることにする。

1　対象が武士

「奏者」が登場する法令は、「喧嘩法」の第六条、「自訴直奏」に関わる第四九条、所領や屋敷の給与に関わる第八四条の三つである。第三一条が取り上げる「近臣殊に在郷之者共」とは、結城氏の家臣団のメンバーで、この法令には「奏者」の言葉は登場しないが、「沙汰以下自訴以」下の「取次」を行う「当時これに身近く走廻」る者が登場し、「沙汰以下自訴以下」とは政勝への「申上」に関わっているので、ここで共に取り上げたい。以上から、ここでは「奏者」と「取次」が関係する第六・三一・四九・八四条の四つを検討する。

第六条「＊自制後申告者と慮外者の扱い」（前掲一四七頁）

喧嘩を仕掛けられたのに自制して取り合わず「奏者を取って」「申上げたもの」への処遇を定めた法令である。喧嘩が習俗的な社会的ルールを基にしているとすれば、ここで問題となっているのは、習俗に対立する結城氏の「法度」との関係である。ここに「奏者」が登場する。この場合の「奏者」は、次の第三一条で取り上げる「指南親方」であろう。後述する第八四条の原則からすれば、自制して「奏者を取って」「申上げたもの」は、「法度」を守った忠信者と認定され、所領給与の対象となった。

第三一条「指南事」「他人の指南からの訴訟取り次ぎの禁止」

一　近臣殊に在郷之者共、前々より指南を持つべく候。如何に当時これに身近く走廻候とて、人の指南に頼まれ候とて、何事も申シ上グベカラズ、又人之指南別人を頼み、沙汰以下自訴以下申シ上グベカラズ。なすべき義なりとも払ウベク候。但シ、指南親方慮外なし候はん義は、其ノ者に取リ付き侘言はなるまじく候。別人ヲ以テも申シ上グベク候。

この法令には「侘言」の言葉が一度、「申上」の言葉は三度も登場し、また「沙汰以下自訴以下」の言葉があるので、訴訟に関連した法令である。佐藤は頭注でこの法の要旨を〈指南の者の訴願は、各人の親方を通じてなすべきであって、たとえ近臣であっても、他人の指南の者の依頼を受けて、訴訟を取り次いではならぬ〉とした。また「如何に当時これに身近く走廻候とて」を〈たとえ近臣であっても〉としているが、これは、先主・政朝の時の功績者・忠信者で、当時権勢を振るっていた「御出頭人」であり、この法令は彼らに対する取次禁止令である。彼らは多くの人に影響力を及ぼそうとしていた。先に見た「荷留法」第七六条には「御出頭ぶりにて法度をおすべからず」とあり、「法度」を制定した政勝に対抗的な存在として例示されていて、政勝は苦々しい思いで見ていたと想像される。彼らは当時政勝の「身近く」で「走り回って」いて、「人の指南に頼まれたから」と言って政勝に「申上げ」ようとしていたが、政勝はこれを禁止して、指南制度という軍事組織の秩序の維持を図り、有力近親者が指南制度を無視して訴訟の取次ぎを行うことに反対したのである。佐藤はこの第三一条の「沙汰[6]以下自訴以下」を〈他人の相論、自分の訴訟などの事柄〉とし、「なすべき義なりとも可払候」を〈本来勝訴の裁決を与えるべき事であっても却下する〉とした。ここから、この法令は訴訟申請（＝披露）の際の手続法となる。

結城氏にも江戸時代の「旗本・御家人」と似た制度があり、下士の指南之者はお目見えが叶わず、上士の指南親方を通じてしか、自分の意見の披露はできなかった。「但し」以降について、佐藤は「指南親方……」を〈指南の者が、親方の慮外な仕打を訴える場合は、親方を通じて訴えるわけにはゆかぬゆえ、別人に取次ぎを頼んでよろしい〉とした。

なお、この『新法度』には「指南」の用法として、①「下人・悴者」と連続して取り上げたものと、②「親類・縁者」と関連して取り上げたものの二つがある。①には第八条の「下人・悴者・指南の者」、第八一条の「或いは指南之者、又は悴者・下人等」があり、②には前文の「縁者・親類又指南其の他」、第三二条の「これは親類・縁者、これは指南に候」、第九〇条の「我が親類・縁者其他指南之者など」がある。第七七条の「指南之者、縁者・親類、又悴者・下人にて候とて」は両者を統合したものである。

ここでの使用例は指南親方との主従関係を強調しているので、①の用例であろう。ここにある「取付き」を先学は「取次」と読み、取次制度を問題としていると解釈した。従いたい。この第三一条の場合の「侘言」は「救済措置の要求」を意味し、「訴願」であろう。この法令を契機に取次制度が問題となったと考えられる。この第三一条と次の第四九条を契機にして、訴訟の手続きが定まり、奏者制度が定まったのだろう。

第四九条「自訴直奏之禁」「直訴の禁止」

一　誰成共、其ノ身の自訴・直奏叶ウベカラズ。直に申シ出デ候者、道理成共なすべからず。奏者を以申サルべク候。

この法令には「披露」の言葉はないが、「自訴・直奏」の場合は当然文書を伴って、「披露」に及ぼうとしたと思われる。佐藤はこの法令の要旨を〈何人といえども、自分の訴訟その他請願等を直接結城家に申し出てはならぬ。すべて奏者を通してせねばならぬ〉とした。「道理成共なすべからず」を『戦国全史』は〈道理のあることでも取りあげることはしない〉としている。上述のように結城氏の家中でも、訴訟の手続き、奏者制度が定まったのである。

第八四条「所帯屋敷充行次第事」「所領や屋敷の給与」（前掲一一七～一一八頁）

この法令から結城の家臣たちが屋敷や所帯の給与に与る際に、「奏者」を通じてやり取りしていたことが分かる。先にも見たように佐藤は要旨で〈主体・屋敷の恩給希望者が複数の場合、どのようにして恩給者を決定するかの規定〉とした。また補注(7)では、給与の対象となる屋敷や所帯が、絶家や罪を得て所帯・屋敷を結城家に没収された闕所の場合と説明し、給与方法としては、①早い者勝ち・先着順か、②結城家への奉公・忠信者かによると定めたとしている。この法令の最後で、所帯・屋敷の給与は、この二カ条のいずれかで決定するので、取り残された者は「納得できない」などと言ってはならぬとある。

2 対象が庶民

庶民を百姓と「寺門前之者」として登場する商工業者とに分けると、前者は「郷・里・村」の住人となり、「郷」は年貢徴収の単位で、「成敗」が支配者として年貢徴収に当たっていた。「成敗」の下には「所帯」と「手作」を持った複数の領主がおり、その年貢高は「本分限帳」によって把握されていた。「手作」に対しては、第二一条に

「水損・風損・日旱、人間業になき物にて候間、不如意・不辨も余儀なく候」とあって、自然災害に対して結城氏は年貢の不払いを承認していたので、この原則は「所帯」にも、「郷」全体にも広げられており、「郷中」と「成敗」の間には交流があっただろう。また「郷中」と「成敗」の間には「役人」がおり、流通の取締りに当たっていた。

これに対して後者は「町」の住人である。「町々」「要害の堀・築地・壁」の「普請」を定めた第九七条には「其町侘言すべからず」とあり、町は自治組織をなし結城氏への「侘言」の主体として登場している。「寺門前之者」の債権・債務に関わる要求に対しては、「下人」の質取りについては第三六条で、「荷留」については第八六条で、「披露」があれば許可するとしている。町々の自治を担っていた「公界」のメンバーが結城氏より「各」と呼ばれる立場にあったことからも、「寺門前之者」と結城氏との交流は密接であった。

他方「郷中」と結城氏との間の交際が閉ざされていたことを示すものが、次の第一六条と第五〇条である。「奏者」の言葉が登場するのは第一六条で、第五〇条には「奏者・取次」の言葉は登場しないが、「領主」が「奏者」となる場合である。

第一六条「追懸殺害人糺弾事」「追剝に対する追及とその責任」（前掲八六頁）

これは山賊・追剝ぎについて定めた法令である。政勝は結城領内の検断権を結城氏の下で一元的に掌握することを目指し、第八四条に登場した「下人」つまり、結城氏の検断権の担い手＝「捕吏」を派遣した。殺しの現場となった郷に犯人追及の責任を負わせ、調査が進まない場合には、高圧的に、郷に過料を課すとした。山賊の出た現場の郷と結城氏の「捕吏」が直接結びつくことで、山賊取締の実を上げようとしたのである。郷の方からすれば、過料を懸けられるとあり、突然降ってわいた難題であった。

課税の免除を願い出ることは当然で、郷からの訴えを取り次ぐ「訴訟の奏者」が登場している。この「奏者」は郷を支配する領主であろう。この場合は、町や村や里や郷を「所領」とする領主や、彼らを「成敗之内」とする有力領主を、結城氏への「奏者」とすることが前提となっている。しかし政勝は、彼らはむしろ「郷中から礼銭を取った」「追懸を知っている」との猜疑心から、「訴訟の奏者」の活躍を禁止し、現地の有力領主たちの介入の排除を命じている。そして、現場の郷民と「捕吏」だけで山賊を検挙しようとした。犯人捜査のための「山狩り」が行われるとすれば、当然、郷に動員が割りあてられた。ここから郷は、検断権を持つ自律的な郷村への道を歩むことになったのだろう。

第五〇条「里在郷宿人等申分披露事」「村や町の者の訴えを取り次ぐ手続き」（前掲一〇八頁）

この法令で問題としているのは、「里・在郷・宿」などの百姓が結城氏に言うべきことがあるとして、領主の武士が奏者・取次となり、その百姓を結城氏に披露する場合である。ここでは、領主が奏者・取次になることを「分外なる事」として原則的に禁止している。上に見た第一六条の「追剥ぎ」の法令では、郷民の要求を領主たちが奏者・取次となって代弁する慣例に対して、郷民と結城氏直属の検断権の担い手「捕吏」との結合を制度として対置していた。では、「申上グべき筋目」を結城氏に取り次ぐ者としては「成敗」があるのだろうか、「町々」の「役人」が当たったのだろうか。領民からの申し出に対しては、これを聞かないという、政勝の専制的・高圧的な態度が認められよう。

3 むすび

以上明らかになったことをまとめると、家中の場合、喧嘩を売られたが自制をした場合など、結城氏に訴え出たい事柄が生まれた場合に、自分から直接申し出ることはせず、奏者を通じて申し出るように頼むべきであるとされている。結城氏の家中でも、江戸時代のような「お目見え以上」と「お目見え以下」の身分差別があり、下士の「指南の者」は「指南親方」を通じてしかお目通りが叶わなかった。しかし領民の「百姓」以下に対しては、「領主」が奏者になっても、会わないのが原則であった。

第II部　相良氏法度

はじめに

1　相良氏の世界――球磨郡・球磨川

国土地理院の報告によれば、人吉盆地や球磨川の成立は次のように説明される。新生代第四紀の地殻変動により、四万十帯山地の一部が陥没して人吉湖ができた。湖の水は鹿児島県の大口方面に通じていたが、肥薩火山の活動、国見山地の出現のため、出口は塞がり、人吉湖の水位は上昇した。人吉湖を取り囲む山々の中で、最も低いところの球磨村の一勝地大阪間の鞍部が決壊し、周辺を切り崩した水は不知火海（八代海）へと流れ出た。こうして球磨川が誕生した。土砂で埋まった湖底が干上がってできたのが人吉盆地で、川辺川をはじめ多くの中小河川が球磨川に合流し、狭い急峻な瀬や淵を通り抜けて八代に出た。

八代市は現在熊本県の人口第二の都市で、イ草生産が日本一だという。八代平野は球磨川が作った三角州の発展したもので、干潟を干拓して平野化する営みが続けられた。ここには、建武新政の際に活躍した名和長利が、恩賞として八代の荘の地頭職を賜って以来、名和氏が南朝方の守護・菊池氏の助けを得て、長く勢力を保っていたが、戦国相良氏の勃興により相良氏に追われ、相良長毎《ながつね》・晴広の時代には、相良氏が肥後南半の球磨郡・葦北郡・八代郡の三郡を支配した。球磨郡は山深い盆地のため「豊かな隠里」とも「陸の孤島」とも言われ、鎌倉時代から明治維新に至るまで七百年の間、相良氏による統治が続いた。

人吉盆地は豊饒な穀物産地で、今では米焼酎が特産品だが、縄文時代以来の栗の産地でもあり、長く狩猟が盛んで、現在も牛馬の飼育が活発な地域である。縄文時代より焼畑農業が行われ、耕地の連作・切り替えは、農地と牧草地の切り替えとして残った。球磨川は「尺アユ」と呼ばれる三十センチのアユで全国の釣り人に知られている。南蛮貿易の際にポルトガル人が伝えたウンスンカルタがこの地にだけ残っていることは、球磨神楽と並び興味深い。この人吉盆地を「人吉街道」が東西に横断している。現在の国道二一九号線である。これは熊本市に発し、八代―人吉―多良木―湯前―米良に至る。

ＪＲ肥薩線は八代―人吉―霧島を結び（現在は八代―人吉―吉松間が不通）、人吉―多良木―湯前は「くま川鉄道」が結んでいる（現在は人吉―肥後西村間が不通）。ＪＲ肥薩線と並行する道路は国道二二一号線で、これは人吉―えびの市間を結び、南の鹿児島県に抜けている。球磨川の上流には多良木が、さらにその上流には湯前・水上がある。その先の市房山の稜線を越えると、隣国日向の米良荘や椎葉に出る。米良から一ッ瀬川を下ると西都市、椎葉から耳川を下ると日向市に出る。逆に宮崎平野から川を遡り、水上・湯前に出て、人吉街道を下るのが東国武士の入部の仕方だった。山国の人に欠かせない塩は、日向の海岸で焼かれ、椎葉街道や米良街道を遡り人吉盆地に運ばれた。

「九州自動車道路」は八代から山を潜り抜けて人吉に直行し、そこからえびの市に抜けている。つまり人吉盆地は人吉を中心に、東方は多良木・湯前から日向・宮崎への道があり、南方は鹿児島・都城へ通じており、西方は球磨川を下り八代・熊本への道があったとなる。一方北方へは、川辺川に沿っての道があるが、五木・五家荘を経て九州山地の奥深い山中に消えて行く。球磨郡の西は不知火海に面した葦北郡で、海岸に沿って三太郎越えを通る「薩摩街道」があり、今は「九州新幹線」が通り、旧ＪＲ線は「肥薩おれんじ鉄道」と名前を変えている。ここには「南九州西回り自動車道」も通っている。

不知火海の対岸は天草諸島で、海を挟んで長崎半島の茂木港に通じている。寛文二年（一六六二）、人吉の商人・

林正盛は球磨川の開削に着手した。球磨川の河川交通は二年後に完成、川船が上り下りし、参勤交代にも利用された。明治四一年（一九〇八）の鉄道開通まで、交通機関としてこの川船が当地の物流を担っていた。明治四三年には「球磨川下り」が始まり、今ではこの地域の観光資源となっている。

2 『相良氏法度』とは何か

序論でも述べたように、戦国相良氏の為続・長毎・晴広三代の法をまとめて『相良氏法度』と呼ぶ。これらは、その時々の政治課題に対して、相良氏の当主三人がそれぞれ発布した小規模な法令集・壁書で、七カ条・一三カ条・二一カ条から成っている。〈為続法〉を基にすると、〈長毎法〉〈晴広法〉では法令数が二倍、三倍と拡大するが、法令の中身はどうだろうか。文献史学の王道として、まずは史料に立ち返るべきであろう。現存する史料は次の二つがある。(1)

A 「為続・長毎両代之御法式」二〇カ条(2)

B 「晴広様被仰定条々」二一カ条(3)「天文廿四年（一五五五）乙卯貳月七日」

Aは戦国相良氏の二代目為続（一四六八〜一五〇〇、治世一三年）制定の〈為続法〉と、三代目長毎（一五〇〇〜一二、治世一三年）制定の〈長毎法〉とからできている。このうち、〈為続法〉七カ条の表題には「申定条々」とあり、日付は「明応二年（一四九三）卯月廿二日」で、為続治世の終わりごろの成立となる。一方〈長毎法〉の方には日付も表題もなく、一三カ条から成っている。〈為続法〉と〈長毎法〉の間にはおよそ八年から一九年の間隔があり、〈為続法〉が「壁書」として八年間以上掲げられた後に、息子長毎が〈長毎法〉を制定し、両者共に壁書として公示したものがAだと想像される。

Aを納めた写本の端裏書には「為続様・長毎様御壁書案文」とあり、末尾には「天文十八年（一五四九）己酉五月

吉日押之　税所新兵衛尉継恵（花押）」とある。ここから戦国相良氏七代目の当主晴広（一五四六～五五、治世一〇年）が天文一八年にAを「評定の間」に「壁書」として掲げたことがわかる。一方Bを納めた写本の端裏書には「御法度条々」とあり、Aを「為続様・長毎様御両代御法式」と記した後に、新たに「晴広様被仰定候条々」として晴広法度二一カ条が記されており、日付は晴広死去半年前の「天文廿四年乙卯貳月七日」とある。これを〈晴広法〉とする。

晴広はAを「為続様・長毎様両代之御法式」として一括して「壁書」に掲げた上で、自らもまた「条々」を制定したのである。ここから〈為続法〉と〈晴広法〉はそれぞれ二人の治世の終わりに制定されたもので、子孫への申し送り、遺書と考えられる。しかし〈長毎法〉〈晴広法〉には先行法とは異質なものが存在しており、法令の墨守ではなく、むしろ法による政治、法治主義の精神の継承を望んでいたのだろう。『論語』[4]には「父在せば其の志しを観、父没すれば其の行ないを観る。三年、父の道を改むること無きを、孝と謂うべし」とあり、子孫向けの壁書掲示の理由は、父祖の「志」「行い」を見よ、であろう。

〈晴広法〉の第三六条には「加賀の白山燃え候事」とある。白山の爆発が天文二十三年五月二十八日[5]なので、ここから、この壁書の成立が日付通りであることが確かめられる。〈為続法〉と〈晴広法〉との間には六二年という年月があった。六代目・七代目の時代には、為続・長毎親子の時代を「両代」と呼んで理想化する動きがあった。為続には創業者としてのカリスマ性があり、彼の治世三三年は抜群の長さで、偉大な政治家でもあった。以上の来歴から、為続の息子・長毎や曾孫・晴広が為続の政治を理想化して、〈為続法〉の精神の継承を意図していたことは明らかである。

ここから、相良氏にとって〈為続法〉が戦国相良氏の基本法であったことは疑う余地がない。だが、序論でも述べたように、勝俣鎮夫は『日本思想大系21　中世政治社会思想　上』の解説と補注で〈為続法〉には〈戦国家法としての基本法の性格は無い〉と断言している。しかし私は、勝俣のこの断言は、「買免」形式の売買に対して出されたこの立法が当該社会において持った画期的な意義を見損なっていると思う。それゆえ、三つの個別法令集の姿を具体的に明らかにする必要がある。だがその前に『相良氏法度』のテキストと事書を確認しておこう。

『相良氏法度』のテキストと事書

『相良氏法度』のテキストは、一九一七年（大正六年）に東京帝国大学史料編纂掛出版の『大日本古文書　家わけ第五　相良家文書之一』[6]に収められたが、より一般的に入手できるものは、一九六五年出版の佐藤進一・池内義資・百瀬今朝雄編『中世法制史料集　第三巻　武家家法Ⅰ』[7]収録の「三　相良氏法度」である。これを踏まえて、一九七二年出版の『中世政治社会思想　上』の中の「武家家法」の第二番目に、勝俣鎮夫校注「相良氏法度」として収められている。

『相良家文書之一』の劈頭には、〈本文中の事実幷に人名、地名、用語等の注意すべきもの〉として「標出」が付いている。他方『日本中世法制史料　第三巻』の上欄には百瀬今朝雄が各条文の内容を「事書」として掲げた。この事書について、同書「例言」では〈事書の文章は概ね本文に拠ったが、編者に於て取意、作製した場合もある〉との説明がある。しかし『相良氏法度』の原文には、法令の最初に「一　〇〇事」とあり、事書と見なせるものがある。第一・二・五・一〇・一二・一五・一八・二〇・二二・三一・三六条がそれである。なお、第一三・一四・一六・一七・二三・三三条には事書的なものがあって、テーマを絞り、文字を削ると事書になる。これらを掲げると次のようになる。

第一条「買免之事」　第二条「無文買免之事」
第五条「悪銭之時買地之事」　第一〇条「牛馬放すべき事」
第一二条「讒者之事」　第一三条「落書・落文の事」
第一四条「入たる科人之事」　第一五条「小者いさかひの事」

第一六条「文質物の事」　第一七条「尋来者之事」
第一八条「諸沙汰之事」　第二〇条「売買の和市の事」
第二二条「買地時井手溝事」　第二三条「田銭事」
第三一条「売地之事」　第三三条「夜討・山立・屋焼之事」
第三六条「一向宗之事」

『中世政治社会思想　上』には事書はないが、校注者勝俣による「頭注」・「補注」がある。本書での引用は勝俣鎮夫校注の「相良氏法度」により、漢字・仮名や濁点はおおむね勝俣の校注に従う。

3　〈為続法〉七カ条

〈為続法〉全七カ条を取り上げるに際し、まず初めに、その内容を示す事書を掲げたい。上記のように法令の最初に事書と見なせるものがある場合はそれを漢文体にして示し、その他は『中世法制史料集　第三巻』の編者・百瀬今朝雄が〈取意、作製した〉事書を参考にして次に掲げた。百瀬と大きく違うところには＊印を付けた。後掲の〈長毎法〉〈晴広法〉についても同様である。こちらも漢文体を目指したが、第四条の「領中之者」、第九条の「内之者」は名詞と考え、そのままとした。

第一条「買免事」　第二条「無文買免事」
第三条「＊買主転売後退転事」　第四条「＊領中之者走入事」
第五条「＊悪銭時買地事」　第六条「法度事申出事」
第七条「＊四至境等諸沙汰事」

戦国相良氏の登場

相良長続・相良為続：　上述したように球磨川は肥後の人吉盆地から不知火海（八代海）に注ぐ。しかしこの世界へ至る道は、球磨川の遡上ではなく、むしろ西の日向の椎葉や米良から市房山の稜線上の峠を越えて、湯前・多良木へと至った。遠江の鎌倉御家人・相良氏は、肥後国南部の球磨地方に次々と入部し、上相良氏と下相良氏に分かれ、東の多良木と西の人吉をそれぞれ根拠地とした。多良木の相良氏が上相良氏なのは、こちらの方が鎌倉に近かったからであろう。一方、戦国相良氏は下相良氏の庶子の家から起こり、相良長続が下剋上により宗家を追放して「文安五年（一四四八）の内訌」を収拾し、さらに惣領上相良氏をも滅ぼして球磨一郡を統一した。

その後、寛正六年（一四六〇）に、相良長続は息子・頼元を伴って肥後守護・菊池為邦の隈府を訪れ、葦北郡の領有をも認められた。頼元は守護の下で元服し、父親の名前と為邦の名前からそれぞれ一字拝領して「為続」と名乗った。肥後の国でも、各郡に守護の出先機関はあり、郡守護使・郡守護代[8]がそれぞれを統括していた。それゆえ、相良長続は菊池為邦より球磨・葦北両郡の守護使・守護代に任命されたのであろう。これにより各郡に対する守護段銭や棟別銭の徴収の責任を負った。

相良為続宛て菊池重朝書状：　「阿蘇文書」[9]には文明四年（一四七二）のこととして、次の史料がある。

為　阿蘇十二之御社并本堂修造、任旧例当国棟別事相催候。御奔走可目出候。委細自大宮司方可被申候。恐々謹言。

文明四年壬辰

十月二十一日　　重朝

相良殿

ここにある「奔走」とは、肥後国内の相良為続が、菊池為邦の次の肥後守護・菊池重朝による阿蘇十二社と本堂の修造のための棟別銭徴収に応じたことである。この棟別銭徴収の基礎には、郡守護代・相良氏の下に「棟別帳」

が存在していたことが想定される。この「棟別帳」を実情に合わせて正確化するために、個々の土地売買についてそのつど相良氏が個別に掌握する必要があり、そのため「買得安堵状」の発給が想定される。為続は戦国相良氏として初めて不知火海に面した八代郡を獲得した〈武人〉で、また九州でただ一人『新選菟玖波集』(明応六年〔一四九七〕)に選ばれた〈文人〉でもあった[10]。

これは、文明一二年に宗祇が九州入りして連歌の大流行をもたらしたことや、守護・菊池重朝が、菊池氏長年の課題だった藤崎宮造営を完成させ、文明八年(一四七六)にその新社殿で千句連歌を、また文明十三年には隈府で万句連歌を興行したことが背景にあろう。

〈為続法〉の三分解

〈為続法〉全七カ条の検討には、個々の法令のテーマを考え、グループ分けし、分析する方法を用いる。〈為続法〉第一条は「買免事」、第二条は「無文買免事」である。第三条は買主が転退した場合の「又売り」を主題とする。第五条はその売買の対価が悪銭だった場合である。それゆえ第一～三・五条は、肥後地方に固有な土地売買の制度=「買免」制に基づく売買関係法ということになる。当然、「買免」とは何か、「無文」とは何か、が問題となる。一方「阿蘇文書」には「買免」文言のある文書があるが、この解釈は難解で、先学は誰も試みてこなかった。私は第一章であえてこれを分析する。

第四条には「譜代下人」の言葉があり、藤木久志はここから、これを〈下人の走入り法〉としたが、その言葉のある部分はむしろ〈前置き〉で、法令の中心は〈領中の者=百姓が地頭館へ走入りをした場合の定め〉であり、本来の主人である領主の下への返還を謳っている。また第六・七条は、現在の「民法」に対し「民事訴訟法」があるのと同様に、土地売買を中心とした「雑務沙汰」に対する裁判手続きの法であろう。ここから、〈為続法〉は、次のように雑務法四カ条と裁判手続法二カ条と、領中の者の走入りに関する一カ条から構成されていることになる。

1　「雑務法」四カ条……第一～三条と第五条
2　領中の者の走入りに関する一カ条……第四条
3　「裁判手続法」二カ条……第六・七条

後述するように、第一～三条等はもともと「高札」として市場に掲げられ、それをあらためて「壁書」に収録したものであろう。前述のように、息子の長毎や曾孫の晴広が父・祖父の為続の政治を理想化し、〈為続法〉を「壁書」として掲げ、自らも為続に倣い、それぞれ法を制定して「壁書」としたことから、〈為続法〉は戦国相良氏の基本法だったはずである。にもかかわらず勝俣鎮夫は『相良氏法度』第一条の補注[11]で〈本条及び次条は……契約当事者の死去後の売買地の帰属を定めた……きわめて特殊な立法である〉とし、第一・二条は〈基本法として立法されたものではない〉とまで断言[12]した。

勝俣は〈為続法〉第六条に、「六角式目」の当主と有力家臣団の「一揆」とが起請文を相互交換したことと同じものを見ており、これこそが戦国家法の基本立法だとの強い思い入れがあったのだろう。またその考えの背後には〈「雑務沙汰」はさして重要ではない[13]〉との笠松宏至の考えもあった可能性がある。しかし私はこの勝俣の断言は成り立たないと思う。

4　〈長毎法〉一三カ条

〈為続法〉に続いて制定された〈長毎法〉全一三カ条の事書を次に掲げる。

第八条「以本田水開新田事」　第九条「*内之者別人扶持事」
第一〇条「放牛馬事」　第一一条「盗物買得事」
第一二条「讒者事」　第一三条「落書落文事」

第一四条「科人走入事」　第一五条「小者喧嘩事」
第一六条「文質物事」　第一七条「尋人事」
第一八条「諸沙汰事」　第一九条「*両売両質事」
第二〇条「売買の和市の事」

〈長毎法〉の三分解

〈為続法〉と〈長毎法〉との間に一応の対応関係が成り立つものを挙げると左上の表のようになり、ほぼ半分には対応関係がない。

	為続法	長毎法
土地の売買・貸借	第1〜3・5条	第16・19条
領中の者の走入り	第4条	第9・14・17条
手続法	第6・7条	第18条

〈長毎法〉には「雑務沙汰」に関係する法が第一六条と第一八〜二〇条の四カ条ある。第一六条「文質物事」や第一九条「両売両質事」は土地売買関係法だが、「年期売り」に関係し、〈為続法〉にあった「買免」関係法ではない。〈長毎法〉には、第一八条の「諸沙汰事」を除くと「買免」関係の法令はないので、〈長毎法〉は新しい事態に対応して出された法令集だと言える。〈為続法〉にあった第六・七条と関連の強い第一八条は、これまで研究者たちが注目してきたもので、この法令の解釈が村井章介への論駁を試みるこの部の一つの中心となる。これについては第二章の最後で取り上げたい。

〈長毎法〉には、今取り上げた四カ条の「雑務沙汰」関係法のほかに、二種類の「領主法」がある。一つは、利害の対立する両当事者に対して相良氏が公平な第三者として臨み、裁判基準を定めた「公共法」で、第八〜一一条の四カ条である。ほかは領内の平和を命じた「平和令」で、第一二〜一五条と第一七条の五カ条である。それゆえ〈長毎法〉は「公共法」関係の四カ条と「平和令」関係の五カ条の法、「雑務沙汰」関係の四カ条から構成されており、大きく次のように三分解できる。

1　裁判基準を示した「公共法」四カ条　‥第八〜一一条
2　領内の「平和」を命じた「平和令」五カ条‥第一二〜一五条と第一七条
3　雑務沙汰をテーマとした「雑務法」四カ条‥第一六条と第一八〜二〇条

「公共法」と「平和令」は「一揆法」と共通しており、〈長毎法〉は「一揆法から家法へ」の図式に適合的な法令集で、長期的な見通しの下での重要事項の網羅、恒久的効力の付与の二点からも、基本法規としての家法に最もふさわしいものである。また最後の「雑務法」は売買関係法（第一六・一九・二〇条）の三者と、いま我々が問題とする第一八条の「裁判手続法」からできている。第二章では、第一八条に対する村井論文への反論を丁寧に行い、村井に倣って解析図を作り、現代語訳も行う。

5　〈晴広法〉二一カ条

まず〈晴広法〉二一カ条の事書を掲げる。

第二一条「*井手溝奔走事」
第二二条「*買地時井手溝事」
第二三条「田銭事」
第二四条「作子検断事」
第二五条「縁者検断事」
第二六条「縁約之娘検断事」
第二七条「*仕殿原百姓検断事」
第二八条「懸持検断事」
第二九条「*女房とかづし売事」
第三〇条「*養置者売却入質事」
第三一条「*売地事」
第三二条「*逃亡下人事」
第三三条「*夜討・山立・屋焼事」
第三四条「*逃者礼銭事」
第三五条「祝・山伏・物知事」
第三六条「*一向宗事」

第三七条「*素人祈念・医師事」　第三八条「仲媒事」
第三九条「*爰元外城町なしか事」　第四〇条「*井手溝古堰杭・樋事」
第四一条「さし杉・竹木伐採事」

「大永の内訌」と晴広の登場

長毎引退の後、相良氏の家督は左上の家系図[14]が示すように、次男長祇、従兄弟長定、長男長唯へと次々と変わり、相良氏の内部は「大永の内訌」と言われる内紛状態になった。その際、家臣団もいくつもの党派に分かれて対立した。しかし享禄三年（一五三〇）に分家の上村頼重が長唯の養子になり、ようやく内紛は収まった。その際、頼重は「長為」と改名し（後に「為清」と改名）、長唯と共同統治を行った。

天文十四年（一五四五）には大内氏の仲介で勅使が来航して官位・官職を賜り、同時に将軍足利義晴より諱を頂いた。長唯は「義」の一字から「義滋」、為清は「晴」の一字から「晴広」とそれぞれ名乗った。長唯は朝鮮・琉球とも貿易を行っていたので、日本国王の足利将軍との結びつきを双方共に必要としていたのだろう。

翌天正十五年に義滋が隠居して晴広が当主となると、晴広は公然と、九州における将軍権力の担い手として守護大権を受け継いだことを宣言した。それが〈晴広法〉の第二四条の「段銭」の徴収や「検断関連法」に現れてくる。晴広以降、相良氏は安定して近世相良氏へとつながってゆく。

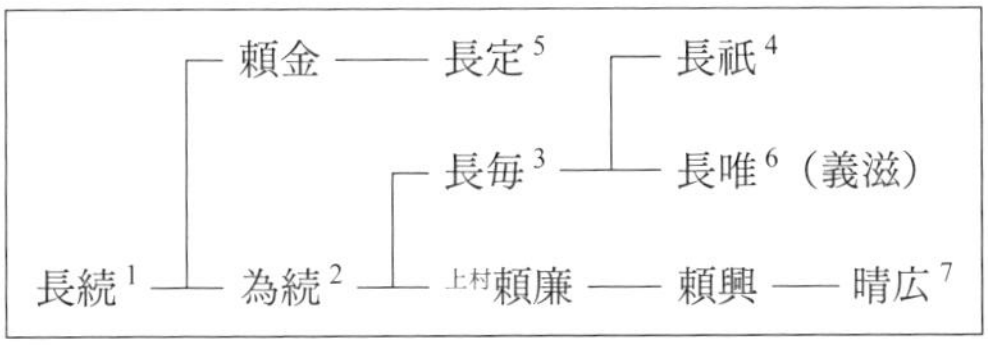

〈晴広法〉の三分解・六分解

〈晴広法〉全体を概観するために、〈晴広法〉二一カ条をいくつかのグループに分類したい。

そのためまず目に付く言葉に注目しよう。第二一条「*井手溝奔走事」、第二二条「*買地時井手溝事」、第四〇条「*井手溝古堰杭・樋事」の本文には「井手溝」の言葉が共通している。「井手」とは石で川の水をせき止める場所を言い、そこから掘られた水路が「溝」である。それゆえ「井手溝」とは河川からの取水のために作られた灌漑施設ということになる。台風や洪水となれば「井手」や「溝」が破壊されるので、その修理は常に必要であった。第二一条や第二二条は、洪水で「井手溝」が破壊された時に、領民に井手溝の奔走を命じた領主法・公共法で、民衆の夫役負担を命じた「徴税法」となり、一方、第二三条は田銭＝段銭の徴収に関する法令である。ここから第二一〜二三条は領主の行う「徴税法」となる。井手溝の古い堰杭や樋の保護を命じた第四〇条や、栗や竹木伐採を禁じた第四一条も含めて、領主法・公共法ということになろう。

一方、第二四条「作子検断事」、第二五条「縁者検断事」、第二六条「縁約之娘検断事」、第二七条「*仕殿原百姓検断事」（百瀬の事書は「殿原検断事」）、第二八条「懸持検断事」の五カ条すべての事書に「検断」の言葉があり、また法令内部にも「検断の所へ」「検断の時」「検断儘たるべし」などの「検断」の言葉がある。ここからこの五カ条を「検断関連法」と名づけたい。

以上からとりあえず〈晴広法〉には、「徴税法」を含む「公共法・領主法」と、「検断関連法」とが認められよう。これらは共に守護大権に基づいている。

ここで目につくのが、「公界」のメンバーが人売りなどの悪事に手を染める具体的な事例の列挙である。第二九・三〇・三八条の対象は「人宿」、人入れ稼業の「口入屋」だろう。彼らについては折口信夫の「ごろつき」や「スッパ・ラッパ」の考察が参考になる。相良氏の世界が平和になり、戦争の際に必要であった傭兵や人夫の派遣・斡旋を生業とした「口入屋」が失業に追い込まれ、犯罪に手を染めるに至ったことがこれらの法の背景にあったのだろう。第三八条の「仲媒事」も「口入屋」に近い存在の仕業だろう。第二九・三〇条とこの第三八条を狭義の「スッパ・ラッパ法」と呼びたい。彼らは人を騙して人売りをしていたのである。こうした行為を晴広は、三郡の秩序維持者として、守護の自覚からどうしても認めることのできない犯罪として取り上げたのである。

一方、第三二〜三四条は「逃亡下人」に関係し、また第三五〜三七条は「一向宗」に関係する塊である。このほか、第三一条と第三九条もまた流通売買に関係した法である。この見通しが成り立つか否かは本論での分析に待たなければならないが、ここではこの見通しを大事にしたい。

以上から〈晴広法〉はそれぞれ一つの塊で構成されていると見え、「徴税法」を含む「公共法・領主法」と、「検断関連法」と、広義の「スッパ・ラッパ法」に三分解でき、広義の「スッパ・ラッパ法」は、さらに狭義の「スッパ・ラッパ法」と「下人法」「一向宗排除法」の小区分があることになろう。しかし、第三八条から第四一条までの最後の四カ条は様々なテーマに分散しており、付け足しの印象を受ける。つまり、最初の第二一条から第三七条までが最初の「壁書」として成立し、その後四カ条が付け足された可能性がある。以上から〈晴広法〉二一カ条は次のように区分できよう。

1　領主法・公共法：第四〇・四一条
　徴税法：第二一〜二三条
2　検断関連法：第二四〜二八条
3　スッパ・ラッパ法：第三一・三九条
　狭義のスッパ・ラッパ法：第二九・三〇・三八条
　逃亡下人法：第三二〜三四条
　一向宗排除法：第三五〜三七条

なお、「一向宗排除法」は南九州の特異な宗教的風土を示している。また第三一条と第三九条は、土地売買や行商人・神事祭礼の場の雑踏でのスリなど「公界」のメンバーに関わる法である。

第一章　為続法

第一節　戦国相良氏の登場

前述してきたように、戦国期の肥後球磨郡には、内乱、下克上、相良長続・為続の郡内統一という一連の出来事があった。それらを示す資料、『熊本県史料　中世編三』所収「願成寺文書」の「相良為続置文[1]」をまず確認しておこう。ここから、「文安五年（一四四八）の内訌」以前にも球磨郡内では戦争が続いていたことがわかる。

相良為続置文

（端裏書）「願成寺江参」

肥後国球磨郡久米郷多良木村之内、当家先祖長頼法名号連佛彼御方御寄進願成寺之田地、三四代自多良木致横領候。然者多良木之事、近江守前続令退治之時、願成寺江如本文書被至寄進候。其以後前続・尭頼依無子孫、多良木遠江守頼久令蜂起、郡内之人々過半属彼手候処、当家如順次、親候長続当郡知行之時、裏里之人依忠節、先彼領地被宛行給分候歟、今年如前代、彼三町願成寺幷供僧様乃御中江付進之候坪付在別紙。如前代御知行、可目出候。当家於御祈念者弥奉憑候。京都国役等、又者弓矢向可隙入時節者、如諸寺家御心得可然候。仍所定如件。

文明十九年丁未七月十日　　左衛門尉藤原朝臣為續（花押）

読み下す。傍線は引用者による。

肥後の国球磨郡久米郷多良木村の内、当家先祖長頼法名号連佛彼御方へ御寄進の願成寺の田地、三四代多良木より横領致し候。然らば多良木の事、近江守前続退治せしむるの時、願成寺へ本文書の如く寄進致され候。其以後前続・尭頼子孫無きにより、多良木遠江守頼久蜂起せしめ、郡内の人々過半彼手に属し候処、当家順次の如く、親に候長続当郡知行の時、裏里の人の忠節に依り、先ず彼の領地給分に宛行われ候歟、今年前代の如く、彼三町願成寺弁供僧様の御中へこれを付進候、坪付在別紙。前代の如き御知行、目出たかるべく候。当家御祈念においてはいよいよ憑み奉り候。京都国役等、または弓矢向隙入るべき時節は、諸寺家の如く御心得然るべく候。仍って定める所件の如し。

相良為続は、①「当家先祖長頼法名号連佛」、②「近江守前続」すなわち尭頼、③「親候長続」と続く「下相良氏」＝人吉相良氏の系統に属した。彼らは常に願成寺を保護し、田地の寄進を続けていた。①の「長頼」による願成寺への寄進に対しては、「三四代多良木より横領を致す」事態が続いた。②の「近江守前続」が惣領家＝多良木を退治し、「本文書の如く寄進」したが、その後「前続・尭頼」に「子孫無きにより」「多良木遠江守頼久」が蜂起し、「郡内の人々過半彼手に属す」事態となった。「当家順次の如く」とは「下相良氏」の「下剋上」を指し、親の③「長続」が球磨郡を知行した際に……と続くのだろう。

それに付随して久米郷多良木村にある願成寺の田地支配も人吉相良氏と多良木相良氏の間で二転三転した。人吉相良氏支配下の時は「寄進」があり、多良木相良氏の支配の時は「横領」とある。これは球磨郡の支配・人吉盆地全体の覇権をめぐり人吉相良氏と多良木相良氏の間で繰り返されたシーソーゲームを指している。親の③「長続」が球磨郡を知行した際、「裏里の人の忠節に依り」「彼の領地給分に宛行われ候」となった。「裏里の人」とは田地を実際に耕作する現地の人で、「給分に宛行う」とは長続の家臣団への御恩としての給付であろう。領主・長続が「給分」として「給付」した際、「裏里の人」が長続の給与を承認し、年貢納入を保証したのであろう。しかし為続の代になって「今年前代の如く、彼三町願成寺弁供僧様の御中へこれを付進候」「前代の如き御知行、目出たかるべく候」となった。成願寺の「田地」は旧に復した。それゆえ、今の「付進め」とある「寄進」に際しても、成願寺は「田地」から収入を得るだけで、実際の土地耕作は「裏里の人」に任せていたであろう。相良家に対する祈禱・京都国役・戦争への備えなどは諸寺家と同様に心得るようにとある。

得分権の寄進・売買と文書

ここから、相良氏が願成寺に寄進した際の「寄進」の社会的あり方と、〈為続法〉が問題とする「買免」という土地売買のあり方とは同一構造だったと考えられる。つまり〈為続法〉に出てくる「田畠の売買」とは、土地からの得分権を対象としたもので、寄進や売買の対象は土地からの収入であった。それゆえ、実際の土地の耕作は支配下の人々に委ねられていた。

④「為続」は再度の寄進の際に文書を再交付したとして「坪付別紙在」とある（傍線部）。このほか②の「願成寺江如本文書被至寄進候」や①の「彼御方御寄進」などもあり、①「長頼」・②「前続」の寄進の際や④「為続」の寄進の場合にも文書を伴っていた。同様に〈多良木〉の「横領」の場合にも文書は存在したであろう。

この点は「買免」のあり方に関わり、「無文」を〈「契約状・売券」を伴わない売買〉とする勝俣鎮夫説もあるので、勝俣説検討のためにも重要である。戦国期の球磨郡でも、土地の売買による移動は人為的には止められない自然の流れであったが、戦国の両相良氏は、それぞれの占領地の領主たちを自己の支配下に組織するため、主従制的支配権を行使して「買得安堵状」を発給した。この「買得安堵状」は、後述するように売買契約状に記された土地の取戻し可能特約を凍結するもので、一方の相良氏の支配の固定化を目的とする限りで、「寄進状」と同じ働きをした。

土地安堵のシーソーゲーム

それゆえ、球磨郡の中で人吉相良氏と多良木相良氏間でシーソーゲームが繰り返されると、一つの土地に二系統の文書が並立し、人々は互いに「権利がある」として対立するに至った。鎌倉幕府法には「二十年年紀法」[2]があり、現状の固定・維持・安定を目的として「当知行」（文書上の権利よりも占有の実態を優先する）を保護していた。両相良氏による「買得安堵状」の発給も「当知行」の保護が目的だった。だが、シーソーゲームを繰り返す両者の互いの安堵状発給は、売買両当事者間の契約による売券の効力（＝契約の自由）を時の権力が否定することになり、土地の移動に関する司法の働きは凍結された。

つまり、土地支配の正当性は、文書・本券でなく安堵権を持つ両地頭のいずれが地域の権力を握るかに懸かり、文書の権威は薄れて、郡内の所領支配は政治問題化し、不安定化した。その結果、人吉相良氏・多良木相良氏両者間の対立は村落内部にまで波及した。両相良氏は互いに対立しながら、土地売買に対しては共に「買得安堵状」を発行して「当知行」を優先させた[3]。それゆえ、売買契約状に取戻し可能特約が記載されていても、地頭が安堵状を発行した時点で、土地の権利は凍結され、固定化した。結局、所領支配をめぐる争い＝「所務沙汰」は両相良氏の勢力の帰趨に収斂した。

両氏のシーソーゲームを前提として権力の交代を眺めていた多くの人々は、相良為続が球磨川流域世界を武力で統一しても舞台がクルリと変わったらまた昔の権利が回復するだろうとして「しばらくの間の辛抱を」と事態を静観するか、あるいは郡内の政治世界に飛び込むか、の二者択一に追い込まれた。これに対し、球磨郡を統一した為続は、現在の秩序維持を最優先にするこれまでの「当知行」重視政策ではなく、現地の「買免」という慣習法的な土地売買制度を重視し、一つの「徳政令」として〈本主権重視〉政策を「高札」で公布して、既存のシーソーゲームに終焉を宣言した。

つまり為続は、凍結された土地の権利に対して、〈本主権重視〉を対置する法令を出したのであるが、それが『相良氏法度』第一〜三条になった。人吉相良氏の側が公布した買得安堵状の保護は当然の前提とした上で、多良木相良氏の側が発給した買得安堵状は無効とされた。つまり〈安堵状無し〉と判断され、「無文」とされた（「買免」については本章第五節で詳述する）。

小括——為続の徳政令

為続の領内統治政策の基調は〈「買免を記した買券」[4]を認め、本主による買戻しを認める〉だった。そこで本主の子孫たちは、「買免を記した買券」を持ち、取戻しを主張した。これまで失効していた「買免」契約状は復活した。それゆえ、これまで多良木相良氏の保護下にあった人々も、「無文」であっても本券は有効とのことなので、自分の手元にある「買券」を検討して、土地の取戻しを図るため、為続の下に殺到した。為続が裁定すれば土地は本主の下に戻るはずだった。こうしてこの法令は、結果として全球磨郡内の人々を為続の下に結集させ、「球磨川流域世界の秩序維持者は為続ただ一人だ」との宣言となった。

この法令は長続・為続親子の軍事的な勝利を政治的な勝利へと転換し、相良為続を戦国大名へと上昇させるものだったが、〈本主権重視〉の前提には、土地の開発・地起こしなどの事実認定が必要となる。また、土地返還となれば土地の四至の境も問題となる。そこで、第七条に見られる「四至境、其余之諸沙汰」がテーマとなった。これらの事実を熟知する者は、現地の「下地自定」の担い手の「古老」たちや近隣の領主たちである。こうして土地所有者＝地主の権利が確定すれば、実際に耕作する作人たちは浮浪性のある散田作人から改まり、土地の権利は安定しただろう。

「買免」に関する為続の「高札」は、これまでの秩序を一挙に覆した。「買免」に対する〈根本への回帰宣言〉は革命的で、権力のシーソーゲームを期待する多くの人々の淡い期待を木っ端微塵に粉砕した。為続による、この「古き良き法」への回帰宣言は、あるべき村落秩序の復活をもたらし、村落の自治は発展した。信長は新征服地の近江で「差出検地」を行い、土地・農民関係を一新した上でこれを掌握したが、為続は同じことを肥後人吉盆地で行ったのである。〈為続法〉は「雑務沙汰」を中心とした立法であり、その限りではたしかに〈特殊な立法〉だが、この立法は所領支配をめぐる争い＝「所務沙汰」に強く関連し、球磨郡内のすべての人々を為続の下に結集させる力を持っていた。『相良氏法度』第一～三条は、戦国相良氏の基本立法となった（これら三カ条の具体的な分析は後に行う）。

第二節　相良氏領内の身分秩序――〈為続法〉第四条の分析

「買免」制に基づく土地売買について論じるためには、その前提となるこの地域の身分制秩序をまず明らかにすべきであろう。それには第四条「*領中者走入事」が参考になる。

第四条「*領中者走入事」

この法令は「無是非候」「可被返也」「可為同前」「まゝたるべし」で文がそれぞれ切れるので、法令を四分し、その文頭にA～Dを振った。傍線は引用者によるものであり、読み下し文を続けて示す。

一　A普代之下人之事者、無是非候。B領中之者、妻子によらず、来候ずるを、相互に可被返也。C寺家・社家可為同前。D其領中より地頭に来候ずるを、妻子は其領主のまゝたるべし。

（一　A普代の下人の事は、是非なく候。B領中の者、妻子によらず、来り候ずるを、相互に返へさるべき也。

C寺家・社家同然たるべし。D其の領中より地頭に来り候ずるを、妻子は其の領主のまたるべし。）

『大日本古文書　家わけ第五　相良家文書之一』[5]の劈頭には〈本分中ノ事実幷ニ人名・地名・用語等ノ注意スベキモノヲ標出〉として、この第四条には「譜代ノ下人」と「領中ノ人返」の二つが記されている。藤木久志は、この法令中の「普代下人」「是非なく候」「相互に返されるべき也」の三つの語句に注目して、この法令を〈逃亡下人に対する人返し法〉[6]だとした。この理解は、この法の事書を「普代下人事」とした校注者・百瀬今朝雄の理解とも一致する。[7]しかし、Aの「普代下人の事は、是非なく候」は「前置き」で、法令の中心はBの「領中之者」つまり〈逃亡百姓〉以下で、この法令は〈譜代下人〉ではなく、〈逃亡百姓の人返法〉だろう。ここから私は事書を「領中者走入事」と改めた。「譜代下人」について勝俣は頭注で、〈世襲的に主家に隷属する下人〉とした。しかしながら『長宗我部氏掟書』[8]第三七条に「譜代者定事、男女共主従十カ年召遣、其中無理者、可為譜代」と、また『新加制式』[9]第一二条に「及十カ年致奉公者、可准譜代乎」とあり、一〇年間奉行していれば、譜代下人だとしている。

下人の人返し法か百姓の人返し法か

Bの「領中之者」から「相互に可被返也」までがこの法令の「主文」で、それ以降は逃亡者をかくまう権限・アジール権に関係している。相良氏はCで「寺家・社家」のアジール権を認めていないが、Bでは「地頭」屋敷のアジール権を問題としている。一方、勝俣はBの「来候ずる」を頭注で〈本来の領主の許から他の領主の許へ逃亡してくる〉とし、「領主のまま……」を〈領主に返すべきである〉とした。この法を勝俣が人返し法として見ていることは明白である。また傍線部を、異本に「を」がないことを根拠に「地頭に来候ずる妻子は、其……」と、「を」を除いた法令とした。

しかしBの「領中之者、妻子によらず、来候ずるを、相互に可被返也」とDの「其領中より地頭に来候ずるを、妻子は其領主のままたるべし」は対句であろう。前者Bは〈逃亡した百姓は妻子によらず、全員相互に元の領主の下に返すべきである〉で、百姓に対する人返し令となる。後者Dは〈地頭の下に逃亡した領中の百姓の場合は、その妻子は領主の意のままにする〉で、下人に落とすとなる。肥前松浦地方の一揆法[10]では、百姓は領主の下に強く緊縛されていたが、ここでは相良氏も同様な命令を出し、内容的に藤木の言う「一揆法」で、相良氏は領主たちの共同利益を代表して立法したことになる。

以上から〈為続法〉第四条は全体として〈領内百姓の人返し規定〉となる。しかし、法令の最後のDに言外の例外規定があるとの考えに立つなら、〈領主を訴えるための地頭屋敷への走入り〉が認められていることになる。百姓が人返しの対象である点に注目すれば、〈百姓の隷属性〉が導き出せるが、逆に例外規定の方に注目すれば、鎌倉期の「百姓の居留の自由」がここにも存在していたとなる。百姓は隷属民か自由人かという難問に立ち向かうことになる。

百姓の地位

〈晴広法〉第二四条の「作子」からは、相良氏領内の百姓の地位の低さが指摘される。百姓は領主に隷属した存在であり、この法は百姓に対する領主の本主権を認めたものとなる。しかし〈晴広法〉第二七条では、「殿原」に仕えている百姓も登場している。この「殿原」を勝俣は補注で〈村落上層農民としての農民的性格を有するとともに、身分的には武士身分で武家被官としての性格をもつ存在で、いわゆる「地侍」〉〈相良氏の場合……衆（領主）とは区別された、武家身分としては、親類・中間と同列の下層身分のもの[11]〉とした。

畿内先進地帯の〈百姓〉を分析した早島大祐は、〈百姓〉をさらに〈侍層と呼ばれる村落の上位層〉と〈侍層の所有する土地を代耕している地下人[12]〉とに細分できるとした。それゆえ、山深い肥後人吉盆地内の相良氏領内においても、先進地域と同様の「侍層」の存在は認められよう。ここから、B・Dの「領中之者」は領主に隷属した者でなく、むしろ「領主」に対抗して「地頭」の下に逃亡を企てていた者と見ることもできよう。となると、Dの法の中心は、「妻子」ではなく、法令の言外にある〈地頭の下への逃亡百姓は返還しなくてよい〉となり、例外として地頭館にアジール権を認めたもの[13]と見ることができる。

年代未詳の「鎌倉幕府追加法」第七一九条[14]は、形式上は〈「雑人」を逃がした科〉が問題だが、真のテーマは逃亡下人と本主人との「主従対論」「問注を遂げる」である。ここでは「人の下人を抱え置く」「地頭」は「雑人方人」となり、「本主人に道理があるなら」「本主顕然の僻事たらば」と、二通りの取り扱いを記している。ここから、逃亡下人が地頭の下に走り入り、本主人を訴えたことが知られる。網野善彦は「アジールとしての家[15]」で、『塵芥集』第一九条で「科人」が「人の在所」に「走り入る」事例、江戸時代の八王子千人組の頭の家の事例、「鏡楽法師・次郎」が「郡守護代西行房御宿所へ逃入った」事例[16]を挙げた。また『塵芥集』第一八・一九条[17]の二カ条からは、門口で「犯人を出せ、出さぬ」「匿っている、いない」と押し問答を繰り返し、追及してきた被害者側と、犯人を匿っている屋敷の主人との間で合戦に発展した事例が知られる。それゆえ、第四条の逃亡百姓も「妻子」を失うリスクを冒してでも、領主の不正を訴えるため地頭屋敷に駆け込んだことになる。百姓の主張が認められれば、領主は罰せられ、妻子は百姓の下に戻っただろう。鎌倉幕府の体制下では、下人の帰属や勾引は雑務沙汰であったが、百姓への人返し法はなかった。〈年貢を皆済すれば、百姓には居留の自由が認められていた〉のが鎌倉幕府法の原則であった。

それゆえ、言外の例外規定に注目すれば、〈百姓には居留の自由が認められ、地頭屋敷への駆け込みも認められていた〉という鎌倉幕府法の原則が生きていたことになる。第四条の現代語訳は次のようになる。

一　A譜代の下人の事は、是非もないことで、元の領主に返すべきである。B領中の者が、妻子によらず、逃げ来たった場合には、相互に返されるべきである。C寺家・社家の場合も同前（アジール権は認めない）。D百姓がその領中より地頭屋敷に逃げ込んだ場合には、妻子はその領主の支配に任せるが、百姓の地頭屋敷への走り入りは認めるべきである。

小括

この法令における登場人物は「下人」「領中の者」「妻子」「寺家・社家」「地頭」である。この場合の「地頭」とは、相良氏を「大地頭」とするなら、その配下の「小地頭」を指し、球磨郡下の「郷」などの領域に置かれ、相良氏家臣団の中核を担っていた存在だろう。この第四条から、球磨郡の世界が〈相良氏―小地頭―領主―百姓―下人〉という身分制的秩序によって形成されていたことが分かる。また、〈小地頭―領主〉間には薩摩の「地頭―衆中制」(18)のような「寄親―寄子」制度(19)による秩序も存在していたであろう。

第三節　第一〜三条と第五条

次に〈為続法〉の中心をなす第一条「買免事」・第二条「無文買免事」・第三条「*買主転売後退転事」の具体的な分析に入りたい。『相良家文書之二』の第一・二条の劈頭には「買免」「無文買免」とある。ここから第一条と第二条の事書を先学の百瀬説に従い「買免事」と「無文買免事」とした。一方、第三条の事書を百瀬は「田地買主転売後退転事」としている。百瀬の解釈では「其主」は「田地」を〈最初に買い取った人〉となるが、私は〈転売先の人物〉だと考えるので、「田地」は事書には入らないと思い、これを省き「買主転売後退転事」とした。

この三カ条に登場する「買免」と「無文」の言葉については、考察が必要である。まず本節では、第一〜三条および第五条「悪銭時買地事」の条文解釈を行い、次節で「無文」の意味を分析する。第五節では「買免」の言葉を言語学的な側面から分析するため、大和言葉の世界に戻り、問題の根本の「売買」そのものについて考察したい。

以上を承けて、第六節では「買免」の実例を考察し、第七節では第六・七条の分析を行う。

三カ条とその分析

第一～三条には、それぞれ次のようにある。読み下し文も続けて示す。

一　買免之事。
売主・買主過候て以後、子々孫々無文候者、無相違本主之子孫に可返。

一　無文買免之事。
一方過候者、本主可知行。

一　買取候田地を又人に売候て後、其主退転之時者、本々売主に可付。

（一　買免の事。
売主・買主過ぎ候て以後、子々孫々文無く候はば、相違無く本主の子孫に返すべし。

一　文無き買免の事。
一方過ぎ候はば、本主知行すべし。

一　買取り候田地を又人に売り候て後、其の主退転の時は、本々の売主に付くべし。）

この三カ条について勝俣鎮夫が考える現代語訳を、『中世政治社会思想　上』の頭注から復元したい。なお、私が解釈上に問題があると思う部分には傍線を施した。

一　買免の事。
売主・買主が共に死去した後、子々孫々に売買契約状が作成されない場合には、間違いなく本主の子孫に無償で返還すべきである。

一　売買契約状が作成されない場合の買い戻しの事。

買主が死去したならば、本主が無償で知行すべきである。

一　買免形式で買い取った田地を、また人に売った後、其の主が退転した時は、本々の売主に付くべきである。

第一・二条には「買免」「無文」という難題が控えている。勝俣は「買免」の頭注で、〈買戻しの意。具体的売買形式としては、年季明請戻特約本銭返のごとき性格をもつと思われる。「免」は「償う」の意〉とし、〈本銭返し〉とした。第五条では買い戻しの際の貨幣の質、つまり悪銭を問題としており、「買免」は「本物返」の場合と同様、対価の返済を伴う〈有償の返還〉となる。しかしながら、第一条の最後の部分「無相違……可返」の頭注で勝俣は、〈無償で返還すべきである〉としている。つまり勝俣は、一方では〈本銭返し〉＝「有償返還」としながら、他方では〈無償返還〉としており、自己撞着がある。

ここから、勝俣の頭注には注意が必要となってくる。「無文」については、勝俣の頭注からは傍線のごとく①〈売買契約書・売券が作られない場合〉すなわち〈口頭での約束の場合〉となるが、②〈売券は作られたが、紛失して今は無い場合〉や、③〈売買に対して権力側が作成する売買安堵状が無い場合〉も可能性としては考えられよう。②や③の場合でも、本主に返すべきだとなり、法の趣旨は〈どんな場合でも本主に返せ〉となる。結論を先に言えば、序論でも述べたように、私は③の場合だと考える。しかしここでは、それらの問題の判断を一旦保留してほかの部分から考察を進めたい。

第一条「買免事」・第二条「無文買免事」

「過」について百瀬は補注で〈死亡の意であろう〉とした[20]。これに従い勝俣も頭注で「過」＝〈死亡〉としている。そこで第一条は〈売手も買手も共に死んだなら、売手の子孫＝本主の子孫に返すべきだ〉となり、第二条も〈一方が死んだ場合は、本主が知行すべきだ〉となる。「一方」の本来の意味は「売買当事者のどちらか一方」だが、勝俣説のように「買手」だとすれば〈買手が死んだら、売手の本主が知行すべきだ〉となる。他方「売手」の場合は

〈売手の当事者が死んだら、相続した売手側の新本主が知行すべきだ〉となる。

どちらの場合も、これら二法が主張しているのは、「売手」「買手」間のモノの移動は仮の姿で〈契約の両当事者が亡くなった場合は、本来の姿に戻るべきだ〉となろう。第一～三条の「返すべし」「付けるべし」「知行すべし」は同じ意味だろう。

売券と買券

取戻し可能な売買では、買主側が権利を得るのと同様、売主側もまた権利を保有していたのだから、双方の〈権利書の交換〉があったはずで、買主側に手渡される「売券」に対し、売主側にも土地取戻しのための「買券」が必要だった。『塵芥集』第九七条[21]には、この想定に応えて、「年記に売る所帯の事、たがいに証文をとりわたすといふとも……」とあり、年紀売りに際し「売券」と「買券」の二つが作成されていたことが分かる。また『塵芥集』第一〇六条には、「惣領より扶持分として所帯を貸す事、いまよりのちは、互に証文を書きわたし是を貸すべし」とあり、「所帯を貸す」場合にも「借状」と「貸状」が作られ、交換されていた。

「売券」は買手の権利を保証するための〈保存されるべき文書〉だが、「買券」は売手が買い戻すために必要な文書で、土地を取り戻してしまえば用済みとなり〈廃棄される文書〉〈消費される文書〉である。それゆえ現在なかなか見つからないのである。以上から、「年期売り」や「本物返し」などの取戻し可能特約付きの売買契約状には「売券」と「買券」の二つが作成され、それぞれ交換されたはずだとなる。ここから、第一・二条の解釈として、勝俣の主張する「売買契約状が作成されない場合」との理解は成立しないだろう。

第三条「*買主転売後退転事」

この法令には「買取候田地」とあり、問題となっているものは「下地の売買」だとも思われるが、第一節で論じた願成寺への置文では、「田地」とあってもそこからの〈収入〉を指していたのだから、この場合も得分権の売買を指しているのであろう。つまり、甲の土地からの〈収入〉＝得分権が乙に売却され、さらにそれが丙に転売された場合ということになる。土地の得分権は乙から丙へと移ったが、土地の耕作権は「本主」甲が保持し、土地からの「得分権」を乙や丙に支払っていたのである。[22] そこで、法文上では「其の主の退転」が問題となってくる。

この「退転」とは、本来は仏教用語で、「菩提心を失ったために、それまでに得た悟りの位や修行などを失って後戻りをすること」の意味だが、ここでは「家が破産や断絶をしたために、その地を立ち退くこと。落ちぶれて移転すること」だろう。退転の理由には、地震・雷による火災、大水、日照り、疫病などの天災が考えられるが、博奕・罪を犯したことによる逃亡などの人災もあろう。「其の主」が乙を指しているのか、丙を指しているのか、それが問題である。乙・丙間の売買が甲の承認の下で行われた場合㈠と、甲には内緒で行われた場合㈡に分けて考えたい。

最初に乙が退転した場合を考える。㈠甲の承認の下で行われた場合、転売後の得分権は甲から直接丙に支払われたので、甲は丙に取戻しを要求できた。㈡甲に内緒で、乙・丙間で売買がなされた場合、土地の得分権は支払いの度毎に甲→乙→丙と移動したはずである。乙がいなくなったのだから甲は得分権を支払う相手を失い、甲・乙間の契約は解消した。甲は丙に得分権の取得は無効だと主張して、土地の返還を求めただろう。他方、丙は乙との売買契約を盾に、甲と対立して論争になっただろう。このような場合でも、相良氏は「本主」甲への土地の得分権の返還を命じ、甲は有償で土地を取り戻した。

次に丙が退転した場合を考えたい。㈠甲の承認の下で行われた場合、甲は土地の得分権の支払先を無くしたのだから、当然「買免」契約は解消し、甲は乙に土地の得分権の返還を求めただろう。㈡甲に内緒で乙・丙間で売買がなされた場合、乙は二度目の買手＝丙からの対価と、本主＝甲側が差し出す収入の二重取りをしており、不都合なので、事実が判明次第、当然最初の「買免」契約は解消したはずである。ここから、乙・丙いずれが死亡した場合でも、「買免」形式による土地売買においては、〈土地の得分権は甲に戻るべし〉との法は実行されたはずだとなろう。

第一・二条では、取戻しの時期を買主・売主の死亡時としていた。第三条の場合も、二度目の買手が退転した場合、つまり社会的な死亡時となる。いずれの場合も甲は有償で「買免」契約を解消した。前述のように勝俣は頭注で「買免」を〈年季明請戻特約本銭返のごとき性格を持つと思われる〉としたが、明確に「年季明請戻特約本銭返」と定義したわけではない。ただし、『中世政治社会思想　上』から一一年後の『概説　古文書学　古代・中世編』[23]における勝俣による「第七　証文類」では、「無年期有合次第請戻特約」[24]による「本銭返し」を挙げており、勝俣の考えはここに至ったとも思われる。

瀧澤武雄は『売券の古文書学的研究』「第四章　本銭返特約のある売券」において「いつにても候へ」との「無年期有合次第請戻文言」のある「本銭返」の実例を挙げている。[25]我々が問題とする『相良氏法度』の場合は、これまでの分析からは「一期」を限り、「一期明け」の取戻し可能特約の付いた本銭返し＝「一期明請戻特約付本銭返」だと考えられる。しかし、後述する「買免」の実例では「田地弐町わたし進候」とあって、「坪付」四筆の説明の後に「今年件田地等一年かひめんにかひ候て進候」とある。分析は後回しにして、結論だけを先に述べれば、これは「一年という年期を限って売った」の意味である。

おそらく、〈為続法〉で「一期」を限ってと述べているのは、「買免」文書にそうあったからではなく、本主権の尊重が一般化すると、「無年期有合次第」の条件であれ、「一年年紀」であれ、相良氏の下に訴訟が殺到し、相良氏の裁判所の処理能力を超えてしまう恐れがあったという事務的な事情からであろう。そのため、結果的には、売買契約が相続・更新される〈契約の代替わりの時〉に〈為続法〉は効力を発揮したことになる。これは、「徳政令」が多くの場合〈政権の代替わり〉に出されたことに対比できる事柄である。それゆえ、取り戻しを願う本主側はタイミングを狙っていなければならなかった。

以上から、第一〜三条はいずれも〈本主権の尊重〉が法の趣旨で、〈「買免」の土地は本主の下に戻せ〉と相良氏は命じたことになる。「返すべし」「付けるべし」「知行すべし」の中身は「知行」＝現地からの収入で、買い戻しの対象は〈現地の知行権〉＝土地からの得分であり、本主側は土地支配の一円化、現地の土地経営と得分収入取得の統一を図ったのである。ここから、第一〜三条で売買されたものは名主職で、「買免」契約の当事者は〈領主〉や「侍層」となろう。当初の「買免」による売買契約が土地支配の一円化に逆らうものだったとすると、それは、隣人間での相互扶助・金銭の相互融通のための売買契約だったからだと思われる。

いま我々が手にしている「買免」の事例は少なく、「一年年紀」か「無年期有合次第」かしか考えられないが、後述するように「一年年紀」の「買免」の実例には「下地治定」とあって現地の自治体には売手と共に買手も属していたと思われるので、相互扶助・金銭の相互融通の可能性は高いだろう。そこで、金銭の融通のためには、例えば「一年年紀」の「買免」となり、隣人とのより恒久的な相互扶助のためには「無年期有合次第」の「買免」で契約がなされたのであろう。

『長宗我部氏掟書』第四五条「買地事」

第一〜三条を理解するためには、勝俣が取り挙げた[26]『長宗我部氏掟書』第四五条の「買地之事[27]」が参考になる。この法令の最初には「一　買地之事」とあり、これを事書とする。続く文はかなりの長文だが、いくつかに分けて引用したい。ここには文の切れ目となる「也」が二つある。ここから、この文を三分する。また文の小区分を示す「又」が四つあるが、「又永地」「又本物」は特別な意味での使用と考え、これを除くと、文の区分を示すものは二つとなる。ほかに切れ目になるものとして、「可返付」が二つ、「可返」が一つある。また文の区切りを示す「事」が二つある。これらに注目して、この法令をAからEまで五分し、「又永地」より始まるDの中には「十カ年より内」「十カ年過候者」という対句があるので、これをa・bとすると、次のように区分できよう。切れ目となる箇所は太字で示した。

A雖為永代証文、本米十俵、不相当者、可為本物。

B**又**、歴然雖為永地、証文無之者、可為本物、雖為本物、証文無之者、可為年毛。右者、従先規相定**也**。

C壱俵分ニ壱段之借状仕候共、三年三作過候者、本米不及返弁、本主江**可返付**。

D又永地・又本物共、買主相絶候者、本主江**可返付**。

a十カ年より内、召直候者、買主ニ右買地**可返**。

b十カ年過候者、不及沙汰、売主可知行**事**。

幷借物以下も、可為同前**也**。

E**又**、売主相絶候者、売地・本物・年毛共、悉判前之外者、直ニ召上**事**。

AからEまでの文節の意味・現代語訳を挙げると次のようになる。

Aは「「永代売買」の証文を取り交わしても、その対価が「本米十俵」に相当しない場合は「本物返し」とする」であろう。

Bは「歴然たる「永地」であっても、証文がない場合は「本物」とする。「本物」であっても、証文がない場合は「年毛」とする」であろう。「永地」とは、永代を限った土地の売買で、「本物」とは、「本物返し」という条件付きの土地売買である。土地の「質入れ」や「売買」の場合に、「永地」「本物」「年毛」という三つのレベルがあり、ここでは〈証文を紛失した場合〉＝権利を主張する売手の側に瑕疵があった場合を問題としており、長宗我部氏は〈それぞれ一ランク下のものと見なして解決せよ〉と命じたことになる。[28] しかしながら勝俣は「証文無之者」という言葉に飛びつき、ここから〈もともと売券の作られなかった売買契約〉の存在を主張したが、それは当たらないだろう。

Cの「壱俵分ニ壱段之借状」は「年毛」の具体例で、土地を担保に入れ、一段につき一俵の条件で返金する借金のことであろう。「三年三作過候者、本米不及返弁、本主江可返付」とあり、三年三作が過ぎたなら、借りた「本米」は返弁しなくてよい、土地はもともとの所有者に「返付」すべきだとある。これは『塵芥集』の「年紀売り」と同じものであろう。「永地」「本物」「年毛」の三者との比較の中に「買免」の「買地安堵」を置くと、球磨郡の「買免」は「本物」より「永地」に近づいたことになり、永代売買・物件の確立が歴史の流れだと仮定すると、〈為続法〉は時代に逆行するものとなっているのかもしれない。

Dには「又永地、又本物共、買主相絶侯者、本主江可返付」とある。甲が所有していた土地を「永地」や「本物」の条件で乙に売り、乙がさらにその土地を同じ条件で丙に又売りした場合を、ここでは「又永地」「又本物」としている。「買主相絶候者、本主江可返付」とは、丙が絶えた場合は甲に「返付」すべきである、だろう。ここの部分は『相良氏法度』の第三条とよく似ている。aでは、丙が絶えた場合でも、十カ年以内に乙が丙より「召直」＝買い戻した場合は、乙に彼の買い地を返すべきだとある。bでは、十カ年を超えたなら、沙汰に及ばず、甲が知行すべきだとある。

「弁」には〈土地以外の借物も同然〉とある。買主側の土地支配は仮の姿にすぎず、土地は地起こしをした根本領主の下にあるのが本来のあり方で、〈買主の家が断絶した場合は本主に返付する〉との法慣習が土佐でも存在していたことになる。

Eには「又売主相絶候者、永地・本物・年毛共、悉判前之外者、直に可召上事」とある。Dとは逆に、売主が絶え「退転」した場合である。傍線を引いた「判前之外」の「判」は長宗我部氏の「買得安堵状」で、「判前之外」とは〈長宗我部氏が「判」を発給する以前の外は〉、すなわち〈一度「買得安堵状」が出された以降は〉の意味であろう。ちなみに『塵芥集』では買得安堵状を「書き下し」「判形」の名前で記している。ここでは、「永地」でも「本物」でも「年毛」でも、大名が必ず売得安堵状を発布するので、それ以降は悉く直接長宗我部氏が召し上げるとある。つまり〈売主の家が断絶した場合は、売得安堵状を発布した大名が甲・乙・丙間の契約に関与していたことを理由に、大名が没収する〉というのである。早島大祐説に依れば、累積債務から土地売却へとなるので、この長宗我部氏のように相良氏の場合にも土地売却の次に「退転」が続いても良さそうだが、〈為続法〉にはそうしたケースを想定した法はない。〈為続法〉の目的が相良氏家臣団の維持にあったからだろう。

勝俣は補注でこの法令を引用するに際して、Cとa・bと「并」以下を中略し、A・B・D・Eのみを引用したが、Bが〈証文を紛失した場合〉を述べたものなので、この法令を、『相良氏法度』の「無文」を〈売買契約状が作成されない売買契約〉とすることの傍証にはできないであろう。たとえEから「無文」を「買得安堵状」のない場合（後述③）とすることはできたとしても、全体の社会関係は異なっている。

第五条「*悪銭時買地事」

第五条について『相良家文書之一』の劈頭には「悪銭ノ時ノ買地」「大鳥」「黒銭」とある。この事書を百瀬は「悪銭買免事」としたが、本文の事書を生かす方針に従い「悪銭時買地事」とした。原文に続けて現代語訳を示す。

一　悪銭之時之買地之事。

十貫字大鳥、四貫文にて可被請。黒銭十貫文之時者、可為五貫也。

（一　悪銭の時の買地の事。

十貫字大鳥の場合は、四貫文にて請けられるべきである。黒銭十貫文の時は、五貫たるべきである。）

この法のキーワードは「悪銭ノ時ノ買地」「大鳥」「黒銭」である。勝俣は「字大鳥」「黒銭」を〈悪銭の一種〉とした。従いたい。

この法令は「大鳥・黒銭」という「悪銭」で支払われた時の買地に関する定めで、「悪銭之時」の「十貫文」はそれぞれ精銭の「四貫文」「五貫」に換算すべきだとある。ここでは〈有償での返還〉が前提されている。ここから、第一・二条の場合は、元の売主の有償での買戻しを前提として、相良氏は「本主へ返すべし」と命令したことになる。第三条の転売の場合は、二度目の買手は行方不明の可能性が高く、現実的には二度目の買主への返還は難しいが、それを前提として「本々の本主へ付くべし」と相良氏は命じたとなる。

ここから、「買免」とは〈「本主」への有償での返還を条件とした売買〉で、第一～三条が取り上げる〈「買免」形式の売買とは「本物返し」「本銭返し」と同じもの〉ということになろう。以上から、「無文」「買免」の解釈がない現時点での、三カ条の法の趣旨は〈本主権の尊重〉となる。

〈為続法〉の五カ条

第四条の分析は既に前節で行った。これまで我々は〈為続法〉第一～三条を、〈売買契約者の一方の当事者の死亡や「退転」の時に、土地を本主に戻せ〉とする一種の「徳政令」で、「古き良き法」の復活だとしてきた。鎌倉期の裁判の説明書『沙汰未練書』には「雑務沙汰トハ、利銭、出挙、替銭、替米、年紀、諸負物、諸借物、放券、沽却田畠、奴婢、雑人、勾引以下事也」とあり、第一～三条と第五条はすべて、この「雑務沙汰」に当たっている。領主の逃亡百姓に対する支配権を、土地への「本主権」に擬えることが可能なら、第四条が土地売買に対する「本主権」の法令と並んで置かれたのは当然となる。

以上から〈為続法〉の第一～三・五条がいずれも土地の売買に関わる雑務法で、〈本主による取戻し権の保護〉となり、第四条もまた、領主の本主権としての領内百姓の人返し法を含むことから、これらの〈為続法〉最初の五カ条は全体として「本主権の保護」がテーマで、いずれも法実現のためには現地の実情をよく知っている「荘園古老（法）」の助けが必要だったとなろう。

小括

〈為続法〉の第一～三条では、売買当事者が死亡し、売買契約を更新する際には、本主権が力を発揮したのだから、〈為続法〉の「買免」とは、売買当事者の「一期」を「年紀」とする「年紀売り」だとの解釈が可能となる。しかし、勝俣が想定するように[29]、本来の「買免」制度とは〈本銭を支払えばいつでも買い戻せる〉、隣人とのより恒久的な相互扶助のための「無年期有合次第請戻契約」[30]だった。それゆえ相良為続は、これまでの慣習法的な「買免」制度に対し、新たに第一～三条の法を定め、「一期」を切れ目とする新しいルールを導入したことになるだろう。

本主側が買戻しを言い出せなかった理由に、これまでは地頭側の「買得安堵状」の存在を述べてきたが、それと関連して、土地の売買関係者＝領主が寄親・寄子制度へ繰り込まれたことも考えられる。つまり、両相良氏がシーソーゲームを繰り返す中で、政治情勢の変化により、個々の領主が新たな主人の保護下に入った時に、その主人や寄親たちが売買契約を持ち出すので、土地の取戻しの主張を遠慮せざるをえない事態がかなり広範囲に存在していたのではなかろうか。

第四節　「無文」とは何か[31]

「無文」についての私の考えのおよそのところは既に述べたが、ここではあらためて研究史を繙き、「無文」とは何かを論じたい。「無文」については、先に勝俣は頭注で①〈売買契約書・売券が作られない場合〉＝〈口頭での約束の場合〉への批判から、②〈売券は作られたが、紛失して今は無い場合〉、③〈売買に対して権力側が作成する売買安堵状が無い場合〉の三つの可能性を取り出した。ここでは、それぞれの場合についての先学の考えを詳しく検討してゆこう。

①契約状が作られない場合――笠松宏至説批判

中世の土地売買は、現在「一巻物」の巻物形式で残されている「手継証文」が関わっていた。これは土地所有の正当性を証明するためのもので、ほとんど「売券」からなり、新たな「売券」はこれに添付された。笠松宏至は論文「本券なし」[32]で、『相良氏法度』の「無文」をこの「売券」「手継証文」が作られていない場合とした（上記①）[33]。これを承けて勝俣は〈戦国家法の『相良氏法度』や『長宗我部氏掟書』からは、売券のない売買契約が多く存在していたことが知られる〉[34]とし、さらに中村直勝が紹介した吉野天川における檀那職売買では「キキミミ」が立ち会う事例[35]から、契約世界における〈音声の役割〉を強調した。

だが、これよりも前に中田薫は「売買雑考」[36]で、売買一般を「券契に拠るべきもの」と「その必要の無いもの」に大別し、さらに前者を「公券」に拠るものと「私券」に拠るものに二分して、土地売買は〈「公券」に拠る〉とした。日本の古代律令国家は中国・唐の制度を模倣したが、平安中期以降「国風文化」が生じた。土地売買の世界では、古代の土地売買は唐風に倣い売買公券を用いたが、平安中期以降は私券に変わった。しかし中田は、〈土地売買は券契に拠るべし〉との原則は変わらなかったとしている。

しかるに笠松は、この中田説から逸脱し、〈この相良氏の法は、明応という時点に至っても、なお売券の作られざる売買の一般的存在を示していると見ないわけにはいくまい〉[37]とした。笠松は、文書を伴わない口約束のみの土地売買が、明応という戦国時代に至ってもなお僻地の人吉盆地には存続しており、〈売買の当事者が死亡した時、本主の子孫に土地が戻るという牧歌的な世界があった〉と主張したことになるが、しかしかなりの時間が経過して親が死んだ後、子孫たちは記憶だけを根拠に〈返せ〉と主張できたのだろうか。

笠松説に対して私には異論がある。不動産の売買契約の内容は複雑に込み入っており、「音声」によってだけでは、たとえ「キキミミ」が聞いていたとしても、その契約内容のすべてを証言することは難しく、その複雑な契約内容は文字によって客観化される必要があったはずだからである[38]。既に述べた『塵芥集』第九七条から明らかなように、特に取戻し可能の売買には「証文」の伴わない売買はなく、買主側には「売券」が、売主側には土地取戻しのための権利書＝「買券」が必要であった。『塵芥集』第一〇六条には、「所帯を貸す」場合でも「借状」と「貸状」が作られ、交換されていたとあった。相良氏においても、先に第一章で「為続置文」を分析したとき、寄進においては文書発給を伴う事実を見てきた。売買の場合でも文書の発給はあったはずである。

以上の理由から、土地売買の世界では売買契約状が（取戻し可能の売買の場合には、「売券」のみならず「買券」も）取り交わされていたと考えるべきで、「無文」とは、①の契約状を作成しない〈口頭による売買契約〉ではなく、②の〈契約状を紛失した場合〉か、③の〈買得安堵状を無くした場合〉のいずれかとなり、笠松説は成立しないと私は思う。

前田玄以の定書

以上の議論を再確認するため、天正二〇年（一五九二）に秀吉政権下の京都奉行・前田玄以が出した『京都町触集』二五一号(39)を取り上げ、契約には「口約束」によるものと「文書」に基づくものの二つがあったことを確かめたい。次のようにある。なお和語に対しては、対応する漢字をルビに示した。

定　　上京

一　家屋敷一所持候者、二所へ書入、借銭借米不可仕事

一　借銭方之事、証文之外、ことは《言葉》の契約を以かりかす《借貸》事不可仕、并号預状利息之員数書のせさる証文者、利并（弁カ）不可有之事

一　諸商売人売買物之事、当座ニとりやり不仕外、懸銭以下書物を以可相究、ことはの約束不可信用事、
付、すあいを以取やりの事も、書物を以可相究事

右、被相定上（者脱カ）、若於違背之輩ハ、双方可被処厳科由、被仰出如件、

天正廿年五月十二日

玄以判

ここで前田玄以は、諸商売人相互間の争いに対する裁定の原則を示している。第一条は〈二重抵当の禁止令〉である。第二条は「借銭」についての〈口約束での貸借禁止令〉である。「利息の員数」を書き載せない「預状」では利子はないとしている。第三条では当座のやり取りの場合は口約束でもよいが、当座のやり取りでない場合は「懸銭以下」を「書物」に書いて明確にすべきで、「言葉の約束は信用すべきでない」[40]としている。付則には、「スアイ」という第三者が仲介するやり取りの場合でも、「書物に書いて明確にすべきだ」とある。ここからも、天正期において、口約束だけでの土地売買には正当性はなかったことになる。

笠松宏至「契約の世界」

いま私の手元には笠松宏至の論文「契約の世界」がある。これは笠松の最後の著書『中世人との対話』[41]に収められたもので、笠松の仕事としては最後の部類に入ろう。[42]笠松はこの本に収めた別の短文で「中田薫に帰る」と宣言した。その前の著書『法と言葉の中世史』[43]で笠松は、中田の「古法制雑筆」「古法雑観」に倣い、「中世の〈傍輩〉」「中央の義」「折中の法」等々の日本中世の法慣習の例をいくつも明らかにしてきた。この論文はその流れの上に立ち、中世人の使った「契約」の語の意味や使用例、その背後に横たわる法慣習などを明らかにしようとしたものである。

この論文の「はじめに」で笠松は、「契約」は現代と同じく〈売買・譲与・和与……などの民事的行為の総称的役割を果たしていた〉[44]が、特殊中世的な用法として〈売買・譲与・和与……などからはみ出したスキマを埋めるための法律行為〉[45]があったとし、文書の実例を挙げて、譲状・売文・去状などでは表現できない場合に、「契約」の言葉が用いられていたことを明らかにした。論文の最後に近い「五　「契約」の中世的性格」でも、〈狭義の「契約」が、売買・譲与・去渡しなどのいわば〝ハザマ〟にあり、それらの文言では表現し得ない部分をカバーする用語であった〉[46]とした。「スキマ」が〝ハザマ〟に、「和与」が〝去渡し〟に変わってはいるが、両者はほぼ同じ内容である。

この論文は私には筋道を追いにくく、全体の把握は難しい。笠松が問題とする中世の「契約」とは、縷々その実例を述べているごとく、特殊・具体的な状況下で成立するもので、一般化を拒絶するものである。しかし私は、その議論の中に広義の〈契約〉として〈民事的行為の総称的役割〉についての笠松の見解を読み取りたいと願っている。私にとって難解なのは、私の意志と笠松が論文で述べていることとの間に齟齬があるからであろう。それでも「二　口頭契約の限界」「六　破約の怖れ」「七　〈契約（ちぎる）という行為の本質〉」で述べている議論は、広義の〈契約〉に当てはめてよいだろう。

ここで我々の世界に戻り、「無文」とは何かを再度考察すると、笠松はこの論文の「二　口頭契約の限界」では、中世は文書社会だとし[47]、口頭契約の劣弱性[48]、契約の場における「状」の有位[49]を述べた。これは笠松が初期の仕事「本券なし」で「無文」を〈契約状を作らない売買〉としたことへの反省の告白として理解してよいだろう。また「一　契約（状）の成立」では、契約に際して契約の両当事者は、例えば「寄進状」と「契約状[50]」、「契状」と「返し契状[51]」を取り交わすなど、文書交換が契約成立の要件であった[52]としている。これは「買免」の売買において「売券」に対し「買券」が交換されたはずだとの私の考えを支持するものだろう。

笠松の晩年の業績からは、少なくとも①の〈契約状が作られない場合〉は成り立たないことが明らかになったと思う。

②契約状を紛失した場合

『塵芥集』の第一〇〇条[53]「本銭返・年紀売地事」には次のようにある（傍線は引用者）。

一　本銭返し・年紀地の事

売手・買手互いに証文をとりわたし、一方の文失するのときは、一方の一証文をもって年記の限りを相済ます事は傍例なり。然に一方の証文ばかりにて売るのとき、かの証文失するのうへ、買手は本銭返しのよし申、売手は平年紀のよし申、相論の時は、証人まかせたるべし。もし又証人なくば、買手の損たるべきなり。もし以後して証文見出し候はば、其文言にまかせ知行を定むべきなり。

ここから「売券」「買券」どちらか一方だけの契約の場合でも、売買契約が成立したことが知られる。この第一〇〇条は〈「証文」を紛失した場合〉を問題としており、「売券」と「買券」が作られた場合には〈残った一方の証文で問題を解決する〉とある。また、売買契約が一方の証文だけの場合で、証文を紛失した場合には〈「証人」の証言で相論を解決する〉とある。この『塵芥集』第一〇〇条から、相良領内の「買免」をめぐる相論に大きな意味を持ったのは、第三者の「証人」の証言だったことが想定される。なお、買手が本銭返しを主張するのは、「年紀」が来れば「本銭」が返ってくるからであり、年紀売りなら無償の返還となるからである。

この法令からは、傍線のごとく〈証文を紛失した場合は買手の損〉という法理が確かめられる。前述した『長宗我部氏掟書』第四五条(54)では、〈証文を紛失した場合〉は〈それぞれ一ランク下のものと見なして解決せよ〉と命じていた。以上から、契約状を紛失した場合でも、残されたほかの契約状からとか、「証人」の証言で、また証文を紛失したものは一ランク下のものと見なすなどして、解決していたことが知られる。それゆえ、この場合は、「買免」と特別に結びついた「無文」とは関係しない。

③買得安堵状がない場合

戦国大名は個人間の売買に対しては、「買得安堵状」を発給して売買の事実を保証していた。前述のように、文明四年(一四七二)に肥後の守護・菊池重朝は肥後一宮・阿蘇十二神の御社と本堂修理のため棟別銭徴収の「奔走」を相良為続に命じた(55)。ここから、為続は守護が一国平均の役として課す棟別銭や段銭の賦課に応じるべく「棟別帳」や「段銭帳」を持っていたと考えられる。そしてその前提には、土地売買の把握のための「買得安堵状」の発給とその記録制度が想定される。以上いくつかの例から、「買得安堵状」の発給が一般的であったとなり、「買得安堵状」がもともとない場合という想定は成り立たないことになる。

しかし、内乱状態の相良領において、多良木相良氏と人吉相良氏の二権力がそれぞれ「買得安堵状」を出していた。人吉相良氏が球磨郡を統一したとき、人吉相良氏の発給した「売得安堵状」は有効であったが、一方、多良木相良氏の出した「買得安堵状」に対して、人吉相良氏は無効を宣言したことから、多良木相良氏の側では、いわば正統な「買得安堵状」は失われたと言える。にもかかわらず、その秩序の中で「買免」形式の売買状は意味を持ち、一期の後、本主に土地は戻されることになった。このことは、結果的に全球磨郡内の人々を人吉相良氏の下に結集させ、為続を戦国大名に押し上げていった。こうした「買免」との特別な関係を考えれば、この「買得安堵状」の無効化こそが「無文」となるであろう。

小　括

笠松宏至は「無文」を契約状が作られない場合と考え、これが長く通説となっていた。しかし以上から、売買契約には少なくとも「売券」が伴っていたと考えられ、また売買契約状を失った場合も、しかるべく解決がなされていて「買免」との特別な結びつきを示唆するものはなかった。逆に、そうした結びつきが存在するのは〈正統な買得安堵状の無い場合〉（上記③）であり、「無文」とはこれを指すことになろう。

第五節　「買免」とは何か[56]

「免」は〈償う〉の意か

『日本国語大辞典』の「買免」の項には〈(「免」は償うの意) 買い戻すこと〉とあり、用例として『相良氏法度』第一条と「阿蘇文書」天授五年 (一三七九) 三月二十四日、聖琛・実信連署請文 (『大日本古文書二』一九七) を引いている (「阿蘇文書」の分析は次節で行う)。また、前にも引いたように『中世政治社会思想　上』の「相良氏法度」第一条「買免」の頭注で、勝俣鎮夫は〈買戻しの意。具体的売買形式としては年季明請戻特約本銭返のごとき性格をもつものと思われる。「免」は「償う」の意〉としている。先の『日本国語大辞典』の説明はこの勝俣校注の要約であろう。

翻って、佐藤進一他編『中世法制史料集　第三巻』の補注で百瀬今朝雄が行った「買免」の説明[57]が、勝俣の頭注の源だろう。百瀬は「阿蘇文書」を掲げて「かひめん」は〈買戻しの意であろう〉とし、さらに肥後方言の「アテギャアメン」を取り上げ、これは〈売買取引の際、代金支払価格の内渡し金で強引に決済すること〉の意味だとし、〈然りとすれば「免」はもと「償」(ツグノウ) の意であって……〉と続けている。しかし「アテギャアメン」＝「宛行免」とすれば、「宛行」の意味は「相手の要求によらないで、適当に見積もって与えること」で、「免」も「許可する」「免除する」の意味であろう。

この理解からは肥後方言はよく理解できるが、逆に百瀬の言う「然りとすれば」以下が私には理解できない。百瀬は「買免」＝「買戻しの意」との先入観から議論を出発させ、「戻す」から「弁償する」「償う」を連想したのだろう。この百瀬説は勝俣の段階で定説化したが、私にはこの「免は〈償う〉の意」の解釈が納得できない。理由の第一は「免」にその意味がないこと。第二は「償う」にはたしかに「報償」「有償」の用例があり「返済」の意味もあるが[58]、「償う」本来の用法は「罪を償う」で、「相手に対して負っている責任や罪科を、財物や労働を提供して埋め合わせ、免れようとすること」だからである[59]。

次に「買免」の文字を漢字として分析・分解すると、①「免を買う」か、②「買＋免」で「買って、次に免ずる」か、の何れか一方となる。①「免を買う」とは〈罪人が銭を出して刑罰の軽減を求めること〉[60]となるが、この場合には関係がない。それゆえ②「買って、次に免ずる」となろう。この場合の「免」は、白川静が『字統』[61]の訓で言う「ぬぐ、まぬがれる、ゆるす」のうちの「ぬぐ」に近く、「やめさせること」の意味で、「買って、次にそれを止める」であろう。また、諸橋轍次他編『新漢和辞典〔携帯版〕』では〈束縛を解いてやる〉[62]の意味が近く、「買った」その〈束縛を解いてやること〉で、要するに、「買った」約束を解除して、「買った」ものを元に戻すこととなろう。

「買ふ」

「買免」の理解のために、さらに語源論的な観点から「買う」「売買」について考察しておきたい。白川静の『字統』には、漢字の世界において〈「売買」という語は漢代以降に至って多く見えるもので、古語ではない〉とあり、「買」は「貝」と「网」に従い、宝＝「貝」を集める＝「网」から来ており、営利行為を意味したであろうが、「賣」の文字が定着する以前の金文には「償」の字が使われており、それは〈罪を購い賠償すること〉だったとある。白川は、売買が〈全く交換的な経済行為となる以前に、賠償・贖罪的な交換が行われていたことを示すものであろう〉としている。この白川の言葉の背後には、モース[63]の言う互酬制の世界での〈他者から財貨を得たことへの罪の意識〉があるのだろう。

「買」と「賣」とは本来ペアをなす言葉ではないとの白川の議論は[64]、日本語の「買ふ」と「売る」を考える上でも参考になる。日本語を考察した白川の『字訓』においては、〈「かふ」は交換する行為であるが、「うる」はこれとは異質の行為であったとみられる〉とあり、「買ふ」は「交ふ・替ふ・代ふ」と同根だという。長い縄文時代以来の和語の世界では、交換を意味する「かふ」だけがあり、互酬的な交換の世界が続いていた。売買が始まる以前は交換の世界であった。そこに中国語の「売買」の観念や市場・貨幣という文明の仕組みが押し寄せてきて、「売る」の言葉ができたのだろう。[66]

土地の売買

土地を開墾した開発者には、森を切り開き、切り株を一つ一つ抜いた具体的な人間労働の記憶が残っており、そのため、土地は「血と汗の結晶」で、自分が命を吹き込んだ土地であるという「地起こし」の観念が成立した。東アジア世界には「一所懸命」という言葉があり、開墾した土地を子孫に残すことは、人々にとって命がけの事柄であった。

しかし、売買や貨幣の発展と共に、人々は「宝」である貨幣を求めて、本来「売るために作られたモノ」ではない「土地」や「人」をも売買するようになった。『撰集抄』[67]では市場で「老人」が売られていた。また、八世紀の日本では、土地の売買に際して、売主が自身および子孫と土地との永続的な相伝関係を切断し、所有権の移動を宣言する言葉として「切常根」「切常土」が使われていた。この「常」とは、もともと〈世代を超えて伝わる〉ことを意味したという。[68]この言葉の次には、永代売買を示す「限永代」「限永年作手」の用法が生まれ、人と土地の関係は切断されたという。

だが、日本の「農地」は弥生時代以来富の源泉で、一般の「動産」と異なり、消費してしまえばそれで終わりとはならない「不動産」であって、その売買には本源的に「原状回復」や「取戻し」が可能であった。そのため、「土地」の売買とは「土地からの収益権」の売買となった。売主側は、耕作権を保有した上で、得分権のみの売却や、耕作権を取り戻す特約付きでの売買を行った。ここから、土地売買は「年期売り」や「本物返し」が中心で、対価となった金額の差を無視すれば、構造的には「売買」と「質入れ」とは区別のつきにくいものになっていた。

勝俣鎮夫は「本銭返し」や「年期売り」が東北や関東、九州で多いが、その原因は通説のように生産力の低さではなく〈本主権の強固な存在、それを支持する観念〉[69]が原因だとしている。従うべき見解だろう。弥生時代以来の稲作の中心地・畿内近国では「公地公民制」や「班田収授法」が貫徹し、早くから本主権を否定する「永代売買」が見られたが、列島の周辺地域では中世になって開発が進んだので、地域差が生まれたのだろう。

早島大祐説

早島大祐は『徳政令』[70]で「徳政」の本質・「貸したお金の取り戻し」に関連して、中世の土地売買を次のように説明した。〈売却の対象となったものは土地そのものではなく、米などの土地からの収穫物が中心であった〉、〈耕作自体は、購入後も元の持ち主である売却者、あるいは以前からの現地の住人によって変わらず行われていることが多かった〉。土地所有の実態についても、〈土地所有者は、侍層と呼ばれる村落の上位層が中心で、それよりも下位の一般人（地下人）は、そもそも耕作はするものの自身土地は持たず、侍層の所有する土地を代耕していたにすぎない〉と述べた。

この説明は明快で、いま我々が問題としている「買免」をうまく説明してくれると思う。しかし早島は、私も依拠している勝俣の〈永代売買観念の未成熟〉説を批判して、「質と売買の境界が不分明だ」との考えを、「借用書」と「売券」の「紙の大きさ」から見える「契約の軽重」を基に、論駁している。魅力的な考えで、私は判断する根拠を持たないが、早島の依拠する史料が主に畿内であるのに対して、勝俣のそれが辺境地帯であることから、早島の議論がどこまで一般化できるのか心配である。肥後国球磨郡では永代売買のケースが少なく、勝俣の議論は生きていると思われる。

『相良氏法度』の第一・二条は本主や本主の子孫への売地の返還命令で、「買免」は「本銭返し」や「年期売り」に近く、元の持ち主に土地が戻る特約付きの売買のことで、ここには古い法慣習が生きていた。次に年期売りや本物返しを考察したい。

年期売りの場合

瀧澤武雄は『売券の古文書学的研究』で〈期限が来れば無償で取戻すことができる〉ものとして天正十一年(一五八三)の「善福院文書」の次の年期売り文書を挙げた。(71)

十五年限売渡申候田地事、所ハ賀茂三位田、一所渡置候、則春信御判相据候、十五年以後者、如前々可返給者也、仍為証文如件、

天正十一年癸未十二月十六日

海膳寺
直弘(花押)
笠畑
定数(花押)
橋爪
長般(花押)
前山
長昌(花押)

善福院
まいる

瀧澤の説明には、〈十五年を限って田地を売渡すが、十五年以降は前々の如く返し給うべきもの〉とある。買主

は善福院であるが、売主は誰であろうか。「則春信御判相据候」は何を意味しているのか。海膳寺直弘以下の計四人の、文書の差出人とは何者なのか。これを年期売りの「売券」とすると、これと対になるべき「買券」とはどんなものなのだろうか。そもそもこの文書とは何なのか。等々の疑問が沸いてくる。多少の分析を試みたい。

この文書には、売り渡す田地は「所ハ賀茂三位田」とある。しかし、買手がその対価をいくら支払ったのかは不明である。ここから、この文書は売手・買手間で取り交わされた「売券」ではなく、その契約を保証するために土地の耕作者側と買主との間で取り交わされた「証文」だと考えられる。海膳寺以下計四人は耕作者として買主・善福院に「田地」「一所」を「渡置」いたとあるが、善福院は田地の耕作をせずに、土地からの収益権を得たのであろう。海膳寺以下四人は、今後一五年間は決められた収益を納めると約束している。買主・善福院は金融業者として金を貸し「賀茂三位田」にある田地の権利を担保に取ったのだろう。

海膳寺以下四人は、「賀茂三位田」にある田地の耕作に責任を負う、この地域の郷村の責任者で、田地の売り渡しにも責任を負っていた。「賀茂三位田」にある田地「一所」を善福院に売ったのは「御判相据候」とある「春信」である。この場合の「売券」には春信が「御判」を据え、受取人は善福院で、「賀茂三位田」にある田地を、一五年に限って売渡したとあるが、その対価、田地からの毎年の収入はここからは知ることができない。この文書は、この「売券」の内容を現地の人々に伝えた春信文書を基に作られた「証文」である。「十五年限売渡申候田地事、所ハ賀茂三位田、一所渡置候」は春信文書の言葉だった。

田地の所有者は、一五年間は善福院だが、それ以降は春信に戻るのが約束であった。彼ら善福院や春信などの所有者の下に、海膳寺以下四人を責任者とする郷村があった。善福院の方からすれば、毎年の収入を一五年間収納することで、最初に年記売りとして融通した金額は取り返しが完了する計算であろう。海膳寺以下の四人は本章第一節で取り上げた相良為続置文にある成願寺領の知行に関与した「裏里之人」に対応する人々である。

本物返しの場合

次に、相田二郎が取り上げた〈土地を或る年限の間売却する〉旨の文和二年（一三五三）の「本物返し」の文書[72]を分析したい。

肥前国高来郡深江村瀬野名内田地売町屋敷弐箇所（号一所七反七丈田、号一所六郎丸薗、号一所三反由須木丸 号一所美堂薗）事

右田地屋敷等者、安富深江民部亟源泰重〻代相伝私領也。而依有要用、僧用韻上座仁、本物返　直銭拾三貫文　令入置畢。然者、拾三年内者、不可請返候。拾三箇年之後者、何ニモ春者耕作以前、秋者収納以後、可請返候。於此所不請返之間者、泰重而毛子孫而毛為違乱煩者、為公方御沙汰、永代申給、可被知行者也。於万雑公事者、留本名畢。仍為後日證文、本物返之状如件。

文和弐年癸巳正月十八日　　安富深江民部亟泰重

読み下す。

肥前の国高来郡深江村瀬野名内の田地売町屋敷弐箇所（一所は七反七丈田と号す、一所は六郎丸薗と号す、一所は三反由須木丸と号す、一所は美堂薗と号す）事

右田地屋敷等は、安富深江民部亟源泰重重代相伝の私領なり。しかるに要用有るに依り、僧用韻上座に、本物返し　直銭拾三貫文に入置かしめ畢。然らば拾三年内は、請返すべからず候。拾三箇年の後は、何にも春は耕作以前、秋は収納以後、請返すべく候。此所において請返さざるの間は、泰重にても子孫にても違乱・煩をなさば、公方の御沙汰として、永代に申し給ひ、知行さるべきものなり。万雑公事においては、本名に留め畢。仍って後日の為の證文、本物返の状件の如し。

文和弐年癸巳正月十八日　　安富深江民部亟泰重

売買の対象は「肥前国高来郡深江村瀬野名」の中の「田地売町屋敷弐箇所」とあるが、正しくは「田地壱町」と

「屋敷弐箇所」であろう。七反＋三反＝一町だから、「田地壱町」には「七反七丈田」と「三反由須木丸」の合計一町が当たり、「屋敷弐箇所」には草花・果樹・野菜などを栽培していた「六郎丸薗」と「美堂薗」が対応しよう。売主は安富深江民部亟泰重だが、「瀬野名」の「名主」であろう。売買の原因については「依有要用」と慣用句的な表現なので、泰重側の真の事情は分からない。買主の「僧用韻上座」が金融業者だったとすれば、泰重が借金をして債務が累積して、返せなくなったので土地売買にまで発展したのだろうか。

ともあれ、名主の泰重は何らかの必要が出てきたので、「名田」の一部を僧用韻上座に売却した。「万雑公事」は本名に留めるとあり、名主の泰重側が負担すると約束している。土地は「直銭拾三貫文」の本物返しで「入れ置いた」とある。この場合の本物返しは一三年という年期を限り、請戻しを定めた年季明請戻特約で、一三年後になれば請返しは可能とある。この〈一三年〉とは、次の〈巳年〉の次年度のことで、買主が一年ごとに一貫文ずつの収入を得ていたと仮定すれば、一三年で元金と同額の利子を得たとなり、元金＝本物の一三貫の支払いを行えば、それと共に請返しは可能だとなるのだろうか。

「春は耕作以前、秋は収納以後」とあり、請返し可能な時期が農事暦に関わっており、売買されたものは売手側の耕作を前提とし、売買の対象は耕作地・下地である可能性がある。宝月圭吾が〈本持返しは文永年間（一二六四～七五）頃から発生した〉としたのに対して、瀧澤は〈鎌倉時代初期、遅くとも、十三世紀の二十年代には始められていた〉[73]とした。しかし時代が進むにつれて「永代売買」が始まってくる[74]。土地の売買は〈戻るもの〉という法慣習と新しい「永代売買」という法観念との対立を背景にして、鎌倉中期以降の売券には「本主の子孫」の違乱禁止を明記する罪科文言が出てくる[75]。

「於此所不請返之間者……為公方御沙汰、永代申給、可被知行者也」は、笠松宏至の言う「公方罪科文言」[76]で、請け返しができないとした一三年間に、売主側が「違乱・煩」を犯し、本物返し契約が破綻した場合、売主側は土地の権利＝本主権を失い、買主が「永代」に「知行」してよいとしている。この年期売りの買主「僧用韻上座」は不在地主で、耕作は泰重が責任を持って行っただろう。

小括

以上検討してきた「年期売り」と「本物返し」の実例を、第三節で取り上げた『長宗我部氏掟書』第四五条「買地事」に重ねて考えると、「十五年期」の「年期売り」は『掟書』に「三年三作」とあった「年毛」と同じ形式のものとなり、「田地」の移動を伴っていない分、少額の代金支払いであったことになる。「買戻す」は売主側の言葉である。「本銭返し」も売手の言葉で、〈売買の際「本銭」を返せば「得分権」の請戻しができる〉との条件付き売買をいう。「年期売り」も売主側の言葉で、何時から何時までと〈期間を限って売る〉ことで、その期間を過ぎれば売主側に土地は戻った。

しかし「買免」は百瀬が説くように、文字面からは買手側の言葉・「償う」のように見える。「買免」の「買う」が買手側の言葉なのに、売手側が問題の土地を「買戻す」には、買手側が売手に対して土地を差し出し「提供」しなければならない。そこで先学は「償う」=「返済」の中から「提供する」を抽出し「免は〈償う〉の意」としたのだろう。論理的な必要から導き出された合理的なものだとしても、「免は〈償う〉の意」とは、納得しにくい強引な解釈で、腑に落ちない感じが私には付きまとっている。前述したように「免」には本来そのような意味はないからである。

私はむしろ和語の世界で、売買の世界が「売る」「買う」が対となる以前には、もともと交換を意味する「替う」だけの世界があり、その互酬的な交換の世界がこの「買免」という言葉と関わっていたと思う。それゆえ「買免」とは、「売る」という言葉が充分に定着する以前の世界を前提とした肥後地方の方言で、次に述べるように「買免」=「替免」で、売手の行為を指す言葉だと解釈したい。

第六節　「買免」の実例[77]

「阿蘇文書」

以上で行ってきた私の主張を、次に、「買免」文言のある「阿蘇文書」の「請文」の実例に当たって確かめたい。「阿蘇文書」の天授五年（一三七九）三月二十四日、聖璨・実信連署請文には次のようにある。議論の便のため、AからGまでの符号をつけた。

A肥後国守山庄用水弁れうの事。B小河の□田地弐町わたし進候。C坪付壱所しやうとくのそ□九段、同所ようさくまち壱段、一所ひられ石五段、一所かうつかりみて（ひかしのより）五段、以上弐町也。D今年件田地等一年かひめんにかひ候て進候あひた、くハしき事ハ申さためす候。Eもしこの田地しせんにいらんわつらひでき候時ハ、庄家□にかの田地にあひあたり候ハんするねんくを□□まへ申へく候。Fくハしき事は下地ちちやうの□申さため候へく候。Gまつこのむねを御存知あるべく候。

天授五年三月二十四日　　実信（花押）

聖璨（花押）

小河両御代官

この文書は、『日本国語大辞典』に引かれていることからも、専門家の間では周知のものと思われるけれども、百瀬今朝雄・笠松宏至・勝俣鎮夫をはじめとして、この文書を取り上げて分析・解析・解釈を試みたものを私は寡聞にして知らない[78]。

この文書は、用水路の築造・修理のための負担＝「用水弁れう」＝用水井料」の支払いに関係しており、「小河両御代官」から弐町の田地の井料支払いを要求された売手側の「聖璨・実信」が出した請文で、売券の必須条件である売値、買主の名前は記されていない。「一年かひめん」という条件で第三者に売り渡したが、その際「くハしき事ハ申さためす候」で、売主・買主のどちらに責任があるかも未定である。もしもこの田地に違乱・煩いが出てくるなら、庄家の年貢から支払う。詳しいことは「下地ちちやう＝地下治定」の申し定めがあるはずである。「まつこのむねを御存知あるべく候」として、当面は支払わないとある。

Bでは「小河の□田地弐町わたし進候」とあり、Cで「弐町」の「坪付」として四カ所を挙げた後に、Dでは「今年件の田地等一年かひめんにかひ候て進候あひだ」とある。この「進候」は「まいらせ候」と読む。この言葉は、近世では女性の手紙の文章によく登場し、丁寧語の補助動詞として用いられるが、この場合は「まいる」に使役の助動詞「す」が付いた本来の形で、「差上げさせる」「奉仕させる」の意から発展した「差上げる」「献上する」の意であろう。「渡して差しあげた」「買って差し上げた」だとすると、誰かのために「渡した」「買った」の意となるが、しかしこの場合はそうではなく、売買の両当事者が「銭」と「土地の得分権」を互いに「交う」交換を行ったことを言い、この場合は売手の聖璨・実信の行為を示しており、「かひ候」＝「交ひ候」で、その内実は「売る」であった。Dの「一年買免にかひ候て進候」がBでは「わたし進候」と言い直されており、ここから、「一年買免にかう」＝「渡す」となる。それゆえ、「かう」は「売る」の意となる。この場合は「一年買免にかひ候て進候」だから「一年という年期を限って売った」である。以上から、「買免」は「本物返し」や「年期売り」と同様、売主の行為を指し、〈本主・売主の側に戻る条件での売買・交換〉となる。

ここから、「買免」＝「替免」で、「買う」という言葉を含んではいるが、ここでの契約内容は「貸借」に近く、対象となった「土地」は抵当物件＝「質」に近かったことになろう。「一年替免」の条件で「交う」＝「売る」が実態となる。南北朝時代のこの請文の場合は「一年」という年期のある買免だが、『相良氏法度』の場合には年期がなかったと思う。早島大祐は「質」と「売買」とを明確に区分せよとしているが、肥後ではこのような曖昧なケースもあったのだろう。結論として私は、この場合の「買免」は、勝俣の言う〈無年期有合次第請戻特約〉[79]による本銭返し[80]だとしたい。

この請文で注目すべきは、「かの田地にあひあたり候ハんずるねんぐ」が「庄家」という荘園の施設＝倉庫に蓄えられており、〈そこから支払う〉とあることである。ここから、この場合の「買免」とは、先に取り上げた泰重が耕地を僧に売った「本物返し」と同様、また早島の想定通り、現地の得分権が売手の「聖璨・実信」から買手側に移り、「聖璨・実信」側には土地の経営権が残っていたとなる。

「売主・買主半分づつ」――〈長毎法〉第八条、〈晴広法〉第二一～二三・四〇条

この文書にある「用水井料」を『相良氏法度』の中で考えるには〈長毎法〉第八条「以本田水開新田事」と〈晴広法〉第二一条「*井手溝奔走事」・第二二条「*買地時井手溝事」・第二三条「田錢事」・第四〇条「*井手溝古堰杭・樋事」が参考になる。これらを「井手溝法」と名づけ、次にまとめて分析したい。〈長毎法〉〈晴広法〉は〈為続法〉と異なり、漢字仮名交じり文なので、読み下す必要はないだろう。それぞれを順にそのまま掲げ、その次にそれぞれの現代語訳を掲げると次のようになる。

一　水田の水を以て、新田をひらくによて、本田の煩たる在所あり。たとひ本田よりあまり候水なりとも、能々本田の領主にこひ候て、領掌ならばひらくべし。

一　井手溝奔走題目候。田数次第に、幾度も人数出すべし。人いださざる方の水口、一同に留むべし。

一　買地の事。かひ主・うり主よりも、井手溝之時、十人ならば、五人づゝ出すべき事。

一　田銭触の時、五日の内に相揃べき事。付、かひ地は、かひ主・うり主半分づゝいだすべき事。

一　井手溝のふるのいくゐ・樋とり申候ずる者、罪科足るべき事。

（一　水田の水をもって、新田をひらくことで、本田の煩いになる在所がある。たとえ本田よりの余り水であっても、よくよく本田の領主に願い出て、本田の領主が領掌するならばひらくべきである。
一　井手溝などの用水路を築造・修理せよとの労働力提供の命令が出た時のこと。田数に応じて何度も人数を出すべきである。労働力を提供しない方の水口は総て閉ざすべきである。
一　買地の事。
　用水路の労働力提供が一〇人なら、買主・売主よりそれぞれ五人ずつ出すべきである。
一　段銭のお触れが出たときは、五日以内に揃えて出すべきである。付けたり、買地の場合は、買主・売主がそれぞれ半分ずつ出すべきである。
一　用水路の古い杭・樋を取ったものは罪科にする。）

一般に中世後期から近世初期にかけての日本は大開墾時代だった。相良氏の場合もこれが当てはまろう。〈長毎法〉第八条の「以本田水開新田事」からは、水利権をめぐり本田の領主と新田の領主との間で争いが存在したことが分かる。この場合は個人的だが、次の〈晴広法〉の段階では、新田開発は集団的になった。既に〈為続法〉では土地の本主権保護政策が採られ、耕作者の土地支配は安定化した。そのことが新田開発や用水路建設を促したのだろう。〈晴広法〉第二一条の事書部分の「井手水奔走」を現代語訳すれば、「井手溝などの用水路を築造・修理する際の労働力提供について」となろう(81)。

〈長毎法〉から〈晴広法〉に至る段階で、小規模新田開発から、球磨川支流などからの灌漑用水路の建設へと開発の規模は拡大しただろう。この延長線上で、近世に至ると球磨川本流から人吉盆地の南方に直接水を引く大規模用水路「百太郎溝・幸野溝」等が建設された。前者は百姓たちによって、後者は人吉藩の藩士高橋政重によって造られたという(82)。用水路の維持・管理のために共同体規制が力を発揮し、相良氏は公共の利益を守る領主の立場からそれを推進した。〈晴広法〉第四〇条は「用水路の古い杭・樋を取ったものは罪科にする」であり、古代の「天津罪」に対応したもので、用水路の保護政策である。

〈晴広法〉第二二条「*買地時井手溝事」[83]と第二三条「田銭事」からは、用水路の築造・修理や段銭の賦課などの「公の負担」は「売主・買主半分ずつ」が原則とあり、土地売却に際して、売主の土地への義務は消滅しない。「阿蘇文書」の「請文」の場合も「半分ずつ」の世界と関係している。それゆえ、「請文」では「下地治定」の内容は記されてないが、「半分ずつ」の可能性は高い。売主側は売地への耕作権を留保し、それを根拠に土地の取戻しを主張した。こうした売買の前提には、売主は土地得分権を手放しても、開墾主としての由緒や、用水路建設への関わりで、村落上層部としての地位や名誉は維持されるとの慣習法があった。

なお、〈晴広法〉第二一〜二三条の「人」とは労働力を指し、具体的には〈為続法〉第四条の「譜代下人」や〈長毎法〉第九条の「人の内之者」、第一六条の「小者」などであり、〈晴広法〉第二四条の「作子」や第三二条の「人の下人」も考えられる。

下地治定

先に引用した「阿蘇文書」の「請文」で注目すべきは、「用水井料」という売手・買手の権利・義務を詳細に裁定するために、現地では「下地ちちやう＝下地治定」という共同体的な仕組みが存在していたことである。これは、成文法を持つ惣村が成立する以前の「庄園古老法」に対応しよう。寄進の場合は、被寄進者は不在地主として現地から遠く離れている場合もあっただろうが、一般の土地売買の場合は、売手も買手も近隣同士で、売買の対象となった土地はその村落共同体の中にあったので、土地売買について文書の取り交わしが原則であったとしてもその詳細は「庄園古老法」の管理下に置かれ、「古老」たちが証人になることが多かっただろう。

蔵持重裕[84]が明らかにした「庄園古老法」によれば、「古老」とは名主の中でも〈知識豊富な年長者〉＝古老からなり、庄園の水利や祭祀に関わり、いつも庄園の「政所」に詰めて、荘園内部の出来事を周知し、日常的に検断事件を処理する立場にあったという。彼らは相論の際の証人としても期待されていた。

「買免」＝「替免」

南北朝時代の「請文」と戦国期の『相良氏法度』との間には一八〇年ほどの時間の開きがあるが、この節では、土地売買を支える制度面においては大きな変化はないとの前提の上で考えを進めてきた。それも踏まえて、第一〜三条についてのここまでの考察をまとめると次のようになる。

1　「買う」は「替う」と同じ語源から生まれたもので、この場合は銭と土地との交換を意味し、「売る」場合にも、「買う」場合にも使われる言葉であった。

2　「免」は「束縛を取り除いて、相手を自由にしてやる」の意[85]である。

3　それゆえ「買免」とは「替免」の意となり、「一旦交換したものを、その束縛を解いてやること。交換したものを元に戻すこと」である。

4　「阿蘇文書」の場合は「一年買免」であったが、『相良氏法度』の「買免」には年期がない。後者の方が「買免」本来の形で、「買免」とは〈いつでも売主が本銭をもって買い戻すことができる〉「無年季有合次第請戻特約」付きの契約のことだろう。

5　「買免」では、売手は現地の耕作権は保留した上で、名主得分権を売却した。

6　多良木相良氏と人吉相良氏が互いに対立する「当知行重視」の下では、「買免」による本主の権利は凍結され、眠ったままになっていたが、〈為続法〉により本主の権利は息を吹き返した。

7　それまで続いてきた「当知行重視」の慣行と、革命的な〈為続法〉との折り合いとして、契約当事者の死を契機として〈為続法〉は執行された。

8　以上から、勝俣鎮夫の「買免」や「無文」についての見解は再考されるべきであろう。

第一～三条の現代語訳

以上の分析から〈為続法〉の第一～三条は次のように現代語訳できよう。

一　買免（交換したものを元に戻す約束の下での土地売買）の事。

売主・買主が共に死亡した場合、子々孫々の側に相良氏からの買得安堵状がない場合は、売手の子孫は「買券」を基に請求し、（本銭の払い戻しがあれば）間違いなく本主の子孫に有償で返すべきである（既に相良氏から買得安堵状が出ている場合はそれが優先する）。

一　領主からの買得安堵状がない場合の買免の事。

売買当事者の一方が死亡した場合は、本主は「買券」に基づき請求し、本銭を支払った上で、知行すべきである。

一　買い取った田地をまた人に売却して以後、二度目の買い主が落ちぶれて退転し、今はいなくなった時は、その土地の権利は本々の売主に付くべきである（本々の売主には又買をした主に対する支払の義務がある）。

第七節　第六条と第七条——「買免」＝取戻しの手続法

次に〈為続法〉の第六条と第七条を検討しよう。東京帝国大学史料編纂掛出版の『相良家文書之一』の劈頭で、第六条には「法度ノ事ノ申出方」、第七条には「四至境等諸法度ノ計方」とある。〈申出で方〉〈計らい方〉とは、両者ともに〈方法〉を問題としており、二法令が共に〈相良氏の下での裁判の方法・手続きを問題としたもの〉だということである。こうした理解が大正年間に既に存在していたことは注目に値する。しかし戦後の先学たち、百瀬今朝雄・勝俣鎮夫・村井章介等は皆これを見ていなかったようである。

ここでは、第六条の事書を百瀬に従って「法度事申出事」としている。第七条の事書を百瀬は「境論以下諸沙汰事」としたが、私は本文にある「四至境、其余之諸沙汰」の文言や劈頭の注を尊重して「四至境等諸沙汰事」とした。

〈為続法〉の第六条と第七条

第六条「法度事申出事」・第七条「*四至境等諸沙汰事」はそれぞれ次の通りである。法令の中心部には傍線を施した。太字も引用者による。

一　**何事にても候へ**、法度之事申出候ずる時は、いかにも堅固に、相互に被仰定肝要候。忽緒に候ずる方は、承出、無勿躰之由、堅可申候。

一　四至境、其余之諸沙汰、以前より相定候ずる事は不及申候。**何事にても候へ**、其所衆以談合相計可然候。誠無分別子細を可有披露。無理之儀被申乱候ずる方は、可為其成敗也。為後日申候。

この二カ条は村井が言うように、先の五カ条と比べると成立時期に違いがあろう。第一〜三条の「返すべし」「知行すべし」「付くべし」は「買免」契約に対する相良氏の判断であった。しかし、個々のケースについては、「本主」が直接行動を起こして取り戻すのではなく、しかるべきところで慎重に審査し、その結果に基づいて、あらためて相良氏が判定を下し、「法度」として公布するのが手続きであった。それゆえ、「本主」たちが「買免」の土地を取り戻すためには、自らが相良氏の下に訴え出て「法度」を出して貰う必要があった。第六条の「法度のことを申し出す」とは、こうした個別の「買免」契約に対して〈売手側が相良氏に判断を仰ぐための申し出〉であろう。ここに第六条登場の根拠がある。

第六条の中心は傍線部の「法度之事申出候ずる時は、いかにも堅固に、相互に被仰定肝要候」である。裁定のための前提作業として、契約そのものの存否の事実審査があり、そのため売買両当事者やその相続人、また証人が求められた。「下地治定」を考えるなら「古老」たちの証言も考えられる。しかし『日本中世市場論』[86]で述べたように、契約が市場でなされたのなら、契約状作成に関わった「筆師」[87]、対価支払いに関わった「金融業者」[88]等々の「市場関係者」の証言も求められただろう。「市場関係者」らによる「買免契約」存否についての審査が終了した後、次に問題となるのは、契約の具体的な内容である。第一条から第三条までの「買免」の対象となる〈土地の確定〉の問題である。

ここから「四至境、其余の諸沙汰」がテーマとなり、第七条が登場する。それゆえ第六・七条は、第一条から第五条までの雑務沙汰、特に「買免」に関わる「本主」への土地返却についての〈手続法〉となる。第六・七条に共通しているものは、太字にした「何事にても候へ」文言である。この〈どんなことでも〉は、前掲の第一〜三条等を指し、相良氏権力が自らの立場を「公平な公儀である」ことを鮮明にして、「買免」の雑務沙汰は〈どんなことでも〉取り上げると宣言した結果である。

一方、村井は〈為続法〉第六条を取り上げて、〈この条文で印象的なのは、「忽緒に候ずる方は承出、無勿躰之由、堅可申候」という表現から感じられるところの、処罰規定という内容とはうらはらな、親しい相手に語りかけるような口調である。それは「為続法度」七カ条のうちで第一条から第五条までの経済関係の条項からはいっさい感じとれず、この第六条と、続く第七条の「無理之儀被申乱候する方ハ、可為其成敗也。為後日申候」という末尾部分に顕著である〉とした。さらに注では〈第一条から第五条までと、第六・七条との間には生いたちの差があることを思わせる〉[89]とした。

第七条の末尾を〈訓戒〉とし、〈生いたちに違いがある〉とする指摘は、村井の大きな功績である。第一条から第五条までと、第六・七条との間にある生いたちの差とは、「民法」と「民事訴訟法」の違いであろう。しかしこの両者は内容的には密接につながっている。村井は、通説に依拠してこの両者間には関係はないとした上で――それゆえ当然この二カ条への個別の現代語訳を放棄した上で――、通説に対して「訓戒」という解釈を新たに追加したことになる。この提言は、第一八条を解釈する上での難問を解決する切り札としての「訓戒的部分」の存在を主張するための伏線になっている。

民意を問うこの立法の本体は、「壁書」として〈為続法〉が制定される以前に、既に「高札」の形で市場に公示されており、第六・七条は長い経過を踏まえていたはずである。それゆえ、これらの法への「訓戒」的な言葉の存在は、長い経験の蓄積から来ていよう。これらの法令の画期的な点は、人々が相良氏に対し裁定＝〈法度を「申し出る」道〉を開いたことにある。村井説を評価するに当たり、この二法の目的・意図についての説明、さらには逐条解釈・現代語訳がないことが村井の致命的な欠点だと思う。村井は〈為続法〉全体の中での二法の位置づけをしなかったので、第一八条の目的・意図も解明できなかった。

第六条「法度事申出事」

村井の言う「主文」と「訓戒」の区別に従うなら、傍線部の「何事にても候へ、法度之事申出候ずる時は、いかにも堅固に、相互に被仰定肝要候」までが「主文」で、以下の「忽緒に候ずる方は、承出、無勿躰之由、堅可申候」は「訓戒」となる。前者にある「相互に」について勝俣は、『六角氏式目』が二十人の六角氏重臣により起草され、六角氏がこれを承認する手続きを経て制定されたことから、この「法度」は、我々の想定とは異なり、相良氏が出す〈法度一般〉であり、「相互に」は、相良氏の支配する三郡の郡中惣と相良氏との間の、『六角氏式目』の場合と同様な相互承認の構造を示すものだとした(90)。

勝俣の理解では、相良氏と郡中惣の指導者＝「老者」間の相互承認の取り交わしにより、相良氏の「法度」一般が成立したことになるが、この「法令」はむしろ〈為続法〉全七カ条の文脈の中で考えるべきで、この場合の「相互に」は、勝俣説と異なり「本主」と売買契約の存否を証言する保証人たち「相互に」の意味で、〈契約成立に関わった関係者が集まり、相互に〉であろう。上述のように、市場での売買契約には文書を作成した「筆師」や、対価支払いに関わる「金融業者」が制度として関係していた。また『塵芥集』第一〇〇条からは、契約が相論になった場合には「証人」が重視されていたことが分かる。

それゆえ、買免の取戻しの際には、両当事者＝「売手・買手」のほかに、売買に立ち会った「証人」や市場の「金融業者」「筆師」などの市場関係者が集まり、会合を開き[91]、契約の存否やその内容確認が必要であった。その会合の場が第一八条の「公界」である。それゆえ我々の結論は、「公界」を〈一揆＝郡中惣〉とする現在の通説＝勝俣説とは大きく異なり、勝俣・笠松両説への根本的な見直しを迫るものとなる。『日本中世市場論』で述べ、また本書第I部で見てきたように、「公界」とは市場に関わり、「公界の沙汰」＝「市場法廷」である。

「公界」には「権門勢家の被官」「神人」など、相良氏の直接関与できない人々が含まれていた。それゆえ相良氏は民事不介入を原則とし、「公界」の自治を尊重して、当事者の談合に任せていた。そこで第六条では、相良氏は民事不介入の原則を貫き、「本主」と市場関係者が「相互に仰せ定める」ことが「肝要」だとしたのである。この解釈に従えば、「法度の事」の申し出を受理した相良氏は、関係者＝「公界」に問題のありかを告げ、会合の開催を勧めただけとなる。この解釈は、第一八条にある「役人へ申し出で候以後、公界において論定」という手続きとも一致する。当然「役人」は相良氏側の人物となる。

「本主」たちには、関連する人たちを集めた上で、厳密な審査を実行することが必要だった。第六条には「法度之事申出候ずる時は」とあり、「申出」の言葉がある。一方〈長毎法〉第一八条にも「申出候以後」「申出候ずる人」と「申出」の言葉がある。「申出」の主体は「本主」なのだから、第六条と第一八条は共に「買免」の取戻しを要求する「本主」を対象にした手続法ということになる。これは、第一八条を解釈する上で大切な視点である。第六条の「主文」が問題とする世界とは、「公界」の場、金銭取引に関わる「売買」の場、社会の上に立ち統治権を行使する相良氏とは無縁な娑婆の世界、「裏切り」の世界[92]、「市場」等々となる。

「忽緒に候ずる方は」とは〈「忽緒」だと思われる方は〉の意味である。一方、勝俣は「忽緒」について〈なおざり〉と注をしたが、『国語大辞典』では「忽諸」を〈①たちまちに消滅すること。たちまち尽きること。②上（かみ）の命令などをないがしろにすること。軽んずること〉としている。「忽緒」＝「忽諸」だとして勝俣は「忽緒に候ずる方は」を②の意味だとしたが、これについては次の二つの解釈が成り立つ。

①の意味だとすれば、「申し出る人」＝「本主」が「たちまちに消滅してしまう」あやふやな根拠に基づいて取戻しを主張したと言っていることになり、「本主」が非難＝「訓戒」の対象となる。第一〜三条の対象が「本主」で、第一八条にも「申出候以後」「申出候ずる人」とあることから、これは素直な解釈となる。相良氏は、構成員の利害が互いに衝突する「公界」に対し、公正の立場を貫くため、「火中の栗」を拾うまいとして、第七条では「現地の「所衆」という自治集団内部の問題だ」として、彼らの自治に任せ、また第一八条の末尾部分では「よくよく分別有るべし」と、冷めた「上から目線」で「訓戒」を述べたことになる。

②の意味とすれば、市場関係者が公共のために仕事をすべきなのに、ないがしろにしていると言っていることになり、「公界」メンバーが非難の対象となる。この解釈は民事不介入の原則と矛盾し、第一八条で相良氏が公界を保護することとも抵触するが、「本主」側が自己に有利に事態を展開させようと、市場関係者を抱き込んでいたとすれば、相良氏は原則として「公界」の判断に任せた上で、新たに「訓戒」を伝えたという解釈も可能となる。この場合は「公界」関係者に対し〈「忽緒」と思われる人に対しては「勿体ない」＝品格がない、「堅可申候」＝譴責する〉と「訓戒」を加えたとなる。そうだとすれば、この法令以後は、相良氏の「役人」の主催下で「公界」が開催されたと考えられる。この可能性も捨てきれないが、前者の方がより素直な解釈として、ここでは前者を採用したい。

以上から第六条の現代語訳は次のようになる。

一　どのようなことであっても、個々の「買免」契約について、相良氏から裁定を出してもらおうとして、本主の側が申し出をしようとする時は、その前提として、売買の両当事者およびその相続人はもとより、売券成立に関わった関係者が一堂に集まり、いかにも堅固に、互いに申し合わせておくことが肝要である。あやふやな根拠に基づき主張する本主に対しては、相良氏の方で承り出して、品格がないときつく譴責する。

第七条「*四至境等諸沙汰事」

土地の本主への返却となれば、本主側はどさくさに紛れて要求を過大に膨らませる可能性が出てくる。公正を期すためには、村落内部の土地「四至境」や家族の系譜の詳細な調査が必要となる。それゆえ、傍線部の「其所衆以談合相計可然候」が法令の中心となる。土地の所属や村落メンバーの確定は村落内部の問題なので、荘園古老や近隣領主の承認が必要だった。「談合」をする「其所衆」には、島津家の「地頭―衆中」制や、大友家の「方角衆」、藤木久志の明らかにした「近所の儀」、第六節の実例で明らかになった「下地治定」などの〈在地領主の地域的な連合体〉や、境界の管理者「古老」などが考えられる。

法令の前半にある「以前より相定候ずる事は不及申候」とは、本主権があるとして土地を取り戻そうと何度も再審要求をする「本主」側の動きに対して、相良氏が閉口して、一度決定したことに対しては「申すに及ばない」＝取り上げないとしたものである。また後半において相良氏は、〈誠に分別のない子細を相良氏に披露することがある。無理の義を申し乱ずる人は、「其所衆」の成敗に任せる。後日のために申し候〉とした。つまり為続は「無理の義を申し乱ずる」「本主」に対しては「其所衆」に成敗を命じたのである。最後に「為後日申候」とあり、この部分は「法令」よりもむしろ「訓戒」となるだろう。

第四条における地域「領主」に対する「小地頭」の際だった存在感を考慮に入れると、「其所衆」は「地頭―衆中」制のような「小地頭」を中心とした「領主」たちの形成する「談合」体で、「小地頭」の下に形成された「一揆」となろう。多良木相良氏と人吉相良氏が両地頭として球磨郡内で対立していたが、その両地頭の下に「小地頭―領主一揆」という秩序が形成され、その秩序が前提とされていたのである。「訓戒」としての秩序維持を相良氏権力の強制ではなく、「小地頭」の下の、在地領主たちの地域的な連合体＝「一揆」に任せて、共同体規制の強化による在地秩序の確立を目指したのである。

この法令もまた「四至境、其余之諸沙汰、其所衆以談合可相計」として、既に公布された「高札」に基づいていよう。以上から第七条の現代語訳は次のようになる。

一　四至境、そのほかの諸沙汰について、以前より定めていることは（当然のことで今更あらためて）申すに及ばないことである。どのようなことであれ、其の所の衆が談合をして相談して決めるのがよい。誠に分別のない子細を主張する人が出てきた場合は、相良氏に披露すべきである。無理の儀を主張して、かき乱す人に対しては、其の所の衆が成敗すべきである。後日のため申しておく。

小　括――笠松説批判（再）

以上のように、第六条と第七条は共に「本主」を対象とした法であるが、第六条が「公界の法廷」「市場の法廷」に関わっているのに対し、第七条は「古老の法廷」「在地領主の法廷」「一揆法」と関わっている。笠松は、第七条には「訴→其所衆談合→披露なる手続きの系統」が認められることから「其所衆談合」こそ「公界論定」に相当する[93]として、この第七条から「公界」を考察したが、私はむしろ第六条から考えるべきだと思う。「買免」で売られた土地が本主に返還される際に、「公界の法廷」＝「市場法廷」から「其所衆の法廷」へと案件の審査は進み、その結果を承けて「相良氏の裁定」となるのが手続きであった。新たに「市場法廷」の存在を考えた点が笠松説に対する私の批判である。

「買免」への「徳政令」が在地領主たちの総意なら、為続はその総意を先取りして法令を発布し「其の所の衆」を組織化したことになる。こうして相良為続は、「権門勢家の被官」「神人」や荘園の古老、在地領主たちなど多くの人々を自らの政治に参加させることで、三郡支配を安定化させた。先に触れたように、藤木久志は第四条の人返し法を中心に、「一揆契状から家法へ」というシェーマの下でとらえ、勝俣もまた『相良氏法度』には〈一揆契状的性格が濃厚〉だとした。「公界」を〈在地領主たちの一揆〉とする点には異論があるが、『相良氏法度』には、先学が明らかにしたように在地領主たちの共同利益の反映、一揆法[94]との近さが認められる。

第八節　むすび

以上で〈為続法〉七カ条の分析・解釈を終えたので、本章で明らかにしたことをまとめたい。

1　〈為続法〉は勝俣鎮夫の主張とは異なり、戦国相良氏の基本立法で、この法により、相良長続・為続親子の軍事的な勝利は政治的な勝利に転換し、為続は戦国大名へと上昇した。

2　難解な第一・二条に登場する「無文」とは、通説のように「売買契約状」が作成されていない場合ではなく、正統な「買得安堵状」の無い場合である。

3　「買免」とは「替免」から来ており、その内容としては、勝俣が『中世政治社会思想　上』の後で辿り着いた〈無年期有合次第請戻特約付き本物返し〉を参考にすると、実例にある「一年年紀」のほか、「無年期」・「一期を年期」とするものなどがあろう。

4　第四条からは相良領内の身分秩序が〈相良氏―小地頭―領主―百姓―下人〉となっていたことが分かった。第四条と同じ内容の法は一揆法にも見られる。

5　第五条は悪銭が流行していた時の買戻しの定めで、この法令から、「買免」という制度は「有償の買戻し」、つまり「本物返し」であったことが分かる。

6　第六条と第七条は買戻しの手続きを定めた法である。

第二章　長毎法

この部の「はじめに」で述べたように、〈長毎法〉全一三カ条は「公共法」四カ条：第八〜一一条、「平和令」五カ条：第一二〜一五条と第一七条、「雑務法」四カ条：第一六条と第一八〜二〇条、の三つに分解できる。〈長毎法〉の事書はおおむね百瀬今朝雄によっており、例外の二カ条、第九条と第一九条については特に説明を加えることとする。

第一節　「公共法」＝裁判基準

初めに〈長毎法〉の中の「公共法」である「裁判基準」を取り上げる。それぞれの問題に対して、相良氏は統一した「判断基準」を示している。これらはいずれも相良氏が公共の立場に立ち、領内統治の必要から公布した「公共法」ということになる。一方〈為続法〉には、このような「公共法」としての裁判基準の制定はなく、逆にこれが〈長毎法〉の特徴だと言える。

第八条「以本田水開新田事」

〈長毎法〉第八条について『大日本古文書　家わけ第五　相良家文書之一』[1]の劈頭には「本田ノ水ニ依ル新田ノ開作」とある。ここでは百瀬今朝雄に従い事書を「以本田水開新田事」とした。この法令は既に前章六節「「買免」の実例」で「阿蘇文書」分析の際に取り上げて、現代語訳も行った。再度取り上げると、次のようになる。

一　水田の水を以て、新田をひらくによて、本田の煩たる在所あり。たとひ本田よりあまり候水なりとも、能々本田の領主にこひ候て、領掌ならばひらくべし。

これは新田開発のための用水に関わる法で、上の本田の田の水を下の新田の田に引いて開作しているが、下の田の灌漑のために上の田の水を抜いてしまうと、上の田が干上がってしまう関係にあった。利害が対立しているのは〈新田を開いた開墾者〉と〈上流に位する本田の領主〉である。「新田を開くには「本田の領主」の「領掌」が必要だ」という穏当な判断が相良氏の判断である。水利権に「本主権」を認めたものとなる。

第九条「*内之者別人扶持事」

この法令は「下人」の所属をめぐる両主人間の争いに関係したものである。『相良家文書之一』の劈頭には「本主ノ障アル者ノ扶持」とある。百瀬はこの法令の事書を「退出本主在所預別人扶持事」(本主の在所を退出して、別人の扶持に預かる事)としたが、意味は同じだとしても、私は法令の本文中の事書部分から拾った単語から事書を作った。条文は次のようである。

一　人の内之者、其主人の在所を退出之時、又別人より扶持すべき事。

本主人へ案内ありて、領掌ならば、相互に許容たるべし。

藤木久志は、後半の「相互に」の言葉に注目して、この法令を「逃亡下人」に対する人返し協約だとした。一方、勝俣鎮夫は『日本思想大系21　中世政治社会思想　上』[2]の頭注で「内之者」を〈被官。従者〉、「主人の在所を退出」を〈欠落・逃亡ではなく、主人の許可をえて主従関係を断つ〉とし、「本主人江案内」を〈(退出の許可の確認のため)、本主人に届けて〉とした。ここから勝俣は、法の対象を「武家奉公人」としたことになる。

問題は江戸時代の「奉公構え」に対応した「本主ノ障」にあり、主従制の解消が、単純な解雇の場合と、刑罰としての追放処分・勘当の場合とでは、新たな主取りに際し、旧主人側の対応が違うという慣習法に基づく法である。「相互に」とは「本主人」と「新主人」を指し、〈本主人が了承しないなら、新主人は扶持すべきでない〉との慣習法があったのである。それゆえ、これは「追放処分者に対する主取りの規範」で、二人の主人が主従制を基にして互いに対立していることになる。本主人側の発言権を優先させていることから、この法もまた〈本主権の尊重〉を謳ったものである。これと同じ内容の法令には、宝徳元年（一四四九）の信濃の国人「高梨一族置目」の第九条[3]「他人の中間の事」や、享禄五年（一五三二）の安芸毛利家家臣たちの一揆契状である「福原広俊以下連署起請文」の第三条[4]「悴被官・小中間・下人」「傍輩中え走入」などがある。また、この法令とよく似たものに、大永六年（一五二六）四月十四日に今川氏親の制定した『今川仮名目録』第六条「本主人見合取古被官事[5]」と、天文十六年（一五四七）六月朔日に武田晴信が制定した『甲州法度之次第』第一一条「旧被官他人召仕之時本主人見合捕之事[6]」がある。両者はほぼ同じ文である。ここでは次に勝俣校注の『今川仮名目録』第六条を示しておく。現代語訳も続ける。

一　古被官他人めしつかふ時、本主見合に取事。停止之畢。ただし道理に任、裁許を預かり、請取べき也。兼又本主人聞出し、当主に相届の上は、被官逐電せしめば、自余の者以一人、可返付也。

（一　元の被官を他人が召し使っている時、本主人が見つけ次第にその者を拘束する事は停止となっている。ただし道理に任せて、今川氏の裁許を得てから受け取るべきである。かねてまた本主が逃亡した被官の噂を聞き出して、受け取る旨を当主に届けたのに、その被官が逐電してしまったなら、今召し使っている当主は身代わりの者一人を本主に返し付けるべきである。）

以上から、この第九条には「一揆契約状」との共通性が確かめられ、近世の「奉公構え」が中世以来の慣習法であったことが知られる。それゆえこれは相良氏の家中を対象とした「家中法」でもある。現代語訳は次のようになる。

一　主人より「お暇」を戴き、主人の在所を退出した被官・従者を、別人が扶持しようとする際には、本主人に確認のために届けて、刑罰としての追放処分でないならば、新・旧両主人は相互に主取りを許可すべきである。

この法令が前提としているのは、被官が本主人の下から欠落・逃亡した場合だが、主従関係の解消にはいろいろな形態があり、主従関係における強固な「本主権」の存在が確かめられる。

第一〇条「放牛馬事」

この法令について『相良家文書之一』の劈頭には「牛馬ト田畠ノ作毛」とある。私は法令の最初の部分を事書と見たので百瀬の事書に従った。条文は次のようである。

一　牛馬放すべき事。

田畠の作毛取おさめ以後たるべし。年明候はゞ、在々所々に其定のごとくたるべし。自然牛馬作毛を損さし候はゞ、其主人そんのほど礼あるべし。過分にそんさし候はゞ、其牛馬をとゞめべし。

この法は放牧された牛馬の持ち主と作毛の被害にあった農民との間の利害問題を取り扱ったもので、これと同様な法は『結城氏新法度』第五五条にもあり、「加害家畜法」として既に第I部で取り上げた。

球磨川上流の多良木の南側が江戸時代に入って幸野溝・百太郎溝で大規模に灌漑される以前は、人吉盆地には「コバ型」という焼畑農耕が広がり、アワ・ヒエ・ソバなどの雑穀類やムギ類などが輪作され、その荊跡を放牧地にする土地の共同利用がなされていた。『日本常民生活絵引[7]』には、耕作の終わった耕地を共同利用の放牧地とする慣行は各地にあったとある。耕作時には田の端に「しめ」を下しておくが、外すと放牧地になった。[8] 焼畑→輪作→休耕→焼畑の循環を維持するため、耕地は牛馬柵によって仕切られていた。

この法令は、耕作者の「田畠の作毛」と家畜「牛馬」の管理者の利害が対立した場合に、相良氏が第三者として臨んで裁判基準を示したものである。これは領主として領内の秩序を定めた「休耕地利用法」で、「領主法」である。耕作者を本主とするなら、この法も〈本主権の保護法〉ということになる。この法令によく似たものに永徳四年（一三八四）の「松浦党一揆契諸状」第七条の「他村に牛馬を放ち入れるの事」[9]、天文十九年の「福原貞俊以下連署起請文」第九条の「牛馬之儀、作を食い候共、返し可申候」[10]があり、この法が「一揆契状」に近いことが確認できる。

法令後半には「万一牛馬が作毛を損なった場合、牛馬の所有者は田畠の所有者に対して損害分を償うべきで、過分に損害を与えた場合は、その牛馬を差し押さえてもよい」とある。現代語訳は次のようになる。

一　牛馬の放牧は田畠の作毛を取りおさめた後に行うべきである。年が明けたならば、在々所々においては其の定のごとく行うようにすべきである。万一牛馬が作毛を損なったならば、その主人は損害の程度に従い謝礼をすべきである。その損害が過分であった場合には、その牛馬を被害者側が留めてよい。

第一一条「盗品買得事」

〈長毎法〉第一一条は「贓物《ぞうぶつ》法」である。『相良家文書之一』の劈頭には「贓品ノ買入」とある。しかし、買い入れた贓物が問題になるには、それが盗まれたものだと指摘する人物の出現が必要である。それゆえ、「盗みたる物を知らずに買い置」いた店主＝甲と、元の持ち主＝乙との対立が問題の出発点にある。従ってこの法は、盗まれた「贓物」をめぐる〈元の持ち主〉乙と〈現在の持ち主＝買置き主〉甲の対立を問題とした法となる。事書は百瀬の考えに従った。条文は次のようである。

一　盗たる物をしらず候て買置候より、六ケ敷子細あり。所詮売主をみしらざる物ならば、能々決候て、売主をしらざるよしあらば、其科たるべし。

盗人は盗品を売り払い、換金・洗浄するのが常であった。[11]それゆえ、「贓物法」は、一方では市場での売買に関わり、他方では、売買され人の手に渡った商品が盗まれたものだとする訴えや、刑法に関わっていた。しかるに「贓物法」は、一面では「市場法廷」に関わり、他面では大名の検断権や「大名法廷」に関わっていたことになる。「盗み」とは社会の根幹に関わり、社会から排除すべきものなので、両法廷はおおむね共同して対応した。その場合、「公界」のネットワークは大名の検断権や犯人追及に協力した。ここからこの法令は、後に相良晴広が市町に置いた「別当」や、〈長毎法〉第一八条に登場する「役人」「公界」に関係していただろう。

〈現在の持ち主〉の店主＝甲が〈元の持ち主〉乙から訴えられた場合、甲の所有物に問題を投げ掛けたのだから、甲・乙間の対立は「喧嘩・口論」にまで発展する可能性がある。それを避けるためにも、乙は「証人」の同道や、狂言に出てくる「市場」の「検断殿」や「別当」の立ち合いを用意していた。問題は「別当」や「公界」＝「市場法廷」へと持ち込まれた。甲は買った時の「売券」に基づき、盗品売主である古着屋や骨董屋などの名前を挙げたはずである。甲が「売主」の名前を述べた段階で、「検断殿」や「別当」が「売主」を取り調べ、「売主」が「盗人」丙の名前を白状すれば、盗人逮捕で一件落着である。

しかし例えば「古着商」甲から丙へと渡る過程で、複数の「仲買人」等が登場しただろう。数度目の「買主」が「見知らざる者」の名前を言った時はどうなったか。「検断殿」や「別当」は問題を、検断権を持つ「大名法廷」へ持ち込んだ。そこに相良氏側の「役人」丁が登場する。「大名法廷」では、甲や数度目の「買主」が「盗みたる物をしらず候て買い置き候」と主張するのに対し、乙は自分の所から盗まれたものだと言い張り、対立した。この場合〈元の持ち主〉乙の側には「証人」や「検断殿」や「別当」が付いていただろう。相良氏は丁を通じて甲や数度目の「買主」、甲を追及し、根本の盗人である丙を探ろうとした。

相良氏は、根本の盗人に辿り着くのは困難なので「難しい子細」だとしながら、「所詮」以下で次の判決を下した。甲が「売主を見知らない」と言うなら、徹底的に強く追及して、それでも「売主＝丙を知らない」場合は、甲を犯人として「盗人の罪科」に処す、と。「能々決候て」とは「公界」のネットワークを総動員して丙を追及したことだろう。「其科」とは「盗人の罪科」で、甲を「死罪」とすることである。甲に田畑・屋敷地・屋敷・家財があったなら、それらはすべて検断権者の丁が没収した。それゆえこの法は、法文上には明記されていないが、市町に派遣された「役人」の個々の権限を記したものとなる。

この法令上では、事柄のきっかけを作った「訴人」の「本主」乙については何も述べられていない。無視されたのであろうか。しかし『大内氏掟書』第一一条「臓物事」には「盗人の取る物の事、留まる所よりいたすへし」とあり、また『六角氏式目』第三四条には「贓物返し付くる上においては、その代銭買主の損失、勿論たるべし」とあるので、贓物だと確定した時点で、〈現在の所有者〉甲は損を覚悟して、〈本来の所有者〉乙に贓物を引き渡すのが民間の法・大法だったことになる。それゆえ、盗まれたものは無事「本主」乙のところに戻っただろう。これは当然のことだとして、この法文上では省略されている。

それゆえこの法は、盗人逮捕を目的としている検断権の立場、相良氏権力の立場から作られたもので、職権主義に基づく法ということになる。私有財産制を前提とする限り、盗品は本主に戻るべきだった。また、これまでの〈長毎法〉の原則であった「本主権の尊重」がここでも当てはまるとすると、「本主」に戻るのは当然となる。

小　括

この節でこれまで明らかにしてきたことをまとめたい。

1　裁判基準を示した「公共法」四カ条はいずれも〈本主権の尊重〉という〈為続法〉の法の精神を引き継ぎ、〈為続法〉とは別な局面において、法の原則を敷衍したもので、〈為続法〉の継承法であり、第九条の「家中法」を含んだ「領主法」となっている。

2　この「公共法」の第九条と第一〇条には一揆契約状＝一揆法と内容的に近い関係が認められる。特に第九条と似た法令は『今川仮名目録』や『甲州法度之次第』にも存在している。また第一一条にも民間の法・大法の存在が確かめられる。

3　第一一条「盗品買得事」の「贓物法」は民間の法・大法を前提とし、「贓物」は「元の所有者に戻るべし」としている。現在の所有者と元の所有者が争う初期の段階では、「公界」は関与していただろうが、犯人追及の段階では、「公界」の直接的な関与は認められない。ここに〈長毎法〉の特色を見ることができよう。

第二節　補論　贓物法

ここで、中世の贓物法について、ほかの例を確認しておこう。

『鎌倉幕府追加法』第三〇五条

この法令は本来漢文でできているが、ここでは『中世政治社会思想　上』所収の笠松宏至の「追加法」の読み下し文によった。「　」は引用者による。

一　鎌倉中の挙銭、近年無尽銭と号し、質物に入れ置かざるのほか、借用を許さざるにより、甲乙人等衣裳物具をもつてその質に置く。「盗人また贓物を売買せしめば、所犯たちまち露顕せしむべきの間、ひそかに贓物をもつて質物に入れ、借用せしむるの処、盗まるるの主、質物を見つくるの時、銭主等世間の通例と称して、その仁ならびに在所を知らざるの由申すと云々。所存の旨、はなはだもつて不当。自今以後に於いては、質物に入れ置くの日、負人の交名・在所を尋ね知らしむべし。もし沙汰出来の時、手次を引かざるに至つては、盗人に処せらるべきなり」。この旨をもつて面々奉行の保の内に相触るべきの状、仰せによって執達件のごとし。

建長七年八月十二日　　　　相模守
　　　　　　　　　　　　　陸奥守

伊勢前司殿

鎌倉の町には保毎に「保奉行人」が置かれていた。この法令は、「保奉行人」を通じて町中の「質屋」に命令を下し、質物を入れ置く際には、負人の交名・在所を記録せよと命じ、さらに贓物だとの訴えがあった時の手続きを述べたものである。「 」中の最後にある「若沙汰出来之時、至不引手次者、可被処盗人也」は、〈長毎法〉の「売主をしらざるよしあらば、其科たるべし」と同じ法意である。

「 」の部分は『中世法制史料集　第一巻　鎌倉幕府法』の「第三部　参考資料[12]」に、明応七年（一四九八）七月五日付で諏訪信濃守貞通より蜷川新右衛門尉に宛てた書簡の中に「就盗物之儀御法事尋承候。以建長七年追加之旨注申候」とあって、文字に多少の違いがあるが、ほぼそのまま引用されており、『鎌倉幕府追加法』が室町幕府でも参照されていたと思われるが、守護大名・戦国大名の法には参照の事実は確認できない。戦国大名の法は、以下で取り上げるように、各大名が必要に応じて制定したものと思われる。

『大内氏掟書』

『大内氏掟書』で「盗物事」を取り上げた次の二法は「贓物法」についての大内氏の対応を示している。贓物についての原則的な考えを記した寛正二年（一四六一）七月八日付の第一一条から第一三条までの「盗物事[13]」三カ条と、長享三年（一四八九）の第一三一条「盗物事[14]」である。これを掲載した『中世法制史料集　第三巻』の最初に付けられた「条文目次」には、最初の三カ条の一つ一つに「贓物事」「罪科事」「置失物於質物時事」との事書がある。後々のためそれを加えて次に掲げる。現代語訳も続けて述べる。

又盗物事、雑賀飛驒入道妙金当所在国之時、御尋被申分聞書、

第一一条　贓物事

一　ぬす人のとる物之事、とゝまる所よりいたすへし。

第一二条　罪科事

一　罪科の事ハ、本々へたゝして、売主をひき付さる仁を、ぬす人の准拠に、罪科あるへし。

第一三条　置失物於質物時事

一　失物質物にをくとき、その盗人倉へ持来りて、をく事ハ、不能左右。若人をやとひてをかは、その人躰を倉へめしくくして申時、質物をいたす請銭不可入之。

(一　盗人がとった贓物は今留まっている所(甲)から提供すべきである。

一　盗人の罪科の事。今持っている人(甲)が誰から買ったか、その「本々」の持ち主を追及して、売主(丙)を明かすことができない人(甲)を、盗人に准拠して罪とする。

一　盗まれたものを質物に置くとき、盗人本人が倉＝質屋に持参して置く場合は、かまわず質屋側で盗人を捕らえよ。もしも盗人が人を雇って質屋に置く場合には、その人物を倉に強制的に呼び寄せて話をする際に、質物に対する請銭は入れてはならない。)

「雑賀の飛驒入道妙金」とは雑賀根来衆の忍者ではなく、当時有名な「盗人」の頭であろう。彼が当国にいたころのことを、大内氏より尋ねられた時の「聞書」とあって、三カ条の対処方法が記されている。第一一条「贓物事」は、市場や商店にいる「今の所有者」甲からの「贓物」の提供を義務づけた法令で、これは民間の法・大法に基づくものであろう。

第一二条「罪科事」は、盗人の張本人が他国に逃げてしまって捕らえられないとき、その協力者を摘発する方法であろう。盗人は贓物を換金して他国に逃亡しようとしたので、贓物は商人の手に渡るが、古着の場合は古着市を経て個別の古着商に渡ったであろう。

それゆえ、「今の所有者」甲を小売りの古着商とするなら、甲は古着を買った相手として仲買商の名前を挙げただろうが、仲買商はまた別の仲買商から買った場合もあっただろう。このように、甲から盗人の丙に向かって商品の流れを遡り、最初の古着商に至ることが根本の売主の探索となる。最初の古着商は盗人と契約状なしで口頭で取引をしたであろう。甲が顔見知りの仲買商を尋問するよりは、客観的な第三者として本来の所有者＝乙が尋問する方が間違いは起こらなかっただろう。それゆえ乙は、「別当」や「公界」の持つ商品流通のネットワークの協力下に、丙から甲に至る商品の流れを明らかにしようとした。

こうした追及の結果、最後に残った「売主をひき付さる仁」つまり、売主の名前を挙げられない者＝甲を盗人の仲間として、乙や「市場法廷」＝「公界」は検断権者の大内氏の「大名法廷」に突き出した。大内氏はその者を盗人の関係者として、「ぬす人の准拠に、罪科あるへし」とした。これは〈盗人に準拠して罪科にする〉の意味で、死罪だろう。ここの所は『鎌倉幕府追加法』第三〇五条の「至不引手次者、可被処盗人也」や『相良氏法度』第一一条と同じである。「公界」は社会の敵である盗人に対しては、大名に対して協力的である。

第一三条「置失物於質物時事」はやや難解だが、「左右能わず」とは質屋側に対して〈迷うな〉との命令である。質屋は大名に協力して盗人を捕えよとある。次は、もし盗人が人を雇って贓物を質屋に置く時は、その人物を（金を払うと言って）倉に呼び寄せて話をする一方、大内氏の役人を呼びにやり、役人を待つ間、質屋の側は、質物だからとして「請銭」を渡してはならない、ということである。

この法より二八年後の第一三一条「盗物事」には次のようにある。漢文体を読み下し文に改めた。

一　盗物御定法之事

右、彼の盗物の事、或は市町に持出し、或は店屋に出置くの時、盗品と号して押え取るに依り、喧嘩に及ぶこと有り。剰え売主は、盗物と知らざるの間、買い置きてまたこれを売る由申す事毎度なり。然らば両方其の場において理不尽の口論なり。所詮彼の盗物の事、其の所の役人に預け置き批判すべし。若し此の旨に背く族あらば、厳科に処せらるべきなり。仍って執達件の如し。

長享三年五月　日

左衛門尉

大蔵少輔

この法では、現在の持ち主＝現主の甲が盗物を市町に持ち出して振り売りをし、あるいは店頭に出し置いて販売していると、本来の持ち主＝本主の乙が「盗品と号して押え取る」。そこで甲・乙間で喧嘩が始まる。甲が、「贓物とは知らなかったので、仲買市場で買ってきて売っているだけだ」と主張するのは毎度のことで、店頭での「口論」は両方ともに自分の主張を繰り返すだけで、理を尽くして双方が納得するところにまでは進まない。そこで大内氏は「其所の役人＝丁」を登場させた。大内氏は「市町」に「役人」を派遣して取締りに当たっていた。守護の大内氏は、両当事者に任せていては埒が明かないので自身が乗り出して「其所の役人＝丁に商品を預け置き」、丁が「批判」＝判断すべきだとして、問題解決の手続を示し、この旨に背く者は「御定法」に背く者なので「厳科」に処すとした。この法は『相良氏法度』第一一条とほぼ同じで、この法で初めて「役人＝丁」が登場し、「役人」の職権を定めている。丁が「公界」のネットワークを利用して真犯人の追及に当たったのか否か、法文上からは不明である。売り手や市町・店屋の人たちの作る「公界の沙汰」＝「市場法廷」の枠を越えて、大名側が検断権を行使している点では永正十五年（一五一八）十月十四日の第一六七条の「撰銭売買米事[15]」と共通している。

『塵芥集』「贓物事」

天文五年（一五三六）の『塵芥集』の第四二条「贓物事」と第四三条「盗物質取事[16]」、第一七〇条「於市町買盗物

時本主成論事」[17]には、それぞれ次のようにある。適宜仮名を漢字に改めた勝俣の校注に従った。

第四二条　贓物事

一　盗むところの贓物・下人・牛・馬等の事、手継をひくべし。もし又他国の者・名を知らざる人・死人などひき候はゞ、其身の越度たるべきなり。

第四三条　盗物質取事

一　倉役をせずして、盗物質にとる輩、盗人同類のよし申。しかるに取手置主を申出でば、咎あるべからず。たゞし質とり候もの、置主を知らずば、取手の越度たるべき也。

第一七〇条　於市町買盗物時本主成論事

一　市町におゐて、盗物を買ふのところに、本主くだんの買手を盗人のよし申。しかるに買手、売主をひき付候はゞ、買手越度有べからざる也。

第四二条は贓物が高額な「下人・牛・馬」等の場合である。このような高額商品の売買の場合は契約書が交わされ、「売券」の発行が一般であった。それゆえ、「贓物」だと訴えられた人は、商品買得時の「手継文書」である「売券」を証拠として示したはずである。甲から丙に流れを遡ることになった場合に「他国の者・名を知らざる人・死人など」を引く者が出た時は、その者を盗人と見なすとある。「其身の越度」とは「盗人の罪科」に処すことである。『大内氏掟書』第一二条に対応する法である。これは『鎌倉幕府追加法』第三〇五条の「至不引手次者、可被処盗人也」などに対応した一般的な手順である。

第四三条は質屋法で、「倉役をせず」とは伊達氏未認可の質屋の場合であろう。「……よし申す」とは〈一般に……と言われている〉で、質屋が盗物を質にとった場合は「盗人の同類」だと一般に言われている、となり、これが民間の法・大法であったことになる。「盗人の同類」とは「盗人と見なす」の意味で、「盗人の罪科」＝死刑である。しかし「取手」の質屋が置主の名前などの情報を申し出た場合は、咎はない。ただし質屋が置主の身元を知らない場合は、質屋の「越度」だとある。この場合の「越度」もまた「盗人の罪科」であろう。伊達氏の未認可質屋への取締法である。

一方、伊達の『蔵方の掟』第七条「偸物ノ質入[18]」には「雖偸物取、咎になるまじき事」とあり、勝俣は頭注で「偸物」=「盗物・贓物」とした。伊達氏は「贓物」を質に取ったとしても、質屋の科にはならないとしていた。勝俣は頭注で第四三条との比較をした上で、〈この立法の対象として念頭に置かれているのは、蔵役を勤める伊達氏公認の質屋だと思われる〉としている。ここでは訴人の乙に対して質屋の甲は責任を追及されていない。しかし「偸物」は、民間の法・大法では前述した『大内氏掟書』第一一条「贓物事」や後述する『六角氏式目』第四三条「贓物事」からも、本主の乙に戻ったであろう。

第一七〇条には「市町におゐて、盗物を買ふのところに……」とある。甲が市町で商品を買ったところ、「本主」である乙が「甲は盗人だ」として「市場法廷」や「役人」丁に訴える、との意味である。乙の申出の場所も同じ市町であろう。しかし甲が売主の丙の名前を引付けて示すなら甲に「越度」はない、とある。この場合、盗人の嫌疑は丙に移り、甲と乙との対立は解消して、「市場法廷」や「役人」は丙の捜索に責任を負ったのだろう。乙が盗まれたものを取り返したなら、甲は損を覚悟した上で「売主」丙からの回収を要求しただろう。この法は街中での争いを中心に置いてはいるが、役人の職権の定めだろう。

以上から、この『塵芥集』の特徴は「手継を引く」という「証拠主義」・「文書主義」にあることになる。その原則は、現在の持ち主である甲と「本主」乙とが対立する場合に、甲の挙証責任を強く要求することに現れている。「手継を引くべし」とあることから、盗品売買に関わる古着屋や骨董屋などが売買契約書を必ず発給していたことが知られる[19]。贓物についての本主権の保護は私有財産権を前提とする限り当然である。また、『相良氏法度』では「売主をしらざるよしあらば、其科たるべし」とあるところを、この第四二条では、より具体的に「他国の者・名を知らざる人・死人など」としているところが特徴である。

『今川仮名目録』「贓物事」

『今川仮名目録』の中にある、天文二十二年（一五五三）二月二十六日成立の「かな目録追加」全二一カ条の第一六条[20]には「贓物事」として次のようにある。『中世政治社会思想　上』の勝俣のテキストに従った。

一　小身の者、盗人にあひ取るゝ所の財宝、纔の事たりと云共、其身にをいては、進退つゞかざる由を存、彼盗人尋出す所に、目代之手へわたるか、或は不入之地たる間、雑物出間敷由先規より申と云共、無力の者にをいては、不便の儀たる間、贓物一色悪党に付置、其外は本主に可還附也。

この法では市場検断権の担い手として「目代」が登場している。この「目代」は「かな目録追加」第五条[21]にも登場し、勝俣はその頭注で〈国司の代官。この時期では守護代に近い性格となっており、駿府の検断を司っていた。なお今川氏は南北朝以来守護と駿河の国務を兼帯していた〉とした。ここでは今川氏は、彼の家臣である「目代」丁の既得権を制限して、「小身の者」乙を救済している。この法では、禄高の低い「小身の者」が盗みに遭い、取られた財宝はわずかでもそれ無しでは生活ができないとして、自力救済として自力で盗人を捜索したのに、目代から妨害が入った事例を取り上げている。

「小身の者」は盗人の捜索のみで、後の逮捕は目代に任せたのであろう。つまり、被害者の乙が、取られた財宝を取り返すべく盗人の丙を尋ね出したのに、目代の丁が犯人の身柄を確保し、丙の財産をすべて「検断物」として没収し、または「不入の地」だからとの理由で「雑物」は取り出せないと主張して、乙の取り戻したいとの自力救済の思いを妨害したのである。守護である今川氏は、このことは「不便」だとして、発見された「贓物一色」は悪党に添えて目代の検断物としてよいが、「其外は本主に還附すべきだ」として「小身の者」の「財宝」を「小身の者」本人に返すべきだとの裁定を下した。

ここでは「贓物一色」と「財宝」を区別しているが、「贓物一色」は主に「衣類」を指し、「財宝」とは悪党の持っていた「銭」の中から、「小身の者」の盗まれた額を指すのだろう。盗人探索の褒美ぐらいはあってしかるべきだが、目代の職権乱用による横暴に対して、今川氏は些細な抵抗しかできていない。この法は乙と丙との対立という珍しいケースを取り上げたもので、ある特定の事例の裁許をそのまま「かな目録追加」に載せたのだろう。

『六角氏式目』「贓物事」

永禄十年（一五六七）の『六角氏式目』[22]第四三条「贓物事」には次のようにある。ここでは『中世政治社会思想上』の勝俣の読み下し文に従った。文の切れ目に従い、文の初めにA・B・C・D・Eを振った。

一 A盗物贓物の事、或は質に置き、或は売らしむるの間、公文所・市町等にこれある時、彼主その所へ預け置く旨相届くる段、勿論たるべし。Bしかりといへども、盗人搦め捕り、これを渡さざれば、諸色物返し遣はすべからず。Cしかして件の盗人尋ね捜すところ、逐電せしむるといへども、盗物においては返し付くべし。D贓物返し付くる上においては、その代銭買主の損失、勿論たるべし。Eまた盗人はその者を知らず、その行末を知らずといへども、贓物所持の主たるの旨隠れなく、証拠分明ならば、同じく返し付くべき事。

この法令に二度登場する「勿論たるべし」の言葉に注目すると、この法は「前置き」のAと、「主文」のB・C・Dと、「附則」のEに三分解される。

この法令において六角氏の中心的な関心事は、Bの「諸色物」、Cの「盗物」、Dの「贓物」を本主＝乙に返し付けるか否かであり、Eでも「返し付くべし」とある。

最初にある「盗物贓物の事」はこの法令の事書である。Aの「或は質におき、或は売らしむる」の主体はB・C・Dに登場する〈盗人〉丙であるが、Aの「盗人」は、B・Cとは異なり〈「盗人」の容疑者〉で、次に登場する「その者」が〈犯人の「盗人」〉を指している。質屋や古着屋が〈現在の所有者〉甲で、Dの「買主」、Eの中頃にある「贓物所持の主」となる。Aの「公文所・市町等にこれある時」の「これ」とは、次の「彼主」と同じ「盗物贓物」の元の主で、〈本来の所有者〉乙を指している。乙は当事者主義の立場から自力救済として、「盗物贓物」

を甲の質屋・古着屋から、公共性のある「公文所・市町等」に移して「預け置」き、その旨を六角氏に届け出た。こうした場合、『大内氏掟書』第一三二条のように甲・乙間の対立が「喧嘩」「口論」にまで発展するのが常だったが、六角氏は乙と共にそれを押さえた。それを六角氏は「勿論たるべし」と評価している。

荘園制下の「公文所」には「公文」が、市町には「検断殿[23]」などがいた。「盗物贓物」が甲の手を離れて「公文所・市町等」へ移動すると、所有物から係争物に変化し、乙の主張は認められたが、Bで、六角氏は「そうはいっても、盗人をからめとり、六角氏に渡さないならば、「盗物贓物」である「諸色物」は返すことはできない」とした。被害者の乙に犯人検挙の責任を負わせ、それを果たさないと盗品は返らないとしたのである。当事者主義の点では『今川仮名目録』と共通し、乙に犯人検挙の責任を負わせている。職権主義を表に立てた『相良氏法度』〈長毎法〉や『塵芥集』とは対極の法である。

一方Cでは、「犯人＝丙を追及して補えようとしたものの犯人が逐電して取り逃がしたが、逆に、逃げた事実が犯行を証明しているとして、盗物は乙に返し付ける」とある。Dは、その際の付帯条件で、贓物を乙に返す際に、甲が丙から買った時の代銭の損失は当然だ、とする。私有財産保護の点では『大内氏掟書』第一一条の場合と同じである。次のEでは、Eの中頃にある「贓物所持の主」・現在の所有者、つまりDの「買主」甲を犯人＝丙の代わりに追及し、商品の流れを甲から順に遡り、最後に辿りついた容疑者甲′を「盗人」丙と呼んでいるが、甲′も「真犯人」から契約文書なしに口頭で買ったと主張し、「その者を知らず、その行末を知らず」としている。しかし「贓物所持の主たるの旨隠れなく、証拠分明」なので、甲′は「真犯人」の一味であることは間違いないとして「贓物」を乙に返すとある。この際、甲′は「盗人」として罪を負い、処罰されたのだろう。

この法令を制定した六角氏は、Aでは被害者の乙に犯人検挙の責任を押し付け、C～Eでは乙を保護する立場に立っているが、当事者の行為に評価を与えるのみで、問題解決に責任を取ろうとはしていない。この「贓物法」は、六角氏と領主一揆が相互に対立・拮抗する中で、より古い秩序の「公文所」や「市町」を共通の第三者として前面に押し立てる形で立法されたのだろう。だが「公文所」や「市町」には犯人検挙の実力が伴っておらず、当事者である被害者側の活動にすべて依存しており、大名の無力さが際立っている。

『新加制式』「失物随見出、可返本主事」

永禄年間(一五五八〜七〇)に成立したと思われる阿波の三好氏の『新加制式』第九条には「失物随見出、可返本主事」(24)がある。三好氏は長慶・実休の段階では機内に大きな力を振るっていたが、以後勢力を失い、『新加制式』制定の段階では阿波・讃岐・淡路を分国としていた。「失物法」は「紛失物の法」なので「盗みや詐欺により不法に手にした物」を意味する「贓物法」とは区別すべきものかもしれないが、法文中に「盗類逃れ難き」とあるので、ここで取り上げる。引用に際しては原文の漢文体を読み下し文に改めた。「右」以下の本文にはA・B・C・Dを振り、四分した。

一 失物見出すに随い、本主に返すべき事、

右、A件の失物、本主のために取返せしむに至るは、何の妨げ有らんか、先ず出所を尋ね究むべし。B若し其人或は死去せしめ、或は他出せしめば、縦え身を知らざる過ちたりと雖も、聊かの盗類逃れ難きの条、売の員数を相計り、一倍の贖銅を出だすべし。C若し遠国他境土倉等において買得の段分明ならば、差別あるべきか。D但し、盗賊の沙汰に及び難し。其の人躰においては、制の限りにあらず。

この法令の事書にある「紛失物が発見されたとき、本主に返すべき事」は、失物が古物商の店頭などに飾られていたことなどを指すのだろう。Aでは「紛失物を、本主＝乙のために取り返させようとすることは、何の妨げがあるのか、まず発見場所を調査せよ」とある。「乙のために取り返させようとする」人物とは、検断権の担い手である三好氏の手の者である。「出所」とは、古物商へ商品として持ち込んだ人＝甲の在所を指し、大名検断権・職権主義の発令として捜査が始まったことになる。

BとCともに「若し……せしめば（ならば）」とあり、両者は並列関係にある。Bでは、在所の者が、甲は「或いは死亡、或いは他出」しており今はここにいないと証言しても、甲の身柄を知らないのは遺族の過ちで、甲の盗みにいささかなりとも関わっていたことは逃れられないとして、遺族に連帯責任を負わせ、「失せ物を売った時の、その金額を計算して、失せ物の一倍の銭を贖いとして出すべきである」とある。「贖銅」の登場がこの法の特色で、「罰金」ないし「損害賠償」を要求しているのである。この『新加制式』では第七条にも「贖銭」が出ている。

これに対してCでは、甲が「遠国他境の土倉等で買得したこと」を主張し、それが「分明」な場合は「差別あるべきか」となる。『塵芥集』第四二条では、「他国の者・名を知らざる人・死人など」を手継に引いた場合、甲は盗人となるはずで、本人は死罪、所持する土地・屋敷・家財一類は検断物として検断権者が没収するのが通例だった。だが、三好氏の分国は南海道の阿波・讃岐・淡路の三国に広がっており、「他国の者・名を知らざる人・死人など」を手継に引くことは広く見られたので、「盗賊の沙汰」とは差別があるべきだ、なのであろう。

次のDでは「但し、盗賊の沙汰には及び難し」とある。この但し書はCに直接かかるもので、〈「盗賊の沙汰」としての検断物の没収には及びにくい〉の意味であろう。またDの最後では「甲が「人躰」と言われるようなしかるべき人物の場合は、この法の埒外にあることになる」とある。三好氏の職権主義に基づく調査を、現地側の反応を想定しながら、具体的に指示した法なのであろう。検断権の及ぶ範囲を具体的に示した〈晴広法〉第二四条から第二八条までの検断法の必要性を考えさせる法であろう。

『吉川氏法度』「失物事」

元和三年（一六一五）卯月二十六日付で成立した『吉川氏法度』の第三二条の「失物事」[25]には次のようにある。

一　物を失候はば、先隠密候て、証拠相究、露頭之刻、可及沙汰之事、

吉川氏においては、失せ物の探求は被害者に任され、証拠が露頭した時に、初めて沙汰に及び、大名法廷に取り

上げられるのが手順であった。まず隠密に証拠を調べることから始めることになっていた。『今川仮名目録』の事例といい、この『吉川氏法度』といい、被害者側の当事者主義に基づく自力救済が当然視されており、戦国大名の権力の基盤と言われる検断権も、それほど大きなものではなかったと言える。

小括

この節で述べてきたことをまとめておこう。

1 「贓物法」は「公界の沙汰」から「守護大名の沙汰」までと、広い幅があったことが確認される。大名側の「職権主義」を定めたものは、〈長毎法〉第一一条、『大内氏掟書』第一三一条、『塵芥集』第一七〇条、『新加制式』第一九条であり、『大内氏掟書』では「役人」が登場し、『塵芥集』では「役人」の権限が示されている。これに対して、被害者本人の自力救済による当事者主義を重視するものには、『今川仮名目録』の「かな目録追加」第一六条、『六角氏式目』第四三条、『吉川氏法度』第三二条があった。

2 盗まれた人が贓物を発見した場合、今の所有者の損となっても本来の所有者側に戻せ、というのが民間の法・天下の大法であった。これはすべての法に当てはまると思われる。

3 今の所有者に盗人の挙証責任を負わせたものに、『大内氏掟書』第一二条、『塵芥集』第四二・一七〇条などがある。

4 贓物を今持っている人が、真犯人を挙げることができない場合には、彼は盗人の罪科に問われ、死罪となるのが一般的だったが、贓物の二倍の罰金刑の場合もあった。

5 『大内氏掟書』第一三条、『塵芥集』第四三条は共に質屋法であった。盗人は贓物を換金して高飛びを考えていたので、商人に売り、質入れをしたのである。

6 分国法は普遍的に適用される法だと一般には思われているが、ここで取り上げた『今川仮名目録』の「かな目録追加」第一六条は裁判で取り上げた具体的なケースに基づく判決法で、このほかにも、一般化して原則を抽出するというには程遠いものがあると思う。

第三節 「平和令」

第一節で見たように、〈長毎法〉の「公共法」には一揆契約状的な性格がある。長毎は在地領主たちの共同利益を先取りして立法し、それを基にして家臣団を統制していた。しかし、このようないわば〈民主的〉な家臣団統制方式には弱点があった。相良氏の近隣諸氏との外交方針が一本化していないと、家中は家督相続をめぐっていくつかの派閥に分裂して対立し、「お家騒動」となるからである。『歴代参考』[26]によれば、三代目の当主相良長毎の嫡子は長唯（義滋）、二男は長隆、三男は長祇だが、妾腹の長唯・長隆に対し、三男長祇が本妻「伊東御領人」の腹なので、家督を長祇に譲れと隣国の島津・伊東両家から圧力がかかり、長毎は島津氏の申し出を受け入れて隠居し、家督を長祇に譲ったという（第四章「大永の内訌」参照）。

一方、「平和令」が存在することが〈長毎法〉の特色である。第一二条「讒者事」と第一三条「落書落文事」は「法廷外で人を陥れて、領内の平和を損なうこと」を問題としたもので、長毎は家中に平和を命じ、対立を持ち込むことを禁じている。これらの法の背景には、相良氏の家中が病んでいたことがあった。「お家騒動」に至る家中の対立が、この「讒言」や「落書・落文」の原因だと思われる。他方、第一四条「科人走入事」と第一五条「小者喧嘩事」は領内での紛争の原因となる問題を取り上げたもので、相良氏は領内の平和を命じている。第一七条「尋人事」も「平和令」に含めたい。

この節ではまた、第一二条と第一三条を理解するために、他の戦国法にある同様の法も紹介する。だがまずは第一二条の「讒者法」から考察してゆこう。

第一二条「讒者事」

〈長毎法〉第一二条について『相良家文書之一』の劈頭には「讒者」とある。百瀬の事書は法令の最初の事書に従ったのだろう。私も百瀬に従った。条文は次のようである。

一　讒者之事。

篇目一定之時は、死刑・流罪、其時之儀によるべし。又不審なく申ひらくにいたつては、虚言を申候人、別而の重科たるべき事。

この法令の冒頭にある「篇目」を、『国語大辞典』では『日葡辞書』から〈喧嘩やもめごとなどの訴訟〉とするが、この場合の「篇目一定之時」とは『中世政治社会思想　上』の勝俣の頭注にある〈誰々が讒者であるという〉訴訟の事実が決した時〉の意であろう。「讒者」「虚言」については『御成敗式目』第二八条が参考になる。『式目』の事書には「虚言を構へ、讒訴を致す事」と、本文には「面を和らげ言を巧み、君を掠め人を損ずる」とあり、「所領を望まんがため」讒訴を企て、「官途を塞がんがため」讒言を構えるとある。「所領」や「官途」という邪な利益追求が「讒訴」「虚言」の動機や前提だとしており、「讒者」に対しては所領没収や流罪が命じられている。しかしここでの「死刑・流罪」は『式目』より重く、また「其時之儀によるべし」とある。

「不審なく申ひらく」とは「疑わしい様子もなく堂々と申し開きをする」であろう。「申し開き」を行う場所は相良氏の大名法廷である。「別而の重科」とは「死刑・流罪」よりもさらに重い科であろうか。「流罪」は武士に対する刑罰である。『相良氏法度』の中の「流罪」はここだけだが、「重罪」は第一四条「科人走入事」や第一九条「*両売両質事」にもある。前者には「まことの重罪人の場合は、どこでも成敗すべきだ」とあり、見つけ次第の殺害が命じられ、後者の「重罪」では土地や質入れした子供の没収が命じられている。

一般に武士の行う「面を和らげ言を巧み」「君を掠め（＝欺き）人を損ずる」「讒言」の原因には、他人への「ねたみ」が想定されよう。しかし「讒言」の被害者にとっては「名誉棄損」でもある。被害者が相良氏に訴えることが考えられる。

前述したように家中が派閥抗争の場であったなら、陰謀は日常化し、疑心暗鬼の世界だった可能性は強い。「讒言」は「家中」という場が前提で、これは「家中法」となる。「死刑・流罪」「別しての重科」と相良氏は強い口調で処罰を明言しており、当然相良氏による検断権発動の宣言と考えてよいだろう。第一二条の現代語訳は次のようになる。

一　讒者の事。

誰が讒者であるか、その事実が決定した時は、死罪・流罪などその時の事情によって判断すべきである。また堂々と申し開きをする場合には、虚言を言う人には、特別の重科に処すこととする。

『吉川氏法度』第二二条：　元和三年（一六一七）卯月二十六日成立の『吉川氏法度』第二二条は「讒言事」[27]で、讒言を言い出した人の追及に法の主旨がある。この法令には「又」が二度登場するが、そこで文を切ると、文章は三分される。それぞれの初めにA・B・Cを振った。読み下し文も続ける。

一　A人之半ニ讒言以申事出来候ハヽ、其事申出候所之亭主之仕わさたるへく候、B又過たる題目及沙汰間敷候。若申候ハて不叶子細候者、先申出所之傳々可糺候。一方ハ不申由を申、一方ハ聢與其口より承候由を申結ひ候者、其の時如何様ニも可相決候。C又世上之沙汰を申たる物ニて社候へ、其人とさして難申與申ものの候ハヽ、其者より出たるニ可相定事、

（一　A人の半ばに讒言を以て申す事出で来たり候はば、其の事申し出で候所の亭主の仕業たるべく候。Bまた過たる題目沙汰に及ぶまじく候。若し申し候はて叶わざる子細候はば、先ず申し出で所の傳々を糺すべく候。一方は申さざる由を申、一方は確と其の口より承り候由を申し結ひ候はば、其の時如何様にも相決すべ

く候。Cまた世上の沙汰を申たる物にてこそ候へ、其の人と指して申し難しと申ものの候はば、其の者より出たるに相定むべき事。）

Aの「人の半ば」が難解である。〈人生の半ばに〉なら〈中年になって〉の意だが、この場合は〈人々が大勢集まる中央で〉の意味であろう。それゆえこれは「人々が大勢集まる中央で讒言を言う者が出てきた場合は、集まりの場所を提供している「亭主」が「讒言」の犯人だ」ということである。次のBの「題目」とは大名法廷のテーマであろう。「過去の評定で決定した事柄は問題にすべきではない。もしもどうしても言わなければならない事情があるならば、根本の出所の「伝え」の一つ一つを糺すべきである。一方は「言わない」と言い、一方は「たしかにその口より聞いた」と断言するなら、その時はどのようにも決定すべきである」となろう。Cは「「世の中の噂話をしていただけで、その人と指定して言うことは難しい」と言う者があれば、その者が「讒言」の出所だと定めるべきである」ということである。

「讒言」「虚言」を言い、人を陥れることは決して褒められたものではないが、これがいっそう陰湿化し、内向化すると、次の第一三条の「落書・落文事」となる。ここでは陰湿に匿名で人を中傷し、悪い噂をばらまき、人を陥れようとしている。

第一三条「落書落文事」

〈長毎法〉第一三条について『相良家文書之一』の劈頭には「落書落文ノ取扱」とある。私は百瀬の事書に従った。この「落書・落文法」は次のようである。現代語訳も続ける。

一　落書・落文取あげ、あつかひの事。
　俗出上下によらず、科たるべし。自然あつかふ者あらば、其を主と心得、則科たるべし。

（一　落書・落文を取り上げ、扱う事。

たとえ落書・落文があっても、それを取り上げて扱う人は、俗人出家、身分の上下を問わず、すべて科とする。万一取り扱う人がいた場合は、その人を落書・落文の主と見なして罰する。）

「俗出上下」とあり、「落書・落文」には僧侶が関わっている。それゆえこの法の対象は広く家中を超えた世界であるが、この法は「家中法」に入れることができよう。

相良氏は「落書・落文の主」を逮捕できないが、この法令を出して「落書・落文」一般を抑え込もうとした。犯人を処罰できない代わりに、落書・落文を積極的に取り上げて扱う人を「落書・落文の主」だと断定して処罰した。人を陥れようとする限りで、落書・落文の作成者の利益とも一致しているからである。「落書・落文」の主体は隠れているが、そのテーマは大名法廷の判断など、相良氏の政治への批判[28]である可能性がある。

このように見れば、第一二条と第一三条は大名法廷に関連した法令となる。相良氏への政治批判として「落書・落文」が作られたとすれば、事柄は陰謀に近づく。個人攻撃なら名誉棄損で、被害者は相良氏に訴え出ただろう。相良氏は「科たるべし」とした。この言葉は二度登場するが、相良氏が直接処分し、検断の対象とするとの宣言だろう。

「落書・落文」を大名法廷への批判とすれば、それと比べて第一八条の「申出候ずる人」の場合はあまりにも直情径行である。第六条では「忽緒」、第七条には「誠に分別無き子細を披露」「無理の儀申し乱ずる」とあり、第一八条では自分の方にこそ「道理がある」とか「一身を失うべし」と激しい言葉が吐かれたが、陰湿さはない。それは「公界」が「市場」という誰でも参加できる公共空間で、「公界」の裁判には開放性があったからだろう。

「大名法廷」と公界の「市場法廷」では取り扱うテーマが違い、第一三条の「落書・落文法」は「公界」にはなじまないだろう。村井章介の言うように[29]「公界」が大名法廷であり、第一八条が「諸々の裁判についての規則」で、その「帰結」が〈私闘・自力救済の禁止〉だったとするなら、それとこれら第一二・一三条との関係はどうなるのだろうか。村井説にはこうした他の〈長毎法〉との接点が見出せない。村井は第一八条の現代語訳に専念するあまり、視界を狭く絞りすぎ、〈長毎法〉全体を見ていないことになる。

『長宗我部氏掟書』第八八条：『長宗我部氏掟書』の第八八条は「雑説落書事[30]」である。条文は次のようである。読み下し文も続ける。

一　雑説之事、申出者、即時はたものニ可懸事。并落書有無不可正儀、書手於露頭者、可行死罪事。

（一　雑説の事、申出る者を即時にはたものに懸けるべきこと。ならびに落書の有無、儀を正すべからず。書き手露頭においては、死罪に行うべき事。）

長宗我部氏は、「根も葉もない風説」である「雑説」や「落書」を厳しく取り締まり、「磔の刑」や「死罪」にするとしている。「雑説」の噂話には「讒言」が含まれるとし、また「落書」についてはその「有無」を論ずることを禁じ、書かれたものの「正否」の詮索さえも禁じている。落書の書き手が分かった時には死罪としている。

第一四条「科人走入事」

〈長毎法〉第一四条について『相良家文書之一』の劈頭には「寺社へ駈込ノ科人」とある。私は百瀬の事書に従った。条文は次のようである。

一　寺家・社家によらず、入たる科人の事。則様をかへ追出されべし。誠於重罪者、在所をきらはず成敗あるべし。

公共の場である道路・市場など〈開かれた場所〉で犯罪が起きた場合、被害者側が「出会え！　出会え！」と叫び、それを聞いた人々は得物を持って駆けつけた。犯人がこのレースから逃れるには「寺家・社家」や地頭屋敷、家屋敷の「在所」などの〈閉ざされた場所〉への「走入り」が必要だったし、「走入り」や「駈込み」の言葉には、犯人のみならず、追手の被害者側も大声を上げて追いかけることが前提となっている。この条の「在所」を勝俣は『塵芥集』の補注[31]において、〈坊寺と同様のアジール的機能を有したもの〉で、独立した法圏で他の検断権が及ばない世界とした。そこの〈イエ刑罰権〉は「亭主・主・主人」が担っていた。

〈為続法〉第四条では「譜代下人」や「領内の者」が行う「寺家・社家」への走入りを問題とし、相良氏は「寺家・社家」のアジール権を認めないとしていたが、ここでは寺家・社家のアジール権を制限し、「科人の走入り」に対しては「様を変へ」、つまり「法体」とした上で追放せよとある。しかし後半では、「誠に重罪においては、在所をきらはず成敗あるべし」とあり、重罪人に対しては〈イエ刑罰権〉による保護を認めないとし、自力救済はもとより、社会全体の反撃・成敗を公認し、「寺家・社家」や「在所」のアジール権を制限した。犯した犯罪の程度が問題となっており、殺人犯の場合、故意か過失かが論点となる。

過失致死の場合は逃げ込まないと抗弁の機会はなく、「法体」となることで、被害者側からの追及で直ちに殺害される危険からは保護されただろう。こうすることが領内の平和に寄与すると相良氏は考えていた。『結城氏新法度』第九三条[32]では「主人から折檻を受けた下人・下女」の「寺房・道場・比丘尼所」への走入りが問題となっていた。「折檻を受けた下人・下女」を「咎人」と言えるのか、微妙な問題だった。〈晴広法〉の第三二条では逃亡下人が問題となるが、逃亡に至る前に寺社へ走入りすることは日常的であったのだろう。そうだとすると、第四条の「領内の百姓の走入」も罪を犯しての「咎人」となる可能性もあるのだろうか。

第一二条の「讒言」や第一三条の「落書・落文」について、相良氏の法廷で「有罪」と決した人が町中に逃げ出した場合だとすれば、「様を変え追い出す」だけでは済まず、「在所を嫌わず成敗」となっただろう。これと同様、重犯への社会全体の反撃を謳ったものには、「松浦党一揆契諾状(1)」第三条[33]に「夜討ち・強盗・山賊・海賊幷びに諸財物田畠作毛以下盗人等の事。実犯現形せば、見合いに打ち留むべし」とあり、『新加制式』第二一条[34]には「咎人と号して刀兵を以て追い来る時、近所の人民らが出向き、すぐに殺害したときは、追い来る人の所業とすべきで、出向いた人には責任がない」とある。

現代語訳は次のようになる。

一　走り入った人が科人の場合は、寺家・社家であっても一切匿ってはならず、直ちに様を変え、法体にして追い出すべきである。しかしながら、まことの重罪人の場合は、どこの在所であっても見つけ次第成敗すべきである。

第一五条「小者喧嘩事」

『相良家文書之二』の劈頭には「小者ノ争論」とある。私は百瀬の事書に従った。なお勝俣は法文の最後を「小者の折檻」としたが、「小者之折檻」は熟語として使われているので[35]、「相良氏三代法度写[36]」にある「小者之折檻」を採った。

一　小者いさかひの事。
　かちまけいかやうに候とも、主人いろふべからず。たがひに各々の小者之折檻すべし。

ここにある「小者」とは下人一般ではなく、武家奉公人であろう。主人側の名誉心を考慮に入れると、小者の喧嘩は主人間の喧嘩・合戦にまで発展する可能性があった。中田薫は「法制史漫筆[37]」の「大法」の中で、〈喧嘩をして他人の下人を殺してしまった下人は、主人によって誅戮されることになっており、これが中世における在地の慣習法たる〈天下の大法〉の一つであった[38]〉としている。相良氏は、「子供の喧嘩に親が出る」の諺を踏まえて紛争の拡大を抑えるべく、小者の喧嘩に主人は介入すべきでないとした。これは戦国期から江戸時代に登場する「平和令」における「喧嘩両成敗法」の一つで、在地の慣習法に基づく立法であろう。

その上で、「いさかひ」をした「小者」の処罰をそれぞれの主人の刑罰権に任せることで領内・家中の平和の維持を図っており、この法も「家中法」に数えることができよう。現代語訳は次のようになる。

一　小者いさかいの事。
　勝ち負けがどのようにあっても、主人は干渉すべきではない。お互いにおのおのの小者を折檻すべきである。

第一七条「尋人事」

〈長毎法〉第十七条について『相良家文書之一』の劈頭には「他所ヨリ来訪者ノ心得」とある。私は百瀬の事書に従った。現代語訳も続けて掲げる。

一　他所より其人を尋来候者之事。
　男女童部等いづれも、縦路地などにて見合候共、其尋行在所へ付べし。

（一　ほかの所から人を尋ねてやって来た者の事。
　男女・童に限らず、たとえ路地などで見つけたとしても、そのまま捕縛してはならず、必ず訪ねている目的の在所に行かせるべきである。）

狂言の「太郎冠者物」では、太郎冠者は主人の命令で方々に出掛けている。親や主人の命令で言付け・口上を伝えるためや、用事のために他所へ出掛けることを「つかい」といった。今の時代のようにメールや電話のない時代、特に伝言の用事は多かった。この法は、移動中の太郎冠者を逃亡下人と見なしてはいけないとするもので、「男女童部」が「つかい」に出るのを妨げてはいけないとの命令である。〈為続法〉第四条では、余所からやって来た下人・百姓はすべて人返しの対象となり、見つけ次第捕縛された。その前提には、逃亡した下人・百姓を発見するため、関所や宿場などでの監視体制が考えられる。

それゆえこの法文からは、関所や宿場などで往来人を監視する制度の存在を前提として、逆に（関所を避けるために間道を通った下人等を）「路地で見つけた場合は必ず束縛すべきだ」との法理・慣習法が認められる（それゆえ監視者への心得なのであろうか）。しかしここでは路地で誰何されて、「人を尋ねて来た」と答えた者に対しては、彼の行動を制限してはいけないとあり、監視制度を前提とした上で「其尋行在所へ付けるべし」と通行の自由を命じている。〈為続法〉第四条の場合の「走入り」を行う人は、多少なりとも家財道具を携帯しており、荷物の点からもこの第一七条の「尋ね人」とは区別されただろう。この「男女童部」はたとえ「よそ者」でも、領内の行き先を持っている以上、領内の人々に準じて待遇されて、平和を命じられたのである。

小括

この節で明らかにしたことをまとめておく。

1 〈長毎法〉の第一二条「讒者事」から第一五条「小者喧嘩事」までの四カ条と第一七条「尋人事」は、相良領内において家中と領内の平和を命じたもので、第一二条・第一三条「落書落文事」・第一五条の三カ条は「家中法」、すなわち家中に対する統制法である。

2 第一四条「科人走入事」は寺家・社家のみならず在所のアジール権を制限しており、その分相良氏の検断権が拡大していると見ることができよう。

3 第一五条は私闘にまで発展する可能性のある問題を取り上げたもので、当時の慣習法である「大法」に基づいている。

4 〈長毎法〉では、領内の通行人には、第一四条からは元科人で「法体」となって寺社から追放された人々がおり、第一七条からは領内の人を訪ねてきた人がいて平和が命じられていた。こうした「平和令」をテコに大名権力がもう一歩強化されると〈晴広法〉となる。

第四節 「雑務法」

〈長毎法〉の「雑務法」には、第一六条「文質物事」と第一九条「両売両質事」という「土地の売買・質入れ」に関連した法がある。一方、第一八条「諸沙汰事」は〈為続法〉の第六条と第七条の緻密化を図ったものである。第二〇条は市場の「升」や「和市」に関わっている。第一八条は次節で取り上げるので、ここでは雑務沙汰に関する法として第一六・一九・二〇条の三カ条を取り上げる。これらは〈為続法〉の場合と同様に、相良長毎が領内の流通秩序の制定を目的に出した領主法である。まず土地の売買・貸借に関わる第一六条と第一九条から検討してゆこう。

『相良氏法度』の中の土地売買法――勝俣鎮夫批判

勝俣鎮夫は『相良氏法度』第三条「買取」の補注で、〈不明である31条を除いて〉、〈『相良氏法度』の土地売買規定はすべて買免、または年期売形式の売買と解しうる〉として、具体的な法令を挙げ、〈為続法〉第三・五条、〈長毎法〉第一九条、〈晴広法〉第二二・二三条は、第一・二条と同じ「買免」形式の売買で、土地の得分権だけの売買であり、〈当地方では「買免」形式の土地売買が一般的であった〉と主張した。

〈為続法〉第三・五条と第一・二条とが同じ法令集にあることからも、同一形式の売買であることは当然である。また〈晴広法〉第二二条「*買地時井出溝事」・第二三条「田銭事」には「売主・買主半分ずつ」とあり、この言葉は「買免」の実例であった「阿蘇文書」にもあるので、「買免」形式の売買となる。つまり、たしかに〈為続法〉の土地売買はすべて同じ「買免」形式のものであり、その影響が〈晴広法〉に残っていることも明らかである。そのため勝俣は『相良氏法度』の売買を統一的にとらえて、〈「買免」形式が一般的であった〉と主張した。しかし厳密には、〈長毎法〉の第一六条「文質物事」についての判断は不明である。それゆえ、〈長毎法〉における土地売買は（そして〈晴広法〉における土地売買も）〈為続法〉の「買免」形式のものとは異質である可能性を追求すべきだろう。

つまり結論を先に言えば、勝俣の主張は否定されるべきで、〈為続法〉〈長毎法〉〈晴広法〉はそれぞれの時代の課題に対応した個性ある別個の法令集と理解すべきではあるまいか。

第一六・一九条とは何か

すぐ後で見るように、第一六条には「文質物の事。かならずいつよりいつまでと定あるべし」とあり、「年期」を明記した「質入」がテーマである。また第一九条にも「田畑を売候て、年期あかざるうちに」とある。ここから、両条は共に「年期」に関連した質入れ・売買をテーマとしていることが分かる。

第一九条の場合の田畠売買を「年紀売り」だとすれば、「年紀売り」の定義は〈「年期」が来れば無償で土地が元の所有者に戻る契約[39]〉となるので、この解釈を厳格に守れば、二重売りは起こりえない。そこで勝俣は「田畠……年紀あかざるうちに」を頭注で〈田畑を年紀売、または年季明請戻特約本銭返で売り、その契約の期間が終了しないうちに〉とした。勝俣はさらに続けて、〈年期売・本物返は本来、買主に所有権が移る〉のだが、〈当該期には買主が得分権のみを得るケースが多くなり、両売りが可能となっている。六角11条参照〉とした。ここから勝俣が、第一九条を「買免」形式の土地売買、取戻し可能な「名主職」の土地売買だと解釈していたことは明白である。しかし、年期売りも買免形式の土地売買も、共に〈本主の取戻し〉の要素があるので、似たようなものだとしても、概念を異にしており、第一九条の場合は、田畠の売買は「名主職」の「年期売り」「本銭返し」ではなく、「作人職」の〈年季明請戻特約本銭返〉であろう。同様に第一六条も、「作人職」の質入れであろう。

勝俣の想定を離れて、第一六条の「其過候者、請取主まゝたるべし」を「質流れの定め」の制定だと仮定して第一九条を見ると、これは「質流れ」となり、債権者に属すべきものとなったにもかかわらず、債務者側が抵抗し、第二の債権者を見つけて再度の質入れをした場合となり、この両条は債権・債務法として、コインの裏表の関係にあることになる。相良氏は立法として債権・債務法を制定したので、それに反する「二重売り」「二重質」もまた相良氏が責任を持って取り締まるべきものとなった。この議論を深めるために、次に第一六・一九条とは何か、を検討すべきで、まず第一六条の検討から始めたい。

第一六条「文質物事」

〈長毎法〉第一六条について、『相良家文書之一』の劈頭の注には「文質物」とある。これを承けて百瀬今朝雄は事書を「文質物事」とした。「文質物」は「文」と「質物」とから構成されており、①「文」を「質物」とするのか、②「質物」の「文」なのか、いずれか一方となる。勝俣は②を選び、頭注で〈契約状を作成して質入れをすること〉とし、さらに続けて〈担保物件に関する権利書を債権者に渡す無占有質の一種である「文書質」と解釈しうる余地は少ない[40]〉とした。しかし私はこの勝俣説には反対で、むしろ①の〈文書質〉だと思う。条文の解釈を進めたい。次のようにある。

一　用々によて文質物の事。

　かならずいつよりいつまでと定あるべし。其過候者、請取主まゝたるべし。

勝俣は頭注でこの法令の「用々によて」を、入金の〈必要があって〉を意味する慣用句の〈要用によて〉だとし、「必ず何時より何時までと定めあるべし」を〈質券に、必ず質入れの期間を明示すべきである〉とした。質入れの際の契約文書＝「質券」には、質入れ人の名前、対象物である土地の四至・「東は限る〇〇・南は限る〇〇・西は……・北は……」、借入金額、返済の期限「何時から何時まで」などが記されているが、「借入期間を明記せよ」が、この法で新たに命じられたものとなる。次に「過ぎ候はば、請取主のまゝ」とあるが、〈契約期間を過ぎたら、質物は請取主＝銭主の意のままになる〉とは、銭主の処分可能なものになることで、「質流れ」の定めである。借金を返せず債務が累積すると、多くの場合、担保の土地は債務支払いのために売却された。つまり、金銭の必要が生まれた時、契約を結び、質入れを行うが、その際、契約状には質入れ期間の明記が必要で、約束の時間が過ぎたら質流れになる、との一般的な質入れの規定となる。問題はこれが相良長毎の「制定法」であることにある。

言い換えれば、この法令が市場の中で自生的に生み出された市場法・慣習法ではなく、相良氏権力による、社会ルールを創設するとの命令だということである。これまで我々は〈長毎法〉に「一揆法」の影を見てきたが、この法では長毎の独創性の輝きを見ることになる。独創性と言っても、それは先進的な畿内世界で始まっている「作人職」の得分化・商品化をまねるべきだとの判断であろう。それまでの〈為続法〉の「買免」は、地主・領主相互間の名主職売買だったが、ここでの「文質物」はそれより少額の貸借で、貸借の当事者は、貸手が町の金融業者でも、借手は「地下人」で、土地の「耕作権」を文書で「質入れ」することである。

ここに登場する「文質物」とは土地そのものではなく、土地の利用権・耕作権を担保とした貸借である。この法は「地下人」が「作人職」を「年期」で質入れした場合となる。「作人職」「土地の利用権」「耕作権」の質入れとは、例えば「衣類」などのように担保物件を債権者に引き渡す「入質」「帰属質」ではなく、質入れと言っても、債務者は土地の耕作を続けており、「得分」の収納を約束した「見質」であろう。ここから「作人職」は「名主職」と同様に得分を指し、将来は売買の対象となったであろう。

〈長毎法〉制定の時点で「作人職」が得分として商品化していたとの断定はできないが、商品売買、債権・債務の世界に「作人職」が新たな商品として登場したことになる。この場合の「質入れ」の額は〈為続法〉の「買免」と比べるとはるかに少額だった。前にも触れたように、早島大祐[41]は土地売買の説明として、多額の売買の前提には少額の貸借の累積があるとし、「質」による貸借の場合と「売買」の場合とでは、差し出す土地は同じでも、対価となる金額は異なっていたとした。そしてこの金額の大小が「売券」と「質券」の用紙の大きさに反映し、前者が

「縦紙」であるのに対して、後者は「切紙」だとした。

また〈為続法〉の「買免」の場合、売買は同じ村落内部での「領主」「侍層」相互間だったが、〈長毎法〉の貸借関係の場合は、都市部の質屋などの金融業者と、農村部の「地下人」＝「本作人」との間の契約で、この法の背景には都市部の質屋など金融業者たちの活動の活発化や、地下人＝本作人が債権・債務の当事者として登場したことを社会的に承認するという社会の変化があった。

少額の貸借が高額の売買の基礎にあるとの早島説[42]を前提とすると、第一六条は相良氏領内の流通・金融の基礎を変更する法令で、多くの人たちが売買・貸借に巻き込まれることになった。訪れた「平和」の中で「地下人」＝「本作人」たちの世界は安定し、これまでの年ごとの散田制は改まり、定住化が進み、村落は充実し、発展していったが、そこでは「地下人」＝「本作人」たちの新しい戦いが始まった。土地が質流れになれば「地下人」は生活の基盤を失い、場合によっては「退転」しただろう。だが、質流れの土地は別の「地下人」が耕作を代わり、土地所有者＝質屋のために代耕しただろう。史料上では[43]、「本作人」は集団として登場しているが、その集団の内部に目を凝らすと、そこには、絶えず新陳代謝が行われ、若者たちが一人前の大人になるための孤独な戦いを続けている世界が見えてくる。彼らの世界に質物の年期売りの仕組みが入ると、農村部の新陳代謝は活発化し、活気に満ちたものになり、その結果、生産力も向上しただろう。彼らが差し出すことができたものは「耕作権」「作人職」しかなかったので、企画・投機に失敗すれば、自分の生活基盤を喪失することになるが、その危険を冒してでも、新しい生活、経営規模の拡大に向けて努力をしただろう。こうして商品流通の世界に「地下人」＝「本作人」は巻き込まれていった。

〈為続法〉の「買免」の場合より文書主義がいっそう深く浸透した分、「質流れ」という懲罰規定が生まれ、「質券」は「物権」として合理化され、何時から何時までと、年期が契約状に記載された。「質券」への記載命令を実際に受けたのは、市場で活躍する「公界」メンバーの一人、「筆師」であろう。争いとなれば、「市場法廷」の力を借りずに、「質券」だけで相良氏の「大名法廷」で対処できるものになった。より具体的に述べれば、『結城氏新法度』における「役人」や〈晴広法〉第三一条における「別当」のごとき者がいれば、問題は解決されたのである。第一六条の現代語訳は次のようになる。

一　必要があって本作人が「作人職」「土地の利用権」「耕作権」の質入れを行う「文質物」の場合、「借状」には「いつからいつまで」との年期を書き入れよ。年期が過ぎた場合には受取主の自由とする。

売買契約と社会の変質

戦国相良氏は人吉相良氏の分家から起こり、多良木相良氏と人吉相良氏の内乱状態に終止符を打ち、球磨郡を統一し、葦北郡・八代郡にまで勢力を広げた。これまでの〈為続法〉の分析によれば、統一前の両相良氏はそれぞれ主従制による秩序の安定を目指し、土地支配の安堵を命ずる「買得安堵状」を互いに発給していたが、そのことが売買契約の自然の流れを阻害し、現状を固定化・凍結化した。そこで為続は「買免」契約を復活させ、凍結していた契約を解凍する目的を込めて〈為続法〉を出した。為続は「球磨郡全体の安堵権者は自分だ」と宣言し、それを人々から承認され、戦国相良氏の支配権は確立した。

「買免」の実例の場合は「一年に限る」ものだったが、勝俣説によれば「買免」は〈無年季有合次第請戻特約[44]〉付きの契約であり、契約状には「期限の記入がない」か、または〈為続法〉第一・二条からは「一期に限っての契約」となり、質流れもなく、売主＝質入れ主はいつでも取戻し可能だった。そこで本来の「買免」契約の状態に戻ると、本主側の主張は無制限に拡大した。そこで為続が、急激な変化を避けるため、本主権安堵を当事者の死亡時に限る形で遂行したのが〈為続法〉だった。鎌倉幕府が発布した永仁の徳政令が御家人の保護を目的としたのと同様、〈為続法〉は家臣団の保護を目的とした徳政令だったと言える。

だが、保護された家臣団にとっては良い法でも、法の効果・結果から考えると、〈為続法〉もまた領内の売買の自然な流れを阻害する面があった。それゆえ、売主の本主権を認める〈為続法〉に対して、あらためて銭主・買手側の権利を保護すべきだとの認識が浮上し、「質流れ法」が制度化されるに至ったのであろう。そして時間が経つにつれ「買免」制度は忌避され、「年期売り」が新しい社会のルールになった。そこで、これまでの、期限の様々な「買免」制度は「年期売り」へと様変わりをしたのだろう。

第一九条「*両売両質事」

〈長毎法〉の第一九条について、『相良家文書之二』の劈頭の注には「田畠ノ又売」「子供ノ二重質」とある。おそらくこれに基づき、百瀬はこの法令の事書を「田畠両売幷子息二重入質事」としたが、私はもっと簡単な表現「両売両質事」に改めた。条文は次のようである。

一　田畠を売候て、年紀あかざるうちに、又別人江売者あり。又子共を質にふたりの所へをき候。為重罪間、此両条は、何れも主人より可被取置。至面々者、上様より直に可被召上候。

ここでは「田畠」の二重売と「子供」の二重質がテーマとなっている。「田畑を売り候」とあるが、前述したようにこれは田畑の「作人職」を〈年季明請戻特約〉の「本銭返し」として売ったことである。「本銭返し」で売ったとは、その土地の耕作は、契約後も売手が続けているということである。その点で「見質」としての質入れの一種となる。この法令が想定するケースは、「本作人」が「作人職」を「年期」で質入れしたのに、「年期」が来た時に、得分を加えた借金の皆済ができず、再び「売却」か「質入れ」、つまり「両売両質」をせざるをえなくなった場合となる。この再度の売却や質入れが、ここにある「此両条」である。

本来ならば、債務不履行が確定した時点で、質物は「質流れ」となり、債権者のものになるのだが、債務者の「本作人」側は別な債権者を見つけて、二重売り・二重質をしたのである。これは、第一六条の「質流れ法」、債権・債務の法の根本に関わる違法行為で、社会秩序の維持には、見過ごすことのできない犯罪であった。第一六条を「作人職」の「年期売り」を定めた条文とすると、これはその裏側にある「罰則」の定めとなる。それゆえ「重罪」だとの断定や、具体的な処罰方法の明示が続くのである。「地下人」に対しては「主人」が、「面々」に対しては「上様」が「直に」処断するとある。

『塵芥集』第九三条[45]には「所帯両売の事、先判に付べし。売手の咎の事は時宜によるべし」とある。伊達氏は二つの売券のどちらが先かの判定を、市場の「公界」の判断に任せていた。売手の犯意の存否の判断も「公界」に任せるというのが、「時宜によるべし」の意味だろう。このようなあり方と比較すると、この〈長毎法〉第一九条では「公界」の介入を排除し、二重売り・二重質を「重罪」だとして、「公界」ではなく「主人」が検断すべきだと命令している。相良領内の社会秩序を〈相良氏—小地頭—領主—百姓—下人〉だとすると、両売・両質の主体は「地下人」で、彼の「主人」は「侍層」か「領主」となる。

つまり相良氏は両売・両質を「主人」の刑罰権に任せて、「主人」が土地や子供を検断物として「取り置け」＝没収せよと命じたのである。重罪犯に対する検断権の主体は、犯人の「主人」である「領主」「侍層」となった。これは〈為続法〉の第四条において、百姓は領主の支配下にあるとした領主・百姓関係を彷彿とさせる。犯人である「地下人」は土地の権利と共に子供を「主人」によって没収され、土地の耕作権＝「作人職」を奪われ、犯罪下人・債務下人として「主人」に使役される「下人」に身を落としただろう。二人の買主＝銭主の債権に対しては、「主人」側が没収した検断物から決済したであろう。

勝俣は〈晴広法〉の第三九条で、相良晴広が自分のことを「爰元」と称しているのに対し、この法令には「上様」とあることから、この法の作成主体は相良長毎ではなく、「一揆」側で、一揆側が起草し、相良氏が承認して制定されたものだとした[46]。この考えによれば、「地下人」＝「本作人」たちの行う「両売・両質」に対しては、領主たちの「一揆」がこれを「重罪」だとして共同して対処していたことになる。つまり長毎の第一六条の構想を「一揆」全体が賛同して支えていたとしたのである。一揆法との共通性は第九・一〇条などでも確かめられることは既に述べた。

この二重売り・二重質に対して、相良氏はこれを「重罪」とし、「主人」による「取り置き」との罰則を定め、足軽などの相良氏の下級家臣＝「面々」の場合には、「上様」が「直に」「召上げる」とした。ここに相良氏の家臣が登場する。下士とはいえ、「上様」からは「名主職」の給与があったはずで、本来ならば「買免」形式の土地売買の主体となるべき者であった。だが、第一六条で規定した「年期売り」が「買免」形式の土地売買にまで及んだ結果、債務者の下士は借金がかさみ、名主職を質入れし、それが質流れとなって「名主職」を失い、土地を耕作する「作人職」のみを所持する「本作人」に転落したのだろう。ではこの時、「買免」形式の売買の場合にあった「本主権」の考え方はどうなったのか。〈晴広法〉第三一条ではそれが問題となる。「買免」形式の売買と、新しく始まった質入れとは契約の形式が異なっていることから、「本作人」に没落した者に対しては「本主権」の主張は認められなかっただろう。

一般に、二重売りや二重質を行う人は、経済的に困窮した、経営規模の小さな「地下人」で、土地の利用権・耕作権の質入れとは言っても、実際の質草は土地からの得分となる。生活の向上や、経営規模の拡大を目指していたのに、日照りや大雨による天災で不作だったのか、博奕で大負けしたのか。質流れになれば「地下人」は生活の基盤を失い、時には「退転」しただろう。この場合の「地下人」は、「作人職」を「年期売り」し、さらに金策に困って「二重売り」「二重質」をした。この「両売」と「両質」は別々の出来事ではなく、香取文書や網野善彦が[47]「未進と身代」[48]で明らかにしたように、関連したものであり、「年期売り」での返済が不能となった時点で、契約順守の誠意を示す保障として〈子供を人質として差し出す〉特約を伴なったのだろう。第一九条では、「年期」が来ても未払いなので子供を質に取られたが、実はその前に別人にさらに〈子供を質に置く〉二度目の「年期売り」契約で「借金」をしていたのである。

現代語訳は次のようになる。

一　田畠を年期で売って、年紀があかないうちに、また別人へ売る者がある。また子供をふたりの所へ質に置いている。重罪であるので、この二重売りと二重質の両条は、何れも主人が没収すべきである。面々に至っては、上様より直接に召し上げられるべきである。

「買免」制から「年期売り」へ

先に私は、相良長毎は「作人職」の物権化・商品化を図って第一六条を制定したと述べた。畿内の情報などを得て行った法制化は、それほど驚くべきことではなかったかもしれない。第一六条の制定によって、期間を過ぎれば質流れになる「質流れ法」「債権・債務法」が成立し、借主側の土地や耕作権は担保となった。「侍層」のみならず「地下人」たちも売買・貸借の世界に巻き込まれたことにより、相良氏領内の流通経済は発展した。前述したように「質入れ」と「売買」との間の連続性を認めると、この「質物」の定めは、逆に売買にも転用され、これ以降の売券には年期の記入が義務づけられただろう。

既に我々は〈為続法〉分析の段階で〈「買免」と「本物返し」の間には違いはない〉としてきたが、〈為続法〉の「買免」の一部は〈長毎法〉の下で、土地質入れの場合、質券に「必ずいつからいつまで」との期間の明記が義務づけられ、「年期つきの本物返し」へと変化し、「買免」を取り巻く環境を大きく変えていった。〈為続法〉の「買免」の場合、売買された〈「領主・侍層」の土地得分権は本主へ返還せよ〉との命令は売手側を擁護するためのものだったが、〈長毎法〉の作人職売買の場合は、その法理は認められていない。

「買免」形式の売買は「領主」という社会的な身分に関わり、そこには地起こし・土地と開墾者との一体性など「未開のルール」が残っていたが、新たに商品売買の世界に登場した「作人職」は「物権」として合理化され、その売買はより明確に文書主義を前提とする「文明のルール」下にあった。文書主義の進展により慣習法に基づく「買免」の時代から、契約は年期を限るべしとの世界へと変わった。この法令の前提には、貸手・銭主側の主張＝

〈借金を返さないなら土地の権利を取り上げる〉と、〈為続法〉を背景とした借手・債務者側の主張＝〈本主権の尊重〉の対立があり、両者の対立の中からこの質流れ法は成立した。

つまり、〈本主権の尊重〉を主張する「買免」形式の売買の中心である「名主職」とは無縁な「作人職」の分野、貸手・銭主側の主張する分野で「文明のルール」はより明確化された。土地の売買・質入れ契約の際、契約状に年期を明記すべしとの法令が出て以来、相良領国内の土地契約の世界は大きく変わり、契約の合理化が進んだ。土地契約の紛争は市場法廷の力を借りなくとも、相良氏の大名法廷の下で解決可能なものとなった。ただし、〈為続法〉と〈長毎法〉は共に評定所の「壁書」に掲げられていたので、両者は補完関係に立ち、〈為続法〉でカバーできない問題を〈長毎法〉が定める関係であった。それゆえ、「買免」については〈為続法〉が依然として有効でありながら、他方、新しい質契約では〈長毎法〉により「何時から何時まで」との年期の明記が始まり、「買免」に代わって「年期売り」の質券・売券が作られた。

「作人職」の売買・質入れの主体としては「地下人」が登場した。第一六条と第一九条の「年期売り」の主体は「地下人」＝「本作人」で、彼らは入手した少額の金を元手に、新しい人生に向けて活動を開始した。他方、彼らは年貢支払いの際、「領主」への支払いの義務を負っていた。これまでの慣習に基づく「領主」と「地下人」の関係は、より厳しい契約関係に変わった。

一方、この法を契機にして、相良氏は「公界」の市場法廷から自立した。この点は次の第二〇条「売買和市事」でも確認できる。この流れが、次代の〈晴広法〉第三一条「買地事」の「売買の自由の尊重」という「買手側の擁護」へとつながってゆく。

第二〇条「売買和市事」

第一九条の「両売・両質」法では、それが長毎の「公界の沙汰」からの自立を伴っていたことを見てきた。同じ

〈長毎法〉の第二〇条では、「公界」の言葉は登場していないものの「公界」と「役人」との関係を確かめることができる。この法令について『相良家文書之一』の劈頭には「売買ノ和市」「四入」とある。「和市」とは、市場における売買価格・相場のことである。

一　売買の和市の事。
　四入たるべし、としのきとくによて、斗のかず多少あるべき歟。此ますのほか用べからず。

相良氏は、第一六条で質券を制定したのと同様、この第二〇条では、「公界」と相良氏「役人」間での「和市」に関する情報交換を前提に、市場に法定枡[49]を強制し、度量衡の単位の統一を果たした。その上で、「としのきとくによて」枡数の変化を認める形で、従来の公界のあり方を半ば認めた。勝俣は頭注で「四入」を〈四升で一斗となる一斗枡〉とし、「きとく」を〈豊年の意〉としている。『日本国語大辞典』は『日葡辞書[50]』を引き、「きとく」を〈田畑から収穫の多いこと〉とする。

一方、「とし」が一年三六五日を指すなら、相場は一年単位となり、一年間は固定相場となるので、「和市」についての常識的な理解に反する。荒木博之は『やまとことばの人類学[51]』で〈「とし」という日本語は「稲の実り」と「稲のとり入れを中心にめぐる十二か月という時間の単位（＝年）」とを、その意味の両義性において保持している〉とし、〈「とし」は「生命の発現」あるいは「生命の発現の結果（＝豊かな実り）」を指示している〉とした。これと同様な「年」の用例には、備前西大寺市場定書[52]がある。そこには「公事」が「一年百文宛」とある。西大寺市場が朝市や夕市などの毎日市だとすれば、一年三六五日に対して百文の公事となり、税が安すぎるが、筵や鋳物などこの地域の特産物を商う大市・歳市なら「一年百文」でよいだろう。西大寺の場合は年数回の大市のシーズン毎の公事の支払いを指しているのだろう。第二〇条の場合の「とし」も「稔」「収穫」の意味で、その時々の市場の盛況ぶりを指しており、「とし」によって「和市」を決定すべきだとなる。

「和市」に関わる市場側の人物には、金融業者からなる「公界」が考えられる。年貢の代銭納との関係で市場の

「和市」が相良氏により重視されていたと仮定すると、「和市」の情報は市場から、年貢の徴収に当たる領主や代官、さらには相良氏の「役人」に伝えられただろう。この情報の流れは第一八条での「公界」と相良氏の関係とも共通する。

現代語訳は次のようになる。

一 (「公界」から相良氏の「役人」に伝えられる) 売買の和市 (＝市場における売買価格・相場) のこと。

四入という枡を用いるべきである。市場の盛況ぶりによって枡の数量に変化があってもよいだろうか。しかしこの枡は法定枡でこれ以外は使ってはならない。

小括

この節で明らかにしたことをまとめておく。

1 第一六条「文質物事」と第一九条「両売・両質事」が前提とする土地の売買・質入れを、勝俣鎮夫は「買免」方式の土地売買だとしたが、この場合の年期売り・貸借は〈為続法〉の「買免」とは異なり、「作人職」の質入れ・年期売りである。売買・質入れについて〈長毎法〉では新しいルールが導入されたのである。

2 勝俣は第一六条の「文質物」を〈契約状を作成して質入れをすること〉としたが、この場合は「担保物件に関する権利書を債権者に渡す〈文書質〉」である。本作人はお金を借りて「作人職」を質入れするが、土地の耕作は続けており、「入質」「帰属質」ではなく、「得分」の収納を約束した「見質」であろう。

3 第一九条には、先に取り上げた第八・九条と並び、一揆法との共通性が見られる。

4 相良長毎は、第一六条と第二〇条「売買和市事」で市場の世界に「質券」や「升」の基準を設定し、第一九条では公界の内済を否定し、両売り・両質については「地下人」＝「本作人」に対する領主支配に委ねるとして、公界からの自立を目指した。

第五節　第一八条「諸沙汰事」

ここでは、これまで議論の多かった第一八条の「公界」について考える。この部の最大の課題である。「公界」に関連する法としては、既に取り上げた第一六条と第二〇条があるが、これらには「公界」の言葉はない。

1　第一八条とその文脈

第一八条については『相良家文書之一』の劈頭に「諸沙汰」とある。条文を次に掲げる。

一　諸沙汰之事。

老若役人江申出候以後、於公界論定あらは、申出候する人、道理也とも、非義に可行。況、無理之由、公界の批判有といへ共、一身を可失之由、申乱者あり。至爰、自然有慮外之儀者、為道理者不運の死ありといふとも、彼非義たる者の所帯を取て、道理の子孫に与へし。所領なか覧者ハ、妻子等にいたるまで可絶。よくよく分別有るべし。殊更其あつての所へ行、又ハ中途辺にても、惣而面に時宜をいふべからざる事。

この第一八条の前提には〈為続法〉第六・七条があるので、まずこの三者の関係を考察しておこう。第一章で見たように、第七条「四至境等諸沙汰事」には「諸沙汰事」という言葉がある。条文中の「其所衆」とは、必要な場合に集められた「古老」を含む現地の領主たちで、第七条が問題とするテーマは、①土地と、②「本主」の家族・相続、に関する事実認定であった。第六条「法度事申出事」の方は「買免」という土地売買契約の事実確認がテーマで、法の対象は契約の場・市場の裁判＝「公界の沙汰」であった。

一方この第一八条では、「公界」の言葉は「公界論定」・「公界の批判」として、二度にわたり登場する。村井章介はこの「公界」を共に〈相良氏の法廷〉と現代語訳した。これは研究史的には安良城盛昭の解釈に従ったもので、その前提には笠松宏至の「一揆の法廷」という解釈があった。これに対して私は「公界」を「蔵方」中心の金融業者だとして、第三の解釈を示した。いずれにせよ第一八条のテーマは「公界の沙汰」である。それゆえ、第一八条は内容的にはむしろ第六条と関連がある。この点は、笠松宏至が第一八条の「公界」の説明に第七条の「所衆談合」を取り上げたので、特に注意が必要である。

前述のように、第七条は「本主」が買免で売った土地を取り戻す際の問題を取り上げたもので、買免契約自体の審査は既に第六条で終了していた。「其所衆」が「談合」をもって「相計らう」主題は、土地の「四至境」と「其余之諸沙汰」だが、後者は家族間の「相続」の問題である。相良氏はここで「以前より相定候ずる事は申すに及ばず」として、一度決定したことの再審要求や、「其の所の衆が談合を以て相計らい」相良氏が「然るべく候」としているにもかかわらず「誠に分別無き子細」を相良氏に披露する場合があるので、「無理の儀」を申し乱ずる方を「其所衆」に成敗させるとしていた。

この〈為続法〉第六・七条が実施され、十年近く時間が経ち、あらためて〈長毎法〉第一八条が制定された。その際、法文上には新たに「老若」「役人」「公界」が登場した。法制度上では合理化が進み、緻密化したことになる。〈為続法〉が公示され、土地が本主の下に戻るとなったとき、本主の子孫たちは「買券」を持って相良氏の許に出向いた。「申出候する」人とは土地の取戻権を主張する「本主」で、彼が昔の「買免」契約に関わった市場関係者を動員して「公界」法廷を開いた結果、土地は本主に戻ることになった。それゆえ、第六条の「相互に」とは、「本主」と売買契約に関わった「公界」の人たち「双方」となる。

もしも「元利消却質」の考えが導入されていたのなら、売買の年が何時かが重要な論点となり、「公界」論定の場は厳しい利害対立の場になったはずである。しかし実際にはそうはならず、〈為続法〉により家々の古い伝承は蘇り、古老たちの記憶は息を吹き返し、「古き良き法」は復活した。本主側にとっては文字通り徳政であった。しかし二十年近くも自分の所領だと思っていた人々にとっては、彼の権利は一夜にして覆り、「公界」は悪夢の場となった。長い年月が経過したので、「公界」に出席できた「古老」は何人いただろうか。第一八条が想定する場面は、本主側が欲をかき「公界」と対立する場合であろう。

第六条では「いかにも堅固に」とあったにもかかわらず、「本主」・「公界」間の意見の対立は激化し、「申出」を行う人の言動は過激化し、「本主」側からは「公界」メンバーに対し、自分の方にこそ「道理がある」と言い募ることさえ生じただろう。そこで相良氏の対応も「訓戒」から厳罰主義へと変わった。相良氏は「公界」の判断を尊重して、「申出」た人を敗訴だと断じた。裁判の一つの「帰結」としての刑罰は、〈為続法〉では「其所衆」に属していたが、第一八条では相良氏が「公界」の判断を支持するとして、第七条の時より、より厳しい処罰に乗り出して、「公界」の保護を謳っている。

「申出」た人が、敗訴になったことに対し憤懣やるかたなく、裁判の相手に対し「一身を失うべし」との激しい言葉を吐き、敗訴者・勝訴者間は喧嘩・決闘にまで発展した。こうして「万が一にも慮外の儀となり、「公界」のメンバーが不運の死を遂げた場合には、加害者側の所領を没収して被害者に与えるべきである。所領がない場合には、家を断絶し、妻子に至るまで追放すべきである。よくよく分別することが大事である」と相良氏は「申出」た人に述べている。その上で、ことさら相手の在所に赴き、また道の途中でも、全体的に相手に対して、その時の心中にあるものを表出すべきでない、と相良氏は諭している。

以上から、〈長毎法〉の第一八条は〈為続法〉の第六・七条を踏まえて作られたことは間違いないだろう。

2　村井章介説批判

〈長毎法〉第一八条の現代語訳を試みた村井章介説を、項を改めて、ここで取り上げて検討したい。あらかじめ要点を述べるなら、これまで各条文について逐条解釈を続けてきた私の立場からすると、村井の現代語訳は、この法令の目的・意図や、他の法令との内的な関連などには全く無頓着に、ただただこの法令の表面上の字面のみと格闘し、「史料との対話」を誇っているにすぎないということになる。

第一八条の村井解析図と現代語訳

村井は安良城に倣って「一八条解析図」を作成し、第一八条全体の現代語訳を掲げた。まずはそれを紹介しておきたい。解析図のうち「老若（より）」の「より」がただ一つ、解釈の便のために村井が本文に挿入したものである。

Ⅰ（主文）

諸沙汰之事。老若（より）役人江申出候以後、

Ⓐ（仮定）於公界論定あらは、申出候する人「道理也」とも、

（帰結）非義に可行。

況、

Ⓑ（仮定）無理之由、公界の批判有といへ共、「一身を可失」之由、申乱者あり。至爰、自然有慮外之儀者、

為道理者不運の死ありといふとも、

（帰結）彼非義たる者の所帯を取て、道理の子孫に与へし。所領なか覧者ハ、妻子等いたるまで可絶。

Ⅱ（訓戒的部分）
よくよく分別有るべし。殊更其あつての所へ行、又ハ中途辺にても、惣而面に時宜をいふべからざる事。

（Ⅰ（主文）
後に、
諸々の裁判についての規則。老若（＝在地法廷）から（相良氏の）役人へ（訴訟が）申し出た（＝披露）されて以
Ⓐ（仮定）公界（＝相良氏の法廷）で論定（＝判決）があったならば、（老若の意見を纏めて相良氏の法廷に）披露し
た人が「道理あり」と（いったと）しても、
（帰結）（相良氏の法廷の判決を優先させて）敗訴とする。
いわんや、
Ⓑ（仮定）（自分を）敗訴とする公界の批判（＝相良氏法廷の判決）があったにもかかわらず、「相手方の命を奪
うのだ」といい募る者があって、その結果もし慮外の儀（＝私闘）が起きたら、勝訴人が不運にも
死んでしまったとしても、
（帰結）かの敗訴人の所帯を取り上げて、勝訴人の子孫に与えるものとする。（敗訴人に）所領がないばあ
いは、その妻子等にいたるまで死罪とする。
Ⅱ（訓戒的部分）
（その旨を）よくよく弁えるべきである。ことさらその相手の在所に行って、あるいは行く途中のあたりで
も、おおよそ面とむかって言い分を述べてはならない。）

解析図では、まず全体をⅠ「主文」とⅡ「訓戒的部分」に二分し、法文の最後の「よくよく分別有るべし。殊更其あつての所へ行、又ハ中途辺にても、惣而面に時宜をいふべからざる事」をⅡの「訓戒的部分」として法文の「主文」から切り離し、また「況」の所で「主文」をⒶ・Ⓑに二分し、Ⓐの「道理也とも」までの部分と、Ⓑの

「不運の死ありというとも」までの部分を、共に「仮定」とし、Ⓐの「非義に可行」と、Ⓑの「妻子等いたるまで可絶」までの部分を、共に「帰結」としている。

こうして「主文」には「仮定」「……とも」と、「帰結」「……べし」が、ⒶとⒷとでそれぞれ繰り返して登場していることになった。その上で村井は、〈Ⓑの部分が第一八条の主眼であることは確かで〉、その〈主眼は服部もいうように自力救済（私闘）の禁止〉だと述べて、この法文全体の趣旨を〈自力救済の禁止・私闘の禁止〉だとした。しかしながら私がかつて服部英雄説[53]に与することができなかったのは、村井が「訓戒的部分」と名づけたものが、この法文の最後にあったことが大きな原因だったと思う。当時の私はこのコトアゲの禁止の方に視線を集中していたのだった。

この「訓戒的部分」というとらえ方には、私は多少の異論がある。「本文」が「本主」と「公界」の対立をテーマとしているのに対し、「訓戒的部分」とされた文のテーマは「本主」と「あつて」＝相手＝買手との対立で、テーマを異にしているからである。それゆえ私は、本節2で述べるように、「よくよく分別有るべし」の「訓戒」は「本文」に付け、「殊更」以降を「付則」とすべきだと思う。というのも、相良氏は「買免」の取戻しが自力救済・暴力沙汰に発展することを恐れて、あくまでも相良氏の仲介により取戻しを解決しようとしていたからである。これは、畿内近国における債権の取戻しが「徳政一揆」という実力行使によって可能となっていたこととは対極的に、相良氏領内では、大名の保護と承認の下に債権の取り戻しが行われたことを示している。それは、今川の領国内での国質・郷質に対して債権者側の行動には今川権力の承認が必要だとしたこととも共通していよう。

ところで村井は、解析図と現代語訳を示した論文の中で〈安野は第一八条の逐語訳を示していない〉としたが、その通りである。当時私はこの条文の逐語訳を断念しており、仕方なく条文の周辺世界を述べる方向で考察をまとめ「相良氏法度一八条の世界」としたのだった。村井は〈笠松説を起点とする勝俣・安野説のパラドクス〉として〈相良氏は、裁判において自己の関わる範囲を極小化しておきながら、自己の下したものでない（＝公界の）判決への敵対者を処断するシーンになると、突然現れて、所帯没収、妻子の処刑といった極刑を振りかざしたことになってしまう〉として、当時私が陥っていた隘路を正確に指摘した。

村井は第一八条全体の現代語訳で「公界」を〈大名法廷〉とした。〈公界をどう解釈するか〉は第一八条の現代語訳を志す際に避けて通れないが、村井の主張は、論文の「公界をめぐる論争」で紹介した網野を中心とするA説と、安良城を中心とするB説の二大学説の対立の中で〈B説に立つ〉との宣言であり、社会史的なアプローチによる中世史像を否定しようとの秘められた動機を感じさせる。しかしかつて私は、A説・B説以外に第三の説もあるとして石母田正の考え(54)を紹介したが、その部分は無視されている。私見では私の紹介した第三学説と村井説との間にはあまり距離はないと思う。

たしかにこの第三学説を紹介しようとすると、日欧の法文化の違いという大問題に入り込み、法文の現代語訳という当初の目的から離れてしまう可能性があるので、村井は目的達成のため視野を狭く限定し、論点を広げない措置をとったのだろう。しかし私のかつての議論との関係から言えば、A説かB説かという「巨視的学説状況」に対して、村井は戦後史学を守る立場から「一石を投じよう」とする思いのあまり、私の紹介した第三学説を無視して大きく跳躍したということになる。しかも村井が安良城に倣って作成した「一八条解析図」と、最終目標である第一八条全体の現代語訳との間には、次に述べる大きな矛盾・齟齬があり、無理だと私は思う。だからこそ村井は論文の構成においても、「1 公界は一揆である」「2 公界は公権力である」「3 私はこう読んだ」として学説史整理をした上で現代語訳を試みた後、さらに「4 あらためて公界とは?」を付けたのだろう。

村井説の矛盾

村井の「一八条解析図」と現代語訳との間に矛盾・無理があると私が考える根拠は、次の通りである。この法令では、「公界」がⒶでは「公界論定」、Ⓑでは「公界の批判」として登場しているので、「公界」は「裁判の場」となるが、問題はそれぞれの「帰結」である。「……べし」とあるので、これは相良氏の命令である。それゆえ「……とも」「……べし」は相良氏法廷での判断となる。従ってこの条文の中には、村井が〈大名法廷〉とした「公界」のほかに、もう一つ別の相良氏の法廷があったことになる。村井学説を無理なく理解するためには、「公界」は下級裁判所で、さらにその上に〈大名法廷〉の上級裁判所があったということになろう。

さらに村井は「老若」をも〈在地法廷〉としたので、現在の地方裁・高等裁・最高裁の三審制度と同様なものが戦国期の肥後にあったことになる。しかも、『相良氏法度』の第八〜一一条は相良氏法廷での裁判基準の定めで、第一八条以外は相良氏の大名法廷のためのものなのに、第一八条のみが三審制となってしまう。他の条文との整合性がなく、解釈は宙に浮いてしまっている。何のために下級審を置いたのか、その目的は何か。法令の帰結が私闘・自力救済の禁止では、「諸々の裁判についての規則」とした第一八条全体のテーマと、「帰結」との関係が不明である。

村井は法文の字句に拘泥して、法令制定の目的を明らかにできていない。村井が〈パラドックス〉と言い、私が隘路と名づけたところで、かつての私は力尽き、現代語訳を断念したが、そこから出発した村井はその点への措置として、私がつまずいた法文の最後の部分を「訓戒的部分」として分析の対象から切り外し、「主文」のみの分析に入り、その「主文」部分を服部説に倣い〈自力救済の禁止・私闘の禁止〉とした。だが、裁判制度と私闘・自力救済とは互いに対立関係にあり、裁判制度の整備を試みる大名が家中の平和のために、私闘・自力救済を禁ずることはあまりにも当然で、わざわざ言うまでもない。

そんな当然のことのために、この法令は成立したのだろうか。村井は著書の表題からも明らかなように、「史料との対話」の一環としてこの論文を書き、語句の説明を緻密に行い、これまで積み上げてきた研究業績を踏まえ、慎重に議論を組み立てている。しかし村井は、結果として「木を見て森を見ない」ことになってしまったのではあるまいか。以上が村井の論文構成の「1 公界は一揆である」「2 公界は公権力である」「3 私はこう読んだ」の学説史整理を踏まえての「一八条解析図」に対する私の疑問である。次に「4　あらためて公界とは？」に対する疑問を述べたい。

あらためて「公界」とは

第I部でも述べたように、村井は「公界」を〈中間法団体〉と定義し、『結城氏新法度』第四二条の分析から「公界」を〈大名と重臣たちの双方がそれぞれのポジションから意見を言いあう場、正義を実現すべき仮想空間〉だとした。村井の主張によれば、『結城氏新法度』では、大名と「公界」の間には共同体的な親しい関係が成り立ち、忠信の子孫が経済的に困窮していれば、助けようと進言するなど、思いやりに溢れているのに、『相良氏法度』では、「申出人」が「公界」の内部で自分にこそ「道理」があると言い募って「公界」と対立し、「一身を失うべし」と激しい敵愾心を表す言葉を吐いたということになる。

村井は、一方で「公界」を共同体精神に溢れたものとし、権力との一体性を強調しているが、まずこの想定は、村井が『相良氏法度』の分析の助けになるとした『結城氏新法度』の第七二条「私之企事制禁事」[55]の法の趣旨を裏切っていた。前述のように藤木久志は、ここで結城氏が「下々談合」「我々談合」「各談合」を禁じ「身に知らせず、我々間にて企ち事すべからず」と定めたことから逆に、〈「公界の沙汰」「公界の批判」に類似の在地的な自裁慣行の濃厚な存在と、それにたいする法的規制の傾向を窺うことができる[56]〉とし、この解釈が通説になっていた。しかし、第I部で分析したように、この法令の中心は「談合禁止」であり、結城氏は、「心には善き事」と思って「各」が「談合」を行うと、「下々の談合」を誘い、それが「若き者共」の「我儘」にまで発展するとして、法文中に二度も「突き破るべく候」の言葉を入れて、「談合」を厳しく禁止し、最後で、結城氏への「内々」の「披露」を命じていた。それゆえこの条文は「談合」禁止令となり、藤木の言う〈在地的な自裁慣行の濃厚な存在〉の想定は成立しないのである。

次に、結城氏が法令の制定手続きとして、「各」に諮問し、その答申を待って法令に採択したものとして第八二条「門番夜番次第事」と第八三条「撰銭事」があり、遺言状の取り扱いを定めた第四四条「貸金質取地他人譲与事」も同様であった。ここから、この『結城氏新法度』は家中の意見を吸収して作成されたと想定して、佐藤進一は『新法度』を「一揆契状」から「分国法」への流れに沿ったものとの評価した。また、「荷留法」中の第八五条にも「各」の語を含むものがあり、これも家臣に向かって「各」と呼び掛けているとしたので、結城家中の武士は商業や流通経済に深く関わっていることとなった。

しかしこの想定は第七二条から強く否定され、さらにこれらの法令に登場する「各」は家臣ではなく、むしろ蔵方などの人々を指すこともあると考えられる。となると、多くの人が前提とする「一揆契状」から「分国法」への流れは、この法令集からは確認されず、結城武士の商業への関わりはなかったことになり、「公界」の担い手は領主たちの「一揆」ではなく、むしろ有力商人たる「蔵方」たちの会合だということになる。村井の〈中間法団体〉という考えは、「公界」は「一揆」か「権力」かの二項対立に対して、両者を同時に含むものとして想定されたのだから、「一揆」が否定されれば、その考えも成立しなくなる。

『結城氏新法度』第四二条

村井が論じた『結城氏新法度』[57]第四二条「忠信者跡負物沙汰事」についても、あらためて触れておこう。第Ⅰ部七章一節で確認したように、ここには「公界之義」という言葉がある。

この法令の前後を見ると、第三九条「負物沙汰事」、第四〇条「売地請返事」、第四一条「蔵方質入地事」、第四三条「負物沙汰可依証文事」、第四四条「貸金質取地等他人譲与事」、第四五条「親負物可懸養子事」となり、貸借関係法令のまとまりである。それゆえこの第四二条は第四一条に続く「蔵方法」で、「蔵方」からの「負物」がテーマだと言える。

この法令では、「我人ともに」の解釈が問題であった。先学は皆「「我」と「人」との「両方」の関係が「公界之義」だ」と解釈したが、前述のように「「我人ともに」が「公界之義」だ」、つまり「「我人ともに平等にせよ」が蔵本たちの主張＝「公界之義」だ」と読むべきである。それゆえ、「我人ともに」は「公界」の発言・主張として括弧に入り、「蔵方も忠信の子孫もイーブン」が公界の主張であるのに対して、「忠信の者の子孫が困窮しているなら、大名と蔵方との関係から、元金も利子も三分一に免ずるべきだ」が結城氏の裁定ということになる。つまり、借金の半額を返せとの要求に対し、三分一の支払いを命じたのである。

これを村井は、〈忠信の跡が退転する事態は、大名と重臣たちにとって正義に反する、由々しいことで、〈公界〉の問題であるから、全額不払いは許されない〉と解釈し、上述のように、〈公界〉を〈大名と重臣たちの双方が参加して正義を実現すべき仮想空間〉とした。しかし、『結城氏新法度』では、身内の訴訟に際しては「サギをカラスとの言い換え」がなされていたのに、そのように君臣共に正義の実現に向かって邁進していたかのような想定は無理があるだろう。

法令は、裁定者・結城氏による「よくよく両方此分別可入義にて候」〈双方ともによくよく分別すべきだ〉で終わっている。おそらくこの法令は大名法廷の裁許のまま法度に収録したものだと考えられる。以上から「公界」を〈中間法団体〉とする村井説は成立せず、市場の契約に関わりを持った「金融業者」「筆師」等々からなる市場関係者の会合ということになろう。

3　私の解釈・現代語訳

第一八条の解析図

「老若」が何を指しているかが問題である。先学は歴史用語の中にその意味を探ったが、より一般的な〈老若男女〉のことで、〈どんな人でも〉だと私は思う。第六・七条では「**何事にても候へ**」〈どんなことでも取り扱う〉とあったことに対応して、ここでは〈どんな人でも〉と強調し、〈諸沙汰について誰でも申し出てよい〉としているのである。それゆえ、案件の取り扱い手続きは〈老若の申し出→相良氏の役人→公界〉となる。

次に私の解析図を示したい。「諸沙汰之事」を事書として（主文）から独立させ、「訓戒的部分」の大部分を「付則」としたことが村井説と異なる点である。

（事書）　諸沙汰之事

Ⅰ（主文）　老若（より）役人江申出候以後、

Ⓐ（仮定）於公界論定あらは、申出候する人「道理也」とも、

（帰結）非義に可行

況、

Ⓑ（仮定）無理之由、公界の批判有といへ共、「一身を可失」之由、申乱者あり。至爰、自然有慮外之儀者、為道理者不運の死ありといふとも、

（帰結）彼非義たる者の所帯を取て、道理の子孫に与へし。所領なか覧者ハ、妻子等いたるまで可絶。よくよく分別有るべし。

Ⅱ（付則）　殊更其あつての所へ行、又ハ中途辺にても、惣而面に時宜をいふべからざる事。

第一八条の現代語訳

村井の現代語訳を参照にして現代語訳を試みると、次のようになる。

（事書）「買免」による売買契約などの雑務沙汰のこと。

（主文）老若男女（どんな人でも）（相良氏の）役人へ申出をして以後、Ⓐ公界が論定を出したなら、申出人が「道

理は自分にある」と言っても、（公界の判断を優先させて）非義＝敗訴とする。いわんやⒷ自分が負けだとの公界の批判があっても、相手に対して「一命を奪ってやる」と言い募り、万一にも慮外のこと（＝私闘）が起こり、勝訴人が不運にも死ぬことになったら、敗訴人の所帯を取り上げ、勝訴人の子孫に与える。所領がない場合は、本人はもとより、妻子などに至るまで家名断絶し追放処分にする。よくよく分別すべきである。

（付則）殊更相手の所に行き、あるいは行く途中で、おおよそ面と向かってその時にふさわしいと自分で思っていること（＝その時の自分の考え）を言うべきではない。

第六節　むすび

ここで〈長毎法〉全体を振り返り、むすびとしたい。

1　〈長毎法〉は大きく分けると「公共法」・「平和令」・「雑務法」に三分解できる。

2　第八条「以本田水開新田事」から第一一条「盗物買得事」までの「公共法」四カ条は、いずれも〈本主権の尊重〉という〈為続法〉の法の精神を引き継ぎ、〈為続法〉とは別な局面において法の原則を敷衍したもので、〈為続法〉の継承法である。中でも第九条「*内之者別人扶持事」と第一〇条「放牛馬事」は一揆契状＝「一揆法」と近いものである。

3　第一二条「讒者事」から第一五条「小者喧嘩事」までと第一七条「尋人事」は、「家中」や「領内」に平和を命じた「平和令」である。第一二条と第一三条「落書落文事」は「家中法」で、長毎の家中が「讒言」や「落書」で蝕まれていたことを示している。おそらく次の「大永の内訌」という内乱に関係して家中は病んでいたのだろう。「讒言」や「落書」を、相良氏は検断権の対象にするとして、強く禁止した。なお、第一四条「科人走入事」は寺社のアジール権に関わっており、第一五条も「家中法」で、「大法」である在地の慣習法に基づいている。

4　第一六条「文質物事」・第一八条「諸沙汰事」・第一九条「＊両売両質事」・第二〇条「売買和市事」の四カ条は「雑務法」である。第一六条では質券に「年期」の書き入れを命じ、第二〇条では市場の枡を法定枡の「四入」と定めた。これらは「公界の沙汰」に対する権力側の介入・統制の始まりである。第一九条においては「公界の沙汰」を排除して、両売り・両質については「主人」の検断権に委ねた。これは「公界」の権限を制限するものだが、同時に家中法でもある。

5　第九条「内之者別人扶持事」・第一二条「讒者事」・第一三条「落書落文事」・第一五条「小者喧嘩事」・第一九条「＊両売両質事」は「家中法」である。相良氏の関心が家中に注がれていたことを示している。

6　第一八条「諸沙汰事」の土地の帰属をめぐる裁判では、相良氏は「公界」の判断を重視している。一方、第一六条と第一九・二〇条の三カ条では「公界」に対して相良氏が統制を加えようとしており、〈為続法〉とは違う局面を示している。

7　〈長毎法〉と他の分国法とを比較すると、第九条は『今川仮名目録』と『甲州法度次第』、第一一条は『大内氏掟書』『塵芥集』『今川仮名目録』『六角氏式目』『新加制式』と『吉川氏法度』、第一二条は『吉川氏法度』、第一三条は『長宗我部氏掟書』、第一九条は『塵芥集』に似た法令を数えることができる。他方〈為続法〉〈晴広法〉には他の分国法と比較できるものはない。ここから三法令中では〈長毎法〉だけが分国法らしいものと言えよう。

第三章　晴広法

〈晴広法〉の概略と各条の分類

この部の「はじめに」で述べたように、〈晴広法〉第二一・二二条は「井手溝法」であると同時に、第二一条には「井手溝奔走」、第二二条には「井出溝之時」とあり、共に井出溝の補修のための夫役の定めである。また〈晴広法〉第四〇条は井手溝の保存を命じた「井手溝法」である。一方、〈長毎法〉第八条の「以本田水開新田事」も「用水路法」だったが、河川からの取水ではないので、「井手溝法」と区別すべきだろう。〈長毎法〉と〈晴広法〉の間で、灌漑技術に進歩があった。これらは既に第一章六節「「買免」の実例」で取り上げた。「用水路法」「井手溝法」は皆「公共の利益」のために相良氏が「公儀」の立場に立って発布した「領主法」である。

同趣旨の「公共法・領主法」には〈長毎法〉第一〇条「放牛馬事」や〈晴広法〉第二三条「田銭事」・第四一条「さし杉・竹木伐採事」がある。それゆえ第二一〜二三条と第四〇・四一条の五カ条は、「公共の利益」に関わる「公共法・領主法」となる。〈長毎法〉の「公共法」は、利害の対立する両者に対し裁判基準を示すものだったが、〈晴広法〉では、人々に対して「井手溝」の補修・管理を命じている。労働力の提供を課す「夫役」は「徴税」の一つに数えられるので、第二一・二二条は「徴税法」でもある。第二三条「田銭事」も「守護大権」に関わる「段銭」の賦課・徴収に関係した法である。

	第 29 条	第 30 条	第 31 条	第 32 条	第 38 条	第 39 条
盗み	○	○		○	○	○
売買	○	○	○			○

それゆえ、ここでは第二一～二三条を「徴税法」として一括したい。そして、これも「はじめに」で述べたように、第二四条「作子検断事」、第二五条「縁者検断事」、第二六条「縁約之娘検断事」、第二七条「*仕殿原百姓検断事」、第二八条「懸持検断事」の五カ条には「検断事」「検断之時」の言葉が共有されており、これらは「検断関連法」となる。こうして我々は第二一条から第二八条までを「徴税法」「領主法・公共法」「検断関連法」の三グループに分けることができる。

次の課題は第二九条以下となる。〈長毎法〉との比較から言えば「雑務法」「手続法」「平和令」の存否が問題となる。土地売買に関係した「雑務法」には第三一条があるが、「手続法」は見当たらない。第二九条から第三九条までのうち、第三二条から第三四条までは逃亡下人に関わる「下人法」で、第三五条から第三七条までは「一向宗排除法」として、一塊のものである。これらは共に治安維持を目的とした「平和令」と呼ぶことも可能だが、この二つのグループを除いたものが問題となる。それは、上の表のように「盗み」関連の法と「売買」関連の法の二種類となる（議論のために第三二条も含めた。下人の逃亡は〈下人が自分の体を主人から盗んだ〉とされている）。

第二九・三〇条と第三八条は「人宿」を舞台とした法で、人を騙して売る「人売り」に関わっていることから、「はじめに」ではこれを「狭義のスッパ・ラッパ法」と呼んだ。一方、第三一条と第三九条は売買・市場に関係した「雑務関連法」である。となると、第三一条から第三九条までは、広く見れば「世界の隙間」、流通界を背景とした犯罪に関わっているので「広義のスッパ・ラッパ法」と呼ぶことができる。これに対して第四〇・四一条は「公共法」で、前述の「徴税法」とともに「領主法」を構成している。

小　括――三分解・六分解

「はじめに」で述べたことの繰り返しになるが、〈晴広法〉二一カ条は、「徴税法」を含む「公共法・領主法」と「検断関連法」と「広義のスッパ・ラッパ法」に三分解でき、「広義のスッパ・ラッパ法」はさらに「狭義のスッパ・ラッパ法」と「逃亡下人法」「一向宗排除法」に小区分できる。第二九条以下の「スッパ・ラッパ法」は、治安維持を目的とした「平和令」だが、〈長毎法〉の「平和令」とは次元を異にしているので、ここでは「スッパ・ラッパ法」と呼んで議論を進めたい。

このように〈晴広法〉は三分解・六分解でき、それぞれひと塊になっているとも見えるが、第三八条から第四一条までの最後の四カ条は様々なグループに分散しており、付け足しであろう。つまり、最初の第二一条から第三七条までは最初「壁書」として成立したが、その後、四カ条が付け足された可能性があるのである。ただし、このような二段階成立説に立っても、「晴広様被仰定条々」全二一カ条の成立は天文二十四年（一五五五）乙卯二月七日で、第三六条に記されている白山の爆発は天文二十三年五月二十八日だから、第三八条以降の最後の四カ条はかなり短期間に補足されたのだろう。

第一節　徴税法――「守護大権」の継受1

初めに、三つの「徴税法」を取り上げる。第一章六節でも引いたが、あらためて第二一条から順に見てゆくことにしよう。

第二一条「＊井手溝奔走事」[1]

『大日本古文書　家わけ第五　相良家文書之一』の劈頭には「井手溝」とあり、百瀬今朝雄も事書を「井手溝事」としたが、この法では人夫の調達方法を問題としており、百瀬説に従わなかった。条文は次のようである。

一　井手溝奔走題目候。田数次第に、幾度も人数出すべし。人いださざる方の水口、一同に留むべし。

「井手」とは『国語大辞典』によれば〈田の用水のため、川などの流れをせき止めてあるところ、井堰〉のことである。ここから、「井手溝」とは「井堰から引いた溝」を言うのだろう。川の流れをせき止めた水の取口の「井堰」にしろ、そこから「田」まで水を引く「溝」にしろ、大雨が降れば破損する可能性があり、その場合には補修が必要で、そのために常に油断なく管理することが要求されていた。

この条文中の「題目」とは、書面に記された「奔走」などの命令書を言うのだろう。既に第一章で引用した「阿蘇文書」[2]では、肥後守護・菊池重朝が肥後国内の相良為続に阿蘇一二社と本堂の修造のため棟別銭徴収を命じたが、そこにも「奔走」の言葉は登場していた。「井手溝」の建設・補修は労働力の徴発を伴っていたので、それを「奔走」と言ったのである。「奔走」は棟別銭の徴収にも夫役の徴集にも使われ、この場合相良氏は、「井手溝」の夫役を田数に応じて出せと「井手溝奔走」の〈事業主〉に命じたということになる。その点では、後述する第二四条が想定する場面と共通している。

「井手溝奔走」の〈事業主〉は「小地頭・領主」であろう。労働力の提供に応じない方へは「水口」を止めよとの指示がある。「一同に」とあることから、これは相良氏の命令であると同時に、共同体の命令でもあったのだろう。共同体として用水路の確保を命じたものには一揆法の「福原広俊以下連署起請文」[3]第一条がある。それゆえこの法は、相良氏が公共の立場に立ち、共同体規制を前提として発布したもので、「公共法」でもある。賦課される夫役の人数は田数に応じていたのだから、原理的には相良氏側にその基となる「田数帳」「段銭帳」が存在したはずである。

現代語訳は次のようになる。

一　井手溝についての奔走が相良氏より書面で命じられた場合には、田数に応じて幾度も徴発に応ずべきである。労働力の提供に応じない方の水口は共同して止めるべきである。

第二二二条「*買地時井手溝事」

『相良家文書之一』の劈頭には「買地」とのみある。百瀬も事書を「買地事」とした。法令中から事書を形式的に取り出すならそうなるだろうが、私は法令の意味から考えて「買地時井手溝事」とした。それゆえ「買地の事」は以下の文に続く法令の一部だとして、行替えは行わなかった。条文は次のようである。

一　買地の事。かひ主うり主よりも、井手溝之時、十人ならハ、五人つゝ出すへき事。

この法を現代語訳する場合には、語順を改めて〈井手溝之時、買地の場合は、買主・売主より、十人ならば、五人ずつ出すべき事〉とした方が理解しやすいであろう。現代語訳は次のようになる。

一　井手溝の労働力提供が問題となったとき、買地の場合は、買主・売主よりそれぞれ、一〇人ならば、五人ずつ出すべきである。

第二二一・二二二条は共に〈相良氏→小地頭→領主→地下人〉という命令系統の下で出されている。また、既に述べたように、「買主・売主」の負担が折半とあることは、売られたものは土地の得分権で、売主は土地を耕作する経営権を持ち続けている「買免」形式の土地売買であったことによっている。

第二二三条「田銭事」

第二二三条は相良氏が守護大権の「段銭」徴収権を掌握したとの宣言である。『相良家文書之一』の劈頭には「田銭触」とある。事書は百瀬に従ったが、「付」の前後で主文と付則に分かれているので、行替えはしなかった。条文は次のようである。
一　田銭触の時、五日の内に相揃べき事。付。かひ地は、かひ主・うり主半分つゝいだすべき事。
前半の〈「田銭」の触が出たら五日のうちに揃えよ〉との命令は、〈五日目には催促使などの守護の使者が徴収に行く。遅れれば譴責使を派遣する〉との通知でもあろう。付則は第二二条と同じ「買地」についての原則である。この法の前提には、相良氏が段践賦課のため「段銭帳・土地台帳」を持っていたことがある。それゆえ、相良氏は個々の土地売買の際、売主・買主を特定して把握するため「買得安堵状」を発給していたと考えられよう。

小　括

以上三つの法令は次のことを示しているだろう。

1　〈長毎法〉が、利害の対立する両者の間に入って、「公平」を目指して「裁判基準」を制定したものだとすると、〈晴広法〉は、統治者の立場に立ち、「公共の利益」を守るために出されたものであった。

2　売買された土地に対して、労働力や段銭の提供が求められた場合、売主と買主はそれぞれ半分ずつを負担した。これは「買免」制度により、売買がなされていたからである。

3　相良氏は守護大権を掌握したとして、棟別銭や段銭を賦課するための「棟別帳」や「田銭帳」を整備しており、領内の土地を把握するために、土地の売買に際しては「買得安堵状」を発給していた。

第二節　領主法・公共法

「徴税法」と共通する「領主法・公共法」でありながら「徴税法」に入らない第四〇条と第四一条を「領主法・

公共法」として、次に取り上げる。

第四〇条「*井手溝古堰杭・樋事」

第四〇条も第一章六節「「買免」の実例」で既に取り上げたが、再度掲げる。事書は概ね百瀬に従った。条文は次のようである。現代語訳も続ける。

一　井手溝のふるのいくゐ・樋とり申候ずる者、罪科たるべき事。

（一　用水路の古い堰杭・樋を取った者は罪科にする。）

用水路の保全は日本神話における「天津罪」の「溝埋・樋放」以来のものであり、水田稲作を重視する「水利国家」としての我が国の伝統的な価値観に基づくので、これは慣習法に由来する立法であろう。〈晴広法〉だけでも「井手溝」の補修に関係する法が第二一～二四条と第四〇条の四カ条も存在することに注目すべきであろう。

第四一条「さし杉・竹木伐採事」

事書は百瀬に従った。条文は次のようである。

一　さし杉その他竹木、案内なく切り候者、見あひに、主人へあひ点合、其成敗あるべき事。

「さし杉」は「栗」の枕詞なので、「さし杉」＝「栗」とすると、この法令は「栗その他有用な竹木を、案内なく勝手に切る者は、見つけ次第、主人に断ってから、成敗すべきだ」となる。肥後熊本、中でも球磨郡は現在でも栗の名産地である。当時も栗の多収穫地帯だったとすれば、人々の食生活は縄文時代以来ずっと栗に依存していたのだろう。食料源の保護は社会の安定的な維持に必要不可欠であり、相良氏は公共の利益を守る目的でこの法令を発布したのだろう。しかしこの法には「竹木伐採の禁止」というもう一つの法が含まれている。これは、当時軍隊の移動や戦争に際して、城や砦を築く時に竹木が必要だとして、勝手に伐採が行われたことから出された禁令である。

小括

以上の二つの法令は次のようなことを示唆しているだろう。

1　〈長毎法〉が相良氏に出訴する限りでの「領主」や「百姓」を対象としていたのに対し、〈晴広法〉は統治権の及ぶ限りの人々全員を対象とし、公権力としての自覚に基づいて立法された。

2　公権力として人々から承認を受けることと、「水利国家」として用水路の補修を行い人々の生活を保障することとは見合っていたのであろう。

第三節　検断関連法——「守護大権」の継受2

ここでは第二四条「作子検断事」、第二五条「縁者検断事」、第二六条「縁約之娘検断事」、第二七条「*仕殿原百姓検断事」、第二八条「懸持検断事」の五カ条を取り上げる。この「検断」について勝俣鎮夫は『日本思想大系21　中世政治社会思想　上』の補注で、〈中世においては、犯人の財産・権益は、検断を行うものの手中に帰するという原則が存在した〉(4)とした。つまり公権力は「検断沙汰」に職権的に関わることで検断物を取得したのである。この「検断関連法」は、相良氏が守護大権の「検断権」を掌握したとの自覚に基づき、公権力が検断物を取得する際の原則〈検断権の範囲〉を定めた規定である。

〈為続法〉の中心が「雑務沙汰」だったのに対して、これは〈晴広法〉に特徴的な法となる。この「検断沙汰」について、鎌倉時代の裁判制度の説明書＝『沙汰未練書』では「検断沙汰トハ、謀叛、夜討、強盗、窃盗、山賊、海賊、殺害、刃傷、放火、打擲蹂躙、大袋、昼強盗、路次狼藉、追落、女捕、刈田、刈畠以下事也」とある。現在の「刑事事件」である。「検断権」は前節で取り上げた「段銭」徴収権と並び、守護大権に属していた。ここでの問題は、「行政法」の一つとして、相良氏側が行う〈検断物の処理の仕方〉である。検断執行者と犯罪者側との利害対立をなくすためのルール作りである。

第二四条から順に取り上げよう。

第二四条「作子検断事」

『相良家文書之二』の劈頭には「検断」「作子」とある。事書は百瀬に従った。条文は次のようである。読み下し文も続ける。

一 検断之所へ、作子置候者、主人可返。但、当作刈取候者、其年者公役すべし。又置主けんだん之時者、置き主の主人へ可付事。

（一 検断の所へ、作子を置き候はば、主人に返すべし。但し、当作を刈り取り候はば、その年は公役をすべし。また置き主検断の時は、置き主の主人へ付くべきこと。）

この法令には「但」があり、次に「又」がある。法令全体は「又」の所で前半部と後半部に二分でき、前半部は「原則部」と「但」以降の「例外部」とからなる。「原則部」で「検断」の対象となる犯人は、用水路の建設・補修とか道路工事などの公共事業や、「領主」の下で行われる田植え・稲刈り等々の〈事業主〉で、この〈事業主〉である犯人の下に「作子」が集められ、犯人の下で一時的な共同生活をする中で起きた検断だろう。「作子」やその「主人」は、この場合の犯罪とは無関係で、偶然犯人の下に「作子」を置いていたとの設定である。これは用水路法・井手溝法に対応した法でもあろう。

先に我々は相良氏領国内の身分秩序を〈相良氏―小地頭―領主―百姓―下人〉とした。「小地頭」とそれを中心に「衆中」を構成している「領主」との間は「寄親―寄子関係」で結ばれていただろう。[5] この場合の〈事業主〉は「小地頭」か「領主」で、「置き主」は「百姓」であり、「作子」はその「下人」となろう。この「作子」を勝俣鎮夫は頭注で〈南九州地方に多くみられる領主直属の隷属農民。身分的には下人と同類〉と説明している。相良氏は「原則部」で「作子は主人に返すべし」と命じた。〈事業主〉が逮捕されたのだから、当然事業は中止で、作子が本の主人の下に帰るのは自然である。

一方、「例外部」は「公役」がテーマである。この「公役」を勝俣鎮夫は〈大名の賦課する課役〉とした。従いたい。相良氏は「例外部」で、「当作を刈り取った場合には」収穫物は犯人の〈事業主〉の手元にあるが、検断物とはならず、その年に限り「公役」は相良氏に支払うべきだとしたことになる。これは検断権者と相良氏との間の取り決めである。

後半部のテーマは「置き主」つまり「作子」の「主人」が検断の対象となった場合である。ここで相良氏は「作子」を「置き主」の「主人」に付けよと命じている。「置き主」の「主人」とは〈事業主〉か〈寄親〉を指していよう。これに対して勝俣は補注で〈主人に対する検断の場合、当然、作子はその主従関係に基づき、検断を行うものの手に帰すべきであると考えられる〉として〈何故これが置き主の主人に戻されるのか不明である〉とした。しかしこの「置き主の主人」が〈事業主〉の場合は、第二一条で取り上げた「井手溝奔走」などの公共事業の継続を相良氏は重視しており、そのため「置き主の主人」=〈事業主〉に「作子」を帰属させたのだろう。また〈寄親〉の場合は、「買免」の実例で取り上げたように、「買免」の行われる世界には「下地治定」という共同体的な仕組みがあったので、寄子の共同体が「作子」の流失に抵抗したことが考えられる。

後の第六節「下人法」で明らかにするように、〈晴広法〉の下の「下人」は、「主人」の支配よりはむしろ国家的な支配に服しており、相良氏は地域社会全体=「衆中」の労働力=「下人」の確保を図っていたのではあるまいか。そうだとすると、「作子」は「主人」との主従関係よりも、「衆中」全体の労働力と見なされて「衆中」で抱えたものとされ、個々の「主人」との主従関係は弱く、むしろ逃亡下人に対する主人たちの「人返し協約体制」(6)の方が大きな力を持っていたことになる。その理由の一つとして、〈長毎法〉の段階と〈晴広法〉の段階とで、灌漑技術に進歩があったことが挙げられよう。つまり、「本田」の水で「新田」を開く「用水路法」から、河川から直接取水する「井手溝法」へと変化しているのである。その結果、灌漑に必要な労働力は桁違いに拡大した。このことが「下人法」にも大きな影響を与えたのだろう。それゆえ、勝俣の想定は当てはまらないのではなかろうか。

この法令の現代語訳は次のようになろう。

一 (「小地頭」や「領主」が罪を犯したので)検断の対象となっているところに、「百姓」が「作子」を置いている場合、(犯人の「領主」と「作子」との間には何のつながりもないのだから)「作子」は主人である「百姓」に返すべきである。ただし、その年の収穫物を刈り取った場合には、その年に限り、(検断物として没収することなく)「公役」は相良氏に納めるべきである。

また、置主である百姓が罪を犯して検断の対象となり、百姓の所有物が没収された場合には、作子は置主の主人、つまり「小地頭」や「領主」に付けるべきである。

第二五条「縁者検断事」

第二五条について『相良家文書之一』の劈頭には「縁者」とある。条文は次のようである。読み下し文も続ける(文意を明確にするために「 」を挿入した)。

一 検断之所へ、縁者格護之時、従他領、我々兼日格護候が、帰りに来候などゝ申候。是は無検断さきに、連々彼者之事、そなたへ誂置候由、点合なく候者、可為検断儘事。

(一 検断の所へ、縁者格護の時、「他領より、我々兼日格護し候が、帰りに来り候」などゝ申し候。「これは検断なき先に、連々彼の者の事、そなたへ誂え置き候」由、点合なく候はば、検断の儘たるべき事。)

「兼日格護」の言葉は第三〇条にも「兼日格護無用に候」として出て来る。「兼日」は『国語大辞典』によれば「①かねての日、また、あらかじめ、日頃。②歌会の行われる前に、あらかじめ題が出され、高い以前に歌をよみ用意しておくこと。また、その歌会」である。この場合は①の「あらかじめ、日頃」の意味であろう。他方「格護」とは、同じく『国語大辞典』によるなら〈①援護、助成すること。扶養、保護すること。②守り備えること。まもり。守備。③所持すること。保有すること。④領有して支配すること。領知〉である。この場合は①の「扶養、保護すること」であろう。犯人の家族は犯人＝主人の所有物として検断の対象となるのが一般だったが、「縁者」は家族よりは関係が薄く、検断の対象となるか否かは微妙な問題であった。

「従他領、我々兼日格護候が、帰りに来候」の部分は犯人側の主張で、これは言葉の順序を変えて〈「我々兼日格護候」者が「従他領、帰りに来候」〉となり、「日頃保護していた者が他領より帰ってきた」となるので、「他領にいたから」が犯人側の引き渡さない口実となるのだろう。この主張を相良氏は「是は検断なきさきに、連々彼者之事、そなたへ誂置候」と言い換えている。これに対する「点合なく候はば、検断の儘たるべき事」は相良氏の判断である。これは、後述する第三〇条の、人売り家業の人＝スッパに対する検断法の理解の参考にもなるであろう。犯人側と検断の執行者の間では当然利害は対立し、犯人側が様々な口実を作って抵抗していたことが想定される。

現代語訳は次のようになる。

一　検断の行われる屋敷内に犯人が縁者を保護している場合、「たしかに以前は我々が保護していましたが、たったいま他領より来たばかりです（連れて行かないでください）」などと言うことがある。これを認めると、「これからもずっと犯罪の摘発以前に彼者（＝縁者）をそちらの方（＝他領）に頼んでおかせてもらっていた」との口実を主張する事態となる。他領の人の言葉と照合しない場合は、検断権者の手中に帰すべきである。

第二六条「縁約之娘検断事」

第二六条について『相良家文書之一』の劈頭には「婚約」とだけある。条文は次のようである。読み下し文も続ける。

一　検断之時、むすめ兼てさきへ約束候共、むかへず候はゞ、けんだんまゝたるべし。至其際、請取候はゞ、婿可為科事。

（一　検断の時、娘兼ねて先へ約束し候とも、迎へず候はゞ、検断儘たるべし。その際に至り、請け取り候はゞ、婿は科たるべき事。）

「女三従」の原則に「結婚前は父に従い、嫁しては夫に従え」とあったこととの関係で、「親が罪を犯せば、娘は検断執行者の手に帰す」が原則であった。その中でこの法は、「父」と「夫」の中間にある〈縁約は定まっているが、嫁取りに至ってない場合〉の娘の処分の定めである。現代語訳は次のようになる。

一　検断の時、兼ねてより先方と縁約をしてきたのに、嫁に迎えていないで親元にいる娘の場合は、検断権者の所有となる。その時になって婿が娘を受け取る場合は、婿を科とする。

ここで登場する娘は「婚約」が決まっていても、親元で生活している以上、親の検断物となるとの定めである。

第二七条「*仕殿原百姓検断事」

第二七条について『相良家文書之一』の劈頭には「殿原」とのみある。百瀬はこの法の事書を「殿原検断事」としたが、私は検断の対象は「殿原」ではなく「百姓」だと考えて、事書を改めた。この第二七条とその読み下し文、現代語訳はそれぞれ次のようになる。

一　百性検断之時、殿原に仕候由共候。其地を格護候上者、百性に伏せられべし。けんだんまゝたるべし。

（一　百姓検断の時、「殿原に仕え候由」共に候。その地を格護し候上は、百姓に伏せられべし。検断儘たるべし。）

（一　百姓身分の者に対して検断が行われる際に、犯人の百姓側が「自分は殿原（＝地侍層）に仕える者であるから、検断の対象にはならない」と主張する場合がある。その土地を現実に支配（耕作）している以上は、土地付きの百姓＝「本作人」は主人である百姓のもので、検断権者の所有物となる。）

ここでの「格護」は「所持」「領有」の意味であるが、より正確には「本作人」が問題で、「本作人」が「百姓主人」の土地を現実に耕作していることを「格護」と言っているのであろう。そしてその「百姓主人」が「検断」の対象になった場合である。「本作人」側の主張は「殿原に仕えている」である。「殿原」の「使用人」と「百姓主人」の下での「本作人」と、どちらが社会的な関係として重いかが問われている。「本作人」が本業で、「使用人」は臨時のパート的なものとなるのであろうか。「百姓主人」が「検断」になれば、「本作人」も連座して、「検断物」としての没収されたのだろう。

「百姓主人」の下で農耕に励んでいる者が、「殿原」に「仕えている」と言っても、生活は多く「百姓主人」に依存しているのだから、「百姓主人」の「検断物」となる。「殿原」は「侍」身分と「百姓」身分の中間に位していたので、それほど大量の扶持を与える余裕はなかったであろう。

第二八条「懸持検断事」

第二八条について『相良家文書之一』の劈頭には「懸持検断」とある。条文は次のようである。読み下し文に続けて現代語訳を掲げる。

一　懸持検断之時、百性を仮屋なとと候事候。然と其在所を居屋敷ならず候者、検断まゝたるべし。

（一　懸け持ち検断の時、「百姓を仮屋」などと候事の候。然とその在所を居屋敷ならず候はば、検断儘たるべし。）

（一　本拠地ではなく懸け持ちで持っている土地が検断の対象となった場合。「百姓を仮屋に住まわせている（ので、自分の懸持地とはいっても、名目的なもので、実際は百姓のものだから、没収の対象にはならない）」などと主張することがある。しかし、しっかりとその在所を百姓が居屋敷にしていない場合は、検断物として没収する。）

この法の対象は本拠地のほかに懸け持ち地を持っていた「領主」「小地頭」であろう。「仮屋」と「居屋敷」が対比されている。臨時的に住んでいるので「仮屋」なのであろう。これに対して「居屋敷」とは、そこに腰を据えた住まい方であろう。生活を中心に見る点では第二六・二七条と共通している。

小　括

以上の五つの法令が示していることを次にまとめる。

1　「検断権」は守護公権に関わり、相良氏の統治権の新しい象徴であったが、これらの「検断関連法」からは、検断の対象となった人々がいろいろな口実を設けて、検断物の没収に抵抗していたことが窺われる。相良氏は、統一した基準の公示を迫られていた。これは、相良氏が守護大権を主張して戦国大名化が始まったばかりという、「晴広法」の持つ時代的な背景を示していよう。第二四条「作子検断事」が第二一条「*井手溝奔走事」と強い関係にあり、第二五条「縁者検断事」が第三〇条の「*養置者売却入質事」と強い関係にあることから、用水路の補修法や人身売買の禁止令が先にあり、それに関連する法を「検断関連法」や次に見る「スッパ・ラッパ法」にまとめ直したのであろう。

2　〈長毎法〉の段階と〈晴広法〉の段階とで、灌漑技術に進歩があり、「本田」の水で「新田」を開く「用水路法」から、河川から直接取水する「井手溝法」へと変化した。これに伴い、灌漑に必要な労働力は拡大した。その結果、「下人」は「主人」の所有物ではあるが共同体全体にとっても必要なものとされるに至った。

3　第二六条「縁約之娘検断事」・第二七条「*仕殿原百姓検断事」・第二八条「懸持検断事」からは、検断の当人と生活圏を共有していた人は検断物とされたことが分かる。

〈晴広法〉の特徴

以上に見てきたように〈晴広法〉には、これまでの〈為続法〉〈長毎法〉にはない、新しい局面の展開がある。技術革新に関わるものを別とすれば、それは、社会の上に立つ統治権の持ち主としての、守護大権掌握の自覚から来ている。その第一の現れが、段銭徴税権を中心とする領主法・公共法であり、第二の現れが、検断関連法であった。

〈晴広法〉に特徴的なのは、統治権の新しい象徴たる検断権を発揮すべく、社会秩序に敵対する〈あってはならない重大犯罪〉を列挙して、どうしても認められないものとして取締りを宣言したことである。これが、次に見る「スッパ・ラッパ法」であり、このうち第二九・三〇・三二・三八条は、相良氏が守護大権継受の宣言であると同時に、検断権発揮の対象として、典型的な犯罪を列挙したものだと理解できる。ここに、(下人を扱った第三二条を除く)三法を「狭義のスッパ・ラッパ法」と名づける理由もある。

ただし次の第四節ではまず、折口の言う「スッパ・ラッパ」を考察した後で、第三一条と第三九条を取り上げたい。第三一条「売地事」は土地売買に関する立法であり、第三九条「*爰元外城町なしか事」は別当による行商人からの売買営業税「なしか」の徴収や盗犯「スリ」を問題としている。「スリ」と「スッパ」は言葉が近く、盗犯として共通している。彼らの犯罪は流通経済に関わる市場の「雑踏」の場で行われ、第三九条の「主文」は「公界」に関わる法となっている。

そして第五節で「狭義のスッパ・ラッパ法」=第二九・三〇・三八条を取り上げる。第二九条は女を「結婚しよう」と騙して売る場合であり、第三〇条は「人宿」に「養い置いた後」人を売り、また質入れすることの禁令である。第三八条は、はっきりとした離婚の印もないのに新しい縁を求めることの禁令である。

第四節　「スッパ・ラッパ法」とは何か

新しく家督を継いだ晴広には、秘密裏に兵を集めて行う陰謀の予防が課題であった。そのため夜盗やスッパ・ラッパなど、傭兵集団に発展する可能性のある領内の武力集団の一掃や、守護・地頭に敵対して年貢・公事を不払いし一向一揆へ発展する可能性のある一向宗徒の入国を水際で防止することが必要であった。先に見た第四一条の「竹木伐採の禁止」は、こうした領内の武力集団の一掃とも密接に関わっていよう。それゆえ〈晴広法〉では、悪党とのつながりを持ちやすい逃亡下人や、一向宗・物知・山伏などの漂白者を「一向宗の基」として取締りの対象とした。これが〈晴広法〉の中に「スッパ・ラッパ法」が存在する大きな理由である。

折口の言う「スッパ・ラッパ」

スッパ・ラッパの理解には折口信夫の「ごろつきの話」[7]が参考になる。折口は〈「スッパ」とは「ラッパ・スリ」と同類の「盗人職」で、本々は「野武士・山伏」などとも同じもの〉、そして「スッパ・ラッパ」の中で〈より団体的なものが「ラッパ」〉だとした。さらに〈北条早雲のラッパ利用は有名だが、その専門は傭兵となって諸国の豪族に腕貸しすることにあった〉、〈江戸時代に入ると平和な時代となり戦争がなくなったので、傭兵は職を失い、「ラッパ」の親分は「人入れ稼業」の「侠客」となり、子分たちを大名の家に売りつけた〉、〈「ラッパ」が大名に取り入るのに男色・女色を用いた〉とした。

この「スッパ」「ラッパ」に関連して、藤木久志は「足軽」を〈悪党的な傭兵[8]〉とし、中村信二は「忍者」の呼称の一つ[9]とした。永原慶二は「忍者」を〈被差別民[10]〉としている。『古語類苑[11]』「兵事部八」には〈大名側が捕えた野武士・強盗を殺さない代わりに、妻子を人質にとり、大名のために働かせた〉とある。『太閤記』に語られる矢作橋での蜂須賀小六は野武士で、また信長の傭兵だったのだろう。『川角太閤記』には、天正十四年に黒田官兵衛が豊前小倉の周辺において、薩摩の被官で給地のない「無足人」で「毎夜夜討・強盗隙なく」行う「野郎」三千人ばかりを一人残らずなで斬りにし、妻子もハタ物にあげたとある。これは「スッパ・ラッパ」の九州版である。この「野郎」は琉球征服にも参加したという。

腕力・武力に優れ、倫理・道徳において一般社会から逸脱し、特異な服装をしている点で、戦国期の「スッパ・ラッパ」は鎌倉後期の異形・バサラの「悪党」や応仁期の「足軽」と通底している。中世では石井進が明らかにしたように、罪を犯して処罰されるところを許された者が下人になっており、下人は本来的に〈誡められた〉存在[12]で、本源的に犯罪者と見られていたことから、「下人」と「スッパ・ラッパ」は近い存在だということになろう。近世初期の奉公人たちが年季明けに「人宿」に戻り、歌舞伎の風俗をまねたことはそのことを示している。ここから「下人法」は「スッパ・ラッパ法」に関係しているとなる。

森田誠一は『熊本県の歴史[13]』で〈江戸後期の寛政元年の人吉町には土蔵九五軒、問屋十七軒があって繁盛していた〉と述べ、後者の内訳を「川舟問屋一、他領川舟問屋四、商品問屋六、日雇問屋二、杣子問屋三」としている。この「日雇問屋二」が折口の言う「人入れ稼業」の「口入れ屋」に当たるだろう。おそらく江戸時代の年季奉公人たちが年季明けに戻った「人宿」とはこうしたものだったろう。江戸時代後期であれば社会的な必要から「人入れ稼業」は公認されたが、戦国期には禁止・抑圧されていた。それは当時の人入れが「売買・質入」形式で行われ、近世の「遊女奉公」の場合と同様の、人身売買だったからであろう。

また、折口の言うように「スッパ・ラッパ」が「野武士・山伏」に関わっていたなら、〈晴広法〉第三三条「*被雇人夜討・山立・屋焼事」の法は「スッパ」関連法となる。

第三九条「*爰元外城町なしか事」

ここではまず第三九条を取り上げる。第三九条は「主文」とその「付」からなり、「主文」は〈売買をするものは別当へ商業税・市場税の「なしか」を納めよ〉との命令だが、「付」は「スリ」の取締令である。『相良家文書之一』の劈頭には「被官ノ売買」「すり取」とある。『相良家文書之一』の校訂者の考えでは、「主文」のテーマは「被官ノ売買」で、付則のテーマを「すり取」「掏り」としたことになる。ここから百瀬今朝雄は、この法の事書を「被官売買事」としたが、私は法令の中心は「なしか」(＝商業税)の収納にあると考え、百瀬説を採らなかった。条文は次のようである。読み下し文も付ける。

一　爰元外城町におゐて、なしか、何がしの被官などと申候而、別当へなし不申候、曲事に候。今よりは、誰々被官候共、売買いたし候上者、なしか先代のごとくなし可申事。
　付、すり取之事、くみ候而すり申候間、袖をひかへ候ずる者、しかじか糺明たるべき事。

(一　爰元外城町において、なしか、何がしの被官などと申し候て、別当へ為し申さず候、曲事に候。今よりは、誰々被官に候とも、売買致し候上は、なしか先代の如く為し申すべき事。
　付けたり、掏り取りの事、組み候て掏り申し候間、袖を控へ候ずる者、しかじか糺明たるべき事。)

条文の最初の「爰元」「外城町」を、勝俣鎮夫は頭注でそれぞれ〈相良氏自身を指す〉〈直轄領〉としたが、近世鹿児島藩の「外城」は鹿児島の「内城」に対する「外衛の支城」で、中世以来の「城塞」を指したことから、この場合の「爰元」は球磨郡の「人吉城」を、「外城」は各地の「小地頭」の居館の「城塞」を指し、これら武士の「城塞」と寺社門前町との複合体として「町」が形成されていたと解すべきであろう。つまり、「爰元外城町」は人吉を中心とする球磨郡内の町場や市場、さらに道や川からなる交通のネットワークを指すとしたい。いくつもの道や川の集合点が「世界の隙間」であり、多くの場合ここに市が立ち、神社や仏寺があった。例えば、第Ⅰ部で見たように『結城氏新法度』の世界では「神事祭礼の場」に「市」が立ち、高橋の祭りには他領の小山の者も参集していた。こうした賑わい・雑踏を目当てに「スリ」も活躍しただろう。結城氏は神事祭礼・市町の場の暴力事件の頻発に頭を悩まし、「奉行」を派遣して取り締まっていた。ここから、『相良氏法度』第三九条もまた「市場・流通・交換」に関わった行商人たちのネットワークを踏まえた法令であることが推察されよう。この法令では、営業のためには商業税・市場税の「なしか」を「別当」に納めよとある。この「なしか」を勝俣は頭注で〈「成箇」か。通常、年貢・公事を指すが、ここでは商業税もしくは市場税を〉とした。従いたい。

注目すべきは「何がしの被官など申候而」である。商業税・市場税の「なしか」を納めるのは「商人・職人」だが、彼らは同時に武家の被官でもあり、ここでは主人の権力を笠に着て「なしか」を支払わないと主張している。被官である商人は「行商人」で、「外城町」の市場を根拠に、周辺の村落にも行商に出掛けていた。一方、「別当」には、相良氏から「行商人」への統制権が与えられていた。「別当」は商人たちのネットワークを支配し、「なしか」の納付に対しては鑑札を交付した。町や市場の入り口の木戸番が、出入りの商人の鑑札の有無を監視していた。条文には「先代のごとくなし可申事」とあり、「別当」の「なしか」徴収は伝統的なもので、鑑札の有効範囲はおそらく支城ごとであっただろう。

この「別当」が僧侶・山伏などから選ばれていたのなら、鎌倉期の「山僧・神人の代官」体制が存続していたことになり、『相良氏法度』の世界は鎌倉末期の悪党が活躍する社会に近かったとなる。そして、第一八条の「公界」の構成員には「別当」を始め金融業者の山僧・神人が含まれていただろう。「別当」について『国語大辞典』の(14)では『相良氏法度』のこの条文を引き、〈町役人〉としたが、(15)では「地方凡例録」の「西国筋にては庄屋を別当といふ所もあり」を引き、〈庄屋・村役人〉としている。「別当」は「町奉行」など家臣からの派遣官でなく、町の有力者が任命された。

『熊本県の歴史』(14)には、〈人吉藩成立時の人吉城下町は文禄三年に町立てがなされ、九日町・五日町・七日町・二日町に諸郷より職人を移して大工町・鍛冶屋町・紺屋町をつくり、朝鮮人を住まわせて唐人町が形成され、町には町別当が置かれて町政を行い、その下に五人組が組織された〉とある。この「九日町」等々が、青森県の八戸城下町を構成した十三日町・八日町と同じ成り立ちだとすれば、城下で九日・五日・七日等々に市が立ち、旅籠や市場在家があっても普段は閑散とした所に、職人たちを定住させ、町場に変更したものだろう。そして当時の相良氏は、こうした兵商未分離な商工業者を家臣団の内部に抱えていたことになろう。武家であると同時に「宿」を経営し、商工業者たちを被官として抱えていたのだろう。この点は兵商分離という身分制度の明確化を目指した『結城氏新法度』の世界とは大きく異なり、本書における下総・結城と肥後・球磨郡との違いとして注目すべき点となる。

この法で相良氏が、「外城町」を支配する立場の「別当」に対し、武家被官である商人たちからは伝統的な営業税の収納を命じており、また町の治安維持のため、新たに「スリ」の取締りに当たるように命じていたとすれば、「主文」と「付」は矛盾なく理解できよう。

第三九条で「別当」が商人たちから「なしか」を徴収し、「スリ」の取締りをも行っていたとすれば、この両者の関係は、金融業者で「人宿」を営む「スッパ・ラッパ」の親分が「別当」に据えられ、商人頭として商工業者たちを支配下に抱えていると同時に、一昔前は「スリ」の親分でもあった、となろう。相良氏権力と「公界」の関係は、〈為続法〉〈長毎法〉の時代には共存・交争関係にあったが、〈晴広法〉の段階では、相良氏は一方では町の有力者・「公界」のメンバーを「別当」として自己の権力内部に取り込み、他方では「公界」の関係者の一部を、犯罪者として取締りの対象として対決したことになる。

「爰元外城町」には「別当」が配置され、彼らは「スリ」のみならず広く「公界」のメンバーで悪事を働く「スッパ・ラッパ」たちを取締りの対象とした。それゆえ、スリの親方が「別当」となると、スリを廃業しても、「別当」には一定程度の武力・警察力が必要なことから、スリの子分たちには市場監視の仕事が生まれた。第三一条では「本作人」が土地売買に介入して「違乱」に及ぶのをやめさせ、第三二条では「逃亡下人」や第三五条の他郷の山伏たちを見張り、第三八条では「仲たち」の斡旋を取り締まることなどが新しい仕事となった。ここから〈晴広法〉では、領内のスッパ・ラッパの活動の諸形態が禁令の形で示された。

この「付則」では「スリ」が集団で活動しているとあるが、彼らの営業の場は、神社や仏寺の祭りの際の雑踏であることから、人吉城下や支城での祭りの場に限られていただろう。支城の数と小地頭の数が対応しているとして、それほど多くの「スリ」の集団が球磨郡内にいたとは考えられず、数個の集団が祭りの場を巡回していたと考えるべきであろう。その点では町場を巡回して歩く「行商人」と変わりがなかったことになる。しかし、晴広支配下の相良領内においては「行商人」集団は、配下の「別当」の保護下に置かれていたのに対して、「スリ」の集団は非合法化され、抑圧の対象であった。

現代語訳は次のようになる。

一　球磨郡内の「人吉城」と各地の「小地頭」の居館の「城塞」「支城」を中心とした〈行商人たちのネットワーク〉において、彼らは〈商業税・市場税〉である「なしか」を「別当」へ納めるべきであるのに、「何某の被官」などと主人である相良氏の家臣の名前を言って、「別当」へ納めないことは「曲事」である。今よりは「誰々の被官」であろうとも、行商人として「売買」をしているからには、先代のように「なしか」を納めるべきこと。

付けたり、「人吉城」や「支城」の雑踏の場における「スリ」のこと。集団を組んで「スリ」をしているので、「袖を控えて」いる者を見つけ次第、糾明すべきこと。

第三一条「*売地事」

第三一条は土地売買に関する法である。『相良家文書之一』の劈頭にはただ「売地」とのみある。百瀬は「本作人と候而」を〈「本作人」と名乗って〉だと理解し、これを詐欺行為の一つとし、事書を「称本作人違乱売地事」

とした。「本作人」だとの〈身分詐称〉とすれば、逆に「売り地」に対して、本来「本作人」は正当な権利を持ち、第三者の取引に対して「違乱」に及ぶ権利を主張できたと言える。第一章一節で取り上げた「相良為続置文」では「願成寺領」を耕作する「裏里の人」が登場した。第一章五節「「買免」とは何か」で取り上げた天正十一年（一五八三）の「年期売り文書」では、売主・春信と買主・善福院が「加茂三位田」を「十五年年紀」の条件で土地を年期売りしたが、田地の耕作に当たる「海膳寺直弘・笠畑定数・橋爪長般・前山長昌」が証人になって善福院に「証文」を出した。この四人は春信の配下の本作人で、四人は売主・買主間の契約を実際に保証したのだろう。本作人が売買契約に保証人として登場したのだから、その本作人が土地への売買契約に違乱を申し立てることは可能だった。それゆえ身分詐称の必要はないと思い、事書は『相良家文書之一』の校訂者に従うことにした。本文と読み下し文を続けて示す。

一　売地之事。
　本作人と候而、いらん無用候。誰人にも可売事。
（一　売地の事。
　本作人と候て、いらん無用に候。誰人にも売るべき事。）

勝俣は補注で、〈本条がいかなる状況を想定して立法されたか不明であるが〉としながらも、一応のものとして、次の解釈を示した。〈A（本作人）からBが土地を買い、Bがさらにその土地をCに転売しようとした際、Aが、本来この土地は自分の土地であるから自分のところに売れと強要することを禁止したもの[15]〉と。本作人が売ることのできる土地の権利は「作人職」のはずなのに、勝俣説では名主職を売買していることになる。勝俣には混乱があり、私は、この解釈は成立しないと思う。「本作人」についてこれまで取り上げてきたことをここで整理したい。

〈為続法〉の段階では、「土地の売買」とは「売免」形式のもので、本銭返し・年期売りに近く、現代の我々の持つ所有権の観念と異なり、売主の取戻しが前提だった。売買の対象は名主職であった。勝俣は「買免」を第一条の頭注では〈年季明請戻特約本銭返のごとき性格を持つと思われる〉としながら、それ以後では「無年期有合次第請戻特約」と改めた。「無年期」であれ、「一年年紀」であれ、「一期年紀」であれ、「売主」「買主」の土地への納税や夫役の義務は「売主・買主半分ずつ」だった。売主側の取戻しの点では「売買」と「質入れ」の間に区別がなく、法令解釈のポイントは「本主権」にあった。売買の両当事者は共に相良氏の家臣で領主層に属していた。土地を売っても、売主の社会的な地位は変わらず、本作人に転落することはなかった。

これに対して〈長毎法〉の段階では、「年期売り」や「質入れ」が登場し、「両売り」「両質」が禁止の対象となった。ここで初めて「質」が相良氏の商品取引や市場の世界に登場したことになる。「両売り」「両質」を犯した者は「主人」の刑罰権に服すとあったことから、「両売り」「両質」の主体は「地下人」であった。「質」は「売免」形式の「売買」と比較すると少額で、「売免」形式の「売買」の当事者が相良氏家臣団を構成しているのに対し、「質入れ」の当事者は地下人である。地下人の耕作権が物権の「作職」として市場の売買・貸借の世界へ登場したことが画期的であった。〈長毎法〉の段階に至り、小領主や大百姓相互間の「買免」形式による名主職の売買とは異なる土地売買が現れ、百姓間に身分の分解が進んだ。第一九条では名主職を手放したものが「本作人」の身分へ転落した。

〈為続法〉から六二年後に制定された〈晴広法〉の第二三条「買地事」では、相良氏が課す用水路の修繕に対して、売買の両当事者は計一〇人ならば五人ずつ、平等に責任を負うべきとされ、第二四条「田銭事」では、段銭に対して「買主・売主半分ずつ」の分担だとし、売買の両当事者が平等の責任を負うとされていた。ここで前提とされる土地の売買契約は「買免」形式のもので、契約の当事者は小領主や大百姓で、身分的には対等で、上下関係はない。

しかしながら、同じ第三一条「買地事」には「本作人」が登場する。おそらく名主から本作人へ転落したものが違乱に及んだのだろう。この第三一条は、違乱に及んだ者の主観では、今では「本作人」だが、本来は「本主」

だったとしてか、または年期売りを保証する権限があるとして違乱に及んだか、のいずれかである。相良氏はそれらの主張には根拠がないとして、今では「地下人」の「本作人」にすぎず、名主職を主張する権利のある「本主」ではないとしたのである。名主の下で耕作をしている本作人には、名主の行為に対して主張する権限はないとして「違乱」だと判定を下したのである。つまり、百瀬は「本作人と候て」を本人が偽って言った言葉だと理解し、一つの詐欺行為としたが、私はこれを裁判官・相良氏の判決の言葉と見たいのである。それゆえ法の主旨は、「土地売買の際、誰も違乱に及んではならない。売買の自由を守り、誰にでも売るべきだ」となる。相良氏はたとえ本主であったとしても「本作人」の権利を認めないとしたのである。とすれば、これは一つの判決の事例を法令に載せたものとなるのだろう。現代語訳は次のようになる。

一　売地の事。
　本作人だと言って、違乱に及ぶことはあってはならない。誰にでも売るべきである。

小　括

この節で述べてきたことをまとめておく。

1　第三九条「*爰元外城町なしか事」も第三一条「*売地事」も共に市場の流通に関わる法である。「公界」に対する相良氏の関与をうかがわせるものである。

2　第三九条の「主文」は、球磨郡の町場である本城や支城で商売を行っている者たちが、相良氏の家臣の被官であることを理由に、営業税を納めないとの主張を禁じたもので、家臣たちが行商人たちを「被官」として抱えていたことがわかる。「付則」は「スリ」の取締りに関するものである。

3　行商人たちは相良氏の家臣の「被官」であるが、同時に商人たちのネットワークを支配していた「別当」の支配下にあり、営業税「なしか」の納付に対しては鑑札が交付されていた。町や市場の入り口の木戸番が、出入りの商人の鑑札の有無を監視していた。「先代のごとくなし可申事」とあり、「別当」の「なしか」徴収は伝統的なもので、鑑札の有効範囲は個々の「外城町」に限られていただろう。

4　第三一条では、かつての「名主職」所有者が没落して、今は「作任職」だけの所有者に落ちぶれているのに、かつて持っていた「本主権」を主張しても、それは「違乱」であり、そのような行為は禁止する、と相良氏は大名法廷で裁決を下した。この法はその時のものである。

第五節　狭義のスッパ・ラッパ法

前述のように第二九条「*女房とかづし売事」、第三〇条「養置者売却入質事」、第三八条「仲媒事」は、第三二条「逃亡下人事」と共に、いずれも秩序破壊行為として、相良氏にとっては見過ごせない大罪を扱っている。『相良家文書之一』の劈頭には第二九条「孀ノ売買」、第三〇条「人身売買」とあり、人身売買が前二者の二法令に共通しているとある。こうした恐ろしい売買の行われる場所は、人が様々な社会的な保護から離れ、「平和」のない異邦人として相対する「市場」である。より具体的に示せば「市場在家」の中の「人宿」であろう。こうした場に対しては「別当」が監視の目を光らせることが相良氏の領国支配の仕組みであった。これらはまた「公界」に関わる法だとも言える。前節で見た第三一条、第三九条も売買に関係して「掏り」や「違乱」を扱っていた。この節では狭義の「スッパ・ラッパ法」である第二九・三〇・三八条の三つを取り上げて分析したい（第三二条については下人法として次節で扱う）。

第二九条「*女房とかづし売事」

上述のように『相良家文書之一』の劈頭には「孀ノ売買」とある。百瀬今朝雄はこの事書を「売寡婦事?」としたが、これは「寡婦売買禁止令」なので私は「女房とかづし売事」とした。条文は次のようである。読み下し文も続ける。

一　やもめ女、女房とかづし候而売候者、ぬす人たるべし。但、代物に請候而かづし候者、躰に可寄。

（一　やもめ女、女房とかづし候て、売り候もの、盗人たるべし。但し、代物に請け候て、かづし候はば、躰に寄るべし。）

「かづす」について勝俣は補注で、百瀬の挙げた三つの意味を掲げた後で〈万葉集にみられる「かづす」と同じ意で、かどふ・かどはかす・誘拐する意[16]〉だとした。これに従えばこの法令の現代語訳は次のようになる。

一　やもめ女を女房にするといって誘拐して売ることは盗人である。ただし、寡婦を質流れとして請け取ってから売った場合は、その時の事情による。

この解釈でよいとすると、初めの「かづす」は「誘拐」の意味で、「但」以下の第二番目の「かづす」は「売却」の意味となり、同じ法令の中で意味が異なることになって、受け入れ難い。「代物に請け取って」いる以上、寡婦はスッパの人買いの手元におり、あらためて「誘拐」する必要がないからである。むしろこの「かづす」は「かづく」「かつぐ」と意味が近いと思われる。最初の二つは語幹の「かづ」が共通しており、語尾は「す」と「く」で異なっているが、これは他動詞と自動詞の違いではないだろうか。「かづく」と「かつぐ」では濁点の位置が移動するが、混同して用いられたので、「かづす」も「かつぐ」に通じただろう。厳密な議論ではないが、以下『国語大辞典』によりながら考察を加えたい。

「かず・く」【被く】（「かずく（潜）」と同語源。「かつぐ」とも）「かずけもの」【被物】の用例がある。

一　他動詞・カ行・四段活用：

①頭にかぶる。頭上にいただく。頭上にのせ、おおう。
②貴人から禄として衣服をいただいて、それを肩にかける。被物を頂戴する。
③被衣をかぶって顔を隠す。古く、外出の時、中流以上の婦人がした風俗。
④身に引き受ける。だまされて押しつけられる。しょいこむ。
⑤城などを囲んで攻める。また、攻め落とす。

「かず・く」（「かつぐ」とも。頭にかぶる意で、特に、水を頭上におおうということから。）

一【潜く】自動詞・カ行・四段活用：

①水中に頭からくぐり入る。水の中にもぐる。

「かつ・ぐ」【担ぐ】

一　他動詞・ガ行・五（四）段活用：（「かたげる（担）」の変化、あるいは同語源か）

①肩にかけてになう。かたげる。
②自分たちの上に立つ人として推し立てる。まつり上げる。また、おだてて、上の地位におく。
③あざむく。だます。からかって、いっぱいくわせる。
④（受身の形で用いられることが多い）婦女を誘拐する。相手の女も合意の上で親元を逃げ去る場合もいう。
⑤（「御幣をかつぐの」の略）迷信にとらわれる。縁起を気にする。
⑥相場を高値に付ける。

この法令の場合、初めの「かづす」は「女房にするとおだてて、まつり上げたうえで、あざむいて売る」「誘拐して売る」ことを言い、「担ぐ」の②・③・④の意味に対応していよう。二度目の「かづす」は「担ぐ」の③の意味で、女を買おうとする相手を「だます。いっぱいくわせる」の意だろう。「但し」以降は、「寡婦」を欺いていた男が心変わりをし、売買契約が済んで代金を受領した後にもかかわらず、男と女の闇の深さから「相手の女とも合意の上で宿から逃げ去った」場合ということになるが、罪科は男女両人の事情による、としている。犯罪の上に犯罪を重ねることになり、初犯は当然〈盗人の罪科〉として、二度目の犯罪には罪科を加算しないのだろうか。

一方、上記のように勝俣は、「代物に請ける」を「寡婦を質流れとして請け取る」と解釈した。たしかに魅力的な状況設定ではある。しかし質流れとなり、金融業者の「下人」に身を落とした「やもめ女」は、請け出される当てがないと、『鎌倉幕府追加法』第二四二・二四三条の「無縁の非人」に該当し、売買可能とされただろう。それゆえ、騙されなくても売買の対象だったので、勝俣の考えは成り立たないと思う。

この第二九条は人を「担いで」おだて②、だまし③、誘拐した④ことに関わることになる。つまり、この法は『鎌倉幕府追加法』以来の「人勾引禁止令」の一つであろう。騙して売る相手が人の下人や子供であったのに、ここでは「やもめ女」と変わっているところが、この法令の特徴である。現代語訳は次のようになる。

一　やもめ女を、女房にすると祭り上げたうえで、あざむいて売る者は、盗人である。但し、代金を受け取った後で、買手を欺いた場合は、その時の事情によるべきである。

ここからは、女をモノにする「スケコマシ」のような、女を騙す手口が知られ、相良氏は狂言の「スッパ」には出てこない様々な騙しの「担ぐ」行為を禁止している。結婚した女は男の支配下に置かれ、売られても文句は言えないとの慣習法もあっただろう。「人を売る」ことと「結婚」との差がどこまであったのか。また、人を売るのが「人宿」だとすれば、「人宿」が同時に金融業も営んでいたことがこの法令の前提だろう。上記のように「人宿」は市場在家の一つで、犯罪の場所は市場と関わっていた。「盗人たるべし」の言葉は、相良氏が守護大権である検断権の担い手として、寡婦売買の取締りに当たるとの宣言である。

第三〇条「*養置者売却入質事」

前述のように『相良家文書之一』の劈頭では「人身売買」とあるのに対して、百瀬は「称縁者親類養置者売却入質事」として、人を売り・質入れするよりも「その口実」の方に重きを置いているが、口実は何でも良かったと私は思うので事書から「縁者親類と称す」を省いた。条文は次のようである。読み下し文も続ける。

一　縁者・親類と候而養置後、或者売、或者質物になし候者、其科たるべし。其分候者、兼日格護無用候。

（一　縁者・親類と候て、養い置くの後に、或いは売り、或いは質物になし候はば、その科たるべし。その分に候はば、兼日格護無用に候。）

この法令は人売りや人の質入れを職業とする「人宿」や「口入屋」が対象だろう。この法令の最後にある「兼日格護」の言葉は、第二五条にも登場した。「無用」は〈禁止〉の意味である。この法令の理解には『鎌倉幕府追加法』の第二四二・二四三条が参考になる。そこでは飢饉の際の被養人の取り扱いが次の三つに分類されている。[17]

1　「無縁の非人」の場合：売買・相続の対象としてよい。

2　「親類境界」の場合　：売買・相続の対象とはならないが、養育者一代はその支配に服すべきである。

3　「養子」の場合　　　：奴隷扱いは禁止。

以上から、人売りや人入れを稼業とする「人宿」の主人が、御上の目をごまかして、自分の屋敷内に売買や質入れの対象となるべき人々を一時的に養い置く際に、1にある「無縁非人」ではなく「親類だ」「縁者だ」と称する必要があったことになる。ここから第三〇条の現代語訳は次のようになる。

一　縁者・親類だなどの理由で人々を養い置いた後、売ったり質物にしたりすることは犯罪である。そういうことだから、日ごろから人を養い置くことは禁止すべきである。

「其科たるべし」の言葉は、第二九条「盗人たるべし」の言葉を承けて、〈「盗人」の科〉だとの意味で、相良氏が人売りに対して、今後は直接対応するとの宣言だろう。以上からこの法は「人売りや人の質入れ禁止令」となる。折口信夫の言う江戸時代の「侠客」の場合は、「養置」者は多くの場合「親分子分」の関係に置かれ、「清水の次郎長一家」の一員のごとき形をとっていたが、この時代には人の派遣が中心なので「人売り、質入れ」なのであろう。

第三八条「仲媒事」

百瀬はこの条が「鎌倉幕府追加法」第一八五条の内容と近いことから、同じ事書としたのだろう。私もそれに従った。前者の条文は次のようである。

一　男のいとま然々きれず候女子、そこつに仲だち無用たるべき事。

「男のいとま然々きれず候女子」とあるが、『国語大辞典』には「いとま」とは〈元来、書物と書物との間にできる空間の部分を表わす〉とあるので、「物と物との間のあいている部分、すきま」を言う。それゆえこれは、「男の暇全然切れず候女子」となり、「男との間のすき間が全く切れていない女」「男に未練が残っているなど、関係が終わったわけではない女」となり、正式な「去り状」＝離縁状を得ていない「女子」であろう。「そこつ」は前章で見た第六条の「忽緒」と近い意味だろう。「無用」はここでも〈禁止〉の意味である。そうした女に対し、ここでは「そこつに仲介してはいけない」とある。「仲だち」が結婚の斡旋を意味するなら、〈長毎法〉第一九条にあった二重売り・二重質と同様の、重婚となり、家秩序の崩壊をもたらすので、禁止は当然である。「仲だち」を行う者は、商売において様々な情報を提供して両当事者を仲介した「スアイ」などで、第二八条や第二九条の場合と同様「スッパ・ラッパ」の関係者であろう。

これは市場に対して出された法令で、「仲だち」を禁止した「仲立ち禁止令」である。この「いとま」について瀧澤武雄は「離縁状[18]」の中で、狂言の離婚騒動を引き、「暇の印」＝証拠の品として、文書の「いとまの状」「離婚状」「三行半」のほかに、男の持ち物の中から「何でも欲しい物」を持ってゆく習慣を挙げている。ちなみに近世の離婚に関してであるが、『御定書　下巻四十八』に「離別状を不取他江嫁候女　髪を剃、親元江相帰ス。但、右之取持いたし候もの、過料」とあり[19]、女に対しては剃髪という刑が課せられていた。

ここで、百瀬が〈晴広法〉第三八条と同じ事書とした「鎌倉幕府追加法」第一八五条を見ておこう。

「新御成敗状」第一三条＝『鎌倉幕府追加法』第一八五条： 鎌倉時代の仁治三年（一二四二）正月十五日付の大友氏の法令「新御成敗状」の第一三条＝『鎌倉幕府追加法』第一八五条[20]には次のようにある。原文には「証人妻」とあるが、意味の上からも編者の頭注に従い「誘人妻」に改めた。

一　中媒事

右、有限女人之外、誘人妻并娘窃会之事、濫吹之基也。可停止也。若猶犯之者、云其身云男女、可処其科矣。

「限りある女人の外」とあるので、〈遊女のように売春を社会的に公認されている女人は問題としない〉が前提である。ここでは「密懐」の男女と「人妻」や「娘」を誘い「密懐」させた仲介者の三者を共に処罰するとあるが、一方〈晴広法〉では女への処罰は登場しない。処罰は当然として、明言が避けられたのだろうか。大友氏が問題とする「密懐」とは、社会的な身分のある男女の関係だろう。しかしこの追加法には、売春宿のやり手婆のような売春斡旋の可能性も排除できないと思う。

ここから、〈晴広法〉の場合も売春の可能性は否定できないだろう。今で言う「主婦売春」である。「そこつ」という言葉の中に、追加法第二九条にあった「誘う」という騙しに近い意味を含めてよいのなら、同条に近い犯罪となる。相良氏は男中心の家制度を守る立場に立ち、この立法となったのだろう。この法の前提には女の「性」を父親や夫などの男の管理下に置くべきだとの考えがあるのだろう。

『塵芥集』中の同様の法令も見ておこう。

『塵芥集』第一六三条： 『塵芥集』[21]の第一六三条には次のようにある。

一　密懐の事、押して嫁ぐも、互に和ぐも、媒宿なくして、これあるべからず。かくの如くの輩、同罪たるべきなり。

ここでは「仲立ち」を行うものは「媒宿」の経営者となっており、罪に問われるのは「密懐」の両当事者と「媒宿」の経営者の三者で、鎌倉幕府追加法と同じである。「押して嫁ぐも、互に和ぐも」は〈和姦・強姦を問わず、一般に「密懐」のことは〉の意味であろう。

『塵芥集』第一六七条： 『塵芥集』の第一六七条[22]は夫婦喧嘩を取り上げているが、次のようである。

一　婦夫闘諍の事。その婦猛きにより、夫追い出す。しかるにかの婦、夫に暇を得たるのよし申、改め嫁がん事をおもふ。その親、兄弟、もとの夫の方へ届にをよばずして、かの婦、夫を改む。いま嫁ぐところの夫・女ともに罪科に行ふべき也。**但し**離別紛れなきにいたっては、是非にをよばざるなり。**しかるに**前の夫、なかばは後悔、なかばはいま最愛の夫に遺恨あるにより、離別せざるよし問答にをよぶ。暇を得たる支証紛れなくば、まへの夫罪科にのがれがたし。

この法を紹介した桜井英治・清水克行の対談にあるように[23]、これは実際の訴訟の事例をそのまま法令集に載せたものだろう。この法は太字で強調した「但し」と二度目の「しかるに」で三分できる。最初の事例で、夫婦喧嘩で夫を追い出すとの条件を除けば、〈晴広法〉第三八条とよく似てくる。「密懐」は男女の秘密の性関係だが、「結婚」は社会的承認を得た公認の性関係で、勝俣は頭注において、結婚には女の親・兄弟の承諾が必要であり、「再婚」には前夫の離縁状＝「暇」が必要だとしている。『塵芥集』第一六七条では親・兄弟が再婚を後押ししているが、「媒宿」と違い、罪には問われていない。この場合でも「仲立ち」はいたのだろうか。

『塵芥集』や「鎌倉幕府法」と比較すると、相良氏の目の置き所は「重婚」や「密会」ではなく、流通界における「仲たち」にあると思われる。「公界」を統制しようとの意図の方が強かったのだろう。これもまた市場のルールとして公布されたものである。

小括

この節で取り上げた法令から示唆されることをまとめておく。

1　第二九条「*女房とかづし売事」や第三〇条「*養置者売却入質事」の背後には金融業者の「スッパ」が同時に「人宿」「売春宿」を経営していたことが考えられよう。彼らは市場在家の住人であった。第三八条「仲媒事」もまた市場に出された法令であった。「仲たち」を行ったのは「公界」のメンバーであるが、ここではその活動を禁止していた。

2　第二六条「縁約之娘検断事」と第二九・三八条の背後には〈結婚前は父に従い、嫁しては夫に従う〉という女「三従」の教えや、「女は男の所有物」という観念が色濃く存在していることが窺われる。その点で「女」は法的には、次に取り上げる「下人」に近かったことになる。

第六節　逃亡下人法

〈為続法〉の第四条には「譜代下人」とあり、〈長毎法〉の第九条には「人の内之者」とあったが、〈晴広法〉の第三二条では「人の下人」、第三三条には「人よりやとはれ候」者、第三四条には「逃者」とある。これらは皆、主人の支配下にある従者＝「下人」が主人の下から逃げ出した時、状況に応じて姿を変えた様子を示している。

第三二条「*逃亡下人事」では、「主人」・「下人」間の根本的な秩序である「主人」の下での「下人」の緊縛＝戒めに逆らい、「下人」が「身を盗み」主人の下から逃亡している。第三三条「*被雇人夜討・山立・屋焼事」は表面的には「雇用」法だが、「夜討・山立・屋焼」とあって、逃亡下人が「野武士・夜盗」に関わった場合であり、「野武士・夜盗」は「スッパ・ラッパ」になじみ深いものである。第三四条「*逃者礼銭事」も逃亡下人に関係した法である。それゆえ第三二〜三四条を「下人法」として一括して、ここで取り上げたい。この部の「はじめに」で述べたように、広義の「スッパ・ラッパ法」の下位区分という位置づけである。

第三二条「*逃亡下人事」

『相良家文書之二』の劈頭には「下人脱走ノ科」とある。百瀬今朝雄は事書を「逃去下人為他人被雇事」とした。私は、逃亡下人が生き延びるためには他人に雇われるのは当然だと思い、百瀬の考えを採らなかった。第三二条は次のようである。読み下し文・現代語訳も続けて示す。

一　人の下人、身をぬすみ候而出候事候。従他方、其身後悔候而、伝言など候者、請返、やとはれ主計成敗あるべし。科人両人同前と候者、聞えがたく候。

（一　人の下人、身を盗み候て、出で候事の候。他方より、その身後悔候て、伝言など候はば、請け返し、雇はれ主ばかり成敗あるべし。「科人両人同前」と候はば、聞えがたく候。）

（一　人の下人であったものが主人から「身をぬすみ」、主人の下から脱走することがある。「他方」から後悔しているとの伝言などがあった場合は、請け返して、「雇われ主」＝逃亡下人だけを成敗すべきで、「雇い主」も科人だから同然だとすることは聞こえ難いことである。）

前述のように、「下人」とは主人にとっては財産であり、動産であった。主人の借金のカタに取られたり、質入れされたり、売られたのである。下人が自己主張することも、下人身分の不当性を主張することも、不当とされ、折檻の対象であった。主人の下から逃亡することは、主人から財産を盗むこととされ、「身を盗む」とされていた。この法文では、文脈上では「身を盗んだ」「人の下人」を「科人」としている。『塵芥集』第六七条には「身売りの事、盗人の罪科たるべし」とある。勝俣は頭注で「身売り」を〈自分で自分を売ること〉とし、下人が〈主人の許可なく自身を自分の一存で売ることを盗人の罪科としている〉としている。

「逃亡下人」たちが一旦身を寄せていた可能性のあるのは、第二九条や第三〇条で取り上げた「人宿」である。そこを仲介して新しい主人に辿り着いたのだろうが、そこには「人返し法」という障壁があった。この法では、逃亡下人を間に挟み、本主人と新主人が対立する状況下で、〈逃亡下人が後悔の言葉を伝えてきたならば、本主人はそれを受け入れるべきだ〉とある。相良氏は下人だけを成敗すべきだと主張している。下人には鞭打ちや棒叩きなどの身体刑が科せられたであろう。本主人が新主人を責めて「科人両人同前」と主張しても「聞えがたく候」で、「それは受け入れられない」とある。

藤木久志が明らかにした「人返し協約体制」を前提とする限り、協約を守らない新主人は体制への違反者として制裁を受けるべきだが、ここでは逃亡下人の問題を主人の懲罰権や一揆法から分離して、相良氏が直接関与する国家的な犯罪としているのである。ここからも「人宿」は相良氏の取締りの対象だったことは当然となる。

第三三条「*夜討・山立・屋焼事」

『相良家文書之二』の劈頭には「夜討山立屋焼ノ科」とある。百瀬は事書を「雇他人令致夜討山立屋焼事」とした。百瀬の理解では「他人を雇って(=一般人を公募して)夜討・山立・屋焼をやらせること」となる。しかしこの法令が第三二条と逃亡下人についての礼銭の法=第三四条との間に置かれていることからも、これは下人に関係した法令で、逃亡下人が雇われて悪事に加担した場合と考えたい。それゆえ事書は「被雇人夜討・山立・屋焼事」となるが、ここではより簡潔に「夜討・山立・屋焼事」としたい。第三三条には次のようにある。「但」以下の部分だけ読み下しを示す。

一　人よりやとはれ候而、夜討・山立・屋焼之事、やとはれ主・傭主同前に成敗。但、やとはれ主軈而披露候者、可寄時宜歟。

(但し、雇はれ主やがて披露候はば、時宜に寄るべきか。)

「夜討ち・山立て・屋焼き」は江戸時代の「火付・盗賊」に対応するもので、「野武士・夜盗」の行う集団的犯罪である。第三九条でも集団での「スリ」が問題だった。そうした罪を犯して処刑されるところを助けられ、身曳状を出して人の下人になることは中世ではよく見られた。しかし、ここで「人よりやとはれ候」とあるのは、逃亡下人が犯罪者集団に助けられて、仲間に入ったものである。犯罪集団に「雇われた」のは下人である。これは、一旦主人の下を逃げ出して逃亡下人となった者は「人返し協約体制」から逃れなければならず、身の置き所が無く「野武士・夜盗」の群れに身を投ずるよりほかに生きる道がなかったことによろう。それゆえ、逃亡下人は主人の支配から離れると、相良氏の検断権の対象になったと考えたい。「夜討ち・山立て・屋焼き」の親分＝「雇い主」は当然検断の対象で、成敗＝死罪は当然だが、この法の主眼は「但し」以後にあり、「被雇用者」側が「返り忠」をして仲間を裏切り、相良氏に「披露」した場合には「可寄時宜」としているところにある。「人の下人」が逃亡して、「主人の刑罰権」から離れると、自動的に〈相良氏の検断権〉の対象となるとのルールが徹底しているので、ここでは「籯而披露」となるのであろう。この場合の「成敗」の主体は、検断権を主張する相良氏である。

第三四条「*逃者礼銭事」

『相良家文書之一』の劈頭には「逃者」とある。百瀬もこの第三四条の事書を「逃者事」としたが、ここでは法令の意味を取って「逃者礼銭事」とした。条文は次のようである。読み下し文は必要ないであろう。

一　逃者郡中に留候者、三百文、八代・蘆北へ留候者、五五百文たるべし。従他方来候ずるは、一貫文たるべき事。

下人には逃亡がつきもので、それに対しては「人返し協約体制」が対応していた。伊達『塵芥集』第四八条には「逃げ人見つけ、音信あらば、一人に三十疋づゝの礼銭をわたし、受取るべし」とあり、その頭注にある〈一疋は銭十文〉に従えば三〇疋は三〇〇文となる。当時の相場であろうか。この〈晴広法〉第三四条では、逃亡下人が相良氏の膝下の「球磨郡」の場合と、相良氏の領国である「八代郡・葦北郡」の場合と、相良領外の「他方」の場合の三つに分けて、最初の場合に対しては「礼金」を「三百文」、第二の場合には「五百文」とし、「他方」から逃げてきた者に対しては「一貫文」と定めている。

ここで相良氏は「人返し協約体制」に保証を与えて、謝礼の基準を定めているのである。この背後には、逃亡下人を主人の刑罰権や一揆の法から分離して、相良氏の統一した法の下に置こうとする意図があったということになるだろう。

小　括

この節で見た法令が示していることをまとめておく。

1　〈為続方〉〈長毎法〉の段階では、下人は主人の刑罰権の下に置かれ、刑罰として追放になった者に対しても、主人権は及んでいた（第九条）。下人たちは主人の「折檻」の対象だった（第一五条）。逃亡下人に対しては、主人たちは連合して共通の利益のために「人返し協約体制」を築いていた（第四条）。しかし〈晴広法〉の「下人法」からは、逃亡下人たちは主人の個別の刑罰権から離れて、大名権力・相良氏の検断権の対象となっていたことが知られる。

2　この三カ条で注目すべきことは、下人に関する問題を、主人の刑罰権から切り離して、相良氏が直接担当すると宣言していることである。相良氏は強化された「検断権」の下で、下人に対する対応を改めたのである。

3　逃亡下人は夜盗やスッパ・ラッパの集団に入って夜討ち・山立て・屋焼きなどの活動に参加していた（第三三条）。

4　逃亡下人を捕まえることは相良氏の仕事で、人返しの礼銭を公定化した（第三四条）。

第七節　一向宗排除法

藤木久志[24]によれば、『陰徳太平記』に「彼の門徒等九州にみちみち」とあるように、天正十五年（一五八七）の九州の役に際して「不知火湾門徒」の協力により、秀吉軍は肥後の水俣から海路を薩摩出水に出て、島津の拠点を急襲した（その背景には、肥後の隈庄地方が一向宗であるとして島津氏が「宗旨を替える」か「生害」かを迫る弾圧を行ったことがある）。そのために本願寺の下間頼廉が秀吉に随行したという。しかし後に、伏見で秀吉からそのことを知った島津氏は、海上の捷径を教えたその坊主を磔にし、「一向宗の僧をば、源を塞ぎ流れを絶ちて、一人も置かれず」とした、と『陰徳太平記』[25]は伝えている。

近世を通じて、相良藩は南の鹿児島藩と共に一向宗を禁止していた。人吉駅から北東二キロのところには山田伝助供養墓があり、寛政八年（一七九六）に「かくれ念仏」の信者・山田伝助が処刑されたと伝える。西人吉駅近くの楽行寺には、浄土真宗禁制に抵抗して傘や俎に見せかけて親鸞画像や阿弥陀画像を納めた「傘の開山像」や「俎の阿弥陀如来」があるという。

〈晴広法〉が発布された段階では、「一向宗」はまだ相良氏の領国内に道場や寺院を作る形では定着しておらず、布教者たちは漂白する「祝・山伏・物知・医師」などの形で領内に登場し、相良氏は水際対策として、彼らの入国・活動を塞き止めようとしていた。第三五条「祝・山伏・物知事」は余所者の山伏などへの排除令で、第三六条「一向宗事」・第三七条「素人祈念・医師事」は共に「一向宗」禁止令である。ここでは、第三五条から第三七条までの三カ条を「一向宗排除法」として一括して取り上げたい。「一向宗排除法」は流通業者の「宿」が関わっている点からも、「広義のスッパ・ラッパ法」に含めることができる。第三五条は「祝・山伏・物しり」に「宿」を貸すことを対象とした法令で、おそらくその宿主が「祈念」を誂えていたので、法令全体は流通界に関わる「公界」の一員である「宿主」に対する法となる。

第三五条「祝・山伏・物知事」

『相良家文書一』の劈頭には「祝」「山伏」「物知り」とある。条文は次のようである。

一　他方より来り候ずる祝・山伏・物しり、宿を貸すべからず候。祈念等あつらへべからず。一向宗基たるべく候。

法令の最初に「他方より来」るとあるが、藤木が明らかにしたように、天正十五年の秀吉の九州御動座の際には「不知火湾門徒」の活躍があったと知られている。相良領には不知火海から一向宗が「祝・山伏・物しり」などの形で入り込んでいたのであろう。この第三五条の「祝・山伏・物しり」について、神田千里は『一向一揆と真宗信仰』や『戦国乱世を生きる』で「神官・修験者・陰陽師」などの「民間宗教者」とし[26]、勝俣は補注で「祝」を〈民間において祈禱・卜占などを行い、各地をめぐる巫女の同類〉、「物しり」を〈卜者〉〈巫女〉〈占師〉とした[27]。

また、法令にある「祈念」について、『国語大辞典』には〈神仏に願いが叶うよう祈ること。祈願〉とあり、「祈念を誂える」とは「祈念」を求めている人々が「祝・山伏・物しり」に頼むことである。「地方より来た」「神官・修験者・陰陽師」たちは、外見からも明らかなように放浪する「民間の宗教者」たち＝遊行者たちであった。かれらは人々の様々な「祈念」の要求にも応えたであろう。こうした宗教活動を「宿主」や、第三八条で取り上げた流通界の仲介業者である「スアイ」も手助けしたはずで、「誂え」という、宗教者と「祈念」を求める人との契約がなされる場所は市場であったろう。相良氏は市場での人々の活動を監視していたが、これまでに見たように他の禁止事項も含めてすべての監視活動をしたのは市場別当であろう。

〈為続法〉では譜代下人や領内の百姓が寺社や地頭屋敷に走入りをしていたが、〈長毎法〉第一四条では犯罪者の寺社への走入りを禁じ、様を変え法体にして追い出せと命じていた。逆に言えば長毎の時代には、処刑を免れて社会を浮浪する偽法師や聖などは社会的に受け入れられており、他所よりの来訪者には交通の自由が認められていた。しかし晴広の時代になって、すべての人に開かれていたはずの市場に対する社会的な緊張が強まった。

漂白の宗教者「神官・修験者・陰陽師」たちに対して晴広が恐れたのは、彼らが「念仏」の徒として弥陀の本願を説き広めることであった。この〈晴広法〉第三五条からは、神田千里が言うように〈蓮如の精力的な教化活動の影で、それなりに主体性を持ちつつ布教を行っていた無名の念仏者たちの群像[28]〉を想定すべきであろう。この法令では、このような漂泊の宗教者を「一向宗の基」として、「宿を貸す」ことや「祈念等をあつらへる」ことを禁止している。

このように、黒い法衣を着た浄土真宗の僧侶という形ではなく、民間の宗教者の自発的な活動として、「一向宗」は相良氏の領国に現れ、晴広はそれを水際で阻止することを目指していた。一方、相良氏領内には、定住して社会的な尊敬を集めていた山伏たちも多くいたはずで、彼らは金融業も行っていたであろう。第三九条からは、「爰元外城町」での「別当」が、これら漂白の宗教者が町場で「なしか」を納めて行う営業活動や、宿を取ることを禁止していたと想像される。町場での営業以外に農村部における「門付け」もあっただろうが、それは小地頭の管轄だった。

問題は「極楽往生」を勧めることがなぜ危険思想だったかである。神田の議論を私なりにまとめると次のようになる。浄土真宗では弥陀の本願を信じ、衆生済度を願う阿弥陀如来に対して「信心」で応えることが大切だった。「一念発起」とは弥陀と衆生との契約を信じることだった。一度契約を結んでしまえば死後の極楽往生は確定したのだから、次の問題はこの世での生き方となり、この世を極楽にしようとの志向が生まれた。それが現実の支配者への攻撃に向かうと、守護地頭への反抗や年貢公事の懈怠となった。これが晴広には見逃せない危機だったということだろう。

第三六条「一向宗事」

『相良家文書之二』の劈頭には「一向宗ノ禁」とある。条文は次のようである。

一　一向宗之事。

　いよいよ法度たるべく候。すでに加賀の白山もえ候こと、説々顕然候事。

この第三六条について神田は〈一向宗は禁止する。その理由は（「一向宗」徒が国をしきっている）加賀で白山が噴火したこと（即ち神の怒りがあったこと）をみても明らかである[29]〉と解釈した。勝俣の頭注からは、この法令は「加賀の国が一向宗の支配する国となって、神が怒って白山が爆発したことは、ことこまかに伝えられて明らかであるので一向宗は禁止する」となろう。嘉元二年（一三〇四）十二月十六日の鎌倉幕府法には「号一向宗、成群之輩、横行諸国之由、有其聞、可被禁制云々[30]」とある。この場合にも「祝・山伏・物しり」たちは集団で群れを成して相良領に乱入しようとしていたのであろうか。

神田の説明からは、一向宗の拡散は自然の流れと理解される。一方、ここ火の国には、火山の噴火が神の意志の表れとする考えがあり、永正三年（一五〇六）の安蘇山の噴火は、二年前に結ばれた阿蘇氏と相良氏との和議の破約を神が予告したものと相良長毎は受け取り[31]、三年後には阿蘇氏が相良領に侵入したという。いずれにせよ、この思想は一揆蜂起と密接に関わる危険思想と見なされていたのである。相良氏のほか、戦国期に一向宗を禁止した大名には、後北条氏・上杉氏・六角氏を数えることができ、奈良の興福寺もまた禁止していた。

第三七条「素人祈念医師事」

一　男女によらず、素人の祈念・医師取いたし、みな一向宗と心得べき事。

第三五条では「祈念」を行う者を「祝・山伏・物しり」としていたが、この第三七条では「男女によらず、素人の祈念・医師」と言い換えて、「男女によらず、たとえ素人でも」「祈念」を行う者を一向宗としている。「医師」

の行動が「一向宗」と関係するとされていることが興味を引く。起請文には、誓いを破った際の自己処罰文言に「毛穴一つ一つに白癩・黒癩を受けてよい」とあり、癩病が神罰とされていた。こうした神罰からの救いを親鸞の「悪人正機」説は用意していたのだろうか。[32] 起請文がすべての秩序の基になっていたはずなので、その価値が否定されてしまえば、権力は存立の基盤を失うことになる。逆に言えば阿弥陀仏への念仏という信仰行為によって、人々の内面世界はこの世の秩序から自由になった可能性があり、ここに晴広の恐怖の源があり、彼は一向宗を敵視した、となるだろうか。

ちなみに、山形孝夫の言う治癒神イエスになぞらえる活動をイエズス会士ルイス・デ・アルメイダは豊後で行ったが、この場合の「医師」の具体的な活動を知りたいものである。

小　括

この節で述べてきたことをまとめておく。

1　公共の場である市場や道路等などから、一向宗の恐れのある人物は排除された。

2　相良晴広は一向宗を恐怖していたので、漂泊の遊行者による「祈念」を一般的に禁止することで、相良領内への一向宗の浸透を防ごうとし、市場を監視して祈念を防止した。

第八節　むすび

この章で論じてきたことをまとめると、次のようになる。

1　〈晴広法〉は大きく三分すると、「公共法」「検断関連法」「スッパ・ラッパ法」になる。

2　「公共法」は「井手溝法」と「徴税法」からなる。第二三条の「田銭」＝「段銭」への徴収権は晴広が守護大権を受け継いだとの宣言に基づいている。第二一条「井手溝奔走事」・第二二条「買地時井手溝事」・第四〇条「井手溝の古井杭・樋事」と、〈晴広法〉には灌漑施設の整備法が数多く存在している。用水路の確保は日本神話における「天津罪」の「溝埋・樋放」以来のもので、水田稲作を重視する「水利国家」としての我が国の伝統的な価値観に基づいていよう。晴広の段階になってこうした伝統の上に領主の存立基盤を据えることができた。

3　第二四条から第二八条までは「検断関連法」で、これもまた守護大権に基づいている。検断権の主張が〈晴広法〉の特徴である。これは検断権者と財産を没収される犯人側との利害の調節を定めたもので、検断権者が犯人側から恣意的・無制限に人間や資材などを没収することを防ぎ、刑罰に一定のルールを定めたものである。

4　広義の「スッパ・ラッパ法」は「下人法」と「一向宗排除法」を含んでいる。「公界」への統制を試みた〈長毎法〉を承けて、一方では、第三九条のように「外城町」の「別当」に営業税の徴収権を任せ、「スリ」の取締りを命じるなど「公界」を体制内へ取り込んだが、他方では、詐欺に基づく人売り家業の「人宿」を、第二五条「縁者検断事」・第二九条「*女房とかづし売事」・第三〇条「*養置者売却入質事」でやり玉に挙げるなど、狭義の「スッパ・ラッパ法」を掲げて、これをどうしても許されない犯罪とし、取締りの対象とした。

5　相良氏の領国内においても「公界」は「有徳人」と「悪党」とに分解したが、流通界における犯罪として、契約の自由を妨げる第三一条の「本作人の違乱」、第三八条の離縁されていない女の「仲たち」、第三九条の「スリ」などは、これまでは「公界の内済」に任されていたものを、晴広の段階になって相良氏は検断の対象として、取り締まった。

6　「公界の大道」と言われ、すべての人に開かれていたはずの道路や市場において、相良氏は「逃亡下人」（第三二条）や「余所者の山伏」（第三五条）などを、夜盗や一向宗の基として取り締まった。第三一条「*売地事」と第三八条「仲媒事」は市場のルールとして公布されたもので、流通に関わる「宿」「市場」などへの取締り強化令でもある。

終　論

第一節　これまでの総括

これまで私は「公界」という言葉に注目して、「公界」文言のある戦国家法の『結城氏新法度』と『相良氏法度』を取り上げて、分析をしてきた。先人の研究の多くは、「公界」文言のある法令だけを取り上げて、その法文の解釈に集中する方法を採り、当該法令がその法度全体の中に占める位置は何か、を問おうとしてこなかった。この方法では、法文解釈としても不十分ではないかとの思いから、二法度全体の全文解釈を目指すべきだとの思いに至った。すると、この二法度とはそれぞれいかなる法なのかという問題が新たに迫ってきた。そこから、二法度はなぜこのような形で成立したのかも問題となった。

戦国大名の結城氏と相良氏が制定した法度だとしても、それぞれ個性的で、家法としてのあり方も互いに大きく異なっている。まずはこれまでの考察を総括して、簡単にまとめるための方法を述べておきたい。二つの法度がそれぞれ個性的なので、まとめの仕方もそれぞれのやり方に従わざるをえない。

『結城氏新法度』について

『結城氏新法度』は結城政勝が弘治二年に制定した一〇四カ条の法令を中心とし、これに「前文」と追加法の三カ条が加わっている。

いくつかの法令の塊の指摘は可能だが、たびたび現れる「これ以後」の言葉が示すように、大名法廷である評定の場で出した判例を次々と収録して成立した側面もあり、家臣一人一人を念頭に置いた「各」の言葉を含む法令や、訓令と思われる言葉を添付した法令もある。これまでは「一揆法から家法へ」の図式に合わせて、『新法度』には「一揆法」との近さを主張する意見が有力であった。しかし私は、政勝は専制的な支配を目指してこの法度を制定したと考える。そのきっかけとなったのは第四八条の「謀反・内通」で、この事件を契機に政勝は父親とその取巻き勢力から自立し、当主としての座を確立した。『新法度』制定はこれに依っている。

この『結城氏新法度』については、第二節で、全文解釈を目指して明らかになったことを、法度の奥に想定される制度を箇条書きにする形で述べてゆきたい。

『相良氏法度』について

戦国相良氏の二代目・相良為続は明応二年に〈為続法〉七カ条を制定した。為続は土地の取戻し可能特約のある「買免」という土地売買法を、統一権力の力で復活させた。そして球磨郡内の土地の最終的な安堵権者は為続ただ一人だと人々に認めさせることに成功して、軍事的な統一を政治的な統一にまで高めた。ここに〈為続法〉の画期的な意義がある。

〈為続法〉七カ条は息子の長毎が制定した〈長毎法〉一三カ条と共に、「両代の御法式」として長く評定の場の壁書に掲げられた。長毎の後、内紛が起こったが、晴広が養子として家を継いで内紛は収まり、この家系が代々相良氏の当主を世襲し、近世を生き延びた。晴広は天文二十二年に〈晴広法〉二一カ条を制定した。『相良氏法度』とはこれら七カ条・一三カ条・二一カ条からなる小法令集の総称である。〈長海法〉と〈晴広法〉は〈為続法〉を引き継ぐとの意識はあるが、各制定者が直面した政治課題は異なっていた。そのため、それぞれの小法令集は個性的なものであり、〈為続法〉〈長毎法〉〈晴広法〉ごとにまとめる必要がある。

為続は〈為続法〉で「買免」制という土地売買法を復活させ、土地を本来の所有者・本主へ戻すことを定めたが、その前提には、上下両地頭が発給した「買得安堵状」のために、「買免」による土地の移動が凍結されていたことがある。「買免」制の復活とは売券の有効性の復活で、土地の売買契約を記した売券が正しいものか否かの吟味が必要だった。吟味の場にはもちろん売買両当事者が、契約の事実確認には市場関係者＝「公界」メンバーの出席も必要であった。それゆえ〈為続法〉においては相良氏は「公界」の力に依存していた（なお、〈為続法〉には「公界」の言葉は登場しないが、次の〈長毎法〉第一八条には登場する）

これに対して〈長毎法〉では「公界」の力を削ぐ方策を始めており、第一六条では本作人を中心にした年期売り制度を領内に導入し、第一九条では期限内に支払いのできない者が二重質・二重売りを行った際の罰則を定め、土地や子供を担保とした借金契約への雑務沙汰を市場の公界の側から主人・領主の側に移し、犯人の主人・領主が司るとした。質流れとなるべき「作人職」が金融業者の「公界」の手に渡ることを避け、農村内に留めようとした。これは本作人の主人に当たる「領主」や「地主」たちの階級的な利益を守るための「一揆契約」の側面を示しており、ほかの条令からも「一揆法的な性格」が指摘できる。

ともあれ、第三節では『相良氏法度』について、〈為続法〉〈長毎法〉〈晴広法〉に分けて、それぞれ論じてゆきたい。土地売買制度については三法を通じての変化も述べたい。

その上で第四節では、「公界」を軸において『相良氏法度』と『結城氏新法度』とを比較してみたい。二法度に共に姿を見せる「公界」は、市場の法廷と関わる、市場の紛争・問題処理のための自生的な機関として共通している。

第二節 『結城氏新法度』の背後の秩序・制度と「主従制的・統治権的支配権」

ここでは、『結城氏新法度』の各法律の背後に隠れている秩序・制度・慣習などを、㋑〜㋵の一五個の箇条書きにし、また佐藤進一の言う「主従制的支配権」と「統治権的支配権」を軸にこの法令集について述べてみたい。

㋑ 結城氏については、君臣間に融和的な関係があったとか、「一揆法」との連続性を強調するのが通例だが、私はこの議論に反対である。父・政朝存命中に家督を相続した政勝は、長い間、父の取巻きの「御出頭人」や「宿老」たちの「操り人形」であった。彼らの力を削ぎ、当主としての地位確立を示すものが、第四八条である。この法令の背後にある事件により、政勝は専制的な支配を目指し、この『結城氏新法度』を制定した。

㋺ 政勝は家臣が博奕をすることや、商売に携わることを厳禁し、これらを取り締まるために直属の検断組織である捕吏の「下人」を持っていた。

㋩ 結城氏の家政機関には「侍所」「政所」があった。「侍所」は家臣の名簿を管理し、家臣が罪を犯した場合には、この名簿からその氏名を「削り」、家臣団から追放した。「削り」処分を佐藤進一は全所領没収・家名断絶としたが、本来の意味は名簿からの削除であろう。一方「政所」には、家臣全員の「屋敷・所帯」等の貫高を記した「分限帳」があり、「改易」や減俸などの処分はこれに基づいて行われた。家臣団の軍団組織は「指南親方」が中心で、松本新八郎はこれを「同胞衆」と名づけた。家臣団の取締りには「目付」が置かれていた。

㋥ 結城氏は家臣団統制のため、代々「賞罰」を明らかにすることを心がけてきた。「賞」すべき者は「忠信者」と呼ばれ、貶めるべき者は「不忠者」と呼ばれた。忠信者への「賞」のうち、最高のものは「家の創設」であった。この背景には惣領制的な秩序の崩壊と、単婚小家族の「家」制度の成立がある。この結果、戦争に際しては、集団行為を忌避し、単独行動を行おうとする傾向が見られたが、政勝はこれを禁止した。

㋭ 結城氏は戦国大名の常として、軍事組織の整備を心掛けていた。軍団組織は「指南親方―指南」制によっていた。「指南親方」が「お目見え以上」なのに対して、「指南」の者は「お目見え以下」で、殿様に直接意見を申上げるには「指南親方」を通じるよりほかに道はなかった。軍団は血縁関係と地縁関係の結合した、松本の言う「同胞衆」によって構成されていた。軍事訓練の後、朝夕酒を飲み交わすことが慣例で、その結果「サギをカラスと言いくるめる」などの身内贔屓になることが多く、軍団の統制が政勝の課題であった。そのために、この『結城氏新法度』を制定した。

㋬ 喧嘩の際には、「同胞衆」である「縁者・親類」の加勢が常だった。政勝は「本人よりは一類削り」とか、「其ノ身の事は是非ニ及バズ、一類改易、所帯・屋敷たちまち剝ぎ取リ」として、彼らの加勢を厳しく罰した。その結果、時間が経つと、結城の世界の喧嘩の様式は変わり、『新法度』第八〇条では一対一の「相手くみ」のルールが社会に根づき、喧嘩は相対で行うものとなり、「親子・親類・縁者」などの加勢はなくなった。

㋣ 所領の境界争いの際や、家が絶えて家臣団に欠員が生じた場合には、この「同胞衆」が発言権を強めようとしたが、政勝はその動きに対抗して、境界争いについては中分方式を提唱し、不満の場合には、結城氏が没収して別人に宛行うとした。欠員となり、無主となった所帯・屋敷等の給与の場合も、結城氏の判物所持が不可欠だとし、所帯・屋敷の恩給に対しても、機械的な出願先着順や「忠信者」の中から補充すると定めた。

㋠ 結城氏は伝統的に、支配の軸足を家臣団に置いていたが、政勝の代になり、もう一つの軸足を「蔵方」からなる「公界」のメンバーに置き、彼らを通じて流通路や城下町の支配を試みた。これが「荷留法」や城下町の「普請法」や「夜番・門番」制に表れている。『新法度』に「質取法」や「負物法」が登場しているのも、その影響である。結城領内の「公界」は、流通界に発言権のある蔵方を中心に、閉ざされたメンバーで組織され、市場での市場法廷以外にも、定期的な寄合を持っていた。

㋷　結城領の場合も、流通路の要には神社や仏寺が立っていた。神社の「神事・祭礼の場」には歳市・大市が立ち、大規模な物資の交換がなされた。ここは人々の雑踏する賑わいの場所であった。結城氏は「神事・祭礼の場」の平和＝市場の平和を維持するために「奉行」を派遣していた。一方、仏寺の門前町には常設店舗が軒を連ね、ここは日常品の交換の場であった。ここの住人を特に「門前者」と呼んだ。「蔵方」からなる「公界」のメンバーは、この「門前者」の出身者である。

㋸　「下人」に関わる犯罪に「やりこ」がある。これを佐藤進一は〈ペテンか〉としたが、私は「喧嘩」や「懲罰」の意味だとした。普段は主人の支配下にあった「下人」たちが、ハレの日に「神事・祭礼の場」に出掛け、自己実現を図って行ったのが「やりこ」で、結城氏はこれを取り締まった。「神事・祭礼の場」の喧嘩は「死に損」「斬られ損」で、後から主人がこれを問題にすることは禁じられた。

㋾　結城氏は領民を統制するために、町や村に「役人」を置き「高札」を掲げた。年貢の徴収の日時、米の公定価格、酒売りの枡の公示、撰銭の際の悪銭の掲示等はこの仕組みを通じて行われた。

㋫　第一五条や第一六条からは、下人が家族を持ち、家庭を営み、主人から土地を給与されていたことが知られる。ここから、一方では池上裕子が主張するように、奴隷身分からの解放が考えられるが、他方、彼らは主人たちとは価値観・宇宙観を異にし、犯罪予備軍と見なされていた。このことが第一八条の「棒打ち」や第九六条の「大狂」の原因であった。この取締りも「役人」「制札」の制度によった。

㋻　結城領内の土地は家臣の「侍」に配分されており、その最小単位は個々の侍の「手作」と「所帯」であった。「手作」は家族労働と下人・倅者の労働によって経営されていた。手作の外側には「所帯」があり、百姓が耕作していた。年貢の徴収には「侍」が責任を負ったが、「郷」ごとに徴収され、その責任者は「成敗」であった。年貢徴収は生産者が市場に米を売りに出し、その代金で納める代銭納方式ではなく、「郷」ごとに徴収された米を、大きな倉庫を持つ「蔵方」が入札し、その代金が結城氏の手に入る方式であった。年貢米以外もこの方式によっており、「蔵方」から個々の侍には「手形」が発行されていた。第三九条の「負物の沙汰」で、債務者の家臣のメンバーが債権者の「蔵方」に対して強気で法外な振舞いを行っている背景には、この「手形」の存在があろう。

(カ) 結城氏は権力の基盤を家臣団に置いていたが、この法度作成の途中から「蔵方」などの「公界」のメンバーと接触し、彼らを権力内部に取り込み、彼らに対しても、家臣団の場合と同じ「各」を用いて呼び掛ける法令を作ってきた。その結果、質取法・負物法・荷留法などを制定し、城下町の警備や普請に新しい体制を採り入れたが、この『新法度』の終わりでは、彼らに対して「腹筋痛し」とか「これほど随意に無躰なる御人躰」などと非難・罵倒の言葉を浴びせかけている。

(ヨ) 政勝は「公界」のメンバーを、「各」と呼び掛ける言葉で接触するなど、家臣団に準じる取り扱いをしていたが、第九四条の「宴会禁止令」では、父・政朝の命日での宴会を禁止して、家臣とは認めないとの硬直した態度を示した。

『結城氏新法度』と佐藤の言う武家政権の二元性

佐藤進一は武家政権の構成要素として、具体的な事例としては足利尊氏と直義の二頭制を掲げて、「主従制的支配権」と「統治権的支配権」の二つを挙げた。結城政勝の場合、父・政朝以来の「御出頭人」や「忠信者」のあり方は「主人権」「主従制的支配権」に対応したもので、政朝の築いた政治体制を「人の支配」と言うことができる。これらの勢力との対抗のために政勝が採用したのが、「裁判権」「統治権的支配権」であった。これは、すべての人に等しく公平に行き渡ることが眼目で、「法の支配」と言うことができよう。政勝が制定した『結城氏新法度』はこうした問題に関わっている。

前者の場合、身内を守るために「サギをカラスと言いくるめる」ことさえ公然と行われていた。これに対して後者の場合は「法」がすべての人に等しく行き渡ることが目指された。『結城氏新法度』には、社会的弱者で漂泊する宗教者の「行脚・往来」を取り上げた法令として、「追剝の取締り」を論じた第一六条と、米売買の際の「升目」を問題とした第九一条がある。第一六条では、「追剝」に殺された被害者に「洞のもの」と「行脚・往来」が挙がっており、政勝は、等しく調査して罪科を科すとしている。第九一条では「御出頭人」と「行脚・往来・鉢開」を例に取り上げて、この場合も、等しく科料に処するとしている。ここでは、すべての人は「法」の前で平等だとの「正義」の観念が前提とされていると見ることができる。

なお、「主人権」「主従制的支配権」は主人の権威・威信などに結びついていたが、「裁判権」「統治権的支配権」は市場の論理・公界の義との親和性があったと考えられる。ここから、政勝は市場関係者・蔵方などの「公界」のメンバーと結びついたのだろう。『新法度』の中に「負物法」が第三九条の「負物の沙汰」から第四六条までまとまって存在することは、政勝が彼らの要求に応えたものであろう。「公界」の要求に政勝が答えたものには、ほかにも第七三条以下の「荷留の沙汰」三カ条と第八五・八六条がある。いずれにせよ父・政朝から政勝への変化は「人の支配」から「法の支配」への転換とまとめることができよう。

第三節 『相良氏法度』の三法の特徴と相互関係

〈為続法〉

〈為続法〉七カ条は、雑務沙汰に関係する「雑務法」五カ条と、裁判の「手続法」二カ条からなる。このうち「雑務法」四カ条は肥後世界の「買免」制度という土地売買の慣習法に基づいたもので、為続はここで「本主」への土地返還を命じた。「手続法」二カ条はこの返還の際の裁判手続きに関係している。それゆえこれら「雑務法」

と「手続法」は一体として結合しており、〈為続法〉の中心は「買免」制度に基づく土地売買ということになる。〈為続法〉の画期的な意義は、これまで上・下両相良氏がそれぞれ「買得安堵状」を発布して、当知行を重視し、土地の移動を凍結していたことに対して、「買免」制度の復活を宣言したことにある。これにより、土地は本主の元に戻ることになったが、そのためには、「買免」制の下での売券を相良為続に認めてもらう必要があったことから、球磨郡内のすべての領主・地主たちは為続の下に殺到し、球磨郡の軍事的統一は政治的な統合にまで高められた。その際、相良氏は、「筆師」など市場関係者からなる「公界」の力を借りて自己の法の貫徹を図っていた。それゆえ為続の土地政策は「公界」の力に依存していた。

〈長毎法〉

〈長毎法〉一三カ条は、家臣たちの争いを裁くための裁判基準を記した「公共法」四カ条(第八〜一一条)、領内の平和を命じた「平和令」五カ条(第一二〜一五・一七条)、売買関係の「雑務法」三カ条(第一六・一九・二〇条)の三者と、議論のある第一八条の「裁判手続法」からなる。

しかし「家中法」の観点から〈長毎法〉を眺めると、「買免」制に基づく土地売買の際の「本主権」とは場合が異なるものの、第八条は本田の水を用いて新田を開拓した場合の水利権＝水の本主権の定めで、第九条は新主の扶持に対する旧主の障りという、武家奉公人に対する「本主権」を問題としており、〈為続法〉からの継承面がある。第一〇条は牛馬が作物を喰い荒らす「家畜食害法」で、焼畑農業の長く続いた人吉盆地では、耕作地と牧草地との切り替えというルールがあった(この法は『結城氏新法度』第五五条にもあった)。第一一条「盗品買得事」は贓物法で、本論では他の戦国家法との比較を試みた。以上の四カ条は「公共法」である。このほか第一二条の「讒者法」、第一三条の「落書・落文法」、第一五条の「小者いさかい法」も「家中法」と見なすことができる。〈為続法〉の特徴が「雑務法」中心なのに対して、〈長毎法〉のこの「家中法」の部分が『相良氏法度』全体の中で「一揆法から家法へ」の図式に一番適合的な所となる。

〈為続法〉との関連が強い法令として、「雑務法」三カ条と「手続法」一カ条が挙げられる。後者の第一八条は〈為続法〉の「手続法」第六・七条を踏まえた法令である。この「雑務法」三カ条の中でも、第一六条「文質物事」は「年期売り」「質流れ」を制定した法令である。「名主職」売買の「買免」制と異なり、より小規模な「作人職」の質入れに道を開き、地下人＝本作人たちを売買・質入れの世界に引き入れたものである。第一九条の「*両売両質事」は「質流れ」制に敵対する犯罪を取り上げたものである。長毎はこの二法により、畿内の「作人職」の売買・質入れ制度を球磨郡に導入した。

第一六条制定の背景には、相良氏の世界が平和になり、本主たちが本主権を主張し土地を取り戻したことで本作人たちの定住化も進み、農業社会が安定し、村落が復興したことがあり、地下人＝本作人たちもまた自らの生活の向上に向けて発言権を強化した。第一九条では、期限が来て借金を返せなくなった人が「二重売り」「二重質」という「質流れ」に逆らう犯罪に手を染めることに対して、相良氏は「両売・両質」への処罰権を「公界」から奪い、地下人・本作人たちの「主人」の側に与えた。市場の「公界」法廷での裁判となれば、市場の債権者・金融業者側に作人職が渡るのを避けるため、主人の刑罰権を認めたのである。

本作人間の熾烈な生存競争に対して、優勝劣敗と作人層の階層分解とを伴ってでも、作人職を農村内部に保持しようとする領主たちの共同利益を守る立場から、この法は制定されたのであろう。本作人の主人の側に犯人の処罰を命じている。しかし逆に、この法令の影響は「買免制」に基づく土地売買にも及んでゆき、名主の本作人への転落も起きた。〈為続法〉〈長毎法〉の視線は家中統制に向けられており、相良氏は領主たちの共同利益の代表者であった。それゆえ、下剋上の結果伸し上がった相良氏は、「雑務沙汰」に関する立法により人々からの承認を得て力を付け、裁判の公平や領国の平和を軸に領国を経営したということになる。

このほか「雑務法」には、枡は「四入」と公定した第二〇条の「和市事」があった。

〈晴広法〉

〈晴広法〉二二カ条は「手続法」ゼロ、「家中法」ゼロ、「一揆法」ゼロと、前二者とは趣を一変している。〈晴広法〉の特徴の第一には、「井手溝関連法」に三カ条も割き、「水利国家」を宣言したことがある。これは領主たちの共同利益の代表者という〈長毎法〉の側面を一層深化させたものである。〈長毎法〉の段階では、「本田」の余り水をもって「新田」を開く方式で、開墾は個人的な小資本・小労働で賄われていたが、〈晴広法〉では川の流れに井堰を設け、そこから「溝」を引くという大規模開墾方式に変わり、「井手溝」の維持・管理・補修には数十倍の集団的・組織的な資金と労働力が必要となっていた。

第二一条には「井手溝奔走題目候」とあり、「井手溝」に破損ができた時には、農村の共同体に対し「田数」に応じて「人数」を出せと命じており、人を出さない「水口」は止めるとの罰則も記している。単位となる「田数」は「名田」を指し、一つの「名田」には複数の「本作人」たちが耕作していた。第二二条は「買地」の時の「井手溝」の定めだが、「十人ならば」との例示からも、一人の名主は人夫一〇人の供出が基準だったのだろう。共同体を通じての労働力の提供が課題となっている。それに対応する法令が第二四条で制定された「検断作子法」や、逃亡下人に対し「人返し協約体制」の強化を図った第三四条である。

第二四条の「検断作子法」において「置き主検断の時は」、つまり〈主人〉が検断の対象となった時は、「置き主の主人」つまり〈事業主〉に付けるべきだとあった。「下人」は主人の所有物、高価な動産であったが、同時に地域社会全体の財産として共同で管理する方向へと変化しているのである。「下人法」が第三二〜三四条とまとまって存在していることはその反映でもある。下人のあり方が主人の私的な支配から、相良氏による公的な支配へと変化していると見ることができよう。ここから、下人の身分は上昇し、家族を持つことが奨励され、下人は解放されて近世社会へと変化した、と言えるのであろうか。「井手溝奔走」という言葉で示される生産力の向上が「下人制度」という社会関係に変化をもたらしただろう。

〈晴広法〉の特徴として第二に言うべきことは、晴広が守護大権の継受を宣言して、戦国大名化を志向したことである。具体的には、①第二三条の「段銭の徴収」権や、②第二四〜二八条の「検断関連法」五法に現れる検断権掌握の主張であり、③〈長毎法〉と並ぶ「平和令」が「スッパ・ラッパ法」の形で一三カ条にまで増加したことである。これには、人を騙して売る「人宿」「口入屋」などが関与する「狭義のスッパ・ラッパ法」三カ条と、「下人法」三カ条、「一向宗排除法」四カ条があり、領国統制は「検断権」を軸に深化し、統治の軸は家中統制から領国の治安維持へと転回したことになる。

中でも「狭義のスッパ・ラッパ法」として「検断沙汰」の対象となる「口入屋」「人宿」の犯罪を第二九・三〇・三八条と列挙したことは、他の戦国家法には見られない〈晴広法〉の特徴である。晴広は「公界」への依存から独立し、「公界」の人々の活動を、保護すべきものと、取り締まるべきものとに峻別し、社会の上に立つ公権力へと成長した。第三九条「＊爰元外城なしか事」はこの両者の峻別を示している。法令の「本則」では、晴広は「別当」に対して行商人たちへの商業税＝「なしか」の納入を命じているが、「付則」では行商人とよく似て、領内の市・町の「雑踏」を渡り歩く「スリ」の取締りを命じた。

「盗人職」として内乱期の大名がかつては重宝していた「夜盗・山賊」などは犯罪者として、また他所からやって来る「漂泊の宗教者」「呪術者・魔術者」「占い師」などは「一向宗」に関係するとして、取締りの対象となっている。晴広が検断権の掌握を宣言してからは、軍事・警察権としての「検断沙汰」が領国統治の中心となっていった。

相良氏三代と「公界」の関係

「公界」を「一揆」とする通説に対しては、私は、「公界」は市場関係者だとし、「公界」の法廷を大名法廷や「一揆」法廷だとする通説的な理解に対しては、「市場法廷」だとしてきた。ここで、法を制定した相良氏と流通経済に関わりを持つ「公界」関係者との関係を軸に、〈為続法〉〈長毎法〉〈晴広法〉の三法を整理したい。上述のように〈為続法〉の段階では、相良氏が「買免」制度を復活させ、土地を「本主」に戻す政策を進めるために、「土地」売買の現場にいた市場関係者＝「公界」の関与が必要であった。そのため、相良氏の政策は「公界」の力に依存していた。

〈長毎法〉の段階では、一方では第一八条で「公界」の保護を謳い、他方では第一六条で「文質物」を定めて質入れ文書に年期の記入を命じた。ここでも「公界」の支持・支援を背景に、売買・質入れの世界を「買免」の際の「名主職」のみならず「作人職」にまで広げて、地下人＝本作人による売買・質入れを可能とし、相良氏の世界を畿内並みのものにした。こうした法・制度の変化の背後には、戦国相良氏による球磨郡の統一と、為続の長い治世における作人たちの生活の安定化・定住化、生産力の向上があっただろう。

また、「両売・両質」を禁じた第一九条は、第一六条で定めた「質流れの法」に敵対する債務者側の働きを「重罪」と断定し、伊達氏の『塵芥集』のような「公界の内済」による解決[1]ではなく、犯罪者に対しては地下人等の「主人」に処罰権を与えた。市場法廷の「公界」を経ないでも、相良氏の大名法廷だけで裁判が可能な、裁判の合理化を目指したのである。

しかし〈晴広法〉の段階では、第三八条から明らかなように、一方では「公界」を自己の権力内部に抱き込み、他方、「公界」世界で行われているスリや人売りなどの犯罪を自らの検断権の対象とし、「公界」を公権力の支配下・統制下に置くことになった。

『相良氏法度』に登場する土地売買

勝俣鎮夫は〈晴広法〉第三一条を唯一の例外として、『相良氏法度』の中の土地売買は同じ制度の中にあると考えたが、相良氏三代の為続・長毎・晴広の政治的立場にはそれぞれ違いがあり、各々の法令集が担った政治課題もそれぞれ異なっていたので、勝俣の考えは成立しないと思う。〈為続法〉〈長毎法〉〈晴広法〉に分けて整理しておきたい。

〈為続法〉の時代：　これについては、さらに次の三つの時代に分けて考えたい。

1　「買免制度」が行われていた時代
2　多良木・人吉の両相良氏が覇権を懸けて争い、互に「買得安堵状」を発布した時代
3　戦国相良氏の球磨郡統一後、為続が「為続法」を発布した時代

いずれの時代も「買免制度」による売買の事例が少なく、断言は憚られるが、これは「年期売り」と同様なもので、「名主職」が売買され、売手は有償で買戻し可能であっただろう。1の時代、「地下治定」という制度の中で、売手・買手は共に地域の共同体に属していた。それゆえ「買免」による土地売買は金銭の融通、相互の信頼関係確認のために行われていただろう。土地に対する権利・義務は、売手・買手共に折半が決まりであった。

2の時代には、「買免」制度による土地売買に対して、両地頭から「買得安堵状」が発布され、現状維持・当知行が目指され、「買免」制度は凍結されていた。

3の〈為続法〉の時代には、「買免」制度の復活が宣言され、土地は「本主」に戻ることになった。人々が一挙に相良氏の法廷に押し掛けると、法廷の事務能力を超えるので、売手・買手の死亡時に「本主」に戻ることとなった。折からの平和の訪れにより、開拓は進み、生活が安定した地下人・作人たちは土地に定着し、一年ごとの土地の割り付け・請作ではなく、土地耕作権としての「作人職」の権利が確定した。こうした時代的背景の下で、本作人は生活の向上を求めて、「作人職」を物権として質入れ・売買の対象になるように要求し始めた。この要求に応えたのが次の長毎である。

〈長毎法〉の時代：　第一六条では、質物契約に「必ず何時より何時まで」との記入が命じられ、質流れ制度が定められた。これは畿内の「作人職」の慣行を球磨郡に導入したものである。これにより「本作人」は売買・質入

れの世界に登場することとなった。相良氏は「買免」制による土地の売買よりはるかに少額の「作人職」の質入れを許可し、制定した。第一九条は質流れを阻止すべく債務者が行う「両売り・両質」を重罪として禁止したものであった。ここから、小規模な手作地しか持たない足軽のような下士も、売買・質入れの世界に巻き込まれただろう。彼が「名主職」を手放すと「作人職」のみを保持する「本作人」に転落した。

〈晴広法〉の時代：　晴広は評定の場に「両代の御法式」として〈為続法〉〈長毎法〉を「壁書」として掲げたので、晴広の下で〈為続法〉の「買免」方式の土地売買は生きていた。段銭の負担や水利工事への労働賦課・夫役に際しても、売主・買主半々の負担方式は生きていた。第二二条「*買地時井手溝事」でも、第二三条「田銭事」でも、「買免」の実例で見たのと同様、売手・買手半分ずつの原則が記されている。これに対して、新たに制定された〈晴広法〉第三一条は、かつては〈名主職〉を持っていたが、今では「本作人」に没落した人が、かつての「本主権」を盾に、土地売買に異論を差し挟む事態に対応した法である。晴広は、論者は「本作人」にすぎず「違乱無用」と断じ、名主職の売買自由を命じる判決を下した。この法は判決をそのまま「壁書」の〈晴広法〉に採用したものである。「本作人」への退転に対して、「質流れ法」の鉄則は揺るがなかったことになる。

第四節　「世界の隙間」から見た両法度の比較

農業が始まり、文明が成立して以来、人々の生活の「豊かさ」は、囲い込んだ土地の広さで示されることとなった。それゆえ、世界の土地は、囲い込まれた土地と、すべての人に開かれた土地とに二分され、さらに後者の中に「世界の隙間」が生まれた。農地と自然との対比としてもよいかもしれない。「世界の隙間」とは、人が私のモノ、私有地として占拠することが禁じられた「聖なる場所」で、神の降臨するところであり、またすべての人が利用する道路であり、広場であった。「聖なる場所」には神社や仏寺が建った。土地を持たない者は「貧しい」者とされて社会的弱者となり、「世界の隙間」の住人とされた。

本書の最後に、『結城氏新法度』と『相良氏法度』という二つの「法度」に登場する「世界の隙間」の住人とされた「漂泊の宗教者」や「下人」たち、そして商業のあり方について比較を行ってみたい。「漂泊の宗教者」は、前者では「行脚・往来・鉢開」「出家・山伏」として、後者では「祝・山伏・物しり」「祈念・薬師」として登場する。彼らは「聖なる世界」と関わりのある人々であった。『結城氏新法度』の「行脚・往来・鉢開」は、第一六条では山で追剝ぎに殺され、第九一条では町では米の升目をごまかされる社会的弱者として登場し、第七三条では「出家・山伏」が馬を引き荷物を運ぶ運送業者として登場する。

一方『相良氏法度』に登場する「漂泊の宗教者」や「逃亡下人」に対する晴広の眼差しは厳しく、「逃亡下人」を犯罪者として見ている。他所より来た「祝・山伏・物しり」は「一向宗の基」とされ、危険思想の持ち主とされた(第三五条)。「下人」とは文明世界では正式なメンバーに数えられない人たちで、犯罪奴隷や売買奴隷から構成されていた。『相良氏法度』の第三三条では、主人の下から「身を盗み」逃げ出した逃亡下人が、「夜討ち・山立・屋焼き」の凶悪犯の仲間となって登場する。法令のテーマは「返り忠」で、犯罪集団を裏切り、そこからの脱出が問題であった。

これに対して『結城氏新法度』では、彼らは文明世界が築いた観念の世界に関わり、生と死の対立、死後の世界からなる宇宙論的な世界に強く関わる者として登場する。『新約聖書』では、最後の審判のとき、地獄の窯が開き、死者は復活し、この世で後の者とされた人は先となり、先の者とされた人は後になるとあるが、『新法度』の「下人」はアベコベの世界の住人と見なされ、聖なる時、聖なる場所では自由になるとされていた。彼らは神社の祭礼の日、「神事・祭礼の場」で「酒を飲」んで「喧嘩・やりこ」を行ったとあるが、こうした日は下人の解放の日で、何をやっても許される日であった。「やりこ」とは「喧嘩」や「懲罰」を意味し、下人たちの自己実現の表現であった。ただし、下人は主人の大切な財産であり、質取りの対象だったので、『結城氏新法度』の関心事は、殺された下人に対する主人の損害賠償請求をいかにして棄却するかにあった。『結城氏新法度』では主人の所有物との関係が表に立っているが、『相良氏法度』では「人返し協約体制」との関係で、下人は地域の労働力とする見方が強く、主人から「井手溝奔走」などで事業主に提供された下人の帰属は事業主にするなど、主人持ちから一揆持ちへと性格が変わり、逃亡下人に対する対応も、主人から相良氏に主体が変化したと見られる。

また、寺院の祭日の日「仏事・法事」の「見物事の場」での下人の行為は、結城政勝から見て「慮外・狼藉」であり、「棒打ち」の対象とされた。『結城氏新法度』第九六条では「大狂」の末の「棒打ち」の主体であり、政勝はこれを「末世の故」の「悪逆人」としたが、これは下人の解放日に彼らが一種の精神異常者となったことを示していよう。こうした点も含めて、『新法度』において下人は犯罪予備軍とされていた。たとえ放れ馬を見つけても、その労力は評価されず、逆に盗人同然とされた。しかし『相良氏法度』では、「世界の隙間」の住人は自己主張が激しく、犯罪者そのものとして行動している。法度の表面を見る限り、肥後・球磨郡の世界の方が治安は悪く、世間は殺伐としていたということになろう。

商業のあり方については、相良氏の世界では商人・手工業者は、昔は座によって組織されていた可能性はあるが、晴広の時代には各座は武士の保護下に置かれ、兵商未分離であった。町々には「人宿」や「口入屋」を兼ねる「宿」があり、商人・手工業者はここを拠点に活動していた。行商をして歩く町々の世界には「別当」がおり、営業税の「なしか」を徴収していた。そして「別当」を中心に「公界」が構成されていた。

これに対して、結城氏の世界では、商人・手工業者は町々の寺門前に「門前者」として定住しており、政勝は兵商分離を推し進めようとしていた。商品の流通に対しては、荷留法により手数料の徴収が図られていた。町の定住者「蔵方」を中心に公界が構成されていた。

『相良氏法度』と『結城氏新法度』の二つの法からの推定では、相良氏の世界は兵商未分離で、商工業者は町の宿から宿へと渡り歩く、行商人の世界であったが、結城氏の世界は兵商分離で、商人・手工業者は定住していたことになろう。このことの原因には、相良氏の世界たる球磨郡・人吉盆地が「隠れ里」と言われ、外界からの隔絶が語られているのに対して、結城氏の世界は関東平野の真ん中に位置し、東山道・宇都宮街道をはじめ、水陸の交通の中心にあったことが挙げられよう。

注

序　論

（1）佐藤進一・池内義資・百瀬今朝雄編『中世法制史料集　第三巻　武家家法Ⅰ』岩波書店、一九六五年。
（2）石井進・石母田正・笠松宏至・勝俣鎮夫・佐藤進一編『日本思想大系21　中世政治社会思想　上』岩波書店、一九七二年。
（3）「現代語訳分国法」池上裕子・池享・小和田哲男・黒川直則・小林清治・三木靖・峰岸純夫編『クロニック戦国全史』講談社、一九九五年、七三八〜七四六頁。
（4）佐藤進一・池内義資編『中世法制史料集　第一巻　鎌倉幕府法』岩波書店、一九五五年、一頁。
（5）『中世政治社会思想　上』五六五頁、六四六頁。
（6）清水克行『戦国大名と分国法』岩波新書、二〇一八年。
（7）松園潤一郎編『室町・戦国時代の法の世界』吉川弘文館、二〇二一年。
（8）佐藤進一・百瀬今朝雄編『中世法制史料集　第四巻　武家家法Ⅱ』岩波書店、一九九八年。
（9）佐藤進一・百瀬今朝雄編『中世法制史料集　第五巻　武家家法Ⅲ』岩波書店、二〇〇一年。
（10）笠松宏至・佐藤進一・百瀬今朝雄編『日本思想大系22　中世政治社会思想　下』岩波書店、一九八一年。
（11）清水克行・桜井英治、対談集『戦国法の読み方――伊達稙宗と塵芥集の世界』高志書房選書、二〇一四年。
（12）『中世政治社会思想　上』五一二頁。
（13）同上、四九八頁。
（14）同上、六二〇頁。
（15）村井章介「公界は「一揆」か、公権力か――『相良氏法度』第十八条の解釈をめぐって」『中世史料との対話』吉川弘文館、二〇一四年、所収。
（16）世界の来し方・行く末を考えると、第二次世界大戦の多くの犠牲によって、私たちは平和・民主主義・法の支配・国際連合等々を手に入れてきたと言われてきたが、それは画餅と化し、中国やロシアの専制的指導者はかつての自国の歴史を輝かしい帝国として美化し、膨張主義・侵略主義に傾き、世界は各帝国主義国の角逐の場に戻りつつあると思われる。公権力の成立を説明する歴史学上の新しい仮説が今や必要とされていよう。
（17）安野眞幸『港市論――平戸・長崎・横瀬浦』日本エディタースクール出版部、一九九二年。
（18）『中世政治社会思想　上』四四八頁。
（19）藤木久至「大名領国論」（原秀三郎他編『体系日本国家史　2　中世』東京大学出版会、一九七六年、所収）の二七六頁の注（2）参照。
（20）笠松宏至『日本中世法史論』東京大学出版会、一九七九年。初出は一九六七年。

(21) 網野善彦『無縁・公界・楽——日本中世の自由と平和』平凡選書、一九七八年。
(22) 安良城盛昭「網野善彦氏の近業についての批判的検討」『天皇・天皇制・百姓・沖縄——社会構成史研究よりみた社会史研究批判』吉川弘文館、一九八九年、所収。
(23) 村井の議論を私の言葉で要約することは難しいが、大名と家臣の双方とで構成される公共の場＝「公界」は正義を実現する仮想空間・中間法団体であるとしている。同上、一六〇～一六二頁。
(24) 安野眞幸『日本中世市場論——制度の歴史分析』名古屋大学出版会、二〇一八年。
(25) 令和四年度に朝日賞を受賞した鳥居啓子氏の気孔発生メカニズムの解明についての業績紹介（朝日新聞二〇二三年一月一日の34面）によれば、遺伝子「ミュート」の司令を受けた細胞が「気孔」になると、隣り合った細胞同士が信号をやり取りし、気孔細胞にならないようにすることでバランスよく散らばることになるという。
(26) 清水克行『戦国大名と分国法』一一頁。
(27) 佐藤進一「解題　武家家法　五　結城氏新法度」『中世法制史料集第三巻』五一一頁。
(28) 松本新八郎「室町末期の結城領」『中世社会の研究』東京大学出版会、一九五六年、所収。
(29) 市村高男『戦国期東国の都市と権力』思文閣出版、一九九四年。
(30) 村井章介「「新法度」にみる戦国期結城領の構造」『茨城県史研究』第四三号、一九七九年十二月。
(31) 池上裕子・池淳・小和田哲男・黒川直則・小林清治・三木靖・峰岸純夫『結城市史　第四巻　古代中世通史編』結城市、一九八〇年。
(32) 佐藤進一「解題　武家家法　五　結城氏新法度」五一〇頁。
(33) 私は『日本中世市場論』では「筆師」を考えていたが、この『新法度』には登場しないので、こう述べておく。
(34) 「市場法廷」については、安野眞幸『日本中世市場論』第1章「市場は裁判の場である」を参照。
(35) 安野眞幸『日本中世市場論』四六頁。
(36) 笠松宏至『法と言葉の中世史』平凡社選書、一九八四年、二四二頁。
(37) 村井章介「「公界」は一揆か、公権力か」一六三頁。
(38) 同上、一五五頁、一六三頁。
(39) 網野善彦・石井進・笠松宏至・勝俣鎮夫編『中世の罪と罰』東京大学出版会、一九八三年。
(40) 松本新八郎「室町末期の結城領」『中世社会の研究』三九六頁。
(41) 『折口信夫全集　第三巻』中央公論社、一九五五年。

第I部　はじめに

(1) 鈴木哲雄『中世関東の内海世界』岩田書房、二〇〇五年。
(2) 永原慶二「伊勢・紀伊商人と中世の下総」『中世動乱期に生きる』新日本出版社、一九九六年、所収。
(3) 永原慶二『苧麻・絹・木綿の社会史』吉川弘文館、二〇〇四年では、結城紬は取り上げられていないが、『庭訓往来』には「常陸の紬」とある。また平凡社の『大百科事典』の「結城紬」の項には、結城の〈養蚕・機織りの歴史は古く、奈良時代に綾織が、平安時代には紬が献上されている。室町時代にも城主結城氏か幕府に献上した〉とある。
(4) 石井進・石母田正・笠松宏至・勝俣鎮夫・佐藤進一編『日本思想大系21　中世政治社会思想　上』岩波書店、一九七二年、二六四頁。
(5) 「西ノ宮」にあった「麹座」との関係で言えば、保存した米・豆に対して発酵作業を加えると、倉庫は作業場に発展し、「酒蔵」や「味噌蔵」にもなった。狂言の「三人片輪」では有徳人が障碍者を雇うとの高札を立てると、スッパたちが障碍者を装って雇用される。主人が出掛ける際に、それぞれに「銭蔵」「軽物蔵」「酒蔵」を預ける。スッパたちが酒盛りをしている最中に主人が帰ってきて、スッパたちが仮装を取り違えるというドタバタ劇だが、金融業を営む有徳人が「質物」を預かったのが「軽物蔵」、「銭」を蓄えていたのが「銭蔵」、土倉と同様、酒屋で金融業をも営んでいたのが「酒蔵」となろう。
(6) 峰岸純夫『享徳の乱――中世東国の「三十年戦争」』講談社選書メチエ、二〇一七年、三三頁。
(7) 清水克行『戦国大名と分国法』岩波新書、二〇一八年。
(8) 同上、一八三頁。
(9) 佐藤進一・池内義資・百瀬今朝雄編『中世法制史料集　第三巻　武家法Ｉ』岩波書店、一九六五年。
(10) 佐藤進一校注「結城氏新法度」『中世政治社会思想　上』二四六～二七七頁。
(11) 池上裕子・池享・小和田哲男・黒川直則・小林清治・三木靖・峰岸純夫編『クロニック戦国全史』講談社、一九九五年。
(12) 「現代語訳分国法　結城氏新法度」『戦国全史』七三八～七四六頁。なおこれは『結城市史　第四巻　古代中世通史編』結城市、一九八〇年に依っている。
(13) 國學院大學栃木短期大学部史学会、第八号、平成六年三月。「佐藤進一先生ノートより」を底本とし、これを補正した杉山博氏作成「結城氏新法度語彙索引」によっている。

第I部一章

(1) 笠松宏至『法と言葉の中世史』平凡選書、一九八四年、二四一～二頁。
(2) 清水克行『戦国大名と分国法』岩波新書、二〇一八年、九頁。
(3) 同上、一〇頁、39～46条、貸借売買。
(4) 同上、73～76条、領内物資輸送。
(5) 同上、第一章四項「羅列された条文」の中の「内容構成」。
(6) 石井進・石母田正・笠松宏至・勝俣鎮夫・佐藤進一編『日本思想大系21　中世政治社会思想　上』岩波書店、一九七二年、五一〇頁。
(7) 池上裕子・池享・小和田哲男・黒川直則・小林清治・三木靖・峰岸純夫編『クロニック戦国全史』講談社、一九九五年。
(8) 清水克行『戦国大名と分国法』一四頁。
(9) 笠松宏至『法と言葉の中世史』所収。
(10) 佐藤進一『日本の中世国家』岩波書店、一九八三年、一二〇頁。
(11) 西田友広『悪党召し捕りの中世――鎌倉幕府の治安維持』吉川弘文館、二〇一七年、一一九頁。
(12) 清水克行『戦国大名と分国法』八頁。
(13) 松本新八郎「室町末期の結城領」『中世社会の研究』東京大学出版会、一九五六年、四〇四頁。
(14) 清水克行は『戦国大名と分国法』二三頁で、通説の言説に従い〈政勝は……彼自身も「新法度」に拘束される存在であることを明記している〉としているが、これは当たらない。
(15) 國學院大學栃木短期大学史学会『栃木史学』第八号、平成六年三月。
(16) この「ろう人」は一門の「惣領・本家」そのものを指すとも考えられるが、当時、伝統的な惣領制秩序はほぼ解体し、代わりに結城氏の職制による「指南親方」に一門の統率は変化していたと考えたい。ただし、「惣領・本家」が「指南親方」に横すべりした場合が多かったと思われるので、影響力がまったく消え去ってしまったわけではないだろう。
(17) 日本史史料研究会監修・松園潤一郎編『室町・戦国時代の法の世界』吉川弘文館、二〇二一年、所収、二二三～四頁。
(18) 第六二条にも「気障」の忌避が述べられていた。自己主張を忌避し、同調圧力の下で「空気を読む」ことを良しとする風潮がこの頃からあったのであろう。

第Ⅰ部二章

（1）市村高男「東国における戦国期地域権力の成立過程」『戦国期東国の都市と権力』思文閣出版、一九九四年。

（2）市村高男『戦国期東国の都市と権力』五六、七頁。

（3）市村高男「戦国時代の結城領」『結城市史　第四巻　古代中世通史編』結城市、一九八〇年、五四九頁。

（4）村井章介「「新法度」にみる戦国期結城領の構造」『茨城県史研究』第四三号、一九七九年十二月。

（5）清水克行『戦国大名と分国法』岩波新書、二〇一八年、一五頁。

（6）ちなみにこの年、信長の父・信秀は死去し、信長は葬儀の場で抹香を投げつけている。また、ザビエルが離日した。

（7）勝俣鎮夫校注「今川仮名目録」石井進・石母田正・笠松宏至・勝俣鎮夫・佐藤進一編『日本思想大系21　中世政治社会思想　上』岩波書店、一九七二年、一九三～二〇八頁。

（8）清水克行『戦国大名と分国法』一五一頁。

（9）同上、二六頁。

（10）佐藤進一・池内義資・百瀬今朝雄編『中世法制史料集　第三巻　武家家法Ⅰ』岩波書店、一九六五年。

（11）「現代語訳分国法　結城氏新法度」池上裕子・池淳・小和田哲男・黒川直則・小林清治・三木靖・峰岸純夫編『クロニック戦国全史』講談社、一九九五年。

（12）清水克行『戦国大名と分国法』一〇頁。

（13）平山優は『戦国の忍び』（角川新書、二〇二〇年、一二〇～一二二、二九八、三〇〇～三〇二頁）において「結城氏新法度」の第二〇条「夜中入於他人屋敷被討者事」、第二四条「敵地・敵境之下人・悴者不可召仕事」・第二七条「近臣等致草夜業科事」・第三四条「盗犯時番衆咎事」・第三七条「＊飛入殺害人の処置は主人に任せ、保護する」・第四八条「＊謀反人・内通者への処罰」・第九八条「侍下人以下無披露不可出向事」を忍者関連法として取り上げた。この第四八条に忍者と共通する働きをする人々を見出すことは、誤りではないが、この法令自体の解釈は通説に依っており、取り上げる必要は感じない。

（14）これについては第五章二節で取り上げる。

（15）これについては第五章三節で取り上げる。

（16）結城紬で七尺とあるものの縦糸は九尺・一丈であったが、紬を元の長さに戻すことはできないのと同様に、一度起きてしまったことを元に戻し、なかったことにすることはできない、の意であろうか。

（17）これについては第四章五節で取り上げる。

（18）これについては第三章四節で取り上げる。

（19）「謀反」との観点から『御成敗式目』との比較も述べておこう。『御成敗式目』の第九条の「謀叛人の事」で「右、式目の趣兼日定め難きか」とあることを、笠松宏至は『中世政治社会思想　上』の補注（四三二頁）で、〈五十一ヵ条の編目（事書）が泰時のもとでまず決定され、これに基づいてそれに対応する内容（本文）十三人の編纂参加者に諮問・審議された〉が、〈実質的な処分規定を立案し得ぬまま、公布せざるを得なかったのであろう〉と解釈している。頼朝を除き源氏一族が族滅・皆殺しの運命に遭ったことと、『式目』の作成者が源氏の一族でないことがどこかで関係していたのであろう。『御成敗式目』の第三条は「諸国守護人奉行の事」で、「大番催促・謀叛・殺害人等の事なり」とある。「中世の罪と罰」をめぐる網野善彦・石井進・笠松宏至・勝俣鎮夫四氏の討論の中で「大犯三ヵ条」が問題となったとき、笠松は「謀反」について〈『式目』の中には項目はあるが、具体的な内容を持っていない〉（『中世の罪と罰』東京大学出版、一九八三年、一九一頁）と述べ、〈「検断の沙汰」とはなじまない〉とも発言している。これに対して結城政勝は謀反の罪を明らかにし、「検断の沙汰」として対処しようとした。それが後述する第二二条「不忠者事」である。

（20）市村高男「下総国結城城下町についての考察」『戦国期東国の都市と権力』四七六頁。

（21）市村高男「戦国期城下町の形成と民衆」『戦国期東国の都市と権力』四〇一頁。

（22）『結城市史　第四巻　古代中世通史編』結城市、一九八〇年、六九三頁。

（23）同上、六一四頁。

（24）安野眞幸『楽市論——初期信長の流通政策』法政大学出版局、二〇〇九年、第七章四節のc、一五九頁。

（25）「我が親類・縁者、其ほか指南之者」の「我が」は一人称だが、「一人称単数」とすれば、「吾」＝政勝となる。「親類・縁者」の方はうまく説明できるが、「指南の者」が説明できない。それゆえ、これを捨てて「一人称複数」とすれば、「吾」＋「各」となり、「我々の」の意味で、「結城家臣団」を指すとなると、この場合は朝夕の軍事訓練を行った「同胞衆」ということになろう。彼らは「指南親方」に率いられた血縁・地縁集団で、かつての「惣領や本家」が横すべりして結城氏の新たな職制を担ったものと想像される。それゆえ結城氏の軍団の数だけ「指南親方」がいたことになる。彼らは「同胞衆」の既得権益を守ろうとしていた。

（26）第七章一節1参照。侍の屋敷での商売を禁止したこの法令には、検断権の担い手になった「捕吏」である「下人」が登場する。

（27）『中世政治社会思想　上』二一五、二二〇頁。『塵芥集』の補注133（四五九頁）では「指南」は〈兵学などを教授すること〉〈軍師、軍事上の指揮者〉〈結城氏などの戦国大名のもとでは、家臣団組織の職名に採用されている〉〈通常寄親・寄子関係と同一のものとして把握されている〉とあり、「寄親・寄子関係」で領地を給与する場合もあるが、「指南親方・指南」の関係においては、これは見られないとしている。

（28）似た言葉に、第三二条には「一咎め」がある。

（29）白川静『字訓』平凡社、一九九五年。

（30）白川の議論の前提には、平安期の怨霊・御霊信仰がある。非業な最後を遂げた死者の霊や魂が周りの人々に災難・禍害を加えたことから、祟りを鎮める鎮魂が必要とされた。これとの関連で、密教の加持祈禱が説明される。そしてこうした「怨霊・御霊」への恐怖は、阿弥陀如来への信仰・念仏に収斂した。仏教では人は死ねば天道・人道・修羅道・畜生道・餓鬼道・地獄道の六つの世界のいずれかに輪廻転生するとされており、葬地の入り口には多くの場合六地蔵が並び、「六道原」と呼ばれていた。

　京都東山の葬地・鳥辺野の入り口は「六道辻」と言われ、空也はこの地に西光寺を開き、後に六波羅蜜寺と改称された。ここでは怨霊や御霊の働きを阿弥陀の本願の力で封じ込め、逆に人々には極楽往生を約束した。阿弥陀への念仏にはそうした力があり、ここは浄土教の中心地となった。そしてこの地に屋敷を構えたのが平忠盛・清盛親子で、西国の海賊征伐で国家の検断権の担い手に成長した平氏は、保元の乱・平治の乱を経て、清盛が独裁政治を始めるに及び、これを平氏政権と呼び、鎌倉幕府に倣って六波羅幕府と呼ぶ説も現れている。六波羅に生まれた政権は怨霊・御霊の働きを軍事力・警察力で抑え込み、恐怖心を権威に置き換えることで、武士による新国家を目指した。

　平氏滅亡後に六波羅の地は頼朝に下され、承久の乱後は鎌倉幕府の西国支配の拠点として、六波羅探題が置かれた。しかし六波羅に立地した権力ということから、中世日本の刑法学・名法道の法哲学に平氏が貢献した事実は知られていない。同様に六波羅探題が鎌倉幕府の法体系に貢献をしたこともまた、今のところ知られていない。日本の古代・中世の公権力を「祟り」から説明することは、これまで行われてこなかった。高度に文明化された律令法による統治があり、平安時代になって怨霊・御霊信仰や密教の活躍が説明される中で、「たゝり」から公権力の検断権が説明されることはなかったのである。

しかし公権力が検断権を持つことの根源にある問題状況に、「たゝり」は関わっていただろう。怨霊・御霊を暴力・武力によってねじ伏せる軍事力が人々から承認を受けて中世の公権力となったはずである。

(31) 第七章二節で取り上げる。
(32) 村井章介「「新法度」にみる戦国期結城領の構造」『茨城県史研究』第四三号、一九七九年十二月。
(33) 村井良介『戦国大名論』講談社メチエ、二〇一五年。
(34)『中世政治社会思想　上』二二二頁。
(35) 松本新八郎「室町末期の結城領」『中世社会の研究』東京大学出版会、一九五六年、三九一頁。

第I部三章

(1) 松本新八郎『中世社会の研究』東京大学出版会、一九五六年、第九章。
(2) 藤木久志「戦国法の形成過程」『戦国社会史論』東京大学出版会、一九七四年。
(3)「結城紬」については「はじめに」注3参照。
(4) 池上裕子・池享・小和田哲男・黒川直則・小林清治・三木靖・峰岸純夫編『クロニック戦国全史』講談社、一九九五年。
(5) 石井進・石母田正・笠松宏至・勝俣鎮夫・佐藤進一編『日本思想大系21　中世政治社会思想　上』岩波書店、一九七二年。
(6)『結城市史　第四巻　古代中世通史編』結城市、一九八〇年、六九一頁。
(7) 村井章介「「新法度」にみる戦国期結城領の構造」『茨城県史研究』第四三号、一九七九年十二月、注54。
(8) 村井章介「「新法度」にみる戦国期結城領の構造」。
(9) 松岡潤一郎「慣習と法——民間慣習の成文化」松岡潤一郎編『室町・戦国時代の法の世界』吉川弘文館、二〇二一年、二七三頁。
(10) 松岡潤一郎「室町・戦国時代の法を見る視点」『本郷』吉川弘文館、二〇二一年九月、一五五号、二六～二八頁。松岡は先の論文では十分に紹介できなかったとして戦前の研究史を繙いている。中田薫「板倉氏新式目に就いて」を取り上げ、放牧牛馬が田畠の作物に損害を与えたことに関する法令を「加害家畜法」と名づけた。次の瀧川政次郎「放れ牛馬作毛を損ずる出入沙汰」では狂言の「右近左近」をかなり詳しく説明し、この時代の法については、文学作品が素材になるとした。さらに金田平一郎の研究を取り上げ、近世に至り、「加害家畜法」が消滅するが、それは、一六世紀前後は馬が山野に放たれて自由に草を食べ、他人の田畑の作物をも喰い荒らすこともあったが、一七世紀後半には、山野資源の利用権の確立に伴い、馬の管理も進展したためであるという。こうして加害家畜法は姿を消したので、法を取り巻く社会状況の認識が必要である、とした。松園は『新法度』第五五条の後半部分の「念の悪しきもの」が登場する「さて又」以降を見ていないが、作人の平衡感覚による相当の意識にも注目すべきであろう。これと同じ問題を取り扱ったものに次の『塵芥集』の第一五六条がある。「馬・牛あひはなれ、作毛を食い候時、かの牛・馬をつなぎおき、主の方へ損亡の多き少なきにより科銭をとるべし。しかるところに畜類をきり、又射殺しなどする事、謂なきものなり。牛・馬に傷を付候者、其主の方へ、かへつて科銭をあひわたすべし。殺し候はゞ、その価を弁へ返べし。聊爾いたし候輩は、其住む家を閉じ込むべきなり」。丹精込めて育ててきた作物を、取入れ寸前に喰い荒らされた時の農民の怒りは分かる。しかしその怒りを「切る」・「射殺す」として表現するのは「謂なきもの」だとするのが領主・伊達氏の立場であった。この二つの場合には、作毛の被害者にも牛馬の被害者にも共に損害賠償をするよう命じている。作毛の被害に対して牛馬の被害の方が数倍も大きかったので、損害賠償に応じない場合には家を検封するとある。伊達氏の場合は領主の側に立って裁定を下しているように見える。

(11) 笠松宏至「牛馬の尾を切る」「討論　中世の罪と罰」網野善彦・石井進・笠松宏至・勝俣鎮夫編『中世の罪と罰』東京大学出版会、一九八三年、一八九頁。

(12) 清水克行『戦国大名と分国法』岩波新書、二〇一八年、一〇頁。

(13) 佐藤進一・池内義資編『中世法制史料集　第二巻　室町幕府法』岩波書店、一九五七年、二九頁。

(14) 『中世政治社会思想　上』一六八頁。

(15) 『中世政治社会思想　上』所収の勝俣鎮夫校注の「今川仮名目録」第三条には次のようにある。「川成・海成之地を起こすに付いて、境を論ずる儀あり。彼ノ地年月を経て、本跡知りがたくば、相互に立つる所の境之内、中分に相イ定ムベキ歟。又各別の給人をも付ケラルベキ也」。勝俣の頭注には「川成海成之地」を〈本来耕地であったものが、河原・浜辺になっている土地。中世では、耕地が不安定で、この種の土地が多くみられ、先ず開墾の対象となった〉とある。「中分に……可被付也」についての補注では〈境界の不明な野山・河海の堺界相論の場合、……「折中」「中分」によって解決される方式がとられることが多かった。……なお、「又各別の給人をも可ㇾ被ㇾ付也」は……中分の裁決に訴論人が満足せず相論を続けようとする場合は没収して別の給人に給与する、の意と思われる〉とした。

(16) 清水克行「戦国の法と習俗」には「折中・中分への傾斜」と題した節がある。『岩波講座日本歴史　中世4』岩波書店、二〇一五年、所収。

(17) 佐藤進一・池内義資・百瀬今朝雄編『中世法制史料集　第三巻　武家家法Ⅰ』岩波書店、一九六五年、三六六頁。

(18) 清水克行『戦国大名と分国法』一三頁。

(19) 『中世政治社会思想　上』四六四頁。

(20) 多少私事になるが、私がかつて住んでいた津軽地方、特に北津軽郡では、一村全員が佐藤さん・工藤さんだという。また私が現在住んでいる千葉県の北総台地では、戦争中の芋畑が戦後はネギ畑や工業団地となり、工場跡地がマンションに建て替わり、また川沿いの低地の水田の多くは一戸建ての住宅地になっている。散歩をして気が付くのは表札に中台さん・中臺さんが多く見られることである。中臺さんの方は戦前からの庄屋や本百姓の系譜をひき、今でも農業をやっているが、中台さんの方は、かつては小作で、戦後の農地解放と共に土地を得たが、不動産屋のディベロッパーに変身したのであろう。「皆家だけは立派なものを建てた」と聞いたことがある。戦後の一億総中流社会形成の原動力である。

第Ⅰ部四章

(1) 網野善彦・石井進・笠松宏至・勝俣鎮夫編『中世の罪と罰』東京大学出版会、一九八三年。

(2) 網野善彦「博奕」網野善彦他編『中世の罪と罰』所収。

(3) 清水克行『戦国大名と分国法』岩波新書、二〇一八年、一〇頁。

(4) 佐藤進一・池内義資・百瀬今朝雄編『中世法制史料集　第三巻　武家家法Ⅰ』岩波書店、一九六五年。

(5) 池上裕子・池享・小和田哲男・黒川直則・小林清治・三木靖・峰岸純夫編『クロニック戦国全史』講談社、一九九五年。

(6) 喧嘩については第三節で取り上げるが、ここでの説明は通説による。
(7) 主人と下人の間には世界観的な対立関係があり、下人は犯罪者と見なされていた。安野眞幸『下人論――中世の異人と境界』日本エディタースクール出版部、一九八七年の「下人と犯罪」参照。
(8) 石井進・石母田正・笠松宏至・勝俣鎮夫・佐藤進一編『日本思想大系21 中世政治社会思想 上』岩波書店、一九七二年。
(9) 佐藤進一・百瀬今朝雄・笠松宏至編『中世法制史料集 第六巻 公家法・公家家法・寺社法』岩波書店、二〇〇五年、六一頁。
(10) 佐藤進一・池内義資編『中世法制史料集 第一巻 鎌倉幕府法』岩波書店、一九五五年、一〇七頁。
(11) 『中世法制史料集 第六巻』一二八頁。
(12) 第二八(第五章一節)・四六条(同第三節)参照。「入る」は「考慮に入れる」の意が原則であろう。
(13) 同様な例としては第六四条の「他所の足軽」に対する禁令がある。
(14) 「分国法語彙索引――その2」『栃木史学』第八号、平成六年三月、國學院大學栃木短期大學史学会。
(15) 「家産官僚制」という言葉に対応する「役人」であろう。
(16) 『中世法制史料集 第六巻』一二八頁。
(17) 勝俣鎮夫「家を焼く」網野善彦他編『中世の罪と罰』一五~二六頁。
(18) 第三四条については第七章二節を参照。
(19) 『結城市史 第四巻 古代中世通史編』結城市、一九八〇年、六九〇頁。
(20) 安野眞幸『日本中世市場論――制度の歴史分析』名古屋大学出版会、二〇一八年参照。
(21) 悴者が下人と同じように質入れの対象であり、主人の財産と見られていたことは明らかだが、「かせもの」「かせぎもの」とあり、主人の下で主体的に「稼ごう」として主従関係に入った点が、下人と異なっているのではあるまいか。名字プラス通称で表記されることも、注目すべきであろう。
(22) 『中世法制史料集 第六巻』一七頁。
(23) 『中世法制史料集 第一巻』二一三頁。
(24) 下重清『〈身売り〉の日本史』(歴史文化ライブラリー)吉川弘文館、二〇一二年、一四頁。
(25) 『中世法制史料集 第一巻』一八四頁。
(26) 同上、三一〇頁。
(27) 同上、三〇九頁。
(28) 石井進「身曳きと〝いましめ〟」網野善彦他編『中世の罪と罰』一五三~一八〇頁。
(29) 罪を犯し死刑になる所を許され、人の譜代下人になったことは『三河物語』の初めにも記されている。
(30) 『中世政治社会思想 上』二一八頁。
(31) 『塵芥集』第四一条。なお、清水克行『戦国大名と分国法』五四~六二頁。
(32) 笠松宏至校注『御成敗式目』『中世政治社会思想 上』一三頁。
(33) この法令の場合は、同僚と共にいる中で、同僚の止めるのも聞かず、躍り掛かって切りつけた場合であるが、言葉によって喧嘩相手になることが日本人の性格として避けられなかったことは、ヴァリニャーノの言う「日本の風習・性格」(松田毅一他訳『日本巡察記』東洋文庫二二九、一九七三年、一八〇頁)についての次の説明が参考となる。「日本人は、全世界で最も面目と名誉を重んずる国民で……彼らは侮蔑的な言葉は言うまでもなく、怒りを含んだ言葉を絶えることはできない。したがって、最も下層の職人や農夫と語る時でも、われらは礼儀を尽くさなければならない。さもなくば、彼らはその無礼な言葉を耐え忍ぶことができず、その職から得られる収入にもかかわらず、その職を放棄するか、さらに不利であっても、別な職についてしまう」。

（34）勝俣鎮夫は『中世政治社会思想　上』の補注（四五二頁）で、〈結城五条では両成敗法をとっていたことが分かるが、故戦者の刑をより過重にしていたらしい〉としたが、それは成立しない。

（35）笠松宏至「中世闕所地給与に関する一考察」『日本中世法史論』東京大学出版会、一九七九年、所収。

（36）村井章介「「新法度」にみる戦国結城領の構造」の「三　結城領の人的編成」五九頁。〈人から狼藉をしかけられても、自力救済を自制し、しかも直接結城氏に哀願することもせずに、奏者を介して、法度で禁じられているのでとりあわなかった、と申し出るような人間こそ、家中のあるべき姿であった〉。

（37）「頼む」「頼まれ」についての佐藤の混乱は、佐藤の作った語彙索引のミスとも関係していよう。佐藤は「たのまれ」2／「たのみ」19／「たのむ」47、78、85としているが、正しくは「たのまれ」2、7、31、47、85／「たのみ」7、19、31、78であろう。

（38）『中世政治社会思想　上』四五一頁。

（39）第六章三節参照。

（40）フロイス『日欧文化比較』（大航海時代叢書XI、岩波書店、一九六五年、六二三頁）第十四章の七には「われわれの間では窃盗しても、それが相当の金額でなければ、殺されることはない。日本ではごく僅かな額でも、そのことによって殺される」とあり、岡田章雄は注で〈フランシスコ・シャヴィエルの一五四九年十一月五日付、鹿児島発の書簡にも「[日本には]窃盗は極めて稀である。死刑を以て処罰されるからである。彼らは盗みの悪を非常に憎んでいる〉とする。笠松宏至は論文「盗み」（網野善彦他編『中世の罪と罰』七一～八七頁）七八頁で、この西欧人二人の言葉を引用した後で、中世日本には在地で機能した「窃盗重罪観」と「撫民」の立場からこれを規制した公武の「軽罪観」が併存したとした。

ヴァリニャーノ『日本巡察記』（松田毅一他訳『日本巡察記』一六頁）第三章「日本人の他の新奇な風習」には次のようにある。「A貧困は、人間に多くの邪悪や下卑なことをさせるものであるが、日本人は強い廉恥心を有するから、一切の窃盗を嫌悪し、施与されたり、借金をしないために極度の貧困に耐える。B彼らの間には、罵倒、呪詛、悪口、避難、侮辱の言葉がなく、また戦争、借用者、海賊の名目を以てなされる場合を除けば、盗みは行われず、（窃盗）行為はひどく憎悪され、厳罰に処せられる。C私が見たあらゆる諸国民の中では、彼らは最も道理に従い、道理を容易に納得する国民である。D彼らの感情がいかに抑制されているかは驚嘆に値する……彼らは真に思慮と道理に従うから、他の国の人々にみられるような節度を超えた憎悪や貪欲を持たない」。つまりヴァリニャーノの中では、日本人が感情に流されることのない理性的な国民であることと、窃盗を憎悪していることとが結びついており、窃盗がまれであることは国民性に基づいているとしているのである。

（41）清水克行の著書に『日本神判史——盟神探湯・湯起請・鉄火起請』中公新書、二〇一〇年がある。鉄火起請は神判であった。

第Ⅰ部五章

（1）平凡社『大百科事典』第十四巻、八二五頁の「名代」の項。

（2）石井進・石母田正・笠松宏至・勝俣鎮夫・佐藤進一編『日本思想大系21　中世政治社会思想　上』岩波書店、一九七二年。

（3）池上裕子・池享・小和田哲男・黒川直則・小林清治・三木靖・峰岸純夫編『クロニック戦国全史』講談社、一九九五年。

（4）平凡社『大百科事典』第三巻、四六九頁の「家督」の項。

（5）『塵芥集』第一二四条には家督相続に関する相論を「名代問答の事」とある。

(6)『中世政治社会思想　上』四六二頁。
(7)もし、第三節で取り上げる第二二条の「不忠し候はん者」がこの第二八条で言われているような者を指すとすれば、これは結城氏に対して謀反を企てた内通者となる。これは結城世界の最悪の不忠者となり、その罰は「家名断絶」「全所領没収」であったはずである。しかし、第二八条と第二二条の「不忠者」とでは「不忠」の程度に差があり、第二八条の「忠信の跡」＝忠義の者の子孫の場合は〈他人を取り立てて忠義者の家名を名乗らせれば、忠義者の家の取潰しにならない〉として「家名断絶」にはなっていない。
(8)中田薫『徳川時代の文学に見えたる私法』岩波文庫、一九八四年。
(9)「無用」には「問答無用」「天地無用」などの用例があり、〈必要ないことの意〉〈ある行為の禁止を示す語〉という。それゆえ佐藤説に従えば「前の負物不可入」とは、「前の負物」は「問答無用」で、「負物」を返す必要はない、となろう。なお、「不加入」の言葉は、第九四条の「公界の活計・寄合」を禁じた法では「何かも不入義に候」として登場している。佐藤は頭注でこれを〈何らの遠慮用捨無用〉とした。
(10)このことを、信長文書の分析を通じて確認したい。本文と共に読み下し文を掲げるが、本文の部分のみを読み下す。

「信長文書」第六五号

為扶助、兼松弥四郎名田幷諸買得、誰々如何様之雖帯判形、為欠所申付上、無相違可知行者也、仍状如件、／永禄九／十一月日／信長（花押）／兼松又四郎殿。

（扶助トシテ、兼松弥四郎ノ名田ナラビニ諸買得、誰々如何様之判形ヲ帯ルトイエドモ、欠所トシテ申シ付クルノ上ハ、相違ナク知行スベキ者也、仍テ状件ノ如シ、）

奥野高廣は「兼松系図」を引いて、〈兼松氏は尾張の土豪で兼松党を結成したこともある。美濃斎藤氏との戦いで、尾張の諸将にも動揺があった。信長は兼松弥四郎の所領を没収して、同正吉に給与した〉として、この法令の背後にある歴史的な事実を説明した。信長文書にある「誰々如何様之雖帯判形、為欠所申付上、無相違可知行者也」は、第四六条の「此方より以他人其名跡立て候はゞ、前の負物不可入、悉取返、其跡拘へべく候」に対応している。闕所の場合、その所領に債権・債務などがあっても、それは無視されたのである。これは占領地に対する「弓矢徳政」として一般化されてもいた。この原則は新占領地に対して出された信長の「永禄十年　岐阜楽市場宛楽市令」の中にある「借銭・借米・地子・諸役令免許訖」とか、「元亀三年　金森宛楽市令」の「年貢之古未進幷借米銭已下、不可納所之事」にも登場している。我々が問題としている第四六条の「不可入」は第二八条の場合と同様、「考慮に入れる必要がない」の意で、ここでは「負物を考慮に入れなくてよい」から「負物に関わらなくてよい」、さらに「負物の支払いに関わらない」となったのだろう。第四六条においても、「名跡」は〈名字の跡目〉で、「家名」は存続・継承されたので、「削る」＝〈家名断絶〉でないケースとなる。
(11)藤木久志『雑兵たちの戦場』朝日新聞社、一九九五年。
(12)「分国法語彙索引――その2」『栃木史学』第八号、平成六年三月、國學院大學栃木短期大學史学会。
(13)『中世政治社会思想　上』四六二頁。
(14)同上、補注、四五三頁。
(15)法令の番号と、法令の成立が一致しないことになるが、「内通」への処置をメモしたものが残っており、それを後になって『新法度』に加えたのであろう。
(16)平凡社『大百科事典』第三巻、四六九頁。
(17)池上裕子「結城領の人々の生活」『結城市史　第四巻　古代中世通史編』結城市、一九八〇年、六六〇頁。
(18)池上裕子も「結城領の人々の生活」六六〇頁で、手作り地は没収されないとしている。

(19)『家康軍法』第六条「子細なくして、他の備へ相交わるともがらあらば、武具・馬ともにこれを執るべし」。馬・武具を取られれば、武士として用をなさないので、事実上戦陣からの追放を意味しただろう。

(20)「今川かな目録追加」第四条「出陣の上、人数他の手へくはゝり、高名すと云共、背法度之間、不忠之至也。知行を没収すべし。無知行ば、被官人を相放すべき也。軍法常の事ながら、猶書載也。」この「被官人を相放す」を勝俣は補注で〈中世後期、守護被官に対する守護の刑罰の一つとして、この被官人を放すという刑が多く現れる。この守護被官ないしは戦国大名の被官としての地位を失うことが、現実にその人にとってどのような意味を持ったか〉につき、大内氏定書第一四三条を引き〈分国内においては、一切の「法」の保護を受けることができなかったので、分国からの追放と同じ意味を持っていたと思われる〉とした。知行没収・分国追放となれば、『結城氏新法度』の「削る」処分に近かったと思われる。

(21)『家康軍法』第一四条には「下知なくして陣払仕るは、曲事たるべき事」とある。この「曲事」にはどのような刑罰が対応していたのであろうか。

第Ⅰ部六章

(1)市村高男『戦国期東国の都市と権力』思文閣出版、一九九四年、三九七頁。

(2)同上、四七六頁。

(3)小森正明『室町期東国社会と寺社造営』思文閣出版、二〇〇八年、二七四~二七七頁。

(4)同上、一二〇~一二六頁。

(5)同上、二九三頁、注53。

(6)信長と津島神社との間にも似たような関係があった。

(7)桜井英治「職人・商人の組織」『岩波講座日本通史　第10巻　中世4』岩波書店、一九九四年。

(8)同上、一五〇~一五二頁。

(9)同上、一五七頁。

(10)池上裕子・池享・小和田哲男・黒川直則・小林清治・三木靖・峰岸純夫編『クロニック戦国全史』講談社、一九九五年。

(11)石井進・石母田正・笠松宏至・勝俣鎮夫・佐藤進一編『日本思想大系21　中世政治社会思想　上』岩波書店、一九七二年。

(12)池上裕子は佐藤の「ペテン説」に立ち、下人が自立的な農業経営の主体となるために市場で自ら販売をし、金を得ようとの努力がペテンになったとした。「行動する下人」『結城市史　第四巻　古代中世通史編』結城市、一九八〇年、六九三頁。

(13)安野眞幸『日本中世市場論――制度の歴史分析』名古屋大学出版会、二〇一八年、一五頁。

(14)安野眞幸『楽市論――初期信長の流通政策』法政大学出版局、二〇〇九年。

(15)同上、二六二頁。

(16)安野眞幸『日本中世市場論』一五、六頁。

(17)清水克行『戦国大名と分国法』岩波書店、二〇一八年。

(18)安野眞幸『下人論――中世の異人と境界』日本エディタースクール出版部、一九八七年。

(19)網野善彦・石井進・笠松宏至・勝俣鎮夫編『中世の罪と罰』東京大学出版会、一九八三年、所収。

(20)安野眞幸『下人論』。

(21)石井進「都市鎌倉における「地獄」の風景」御家人制研究会編『御家人制の研究』吉川弘文館、一九八一年。

(22)「堂宮」は藤木久志の言う「村の惣堂」に対応しよう。藤木久志

『村と領主の戦国世界』東京大学出版会、一九九七年、第二章。

(23) これと逆のケースとして「樺山文書」には、罪を犯し、その償いのために「科料」の支払いの代わりに、自分の下人を年期を限って相手に差し出す事例がある。安野眞幸『日本中世市場論』第5章「二礼文」八五頁。

(24) 岐阜楽市令の「譜代相伝の者」文言。

(25)『日本思想大系26 三河物語 葉隠』岩波書店、一九七四年、第一上、三二頁には「御分国ノ地の市之枡ヲ被下候ヱ。桝取ヲ申付て置申物ナラバ、我等之スギアイホド之儀は御座可有。別之ノゾミモ御座無」とある。

(26) 松本新八郎「室町末期の結城領」『中世社会の研究』東京大学出版会、一九五六年、四〇一頁。

第Ⅰ部七章

(1) 清水克行『戦国大名と分国法』岩波新書、二〇一八年。一三頁。

(2) 同上、一七頁。

(3) 同上、一〇頁。

(4) 安良城盛昭「〈無縁所〉〈公界〉=〈公廨〉〈随意〉」『天皇・天皇制・百姓・沖縄——社会構成史研究からみた社会史研究批判』吉川弘文館、一九八九年、二九二頁。

(5) 池上裕子・池淳・小和田哲男・黒川直則・小林清治・三木靖・峰岸純夫編『クロニック戦国全史』講談社、一九九五年。

(6) やや聞きなれないが、私の造語である。本書の序論も参照。

(7) 佐藤進一・池内義資・百瀬今朝雄編『中世法制史料集 第三巻 武家家法Ⅰ』岩波書店、一九六五年。

(8) 清水克行『戦国大名と分国法』九頁。

(9) 石井進・石母田正・笠松宏至・勝俣鎮夫・佐藤進一編『日本思想大系21 中世政治社会思想 上』岩波書店、一九七二年。

(10) 小西瑞恵『中世都市共同体の研究』思文閣、二〇〇〇年。

(11) 永原慶二編『中世の発見』吉川弘文館、一九九三年、所収。

(12) 雲頂庵文書「神奈川県史資料編」六三三九号。

(13) 小西瑞恵『中世都市共同体の研究』第三章・第四章・第五章など。

(14) 村井は原文に近い『中世法制史料集 第三巻』を引いているが、ここでは漢字を増やすなどして理解しやすくなっている『中世政治社会思想 上』二五八頁をテキストにした。

(15)『中世政治社会思想 上』の補注、四六三頁。

(16) 網野善彦『増補 無縁・公界・楽——日本中世の自由と平和』平凡選書、一九八七年、「一六 倉庫、金融と聖」一七七頁。

(17) 安良城盛昭『天皇・天皇制・百姓・沖縄』三八頁、二九五頁。

(18) 峰岸純夫「網野善彦氏『無縁・公界・楽』を読む」『中世災害・戦乱の社会史』吉川弘文館、二〇〇一年、所収。

(19) 村井章介「「公界」は一揆か、公権力か——『相良氏法度』第十八条の解釈をめぐって」『中世史料との対話』吉川弘文館、二〇一四年。

(20)『戦国全史』七四六頁の補注16では「公界」を〈もともとは、世間一般、公衆の意。同時に、紛争の公的解決の場としての「公《おおやけ》」の意味を持ち、その権限を誰が掌握しているかによって、多様な意味を表現する〉とした。なお、村井章介「「公界」は一揆か、公権力か」一六〇頁参照。

(21)「賤ケ岳七本槍」などのごとく、合戦での「一番槍」「一番乗り」などの手柄を言うのであろう。

(22)『戦国全史』七四〇頁では〈忠信の（者の）子孫が窮乏しているならば……質屋より元金も利子も三分の一に免じてもらうべきである〉としている。

(23) 安野眞幸『日本中世市場論——制度の歴史分析』名古屋大学出版会、二〇一八年、「第4章 市場は支払いの場である」「三 撰銭の舞台」四六～五九頁。

(24) 豊田武『増訂　中世日本商業史の研究』岩波書店、一九五二年、二〇二～二〇四頁。

(25) 奥野高広『織田信長文書の研究　上巻』吉川弘文館、一九六九年、二八八頁。

(26) 佐藤進一・百瀬今朝雄編『中世法制史料集　第四巻　武家家法Ⅱ』岩波書店、一九九八年、第四二三号文書、二五七頁。

(27) 佐藤進一・百瀬今朝雄編『中世法制史料集　第五巻　武家家法Ⅲ』岩波書店、二〇〇一年、第五七九号文書、六〇頁。

(28) 安野眞幸『日本中世市場論』「第7章　寄沙汰前史」一三三、四頁。

(29) 笠松宏至『日本中世法史論』東京大学出版会、一九七九年、所収。

(30) 安野眞幸『日本中世市場論』「第4章　市場は文書作成の場である」七二頁。

(31) 佐藤進一「解題　八　結城氏新法度」『中世法制史料集　第三巻』四五二頁。

(32) 佐藤進一「解題　五　結城氏新法度」『中世政治社会思想　上』五一〇頁。

(33)『中世政治社会思想　上』四六三頁。

(34) 市村高男「『新法度』の適用範囲」『戦国期東国の都市と権力』思文閣出版、一九九四年、一七三頁以降。

(35) 清水克行『戦国大名と分国法』二九頁。

(36) 安野眞幸「永禄八年賀嶋勘右衛門宛て信長判物」『聖徳大学　言語文化研究所　論叢』一七、二〇一〇年。

(37) 村井章介「『新法度』にみる戦国期結城領の構造」『茨城県史研究』第四三号、一九七九年。

(38) 村井章介「「公界」は一揆か、公権力か」一六〇頁。

(39) 清水克行『戦国大名と分国法』一〇頁。

(40) 藤木久志「大名領国制」『体系日本国家史　2中世』東京大学出版会、一九七五年、第五章の注(2)。

(41) 清水克己『戦国大名と分国法』一〇頁。

(42) 江戸時代の勘定奉行配下に「浅草御蔵」が属していた。この御蔵奉行の下で働いていた「御蔵手代」については、拙稿「御蔵手代平間家「親類書」の法的基礎とその世界」『聖徳大学研究紀要』(児童学部・人文学部・音楽学部) 第二〇号、二〇一〇年三月がある。

(43)『中世政治社会思想　上』四六三、四六四頁。

(44) この「下人ども放したて」については、第四章第一節で触れた。

(45)『中世政治社会思想　上』一九二頁。

(46)「かまり」の頭注には〈忍びの物見。隠密の斥候〉とある。

(47)『三河物語 葉隠』二一頁。

(48) 同上、一九一頁。

(49) 市村高男「戦国期城下町の形成と民衆」「下総結城城下町についての考察」『戦国期東国の都市と権力』思文閣史学叢書、一九九四年、所収。

(50) 藤木久志『雑兵たちの戦場』朝日新聞社、一九九五年。

(51) 清水克行『戦国大名と分国法』一九頁。

(52) 第Ⅱ部三章四節。

(53) 市村高男「下総国結城城下町についての考察」四七五～四八〇頁。

(54) 同上、三九八頁。

(55) 市村高男「戦国期城下町の形成と民衆」三九七頁。

(56) 同上、四四二頁。

(57) 豊田武『増訂　中世日本商業史の研究』第四章第二節三の三「他領との交通制限乃至禁止」三四〇頁。

(58) 同上、三四二頁。

(59) 清水克己『戦国大名と分国法』一〇頁。

(60) 永禄三年今川氏眞の吉祥院宛て安堵状(『中世法制史料集　第五

巻』二五頁）。永禄六年今川氏眞の遠江鷲津法華堂宛て定書（同上、五四頁）。元亀二年の徳川家康の本興寺宛て定書（同上、一五三頁）。

（61）同上、六五頁、第三一号文書。

（62）同上、六三頁、第三〇号文書。

（63）『中世政治社会思想　上』四六三頁。

（64）同上、四二八頁。

（65）ここでは「又各被中候事、誠老若……」とあり、「各」＝「老若」（＝自治体のメンバー）と見るのが自然であり、「各」＝重臣説は見直すべきであろう。

（66）豊田武『増訂　中世日本商業史の研究』三四三頁。

（67）清水克行『戦国大名と分国法』一一頁。

（68）同上、二〇頁。

（69）『結城市史』の「結城氏新法度現代語訳」では第四四条については〈一致して〉、第八二条では〈意見をまとめて〉としている。『戦国全史』七四一、七四三頁も同じ。

（70）清水克行『戦国大名と分国法』第二章。

（71）同上、「ゴリ押しする家臣たち」一三頁。

（72）同上、「炎上する喧嘩」一七頁。

（73）同上、『戦国大名と分国法』一五頁。

（74）同上、二〇、二一頁。

（75）『中世政治社会思想　上』四六四頁。

（76）『徒然草』第二百十七段。

（77）市村高男「戦国期城下町の形成と民衆」。

（78）安野眞幸『日本中世市場論』「第4章　市場は支払いの場である」「一　市場在家での支払い」三六～四〇頁。

（79）『中世政治社会思想　上』四六四頁、補注83。

（80）同上。

（81）市村高男「戦国期北総結城氏の存在形態」『戦国期東国の都市と権力』一八四頁。

（82）『戦国の作法――村の紛争解決』平凡社選書、一九八七年。

第I部八章

（1）石井進・石母田正・笠松宏至・勝俣鎮夫・佐藤進一編『日本思想大系21　中世政治社会思想　上』岩波書店、一九七二年。

（2）池上裕子・池享・小和田哲男・黒川直則・小林清治・三木靖・峰岸純夫編『クロニック戦国全史』講談社、一九九五年。

（3）ここで根元に遡って名詞の「侘び」、動詞の「詫びる」を検討し、「侘言」をもう少し深く考察しておきたい。『国語大辞典』によれば、動詞「わびる」には次の意味があるという。〈①気力を失ってがっくりする。気落ちする。②困惑の気持ちを外にあらわす。迷惑する。また、あれこれと思いわずらう。③思うようにならないので、うらめしく思う。つらがって嘆く。また、心細く思う。④落ちぶれた生活を送る。みすぼらしいさまになる。⑤世俗から遠く遠ざかって、とぼしい中で閑静な暮らしに親しむ。閑寂を楽しむ。⑥困り抜いて頼み込む。⑦困惑した様子をして、過失などの許しを求める。あやまる。⑧動作や行為をなかなかしきれないで困っている意を表わす。……しあぐむ〉（小学館『国語大辞典』二五二一頁、第四段）。

また白川静は『字訓』で、名詞「わぶ」を〈失意・失望のすえ、心さびしい状態にあること。困惑するように感情をも言う……のち、美的な興趣のうしなわれることをいうが、室町期以降には、その不充足の状態にかえって積極的な意味を与えるようになって、「わび」の理念が成立する〉とした。さらに白川は「侘ブ」について〈おそらく躊躇などと同じく《たもとはる》の意。心定まらず、まようことを言う〉とし、「たもとおる」とは漢字を交えて表現すると「徘徊る」となり、その意味は「同じ場所を行ったり来たりする。めぐる。もとおる」だという（白川静『字訓』平凡社、一九九五年、八〇八頁）。⑧や、②の「あれこれと」はこれに基づいているのだろう。「侘言」はそれゆえ、「ああでもない、こうでもない」といろいろに訴える、様々に嘆く、等の意味を含んでいただろう。

一方、室町期に発展した佗茶の「わび」について、平凡社『大百科事典』で堀信夫は次のように記している。〈動詞〈わぶ〉の名詞形。なんらかの不運にあって零落するとか、失望落胆するとか、あるいはその結果心細くはかなく思っているとかいう意味である。……それが世俗の名誉や利害を重んじる価値観・秩序観から自由であることを明示するあかしとして積極的に評価されるようになり……〉（平凡社『大百科事典』15巻、一九八五年一三七九頁。「わび」の項）。熊倉功夫もまた〈中世文学の中で醸成された不完全の美、否定の美は茶道において〈わび〉の美意識を登場させた〉とした（同上）。茶道の「わび」が室町期の「わび」の言葉の意味変化の極北にあるとしても、今我々が問題としている「侘言」もまた同時代における「わび」の意味変化に連動しているだろう。気落ち・失意・失望・困惑・困窮などから心細く・心さびしい消極的なあり方に長くとどまり、気持ちが行ったり来たりする中から、むしろそこから這い出ようとする意欲が生まれ、失望や窮乏からの自由を求めて、積極的に、むしろ相手に対して自己主張をするに至ると、それがまた「侘言」となったのだろう。だから「侘言」には「嘆願」のほかに「要求」「提訴」や「非難」「抗議」などの相手に対する対抗的な積極性・攻撃性の意味が生まれたのであろう。

（4）「不可侘言」の言葉はないが第一〇条「作毛盗刈被討者事」「*他人の農地での盗採で殺された者に関する訴願の禁止」もこれに加えてよいであろう。

（5）藤木久志『戦国の作法——村の紛争解決』第二章「身代わりの作法、わびごとの作法」平凡社選書、一九八七年。

（6）小学館『国語大辞典』の③の㋑の「裁判」であろう。

（7）『中世政治社会思想　上』四六四頁。

第Ⅱ部　はじめに

（1）勝俣鎮夫「解題　武家家法　二　相良氏法度」石井進・石母田正・笠松宏至・勝俣鎮夫・佐藤進一編『日本思想大系21　中世政治社会思想　上』岩波書店、一九七二年、五〇四～六頁による。

（2）『大日本古文書　家わけ第五　相良家文書之一』東京大学史料編纂所、大正六年発行、東京大学出版会、昭和四十五年覆刻、二三四号文書、二六八～二七二頁。

（3）同上、第四七〇号文書、五一四～五二二頁。

（4）巻第一「学而」11。

（5）ウィキペディアによる。勝俣の頭注では「天文二十三年四月」とある。

（6）注2を参照。

（7）佐藤進一・池内義資・百瀬今朝雄編『中世法制史料集　第三巻　武家家法Ⅰ』岩波書店、一九六五年。

（8）西田友広『悪党召し捕りの中世』吉川弘文館、二〇一七年、六九頁。

（9）『大日本古文書　家わけ第十三　阿蘇文書之二』東京帝国大学史料編纂所、昭和八年発行、東京大学出版会、昭和四十六年覆刻、六二五三頁。

（10）以上は服部英雄「戦国相良氏の三郡支配」『史学雑誌』第八六編九号、一九七七年による。

（11）『中世政治社会思想　上』四四七頁の補注。

（12）勝俣鎮夫「解題　武家家法　二　相良氏法度」『中世政治社会思想　上』五〇六頁には〈基本法の性格をもつものとして制定されたものでないことは明瞭である〉とある。

（13）笠松宏至「中世の政治社会思想」『日本中世法史論』東京大学出版

会、一九七九年、一七八頁。しかし鎌倉幕府を構成する人たちが雑務沙汰をどう思っていたにせよ、一般の人々にとっては「どうでもよいこと」ではないはずである。

(14) 池上裕子・池享・小和田哲男・黒川直則・小林清治・三木靖・峰岸純夫編『クロニック戦国全史』講談社、一九九五年、七二六頁の相良氏系譜とは異なっている。

第II部一章

(1) 『熊本県史料　中世編三』熊本県、一九六三年。

(2) 「御成敗式目」第八条、追加法九二号。石井進・石母田正・笠松宏至・勝俣鎮夫・佐藤進一編『日本思想大系21　中世政治社会思想　上』岩波書店、一九七二年、四三一頁の「補注」で、笠松は〈最も著名な法で〉〈単に鎌倉幕府法にとどまらず、後世の武家法、さらには公家法・本所法へも波及して、中世の土地所有権のあり方一般に多大な影響を与えた法理である〉とした。

(3) 伊達氏の『塵芥集』では「書下」「判形」という「買得安堵状」の存在が確かめられる。相良氏の場合その証拠を発見できず遺憾ではあるが、それを前提に議論を進めたい。

(4) 第五節「「無文」とは何か」で詳述。

(5) 『大日本古文書　家わけ第五　相良家文書之一』東京帝国大学史料編纂掛、大正六年、東京大学出版会、昭和四十五年覆刻、二三四号文書、二六九頁。

(6) 藤木久志『戦国社会史論』東京大学出版会、一九七四年、二四二頁。

(7) 勝俣鎮夫は「相良氏法度」の補注（『中世政治社会思想　上』四四七頁）で藤木の研究を引用している。

(8) 佐藤進一・池内義資・百瀬今朝雄編『中世法制史料集　第三巻　武家家法I』岩波書店、一九六五年、二九一頁。

(9) 同上、二八〇頁。

(10) 石井進「一揆契状」六・七・八『中世政治社会思想　上』四〇二～四〇五頁。

(11) 『中世政治社会思想　上』四四九頁。

(12) 早島大祐『徳政令』講談社現代新書、二〇一八年、三二頁。

(13) 安野眞幸「下人と犯罪」〈中世前期の守護・地頭など公職にある人の屋敷が一種のアジールとして下人たちの駆け入るさきであった〉『下人論――中世の異人と境界』日本エディタースクール出版部、一九八七年、一八二頁。

(14) 笠松宏至はこれを「奴婢雑人法」の中に収録している。「追加法」『中世政治社会思想　上』九三頁。

(15) 網野善彦『無縁・公界・楽――日本中世の自由と平和』二〇。

(16) 中山法華経寺「双紙要文」石井進『中世を読み解く　古文書入門』東京大学出版会、一九九〇年、二七頁。

(17) 勝俣鎮夫校注「塵芥集」『中世政治社会思想　上』二一二、二一三頁。

(18) 桑波田興「戦国大名島津氏の軍事組織について――地頭と衆中」『九州史学』一〇号。

(19) 勝俣鎮夫「補注」『中世政治社会思想　上』四四八頁、「地頭」の項。

(20) 『中世法制史料集　第三巻』三五三頁。

(21) 同上、一六三頁。

(22) 後の「晴広法」では、第二三条「買地事」・第二四条「田銭事」では「買主・売主半分」とあって、売買の両当事者が領主や百姓として対等とされているが、一方同じ第三一条では「本作人」が登場している。土地を売ったものは「本作人」という身分に転落することもあったのであろうか。

(23) 日本歴史学会編『概説　古文書学　古代・中世編』吉川弘文館、

一九八三年。

(24) 第二章で詳述するように、勝俣は『相良氏法度』の土地売買はすべて「買免」形式のものだとした上で、〈長毎法〉の第一六条の「文質物」の法令も、買免形式のもので、このとき初めて年期の記入が始まったのだから、それ以前は「無年期」だとした。ここに「無年期有合次第請戻特約」の考えが生まれる根拠があった可能性がある。

(25) 瀧澤武雄『売券の古文書学的研究』東京堂出版、二〇〇六年、二三〇頁。

(26) 勝俣鎮夫「補注」『中世政治社会思想　上』四四七頁。

(27) 百瀬今朝雄校訂「長宗我部氏掟書」『中世法制史料集　第三巻　武家家法Ⅰ』二九三頁。

(28) 『塵芥集』第一〇〇条には「一　本線返し、年紀地の事。売手・買手互に証文とりわたし、一方の文失うるのときは、一方の一証文をもって、年紀の限りを相済ます事は傍例なり。然に一方の証文ばかりにて売るのとき、可の証文失するのうへ、買手は本線返しのよし申、売手は平年紀のよし申、相論の時は証人任せたるべし。もし又証人もなくば、売手の損たるべきなり」とある。〈売手の損〉という原則がここではより緻密に述べられているとなろう。

(29) 日本歴史学会『概説古文書学　古代・中世編』吉川弘文館、一九八三年、一九三頁。

(30) 瀧澤武雄『売券の古文書学的研究』二二九・二三〇頁には「いつにても候へ」との「無年季有合次第請戻文言」のある「本銭返」証文を挙げている。

(31) 安野眞幸「〈為続法〉の研究　二」『文化紀要』弘前大学教養部、第四十二号、一九九五年。

(32) 笠松宏至「本券なし」『日本中世法史論』東京大学出版会、二八一頁。

(33) 第二章二節を参照。

(34) 勝俣鎮夫「証文類」『概説　古文書学』吉川弘文館、一九八三年、一九二頁。

(35) 中村直勝『日本古文書学　中』角川書店、一九七四年、七〇二頁。

(36) 中田薫『法制史論集　第三巻上』岩波書店、一九四三年、所収。

(37) 笠松宏至『日本中世法史論』二八一頁。

(38) 安野眞幸『日本中世市場論――制度の歴史分析』名古屋大学出版会、二〇一八年では、市場での土地・奴隷・家畜などの高額商品の取引には契約文書が必要であったとした。村岡幹生は〈私対私間の経済上の交換に伴う契約文書は、銭額・物件・債権（債務）等を限定明記して確定する点に文書作成の契機がある〉としている。（「所質」「国質」考異説――中世の自力救済と上位暴力依存」『歴史の理論と教育』第八七号、四頁）

(39) 仁木宏『京都の年共同体と権力』思文閣、二〇一〇年、一八六～七頁。

(40) 第二章「長毎法」の第二節「補論　臓物法」でも、古着商などが古着を買うに際しては手続を引くことが社会的なルールであったことが知られる。

(41) 笠松宏至『中世人との対話』東京大学出版会、一九九七年。

(42) この本の「あとがき」には、網野善彦・石井進・笠松宏至・勝俣鎮夫編『中世の罪と罰』（東京大学出版会、一九八三年）の続編として計画された「中世のうそと約束」のための原稿に基づくとのことである。

(43) 笠松宏至『法と言葉の中世史』平凡社選書、一九八四年。

(44) 笠松宏至『中世人との対話』三頁。

(45) 同上、六頁。

(46) 同上、二三頁。

(47) 同上、一一頁には〈中世という文書社会において〉とある。

(48) 同上、一一頁。

(49) 同上、一四頁。

(50) 同上、八〜一〇頁。

(51) 同上、一〇頁。

(52) 同上、六頁。笠松はここで〈当事者相互の自由意志にもとづく合意としての契約が一般的に存在し、その発現形態の一つの手段が契約状であるなら、それは当事者間に交換される同時・同内容の二通の文書であるはずである〉と述べている。村石正行『中世の契約社会と文書』思文閣出版、二〇一三年では「買券」の実例をいくつも挙げている。

(53) 勝俣鎮夫校注「塵芥集」『中世政治社会思想　上』一六五頁。

(54) 百瀬今朝雄校訂「長宗我部氏掟書」『中世法制史料集　第三巻』二九三頁。なお、本書第一章三節、二七頁。

(55) 『熊本県の歴史』山川出版社、一九九九年、一二七頁。

(56) 安野眞幸「〈買免〉とはなにか——売買考」『文化紀要』弘前大学教養部、第四十四号、一九九六年。

(57) 『中世法制史料集　第三巻』三五三頁。

(58) 『中世政治社会思想　下』一二一頁。「明法条々勘録」第十六条「質券田地事」には「借人者、返償遅怠」とある。

(59) 百瀬は「買免」の「免」が「償」の意味だとして東北や近畿・中部の方言「まやう」「まどう」を挙げているが、「まよい」を取り上げた補注65では「償い」を〈弁償の意〉としている。『中世法制史料集　第三巻』三六七頁。

(60) 諸橋轍次他編『新漢和辞典［携帯版］』大修館。

(61) 白川静『字統』平凡社、一九八四年（普及版一九九四年）、八二〇頁。

(62) 次のようにある。〈一　①まぬがれる。イ のがれる。ロ はなれる。ハ さける（避）。②ぬぐ（脱）。ぬぎすてる。③やめさせる。しりぞける。「任免」④ゆるす。イ 甲 許可する。「免許」乙 聞き入れる。ロ あるものをとり除いて相手を自由にしてやる。甲 刑罰を加えることを中止する。罪をゆるす。「赦免」乙 義務を除く。丙 束縛を解いてやる。丁 逃がしてやる。⑤つとめる。（勉）。二 ①喪服。喪服をつけて死者を弔う。②子を産む〉このうち、「買免」の場合の「免」の意味は〈一・④・ロ・丙〉の辺りであろう。

(63) マルセル・モース『贈与論』岩波文庫、ちくま学芸文庫。モースによれば〈お返しのない贈与は妥当の贈与ではな〉く、〈贈与にはお返しが伴うべきもの〉とされていた。ここからモースの議論は互酬制へと進んでいくのだが、お返しをしなかった人は、互酬制への違犯・恩知らずとして罪の意識を持ったと考えられる。それゆえ贖罪のための財貨の支払いが行われたのであろう。

(64) 漢字の「賣」は「買」を基にしており、「買」+「出」からできている。ドイツ語でも、「買う」を意味する「kaufen」から「売る」を意味する「verkaufen」ができた。

(65) メソポタミアなど遊牧を伴う農耕世界では「羊」と「大麦」が貨幣商品となっていたが、日本では「米」と「布」が貨幣商品だった（網野善彦『日本中世に何が起きたか——都市と宗教と資本主義』日本エディタースクール出版部、一九九七年）。網野が言う通り、古代日本の租税は、西日本では「米」で、東日本では「布」で納められていた。ここから、東西の貨幣商品には違いがあり、流通の仕組みも異なっていた可能性も見えてくる。

(66) 白川は「売る」ことにより対価の貨幣などを得ることから「売る」と「得る」の関係を述べたが、想像をたくましくすれば、「売る」ことは自分と一体性を持ったものを失ってしまうこと（原状回復の不可能制）であり、「失せる」から「失す」状態にする「売る」が成立したと考えられるかもしれない。

(67) 西行著・西尾光一校注『撰集抄』岩波文庫、一九七〇年。

(68) 三谷芳幸「古代の土地売買と在地社会」佐藤信・五味文彦『土地

と在地の世界をさぐる』山川出版会、一九九六年、所収。この言葉から世代を超えて伝わる永続的な相伝こそが「正常」で、他人に売却することは「異常」なこととの感覚を私は読み取りたいのだが、如何なものであろうか。

(69)『中世政治社会思想　上』四四七頁。「地起こし」がそれに当たろう。

(70)早島大祐『徳政令』講談社現代新書、二〇一八年、三一～三三頁。

(71)瀧澤武雄『売券の古文書学的研究』二二〇頁。

(72)相田二郎『日本の古文書　下』岩波書店、一九五四年、五五八頁「深江泰重本物返田地等売券案」。

(73)瀧澤武雄『売券の古文書学的研究』二二八頁。

(74)菅野文夫は「中世における土地売買と質契約」『史学雑誌』第九三編九号、一九八四年で、質契約と理解されている本物返、年紀売について、中世後期に限られ、南北朝以前には見られない、質観念の発達の反映としている。売券の文言に注目すると、古代には①「永代売券」が、中世前期には②「本物返文言付永代売券」が、中世後期に至り③「本物返売券」が現れるとし、一貫した質観念の発達史として理解している。これに従えば私の考えは根本的に成立しないとなる。しかし、古代の永代売買①の中には質観念が含まれていたので、そのことを明確化し、両者を分離するために②が現れたのではないか。そまた菅野は結論として、中世の土地売買は、土地そのものの移動と言うよりも、土地からの剰余収取権の移動であり、その点では質契約と異ならないとしている。

(75)笠松宏至「中世在地裁判権の一考察」『日本中世法史論』一二七頁。

(76)同上、一二五頁。

(77)瀧澤武雄『売券の古文書学的研究』二三六頁では「小田文書」の「良慶屋敷田地売券」の中に「なかかいめんニうりわたしまいらする所也」との文言のある本銭返しを紹介している。

(78)百瀬今朝雄はこの阿蘇家文書のaとdとを引用して、「買免」とは〈買戻しの意〉であろうとし、肥後方言の「アテギャアメン」を取り上げて、〈然りとすれば「免」はもと「償」(ツグノウ)の意であって〉としている。『中世法制資料集　第三巻』三五三頁、補注4。

(79)勝俣鎮夫「証文類」日本歴史学会編『概説　古文書学　古代・中世編』吉川弘文館、一九八三年、一九三頁。

(80)瀧澤は『売券の古文書学的研究』二二九～二三〇頁では「橘中村文書」の「無年季有合次第請戻文言」を持つ「橘公則田畑売券」を掲げている。ここにある「無年季有合次第請戻文言」を仮名書きから適宜漢字に直すと「何時にても候へ、本の銭拾六貫文を返し参らせ候なハ、本の如く公則知行すべく候」となる。

(81)ここからこの条の事書は『中世法制史料集　第三巻』にある「井手溝事」よりはむしろ「井手溝奔走事」がよいだろう。

(82)森田誠一『熊本県の歴史』山川出版社、一九七二年、一七五頁。このほか「木上溝」もあるという。

(83)『中世法制史料　第三巻』での事書は「買地事」だが、ここでの議論からむしろ「買地時井手溝事」がよいだろう。

(84)蔵持重裕「庄園古老法――紛争解決の習俗」「中世古老の機能と様相」『日本中世村落社会史の研究』校倉書房、一九九六年、所収。

(85)安野眞幸「〈買免〉とはなにか」七六頁。

(86)拙著『日本中世市場論』。

(87)『貞永式目』第十五条「謀書罪科事」には「執筆の者」とあり、『塵芥集』第一三四条「謀書事」には「たのまれ書き候筆取」とある。

(88)『狂言』の「末広がり」には京都三条の市場近くの在家に「大黒屋」があり、太郎冠者はここで代金の支払いを行っている。ここは旅籠を兼ね、為替の取り扱いもしていた。

（89）村井章介「「公界」は一揆か、公権力か――『相良氏法度』第十八条の解釈をめぐって」『中世史料との対話』吉川弘文館、二〇一四年、一六二頁、注（44）一六七頁。

（90）勝俣鎮夫、補注6『中世政治社会思想　上』四四八頁。

（91）売券の最後にある「後日の沙汰のため件の如し」という決まり文句は、このような場を想定しているのであろう。

（92）売買・取引の世界が「裏切り」と密接であることは拙著『日本中世市場論』参照。

（93）笠松弘至「中世在地裁判権の一考察」『日本中世法史論』一五一頁。

（94）土地の売買貸借に関係する一族一揆法の事例として「高梨一族置目」を取り上げたい。信濃川が越後に入る直前の北信濃の地域には、高梨一族が盤踞していた。彼らが宝徳元年（一四四九）に作った一揆契状の「高梨一族置目」（『中世政治社会思想　上』四〇八頁）がある。その第四条と第五条は「雑務沙汰」に関連する「定」である。続けて読み下し文も掲げる（傍線は引用者）。

一　利銭・出挙・地下之沽却状ニ、売主之名字書事者、常之法意也。自今以後不書買主其名借状後何方出来共、不可立用候。

（一　利銭・出挙・地下の沽却状に、売主の名字を書く事は、常の法意なり。今より以後買主を書かず、其の名の借状、後に何方より出で来るとも、立用すべからず候。

一　致毎度付沙汰事不可然。

一　毎度付け沙汰をいたす事、然るべからず。）

第四条の「地下の沽却状に、売主の名字を書く事は、常の法意なり」は意味明解である。「沽却状」＝「売券」とは土地の所有権者が、金銭の対価にその所有権の放棄を約束したもので、新たな土地の買得者が権利保全のために「売券」を保持することは大切で、売主の名前があるのも当然である。しかし「利銭・出挙の沽却状に、売主の名字を書く事」とは何だろうか。法文上には「利銭・出挙」「沽却状・借状」「売主・買主」とあり、ここでは質入れと売買とが明確に区別されておらず、両者を併記した「利銭・出挙の沽却状」となっている。借金の「利銭・出挙」の場合も土地を担保に質入れをしていただろう。

このように考えれば、この「沽却状」は「本銭返し」や「年期売り」を指し、「売主」＝借手で、「沽却状・売券」＝「借状」となり、相良氏の場合の「買免」と似たケースとなろう。その次が傍線のごとく「自今以後、其の名の借状、後に何方に出で来るとも、立用すべからず候」であれば文意は取りやすい。「本銭」を既に完済した、「年期」が開けたにもかかわらず、無効となった債権＝「借状」が流通しており、第三者が支払を要求しているとなる。となれば、これは第五条の「付沙汰」禁止令と内容的につながる。しかし法文上には「自今以後……不可立用」とある「借状」に「不書買主」の文字が挿入されている。

この「買主」とは何か。校注者の石井進はこの「買主」について〈売主」の誤写。上文の「売主」と同じ〉と注をした。しかしそれでは「買主を書かず、其の名の借状」の部分が説明できなくなる。問題の「借状」には債務者＝借手の名前が載っており、「売主の名字を書く事は、常の法意なり」と「其の名の借状」とは、借手側の行為を示す言葉として共通しているのに、同時にその借状に「売主」＝借手が名前を書いていないことは論理的に矛盾し、ありえないことである。それゆえ石井説を棄てて「買主」は文字通り『買主』だとすると、これは「銭主」のことで、契約後の土地所有者と考えられる。

金銭と土地の支配権とが交換され、その際「借状」や「沽却状」が取り交わされたとして、「借状後に何方に出で来るとも、立用すべからず」とは何だろうか。考えられる状況は、無効となったはずの

「借状」が流通し、第三者が債権の取立を主張して、市場の法廷や一族一揆の法廷に出訴していることであろう。当然そこでは契約状の真偽や信憑性が問題となる。さらに考えられることは〈謀書〉である。債権の取立を主張する側が債権状＝「借状」を盾に取り、債務者に要求することは当然である。しかしここでは勝手にでっち上げられた文書＝〈謀書〉をもって、土地の取立てに懸かっているのである。

しかし「売主」の立場に立てば、「売った」「金を借りた」記憶はあっても、「借状」が遠いところから出てきたとして追求されようと、追求している人と買主＝銭主の関係が不明で、その「借状」に「買主」の名前の記載がないなら、その「借状」は〈謀書〉であり、〈偽書〉だと主張して、債権者と争うことになる。争いは高梨一族が開催する市場関係の裁判所に持ち込まれただろう。そこで〈契約状に「買主」の名前がない場合は取り上げない〉と一族一揆の名において裁定を下したのである。法令の中心は契約状の構成要件の指摘であり、〈不備の物は謀書・偽書とする〉との裁判基準を記したものであろう。

ここから「利銭・出挙・沽却状」には「売主」＝借主の名前と「買主」＝銭主の名前を書くことが必要であったとなる。「高梨一族置目」の第四条をこのように解釈してよいのなら、「不可立用候」からは、高梨一族が開催する市場関係の裁判所では、権利書・契約状の真偽を審査していたことが想定される。これは肥後相良氏支配下の「公界」と同じものであろう。

第II部二章

（1）『大日本古文書　家わけ第五　相良家文書之一』東京帝国大学史料編纂掛、大正六年発行、東京大学出版会、昭和四十六年覆刻、二七〇～二頁。

（2）石井進・石母田正・笠松宏至・勝俣鎮夫・佐藤進一編『日本思想大系21　中世政治社会思想　上』岩波書店、一九七二年。

（3）石井進校注「一揆契状」『中世政治社会思想　上』四〇八頁。

（4）同上、四一一頁。

（5）『中世政治社会思想　上』一九七頁。

（6）佐藤進一・池内義資・百瀬今朝雄編『中世法制史料集　第三巻　武家家法I』岩波書店、一九六五年、一九七頁。

（7）渋沢敬三・神奈川大学日本常民文化研究所編『日本常民生活絵引』平凡社、一九八四年。

（8）戸田芳実『日本領主制成立史の研究』岩波書店、一九六七年、一八三頁。河音能平『日本封建制成立史論』東京大学出版会、一九七一年、三八八頁。

（9）『中世政治社会思想　上』四〇〇頁。

（10）同上、四一二頁。

（11）鎌倉期やそれ以前の盗みにおいては、贓物を家の内部に置いておくことが一般的で、贓物の発見が盗みの物証となっていた。

（12）佐藤進一・池内義資編『中世法制史料集　第一巻　鎌倉幕府法』岩波書店、一九五五年、三一五頁。

（13）同上、四二頁。

（14）同上、八七頁。

（15）『中世法制史料集　第三巻』一〇五、六頁。

（16）『中世政治社会思想　上』二一六頁。

（17）同上、二三九頁。

（18）同上、二四二頁。

（19）『塵芥集』第四二条の頭注で、勝俣は「手継をひくべし」を〈所有の由来を証明すべきである〉とし、〈動産の場合は、前権利者を指名することを意味する〉として、口頭での指名でよいとしているが、私は文書を伴っていたと思う。

(20)『中世政治社会思想　上』二〇四頁。
(21)同上、二〇〇頁。
(22)同上、二九二頁。
(23)狂言「茶壷」など。
(24)『中世法制史料集　第三巻』二七九頁。返り点は二点改めた。
(25)熊本中世史研究会編（代表　工藤敬一）『八代日記』青瀬社、一九八〇年。
(26)同上、三一五頁。
(27)渡辺京二は「肥後人気質」「肥後魂の二面性」（渡辺京二『熊本県人』言視舎、二〇一二年、所収）において〈強烈なシニシズム〉〈無償の行為にあこがれる反功利主義〉〈どぎついリアリズム〉を肥後人の三大天性とし、第一の天性の〈シニシズム〉を〈物事を正面から取り組まず、冷笑・冷評をこととする無責任さ〉と言い直している。「落書・落文」はこのシニシズムの現れでもあろう。
(28)『中世法制史料集　第三巻』三〇〇頁。
(29)村井章介「「公界」は一揆か、公権力か――『相良氏法度』第十八条の解釈をめぐって」『中世史料との対話』吉川弘文館、二〇一四年、所収。
(30)『中世政治社会思想　上』四五六頁。
(31)同上、二七二頁。本書二二四頁も参照。
(32)同上、三九九頁。
(33)『中世法制史料集　第三巻』二八二～三頁。
(34)『相良家文書之一』二六四号文書、三〇一頁には「被官成敗」とある。
(35)『相良家文書之一』四七〇号文書、五一四～五二二頁。
(36)中田薫『法制史論集　第三巻下』岩波書店、一九四三年。
(37)同上、一〇九七頁。
(38)瀧澤武雄『売券の古文書学的研究』東京堂出版、二二二〇頁。
(39)同上。
(40)早島大祐『徳政令――なぜ借金は返さなければならないか』講談社現代新書、二〇一八年。
(41)同上。
(42)ここで、これまで「本作人」について取り上げてきた史料を整理しておくと、第一章の最初に取り上げた「相良為続置文」では、「願成寺領」を耕作した「裏里の人」が登場した。また「「買免」とは何か」で取り上げた天正十一年（一五八三）の「年期売り文書」では、売主・春信と買主・善福院との間での「加茂三位田」の土地を「十五年年紀」の条件で売買したが、この文書は田地の耕作に当たる四人「海膳寺直弘・笠畑定数・橋爪長般・前山長昌」が文書の差出人になり、善福院宛てにその売買を保証した「証文」であった。この四人は春信の配下の本作人で、売主・買主間の契約を実際に保証していただろう。「願成寺領」の場合も、「加茂三位田」の場合も、「本作人」は集団として登場しているが、その集団の内部に目を凝らすと、そこでは絶えず新陳代謝が行われていたのである。
(43)勝俣鎮夫「第七　証文類」日本歴史学会編『概説古文書学　古代・中世編』吉川弘文館、一九八三年、一九三頁。
(44)『中世政治社会思想　上』二二五頁。
(45)勝俣鎮夫「解題　武家家法　二　相良氏法度」『中世政治社会思想　上』五〇五頁。
(46)福島金治「香取文書の売券と社家文書」『千葉県史編纂資料　香取文書総目録』千葉県、一九九九年。
(47)網野義彦・石井進・笠松弘至・勝俣鎮夫編『中世の罪と罰』東京大学出版会、一九八三年。
(48)『結城氏新法度』の第九一条でも「法定枡」の定がある。
(49)『日葡辞書』には「コンネンワ　レイヨリモ　キトクナ」とある。
(50)荒木博之『やまとことばの人類学』朝日選書、一九八五年、一五

六、七頁。
(51) 安野眞幸「備前西大寺市公事定書」『聖徳大学研究紀要』第二一号、二〇一一年。
(52) 服部英雄「戦国相良氏の三郡支配」『史学雑誌』第八六編九号、一九七七年九月。
(53) 石母田正「解説」『中世政治社会思想　上』。
(54)『中世法制史料集　第三巻』二四六頁。本書二五五頁も参照。
(55) 藤木久志「大名領国制」『体系日本国家史　2中世』東京大学出版会、一九七五年、第四章の注(2)。
(56) 村井は原文に近い『中世法制史料集　第三巻』を引いているが、漢字を増やすなどして理解しやすくなっている勝俣鎮夫校注『中世政治社会思想　上』二五八頁を引用した。

第II部三章

(1) 南九州に立地し、台風や大雨の被害にさらされた相良氏にとって、井手溝の補修を中心とした「井手溝奔走」は宿命的なものであった。沙弥洞然長状写（『大日本古文書　家わけ第五　相良史家文書之二』東京帝国大学史料編纂掛、大正六年発行、東京大学出版会、昭和四十五年復刻、三一九号文書、三五八頁以下）第二六項には次のようにある。「郡中於何方も、井手溝大破之時者、蓮心御両代共、被閣尋常之御隙、御下向候て、御奔走候、乍勿論、是も古今之道被思食候之哉、宮室尽力溝洫、使民以時、此両条御守之事、尤殊勝千万候哉」。
(2)『大日本古文書　家わけ第十三　阿蘇文書之二』東京帝国大学史料編纂所、昭和八年発行、東京大学出版会、昭和四十六年覆刻、二五三頁。
(3) 石井進校注「一揆契状」石井進・石母田正・笠松宏至・勝俣鎮夫・佐藤進一編『日本思想大系21　中世政治社会思想　上』岩波書店、一九七二年、四一一頁。
(4) 勝俣鎮夫「補注」「検断」の項、『中世政治社会思想　上』四四九頁。
(5) 勝俣鎮夫「補注」「地頭」の項、『中世政治社会思想　上』四四八頁。ここで勝俣は桑羽田興「戦国大名島津氏の軍事組織について──地頭と衆中」『九州史学』第一〇号を引いている。
(6) 藤木久志『戦国社会史論』東京大学出版会、一九七四年、所収「在地法と農民支配」では、人返法をめぐる領主間協約を「近所之儀」「相互之儀」「六角之儀」から論じている。
(7)『折口信夫全集　第三巻』中央公論社、一九五五年。
(8) 平凡社『大百科事典』「足軽」の項。
(9) 同上、「忍術」の項。
(10) 永原慶二『日本の歴史24　戦国の動乱』小学館、一九七五年、二〇〇頁。
(11)『古語類苑』吉川弘文館、一九七四年、「間諜」の項。
(12)「五島某浦住人等一揆契約状」の第四条には「領主のいましめたらんものは、相互にかやし、かやされ申すべく候」とある。『中世政治社会思想　上』四〇五頁。
(13) 森田誠一『熊本県の歴史』山川出版社、一九七二年。
(14) 同上、一六四頁。
(15)『中世政治社会思想　上』四五〇頁。
(16) 同上。
(17) 河音能平「下人的隷属の二段階」『日本封建制成立史論』東京大学出版会、一九七一年、三九二頁。磯貝富士男「一九九四年度歴史学研究会大会　全体報告」一九九二、五、二八。
(18) 瀧澤武雄『売券の古文書学的研究』東京堂出版、二〇〇六年、二八一～二頁。
(19) 同上、二九〇頁。

(20) 佐藤進一・池内義資『中世法制史料集　第一巻　鎌倉幕府法』岩波書店、一九五五年、一三六頁。
(21) 勝俣鎮夫校注「塵芥集」『中世政治社会思想　上』二三七頁。
(22) 同上、二三八頁。
(23) 桜井英治・清水克行『戦国法の読み方——伊達稙宗と塵芥集の世界』高志書院選書10、二〇一四年、二三七～八頁。
(24) 同上、二二〇頁。
(25) 藤木久志『日本の歴史15　織田・豊臣政権』小学館、一九七五年、二〇四頁。
(26) 『陰徳太平記　下』芸備史料研究会、昭和四十年、五三六頁。
(27) 神田千里『一向一揆と真宗信仰』吉川弘文館、一九九一年、二八三頁。同『日本の中世11　戦国乱世を生きる力』中央公論新社、二〇〇二年、一五三、四頁。
(28) 『中世政治社会思想　上』四五〇頁。
(29) 「一向宗」と加持祈禱との結びつきを示唆するものに、フロイスの「日本文化比較」第四章39がある。「妖術者はわれわれの間では罰せられ、制裁を受ける。一向宗の坊主と山伏は自分たちが妖術者であるために、それに喜びを感じている」(『大航海時代叢書XI』岩波書店、一九六五年、三五〇頁)。

岡田章雄はこの「妖術」について〈この場合加持祈禱を行うことを意味しているように思われる。山伏を別として、特に一向宗の僧を挙げているのは、或は念仏による奇蹟、親鸞・蓮如に託した奇蹟を説くこと、また念仏に旧仏教的な祈禱性の呪術を示すことを指すのかもしれない〉と注を付けている。岡田はこの『相良氏法度』を知らなかったのだろうが、フロイスの認識と晴広の認識が同時代人として近かったことを確認すべきであろう。
(30) 神田千里『一向一揆と真宗信仰』二八五頁。
(31) 同上、一頁。
(32) 『中世法制史料集　第一巻』参考資料第三一号、三四二頁。
(33) 池上裕子・池享・小和田哲男・黒川直則・小林清治・三木靖・峰岸純夫編『クロニック戦国全史』講談社、一九九五年、一八〇頁。
(34) 山形孝夫『治癒神イエスの誕生』小学館創造選書、一九八一年参照。

終　論

(1) 第一〇〇条は「本銭返し、年紀地の事」と事書があって、「……相済ます事は傍例なり」とあることから、これは慣習法を基準としたものであることが知られる。ここから第九三条の「所帯両売りの事、先判に付べし」も慣習法を述べたものとなる。この慣習法の源には「市場法廷」が存在しているとするのが私の立場である。第九五条の「問答」、第九八・九九条の「訴訟」、第一〇〇条の「相論」は「大名法廷」での裁判を前提としていると思う。

あとがき――思い出すこと

『戦国家法の形成と公界』を書き終えた今の正直な気持ちを言えば、「楽しかった」となろう。ここで本書をめぐる思い出を、先学のお名前を挙げながら、いくつか述べさせていただきたい。

佐藤進一先生は『結城氏新法度』の翻刻や解釈に情熱を燃やし続けてこられた。『中世法制史料集　第三巻　武家家法Ｉ』に収録する際にも、『日本思想大系21　中世政治社会思想　上』出版の際にも、各法令に「事書」や「要旨」、用語・語句の「注」や「補注」を付けられた。本書第Ｉ部で私が行ったことは、それを一つずつ取り上げて、自分の考えを対置する試みだった。私の想念の中では、中世の法制史料をどう読むかをテーマとした「佐藤ゼミ」を続けている想いに浸り込んでいたとなる。

一本取ったと思った次の週には、先生は必ずすごい勉強をしてきて、新しい見解をゼミの場で披露するのが常であった。本書でいくつか先生とは異なる見解をお示しできたと思っているので、「先生どうですか」とお尋ねしたいのが今の気持ちである。先生は平成二十九年（二〇一七）に百歳の誕生日を迎えた後で、お亡くなりになった。もう七年もの年月が経ってしまっている。冥土でお会いした時の楽しい土産話にしたいと思う。今しみじみと思い出されるのは「新しい世界を切り開くことが大切だ」と言われた先生のお言葉である。

ところで、網野善彦氏と笠松宏至氏との鼎談をまとめた『日本中世を見直す』（悠思社、一九九四年）という本の中で、網野氏から「松本新八郎さんのお名前が出ましたが、松本さんの評価は戦後歴史学の歴史の中で、現在でも一つの問題だと思うのですが、世の中がまったく変わった現在の時点に立って、この辺をどうお考えでしょうか」（九頁）との問いに対して、佐藤先生は「私も意識しかねたというか、あのころまでは松本さんの「南北朝内乱の諸問題」（一九四七年）という論文の何ページに、しがみついていた時代がずっとあった。それは私だけでなく、戦後の中世史研究の状況だったんでしょう」と応えている。

網野氏もまた「私自身は、松本さんにまったく傾倒していた時代がありました」と続けている。本書で私が問題とした論文の名前は「室町末期の結城領」（一九四〇年）なので、論文自身は異なっているが、松本氏に対する尊敬・傾倒があったからこそ、先生は『結城氏新法度』の翻刻・注釈に情熱的に向かわれたのだろうと私は想像している。ともあれ、本書で松本論文に触れることができたことで、佐藤先生はきっと喜んでおられると思う。

村井章介氏は二〇一三年に東京大学の定年退職に当たり、「「公界」は一揆か、公権力か」と題した論文を大学の研究室の『紀要』に上梓し、これを翌年の著書『中世史料との対話』（吉川弘文館）に収めた。そこでは、本書の第Ⅱ部で論じた『相良氏法度』の第一八条の「公界」の解釈をめぐる論争が最初に取り上げられ、A説に網野氏の名が、B説には安良城盛昭氏の名が挙がっている。網野氏は、言うまでもなく『無縁・公界・楽』（平凡社選書、一九八七年）によって日本における社会史の旗手として知られていたわけだが、この書の副題「日本中世の自由と平和」が示すように、氏はそこで、戦後日本の国民的な価値である「自由・平和」を日本中世史の中に見出すことができると主張された。

一方、安良城氏の本は『天皇・天皇制・百姓・沖縄』（吉川弘文館、一九八九年）で、その副題は「社会構成史研究より見た社会史研究批判」であり、戦後歴史学を長く支えてきた社会構成史研究の立場から、当時一世を風靡していた新しい歴史研究＝社会史を批判したものであった。この中で安良城氏は「笠松・勝俣・網野という網野チーム」と評している。そして村井論文でも笠松・勝俣鎮夫・網野三氏の名を挙げながら、続いて私（安野）の名を挙げていた。文脈上からは、網野チームに数えており、社会史か社会構成史かとの対立軸の中では、社会史側に入れているわけである。

ところで、本書のテーマを「公界」とするなら、先に上梓した『楽市論』（法政大学出版局、二〇〇九年）のテーマは「楽」で、どちらも網野氏の『無縁・公界・楽』への反論を意識したものである。前著は、二〇〇二年三月の「富士大宮楽市令」から始めて二〇〇六年三月の「金森楽市令」に至るまで、足掛け五年の歳月にわたり、一一本の論文を次から次へと大学の紀要に発表したものに基づいていた。二〇〇六年三月に私は弘前大学を定年で退職したが、その間に起こった日本史学界上の大きな出来事と言えば、二〇〇四年に網野氏と永原慶二氏が相次いでお亡くなりになったことである。

「楽市楽座」を問題にすると決めた時に私の前に立ちふさがった問題は、信長の楽市令にある「免許」と「免除」の問題であった。教科書はもちろん、どの書物を開いても、「免許」＝「免除」であった。そこで唯一、私に賛成してくれるのではないかとの淡い期待を持ったのが永原氏であった。氏の本のどこを見ても、「免許」＝「免除」という記述は見出されなかった。そこで「知多郡・篠島商人宛て自由通行令」を皮切りに、できた論文は次々と永原先生に差し上げてきた。思惑は見事に的中し、先生からは、私の言葉にこだわる研究には賛成だとのお葉書を毎度頂いた。

「鋳物師水野太郎左衛門」では「諸役免許」は「諸役の免除」ではないと論じた。永原先生からは「商人司の『諸役免許』の解釈賛成です。私もかつて上杉の蔵田五郎左衛門（青苧商売の司）について同様の権利を思っていたのでとてもうれしく共感いたしました。力作二編敬服しています。御礼まで」とあった。頂いた時は大変うれしかった。最後のお葉書にも「一連の大兄のお仕事は先行説の見直し、新しい商人・流通や政策像の再構築に大きな意味をもつと感銘を受けております。毎回たのしみに拝見教えられています。とり急ぎ御礼迄」とあった。

さらにある時突然に、先生から丁寧なお手紙に添えて「年譜・著作目録」の御寄贈があった。篤い友情を感じるとともに、先生が死を意識しておられることに衝撃を受けた。それから間もなく、残念なことながら『楽市論』の完成を待たずに、先生は逝かれてしまった。

同じ抜刷を網野先生にも差し上げたはずなのに、先生からは何の御返事もいただけなかった。当時先生には、病との戦いという課題があり、返事どころではなかったのであろう。しかし〈評価できなかった〉〈したくなかった〉が正直な気持ちだったのだろうと私は今でも思っている。勝俣氏の反応も同じだろう。網野氏を中心とした社会史ブームに対して、歴史学研究会の理論的なリーダーであった永原氏が「網野の議論は日本浪漫派に近い」と批判をしたことは有名である。実証のレベルで網野史学への対決を試みていた私の立場からすれば、私もまた網野氏のロマン主義批判を試みていたことになり、私は社会史に対しては、制度史・法制史を対置した、となるのだろう。

最後に本書作成に当たり、いろいろと御指導・御援助いただいた編集の橘宗吾氏と堤亮介氏に心より御礼を申し述べたい。

安野眞幸

二〇二四年十月一日

《著者紹介》

安《あん》野《の》眞《ま》幸《さき》

1940 年生

1973 年　東京大学大学院博士課程単位取得満期退学

弘前大学教授，聖徳大学教授などを経て，

現　在　弘前大学名誉教授

著　書　『下人論――中世の異人と境界』（日本エディタースクール出版部，1987 年），『バテレン追放令――16 世紀の日欧対決』（日本エディタースクール出版部，1989 年，サントリー学芸賞。2023 年改訂増補版，ちくま学芸文庫），『港市論――平戸・長崎・横瀬浦』（日本エディタースクール出版部，1992 年），『楽市論――初期信長の流通政策』（法政大学出版局，2009 年），『歌集　山茶花の恋』（日本エディタースクール出版事業部，2009 年），『世界史の中の長崎開港――交易と世界宗教から日本史を見直す』（言視舎，2011 年），『教会領長崎――イエズス会と日本』（講談社選書メチエ，2014 年），『日本中世市場論――制度の歴史分析』（名古屋大学出版会，2018 年）ほか

戦国家法の形成と公界

―『結城氏新法度』と『相良氏法度』を読む―

2024 年 12 月 30 日　初版第 1 刷発行

定価はカバーに
表示しています

著　者　安　野　眞　幸

発行者　西　澤　泰　彦

発行所　一般財団法人 名古屋大学出版会

〒 464-0814　名古屋市千種区不老町 1 名古屋大学構内

電話(052)781-5027 / FAX(052)781-0697

印刷・製本 亜細亜印刷㈱　　ISBN978-4-8158-1177-8

乱丁・落丁はお取替えいたします。

索　引

人名・地名・書名

あ 行

か 行

さ 行

た 行

な 行

は 行

ま　行

や・ら行

事　項

あ　行

か　行

さ　行

た　行

な　行

は　行

ま　行

や　行

ら　行

わ　行

法　令